为政府有关部门、新型城镇化建设管理者、平台类企业、金融机构、律师事务所等系统解读PPP模式的关键内容

当当终身5星图书

PPP模式手册 第二版

政府与社会资本合作理论方法与实践操作

陈辉 编著

Public-Private-Partnership Guide

知识产权出版社
全国百佳图书出版单位

图书在版编目（CIP）数据

PPP模式手册：政府与社会资本合作理论方法与实践操作/陈辉编著. —2版. —北京：知识产权出版社，2016.10

ISBN 978-7-5130-3810-2

Ⅰ.①P… Ⅱ.①陈… Ⅲ.①政府投资—合作—社会资本—研究 Ⅳ.①F830.59 ②F014.39

中国版本图书馆CIP数据核字（2015）第286231号

内容提要

《PPP模式手册——政府与社会资本合作理论方法与实践操作》（第二版）在第一版基础上减少了过于专业化的表述，修正了一些文字上的疏漏以提高该书的可读性；调整了相关章节的结构以强化章节间逻辑关系；单列一章收录了更多案例，以便读者了解更多的案例实作情况。

该书在总结国内外相关经验的基础上，对PPP模式进行了理论分析与实践总结，对PPP的核心问题，包括PSC（公共部门比较基准）的建立、VFM（物有所值）理论、PPP操作流程、风险识别与分担、产品定价、绩效评估及含权设计等关键内容进行了总结与梳理，并对相关案例进行了深入剖析，从理论与实践两个层面对PPP模式进行了概括与解析，具有现实性、前瞻性与指导性。

PPP作为我国解决地方政府债务、吸纳民间资本、推进体制改革的重要举措，得到了国家的大力推广，但也遇到了诸如财政压力测试、信用评价体系建立及PPP论证、评估的程序与方法上的空白等问题。一种外来的新思想在国内"水土不服"是必然的，因为我们的体制与程序是建立在旧理论、旧思想之上的。而PPP作为促进改革的重要举措，就是要通过落实PPP来助力体制改革。相信广大PPP从业者用智慧与努力定能排除其推广道路上的重重障碍，实现PPP的中国化。

本书可作为政府有关部门、新型城镇化建设者、金融机构、律师事务所、政策研究和制定者的参考用书。

责任编辑：吴晓涛

PPP模式手册——政府与社会资本合作理论方法与实践操作（第二版）
PPP MOSHI SHOUCE

陈辉 编著

出版发行：知识产权出版社 有限责任公司		网　址：http://www.ipph.cn	
电　话：010-82004826		http://www.laichushu.com	
社　址：北京市海淀区西外太平庄55号		邮　编：100081	
责编电话：010-82000860 转 8355		责编邮箱：sherrywt@126.com	
发行电话：010-82000860 转 8101/8102		发行传真：010-82000893/82003279	
印　刷：三河市国英印务有限公司		经　销：各大网上书店、新华书店及相关专业书店	
开　本：720mm×1000mm　1/16		印　张：43.75	
版　次：2016年10月第2版		印　次：2016年10月第1次印刷	
字　数：784千字		定　价：98.00元	

ISBN 978-7-5130-3810-2

出版权专有　侵权必究
如有印装质量问题，本社负责调换。

前　言

我从未想过《PPP模式手册——政府与社会资本合作理论方法与实践操作》这种枯燥的、充满数学公式的专业性图书能够成为一本畅销书。若这本书能为需要了解PPP相关知识的读者带来工作与学习上的帮助，能为政府与各大企业的合作建立起沟通的桥梁，则是我最大的荣幸，也是我编写此书的初衷。

这本书出版后，我收到了很多读者对此书的褒赞和建议，他们提出了非常宝贵的意见。我建立了微信交流群，全国各地从事PPP业务的朋友在群里热烈讨论，提出各种想法，交流实践问题，丰富和提高了大家的业务水平。为了更好地服务读者，再版之时我决定在第一版的基础上进行一些调整，尽少使用过于专业化的表述，以提高该书的可读性，同时调整了相关章节的结构顺序以强化章节之间的逻辑关系，并修正了一些文字上的疏漏。新书收录了更多的案例，希望能以这本书为媒介，让广大读者了解到更多的案例实作情况，更好地服务于大家的工作与学习。

和众多新生事物的成长与发展一样，PPP模式在我国的发展将会经历一个由浅及深的过程。相信在国家的不断推动下，在各大社会资本团体的踊跃参与下，PPP模式必将逐步走向成熟，PPP领域的相关专家与从业人员，也将逐步地加深自己对该模式的认识，积累在该领域的经验，同时也会不断地涌现出更多的典范案例。随着PPP浪潮的袭来，这本书也将与时俱进，不断地进行完善与充实，及时地将国内外的宝贵经验与广大读者分享，帮助大家在实施新的建设模式中少走弯路，少犯错误。

这本书得以再版,要感谢广大读者的信赖与支持,同时还要感谢为编写此书提供帮助与支持的专家、学者、同事和朋友们,这本书的不断充实与完善与你们的意见、建议、努力和帮助是分不开的。感谢大家!

陈辉

2016 年 8 月

第一版序言

政府和社会资本合作(Public-Private Partnership,PPP)是政府进行交通、供电、供水、医院等公共基础设施建设时采用的一种模式,主要通过特许经营等方式,引入社会资本参与公共产品供给。该模式在国际上得到了广泛运用,有着丰富的实践案例和经验。

为加快转变政府职能、完善城镇化健康发展体制机制、推进城市建设管理创新,党的十八届三中全会《中共中央关于全面深化改革若干重大问题的决定》明确提出:"允许社会资本通过特许经营参与城市基础设施投资和运营",凡属事务性管理服务,原则上都要进入竞争机制,通过合同、委托等方式向社会购买,为PPP在我国的运用和推广提供了广阔的发展前景。国务院加强地方政府性债务管理,将地方政府存量债务纳入预算管理,将成为大规模推广PPP模式的基础。

从国外经验看,良好的PPP具有法律体系健全、管理体系有效、项目评估体系完善、风险分担机制合理、利益分配机制动态等必备要素,项目成功取决于利益分配、风险分担、监督管理、项目融资等核心环节。PPP模式最早由英国政府于1982年提出,根据英国的相关经验,PPP模式下的工程可节省17%的资金;80%的工程项目按期完成,20%未按期完成的,拖延时间最长不超过4个月;80%的工程耗资均在预算之内,20%超预算的是由于政府提出调整方案所致。而常规招标项目按期完成的只有30%,在预算之内完成的只能达到25%。PPP模式适用面广,交通(公路、铁路、机场、港口)、卫生(医院)、公共安全(监狱)、国防、教育(学校)、公共不动产管理等相关项目均可适用。

PPP模式在世界范围内得到了广泛的推广与应用。智利在为平衡基础设施投资和公用事业急需改善的背景下于1994年引进PPP模式,已完成36个项目,投资额约60亿美元,提高了基础设施现代化程度,并获得充足资金投资到社会发展中。

葡萄牙自1997年启动PPP模式，首先应用在公路网的建设上，至2006年的10年期间，公路里程比原来增加一倍。巴西于2004年12月通过"公私合营（PPP）模式"法案，列入2004—2007年四年发展规划中的23项公路、铁路、港口和灌溉工程将作为PPP模式的首批招标项目，总投资130.67亿雷亚尔。

PPP的梦想如何照进中国现实？

其实，PPP项目在我国的应用早在1995年就已经开始，广西来宾电厂B厂的建设就采用了BOT模式，而这正是PPP项目的一类。20多年来，我国在PPP项目的实践与推广上积累了很多成功的经验与失败的教训。北京地铁4号线项目、"鸟巢"以及宁波垃圾发电厂等一大批PPP项目的成功运营，为我国PPP项目的发展留下了宝贵的经验。然而，也有如长春汇津污水处理厂、青岛威立雅污水处理项目以及泉州刺桐大桥等很多项目因各种原因而留下了失败的教训。大量PPP项目在国内的应用，不论从理论层面还是从实践层面，都为我们提供了将PPP项目模式与我国国情相结合的现实素材，积淀了正反两方面的经验。

PPP模式长期以来一直被作为政府的一种融资手段，这其实是一种误区，我国PPP项目的失败案例中，很多都是因为走入了这个误区而导致PPP项目的最终破产。PPP模式不仅是一种项目融资方式，它更是一种提高政府对整个社会资源管理效率的方式，其核心是合同管理，是基于完备合同下的契约精神，这就要求政府与企业应作为平等的合同双方，分配风险、分担责任与分享利益。

本书在总结国内与国外相关经验的基础上，对PPP模式进行了理论与实践的分析以及宏观与微观的评价，对PPP模式的一些核心问题包括PSC（公共部门比较基准）、VFM（物有所值）理论、PPP操作流程、风险识别与分担、PPP产品定价、运作评估以及含权设计等关键内容进行了总结与梳理，并对相关案例进行了深入的剖析，从理论与实践两个层面对PPP模式进行了概括与解析，具有现实性、前瞻性与指导性。

在新的时代背景下，PPP模式在我国的发展将是大势所趋，是我国解决地方政府债务、吸纳民间资本、推进体制改革的重要举措。PPP模式经过这一阶段在我国具体环境下的大力推广，必然会如雨后春笋般地涌现出更多与我国国情相结合的实践案例，并得到更具中国化的理论发展。

陈辉

2015年2月

PPP 相关缩略语及专业词汇

一、缩略语

ABN	Asset-Backed Notes	资产支持票据
ABS	Asset-Backed Securities	资产抵押债券
ADB	Asian Development Bank	亚洲开发银行
BBO	Buy-Build-Operate	购买—建设—运营
BLOT	Build-Lease-Operate-Transfer	建设—租赁—运营—移交
BLT	Build-Lease-Transfer	建设—租赁—移交
BOO	Build-Own-Operate	建设—拥有—运营
BOOT	Build-Own-Operate-Transfer	建设—拥有—运营—移交
BOT	Build-Operate-Transfer	建设—运营—移交
BSOT	Build-Subsidize in Operation-Transfer	运营期补偿模式
BTO	Build-Transfer-Operate	建设—移交—运营
CBO	Community-Based Organization	社区组织
CSF	Critical Success Factor	关键成败因素
DB	Design-Build	设计—建设
DBFO	Design-Build-Finance-Operate	设计—建设—融资—运营
DBMM	Design-Build-Major Maintenance	设计—建设—主要维护
DBO	Design-Build-Operate	设计—建设—运营
DBTO	Design-Build-Transfer-Operat	设计—建设—移交—运营
DD	Due Diligence	尽职调查
EIB	European Investment Bank	欧洲投资银行
EOI	Expressions of Interest	投标意向书
EPC	Engineering Procurement Construction	（设计、采购和建设）工程总承包
FA	Financial Analysis	经济分析
IASB	International Accounting Standards Board	国际会计准则理事会

IASC	International Accounting Standards Committee	国际会计准则委员会
IBNET	The International Benchmarking Network for Water and Sanitation Utilities	国际供水与污水处理绩效管理网络
IFC	International Finance Corporation	国际金融公司
IFI	International Financial Institution	国际金融机构
IFRS	International Financial Reporting Standards	国际财务报告准则
IMF	International Monetary Fund	国际货币基金组织
IPSASB	International Public Sector Accounting Standards Board	国际公共部门会计准则理事会
IUK	Infrastructure UK	英国财政部基础设施局
KDI	Korea Development Institute	韩国开发研究院
KPI	Key Performance Indicator	关键绩效指标法
LBO	Lease-Build-Operate	租赁—建设—运营
LCC	Life Cycle Cost	全生命周期成本
LIG	Low-Income Group	低收入群体
LOT	Lease-Operate-Transfer	租赁—运营—移交
LTIP	Long-Term Incentive Plan	长期激励计划
LUOT	Lease-Upgrade-Operate-Transfer	租赁—更新—运营—移交
M&A	Mergers and Acquisitions	并购
MEAT	Most Economically Advantageous Tender	最经济有利投标
NGO	Nongovernment Organization	非政府组织
NIP	National Infrastructure Plan	英国国家基础设施规划
NPV	Net Present Value	净现值
O&M	Operation & Maintenance	委托运营维护
OBA	Output-Based Aid	产出导向型援助
ODA	Official Development Assistance	政府开发援助
OEIC	Open-Ended Investment Companies	开放式投资公司
OFT	Office of Fair Trading	公平交易办公室
OLA	Operational Level Agreement	操作级别协议
OM&M	Operation Maintenance & Management	运营、维护和管理
OMC	Operation and Maintenance Contract	运营和维护协议
PFI	Private Finance Initiative	民间主动融资
PICKO	Private Infrastructure Investment Center of Korea	韩国民间基础设施投

	资中心	
PIMAC	Public and Private Infrastructure Investment Management Center of Korea	
	韩国公私基础设施投资管理中心	
PIU	Project Implementation Unit	项目实施单位
PPIAF	Public-Private Infrastructure Advisory Facility	
	政府与社会资本基础设施咨询基金	
PPP	Public-Private Partnership	政府与社会资本合作
PSC	Public Sector Comparator	公共部门比较基准
PSP	Private Sector Participation	私营部门参与
PUK	Partnerships UK	英国合伙企业
PUO	Purchase-Upgrade-Operate	购买—更新—运营
PUOT	Purchase-Upgrade-Operate-Transfer	购买—更新—运营—移交
PV	Present Value	现值
PWF	Public Works Financing	公共事务融资
RFP	Request for Proposal	标书
RFQ	Request for Quotation	询价书
ROE	Return on Equity	净资产收益率
ROL	Return on Investment	投资回报率
ROMT	Rehabilitate-Operate-Maintain-Transfer	修复—运营—维修—移交
ROO	Rehabilitate-Own-Operate	修复—拥有—运营
ROT	Rehabilitate-Operate-Transfer	修复—运营—移交
SBOT	Subsidize in Building-Operate-Transfer	建设期补偿—运营—移交模式
SC	Service Contract	服务协议
SCBA	Social Cost Benefit Analysis	社会成本效益分析
SLA	Services Level Agreements	服务等级协议
SLM	Service Level Management	服务级别管理
SOE	State Owned Enterprise	国有企业
SOPC	Standardization of PFI Contracts	英国PFI项目标准化合同
SPV	Special Purpose Vehicle	特殊目的机构
TOT	Transfer-Operate-Transfer	移交—运营—移交
VFM	Value for Money	物有所值
VGF	Viability Gap Fund	可行性缺口基金
WA	Wraparound Addition	扩建后整体经营并转移

二、PPP 专业词汇

Accrual basis accounting　　权责发生制

Advance payment guarantee　　预付款担保

Affermage contracts　　租赁合同

Annual social rate of return　　年社会回报率

Annuity scheme　　年付计划

Apgar Score　　阿氏评分（PPP 项目综合效率评价）

Availability-based PPP　　政府付费 PPP 项目

Available payment　　政府按结果定期付费

Bankability　　融资可行性

Benchmarking　　绩效标杆法

Bid price　　投标价

Borrowing capacity　　融资能力

Brownfield　　棕地，更新投资

Business case　　商业方案

Capital-asset pricing model　　资本资产定价模型

Cash basis accounting　　收付实现制

Competitive dialogue　　竞争性对话

Competitive Neutrality Adjustment　　竞争中立调整

Competitive tension　　竞争压力

Component outsourcing　　模块式外包

Concession　　特许经营

Concession contract　　特许经营合同

Concession monitoring unit　　特许经营监督中心

Consortium　　承包联合体

Contingent liability　　或有负债

Contractor　　承包商

Correlation coefficient　　相关系数

Correlation scale　　相关度

Cost-benefit analysis　　成本效益分析

Currency mismatch　　货币错配

Debt underpinning　　债务融资增信

Default 违约
Delivery of outputs 产出交付
Delivery of public products and services 公共产品和服务交付
Development finance institution 开发性金融机构
Direct agreement 直接介入协议
Discount rate 贴现率
Divisible projects 可分割项目
Economic infrastructure 经济基础设施
Environmental adviser 环境顾问
Equator principles 赤道原则
Equity investment 股权投资
European Investment Bank 欧洲投资银行
Event risk 事件风险
Exclusivity franchise 主营权
Exercise price 行权价格
Export credit agencies 出口信贷机构
Expression of interest 意向书
Final business case 最终商业方案
Financial case/assessment 商业方案/评估
Financial closure 融资方案完成
Financial covenant 财务约定事项
Financial gearing 财务杠杆
Financing gap 融资缺口
First in last out 最先进入,最后退出
Fiscal Affordability Assessment 财政可承受力评价准则
Foreclose 止赎权
Full-credit guarantee 全额信用担保
Global Partnership on Output-based Aid 产出导向型援助全球合作机制
Going long 看涨
Government Dept Confirmation & Accounting Treatment
　　政府债务确认及会计处理准则
Greenfield 新建投资

Hurdle rate　　必要报酬率
Independent regulator　　独立监管机构
Industry attractiveness　　行业吸引力
Inevitables　　不可避免事件
Insurable risk　　可保风险
Insurance cover　　保险范围
In-the-money option　　价内期权
Leveraged buyout　　杠杆并购
Life-cycle stage of value creation　　生命周期中的价值创造期
Line ministries　　相关部门
Management contract　　管理合同
Mandatory bid　　强制性收购条款
Market assessment　　市场评估
Market sounding　　市场测试
Market testing　　市场测试
Momoline Insurer　　单一险种保险公司
Most economically advantageous tender　　最经济有利投标
New Generation PPP　　新一代PPP
Non-recourse　　无追索权
Off-balance-sheet finance　　表外融资
Offer document　　要约文件
Open-ended funds　　开放式基金
Operating gearing　　经营杠杆
Operating lease　　经营租赁
Optimum funding route　　最优融资渠道
Option premium　　期权费
Out-of-the-money option　　价外期权
Output specification　　产出规范与说明
Output-based aid　　产出导向型援助
Output-based payment　　政府按单位结果付费
Outsourcing　　外包
Paid-up capital　　实收资本
Partial credit guarantee　　部分信用担保

Partnership	合伙企业
Partnerships Victoria	澳大利亚维多利亚合伙企业
Pathfinder projects	探索性项目
Pecking order theory of financial gearing	优序融资理论
Perceived benefit	感知利益
Perception of projects	项目认知
Performance bond	履约保证
Poison pills	毒丸策略
Political risk	政治风险
Pooled funds	联合基金
Portfolio approach to merger integration	策略并购组合
Post-completion audit	事后审计
PPP Unit	公私合作统筹部门,或PPP中心
Preferred bidder	优先谈判对象
Prequalification	资格预审
Prequalification questionnaire	资格预审问卷
Preservation approach to merger integration	保存或并购
Pricing power	议价能力
Private sector	社会资本方
Pro forma contract	格式合同
Project appraisal	项目评估
Project launch	项目启动
Project owner	项目业主
Project preparation	项目准备
Project sponsor	项目发起人
Public authority	政府部门
Public service delivery	交付公共服务
Quoted blue-chip company	上市蓝筹股公司
Rating	信用评级
Raw PSC	初始公共部门比较基准
Real option	实物期权
Refinance Benefits Sharing Mechanism	再融资收益分享机制
Regulated by contract	依合同监管

Regulated by law　依法监管
Rehabilitate　翻新
Relationship banking　关系银行
Repatriation of profits　利润带回本国
Request for proposal　征求建议书
Request for qualification　资格预选申请
Required return　必要报酬率
Rescheduling　债务重整
Restructuring costs　重组成本
Revaluation reserve　重新估价准备
Revolving credit　循环贷款协定
Reward-to-variability ratio　收益对风险比率
Risk checklist　风险清单
Risk exposure　风险敞口
Risk management　风险管理
Risk matrix　风险分析矩阵
Risk mitigation　风险化解
Risk premium　风险溢价
Risk transformation　风险转移
Rolling settlement　滚动结算
R-squared　拟合度
Sensitivity analysis　敏感性分析
Shadow toll　影子收费
Social infrastructure　社会基础设施
Soft market testing　软市场测试
Solicited proposal　政府主动招商
Stand-by loan　备用贷款
Strategic business case　战略商业方案
Strike bid　投标
Structured dialogue　深度对话
Subjective probability　主观概论
Subordinated loan　附属性贷款
Symbiosis type of post-merger integration　合并后的共生性整合

Syndication　　银团
Take-or-pay contract　　照付不议合同
Teaser　　早期推介材料
Technical evaluation　　技术评估
Term assurance　　定期保险
Transaction advisor　　交易倾向
Turnkey　　整体式外包
Uncovered(Naked) call option writing　　无保障看涨期权
Unsolicited proposal　　民间自提,非应标建议书
User-fee PPP　　使用者付费PPP项目
Value capture　　溢价归公
Variant bid　　备选标书
Vertical merger　　纵向合并
Viability Gap Funding　　可行性缺口基金
Virtual bid　　虚拟投标
Whole-of-life cycle　　全生命周期
Wish list　　意愿清单
Withholding tax　　代扣所得税
Working capital　　运营资本
Working capital cycle　　运营资本周转期
Writer of an option　　期权沽出者
Zero-cost option　　零成本期权

中国PPP相关法律、法规及政策文件汇总

发布单位及效力		时间	文件名	文号
全国人民代表大会常务委员会	法律	1999年8月30日	中华人民共和国招标投标法	主席令第21号
		2002年6月29日	中华人民共和国政府采购法	主席令第68号
国务院	行政法规	2012年2月1日	中华人民共和国招标投标法实施条例	国务院令第613号
		2015年3月1日	中华人民共和国政府采购法实施条例	国务院令第658号
	国务院规范性文件	2010年5月7日	国务院《关于鼓励和引导民间投资健康发展的若干意见》	国发〔2010〕13号
		2010年11月26日	国务院办公厅转发发展改革委、卫生部等部门《关于进一步鼓励和引导社会资本举办医疗机构意见的通知》	国办发〔2010〕58号
		2010年7月22日	国务院办公厅《关于鼓励和引导民间投资健康发展中的工作分工的通知》	国办函〔2010〕120号
		2011年4月24日	国务院办公厅转发发展改革委、财政部、交通运输部《关于进一步完善投融资政策促进普通公路持续健康发展若干意见的通知》	国办发〔2011〕22号
		2013年9月6日	国务院《关于加强城市基础设施建设的意见》	国发〔2013〕36号
		2013年9月26日	国务院办公厅《关于政府向社会力量购买服务的指导意见》	国办发〔2013〕96号
		2014年6月3日	国务院办公厅《关于加强城市地下管线建设管理的指导意见》	国办发〔2014〕27号
		2014年8月8日	国务院《关于近期支持东北振兴若干重大政策举措的意见》	国发〔2014〕28号
		2014年9月21日	国务院《关于加强地方政府性债务管理的意见》	国发〔2014〕43号
		2014年9月26日	国务院《关于深化预算管理制度改革的决定》	国发〔2014〕45号
		2014年11月16日	国务院《关于创新重点领域投融资机制鼓励社会投资的指导意见》	国发〔2014〕60号
		2015年6月11日	国务院《关于促进社会办医加快发展的若干政策措施》	国办发〔2015〕45号

续表

发布单位及效力		时间	文件名	文号
部委联合	部门规范性文件	2014年7月4日	财政部、国家税务总局《关于公共基础设施项目享受企业所税优惠政策问题的补充通知》	财税〔2014〕55号
		2014年8月26日	财政部、国家发展改革委、民政部、全国老龄工作委员会办公室《关于做好政府购买养老服务工作的通知》	财社〔2014〕105号
		2014年9月12日	国家发展改革委、民政部、财政部、国土资源部、住房和城乡建设部等《关于加快推进健康与养老服务工程建设的通知》	发改投资〔2014〕209号
		2014年12月15日	财政部、民政部、工商总局关于印发《政府购买服务管理办法（暂行）》的通知	财综〔2014〕96号
		2014年12月31日	财政部、住房和城乡建设部、水利部《关于开展中央财政支持海绵城市建设试点工作的通知》	财建〔2014〕838号
		2014年12月31日	财政部、住房和城乡建设部《关于开展中央财政支持地下综合管廊试点工作的通知》	财建〔2014〕839号
		2015年2月3日	民政部、国家发展改革委、教育部、财政部、人力资源和社会保障部、国土资源部、住房和城乡建设部等《关于鼓励民间资本参与养老服务业发展的实施意见》	民发〔2015〕33号
		2015年2月13日	财政部、住房和城乡建设部《关于市政公用领域开展政府和社会资本合作项目推介工作的通知》	财建〔2015〕29号
		2015年3月10日	国家发展改革委、国家开发银行《关于推进开发性金融支持政府和社会资本合作有关工作的通知》	发改投资〔2015〕445号
		2015年3月17日	国家发展改革委、财政部、水利部《关于鼓励和引导社会资本参与重大水利工程建设运营的实施意见》	发改农经〔2015〕488号
		2015年4月25日	国家发展改革委、财政部、住房和城乡建设部、交通运输部、水利部、中国人民银行《基础设施和公用事业特许经营管理办法》	国家发展和改革委员会令2015第25号

续表

发布单位及效力		时间	文件名	文号
发改委	部门规章	2014年4月1日	国家发展改革委《天然气基础设施建设与运营管理办法》	国家发展和改革委员会第8号
	部门规范性文件	2014年5月18日	国家发展改革委关于《发布首批基础设施等领域鼓励社会投资项目的通知》	发改基础〔2014〕981号
		2014年12月2日	国家发展改革委《关于开展政府和社会资本合作的指导意见》	发改投资〔2014〕2724号
财政部	部门规章	2014年2月1日	财政部《政府采购非招标采购方式管理办法》	财政部令74号
	部门规范性文件	2014年9月23日	财政部《关于推广运用政府和社会资本合作模式有关问题的通知》	财金〔2014〕76号
		2014年11月30日	财政部《关于政府和社会资本合作示范项目实施有关问题的通知》	财金〔2014〕112号
		2014年11月29日	财政部《关于印发政府和社会资本合作模式操作指南(试行)的通知》	财金〔2014〕113号
		2014年12月30日	财政部《关于规范政府和社会资本合作合同管理工作的通知》(试行)	财金〔2014〕156号
		2014年12月31日	财政部关于印发《政府采购竞争性磋商采购方式管理暂行办法》的通知	财金〔2014〕214号
		2014年12月31日	财政部《政府和社会资本合作项目政府采购管理办法》	财金〔2014〕215号
		2015年2月17日	财政部《关于推进地方盘活财政存量资金有关事项的通知》	财金〔2015〕15号
		2015年2月15日	财政部《关于印发2015年政府采购工作要点的通知》	财办库〔2015〕27号
		2015年3月18日	财政部关于印发《2015年地方政府专项债券预算管理办法》的通知	财预〔2015〕32号
		2015年3月12日	财政部《地方政府一般债券发行管理暂行办法》	财预〔2015〕64号
		2015年6月25日	财政部《关于进一步做好政府和社会资本合作项目示范工作的通知》	财金〔2015〕57号
住建部	部门规章	2004年5月1日	建设部《市政公用事业特许经营管理办法》	建设部令第126号
	部门规范性文件	2012年6月8日	住房和城乡建设部《关于印发进一步鼓励和引导民间资本进入市政公用事业领域的实施意见的通知》	建城〔2012〕89号

目 录

第1章 PPP模式的结构 ... 1
1.1 PPP模式的概念 ... 1
1.2 PPP模式的特征及本质 ... 2
1.3 PPP的应用目标与作用 ... 4
1.4 PPP应用原则和注意事项 ... 6
1.5 PPP模式的应用优势 ... 8
1.6 PPP模式的结构 ... 9
1.7 PPP结构的主要类型 ... 11
1.8 PPP模式在世界范围内的应用 ... 26

第2章 PPP模式操作流程 ... 47
2.1 行业分析 ... 47
2.2 项目识别 ... 56
2.3 项目准备 ... 57
2.4 项目采购 ... 72
2.5 项目执行 ... 83
2.6 项目移交 ... 85

第3章 公共部门比较值(PSC) ... 87
3.1 公共部门比较值的概念及体系 ... 87
3.2 初始PSC ... 92
3.3 竞争中立调整 ... 94
3.4 风险调整 ... 96
3.5 我国公共部门比较值的建立与应用 ... 98

第4章 物有所值(VFM) ... 107
4.1 物有所值概念 ... 107
4.2 基于VFM的PPP项目绩效评价 ... 108
4.3 VFM在PPP项目中的应用 ... 111

第5章 产出说明(Output Specification) ... 135
5.1 PPP项目中政府部门比较关心的问题分析 ... 135
5.2 PPP项目基于政府的产出说明一般性指标体系制定 ... 136
5.3 各个指标的来源和含义 ... 138
5.4 指标体系的应用领域和定量方法 ... 144

第6章 项目融资 ... 150
6.1 一般程序 ... 154
6.2 项目融资借款人评价 ... 159
6.3 项目概况评估 ... 161
6.4 未来收益分析 ... 162
6.5 投资估算与融资方案评估 ... 163
6.6 财务效益评估 ... 167
6.7 不确定性分析 ... 176
6.8 投资方相关效益与风险评估 ... 177
6.9 总评价 ... 178

第7章 项目风险识别 ... 183
7.1 失败案例原因分析 ... 183
7.2 风险清单确定 ... 189
7.3 风险清单分析 ... 191

第8章 项目风险评估 ... 212
8.1 关键风险的重要性评估 ... 212
8.2 不同层级风险的重要性评估 ... 217
8.3 基于vague值的PPP模式风险评价模型 ... 221

第9章 项目风险分担 ... 239
9.1 风险公平分担机制的构造思路 ... 239
9.2 实际PPP项目的风险分担 ... 240
9.3 风险公平分担机制的构造 ... 255
9.4 风险公平分担机制的效率分析 ... 264

第 10 章　基于实物期权的 PPP 项目风险管理 …… 266
10.1　实物期权投资决策观 …… 266
10.2　关键风险的实物期权识别 …… 268
10.3　其他风险的实物期权识别 …… 274

第 11 章　PPP 项目产品定价 …… 288
11.1　PPP 项目价格影响因素及结构关系 …… 288
11.2　PPP 项目价格的影响因素分析 …… 289
11.3　政府规制定价区间 …… 315
11.4　不同市场需求状态下公共品定价及定价权配置 …… 317
11.5　博弈定价模型 …… 326
11.6　基于合同设计及风险收益对等的 PPP 项目定价模型 …… 333
11.7　不同类型的城市交通基础设施 PPP 项目定价模型的选择 …… 340

第 12 章　基于实物期权的 PPP 项目产品定价 …… 344
12.1　PPP 项目特许价格影响因素的实物期权识别 …… 344
12.2　特许价格影响因素的期权评价模型构建 …… 349
12.3　构建基于实物期权的 PPP 项目特许价格决策模型 …… 351

第 13 章　PPP 项目政府补贴和收益分配 …… 363
13.1　PPP 项目利益分配原则 …… 363
13.2　城市基础设施 PPP 项目利益分配影响因素分析 …… 364
13.3　基于 Shapely 值的 PPP 项目利益分配模型 …… 365
13.4　PPP 项目政府补贴或收益分配模型 …… 372

第 14 章　项目绩效评价 …… 389
14.1　项目全生命周期的价值管理 …… 389
14.2　PPP 项目的绩效评估模型 …… 398

第 15 章　PPP 项目盈利模式创新与发展 …… 415
15.1　PPP 项目盈利模式创新的必要性 …… 415
15.2　伙伴关系下的 PPP 项目盈利模式框架 …… 416
15.3　PPP 项目盈利模式之收益结构的优化 …… 418
15.4　PPP 项目盈利模式之成本结构的优化 …… 420
15.5　PPP 项目盈利模式之目标利润的稳定 …… 422
15.6　结论 …… 424

第16章 PPP 实践案例分析 ... 425
案例一 市政道路 PPP 破题:安庆市外环北路工程 PPP 项目的探索 ... 425
案例二 深圳轨道交通 PPP 模式 ... 432
案例三 国际某港口 PPP/BOT 项目招标文件案例分析 ... 439
案例四 英国付费公路 M1-A1 link 的 PPP 模式 ... 448
案例五 PPP 模式建设保障房的国际经验与战略选择 ... 451
案例六 澳大利亚医院类 PPP 模范项目:New Royal Women's Hospital ... 455
案例七 山东潍坊高铁 PPP 项目详解 ... 459
案例八 2008 年北京奥运会国家体育场("鸟巢")PPP 项目 ... 463
案例九 中国第一个国家级批准的 PPP 项目:来宾 B 电厂项目 ... 470
案例十 水务 PPP 项目案例分析 ... 478
案例十一 西咸新区某办公楼智能化工程合同剖析 ... 487
案例十二 基于 PPP 案例的风险因素分析 ... 498
案例十三 泉州刺桐大桥启示 ... 506
案例十四 PPP 热潮下的尴尬,项目伪装 ... 509
案例十五 PPP 利益分担亟待制度良药纾解 ... 515

附 录 ... 521
A 资源与工具 ... 521
B 国务院关于加强地方政府性债务管理的意见 ... 528
C 国务院关于深化预算管理制度改革的决定 ... 533
D 关于印发《地方政府存量债务纳入预算管理清理甄别办法》的通知 ... 541
E 财政部关于推广运用政府和社会资本合作模式有关问题的通知 ... 544
F 关于印发政府和社会资本合作模式操作指南(试行)的通知 ... 549
G 国家发展改革委关于开展政府和社会资本合作的指导意见 ... 561
H 《政府和社会资本合作项目财政承受能力论证指引》重点解读 ... 588
I 国务院关于创新重点领域投融资机制鼓励社会投资的指导意见 ... 598
J 关于政府和社会资本合作示范项目实施有关问题的通知 ... 606
K 关于规范政府和社会资本合作合同管理工作的通知 ... 609
L 财政部关于印发《政府采购竞争性磋商采购方式管理暂行办法》的通知 ... 612
M 财政部关于印发《政府和社会资本合作项目政府采购管理办法》的通知 ... 620

N 关于市政公用领域开展政府和社会资本合作项目推介工作的通知 …… 625
O 中华人民共和国财政部关于印发《政府和社会资本合作项目财政
承受能力论证指引》的通知 …… 629
P 财政部 环境保护部关于推进水污染防治领域政府和社会资本合作的
实施意见 …… 635
Q 关于运用政府和社会资本合作模式推进公共租赁住房投资建设和运营
管理的通知 …… 639
R 国务院办公厅转发财政部发展改革委人民银行关于在公共服务领域
推广政府和社会资本合作模式指导意见的通知 …… 641
S 财政部关于进一步做好政府和社会资本合作项目示范工作的通知 …… 649

参考文献 …… 653

第1章　PPP 模式的结构

1.1　PPP 模式的概念

PPP(Public-Private Partnership)模式,是指政府通过与社会资本建立伙伴关系提供公共产品或服务的一种合作模式。它是20世纪90年代初在英国公共服务领域开始应用的一种政府与社会资本之间的合作方式,是西方国家政府创新治理提出的一个概念,该模式支持政府与社会资本建立长期合作伙伴关系,以"契约约束机制"督促社会资本按政府规定的质量标准进行公共品生产。

目前,对PPP模式概念的理解归纳起来有以下三种:①从产品的公共化程度与可量度程度看,PPP模式是政府与社会资本之间就基础设施进行合作而采用的各种契约的总和,其中包括SC、OMC、CBO、BTO、TOT、BOT、WA、BBO、BOOT等多种契约形式及其任意组合。②从基础设施的可经营程度看,PPP模式是关于基础设施合作的一种特定契约形式,这种契约形式要求双方的合作始于项目的确认和可行性研究阶段,并贯穿于项目的整个执行过程。在项目的整个生命周期中,双方共同对项目负责。③PPP模式是指政府与社会资本为共同参与生产并提供公共物品和服务,建立长期合作关系而签订的各种协议。综上,可看出PPP模式的三个显著特质。首先,合作双方的性质不同,分别为政府与社会资本,性质的不同导致双方在所关注的利益和合作动机等方面都存在差异。其次,通过PPP模式方式生产的产品通常为纯公共品或准公共品,因此,这种合作方式与以往合作生产私人物品有着显著差异;此外,产品的公共化和可量度程度也会对控制权的最佳配置产生影响。最后,PPP模式通常会持续较长时间,因此双方的相互信任和协作机制也会对合作产生重要的影响。

PPP模式中政府与社会资本合作的伙伴关系,可以从三个方面进行理解:首先,这是政府、社会资本共同参与公共生产和提供公共物品与服务的制度安排,如合同承包、特许经营、补助等制度;其次,这是复杂的、多方参与并被民营化的基础设施项目;最后,这是企业、社会、行业、民间权威组织和政府为改善城市状况而进行的正式合作。也就是说,对公共服务的提供者、消费者和生产者三者关系的重塑与再造,通过打破传统的政府与社会资本边界,提供跨边界的公共服务,以更好地满足公共市场上的多元化需求,提高公共服务和管理能力。

PPP模式总体包括了政府和社会资本之间就公共服务领域进行合作、融资的全面整体规划,是一个大的统一范畴,而不是一种特定的项目融资模式,主要包括城市交通、铁路运输、公路、桥梁、医院、学校、体育场馆、监狱及其他。它是根据当地条件和政策,对不同的项目采取各种不同的配套方案。通过这种合作形式,合作各方可以达到与预期单独行动相比更为有利的结果。合作各方参与某个项目时,政府并不是把项目的责任全部转移给社会资本,而是由参与合作的各方共同承担责任和融资风险。通过PPP模式,政府机构可以更加主动而灵活地运用社会资本的各种优势,但同时又能保持对各项公共服务在质量和水平上的管理与控制,这种控制权的保持是以在一定标准上建立起来的付费机制为基础的。在典型的PPP模式中,公共服务的提供者不会为购买其资本或资产而一次性付清款项,而是建立一个由社会资本投资并运营的、独立的商业实体来进行运作,在合同约定的框架内长期为公众提供高质量的公共服务;只有当所提供的公共服务达到合同规定的标准时,这些社会资本设立的商业实体才能够获得相应的回报。PPP模式项目必须施行公正、公平、公开的合作原则。另外,国际组织、各国政府和地方政府在PPP模式合作中的共同经验表明,PPP模式合作成功的先决条件是:①坚实的法律框架;②明确的政府职能;③能干的执行团队;④透明的规定程序;⑤科学的操作方法。

1.2 PPP模式的特征及本质

PPP模式的合作是政府与社会资本之间的一种长期合约关系,政府与社会资本通过合同结成稳定的契约关系。在这个关系中,政府通过合同规定了社会资本应提供的服务类型与标准,合同各方在规定时间内都必须完成约定的义务,包括在预算范围内完成服务的项目,因此可以大大提高效率,降低项目风险,有效地控制在政府负责的项目中普遍存在的超工期、超规模、超预算等问题,也使服务质量和服务水平得到有效保证。

PPP模式合作的程序如下:资源控制权的转移,社会资本建设项目,政府定义项目运营特征,社会资本在一定时期内提高公共品服务,所有权最终归于政府。政府的动机是减少负债,风险转移;社会资本的动机是追逐利润,承担社会责任。PPP模式运行的阶段可以简单分为:①项目设计及定义;②项目融资;③项目建设;④项目运营。政府在其中扮演积极角色,产品或服务的质量、分配等,由于公共品的外部性,市场不能有效提供公共品和服务,标准的公共服务提供一直包含与社会资本的特定关系,私有化的发展是政府长期以来对社会资本重视的体现,即政府制定的在控制某些基础方面对社会资本的任命、分配和委托。

PPP模式的目的是在社会基础设施的设计、建造和运营中,引进改善和创新,发挥资金的最佳价值,提供完善的服务设施和创造优良的社会效益,其核心目的是发挥资金的最佳价值(Value For Money,VFM)。PPP模式的特征是:合作的长期性,政府融资和民间融资结合,社会资本参与项目建设的不同阶段(项目的阶段性),政府和社会资本之间风险的转移。其中,PPP模式合同中的风险转移鼓励政府和社会资本双方有效管理项目建设的风险,风险转移的目的就是为了激励社会资本以便达到资产的有效利用,达到其应有的生命周期成本和价值以及资金的使用效用。项目上公共资金的有效利用来源于社会资本在资产设计上的创新和技巧、建设技术、运营经验、风险转移设计、建设延期、成本超支和融资保险等。

PPP模式的本质,在于政府资源及市场资源在数量、禀赋上的优势互补。这一模式特别强调共赢的理念、争端的解决、公平公正及风险共担,充分发挥政府部门与社会资本各自具有的优势。政府具有的最大优势是统一协调资源配置的能力,但同时要尊重市场上社会资本主体的自由选择权。只有在市场化的自愿交易的条件下,价格机制和竞争激励才会发挥功效。在自由进入和退出权得到保障的前提下,双方平等互利,私营部门主体基于自身利益,政府基于对民众的委托代理关系,双方达成一致的协议,才能保证市场和政府之间的有效结合。PPP模式最核心的问题是为了完成某些有关公共设施、公共交通工具及相关的服务项目而在政府和社会资本之间达成伙伴关系,签署合同明确双方的权利和义务以确保这些项目的顺利完成,政府通过给予社会资本长期的特许经营权和收益权来换取基础设施加快建设及有效运营。

PPP模式的典型结构是项目实施机构设立独立投资项目,提供政策支持,社会资本投资建设并负责运营管理(图1.1)。相对于传统的政府直接采购供给公共品和市场供给这两种模式,该模式具有多主体供给、负责机制的特点,具有带动社会资本进入公共服务领域的杠杆作用和风险分担机制,以及在开辟新的资金来源、提高公共服务供给的数量和效率、增加收入等方面的优势。政府与社会资本通过合同建立全程合作关系,共同对整个项目过程负责,政府允许社会资本积极参与公共基础设施项目的识别、可行性分析等前期工作,并将合作理念贯穿于公共基础设施项目的确认、建设、营运、移交等整个过程。PPP 模式在公共基础设施项目初期就可实现风险分配,政府的承诺减少了社会资本的融资难度和风险,而社会资本的介入、政府的选择性参与及税收优惠、贷款担保、有限开发权等政策优惠,有利于降低社会资本的营运风险。该模式突破了公共品产权关系的限制,提高了公共品供给效率,整个供给过程在政府的控制下运行,能有效规避公共品由私人垄断的风险。

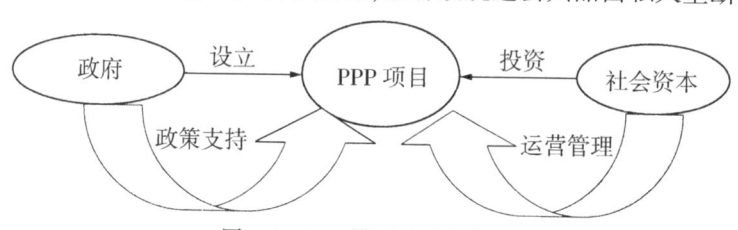

图 1.1　PPP 模式典型结构图

1.3　PPP 的应用目标与作用

PPP 模式主要适用于具有一定可销售性的准公共品和服务,如城市供水、公共交通、污水处理、垃圾处理等行业。这些领域虽具有先天的自然垄断性,但当原有的公用事业、服务的提供主体面临融资困难或服务质量和效率低下而无法满足公众日益增长的消费需求时,政府和社会资本合作的模式就应运而生了。各个国家对政府和社会资本合作范围具有各自不同的规定领域、重点领域,个别国家甚至将合作范围扩大到监狱管理、警察训练、军队后勤、军事训练服务和国家军事行动,但是 PPP 模式合作主要集中在有一定收益的公益性事业领域内。联合国发展署(UNDP)对 PPP 模式项目是按照下列范围进行分类的:①供水与水处理;②固体废物处理;③能源;④市政工程;⑤公园与娱乐设施;⑥公共交通;⑦桥梁与道路;⑧地区经济开发;⑨公共房屋建筑;⑩通信服务;⑪医疗保健;⑫教育服务;⑬其他市政服务。

PPP 模式的引入与应用,可以发挥以下作用:

①调动社会资本,提供更多的公共资产。为发展和维持日益增长的人口所需的基础设施,政府面临的融资压力越来越大。推进城镇化、修缮老旧设施、满足新进入城镇的居民的公共需求,以及完善公共服务缺失或供给不足地区的基础设施等,都是政府部门面临的挑战。此外,由于基础设施的运营经常产生赤字,只能靠

财政补贴,这也增加了公共资源的支出。

面临上述压力,大多数政府的财力有限、融资压力巨大,成为调动社会资本参与基础设施建设的主要原因。若 PPP 设计合理,则可调动此前闲置且正在寻求投资机遇的本地、地区或国际范围内的社会资本。

社会资本进入 PPP 项目是为了利用其管理能力和经验(特别是公用事业)获利。参与 PPP 的社会资本通过提供服务获得政府补偿,从而获取适当的投资回报。

②PPP 是提高效率的工具。如何有效利用稀缺公共资源,是政府部门面临的重大挑战,许多政府都未能实现这一目标,原因是公共部门缺少或根本没有提高组织内部运作和项目流程效率的动力,因此其基础设施建设和运营效率较低。

但是,社会资本进行投资或取得业务机会的目标很明确,即实现利润最大化,而利润主要通过提高投资和运营效率来获得。如果 PPP 的设计允许运营商实现这一目标,那么基础设施服务的效率很可能得以提高。提高服务质量和运营效率,意味着即使在满足了社会资本的赢利需求后,也可通过合理的收费使得公共服务供给在经济上可持续。

PPP 允许政府将运营职能转移给高效的社会资本方,同时保留和完善监管及监督等公共部门的核心职能。这种框架如果得到正确实施,可减少政府的资金支出,并能向消费者提供质优价廉的服务。即使政府承担部分投资或运营成本,也能实现控制成本支出、提升服务质量的目标,因为政府的成本义务的目标、总量和结构是在一个合理的整体融资战略下确定的。

③降低公共项目的全生命周期成本。在透明、合理的成本核算机制、定价机制和价格调整机制下,社会资本有动力通过改进管理、优化创新降低项目建设和运营维护成本,以提高自身收益水平,可以克服政府提供方式下预算体制缺陷造成的成本管理问题,进而降低政府和/或社会公众为同等质量公共资产或公共服务所付出的成本。

④通过风险分配提升项目价值。在受制于法律约束和公共利益考虑的前提下,PPP 模式将风险分配给能够以最小成本、最有效管理它的一方承担。与政府承担全部风险的政府提供方式相比,可以降低项目总体风险管控成本,实现项目价值提升。

⑤提升公共服务的质量。通过对社会资本技术经验的整合、服务创新激励以及项目协议约束,实现项目投资和管理层面的规模经济,在同等成本水平下提供更优质的公共服务。

⑥提升公共管理能力。政府可以专注于公共资产和公共服务的交付绩效监管与总体规划管理,同时可以获得更多、更有效的市场基准信息,在公共监管过程中实现公共管理能力的提升。

⑦PPP是在更大范围内推动改革的催化剂。政府有时会将PPP当作启动行业改革议程讨论和做出改革承诺的催化剂,PPP只是其中的一个组成部分。改革的关键是行业重组和明确职能。

因为要重新定位行业的职能,特定PPP项目的实施通常会推动改革取得实质性进展,如通过某项法律和成立独立监管机构。这对一个PPP项目的成功至关重要。

1.4 PPP应用原则和注意事项

1.4.1 运用PPP模式需遵循的原则

①风险最优分配原则。PPP模式致力于在政府和社会资本间实现最优风险分配而非政府风险转移的最大化,因此并非所有的风险都会被政府转移给社会资本。如果风险转移不恰当,政府可能会由于转移了自身可以更有效管理的风险而向社会资本支付更多的费用,或由于留存了社会资本可以更有效管理风险而承担更高的成本。不恰当的风险转移甚至还可能危及合作业伙伴关系的长期稳定性。在受制于法律约束和公共利益考虑的前提下,风险应分配给能够以最小成本(对政府而言)、最有效管理它的一方承担,并且给予风险承担方选择如何处理和最小化该风险的权利。

②产出导向原则。产出指PPP项目为响应报务需求、达成期望成果,在项目建设完成后项目资产所达到的各项物理、技术、经济标准和各项服务的交付范围、绩效水平。PPP项目应关注公共服务的产出绩效(通过产出说明与规范进行定义),而非公共服务的交付方式,因此应保留社会资本选择如何交付项目资产和相关服务的灵活性。

③切实履约原则。要实现PPP模式的应用目标,应确保利益相关方对PPP项目协议的切实履行,包括实行履行和全面履行。PPP项目履约管理的目的包括:帮助政府克服相对社会资本的信息不对称;保护社会公众免受竞争不足的危害;确保项目风险实际转移;保护社会资本免受不良对手的侵扰;保护社会资本免受政府机会主义行为的困扰;激励社会资本提高绩效。实质上,政府始终是PPP项目的所

有者,因为当项目发生实质性违约导致合作伙伴关系终止时,政府将不可避免地承担起提供核心公共服务的责任。尽管非实质性违约通常不会导致合作伙伴关系终止,并且在违约事件发生后存在相应的救济机制,但履行纠正义务通常需要花费比履约监管更高的成本。

④强调合同各方的平等主体地位。合同各方均是平等主体,以市场机制为基础建立互惠合作关系,通过合同条款约定并保障权利义务。

⑤强调提高公共服务质量和效率。政府通过引入社会资本和市场机制,促进重点领域建设,增加公共产品有效供给,提高公共资源配置效率。

⑥强调社会资本获得合理回报。鼓励社会资本在确保公共利益的前提下,降低项目运作成本、提高资源配置效率、获取合理投资回报。

⑦强调公开透明和阳光运行。针对项目建设和运营的关键环节,明确政府监管职责,发挥专业机构作用,提高信息公开程度,确保项目阳光运行。

⑧强调合法合规及有效执行。项目合同要与相关法律法规和技术规范做好衔接,确保内容全面、结构合理、具有可操作性。

⑨强调国际经验与国内实践相结合。借鉴国外先进经验,总结国内成功实践,积极探索,务实创新,适应当前深化投融资体制改革需要。

1.4.2 注意事项

运用PPP模式也有可能导致一些潜在问题的发生,需要给予特别的注意:

①政府债务问题。PPP项目通常包含政府对社会资本的长期付费承诺或因分担项目风险而产生的显性或隐性担保责任,尽管中长期财政预算机制或政府资产负债表等相关改革措施已经提出并开展,但在其尚未有效建立的情况下,PPP项目仍然可能突破财政承受能力进而导致政府债务风险。

②项目选择问题。PPP项目通常由政府发起,其对于PPP融资功能的依赖容易导致对项目前景过于乐观的估测,在政府承担部分市场风险的项目中,社会资本亦无足够动力对项目进行严谨的分析,从而可能导致错误的项目选择。此外,PPP项目的规划和筛选还有可能受到腐败或政治利益考虑的影响。

③有效竞争问题。公共资产和公共服务的提供通常具有排他性,在一些行业领域甚至存在自然垄断的属性,因此PPP项目的竞争压力通常来自社会资本准入阶段,即政府在选择社会资本合作方时通常采用公开竞争的方式进行。但是对于PPP项目这类具有多样性、复杂性和长期性特征的标的而言,不同社会资本提供的价值、承担的风险以及要求的回报难以进行直接比较,政府无法通过现有政府采购

程序有效甄选出最具竞争力的社会资本。

④履约管理问题。当政府选定社会资本并签署 PPP 项目协议后,双方即进入项目履约阶段。一方面,由于履约阶段缺少竞争压力,政府在缺少相称资源和技能的情况下,很难对社会资本的履约情况进行有效的监管;另一方面,由于缺乏有效的争议解决机制,在政府履约情况不佳时,社会资本亦难采取实际措施保护自身权益。

1.5 PPP 模式的应用优势

基础设施项目具有投资额巨大、价格受到政府监管、投资回收期长及公益性等特点,决定了它不同于一般的产品或服务,不可能实现完全意义上的产业化,因此"民有民营"的模式很难取得成功。我国在基建项目建设初期所采取的"国有国营"的建设和运营模式证明,在城市政府经济基础薄弱的现实条件下,这一模式存在着政府财政负担重、难以保证建设资金和补贴资金到位、运营效率低下等问题。为了拓展资金来源,提高效率,可以在基建项目的投资、建设、运营等不同环节建立多样化的收益模式,吸引社会投资,采用 PPP 模式。对于基础设施项目而言,PPP 模式的引入显现出以下优势。

1. 实现资金的最佳价值

PPP 模式可以实现财政资金的最佳价值,具体可以体现在以下几个方面:一是通过社会资本投资方的竞争性选择来加强垄断领域的竞争,为项目从设计、建设到运营整个生命周期提供一个持续的激励;二是利用社会投资人的专业资源和创新能力,提供质量更高、更有效率、更有创造性的服务,带来更富创新性的收入来源的机会;三是将部分风险转移给能够更好地控制那些风险的社会投资人;四是促使政府投资方和社会资本投资方对各自的风险和成本进行全面、长期的考虑,以最低的长期经济成本在项目期限中持续提供优质服务。

2. 弥补政府财政资金的不足

基础设施项目投资大、周期长,政府没有能力提供充足的资金。为解决公共需求与资金之间的矛盾,政府需在部分工程建设上引入多元化社会投资,以加快基础设施项目建设,满足公共需求。PPP 模式下社会资本投资方的投资和融资,缓解了政府在建设期投入的资金压力。

3. 提升基础设施服务的水平

在 PPP 模式框架下,为保持持续提供公共服务,实现投资的最大收益,同时提高自身商誉,社会资本投资方必须具有满足用户需要、提升其服务水平的内在动力。同时,社会资本投资方所具有的商业头脑和管理经验、专有技术和专业人员、类似项目的经历和经验,为服务水平的提升提供了客观支持。

4. 降低项目建设运营的成本

对于社会资本投资方而言,降低成本以获得更大的利润,是其组织的天性所在。PPP 模式可以充分利用这一特性,激励社会资本投资方通过制定最佳方案、适用规模经济、创新性技术、更加灵活的采购与缔约方式,降低一般管理费用,以提高效率和降低成本。

1.6 PPP 模式的结构

PPP 模式的结构形式非常灵活广泛,包括特许经营、设立合资企业、服务外包、运营和维护的外包或租赁、管理者收购、管理合同、国有企业的股权转让或对社会资本开发项目提供政府补贴等,其中几乎包含了介于完全由政府直接供给与完全由社会资本供给公共产品之间的所有公共服务供给模式。不同形式下社会资本的参与程度与承担的风险程度也各不相同。结合我国国情,可将 PPP 模式分为合同承包、特许经营和私有化三大类。其中合同承包类一般由政府投资,社会资本承包整个项目中的一项或几项,通过政府付费实现收益;特许经营类需要社会资本参与部分或全部投资,并通过一定的合作机制与公共部门分担项目风险、共享项目收益,政府根据项目实际收益向特许经营公司收取一定的特许经营费或给予一定的补偿,项目的资产最终由政府保留;私有化类则一般由社会资本负责项目的全部投资,建设项目的所有权归私人所有,在政府的监管下通过向用户收费收回投资实现利润。

按照美国政府会计处(US Government Accounting Office)的研究分类,PPP 模式可按照以下形式设立:

①建设—发展—运营(Build-Develop-Operate,BDO)。社会资本向政府租赁或购买现有设施,投入自身资本将设施整修、扩建或现代化改造,然后根据与政府签订的合约经营。

②建设—运营—移交(Build-Operate-Transfer,BOT)/建设—移交—运营(Build-Transfer-Operate,BTO)。社会资本按照政府议定的规格建造设施,根据与政府签订的合约或特许经营协议经营设施,在经营期届满时将设施转移给政府。一般而言,社会资本会提供全部或部分资金,而合约期亦足以让私营机构取得合理

回报收益。建设—运营—移交的模式,对主办项目的政府而言通常具有吸引力,因为首先可以使政府在有限的财政预算下降低成本;其次,政府可以利用私营机构提高运营效率;最后,还可以鼓励外来投资及引入新的或经过改良的技术,成为政府吸引外商投资及国外私人资金进入国内的良好渠道。建设—移交—运营模式与建设—运营—移交模式相仿,它是在建造工程完成后,而非在完结时,把设施移交给政府部门。

③建设—拥有—运营(Build-Own-Operate,BOO)。社会资本以建设及运营设施为途径提供公共服务,但不将设施的所有权转移给政府。在提供服务的目标市场较为稳定且广大时,此模式通常会有不错的运行结果。

④购买—建设—运营(Buy-Build-Operate,BBO)。此模式一般用于政府出售部分设施资产,用以提高其运营效率,其中包括将现有设施修复或扩建。公共部门出售资产给私营机构,让其在对现有设施做出所需的改建后,以更具成本效益的方式经营。

⑤设计—建设(Design-Build,DB)。社会资本替政府设计并建设公共设施。公共部门拥有该资产的所有权,并且负责营运及维修。设计—建设方式对应单一的设计及建设责任,可以加速项目的交付,具有较高的时效性。

⑥设计—建设—融资—运营(Design-Build-Finance-Operate,DBFO)。社会资本负责的设计、建设及融资等有关事宜,政府须根据长期服务经营合约,向社会资本支付年费。

⑦设计—建设—维护(Design-Build-Maintain,DBM)。这一模式与设计—建设相仿,唯一不同的是设施维护责任属于社会资本承担。

⑧设计—建设—运营(Design-Build-Operate,DBO)。政府拥有设施的所有权,并为项目提供资金支持,社会资本则参与项目的设计、建设及运营。这一模式让社会资本可以持续参与的同时,也方便社会资本以使用者付费的形式集资。在美国,设计—建设—运营这一模式,在饮用水及污水处理领域被广泛应用。

⑨发展商融资(Developer Finance,DF)。社会资本为建造或扩建公共设施提供资金,以换取在该地点兴建住宅楼宇、商铺或者工业设施的权利。在社会资本监督下,社会资本提供资金并经营管理,有权使用设施及从使用者支付的费用中获取收益。

⑩运营、维护及管理服务合约(Operate Maintain and Managing Contract)。社会资本与政府签订服务合约,政府就控制该服务及设施保留最大权利。一般而言,合约期越长,社会资本获取收益的空间就越大,因而社会资本投资的机会便越大。通

过竞投合约,公众可以通过削减服务成本及改良服务质量获益。

⑪免税契约(Duty-free Contract)。政府通过向社会资本或财务机构借贷而为其资产或设施集资。社会资本拥有资产的所有权,但在契约期限开始或结束时将资产转让给政府。在美国,用以支付资本投资利息部分的契约金是免税的。

⑫全包式交易(Whole-Transaction)。政府按照指定的作业标准及准则,就设施的计划及建造与社会资本签订合约。社会资本承诺以固定的价格兴建设施,并承受相关风险。为设施建设进行融资的责任及设施的所有权根据具体约定不同可以属于有关的政府,也可以属于承建的社会资本。

根据政府和社会资本在项目中的参与程度、主导地位的差异以及项目性质,PPP模式又可分为服务外包(Service Contract,SC)、管理外包(Management Contract,MC)、设计—建设—移交(Design-Build-Transfer,DBT)、租赁—更新—运营—移交(Lease-Upgrade-Operate-Transfer,LUOT)、购买—更新—运营—移交(Purchase-Upgrade-Operate-Transfer,PUOT)、建设—租赁—运营—移交(Build-Lease-Operate-Transfer,BLOT)、建设—拥有—运营—移交(Build-Own-Operate-Transfer,BOOT)、设计—建设—移交—运营(Design-Build-Transfer-Operate,DBTO)、建设—移交—运营(Build-Transfer-Operate,BTO)、建设—移交(Build-Transfer,BT)、移交—运营—移交(Transfer-Operate-Transfer,TOT)、建设—租赁—移交(Build-Lease-Transfer,BLT)、建设—拥有—运营—补贴—移交(Build-Own-Operate-Subsidy-Transfer,BOOST)等形式。

1.7 PPP结构的主要类型

PPP结构的每种类型都有不同的特点,选择应用时必须根据行业改革目标逐一进行评估和诊断。总体而言,PPP合同可以分为:服务合同;管理合同;包干制委托经营合同或租赁合同;建设—运营—移交(BOT)和类似安排;特许经营权;合资企业六类基本类型。

图1.2显示,目前亚洲地区已经基本使用了所有形式的PPP。

在不同的PPP类型中,社会资本承担着不同级别的责任和风险,项目结构和合同形式也存在差异。表1-1总结了各种形式的差异。随着PPP模式应用、研究的不断深入,越来越多的合同以混合形式签订,以汲取不同形式的优点,更好地满足公共需求。

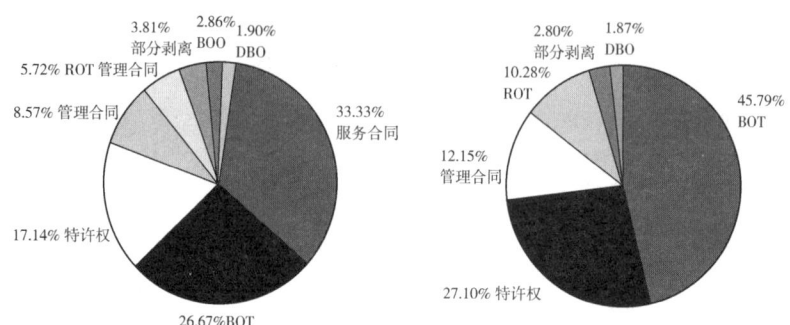

图 1.2 按照合同类型分类,包括和不包括服务合同的亚洲 PPP 业务

表 1-1 PPP 基本形式主要特征总结

	服务合同	管理合同	租赁合同	特许权	BOT
范围	各种支持服务的多种合同,如计数读数、计费等	管理整个或主要项目	管理、运营和续签责任	所有运营责任,以及投资、融资和执行	主要部分投资和运营,如污水处理厂
资产所有权	政府	政府	政府	政府/社会资本	政府/社会资本
持续时间	1~3 年	2~5 年	10~15 年	25~30 年	各异
O&M 职责	政府	社会资本	社会资本	社会资本	社会资本
资本投资	政府	政府	政府	社会资本	社会资本
商业风险	政府	政府	分担	社会资本	社会资本
私营部门假设的整体风险水平	最小化	最小化/适中	适中	高	高
补偿条款	单价	固定费用,最好有绩效激励	资费收入部分	全部或部分资费收入	大部分固定,部分生产参数变量
竞争	激烈和持续	仅一次,合同通常不续签	仅初期合同,后期合同通常协商	仅初期合同,后期合同通常协商	仅一次,通常协商无直接竞争
特殊特征	作为提高公共公司效率战略,非常有用,促进当地私营部分发展	在准备更深度私营参与时期,短期解决方案	提高运营和商业效率,发展本地员工	提高运营和商业效率,调动投资资金,发展本地员工	调动投资资金,发展本地员工

续表

	服务合同	管理合同	租赁合同	特许权	BOT
问题和挑战	需要管理多种合同的能力,强大具有执行力的合同法	管理层可能无法充分控制核心要素,如预算资源、员工政策等	潜在公共机构间的冲突,这些公共机构负责投资和私营运营商	在合同最后5~10年,确定如何补偿投资,确保良好维护	无需改善持续运营效率,可能需要担保

决策者在为某一行业选择 PPP 方案时,应注意其应用经验。同时,决策者应慎重考虑当地是否有能力实施更加复杂的方案。财务结构复杂,合同条款、监控要求较多的 PPP 项目,需要提前雇用和培训员工。

1.7.1 服务合同

根据服务合同,政府雇用社会资本完成一个或多个特定的任务,时间通常为 1~3 年。政府仍然是基础设施服务的主要提供者,且只将部分业务承包给私营合作者。社会资本必须按约定成本提供服务,通常必须满足政府制定的标准。政府一般采用竞争性招标程序来签订服务合同,鉴于合同期限不长及其范围较窄,竞争性招标通常是有效的。

根据服务合同,政府向社会资本支付预先商定的服务费,该费用可能是一次性支付,也可能按单位成本或其他方式支付。因此,如果承包商在服务达标的同时能够降低运营成本,其利润将增加。在此模式下,社会资本通常不与消费者互动,政府负责为扩大或完善利润分配系统所需的任何资本投资提供资金。专栏一介绍了马来西亚减少水渗漏的服务合同。

> **专栏一:马来西亚减少水渗漏服务合同**
>
> 山打根市位于马来西亚沙巴州,常住人口约 45 万。沙巴州无收益供水(NRW)量居马来西亚最高水平。在 20 世纪 90 年代接近全部供水量的 60%。
>
> 2003 年春,沙巴州水务局签署了减少 NRW 合同,旨在从两个方向减少实际或有形损失,即改善和扩大当前主动的水渗漏控制活动,并更换掉爆裂频率最高的水管。合同期为 30 个月,由英国 Halcrow 水务咨询服务公司和马来西亚公司实康工程承建。该项目于 2005 年 7 月顺利结束。
>
> 项目发现并修复约 2100 处渗漏。截至 2005 年 6 月底,实际损失减少近 1750 万升/天(17.5MLD),超过 15 MLD 的目标。其中,通过积极的水渗漏控制减少约 11 MLD,通过更换管道减少 6.5 MLD。节省的水量占加工水总量的 20%。

> 该项目还组织了一个培训项目,以确保项目成果的可持续性。2006年,实康工程签署了二期项目合同,合同范围包括提供核心团队和技术人员,继续负责减少NRW,如更换管道、设立计量分区、积极开展渗漏检测、修复渗漏、更换用户水表、管理压力和建立管道网络模型等。

潜在优势

服务合同通常适用于合同中可以明确界定服务内容、能合理确定需求水平并可以随时监控执行情况的情形。服务合同为发挥社会资本更大作用提供了相对较低风险的选择。服务合同可以对系统运营和效率产生快速、重大的影响,并为技术转让和管理能力的提升提供了载体。

服务合同往往期限较短,允许部门内重复竞争,鉴于只有分散的服务用于招标,准入门槛也低。重复招标让承包商面临压力维持低成本,同时低门槛鼓励更多社会资本参与竞争。

潜在劣势

服务合同不适用于主要目标是吸引资本投资的情形。合同可能会提高效率,从而释放部分收入用于其他用途,但承包商并没有义务提供融资支持。事实上,如果其他资金来源(如政府或捐助者)未能落实,承包商的效率可能会受到影响。由于承包商的活动分散且独立于公司的整体运营,这可能意味着除了离散和有限的改善外,系统运营不会受到更深远的影响。此外,政府仍负责制定收费标准和管理资产,这两者都具有政治敏感性且对维持系统运营至关重要。

1.7.2 管理合同

管理合同将外包的服务范围扩大至部分或全部公共服务(如公共设施、医院、港口管理等)的管理和运营。虽然政府仍然是服务的最终提供者,但日常的管理和控制被分配给社会资本。多数情况下,社会资本仅提供运营资金而不是投资资本。管理合同结构如图1.3所示。

社会资本获得预先商定的劳务费和其他运营成本,为激励其提高效率,承包商完成预先设定的目标后将获额外偿付。另外,管理合同下的社会资本可分得部分利润。公共部门承担主要资本投资的义务,特别是有关扩大或大幅改进系统的投资。合同可规定由私营部门出资的离散活动。社会资本可以与用户进行互动,政府负责制定收费标准。管理合同通常会完善公司的财务和管理系统,有关服务水平和优先事项的决策可能会在更商业化的基础上进行。专栏二介绍了柬埔寨初级卫生保健部门的管理合同。

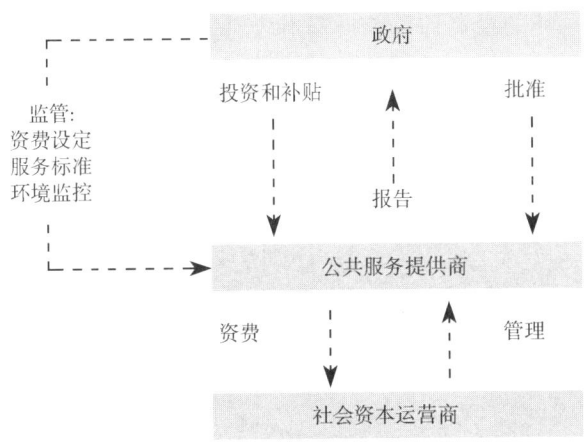

图 1.3 管理合同结构

专栏二：柬埔寨将初级卫生保健服务承包给非政府组织(NGO)

除了用于基础设施建设，管理合同还用于其他市政服务，如卫生保健。NGO 获得了柬埔寨 12 个区域初级卫生保健设施 4 年期的管理合同。承包商负责全程管理，且必须实现相应目标，包括提高免疫率、产前护理、计划生育，以及为贫困者提供服务。承包商必须免费提供某些服务(产科急救护理、小手术、严重疾病的住院治疗)。与公共管理的设施相比，政府发现私营管理在执行、扩大覆盖范围和改善员工工作环境等方面更有效。

潜在优势

管理合同的主要优势在于，通过社会资本的管理产生大部分运营收益，资产无需转移至社会资本。管理合同较其他合同更易达成，且争议较少。因为社会资本无需分配大量人力资源至政府部门，管理合同成本也相对较低。管理合同也可以被视为临时安排，允许在制定更全面的合同和架构的同时作出适当调整。同样，随着时间的推移和项目的顺利进展，管理合同可以逐步提高政府部门的参与程度。

潜在劣势

管理合同的难点在于服务义务与管理的分离，以及融资和扩张计划的分离。管理合同下的承包商不享有实现深刻而持久变化所需的自主权(如管理员工的权力)，这是有风险的。如果向运营商支付一部分利润或激励性报酬，需要设计保障措施防止承包商夸大成果或系统维护不足，从而增加利润。

1.7.3 承租合同或租赁合同

在租赁合同模式下，社会资本负责提供全部服务，并承担满足有关质量和服务标准的义务。除了新的投资和重置投资由政府负责外,运营商提供服务并自负费用和风险。租赁合同的期限一般是10年,续期可长达20年。服务的提供者由政府变更为社会资本,运营和维护的财务风险全部由社会资本运营商承担,特别是运营商承担亏损及消费者的未偿债务。租赁合同结构如图1.4所示。

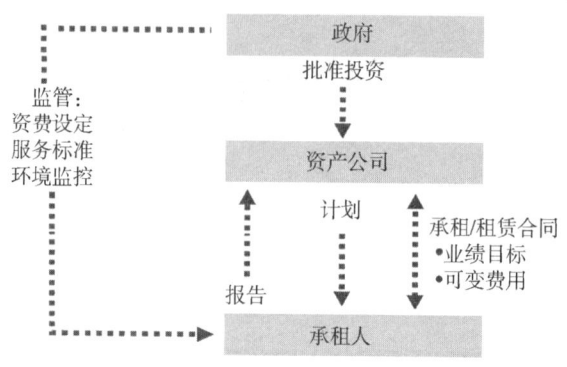

图1.4　租赁合同结构

按照这种安排,政府出资建立初始系统,承包给社会资本进行运营和维护。部分收入被转移到政府部门,用于偿还建立系统的贷款。港口的租赁合同实例参见专栏三。

承租合同与租赁合同相似,但并不完全相同。租赁合同中,社会资本保留向客户收取的款项,按规定向政府支付租赁费。承租合同允许社会资本从客户那里获取收入,向政府支付承租费,并保留剩余收入。承租费通常是指出售每单位产品的约定费用。承租合同因降低了与低成本销售增长相关的部分风险,更受社会资本合作伙伴青睐。

专栏三:港口的租赁合同

在亚洲,租赁合同通常用于运营机场航站楼或海港集装箱码头。印度和泰国都有持续的租赁合同,分别用于运营喀拉拉邦柯枝市和曼谷的集装箱码头。印度的合同期为8年,由阿联酋私营公司租赁。泰国的合同涉及本地公司,租赁期为27年。新加坡吉宝集团签下15年期的租赁合同,运营中国广州白云机场航站楼。吉宝集团持有项目公司25%的股权。

潜在优势

根据租赁和承租合同,社会资本合作伙伴的利润取决于公共设施的销售收入和成本。这类契约的主要优点是它们能激励运营商提高效率和销售量。其主要风险是,为了提升利润,管理层会降低资产的长期维护水平,特别是在合同期的最后几年,承包商甚至可能会采取破坏性的经营策略。此外,社会资本合作伙伴虽然不提供投资资本,但会支付资产的使用成本。

潜在劣势

租赁合同与服务合同和管理合同的不同关键在于承包商的收入来自客户付款,因此对收费标准非常敏感,这就需要建立和完善复杂的收费制度。此外,政府仍然负责资本投资,社会资本不提供投资资本。

1.7.4　特许经营权

特许经营权允许社会资本运营商(受让人)在指定区域内负责全面提供公共服务,包括系统的运营、维护、征收费用、管理、建设和修复等,同时,运营商负责所有资本投资。尽管社会资本运营商负责提供资产,该资产即使在特许期内也属于政府所有。政府负责确定实施标准,并确保受让人能达到标准。从本质上讲,特许经营模式将政府的角色从服务提供者转变为服务价格和质量的规范者。表1-2和专栏四列举了基础设施特许权经营的案例。

表1-2　发展中国家和地区转型经济体基础设施特许经营权案例

电信 中国,库克群岛,几内亚比绍,匈牙利,印度尼西亚,马达加斯加岛,墨西哥	电力 中国,科特迪瓦,几内亚,匈牙利,墨西哥
天然气交通和分布 阿根廷	铁路 阿根廷,巴西,布基纳法索,智利,科特迪瓦,墨西哥
配水 阿根廷,巴西,智利,中国,哥伦比亚,科特迪瓦,几内亚,匈牙利,印度尼西亚,中国澳门特别行政区,马来西亚,墨西哥,菲律宾,塞内加尔	

在特许经营权合同下,受让人直接向系统用户收取费用。特许经营权合同通常会确定收费标准,且规定标准可能随着时间调整。政府一般不提供资金支持,来帮助受让人支付资本开支。受让人负责筹集系统建设、升级或扩大所需的任何资本投资,并通过自有资源和用户缴纳的费用为这些投资融资。受让人还负责提供运营资金。特许经营权有效期一般为25~30年,因此运营商通常有足够时间收回投资,并获得适当收益。必要情况下,社会资本可能会负责部分资本投资,如以投资"补贴"的形式(弥补资金缺口)保证特许权合同的商业可行性,政府可以从征收的费用中提取相应部分来收回投资。特许经营权合同结构如图1.5所示。

专栏四：韩国首条机场铁路

韩国首个铁路特许权项目正在建设中。从首尔市中心至仁川国际机场，全长61.7km，将提供通勤和快速交通服务。全长41km的一期项目于2007年开始运营，连接仁川国际机场和金浦国内机场。两年半后，这条线路延长20.7km，一直到首尔中央火车站。

此项目连接仁川机场、首尔和最近开通的KTX高速铁路(从首尔中央车站开往釜山)，受到韩国国家和地方政府的大力支持，是韩国首个铁路特许权项目。仁川国际机场铁路公司(Iiarco)自完工开始拥有该项目30年的特许经营权，这家具有特殊性质的公司成立于2001年3月。

Iiarco有11个股东，包括大股东现代工程建设(HDEC)(持股27%)、浦项工程建设(11.9%)、大林产业(10%)、东部公司(10%)、韩国铁路管理局(9.9%)，以及其他6家韩国公司。

Bechtel公司为Iiarco提供项目管理支持，韩国顾问公司Kortech也负责协助受让人。

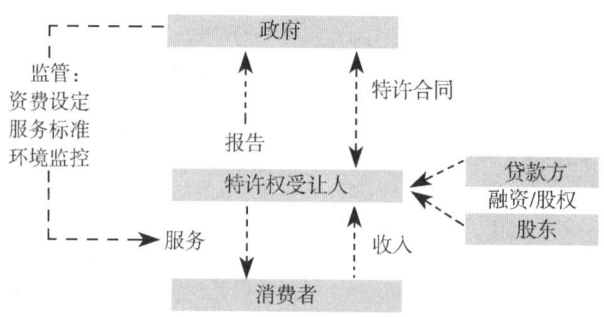

图1.5　特许经营权合同结构

潜在优势

特许经营权可以有效吸引私营资本，用于新的设施建设或改造现有设施。特许经营权安排可以激励运营商提高效率和效益，因为效率提升促进了利润增长，最终使受让人受益。同时，运营和融资职责的全部转让，使得受让人能够重点考虑并创新其认为最有效的事项。

潜在劣势

为明确界定运营商的行为，特许经营权合同通常会非常复杂。同时，政府还需要提升收费和执行监控方面的能力。此外，由于很难预料25年内可能发生的事件,合同的长期性(为了收回高额投资成本)造成了招标过程的烦琐和合同设计的复杂。随着环境不断变化,允许对某些合同条款的定期评估可以部分弥补这一不足。为避免经营中产生额外风险,除非合同约定了相关条款,否则运营商在合同剩余期限内通常只对预期有回报的新资产作出投资,特许经营权合同的长期性和复杂性,使得它们可能在政治上存在争议且很难组织。最后,由于合格的重大基础设施网络运营商数量往往有限,因此特许经营权合同只存在有限的竞争。在此情形下,特许经营权合同可以通过规定垄断条款,来给更多的运营商提供机会,从而符合消费群体的最大利益,并提供平等的服务。

1.7.5 建设—运营—移交(BOT)和类似形式

BOT 及类似形式是一种特殊的特许经营权合同。根据此特许经营权,社会资本按照政府设定的实施标准进行融资并建设新的基础设施。图 1.6 介绍了 BOT 合同结构。

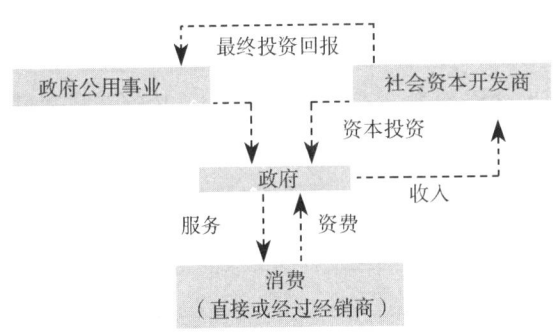

图 1.6 BOT 合同结构

根据 BOT 合同,私营伙伴需提供项目建设所需资金,在合同规定的期限内,私营运营商拥有项目资产,通过向用户收取费用收回投资成本。

政府与社会资本运营商协商项目产出的最低购买量,此最低量足以确保运营商在运营期间收回成本。如果政府高估需求,发现自己实际需要购买的产出低于规定的最低购买量时("照付不议"),问题将会出现。此种情形下,运营商可以支付一部分产能建设费用和消费支出,由政府和社会资本运营商共同承担需求风险。BOT 合同通常要求制定复杂的融资方案,以获取大量资金及较长的还款期(见专栏五)。

专栏五:中国香港某固体垃圾转运站建设和运营的 BOT 项目

中国香港发起一个建设和运营固体垃圾转运站的 BOT 项目,包括一座转运站和一个卡车队。政府根据设计和运营转运站的经验预审了几家公司,然后组织竞争性招标,最终确定哪家公司能够胜出。招标文件列出对技术和环境的要求、维护需求,以及设备替代时间表。目前该站已建设完成,正在运行。政府定期对转运站开展检查,以核实是否达到相关标准。

合同期满,项目所有权归政府所有,但政府可以选择将运营责任承包给开发商,或与新的合作伙伴签订新的合同。

在应用领域上,BOT 安排和上文中的特许经营权是不同的。特许经营权一般涉及现有系统的扩展及其运营,而 BOT 往往涉及大量的需要从外部获取大量股权和债务融资的"绿地"投资。但在实践中,特许经营权合同可能包括开发重要系统组成部分以及扩大现有系统,BOT 合同有时也会涉及现有设施的扩展。

BOT 的变种形式有很多(见表1-3),包括:建设—移交—运营(BTO)——项目在建设完成后而非合同期结束后移交至政府;建设—拥有—运营(BOO)——项目由开发商建设和运营,不将所有权转移至政府;设计—建设—运营(DBO)——项目所有权在项目整个生命周期内都不属于社会资本,基础设施项目的设计、建造和运营工作以单一合同的形式外包。

表 1-3 项目交付基本方案

	所有权	设想	设计	建设	运营和维护	财务责任
设计—建设—运营(DBO)	政府	政府	社会资本费用合同			
建设—运营—移交(BOT)	政府	政府	社会资本费用合同			政府
设计—建设—融资—运营(DBFO)	政府	政府或社会资本	社会资本费用合同			政府或社会资本
建设—拥有—运营(BOO)	社会资本	政府或社会资本	社会资本承包(许可权)			

设计—建设—融资—运营(DBFO)模式将设计、建设、融资和运营的责任捆绑在一起转移至社会资本合作伙伴。由于社会资本合作伙伴承担的融资责任不同,DBFO 的各项安排也有很大差异。

根据当地法律和财务状况不同,所有权和移交时间的设置,选择较多(见专栏六)。

专栏六：BOO 与开发、运营和维护印度古吉拉特邦的一条收费公路

这条长 32km 的收费公路的建设合同，包括道路的设计和建造，涵盖铺设道路、横排水工程、桥梁、收费设施、标志线和隔离带。合同还包括管理、运营和维护等内容，如收费、收费站运营、交通管理以及设施维护。

承包商拥有相对较大的自主权，可以确定其工作方法和维护计划。收费标准基于固定的公式，每年根据 CPI 指数变化。若收费涨幅高于合同批准的标准，则由收费审查委员会向政府提出相应建议。

合同实施过程中，应聘请独立工程师和独立审计师进行监督，并向政府和承包商提交报告。

降低风险的措施包括：

①征地风险。政府承担完成收购的所有责任。

②收入风险。由承包商承担，不过收费标准每年通过商定的指数化公式自动调整。

③通胀风险。由承包商承担，因为签订的是固定价格合同，因此风险转移至承包商。

④交通流量不足的风险。设定合同延长条款，以免在 30 年合同期内未能按计划获得 20% 的回报率。承包商也可能会获得额外收入，不过需有政府裁定。

⑤不可抗力风险。购买覆盖范围较广的保险，制定临时收费评估条款，以在短期内减少由于不可抗力风险带来的收入损失。

潜在优势

目前，BOT 模式已得到了广泛应用，以吸引更多的社会资本投向基础设施的建设和更新。由于客户通常只有政府一个，BOT 协议可以降低社会资本合作伙伴的商业风险，但私营参与方必须对政府的履行行为有信心。

DBFO 的优势之一是此类项目完全或部分通过债务融资，通过财务杠杆利用了项目产生的收入流。直接收费（如通行费）是最常见的收入来源，公路交通领域的其他收入来源还包括租赁费用、影子收费和车辆登记费等。

潜在劣势

BOT 模式适合应用于具体项目，所以对于特定的投资方式来说具备潜在优势，但对系统的整体表现影响较小。因此，很难将 BOT 带来的生产增长与相应的需求改善联系起来。虽然私营部门可通过其丰富的经验降低初始建设成本，但考虑到需要签订"照付不议"协议，取代公共融资的私人债务可能会非常昂贵。

竞争的好处仅体现在初始招标时期,随后签订的合同经常需要在有效期内重新协商,因而招标文件和流程要求对项目必须进行审慎规划并安排充足的实施时间。

1.7.6 合资企业

成立合资企业是完全私有化的替代形式,设施由政府和社会资本运营商共同拥有和运营。政府和社会资本既可成立一家新公司,也可通过向一个或多个社会资本投资方出售股份来实现合资的目的。这类合作的关键是要有良好的企业治理能力,尤其是独立于政府的能力。这一点很重要,因为政府既是所有者之一,又是监管者,而官员很可能会干涉公司业务以达到其政治目的。从持股人的角度出发,政府比较关心公司的赢利能力和可持续发展能力,为企业经营扫清政治障碍。社会资本合作伙伴承担经营者角色,其董事会成员通常可反映股权组成和专业化程度。专栏七反映的是中国对于合资企业的制度安排。

专栏七:通过合资企业在中国扩展能源业务

通用电气(GE)能源公司活跃在中国开展业务的历史超过90年,已向各领域提供70台蒸汽轮机、165台燃气涡轮、97台风力涡轮机、180套水电机组、300台压缩机,以及整体工程解决方案,帮助中国提高能源生产和传输设备的可靠性和可用性。

GE黎明是一家由GE能源(持股51%)和沈阳黎明航空发动机有限责任公司(持股49%)组建的合资公司,后者是中国主要的航空衍生燃气涡轮发动机和喷气发动机制造商。合资公司于2003年8月28日成立,注册资本1890万美元,主要生产燃烧部件、缸体、喷嘴,用于GE公司在中国组装的Frame 9FA和9E型燃气涡轮发动机。

2003年1月8日,GE能源(持股75%)和沈阳鼓风机集团(SBW,持股25%)共同出资1370万美元成立GESTT公司。后者是中国一家主要的国有企业,生产离心式压缩机、鼓风机和传动装置。该合资企业为中国的石油和天然气行业提供了广泛的GE能源的油气服务及强大的本地化服务能力。

合资企业往往伴随着额外的合约(特许经营权或业绩协议),以明确公司的期望结果。此外,合资企业通常需要一些时间进行发展,并在项目真正实施前为政府和社会资本合作伙伴提供较多的对话与合作机会。

根据合资结构,政府和社会资本合作伙伴必须愿意向公司投资并承担一定的风险。合资企业合同结构如图1.7所示。

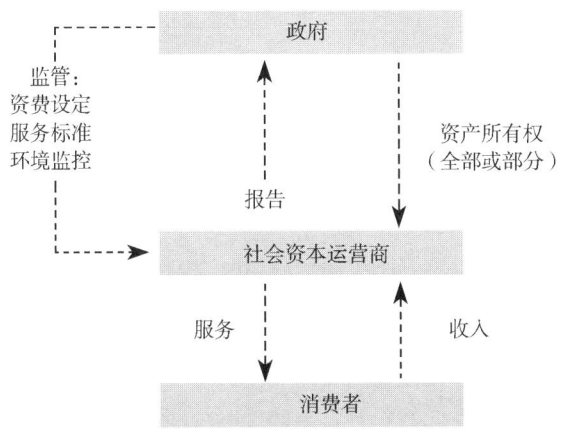

图 1.7 合资企业合同结构

潜在优势

在合资企业中,政府与社会资本是真正的伙伴关系,它将社会资本的优势与政府关注社会和了解当地信息的优势结合起来。由于各方均对公司投资,因此都非常关心企业是否能取得成功,有提高效率的意愿。

潜在劣势

政府拥有所有者和监管者的双重身份,这可能会导致利益冲突。合资企业也可能倾向于直接谈判或采取不太正式的采购模式,从而滋生腐败。

1.7.7 混合形式

在 PPP 项目实践中,也可将多个合同类型的不同特点纳入同一个合约中,将最适合某一特定项目要求和运营条件的属性集中起来,这种形式称为"混合形式"。混合形式可以在范围、风险分配和最适合特定项目的范围方面提供量身定制的解决方案。显然,这种形式是变化多样的,可以根据项目具体情况进行特定的组合,最大可能地规避风险,提高效益。

> **专栏八:国际医疗行业 PPP 创新案例**
>
> 20 世纪 90 年代以来,PPP 模式在国际上取得了很大进展,广泛运用于世界各地公共管理领域。在医疗行业,一些国家与地区,对 PPP 模式已有不同程度的运用经验,无论从规模还是管理水平上,都有较高的成熟度和创新理念,值得我国的医疗卫生领域学习与借鉴。

1. 租赁合同:菲律宾马尼拉国家肾移植研究所(NKTI)费森尤斯透析中心

为了提高医院的运营效率,在此次租赁项目中,菲律宾国家肾移植研究所作为项目的政府方与社会资本合作进行这次项目。

NKTI是一所主要治疗肾部疾病的三级专科医疗中心。近些年来,人们对肾病治疗需求日益增加,迫使NKTI透析中心对其服务和设施进一步扩充。为了能够更好地治疗晚期肾病患者,NKTI通过执行PPP的租赁合同模式,弥补其对新添和翻修大型机械仪器所需资金的短缺。NKTI最终决定,将医院长期租赁给私立运营商费森尤斯,并利用费森尤斯所缴付的租赁费用,购买新型医疗设施。

此次PPP的租赁合同模式带来了诸多效益,包括医院设施科技的更新、医疗服务覆盖面的扩张以及医院运营效率的提升。

首先,通过此次项目,NKTI为医院的医疗设施和科技进行了全面更新,私立运营商对设施长期维护并提供专业操作人员,保证设施在最大功效下运转。其次,NKTI通过此次对设施的添加和场所的扩张,为更多患者提供了医疗服务(2012年,透析中心总共提供了45494例服务,较上年增加了10%以上)。此外,私立运营商还为医院带来了更高的运营效率,降低了运营成本,提高了医院的财务业绩。相比较其他公立透析中心,NKTI现在的费用更加低廉,同时,其2012年的收入较预期增长了112%。在2012年,病人的满意程度达到85%以上。

2. 特许经营权(设计—建设—运营模式):英国皇家利物浦医院

英国一家大型大学附属医院采用"设计—建设—运营"的特许经营权模式,促成其医院扩建与翻修。

英国皇家利物浦医院为其所在区域的主要医疗服务提供者,年出院病人数达49万人次。近几年,医院遇到一系列硬件设施、系统安全、服务交付及医院设计等问题,因此寻求一系列改进措施,包括新楼的建设,为其增加646个床位、23个病区、18个手术室以及一个停车场;改进措施还涉及运营服务的提升,包括硬件设施的管理与维护、医院布局改善、信息系统安全性更新等(但不涉及医疗服务本身的提供或提升)。

Carillion/Uberior公司和欧洲投资银行(EIB)分别以参股与次级债券、长期借贷的形式,为SPV公司(Special Purpose Vehicle,特殊目的机构)提供资金,SPV则分别对其发放分红及支付债务利息。保险公司与SPV成立合作协议,为其病人提供保险服务,而 SPV 也为医院增加了保险供应商,便利医院病人的医疗服务支付。Carillion 同时担任 SPV 的建筑商及运营商,承担医院的扩建及非医疗服务部分的运营与维护,未来他们可能力图以一定比例获得其在特许经营合同年限内医院的运营利润。该结构中,公共机构(皇家利物浦医院 NHS 基金会)负责医疗服务的提供,并且始终保有对皇家利物浦医院的产权。在此合作模式下,项目运营风险一定程度上转移给了社会资本,减少了公共机构的财政压力,同时也实现了对社会资本的激励,增强了医院的实力,促进医院专注提供更为高效的医疗服务。

院方对项目未来盈利充满信心,且在此模式下,皇家利物浦医院将会成为英国最大的一家医院之一,同时亦可作为当地的地标性建筑物。其将具有最为先进的硬件设施,包括再生能源利用系统、低碳科技、高安全性信息系统等;并通过设施的有效管理提升医院的运营效率。目前该模式仅仅开启了医院未来发展的第一步,未来凭借其优异的硬件设施及运营效率,或将成为未来医院发展的坚实基础,对其医疗服务的创新与发展提供更为有力的支持。

3. PPIP(公私投资型合伙制——PPP 的特殊转型):西班牙瓦伦西亚 Ribera 医院

西班牙医院和私立集团通过 PPIP 的形式签订长达 15 年的转让合同。PPIP 是 PPP 的特殊转型,其区别是,PPIP 模式中涉及了公立方的部分投资。这种特殊形式的 PPP,在西班牙得到了广泛应用,而瓦伦西亚的 Ribera 医院则被认为是此类模式的第一例成功案例。

20 世纪 90 年代,阿尔齐拉的医疗资源紧缺,财务预算增加。为能给当地居民提供更高效的医疗服务,瓦伦西亚政府采取了创新性的商业模式。

1997 年,瓦伦西亚区域政府选择了阿尔齐拉区作为其第一个 PPP 的实施区域。这种合伙制模式由瓦伦西亚地方政府和 Ribera Salud Temporary Union of Businesses (UTE-Ribera)合伙组成。

整个转让合同持续了 20 年(其中包括五年续约)。UTE-Ribera 作为社会资本的特殊目的项目公司,主要由四个社会资本方组成(Adesla, Ribera Health, Dragados and Lubasa),承担的责任包括 Ribera 医院的设计、建造、运营以及医疗与非医疗服务的提供。其中,Dragados 和 Lubasa 负责医院的建筑和设计。由 Adesla 提供医疗服务,Ribera Health 担任融资重担。UTE-Ribera 在转让合同期间至少需要在医疗服务上投入 6800 万欧元,作为运营成本。在合作过程中,政府始终持有医院的产权。

针对 Ribera 医院，PPIP 的合同对激励与监管条款也有明确阐述。激励方面，政府推出了药品费用激励计划，如 Ribera 医院病人的药品费用低于瓦伦西亚地区的平均水平，则差额由瓦伦西亚卫生部与医院共同分享，其中瓦伦西亚卫生部可以获得70%，医院获得30%。监管方面，合同声明，私立资本运营医院的利润上限为每年7.5%。在病人流动率上亦有所要求，如病人流动率高于20%，则政府部门会向社会资本征收一定比例罚金。如有本地区病人放弃至本医院就医，医院需要支付该病人外省就医的一切费用。同时，更有多方公立机构开展对医院运营情况的监管，包括区域委员会、医事服务混合委员会等；医院同时需接受当地政府部门以及第三方部门的审计。

该项目为医院以及当地社会带来一系列益处，包括本地优质医疗服务覆盖、医院运营效率、医院人员激励，以及促进行业良性竞争。

首先，当地居民在本地区即可享受到优质医疗服务，而不必四处奔波。其次，医院的整体医疗效率得以提升。医院日手术例数达到6.6例，高于地区平均数的5.5例；医院平均住院日为4.76天，低于地区平均数5.22天。此外，由于采纳了扁平化的新式企业组织架构与激励模式，员工对医院的发展方向更为明确，并获得了更强的激励。最后，该案例的成功实践激活了医疗行业发展，在瓦伦西亚地区，越来越多的医院采取这样的模式运营，整体地区的医疗水平与竞争环境均得以提升优化，带动了整个行业的发展与进步。

1.8 PPP 模式在世界范围内的应用

PPP 模式被认为对推进基础设施及公共服务的发展具有重要作用，在全世界的应用已经成为一种趋势。因此许多国家已建立了相关机构来管理协调和推广 PPP 项目。各国政府都已开始在各类项目中与社会资本进行合作，从各类具体项目的融资到增强政府服务的能力等多方面建立社会资本参与基础设施建设及公共服务提供的机制。据世界银行报道，在1990—2010年期间，已有150多个发展中国家推出了社会资本在电信和能源等基础设施项目中的参与计划，其中2500个项目吸引了8900亿美元的投资承诺。报告指出：社会资本在基础设施中的参与，在放宽财务限制、提高基础设施服务的效率以及救助贫困人群等方面做出了重要贡献。

1.8.1 PPP模式在全球基础设施建设领域的总体发展状况

表1-4分别从项目数和投资额两方面统计了1990—2011年全球不同地区基础设施建设过程中采用PPP模式的情况,两个角度的统计结果趋于一致,各地区的排序(由多到少)均为:拉美和加勒比地区、亚太地区、南亚、欧洲和中亚、撒哈拉非洲、中东和北非。拉美地区不论在项目数还是投资额上均占总量的30%,表明PPP模式在该地区运用十分活跃。亚太地区项目数占总量近30%,但投资额却只有近20%,说明PPP模式在该地区也呈现活跃态势,但单体投资规模较小。

表1-5分别从项目数和项目投资额两方面统计了1990—2011年全球范围内PPP模式在四个行业(能源、交通、通信和水处理)的运用情况。从项目数来看,统计期间能源行业项目最多,随后依次为交通、通信和水处理;而从项目投资额来看,排名第一的是通信行业,其后分别是能源、交通和水处理。能源行业项目数占总量的41.30%,可知PPP模式在该领域应用最为广泛,这与当今世界经济发展对能源的高度依赖特征相一致;通信行业PPP项目数虽然只占总量的16.44%,但投资额却以45.18%的比例居榜首,表明过去22年间该行业的PPP项目投资极大。水处理行业在项目数和投资额上均处末尾,可知PPP模式在此行业的活跃程度和项目投资规模均不如其他三者。

表1-4　1990—2011年全球不同地区基础设施建设领域PPP应用情况统计

地区	项目数		投资额	
	项目数/个	所占比例	投资额/美元	所占比例
拉美和加勒比	1533	31.23%	629044	37.10%
亚太	1462	29.79%	326138	19.24%
南亚	699	14.24%	297395	17.54%
欧洲和中亚	680	13.85%	253021	14.92%
撒哈拉非洲	400	8.15%	108623	6.41%
中东和北非	134	2.73%	81121	4.78%
总计	4908	100%	1695342	100%

表1-5　全球1990—2011年四个行业PPP模式的应用情况统计

行业	项目数		项目投资额	
	项目数/个	所占比例	投资额/美元	所占比例
能源	2027	41.30%	572171	33.75%

续表

行业	项目数		项目投资额	
	项目数/个	所占比例	投资额/美元	所占比例
交通	1331	27.12%	293138	17.29%
通信	807	16.44%	765906	45.18%
水处理	743	15.14%	64126	3.78%
总计	4908	100%	1695341	100%

表1-6分别从PPP模式所应用的项目数和投资额角度统计了1990—2011年全球排名前10的国家。可以看出金砖四国(Brazil,Russian,India,China,BRIC)在上述两个指标上均占据鳌头(金砖四国项目数和投资额累计分别占比例：73.05%和65.66%)。

表1-6　1990—2011年全球PPP项目数和投资额Top10的国家列表

项目数Top10			投资额Top10		
国家	项目数/个	所占比例	国家	投资额/美元	所占比例
中国	968	29.75%	巴西	298356	25.21%
印度	556	17.09%	印度	255169	21.56%
巴西	521	16.01%	中国	114226	9.65%
俄罗斯联邦	334	10.26%	俄罗斯联邦	108626	9.18%
阿根廷	206	6.33%	墨西哥	104721	8.85%
墨西哥	196	6.02%	阿根廷	84104	7.11%
哥伦比亚	138	4.24%	土耳其	61862	5.23%
智利	122	3.75%	菲律宾	53261	4.50%
菲律宾	108	3.32%	马来西亚	53.235	4.50%
泰国	105	3.23%	印度尼西亚	49920	4.22%
总计	3254	100%	总计	1183480	100%

此外，从PPP模式应用的项目数看，我国居世界首位，占Top10项目总数的29.75%，说明相比其他国家，PPP模式在我国基础设施建设领域表现较为活跃。

目前，英国、美国、澳大利亚、新西兰等国家在发展PPP模式方面处于领先地位，并形成了规范文本和合同指南。

1.PPP模式在欧洲的发展

欧盟委员会(European Commission)1997年6月的政策文件(AGENDA 2000)

为 PFI 的发展提供了多份建议,特别是提高公共/私营部门采购过程中的采购效率;2003—2004 年欧盟则出台了多份文件促进 PPP 模式在欧洲的发展,包括"Guidelines for Successful Public-private Partnerships"(2003)、"Green Paper on Public-private Partnerships and Community Law on Public Contracts and Concessions"(2004)、"Public Procurement:the Commission Launches a Debate on Applying Community Law to Public-private Partnerships"(2004)、"Public Procurement:Commission Proposes Clarification EU Rules on Public-private Partnerships"(2005)、"EU Law on Public Procurement and Concessions in Relation to Public-private Partnerships"(2005)、"Guidebook on Promoting Good Governance in Public-private Partnerships"(2008)、"Public Procurement:Commission lssues Guidance on Setting up Institutionalized Public-private Partnerships"(2008)等。

在欧洲 PPP 模式应用方面,最具代表性的国家是法国和英国。

①在法国,私营部门参与提供公共服务有着很长的历史,可以追溯到 16 世纪。当时的法国,就已经出现了一些水务私营公司。而在 20 世纪 70 年代,PPP 的浪潮再次席卷法国,在更多领域和行业内,有了新的应用。

法国 PPP 项目合同主要分为特许权合同(concessions)和合伙合同(partnership contracts)两类。前者开始于 19 世纪,为公共服务授权和经营权转让,要求社会资本承担税收风险,此类合同年营业额约 850 亿欧元;法国于 2004 年开始实施合伙合同(partnership contracts),自 2009 年起十年内每年营业额可达到 60 亿欧元,2005 年法国专门成立了服务与合伙合同项目的工作小组,主要负责项目获得预算部批准前的评估工作。法国在 PPP 项目实施和采购合同方面已经拥有比较成熟的法律体系,在 2009 年,由于经济下滑,法国政府提出多项措施鼓励公共服务和实施投资项目,PPP 项目的实施取得了迅速发展。

②PPP 模式在英国的应用较为广泛,在 2003—2004 年,约有 11% 的投资(约为 613 亿美元)是通过 PPP 模式提供实现的,目前有 451 个 PPP 项目已经完成,包括 34 所医院和 239 个新建改造的学校项目。PFI(Private Finance Initiative,民间主动融资)是英国卫生服务委员会(National Health Service,NHS)PPP 中的一种主要模式,负责提供高质量的医疗服务。PPP 模式应用于 NHS 不仅仅是融资,还有各种管理、商业和创新技术。主要的 PFI 计划都是典型的 DBFO(Design-Build-Finance-Operate),因此,NHS 在特许经营期(25~40 年)内使用私营服务商提供所有的设施,并每年支付费用。

在 1997 年,英国教育和劳工部(Department for Education and Employment)开始

在英格兰和威尔士地方教育机构(Local Education Authorities,LEA)的学校建设、运营中采用PPP模式。与传统模式不同的是,LEA规定了项目的产出标准,要求社会资本提出创新和节约政府成本的解决方案。1998年4月的New Dealfor Schools(NDS),对PFI项目提供了进一步的支持。截至1998年年底,已经有超过70所的学校计划采用PFI模式进行更新和替换。

2.PPP模式在澳大利亚的发展

澳大利亚政府在1995年4月采纳了国家竞争政策(National Competition Policy,NCP),要求澳大利亚联邦和州在基础设施发展上引入竞争。该政策促使了许多原先由政府独占和垄断的基础设施经营业务得到了重组。另外,澳大利亚政府重新认识了提供公共服务的隐形成本,如资金成本、价格风险,及公共利益的需要等,由此使得PPP模式被采纳作为澳大利亚提供基础设施的重要方式。

(1)公共部门与社会资本的角色与转换

在PPP融资项目中,社会资本既可以参与建设,又可以负责运营;政府则对建设和服务是否达标进行监管。在每个PPP项目合约签订前,政府部门和社会资本会进行反复、深入的讨论,根据各方从项目中获得的利益,明确双方的责任和应承担的风险。一般来说,公共部门主要承担土地风险,社会资本承担对基础设施或公益事业领域的建设或经营责任,政府通过法律对社会资本进行管理和监督,与社会资本确权分利,分担经营风险,形成双方共赢的局面。因而正确认识政府在项目主导中的作用与定位,是推动PPP模式发展的关键所在。维多利亚州监狱是由澳大利亚社会资本投资承接设计、施工并经营的PPP项目,社会资本投资者完全按照政府要求建造并经营管理监狱,政府只需对社会资本经营者付费和进行监管即可。维多利亚州政府对其管理有很明确的量化指标,即只要监狱的犯人返回率降低,政府就给予经营者一定的资金奖励,因为政府认为是监狱的教育让这些犯人重新做人,改邪归正,从而确保了社会的安定。

(2)确保社会资本的利益是吸引投资者的关键

在PPP融资项目中,确保社会资本投资者在项目建成后有一定的收益是其参与建设的动力所在。一般有两种情况:一种情况是投资风险较小,只要符合政府要求并投入运营,政府即会向社会资本付费;另一种情况是政府让利给社会资本,使其在参与项目建设中有利可图。如墨尔本皇家儿童医院,维多利亚州政府与社会资本投资者在开始时即谈好条件,新医院建好运行后,将原址的旧医院交由社会资本投资者自行改造利用,如建超市或旅馆等,所得收入归社会资本投资者所有,涉及税收项目将享受一定的优惠,但最终这块土地及所有不动产仍归政府所有。这样既有利于帮助政府完成公益事业,解决了财政资金不足的问题,又可以帮助社会资本解决投资盈利问题,实现政府与社会资本的双赢。澳大利亚合同法从法律上也保证了社会资本利益的实现,一方违法,另一方可以起诉。若企业违法,将会失去声誉和今后参与其他项目的机会。

(3) 风险防控最重要

对任何一个 PPP 融资项目来讲,风险存在于项目设计、建设、运营管理的全过程。由于是公共项目,政府是风险的最后承担者,因为政府担任最后放款人角色,因此政府会对每个 PPP 融资项目进行社会效益、经济效益及生态效益分析。这里有几个条件必须考虑周全,项目具有一定的价值和规模;技术具有复杂性和新颖性,能够帮助政府实现一定的风险分散和转移;项目具有很大的设计和技术创新空间,使项目所有者具有较高的项目实施能力;能够平衡社会资本的利益和公共部门的需求关系;配套设施及副业经营可使社会资本从中获益,能充分调动社会资本的积极性。虽然有些项目风险转移到了社会资本,但当项目无法获得足够资金时,政府会通过提供担保进行融资等形式帮助社会资本渡过难关。因此政府对项目的风险预期一定要有精准掌控。公共部门和社会资本都需要充分了解项目风险,并在项目伊始就预见未来风险并提出解决方案,政府管理部门亦要不断提高项目风险透明度,确保合作各方对风险的充分认知,从而推动项目顺利实施。一个重要的理念是合理分担风险,因此要遵循这样的原则:将风险分配给最有能力承担且能产生最大项目效益的一方,因为它最能控制该风险。在不同的 PPP 项目中,由于项目限制和范围不同,风险分担情况会有所不同,因此对于 PPP 风险的分担并不是绝对的,而是针对不同项目并结合各种因素综合衡量。管理项目建设和运营中的风险管控成本较高,需要政府与社会资本保持充分的沟通,包括解决问题机制安排。如政府会定期发布 PPP 融资项目清单、未来项目规划等,好让投资者明悉项目的连续性,以便投资者对未来的投资有准确的预判。若政府对项目判断失误,项目失败,选民也会在选举中用投票来表达意见。

澳大利亚在开展 PPP 项目时,政府往往习惯对项目开发采取过多指导性的干预措施,不利于促进项目发展。最典型的是墨尔本的一段高速公路,修完没有车子去,因为收费过高,闲置在那儿了。政府应更多考虑项目发展需求和周期,目标应是吸引更多私营或商业性质企业投资、创新,以帮助政府管理资产和保证项目交付质量。对于投资量大、运营期周期较长的项目,随着基础设施老化,社会资本运营困难也在逐步加大,这对公共部门履行监管职能就提出了更高要求,因此需要在项目运作过程中完善一些具体问题,如风险转换、议价的透明度,政府部门对于社会资本承担的风险如何补偿或补偿多少。此外,澳大利亚政府对自身承担的成本关注度过大,导致竞标人在竞标时不落实资金承诺,反而会给政府带来资金不足的风险。政府在开展 PPP 融资时,首先要关注风险问题,其次才是项目绩效问题。在操作方面应方便快捷,防止动荡时期带给企业更多的不确定性等。这些都是在开展 PPP 融资模式中应该注意的问题。

目前,澳大利亚已经成为世界上 PPP 模式应用体系最为成熟的国家之一,配以现行的政府和社会资本合作政策,为国内实施 PPP 项目提供了统一的框架,最主要的集中在住房、医疗、交通以及国防领域。联邦政府与州政府都设有专门的 PPP 管理机构,对基础设施领域采用 PPP 模式建设的项目有明确的条件,政府和社会资本的角色和责任都有明确的划分;私人利益能够得到保障,据澳大利亚政府公布的最新数据,自引入 PPP 模式以来到 2012 年,澳大利亚共有 PPP 项目 127 个,合同金额超过 760 亿美元,其中维多利亚州 PPP 模式的应用最多、最成熟,其次是新南威尔士州和昆士兰州。此外,联邦和国家政府对 PPP 模式的使用还将大幅度增加,这为社会资本投资者参与大型基础设施项目提供了大量宝贵的机遇。

3. PPP 模式在美国的发展

PPP 模式在美国的起步较早,但发展较为缓慢。据统计,从 1985 年到 2011 年将近 30 年的时间,美国政府一共资助了 377 个基础设施 PPP 项目的建设,仅占全世界 PPP 项目总投入的 9%,而欧洲则以 45% 的份额引领了基础设施 PPP 项目市场。

在美国 PPP 项目中大多数为 DB 项目,占总数的 67%,其投资额占总投入的 52%;近年来,DBFOM(Designs Builds Finances Operatesand Maintains)模式发展较为迅速,数量上占总数的 12%,而其总投资额占 24%,据统计 1989—2011 年美国 32% 的交通 PPP 项目位于前列。共有 24 个州的 104 个交通项目采用了 PPP 模式,其中高速公路、桥梁、隧道项目在数量和投入资金总额上占总数的 80% 左右,其次是铁路和机场项目。美国西部和南部的 PPP 项目较多,分别占全国的 34% 和 38%,佛罗里达州实施的 PPP 项目最多(16 个),其次是加利福尼亚州(12 个)和得克萨斯州(9 个),再加上科罗拉多州和弗吉尼亚州,这五个州的 PPP 项目占美国总数的 56%,而美国中西部和东北部各州的 PPP 模式发展较慢。

尽管 PPP 模式在美国已经实施将近 30 年,但是 PPP 项目专业管理机构和管理仍不够完善、成熟,PPP 在效益和成本方面的优势并未充分发挥出来。美国在 PPP 项目立法方面正处于不断完善阶段,目前,已经有 31 个州有高速公路、桥梁等交通项目方面的立法。

4.PPP模式在日本的发展

日本PPP项目起源于20世纪末,1999年,日本政府在基础设施建设领域引入英国PFI模式,并出台了PFI推进法,并在当年选择政府大楼、学校和医院等项目进行试点,以分析制度、管理等方面存在的问题,为此后全面推广积累经验。2001年日本政府对PFI推进法进行了修订,在政府的努力下,从2000年开始,日本PPP项目数量和投资规模高速增长,尤其是在政府设施、教育、健康医疗和娱乐休闲设施方面,PPP模式得到了较好的发展。截至2009年,日本已经运营的PPP由2001年仅有的3个达到224个,涉及教育与文化、健康与环境、城市建设、政府公务、生活与福利等诸多领域,极大提高了日本基础设施服务的质量和水平,有效解决了20世纪末因泡沫经济引起的财政投资不足问题,成为除"第三方机构"之外又一重要的基础设施建设力量。根据日本PFI年鉴公布的数据,截至2009年8月,在342个PPP项目中(去掉了运作模式模糊或采用复合模式运作的项目),应用BTO、BOT和BOO三种方式的项目分别为268个、53个和21个,所占比例分别为78.36%、15.50%和6.14%,这说明日本PPP项目主要以政府在全寿命周期内拥有所有权的BTO方式进行。从发展过程来看,2000年和2001年,PPP项目以BOT方式为主,BOO方式排名次位,BTO方式的应用较少;从2002年开始,BTO取代了BOT和BOO,在PPP项目中应用的比例逐渐增加,这一变化说明,政府意识到了拥有项目所有权的重要性,并在实践中总是争取拥有项目所有权。

日本基础设施法律框架主要分为两个层次:国家层面(国家物权法,National Property Law)和地方层面(地方自治法,Local Autonomy Law)。在最近几年,社会资本大量介入日本公共基础设施和服务,推动了PFI法、公共服务改革法案和专门管理制度的建立和实施,正因为PPP模式的积极作用,日本政府正逐步将公路、港口、机场等大型重要基础设施项目向社会资本开放。但是,日本相关法律对社会资本在道路、城市排水和城市公园的权力进行了限制。例如,公共私有管理法(Public Private Administration Laws)将社会资本的权力分为三类:一是社会资本不得拥有公共基础设施;二是社会资本不得运营或管理某些指定的公共基础设施;三是社会资本都可以管理公共基础设施。从PPP项目相关法律来看,政府对项目所有权的限制非常严格。

专栏九:PPP模式在国际上的应用领域

1. 国际社会住房领域的PPP

在美国、澳大利亚、爱尔兰和英国等国家,通过合作制来建设、维护低收入住房,取得了很大成功。这种模式的特征是,政府通常为项目提供主要资金,这样能够确保政府对房屋项目筹划、开发阶段的控制权,同时在房屋建设和设计上充分利用社会资本的资源和专业知识。

发展中国家的住房PPP项目相对较少。若想成功建立此类PPP,政府必须能够提供补贴,压低房屋建造成本。若有住房PPP项目要在贫穷国家蓬勃发展,那么将取决于该发展中国家的经济、政治实力以及住房传统。

2. 国际教育领域的PPP

(1) 澳大利亚

2.5亿美元的"南岸教育和培训管辖区重建项目"提供了职业教育与培训的设施。私营合作伙伴负责设计、建造,并为该设施提供34年的融资和维护服务。

2010—2012年,2.8亿美元的东南昆士兰学校PPP项目建立了七所新学校。私营合作伙伴将连续30年设计、建造,并维持六所新小学和位于迅速城市化地区的一所新高中。

2.3亿美元的维多利亚学校合作项目,社会资本合作伙伴将在25年期间内,在维多利亚州首府墨尔本设计、建造、维护与资助十一所新学校。

从2013年起,投资9000万美元的霍布·森维尔海角公私合营项目将为2000名中小学生提供全新的学校。社会资本合作伙伴将负责学校的设计、建设、融资,并且在未来25年负责学校的维护。

(2) 菲律宾

总投资4亿美元的PPP项目,旨在未来两年中,建立20000个教室。该项目涉及建设—租赁—移交的特许经营模式。第一阶段在2012年年底签约,它与国家教育服务承包方案(政府用公费支付私立学校招收学生,以减少州立学校人满为患的计划)同步运行。

3. 国际医保领域的PPP

(1) 澳大利亚

总投资13亿美元的维多利亚综合癌症中心项目,社会资本将负责项目的设计、建造、维护,并为项目提供主要融资,而项目成员(包括国家)将负责门诊、研究和教育服务的运营。政府投入8.5亿美元资助,于2013年开始向社会提供服务。

昆士兰的阳光海岸大学医院将成为世界级的三级医疗设施,预计在2016年开放。2012年,社会资本合作伙伴获得了29年的特许经营权,该社会资本将负责设计、建造和维护这项总投资20亿美元的设施。医疗服务由政府提供。

(2)印度

为了解决缺乏保健和医生问题,梅加拉亚邦州政府提出了通过和社会资本合租,建设一所100座位、500张医疗床的医学院的医疗教学计划。国际金融公司帮助实施PPP项目,印度东部最大的私立医学院及附属医院赢得99年的特许经营权。社会资本合作伙伴将投资兴建,并运营西隆医学院及相关的医疗培训设施。

州政府为该医院项目提供土地,在工程项目的施工阶段提供40%的资本金。此外,州政府在项目运行的头12年中,还将提供运营补贴。州政府将引入普及性的公共医疗保险计划,将该教学医院作为州政府的推荐医院,确保更多的患者到此医院就医。

专栏十:美国保障房PPP模式

美国保障房PPP模式采取了政府—社会资本投资商—非营利组织各方之所长,旨在避免之前公共住房以及联邦资助私人建房的失败,实现保障房的长期可持续发展。它给我们的启示是:PPP不仅仅是一个融资工具,更是一个合作管理工具;构建中国可持续的保障房PPP,政府投入更多的低成本甚至无成本建设资金仍是关键。

很多人都听说过美国的公共住房,以及它的失败。美国今天早已超越了那个时代,PPP成为保障房提供的主流。

1.从官僚提供到PPP

牛津广场矗立在伯克利市中心。向左一拐,就是著名的加利福尼亚州立大学伯克利分校入口处;向右几步,是地铁市中心站。可以说,没有比这更好的区位。高标准建筑环保材料建成的六层现代建筑,却是一幢保障房大楼,其底层是商铺与办公室,2~6层是97套保障房,供收入不足地区中位收入一半的穷人居住。它与并排而立、拥有大型剧院、并为非营利组织提供展览与办公空间的戴维·布劳尔中心一同,矗立在伯克利市中心,成为这个略为激进的城市现代、环保与社会公正的象征。

美国的保障房真是今非昔比,如果你还记得当年的公共住房,比如哥伦比亚角项目,你定会如此感叹。哥伦比亚角是波士顿住房管理局于20世纪60年代初完成的,也是新英格兰地区最大的一个公共住房项目。但是1000多户被"扔"在一个"孤岛"上,最初没有配套学校、医院、超市、公交等任何设施,刚建完就有1/3的房子漏水。这样的公共住房项目,后来蜕化为贫民窟,也不奇怪。

美国后来所有的努力,似乎都在避免哥伦比亚角这样的问题再次发生。从伯克利,到旧金山,再到加利福尼亚州中部的弗雷斯诺,调研足迹所到之处,都是像牛津广场这样的项目,比如,旧金山的Hunterview(也叫猎人景,是对一个臭名昭著的公共住房区进行改造的项目),或弗雷斯诺的Parc Grove Commons。它们通常规模适中,建造在优秀地段,交通方便,配套设施齐全(从健身房到托儿所一应俱全),而且房子质量非常好,建造时间通常至少要100年。

除了物理外表之外,这些房子的背后都有一个独立、独具市场竞争意识的开发商和所有者,绝非当年的波士顿住房管理局那样的官僚机构可比。无论是开发牛津广场的RCD(又名社区发展资源,伯克利三大住房非营利组织之一),还是牵头开发猎人景的私企约翰·斯图尔特公司(John Stewart Company),还是开发Parc Grove Commons的弗雷斯诺住房管理局,皆具此特点。为了社会目标,约翰·斯图尔特公司这样的私企甘愿降低利润水平;改革后的弗雷斯诺住房管理局,更加接近非营利组织而不是从前的住房管理局。

而且,它们背后都有非常多元的融资结构,不仅仅依靠财政拨款。牛津广场融资构成中,33.8%是地方政府(包括市里的再开发基金、住房信托投资基金,以及州里的多户住房计划)提供的软性贷款;47.9%是社会资本投资商的权益资本(可向联邦进行所得税抵扣);16.7%是银行贷款;还有1.5%是基金会捐款。

美国的新型保障房,是PPP的产物。到2008年,美国已经建造至少200万套这样的住房,超过了前50年建造的公共住房数量。

2.美国保障房PPP的三个特点

我们熟悉的PPP模式,一般是由社会资本投资建造运行,通过收费收回成本并获取一定利润后,将设施转交给政府。

但是,美国的保障房PPP几乎是与传统的PPP模式相反——它是政府出资,设施最终归社会资本所有,这也是它在政府与社会资本合作方面最突出的特点。而这在很大程度上也是由于保障房租金现金流非常有限,甚至不足以偿还建造成本,前期需要投入大量无成本资金。美国保障房项目中,除了大约10%的银行贷款外,均为不需要归还的资金。在牛津项目中,包括33.8%的地方政府软性贷款,47.9%的社会资本权益资本,以及1.5%的基金会捐款。

首先,项目归社会资本所有。这使得开发商更加想建好房、管理好房。政府大量无成本资金的投入,使项目现金流实现平衡,长期可持续运营成为可能。但是附加的条件是,联邦税收抵扣政策要求保障房项目至少服务15年;加利福尼亚州地方政府通过软性贷款这一形式将服务延长到了55年。

其次,依赖以投资商为主的特殊功能公司。美国保障房项目PPP中,包含了一个投资商与开发商各分担99.99%和0.01%的"有限责任伙伴关系",它在很大程度上保证了项目的成功。

1986年,联邦政府实施低收入住房税收抵扣政策。社会资本投资商向开发商购买政府通过竞争方式分配到后者手上的税收抵扣额度:一方面,资金保障房项目变成权益资本(占项目的50%~70%);另一方面,投资商分十年向联邦政府抵扣联邦所得税。项目进行保障房服务至少15年。服务期满后,投资商自动退出,不动产完全归开发商所有。

投资商实现了盈利性融资——大约15%的投资回报率。投入资金可以获得相当于联邦长期和中期贷款利率的平均值,而且通常能以低于一美元的价格购买一美元的税收抵扣额。

政府获得了项目成功的保证和15年的保障房服务,而且根据美国税法规定,一旦项目失败,不但之前抵扣的税额都要"吐出来",还要遭受很严重的惩罚。这导致投资商对项目严格监管,将其商业技能充分运用进来。审计发现,此类项目最后抵押贷款出问题的情况不足1%,而当年联邦低于市场利率抵押贷款资助私人建房的失败率是25%。从这种角度讲,PPP不仅仅是融资工具,更是一个帮助实现保障房可持续性的管理工具。

最后,依赖非营利组织。这也是美国保障房PPP模式的另一个重要特点。15年服务期满后,"特殊功能公司"自动解体,不动产完全归开发商所有。如果开发商是非营利组织,这些房子将永远是保障房,只要补贴足够。所以虽然在美国,非营利组织、私企和政府(改革后的住房管理局)都可以提供保障房,但是非营利组织仍是首选。

对于美国保障房PPP模式对中国的借鉴方面,首先,PPP不仅仅是融资工具。2014以来,财政部也在力推公私合作模式,旨在缓解地方城市建设的融资瓶颈。但是,美国保障房 PPP 的宗旨,是政府—社会资本投资商—非营利组织各取所长,从而实现保障房提供的可持续发展,扭转之前美国公共住房,以及联邦资助私人建房之失败格局。依此角度,PPP 的功能远远超出了融资工具范围。

美国最近也发生了这方面的观念改变。2007 年抽样调查发现,美国城市管理者实施 PPP 的两个主要原因是:降低费用(86.7%)和减轻财政压力(50.3%)(其他原因没有超过 16% 的)。但是金融危机之后的 2012 年,调查发现,提供动机转变为:更好的过程(69%),关系培养(77%),更好的结果(81%),撬动资源(84%),合作式服务提供是"正确的事"(86%)。

其次,寻找中国保障房 PPP 的合适机制。现金流低,但又要可持续,导致美国保障房最终采用了"政府出资,设施最终非营利所有"的合作模式。但是目前国内的保障房(尤其是公租房)建设,政府不愿意投入,依赖企业出资或者银行贷款,最后现金流平衡不了,一卖了事,与保障房应该长期保有的宗旨正好背道而驰。要构建可持续的中国保障房 PPP 模式,除了找到合适的提供主体、充分调动社会资本投资商的积极性外,为保障房建造投入更多的低成本甚至无成本资金,仍是关键。

1.8.2 中国 PPP 模式应用概况

PPP 模式在我国还是一种比较新型的合作模式,在以往公共事业的建设方面,政府投资存在效率低下、投资浪费等诸多弊病。但随着公用事业市场化的推进,民间资本的介入,不仅减轻了政府财政支出的压力,而且也提高了基础设施运营效率。北京市基础设施投资有限公司、北京首创集团和香港地铁公司三方合作的北京市地铁 4 号线特许经营项目是我国采用 PPP 模式投资的典型基础设施项目之一。通过实施 PPP 项目,4 号线的运营不需要政府进行补贴,仅需对土建部分投资还本付息,因此极大地缓解了政府财政压力。另外,北京 2008 年奥运会主体育场——国家体育场项目也是我国应用 PPP 模式的典型实例。根据特许经营协议,奥运会主体育场总投资为 35 亿元人民币,市政府提供其中 58% 的资金,剩余部分由项目公司进行融资,有效地缓解了项目建设资金的筹集问题。

我国水务行业应用 PPP 模式是从 20 世纪 90 年代兴起的,早期的投资模式大多采用 BOT、TOT 等方式,随着我国市场化和对外开放步伐的加快,特别是自 2002 年 3 月起,原禁止外商投资的供水等城市管网首次被列为对外开放领域后,世界几大水务巨头如法国苏伊士、威立雅、英国泰晤士等跨国投资水务集团通过并购等

PPP方式逐步渗入到城市供水管网等方面。

并购模式的典型应用有上海浦东自来水有限公司与法国威望迪公司的PPP项目,项目组建成了全国供水行业第一家由中外双方共同投资、共同经营、共担风险、共享经营成果,不设固定回报的集制水、管网、销售、服务于一体的大型中外合资公司,是我国供水业首次开放管网的创新实践。BOT模式的典型案例有北京市第十水厂与日本三菱商事和英国安格力安的水务项目,该项目在以水价为主,融资方案、法律方案和技术方案方面都提出了最低要求,北京市第十水厂BOT项目是国内运作的比较规范的项目之一,整个运作过程也比较成功。TOT模式的典型案例有世界第七大水务集团——德国柏林水务国际有限公司和东华工程科技股份有限公司的合资项目,该项目是迄今为止国内最大规模,也最具影响力的污水TOT项目之一,成为业界关注的焦点。王小郢污水处理厂资产权益转让项目是合肥市首次采取国际招标通过特许经营的方式运营和管理市政基础设施的有益尝试,资产转让项目的整个过程都非常的规范,严格按照国际惯例要求逐步实施,最大限度地盘活国有资产,为公用事业改革提供了有益的探索和成功模式。

表1-7统计了1990—2011年我国基础设施建设中运用PPP模式的总体情况。根据世界银行数据中心的分类统计,我国22年间在能源、通信、交通和水处理四个行业运用PPP模式的总投资额145.18亿美元,共涉及项目968个,因故取消36个。从投资额来看,交通行业为最大投资行业。表1-8分别从项目数和投资额角度统计了我国1990—2011年四个行业每年基础设施建设中运用PPP模式的情况。总体而言1996—1997年、2002—2008年各年项目数均占总数的5%以上,是运用PPP模式较为活跃的两个时段;从投资额看,1996—2007年,除2001年外,其他各年投资额均占总投资的3%以上,是应用PPP模式进行项目投资力度较大建设的时期。从横向看,统计期间的968个项目累计投资额为1142.26亿美元。PPP模式所应用的四个行业按项目数由多到少为能源、水处理、交通和通信,所占比例分别为39.05%、37.09%、23.45%和0.41%。按累计投资金额由多到少排序依次是交通、能源、通信和水处理,分别占42.52%、36.46%、12.71%和8.31%。与前面描述的世界总体发展排序略有不同的是,PPP模式在水处理行业中的应用在国际上较为温和,而我国较为活跃。

表1-7 1990—2011年中国基础设施建设PPP模式应用状况

特征指标	值
统计行业	能源、交通、通信、水处理
项目数	968(个)

续表

特征指标	值
总投资额	145.18(亿美元)
最大投资行业	交通运输
取消项目	36(占总项目数4%)

表1-8　1990—2011年我国基础设施建设领域PPP模式应用情况统计

年份	能源		通信		交通运输		水处理		项目数汇总		投资额汇总	
	项目数/个	投资额/美元	项目数/个	投资额/美元	项目数/个	投资额/美元	项目数/个	投资额/美元	总计	比例/%	总计	比例/%
1990	0	0	0	0	1	173	0	0	1	0.10	173	0.15
1991	0	0	0	0	2	2379	0	0	2	0.21	2379	2.08
1992	2	1881	0	0	4	533	0	0	6	0.62	2414	2.11
1993	10	2197	0	0	7	1172	0	0	17	1.76	3369	2.95
1994	11	1048	0	0	18	2086	2	31	31	3.20	3165	2.77
1995	8	987	0	0	6	309	1	150	15	1.55	1447	1.27
1996	18	2859	0	0	29	5084	4	149	51	5.27	8093	7.09
1997	30	5946	1	3970	33	3093	6	211	70	7.23	13220	11.5
1998	8	3026	0	0	19	1671	10	272	37	3.82	4969	4.35
1999	12	4359	0	2000	11	696	3	203	26	2.69	7247	6.34
2000	11	847	1	5653	8	1559	6	72	26	2.69	8131	7.12
2001	30	997	1	325	5	642	10	242	46	4.75	2207	1.93
2002	49	1351	1	1430	9	1787	18	918	77	7.95	5486	4.80
2003	47	4679	0	0	9	4055	25	662	81	8.37	9396	8.23
2004	26	1390	0	1140	10	783	28	603	64	6.61	3916	3.43
2005	31	1706	0	0	16	6629	42	1007	89	9.19	9342	8.18
2006	22	1198	0	0	18	8351	43	604	83	8.57	10153	8.89
2007	31	2199	0	0	12	4494	60	1902	103	10.6	8595	7.52
2008	10	679	0	0	5	437	46	974	61	6.30	2089	1.83
2009	12	3095	0	0	3	2513	31	512	46	4.75	6120	5.36

续表

年份	能源		通信		交通运输		水处理		项目数汇总		投资额汇总	
	项目数/个	投资额/美元	项目数/个	投资额/美元	项目数/个	投资额/美元	项目数/个	投资额/美元	总计	比例/%	总计	比例/%
2010	3	333	0	0	0	0	15	635	18	1.86	967	0.85
2011	7	883	0	0	2	122	9	343	18	1.86	1348	1.18
总计	378	41650	4	14518	227	48566	359	9492	968	100	114226	100

将能源、交通、通信和水处理四个行业进一步细化,见表1-9,可以看出PPP模式应用于能源行业的投资主要集中在电力项目上,占能源类总投资的89.24%;而该模式应用于交通行业的投资主要集中在公路(road)建设上,占交通总投资的52.31%;水处理行业主要集中在了污水净化厂(treatmentplant)建设上。

表1-9 1990—2011年我国基础设建设应用PPP模式的项目数和总投资额分行业统计

行业	行业细分	项目数/个	比例/%	总投资额/美元	比例/%
能源	电力	184	48.68	37170	89.24
	天然气	194	51.32	4480	10.76
	能源总计	378	100	41650	100
通信	通信	4	100	14518	100
	通信总计	4	100	14518	100
交通运输	机场	17	7.49	2555	5.26
	铁路	10	4.41	7279	14.99
	公路	136	59.91	25407	52.31
	港口	64	28.19	13324	27.43
	交通运输总计	227	100	48566	100
水处理	污水净化厂	323	89.97	5570	58.68
	公共设施	36	10.03	3922	41.32
	水处理总计	359	100	9492	100
总计		968	—	114226	

1.8.3 中外基础设施发展水平对比与我国PPP模式应用前景展望

近年来,我国基础设施投资项目数和投资规模均位居世界前列,国内基础设施有了很大的改进和完善,但是与发达国家和地区相比较,还存在着较大的差距,尤其是在人均拥有和使用量上。

表1-10对比了我国与亚太地区、中上等收入国家以及经济合作与发展组织

(OECD)四个地区的基础设施指标(Infrastructure Indicator)发展状况。可以看出,我国在人均国民收入、电力使用、电力消耗、使用净化水、使用改良卫生设施和百名居民电话使用等各个指标上均略高于亚太地区平均水平,但都低于中上等收入国家和OECD国家平均水平。尤其在人均国民收入和电力消耗等,与OECD国家平均水平还有十分巨大的差距。

表 1-10　中外基础设施发展水平对比

指标	中国	亚太地区平均	中上等收入国家	OECD 平均
人均国民收入/美元	2360	2358	6338	33470
电力使用/%(占人口)	99	63	84	—
电力消耗/(kW·h)(人均)	1781	1182	2582	8769
使用净化水/%(占人口)	88	79	94	99
使用改良卫生设施/%(占人口)	65	62	85	—
百名居民电话使用	63	33	86	—

过去数年来,投资对我国经济发展起到了重要的推动作用,在可预见的未来,我国经济发展对于投资尤其是基础设施建设投资的依赖性仍然会比较强烈。且与发达国家相比,我国未来基础设施建设还有较大的发展空间。随着国家经济建设的宏伟蓝图进一步展开,PPP模式在我国还会有着广阔的发展前景。

专栏十一:湖南"3+5"城市群城际铁路投融资

根据《"3+5"城市群城际轨道交通规划》,到2030年城市群城际轨道交通网最终形成"一核、主轴线、半圆、支线"网络。根据2009年10月的《国家发展改革委关于长株潭城市群城际轨道交通网规划(2009—2020年)的批复》,湖南"3+5"城市群城际铁路建设情况见表1-11。"3+5"城市群城际铁路由湖南省和铁道部各出资50%,共同建设。湖南省的出资方代表是湖南发展投资集团,铁道部的出资方代表为广铁集团,两者共同组建成湖南城际铁路有限公司,负责建设和经营总里程760km的"3+5"城市群城际铁路项目。

表 1-11　长株潭城市群城际轨道交通网项目表(2009—2020年)

建设时序	线路	里程/km	开工年份
1	长沙—株洲(湘潭)线	100	2009
2	长沙—益阳—常德线	150	2009
3	长沙—岳阳线	170	待研究
4	株洲—衡阳线	120	待研究

续表

建设时序	线路	里程/km	开工年份
5	长沙西环线	45	待研究
6	长沙—浏阳线	65	待研究
7	湘潭—娄底线	110	待研究
合计		760	

城际铁路相对于其他铁路具有以下特点：第一，城际铁路发展目标是承担城市间或城市群内部旅客交流(不同于其他铁路线路)，具有一定的封闭性，在运营和财务核算上具有独立性。如果项目财务上具有可持续性，易于采取市场化的融资手段进行融资。第二，城际铁路建设会对沿线设站城镇或城市群内的城市经济发展带来相当大的正向效应，沿线地方政府具有较高的积极性，比较容易吸引地方政府参与投资。因此，本部分主要研究两个方面的问题：首先，从微观层面上研究"3+5"城市群城际铁路网中某一具体线路投融资方式；其次，研究"3+5"城市群城际铁路建设中湖南省资本金筹集的分摊方式。

1. "3+5"城市群城际铁路项目运作与投融资方案设计

湖南城际铁路有限公司为项目公司，但该项目(初步预算静态投资为1500亿元)是建设期长达十多年的工程。因此，湖南城际铁路有限公司应是一个由广铁集团和湖南发展投资集团共同成立的主导"3+5"城市群城际铁路建设、经营的平台公司。这样，该公司被授权从事"3+5"城市群城际铁路建设和经营，可以采取自己投资建筑和经营方式，也可以选择某一线路进行市场化运作，利用BOT、BT、PPP等现代投融资方式进行建设和经营。在国家发展改革委下发的《国家发展改革委关于长株潭城市群城际轨道交通网规划(2009—2020年)的批复》中要求铁道部和湖南省在规划实施中"发挥社会各方面积极性，创造条件进行市场化融资、建造和运营"。

从目前项目线路的运量预测来看，城际铁路长株潭线作为一个单一的项目，应能够吸引社会资本参与建设和营运。根据铁道部和湖南省政府批复的"关于新建长沙至株洲(湘潭)城际铁路可行性研究报告的批复"，长株潭线项目投资估算总额为233.2亿元。其中，静态投资193.85亿元，建设期贷款利息10.5亿元，动车组购置费28.8亿元，铺底流动资金0.1亿元。借鉴北京市地铁4号线和地铁奥运支线的市场化投融资方式，长株潭城际铁路可采取"BT+PPP"方式进行市场化投融资。

负责北京地铁奥运支线投资、建设和运营的单位是北京地铁10号线投资有限责任公司(以下简称10号线公司)。10号线公司将该项目分为BT工程和非BT工程,BT工程通过公开招标方式选择投资者负责投资和建设。10号线公司与中标者成立的项目公司签署《BT投资建设协议》(以下简称BT协议),项目公司按BT协议进行投资建设,项目竣工经验收合格后,10号线公司按协议价格回购工程。这就是所谓的"BT"模式。

北京地铁4号线的全部建设内容分为甲、乙两部分。甲部分主要为土建工程,由北京地铁4号线投资有限公司(以下简称4号线公司)负责投资建设,投资额约为107亿元。乙部分主要包括车辆、信号灯、机电设备等,由社会资本组建的北京地铁4号线特许经营公司(以下简称特许经营公司)负责投资建设,投资额约为46亿元。甲部分项目竣工验收后,特许经营公司根据与4号线公司签订的《资产租赁协议》,取得该部分资产使用权,并在特许经营期内负责地铁4号线的运营管理,获得相应的收益,向4号线公司支付租赁费。期满后,特许经营公司将乙部分项目所属设施完好、无偿地移交给北京市政府指定部门,并将甲部分项目设施归还给4号线公司。这就是所谓的"PPP"模式。

城际铁路长株潭线投融资方式可以将北京地铁奥运支线的"BT"模式和地铁4号线的"PPP"模式结合在一起,形成所谓的"BT+PPP"投融资方式,其具体运作如图1.8所示。"BT+PPP"运作模式将城际铁路长株潭线建设项目分为征地拆迁、土建工程、机电设备工程三部分。征地拆迁和土建工程投资估算为240.3亿元(包括静态投资193.8亿元和建设期利息10.5亿元),征地拆迁由长株潭三市政府负责。土建部分采用BT模式,采取公开招标方式选择投资者,由投资者成立BT项目公司,与湖南城际铁路有限公司签订《BT投资建设协议》,由BT项目公司负责土建工程投资建设。动车组购置费28.8亿元采用"PPP"模式,通过招标,确定特许经营公司,与湖南城际铁路有限公司签订《PPP特许经营协议》,由PPP公司负责动车组购置和提供铺底流动资金0.1亿元。土建部分完成后,由湖南城际铁路有限公司根据《BT投资建设协议》进行回购,并与特许经营公司签署《资产租赁协议》将土建部分设施租赁给特许经营公司。特许经营公司负责项目设施的运营及维护,通过票款收入及非票款收入收回投资并取得回报,并向湖南城际铁路有限公司支付租赁费,同时政府视运行效益酌情予以补贴。租赁期满,特许经营公司根据特许经营协议将设施(包括土建工程设施和动车组等设施)移交给湖南城际铁路有限公司。

第1章 PPP模式的结构

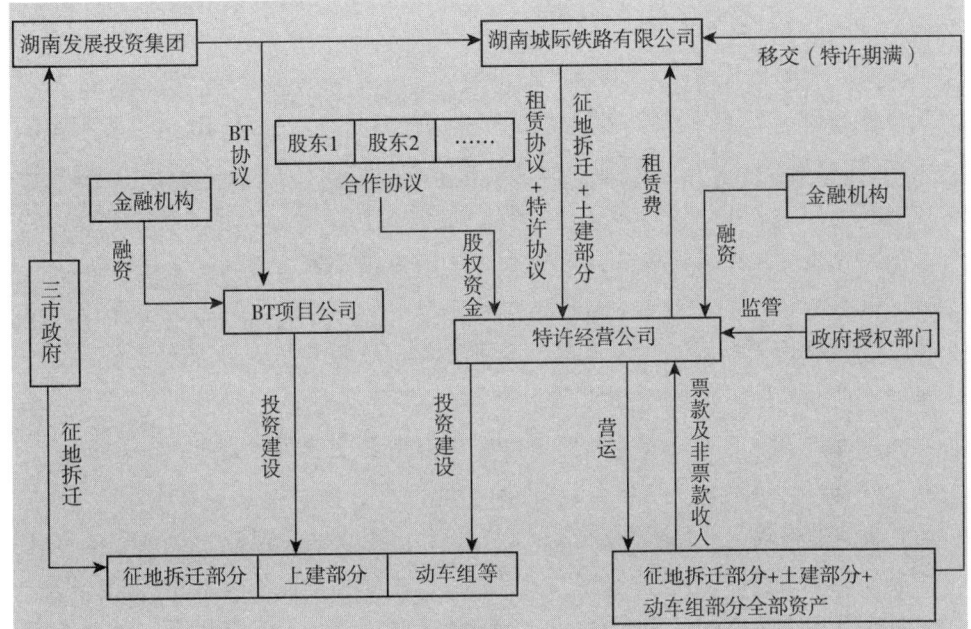

图1.8 长株潭城际铁路"BT+PPP"方式运作图

2. "3+5"城市群城际铁路项目湖南省资本金筹集的分摊方式

根据《国家发展改革委关于长株潭城市群城际轨道交通网规划(2009—2020年)的批复》中批复的建设线路(见表1-11)和铁四院对各线路投资的估算,到2020年,"3+5"城市群城际铁路线投资总额将达1000亿元,湖南省约需筹集250亿元资本金。根据基础设施投融资模式多层次参与的要求和外省的实践经验,筹集办法可采用省、地市、区(县)共筹,有以下两种具体筹集办法:

(1)平均分摊方式

省政府每年安排财政预算资金5亿元,10年建设期内筹集50亿元。同时,城际铁路项目建设过程中涉及的所有税费,如建安营业税等,加上湖南发展投资集团参股的武广客运专线正式运营后每年分得的利润等,10年内可筹集约40亿元的资金。

城际铁路涉及的八个地级市,前5年内,每个地级市每年出资0.8亿元,后5年每个地级市每年出资1.2亿元,可筹资80亿元。另外,25个设站的区县,前5年每年出资2400万元,后5年每年出资4000万元,可共筹集80亿元。

这种分摊方式不考虑相关地区、区县的财政能力和城际铁路在其境内的里程差异。

(2)里程分摊方式

省政府的出资与平均分摊方式相同,即 10 年内筹集约 90 亿元的资金。项目所经地市按境内长度分摊投资,并按项目实施进度出资,10 年内筹集 80 亿元资金;项目所经区(县)按境内分摊投资,并按项目实施进度出资,10 年内筹集 80 亿元。

无论是平均分摊还是里程分摊方式,1/3 的出资都由省政府负担,只是在市、区(县)上会有所差别。按平均分摊方式,10 年各市、区(县)的出资额,大体上与其财政实力相当。按里程分摊方式考虑了项目所经地市和区(县)的里程长度,相对合理,但可能在短期内加重线路所经地市的资金压力。

各方出资由省财政每年负责划缴给湖南发展投资集团公司,作为"3+5"城市群城际铁路建设专项资金,以资本金的形式拨付给湖南城际铁路有限公司。规定地市政府和区县政府现金出资最低比例,其中区县比例要低于地市。在规定的比例内,任何一方可用"3+5"城际铁路沿线土地等值出资,由湖南发展投资集团公司负责开发和整理,并依法对外拍卖,以此筹集相应的资本金。而且地市政府和区县政府也可以通过参与境内拆迁,用拆迁费冲抵出资额度。

第 2 章　PPP 模式操作流程

PPP 模式操作流程如图 2.1 所示。

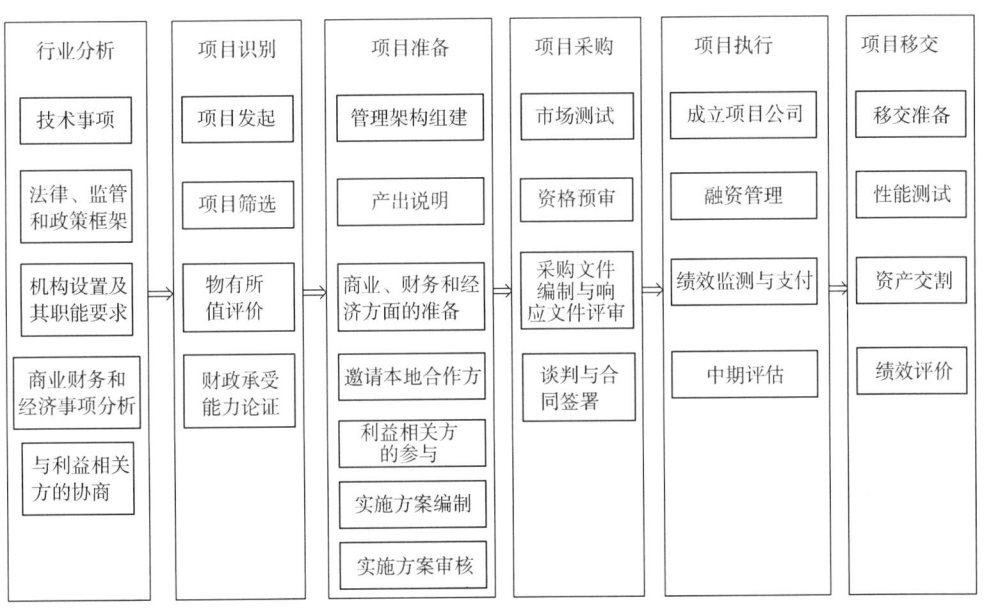

图 2.1　PPP 模式操作流程

2.1　行业分析

PPP 有多种不同的结构和项目运作方式,然而,所有形式的 PPP 都有以下三个重要特征:

①合同须界定各方的职能和责任;

②政府与社会资本以合理的方式共担风险;

③社会资本取得事先规定的业绩后应获得相应的资金汇报。

成功的PPP要充分考虑到其实施背景,以及建立和维持合作关系的环境。在设计PPP流程和选择PPP运作方式时,政府应充分考虑项目目标、政治环境、法律法规和政策框架、行业融资需求和资源、政治约束及利益相关者观点等因素。

行业分析是对某行业在其具体发展环境下的各方面约束条件通过客观、实际的调查研究、数据分析做出评估的过程。具体来说,包含以下内容:

①技术事项;
②法律、监管和政策框架;
③机构设置及其职能要求;
④商业、财务和经济事项分析;
⑤与利益相关方的协商。

行业分析有助于政府评估现状,找出差距和劣势,并制定行业改革战略或路线图。根据行业分析的结果,政府能够明确现有环境能在多大程度上支持实施PPP,以及在PPP实施前须采取何种行动来创造相应条件。

2.1.1　技术事项

政府应评估拟实施PPP的行业面临的技术约束,包括系统效率、设施操作和客户响应能力等。这些指标应能够判断该行业在运营过程中的问题在多大程度上是由投资不足、投资规划不合理、维护不利、管理低效、缺乏相关经验等因素引起的。

在此过程中,除了评估该行业的相关指标外,还应考虑到相关联的行业、设施之间的连通性与相关性(如发电与电力输送设施的关系、不同运输方式的衔接、票据是否通用、遵循的技术标准是否相容等)。

2.1.2　法律、监管和政策框架

在这一阶段通过对法律、监管及政策框架的研究,可能有必要改革监管制度、创新监管形式,新设监管机构,完善法律漏洞。而这些工作,在我国国情下,是难以通过某地区一隅之力独自完成的,因此在实施过程中应遵循以下原则:

①国家法律有空白的,地方在现有国家法律框架内通过地方政策先行弥补;
②国家法律相关规定与PPP项目开展所须法律环境相抵触的,宜采取回避绕行原则,不可与现行法律抵触;
③地方监管制度不完善的,应按照新的要求进行完善;

④已有监管机构的(财政部门),宜使用已有机构,通过扩展监管机构职能实现监管;

⑤没有相关监管机构或已有监管机构因职能难以转变而无法扩展新职能的,宜新设专业的监管机构(PPP中心)。

法律、监管和政策框架诊断内容见表2-1。

表2-1 法律、监管和政策框架诊断内容

序号	内容
1	有关管理权分配和业绩标准设定的现行制度及适用法律
2	监管安排、监管机构、法规
3	与行业相关的重要机构和政府部门
4	收费、补贴政策和制度安排
5	是否有法定服务质量标准、适用性如何
6	对行业发展有较大影响的自然资源保护管理要求
7	环境和健康方面的规定
8	相关劳动法律法规
9	对外资入股/参与行业活动的限制、外汇管制及将利润汇回本国的限制情况,如《外商投资法》
10	其他

专栏十二:法律和监管的不明晰对BOT污水处理项目的影响

目前,中国没有全面的私有化立法,BOT污水项目和其他PPP战略遵循的是一些政策文件的规定。

制定BOT污水方案很复杂,需要考虑从土地使用到供水公司管理,从投资机制到税收、会计体系、开发银行信贷政策等众多问题。现行的土地使用、税收政策和其他规定并不适用该行业,使得问题更加复杂。

在相关案例中,佛山的16个污水处理厂项目中有50%以上因与现行土地使用政策冲突而无法实施。

2.1.3 机构设置及其职能要求

PPP模式需要政府内外的利益相关方承担新的职能或更好地履行现有职能。通常会建立新的机构以管理项目,如监管机构或PPP中心。为了了解改革的制度需求,政府须理解一系列关键性问题,见表2-2。

表 2-2 PPP 制度需求的关键性问题

序号	内容
1	现行体制和立法框架是否有利于行业改革和 PPP
2	管理机关、用户和公共事业还面临哪些障碍
3	利益相关者的自主程度和可靠程度是否与其将要承担的责任相匹配
4	相关各级政府部门是否准备好放弃部分权力或者调整自己的定位
5	相关各级政府部门是否会根据既定政策和监管要求将特定权力委托给社会资本
6	每个机构是否有资金、人员、培训和相应设备来实现其目标
7	每个机构是否都明确了职能,是否准备好了实现目标的各项措施
8	是否存在一个有相应能力和政治意愿的关键利益相关者或主导者来领导或推动改革进程

PPP 相关各机构的职能最迟需在 PPP 流程完成前(PPP 项目合作合同签订前)确定。各机构职能的不确定性越大,潜在投资者面临的风险也越大。同时,随着行业不断发展和成熟,各机构的职能还应保持一定程度的弹性,为各机构职能的不断完善和更新留足空间。进行机构分析时,切记不能忽略投标、谈判、合同合规和监控方面的能力要求。随着分权程度的提高,政府需承担更多责任来监管各级政府部门是否有效地履行了其职能。

2.1.4 商业、财务和经济事项分析

作为分析的一部分,应了解和评估该行业当前的商业、财务、经济状况和产出。对现状的了解有助于确定该行业的期望产出,以及如何实现这一目标。

商业因素涉及投资 PPP 项目的社会资本的商业定位。在筹备 PPP 项目时,有必要初步完善计费系统和客户数据库,使应收款和资金安排更加合理。

财务因素包括设计具体、可行的定价策略(包括收费标准、包销协议等)。目标是提供价格合理的服务,鼓励消费,同时保证社会资本合作方能获得足以保障正常商业运作的收入。对一些低收益率项目,政府可以通过提供资金支持,或其他形式的补偿,甚至持续提供补贴等方式解决这一问题。

财务模型是一种有效的分析工具。建立财务模型需要评估现有数据,确保相容的假设条件能够支持进入模型的所有数据、能够支持识别关键的反应节点、能够支持通过反复的评估检验更新关键假设条件和模型取得分析结果这一要求。财务模型的建立步骤如下:

第一步,收集、分析行业历史数据。除财务信息外,还应包括机构信息(如员工数量)、运营信息(如产量和销售量)及技术信息(如运营资产的类型和产能)。所

需行业数据见表2-3。

表2-3 行业数据

序号	数据内容
1	经审计的财务报表、当前财务报告(未经审计)
2	计划/预算
3	资费标准——历史数据和现行标准
4	雇员——人数和类型(如操作人员、管理人员、正式员工、合同工)
5	客户数据库
6	债务结构和资本成本
7	营运资产结构(包括产能、历史产量、营运成本等信息)
8	正在运行/规划中的资本投资项目明细

第二步,重要宏观经济数据(如通胀率、GDP、汇率和利率)以及人口统计信息(如人口增长率)的收集。这些信息可用于预测总需求、资费调整、营业成本、收入、投资及资本成本等关键信息。

第三步,建立财务模型结构。财务模型通常是一个标准的电子表格(如Excel表格),内容见表2-4。

表2-4 财务模型数据

序号	输入假设数据项目	包含内容
1	经济数据	通胀率、税收水平等
2	工程数据	工程造价和未来各期的投资额等
3	持续的资本支出	包括维护和新建支出
4	资本总量和类型	股权、信贷、债券、补贴等
5	财务数据	融资工具条款
6	运营数据	运营成本、需求预测、费率、转让价格等
7	现金流量表	
8	损益表	
9	资产负债表	
10	成果和汇总表	显示了不同假设条件下项目的现金流状况,通常以财务指标的形式表述

典型财务指标如下:

①项目的内部收益率(IRR)。这个指标代表项目的收益,与融资结构无关。项目内部收益率(r)的计算公式如下:

$$\sum \frac{R_i - I_i - C_i}{(1+r)^i} = 0$$

式中　R_i——第 i 年营业收入；

　　　I_i——第 i 年投资额；

　　　C_i——第 i 年运营成本。

较有吸引力的 IRR 实际值(综合考虑国家、部门、行业和风险预期等因素后得出的 IRR 值,很多 PPP 潜在投资者用股权收益或调整后 IRR 值来衡量其投资收益)应超过 7%~8%,随国家和金融市场的不同而变化。

②项目的股东权益收益率(ROE)。该项指标指获得股息的股东的投资报酬率。ROE 计算公式如下：

$$\sum \frac{D_i - I_i}{(1+r)^i} = 0$$

式中　D_i——第 i 年股息；

　　　I_i——股东第 i 年的投资额。

r 值越高,表示项目的收益越大。

③年债务成本覆盖率(ADSCR)。该指标反映某一运营年份项目公司偿还债务的能力。ADSCR 计算公式如下：

$$\mathrm{ADSCR}_i = \frac{\mathrm{CBDS}_i}{\mathrm{DS}_i}$$

式中　CBDS_i——第 i 年还本付息前的现金流(项目公司支付营业成本和税金之后剩余的现金)；

　　　DS_i——第 i 年的债务余额(本金和利息)。

若 ADSCR 在项目存续期内每一年都高于 1,对贷款方来说该项目是可行的。或者说,即使某一年的项目收入低于财务模型的预期,项目公司仍能够偿还债务。通常来讲,ADSCR 最低值应大于 1.1 或 1.2。

④贷款期限内债务成本覆盖率(LLCR)。该指标反映项目公司在某一运营年份应对可能导致其无法在项目结束年份偿还贷款本息的现金流短缺的能力。LLCR 计算公式如下：

$$\mathrm{LLCR}_i = \frac{\mathrm{NPV}(\mathrm{CBDS}_i - \mathrm{end})}{\mathrm{DS}_i - \mathrm{end}}$$

式中　$\mathrm{NPV}(\mathrm{CBDS}_i\text{-end})$——第 i 年至债务偿还期末还本付息前现金流的净现值；

　　　$\mathrm{DS}_i\text{-end}$——第 i 年债务余额(本金和利息)。

若 LLCR 值在项目存续期内每年都较高,则意味着项目公司即使在短期内面临资金短缺,依然能够偿还贷款,因而对贷款方来说项目是可行的。

⑤补贴的净现值(NPV)。若项目连续多年获得补贴,则各期资金的净现值相当于扣除通货膨胀的影响后当前可一次性获得的实际补贴额。计算净现值需要引入一个参数,即"贴现率"。贴现率对计算结果有相当大的影响,所以需谨慎选择适当的贴现率。

第四步,财务模型的应用。财务模型通过模拟项目在不同情形下的预期现金流来预测项目的财务状况。这些模型反映了不同的风险(及相关资本成本)和风险分担方式的假设,为决策者提供项目结构和运营环境,包括不同费率(价格)、补贴水平或不同覆盖目标等方面的信息。财务模型给出的信息让决策者能够了解贷款方、合作伙伴和消费者对该项目的看法。

财务模型可以模拟施工成本超支、经营成本变动、预期需求变化、通货膨胀和利率变化等情况,财务模型的应用贯穿于PPP项目实施的全过程,在过程中不断评估不同定价、财务和服务情景的影响,并更新或调整项目结构。

在PPP项目采购阶段,财务模型还常被用来评估潜在社会资本合作伙伴提出的建议,一旦项目启动后,它可被用来监控项目绩效。财务模型应附有使用手册,说明模型结构及使用方法,并列举模型的假设。

第五步,行业经济因素分析及其对行业的预期影响。作为PPP结构的互动式分析,该分析应贯穿于PPP全过程。分析对象应包括行业资金流量、资金缺口和商业成果。当行业无法满足政府和消费者的期望时,各方应达成一致,使利益相关者形成现实的财务预期。该分析能够准确识别经济上可持续发展的关键障碍,且有助于制定有针对性的应对措施。在分析行业经济因素及战略时须考虑表2-5中的相关问题。

表2-5 经济因素及战略分析问题汇总

序号	问题汇总
1	为改善行业财务状况,当务之急是提高运营效率还是吸引资金
2	政府是否承诺弥补该行业的成本?政府实现这一目标的方式是提高资费标准还是提供资金补贴
3	成本回收是如何界定的,回收期为多久
4	该行业是否可以在一定时期内为消费者或经营者提供补贴
5	是否准确地了解消费者意愿和/或能够支付更高价格
6	价格结构或者水平是否存在需要解决的根本缺陷
7	采用PPP框架之前是否调整过所有费率
8	行业的商业程序是否健全(如是否存在一个准确客户数据库、单据是否准确及时、单据是否明了并及时得到支付等)

2.1.5 与利益相关方的协商

参与 PPP 项目的利益相关方众多,很难协调他们的利益和关注点,因此,部分利益相关者之间往往仍存在分歧。此外,如果利益相关方没有能够充分参与协商过程,也就无法全面参与进 PPP 项目之中。与利益相关方的协商越来越被重视,主要是因为:

①与利益相关方的协商或沟通不充分会导致反对项目的风险增加,项目进程缓慢,导致项目延误甚至被取消;

②利益相关方对 PPP 项目的可持续性起着至关重要的作用,若缺乏公众支持,PPP 项目实施的难度和风险将急剧增加;

③利益相关方可以为项目的设计和实施提供有价值的意见,增加其责任感,引导创新;

④公众的广泛支持和理解可以鼓励政治家遵守承诺;

⑤信息披露有助于增强项目合作伙伴的信心。

尽管这些原因令人信服,但部分国家政府仍认为公开的协商存在风险,如无法达到预期、失去对信息流的控制、无法调解分歧,或者招致反对。这些风险可以通过充分沟通来化解,沟通对 PPP 获得支持和理解至关重要。每个位置都是至关重要的,但特定利益相关者的利益会影响到他们如何定位自己的作用,必须通过协商过程来协调和确定各项工作的轻重缓急,使各方最终就 PPP 目标达成共识。表 2-6 列举了 PPP 过程中不同利益相关者的职责与利益范围。

表 2-6 PPP 过程中不同利益相关者的职责与利益范围

利益相关方	职责	利益范围
政府相关机构	建立并优先安排 PPP 方向和目标,并向公众传达	效益最大化
	批准决策标准,选择适合 PPP 项目实施的方案	提供全民服务
	批准建议的 PPP 项目实施方案	确保提供可负担的基本服务
	批准法规框架	促进公平竞争
		吸引投资商
		改善公共福利

续表

利益相关方	职责	利益范围
消费者	反馈其能力和支付服务的意愿	确保公平标价
	反馈质量和服务水平重点环节	改善质量和服务可靠性
	反馈现有服务的优缺点	增强问责制和响应性
社会资本	反馈各种PPP项目实施方案的吸引力	确保稳定、透明的监管过程
	全面尽职调研方案,制定具有竞争力且现实的方案	确保高效运营
	遵守合作规则和流程	机构重组和资产分配
		培训人力资源
		创造更多投资机会
专家顾问	公平评估PPP项目实施方案	
	评估现有框架,提出改革建议	
	协助利益相关方的合作	

根据具体情况不同,沟通活动可以包括下列部分或全部内容:

①意见调查。意见调查主要是收集PPP项目实施的特定利益相关者的意见及行为方面的信息。意见调查不仅影响沟通的内容和媒介,还影响改革本身。调查采用相对正式的方式,如问卷调查、投票等。

②利益相关方协商。通过协商这种不太正式的形式,利益相关方可在其群体内部或跨群体讨论他们关心的议题或政策。协商的目的是收集信息,使改革者了解目前关于改革的看法和理解其根据。其中的关键是对纳入改革进程的反馈意见的管理预期,即反馈意见也许无法直接改变PPP设计或进程,但会产生一定影响。这可通过讨论小组或利益相关方讨论组的形式实现。

③公众意识。公众意识工作的目的是在更大范围内提高对某一问题的总体认识。主动传播信息有助于了解公众对PPP项目的反应,常见的传播方式包括电视、广播、市民大会和报纸等。

④公共教育。公共教育是向利益相关方提供可促进其了解某一问题或承担其新职能的工具和信息的过程。与公众意识相比,公共教育更加具体和详细。

专栏十三:提高透明度——马尼拉供水项目(菲律宾)

为了在马尼拉大都会的供水和污水处理项目中引入私营企业参与基础设施建设(PPI),菲律宾政府开始实施一个综合性战略沟通计划,并将提高PPI项目透明度设定为目标之一。此外,政府在招标前几个月推出一项媒体宣传活动,对招标过程和相关预防措施加以解释,使公众对确保透明度的措施有所了解。在菲律宾,由于公开采购通常需经过抗议、国会调查和渎职调查,因此媒体重点宣传了为保护投标完整性所采取的具体措施。此外,宣传强调了评估过程的客观性,表示不会因为技术因素而给予积分奖励。为保证媒体充分了解招标过程,政府还准备了一个介绍招标规则和开标流程的视频短片,向公众播放。

政府高调的沟通和公关工作促成了媒体对招标流程的强势报道。供水和污水处理项目并没有像其他公开采购项目一样引发争议或反对。菲政府将该项目的成功主要归功于透明的采购流程以及利益相关方对于透明采购的认可(因为媒体宣传产生的认可)。

2.2 项目识别

投资规模较大、需求长期稳定、价格调整机制灵活、市场化程度较高的基础设施及公共服务类项目,适宜采用PPP模式。

2.2.1 项目发起

PPP项目由政府或社会资本发起,以政府发起为主。

1. 政府发起

财政部门(PPP中心)应负责向交通、住建、环保、能源、教育、医疗、体育健身和文化设施等行业主管部门征集潜在PPP项目。行业主管部门可从国民经济和社会发展规划及行业专项规划中的新建、改建项目或存量公共资产中遴选潜在项目。

2. 社会资本发起

社会资本应以项目建议书的方式向财政部门(PPP中心)推荐潜在PPP项目。

2.2.2 项目筛选

财政部门(PPP中心)会同行业主管部门,对潜在PPP项目进行评估筛选,确定备选项目。财政部门(PPP中心)应根据筛选结果制定项目年度和中期开发计划。

对于列入年度开发计划的项目,项目发起方应按财政部门(PPP中心)的要求提交相关资料。新建、改建项目应提交可行性研究报告、项目产出说明和初步实施方案;存量项目应提交存量公共资产的历史资料、项目产出说明和初步实施方案。

2.2.3 物有所值评价

财政部门(PPP中心)会同行业主管部门,从定性和定量两方面开展物有所值评价工作。定量评价工作由各地根据实际情况开展。

定性评价重点关注项目采用PPP模式与采用政府传统采购模式相比能否增加供给、优化风险分配、提高运营效率、促进创新和公平竞争等。

定量评价主要通过对PPP项目全生命周期内政府支出成本现值与公共部门比较值进行比较,计算项目的物有所值量值,判断PPP模式是否降低项目全生命周期成本。

2.2.4 财政承受能力论证

为确保财政中长期可持续性,财政部门应考虑项目全生命周期内的财政支出、政府债务等因素,对部分政府付费或政府补贴的项目,开展财政承受能力论证,每年政府付费或政府补贴等财政支出不得超出当年财政收入的一定比例。

通过物有所值评价和财政承受能力论证的项目,可进行项目准备。

2.3 项目准备

2.3.1 管理架构组建

在PPP项目的预想实施架构中,社会资本受雇从事公共领域的活动,而政府部门成为监管者或监控者,在实际的服务提供过程中承担着有限的职能。大多数国家一开始缺乏组织、管理和实施PPP流程所需的机构与能力,因此现有的体制需要进行能力建设,以便能够承担新的职能。在此过程中,经常需要创建新的机构,用于支持PPP的一些关键机构有:

①PPP中心;

②项目实施机构；

③技术援助中心。

1. PPP 中心

PPP 中心是作为协调、质量控制、问责以及与 PPP 相关信息的节点而在单一部门内部或跨部门建立的。这些单位或是新建立的，或在部门内部（如财政部）创建，财政部与将要进行改革的部门有着紧密的联系。对于社会资本投资者来说，PPP 中心提供了透明度与一致性；而对于利益相关者与广大公众来说，PPP 中心能够传播信息，并提供关于专业流程的专业化管理服务（参见专栏十四中：关于澳大利亚和菲律宾的 PPP 中心的相关信息）。PPP 中心在项目实施前期通常关注项目的识别、开发与招标工作，随着项目的推进，其关注的焦点日益集中于项目启动后在监督合同执行方面可能的潜在作用。

PPP 中心必须确保与 PPP 关键利益相关者按统一的方法行动并遵守约定的指导方针：

①项目识别与排序；

②鼓励竞争；

③对投资机会开展尽职调查；

④坚持透明招标程序；

⑤确保妥善处理政府资产；

⑥确保政府资源获得最有效使用。

2. 项目实施机构

项目实施机构是一个规划和实施项目的载体，它可以与直线管理部门相关，也可以半独立于该部门。大多数项目实施机构成立的目的就是为了支持大型资本投资项目（通常由捐赠者提供资金支持），而项目实施机构的寿命与项目生命周期有关。项目实施机构的具体结构与职能取决于资金提供机构、执行机构、项目类型及当地环境的要求。

项目实施机构作为将人力资源投入重要项目的载体，其职员可以是政府职员、外部资源或两者的组合。建立项目实施机构的优点就是设立一个问责与管理的中心，它通常对项目进度进行监控与报告，进行财务管理与问责，并处理部分项目相关采购事宜。在项目实施机构与 PPP 中心都存在的情况下，两者需要进行密切和定期的协调。

3. 技术援助中心

在 PPP 项目实施过程中,政府需要召集各个行业的专家顾问,如律师、财务分析师、金融家、经济学家、社会学家与行业专家等,来组成技术援助中心(或专家顾问团),为项目实施全过程提供咨询、辅助决策等服务。专家顾问将在制定战略供政府参考、协助开发公众信息、分析项目实施方案以及支持招标和谈判流程等方面发挥重要作用。

根据《政府和社会资本合作模式操作指南》,我国县级(含)以上地方人民政府可建立专门协调机制,主要负责项目评审、组织协调和检查督导等工作,实现简化审批流程、提高工作效率的目的。政府或其指定的有关职能部门或事业单位可作为项目实施机构,负责项目准备、采购、监管和移交等工作。

> 专栏十四:澳大利亚和菲律宾的 PPP 中心
>
> 1.澳大利亚—维多利亚州
>
> 澳大利亚的州政府负责大多数的基础设施部门。在维多利亚州,单个的政府部门最终负责特许权设计与授予。在不同情况下,项目职责被分配给某一部门负责人。然后由负责人与项目涉及的其他政府部门进行协商。负责人还将与财政部门合作。为了指导和促进分析与程序的一致性,维多利亚州政府制定了一项"维多利亚州基础设施投资政策",关于该政策的说明由财政部门于 1994 年 6 月公布。如果其他政府部门需要指导和帮助,财政部门还作为指导中心提供服务。
>
> 2.菲律宾的 BOT 中心
>
> 菲律宾政府设立了一个支持该国大型私营基础设施计划的机制。每个部门管理机构都有一个专门负责协调其项目设计与实施的 BOT 单位。国家、省、市级政府在该框架中筛选并确定项目。政府制定了一份优先项目清单,该清单必须获得国家经济与发展局(NEDA)投资协调委员会、NEDA 管理委员会或当地或地方议会的批准。作为其计划的一部分,菲律宾政府设立了一个 BOT 中心,履行以下职责:
>
> ①保存国内所有可以在 BOT 框架下开发的项目的详细目录,并不断更新;
>
> ②为在菲律宾开展业务的外国投资者提供建议;
>
> ③开发基础设施项目;
>
> ④为中央和地方政府官员提供关于项目设施与实施的技术援助、培训;

⑤通过宣传手册与路演推动菲律宾BOT计划与具体项目的宣传活动。

最初,中心主要向私人投资者推广BOT概念,目前则用更多的时间培训国家与地方政府官员。

2.3.2 产出说明

拟议PPP项目的技术规格需要在参考条款中进行定义和记录,并最终落实到PPP合同中,产出说明阶段就是初步确定技术规格的时间。项目最终的技术规格的确定,是一个建立在市场反馈意见以及项目在各个阶段设计能力基础之上的互动过程。一个项目的技术设计始于确定期望的覆盖目标与服务标准。以此为出发点,就能估算实现这些期望目标的费用(考虑假定的效率提升幅度)与可回收成本的收费标准。政府可以选择采用收费标准,或提供成本补贴,或重新评估初始目标与服务标准等不同方案。图2.2说明了服务与费用之间的关系。

产出说明应建立在行业分析工作的基础之上,同时也完善了分析工作。在确定产出说明的工作中,确定技术条款需要在严格与宽松之间取得平衡:如果技术规格过于严格,可能意味着参与竞争的社会资本无法使用最为经济的技术解决方案;过于宽松的条款可能导致不同方案之间差异巨大,从而难以进行比较和排序。在处理这一困境时,应该将精力集中于规定期望实现的技术结果,而不是使用的过程与办法,从而让参与竞争的社会资本拥有合理的发挥空间,来选择实现期望结果的最有效方式。

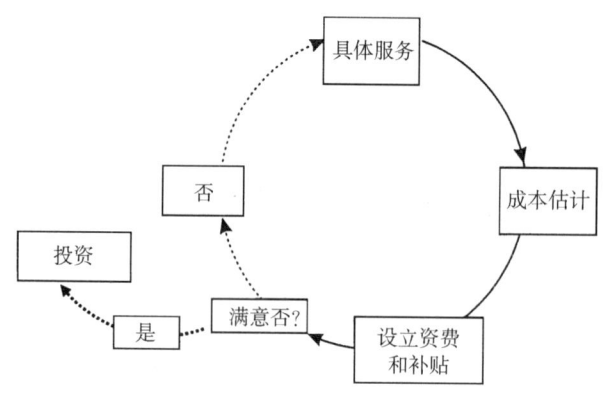

图2.2 平衡服务和成本

专栏十五和专栏十六为招标文件技术部分可能出现的两个技术规格类型的示例。

专栏十五:铁路 PPP 项目中的产出说明(性能标准)示例

铁路 PPP 项目中详述的核心技术规格可能包括:
①车站:地点,营业时间,旅客量火车。
②旅程时间,频率,载客量系统。
③可靠性,安全性,降级模式运行。
④氛围——旅程品质:装饰质量,座椅/站立率,电梯和升降梯,客户信息,收费处能力。
⑤系统构架,外部接口转移。
⑥归还情况,维修手册和记录,最终年份问题。

专栏十六:供水 PPP 中的产出说明(技术规格)示例

供水和卫生 PPP 中要详细说明的关键技术规格可能包括:
(1)覆盖目标
①新的直接接入网络的家庭数量,或待接入家庭百分比;
②有三级管道的道路百分比;
③将通过直接连接、凉亭、立管或其他非管道输送系统(供水),以及公共厕所或其他改进的卫生措施(卫生服务)提供服务的地理区域。
(2)质量标准
①服务可用性;
②压力;
③水质量;
④废水处理;
⑤客户服务。

2.3.3 商业、财务和经济方面的准备

在 PPP 项目设计与准备的过程中,必须有一个平衡服务水平与费率的流程,来确定既能为用户接受,又能够提供可持续性的价格与服务组合。这一阶段的重点是对社会资本合作方的付款与收入和政府可能需要提供的补贴进行分析,这一过程包括:

①技术分析——确定服务成本。
②市场与社会分析——确定特定服务水平下人们的支付意愿和支付能力。
③财务分析与建模——确定为实现期望的覆盖率目标与服务水平所需的可回收成本的费率。

④协商与交换——约定完成成本回收之前的过渡补贴,或持续补贴,如对低收入用户人群的补贴等。如果没有补贴,覆盖率与服务目标可能需要降低。

在 PPP 项目商业、财务和经济准备过程中,需要着重考虑以下三个重要因素:①融资来源;②适当的费率结构与费率水平;③补贴的设计与使用。

1. 项目融资

基础设施 PPP 通常需要融资,也就是说,需要为初始投资筹集外部资金,并通过未来收入流偿还。项目初始资金可以来源于政府或社会资本,但无论资金来源于何处,都是有成本的,因此,对项目的效益和所需确定的费率(以及与此相关的支付能力)都有影响。对于项目融资而言,可识别的信贷风险(源于与项目有关的各种技术、商业和其他风险)与融资成本之间的关联性是一个关键性因素。政府的融资成本通常低于社会资本,因此,由社会资本进行融资可能会增加 PPP 的财务成本。但是,PPP 带来的效率提升将能够弥补资金成本,并导致净支出下降与效率提升,最终有利于公众消费者。此外,政府融资渠道往往受到限制,这也是 PPP 设计之初要解决的主要问题之一。

社会资本参与方通常会建立一个项目公司来实施项目,这种公司通常称为特定目的公司(SPV)或项目公司。项目公司可以采用多个公司联营的形式,也可以是独立的。公司所有者通常不会提供项目所需的全部资金,而是提供一部分资金作为所有者权益,并从金融机构借入其余资金,或是在资本市场上发行债务票据。项目的资信("银行可贴现性")取决于诸多因素,其中一些因素在 PPP 项目架构设计时处于政府的控制范围之内。这些因素包括在商业上具有吸引力的项目设计与费率(更短的投资回收期,融资时间相对也会较短)、可信的承购安排(可以降低市场风险,提高现金流的可预测性)以及透明健全的监管体系(影响对未来现金流的预期)等。

总体来说,不管是从银行还是债券市场,基础设施项目的融资都面临众多的挑战:①为了和项目现金流匹配,债务期限通常较长;②以本币融资来匹配本币收入,往往会面临更大约束;③股权融资较难实施,财务杠杆率较高;④除可用项目资产外无抵押或担保("无追索权融资"难以实施)。

为了获得资金或争取更优惠的利率,项目公司可以通过保险或担保提升信用等级,具体包括(局部)信用担保(如从政府本身或开发性金融机构取得)和针对政府或监管机构不遵守协议(如"照付不议"包销协议、特许权协议等)的政治风险的担保(从保险公司或开发性金融机构取得)。

为确定项目可承受的债务融资额,贷款方通常会根据项目表现及现金流自行开展评估,评估指标包括债务清偿比率、债务期内的债务偿付比率以及项目期内的债务偿付比率等。由于PPP项目一般情况下单纯依靠项目现金流偿债,为了确保项目风险处于合理范围内,贷款方针对项目融资的评估流程会非常深入和严密。

需要注意的是,在PPP项目实践中,参与竞标的社会资本可能会有众多意向融资者,但最终融资计划和风险分配方式在合同基本确定时才能落实,因此往往会到合同流程的最后阶段才能制订出完整的融资计划,贷款方也可能在最后阶段提出对项目的要求。这增加了中标的社会资本不能落实融资计划而不得不放弃参与项目的风险。因此,在资格预审阶段严格评估潜在竞标者的财务资源及融资能力是十分必要的。同时,可以采用收取保证金的方式来约束其行为。

2. 资费设计

PPP项目的资费设计需要平衡以下目标:①目标服务标准及相关成本;②公众消费者的支付意愿及能力;③成本回收方式;④社会资本的经济要求(投资利润率);⑤对政府补贴的需求及得到的可能性。各因素的正确组合可以通过项目模型的重复优化来确定(见图2.3)。

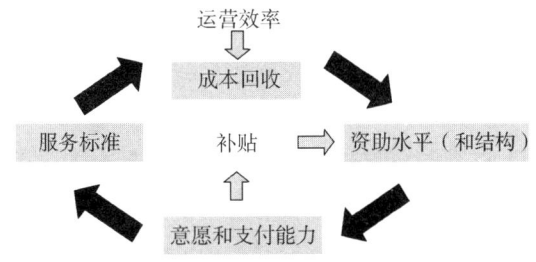

图2.3 资费设计循环过程

如果使用差异化的资费结构(例如,单价为消费的函数,向低收入用户倾斜)或资费调整机制(如根据成本变化、汇率变化调整),资费设计的过程将往往会非常复杂,通常需要相关领域的专家来完成建模和优化工作。资费设计过程中,需要注意实现以下几点目标:成本回收/投资利润率;对提高效率的激励;公正公平;简单且易于理解。

(1)成本回收及投资利润率

服务标准(成本)和资费(收入)的组合决定了项目在商业上的可行性,社会资本有机会通过高效的投资和经营来改善财务结果。由于资本的逐利性,在服务标准和资费既定的情况下,社会资本通常仅会参与有较大利润机会的项目。内部收益率(IRR)和股东权益收益率(ROE)是评估项目财务吸引力最常用的工具,社会资本会根据其权益资本成本来评估项目潜在的内部收益率,并根据识别到的项目风险进行调整。如果可以通过政府行为或其他方式规避、转嫁或降低某些风险,社会资本也会愿意接受更低的内部收益率(见专栏十七介绍的智利在电力定价方面的经验)。

为了公平起见,资费应反映成本,并且不同层次的消费群体支付的资费应反映供给成本。例如,生活在相似环境下的人支付相似的价格,接受更低质量服务的人群应当获得更低的价格。然而,在一些公共服务项目中往往会出现部分消费者无法支付必需品资费的情况,如供水和废水处理服务中,任何用户都无法因贫困而拒绝其使用水资源,此时,就需要资费体系中的特定补贴或交叉补贴来解决类似问题。

(2)简单且易于理解

这就意味着大众消费者应易于获取资费信息,也容易理解资费结构。例如,如果资费结构过于复杂,用户可能不理解他们消费变化的含义,或他们可选项的范围。然而,过于简单可能会导致激励不足或公平方面的负面影响。

(3)平衡目标

在上述各个目标之间取得平衡是十分必要的。例如,"激励"可能会与"简单"发生冲突,因为从成本角度考虑,一个非常复杂的资费结构可能是有必要的。同样地,"简单"也有可能会与公平产生类似的矛盾。在基本要素落实到位后,资费的设计还应有更深层次的要求,如合理的回报率定义、对于资产评估方式的理解及是否允许额外报酬等。

专栏十七:智利的电力定价

智利电力定价由于其投资回报率监管的创新而与众不同。定价系统包括对最高用电量少于2MW用户的监管价格和其余的自由协议价格。受监管用户的最终价格包括两部分:一部分为分销公司从发电厂及输电网购买电力的节点价格;另一部分为分销的增值价格。分销的增值价格每四年计算一次。该过程包含确定最佳经营公司的成本及费率基准(资产重置价值基础上10%的实际回报)。然后这些费率被实际应用于公司,并确保平均资产回报率为6%~14%。如果实际平均回报率超出该范围内,费率会根据其实际情况进行调整,以达到上限或下限。基准"高效率公司"的经营成本和资产重置价值是基于行业、监管机构估计值的加权平均值。

在对这些因素进行充分评估并确定了PPP项目合理的风险分担方案后,就可以确定初始费率和资费结构,项目运营过程中可根据需要进行调整。

3. 资费调整

PPP 项目的资费或资费结构在其整个周期内不可能总是一成不变,因此,有必要确定可行的资费调整规则,为此需要考虑以下因素:

①引发或推动价格调整的因素,如原材料价格变化(对电力行业来说就是油价)、通货膨胀以及汇率波动(经营者必须承担未套期保值的外汇敞口风险);

②调整机制,包括成本加成和价格上限管制;

③调整频率,包括成本转嫁、资费指数化、资费重置以及特别资费调整。

(1)机制

公共事业通常有成本加成机制和价格上限机制两种基础资费调整机制,下面分别进行讨论:

成本加成或收益率机制允许受监管公司将所有的经营费用和资本成本转嫁给消费者,包括税后投资回报率。在该体系下,除非经营者向管理机构提出申请并要求资费评估和重置,否则无须进行调整。

为了回应加(或减)价申请的回应,监管机构须审查经营者的总成本基数。理论上,这种方法提供了价格和已发生成本之间最好的匹配方式,但由于收益率已得到保证,所以对有效经营和发展的激励较弱。成本加成管制有可能激励公司增加运营成本,而不是提高效率。然而,从投资角度看它有很强的确定性,可以降低风险。

收入或价格上限监管则提供了更直接的效率激励。收入或价格上限旨在控制某一阶段的收入总额或价格,但为公司提供了通过业绩提高收益的空间。在此机制下,公司可以根据通货膨胀率和"生产力抵减"(通常称为 X 因素)指标来调整其价格水平和资费结构。该方法可以为提高效率提供更强的激励,并反映提供服务的真实成本。

监管模式的选择受很多因素的影响,包括适用的经济学专业知识、会计和审计制度、行业投资需求及效率激励等。在早期的监管体系中,价格上限机制应该是一个较好的选择,因为其可以将价格设置得足够高以吸引资金。而在监管更加成熟的阶段,成本加成机制在吸引大规模投资方面可能更为恰当。总而言之,监管体系的形式应充分考虑国家、部门、行业以及基础设施资本投资状况,并应通过详细的分析和论证来制定。

非公用事业基础设施 PPP 项目的监管模式略有不同,通常在 PPP 合同中进行描述。在基础设施 PPP 项目中,监管的根本目标是合理分配风险以及维持风险和预期回报之间的稳定性。

（2）调整的频率

资费调整有不同的程序。例如,有些情况下,协议规定某些投入成本(如能源或大规模供水)应反映在资费中,并向消费者收取。这时,投入成本价格上涨的风险被立即转嫁给消费者。在服务供应商(社会资本)不对投入进行控制时,包括税率变化和政府调整质量标准在内的其他费用同样可能被转嫁。转嫁会减少服务提供商更高效地利用投入的激励,但服务商仍要尽量避免增长的资费超过消费者的支付意愿和支付能力。

资费指数化。该机制与成本转嫁相似,但通过不同的调整方法。在该机制下,资费的定期调整反映了物价指数(如消费者物价指数)而非实际服务成本的变动。虽然指数化可以使供应商免受正常范围内可预测的价格上涨影响,但供应商仍容易受到超常或指数外变化的影响。在许多情况下,指数化公式是基于与所提供的服务最相关的一揽子价格。

资费重置或定期资费调整。资费重置是一种较为完善的资费调整机制。对项目生命周期较长的PPP项目来说,指数化或转嫁很可能不能完全适应整个合同期间内行业的所有变化。因此,资费重置的规则应在PPP实施之前确定,并且应通过所有参与风险配置的各方的讨论。资费重置机制的建设应包括以下几方面内容：

①重置的目标；

②重置的方法；

③资费审查的起因和潜在重置。

重置的目的应包括使经营者享有合理的收益率,通过收益率鼓励提高效率等,如经营者面临预料之外的(或不可控制的)变化(如汇率变化)时应恢复其财务状况。

根据重置目的的不同,可使用不同的方法。例如,可以尝试通过标杆管理或聘请咨询专家确定最有效率的经营成本。如果重置的目的是为了恢复经营者的财务状况,仅需评估关键成本变量。

评估要求或特定的事件可能会引发此类资费调整。一般而言,这种调整可根据预先确定的周期进行,如每五年一次。在冲突或破产等极少的情况下,可能会引发临时性价格评估。

4. 补贴设计

如果合理的服务和资费水平组合仍不能使社会资本经营者回收成本,政府补贴可以使项目具有商业上的可行性。政府补贴仅在部分特殊情况下才有意义,例如:PPP(含补贴)下政府总成本低于完全由公共部门提供服务的成本,或低于不按预定水平提供服务的成本。政府通过提供补贴来降低资费水平,以达到帮助贫困人群、解决公共健康问题和环境问题的目的,并且提高资费的政治约束。

政府补贴可以是"总体的",比如,适用于整个项目;也可以是"具体的",在这种情况下,它针对向(低收入)消费者群体提供的服务。一些补贴被设计成社区服务义务并在监管和许可标准下强制执行,或由政府直接或间接转移给目标消费群体。

交叉补贴不包含政府支付,它是内生于资费结构的一种补偿机制。交叉补贴通过提高对某个顾客群体收取的平均资费来降低向另一个顾客群体收取的平均资费。交叉补贴最常用的形式是,通过阶梯收费结构,非家庭客户为家庭客户提供补贴、大用量客户为小用量客户提供补贴。补贴可以在接入环节(连接费用)或消费环节提供。

不同类型的补贴可以解决不同的问题。常用补贴类型有现金补贴(包括产出导向型援助)、政府为商业风险提供免费担保、降低资本成本、实物划拨及免税等。

(1)现金补贴(包括产出导向型援助)

现金补贴包括政府向社会资本或项目公司支付的现金款项。补贴用来支付部分投资,或与所提供的服务相关。显然,补贴的设计应能保证刺激社会资本实现预期的目标。由于现金补贴可能会激励无效经营或产生其他不良后果,所以这一目标并不容易实现。

如增加资费存在政治约束,可向社会资本提供一般现金补贴,以降低用户支付的用以覆盖公用事业经营费用的平均资费。在这种情况下,提前设置补贴的数额是必要的,否则就不会激励社会资本降低经营费用。在提前设置补贴数额时,可规定逐年减少补贴数额直至取消补贴,同时提高经营效率并逐步上调资费。

若补贴的目的是扩大服务的覆盖范围,而不是缓解资费上调的影响,将补贴的支付与某个指标相挂钩可能更为恰当,如新接入用户的数量。

然而,对每个新用户的固定补贴可能激励经营者发展那些期望收入(减去接入成本)最大化的用户。这样的补贴结构可能会限制对贫困家庭用户接入的激励。替代方案为仅向固定区域的新用户提供补贴,如贫困家庭户集中区域。

(2)降低资本成本

降低资本成本指降低对股本收益率的要求,或降低社会资本的有效借贷成本。政府可以通过向公共事业提供优惠利率(如低于其本身的偿债费用)借款以补贴其债务成本,之后政府可以对这些贷款进行冲销,相当于提供了进一步的补贴。政府还可以通过向公共事业提供担保或承担汇率风险的方式以补贴其债务成本。

(3)实物划拨和免税

政府还可通过实物划拨和免税向社会资本提供补贴。实物划拨有多种形式,如赋予取水权利(否则要按某种收费制度支付费用),或划拨土地等。免税通常被应用于公营的公共事业,当公共事业私有化后,可能继续获得免税的待遇。

需要强调的是,这些补贴无法定向至最需要援助的目标用户群体,因此,有些利益流向了非贫困家庭。对此类形式的补贴,应通过对每种补贴利益和成本的比较进行评估,并评估它们完成既定目标(如扶贫目标)的能力。

2.3.4 邀请本地合作方

从政府的角度来看,本地合作方尽可能多地参与PPP过程是更为可取的。有多种方式来实现这一目的。

①本地社会资本合作伙伴。本地公司往往是PPP项目的合格社会资本合作方,可参与本地基础设施的开发、改进和运营。本地合作伙伴更适合参与小型的本地化项目,例如,可使项目扩展至小城镇和城郊地区,这些地区有具备开发价值的市场,但是却远离核心基础设施。合格的本地建筑公司可以参加竞争性招标,提供分项服务,或兴建新设施。为鼓励和规范地方参与,政府应预先确定本地公司参与的政策,避免与负责采购官员的不正当接触,杜绝腐败,制定适当可行的评估标准,促进本地公司竞争,同时确保项目质量。

②本地分包商。在水务和能源等行业,作为对行业主导公用事业公司的补充,小规模的服务供应商在短期至中期内普遍存在,可鼓励PPP项目的社会资本合作方将这些服务供应商纳入其战略体系。当然,最终目标仍然是通过正式制度安排来提供服务,但在可替代的服务出现之前,此举可防止PPP项目过早地将小型社会资本供应商挤出市场。

③地方政府部门。许多PPP项目公司是由政府或其他地方组织参股组建的,这时政府决策者和当地利益相关者能有效参与公司治理,将其角色转变为所有者。但是在这种方式下,及时发现并减小可能存在的利益冲突是十分重要的。

2.3.5 利益相关方的参与

在PPP项目的实施过程中,利益相关者的早期参与有助于创造一个有利于项目实施的环境。利益相关者就项目关注点、业绩预期和潜在风险提供有价值的信息,这些信息对于评估拟建PPP项目的主要业务假设(尤其是资费方面)条件是否可行至关重要。若不与利益相关者协商,项目在后期则有可能招致反对,从而使项目进程减缓或偏离预定目标。因此,在每一个阶段与利益相关方持续协商是很重要的。

同时,与潜在竞标人和社会资本合作方的协商也很关键,可确保拟议PPP项目架构设计符合他们的要求。否则,如果PPP项目架构的设计包含不切实际的合意的组合(如高层次的服务、低廉的价格、没有补贴、特许经营期限短等),则可能使项目对参与竞争的社会资本的吸引力减弱,或者项目可持续性降低。因此,在准备阶段,从市场收集非正式的反馈至关重要,更正式的协商可以在项目实施过程中进行。

2.3.6 实施方案编制

项目实施机构应组织编制项目实施方案,项目实施方案的选择与编制应基于可用的PPP项目运作方式、行业技术约束和目标、法律和监管体系、商业和财务要求,以及市场利益要求等因素。

PPP项目优先关注的因素应包括扩大服务范围、改善服务、能减少政府补贴并提升效率,以及客户满意度。政府部门应开展成本/收益分析,并与潜在社会资本合作伙伴进行广泛协商(经营者调查),以深入了解所考虑方案的优势和劣势。特定的PPP项目运作模式更容易、也更广泛地应用于特定的行业,如BOT被广泛应用于收费公路及废水处理厂的建设领域,而卫生保健或供水服务则更多地使用管理合同。同时,项目实施方案的设计必须因地制宜,并考虑政府特定目标的影响。例如,政府是否优先考虑降低服务成本,或是否在一定程度上完善收费和集中资金的系统,或是否优先扩大服务范围。目标不同,则能够实现目标的PPP方案也不同。

任何一种形式的PPP项目的成功实施都有一系列前提条件。例如,转移更多风险给社会资本的复杂PPP形式需要更为复杂的法律及监管结构以便实施和监测交易。如果通过行业分析确定的前提条件未能满足,谨慎起见,可先选择一个较简单的项目实施方案。也可以在项目准备阶段努力满足PPP的前提条件(见表2-7),如实施法律及监管改革、确保关键投资到位及落实新制度等。

表2-7 确定PPP方案的前提条件

方案	政治参与	成本回收资费	监管框架	信息库	政府合同管理和分析能力
服务合同	低	低	低	低	适度
管理合同	适度	适度	适度	低	适度

续表

方案	政治参与	成本回收资费	监管框架	信息库	政府合同管理和分析能力
租赁	适度	高	高	高	高
许可权	高	高	高	高	高
建设—运营—移交（BOT）和变化	高	适度	高	高	高

项目实施方案通常应包含以下内容：

1. 项目概况

项目概况主要包括基本情况、经济技术指标和项目公司股权情况等。

基本情况主要明确项目提供的公共产品和服务内容、项目采用PPP模式运作的必要性和可行性，以及项目运作的目标和意义。经济技术指标主要明确项目区位、占地面积、建设内容或资产范围、投资规模或资产价值、主要产出说明和资金来源等。项目公司股权情况主要明确是否要设立项目公司以及公司股权结构。

2. 风险分配基本框架

按照风险分配优化、风险收益对等和风险可控等原则，综合考虑政府风险管理能力、项目回报机制和市场风险管理能力等要素，在政府和社会资本间合理分配项目风险。

原则上，项目设计、建造、财务和运营维护等商业风险由社会资本承担，法律、政策和最低需求等风险由政府承担，不可抗力等风险由政府和社会资本合理共担。

3. 项目运作方式

项目运作方式主要包括委托运营、管理合同、建设—运营—移交、建设—拥有—运营等。具体运作方式的选择主要由收费定价机制、项目投资收益水平、风险分配基本框架、融资需求、改扩建需求和期满处置等因素决定。

4. 交易结构

交易结构主要包括项目投融资结构、回报机制和相关配套安排。

项目投融资结构主要说明项目资本性支出的资金来源、性质和用途，项目资产的形成和转移等。项目回报机制主要说明社会资本取得投资回报的资金来源，包括使用者付费、可行性缺口补助和政府付费等支付方式。相关配套安排主要说明由项目以外相关机构提供的土地、水、电、气和道路等配套设施和项目所需的上下游服务。

5. 合同体系

合同体系主要包括项目合同、股东合同、融资合同、工程承包合同、运营服务合同、原料供应合同、产品采购合同和保险合同等。

项目合同是其中最核心的法律文件。项目边界条件是项目合同的核心内容，主要包括权利义务、交易条件、履约保障和调整衔接等边界。权利义务边界主要明确项目资产权属、社会资本承担的公共责任、政府支付方式和风险分配结果等。交易条件边界主要明确项目合同期限、项目回报机制、收费定价调整机制和产出说明等。履约保障边界主要明确强制保险方案以及由投资竞争保函、建设履约保函、运营维护保函和移交维修保函组成的履约保函体系。调整衔接边界主要明确应急处置、临时接管和提前终止、合同变更、合同展期、项目新增改扩建需求等应对措施。

6. 监管架构

监管架构主要包括授权关系和监管方式。授权关系主要是政府对项目实施机构的授权，以及政府直接或通过项目实施机构对社会资本的授权；监管方式主要包括履约管理、行政监管和公众监督等。

7. 采购方式选择

项目采购应根据《中华人民共和国政府采购法》及相关规章制度执行，采购方式包括公开招标、竞争性谈判、邀请招标、竞争性磋商和单一来源采购。项目实施机构应根据项目采购需求特点，依法选择适当采购方式。

(1) 公开招标

多国政府和多数国际贷款机构将公开投标作为最为推荐的一种采购方式。这些政府、机构或组织希望通过公开招标这种竞争机制来保证投标过程的透明，避免腐败，并提供一个能够根据既定标准选出最优报价的机制。

竞争的优势要在利益足以吸引多个投标者时才能够显现出来，因此，公开招标主要适用于核心边界条件和技术经济参数明确、完整、符合国家法律法规和政府采购政策，且采购中不作更改的项目。

基本运营、维护和服务合同因为其服务范围已明确且通常是可量化的，故采取公开招标采购方式往往较为便利。而对于更为复杂的 PPP 项目，如 BOT、特许经营权等，因为其初始信息与结果通常是不明确的，加之合同执行的时间长度较长，以及外部性的特点，使得有限目标的设定和结果预测十分困难。因此，对于此类项目，公开招标这种采购方式往往难以实施。

悉尼的环城高速公路就是通过公开招标完成采购的，见专栏十八。

> **专栏十八：M7 悉尼环城高速公路(澳大利亚)**
>
> M7 高速公路是一条位于悉尼西区，长 40km 的收费公路，它连接数条主要高速公路及主干道。作为一个 PPP 项目，M7 高速公路的建设涉及三级政府(联邦政府、州政府和地方政府)、广泛的社区咨询和设定具体标准的竞争性招标流程。道路与交通局(Roads and Traffic Authority)负责整个招标过程。
>
> Transurban、Macquarie Infrastructure Group 和 Leightons Holdings 等公司组成的财团修建和运营这条高速公路，获得了 34 年的特许权；特许期结束后，公路归政府所有。项目投资 23 亿美元，提前 8 个月竣工，应用了电子收费技术，还配套修建了 40km 的行人和自行车通道。公路项目接受了环境、安全性和养护方面的测试。

(2) 竞争性谈判

竞争性谈判需要邀请一组投标者参与结构化谈判。通过使投标者意识到来自其他投标者的竞争压力，以期获得最好的报价。相比公开招标，这种采购方式过程迅速，成本较低同时还能得到很好的报价。但我国筛选投标者的流程并不透明，也可能无法选出最好的中标人。同时，腐败风险也会上升。费时的采购流程可视作社会资本的机会成本，决策时需要考量其透明的程度与价值。

(3) 单一来源采购

单一来源采购能节省时间和资金，但这种采购方式实施条件苛刻，缺乏透明度，易滋生腐败，还不具备竞争性招标的成本优势。采用时，项目实施机构应确信其谈判技巧及信息能够确保单一来源采购是有利的。

2.3.7　实施方案审核

财政部门(PPP 中心)应对项目实施方案进行物有所值和财政承受能力验证；通过验证的，由项目实施机构报政府审核；未通过验证的，可在实施方案调整后重新验证；经重新验证仍不能通过的，不再采用 PPP 模式。

2.4　项目采购

当 PPP 项目准备及架构设计等工作完成后，就可以进入项目采购阶段。此时，项目实施机构应及时到位，负责确保整个采购过程平稳、透明、及时地实施。在项目采购阶段，有必要与参与竞争的潜在社会资本就交易设计的具体细节进行更正式的沟通。在沟通中，项目实施机构需要防范部分社会资本竞争者为自身利益对 PPP 设计和流程进行操纵。同时,也应保证不使参与前期沟通的社会资本竞争者占有任何优势(如附加信息)。为避免偏向任一参与竞争的社会资本,项目实施机构应与行业利益相关者进行广泛沟通。

与参与竞争的潜在社会资本的沟通可以在以下两个具体时点进行:

①竞标会议。在竞标会议上,项目实施机构介绍项目概要,社会资本竞争者则应邀提出自己的意见和问题。在竞争对手集中的正式场合,一些社会资本竞争者可能会对部分焦点问题有所隐瞒;同时,也可能与其他竞标人串通,以推动特定的调整。

②招标文件协商。除了竞标会议,社会资本竞争者可能会应邀单独就招标文件草案(包括合同草案)发表意见。这种方法可使政府了解各个社会资本竞争者所关切的问题。在此流程中,项目实施机构应向各社会资本竞争者发送对所有问题的全部答复,从而避免给社会资本竞争者形成任何偏袒的印象。对于社会资本竞争者期望明确的时间节点、项目实施顺序、决策点及决策人等信息,项目实施机构可以有选择地予以提供并应定期检视和确认。通过这类活动,可增强社会资本竞争者对投标过程透明度和可靠性的信心。

2.4.1 市场测试

市场测试(Market Sounding 或称作 Soft Market Testing)是在启动 PPP 正式采购程序前,政府方用以检验自己有关项目的方案设想是否符合市场参与主体如潜在竞标人、融资机构的意愿,引发其兴趣,并借此获得各类市场参与主体的反馈,对 PPP 方案进行调整完善的一种工具。

一般而言,政府方运用主动招商式 PPP 采购程序前,在内部通过商业方案的方式进行有关 PPP 项目结构、费价政策、投资回报模式、风险分担和其他边界条件的详细设计和可行性论证。但所有这些预测,即使聘请有经验的交易顾问协助,也可能与变化频繁的市场参与者的期望和要求存在差距。因此,在外部,政府方希望借助与市场参与主体的非正式沟通,了解它们的兴趣、愿望和要求,又不承担正式采购程序中要约邀请方的法律责任。当然,市场主体的这些反馈意见,政府方是否接纳、接纳多少,政府方仍旧拥有完全的决定权。

这一工具和手段,类似于投行并购业务中,卖方和卖方顾问准备的一种早期推介材料的作用,用来吸引和试探市场买方的兴趣,又不至于泄露太多没有保密责任约束的敏感信息。这是一种特殊的博弈过程。

1. 市场测试必要性

如前所述,市场测试如同政府方释放的探空气球,了解外部市场私营部门的"风向"变化和"气温"高低。市场测试对成功运作PPP项目而言,至少有以下几种益处:

①政府方无须承担高成本,既可了解市场参与主体的态度,又可提高PPP项目实际推向市场后的成功率。须知,PPP项目尤其是大型复杂者,正式启动采购程序的成本非常高昂:工程技术可行性研究、各种专业中介机构(交易顾问团队)如财务、商务、法律、风险等,无论项目成功与否,都需要支付费用,政府相关部门也要投入大量人力、物力和协调精力,如果设计的项目结构和条件不符合市场预期,损失的不仅是这些前期费用,还可能牵涉公共部门的政治声誉。

例如,2010年启动的巴西里约热内卢—圣保罗—坎皮纳斯的高速铁路TAV是一个轨道交通PPP项目,先后历经2次正式发售招标文件,均无有效投标人投标联合体应标,大量前期成本沉没,原计划2016年建成投运的目标成为泡影。虽然该项目失败还有其他一些原因,但是政府方与参与的国内外投资人缺乏有效的沟通,没有安排市场测试,令巴西官方在并未准确掌握市场情绪的情况下,盲目推进PPP正式采购程序是导致此败局的重要原因。

②提供更早的纠错机会,甚至可以据此终止PPP项目采购。设计合理且程序得当的市场测试,能提供来自市场的有效反馈,是很好地识别PPP项目方案设计问题的信号。市场测试中可能发现有哪些投资者对推介项目感兴趣,数量有多少?未来的竞争激烈程度如何?潜在投资者对PPP初步方案的意见主要集中在哪些问题上?

政府方可以进一步分析和完善PPP项目方案,让方案更加契合市场需求。甚至,在政府方发现无法满足市场的普遍期待时,可以据此终止计划中的PPP项目采购程序,避免强行推进造成的更大损失或进退维谷的局面。

③市场测试也给市场参与主体提供了解政府的项目目标和意图的好机会,投资者可以开展细致研究,组建更有实力的联合团队,做出合理决策。市场参与主体自然希望更早地了解政府对PPP项目设置的目标和运作意图,留出更多时间做详细评估;同样,若需组建投标联合体的情况下,市场主体也需要大量前期协调时间。

国内PPP项目采购实践中,不仅缺乏市场测试的环节,就连采购公告到递交文件截止日的时间安排也比较短,投资者往往是慌慌张张买了招标文件,匆匆忙忙地编写投标文件,少有能仔细研究、反馈合理意见的。政府采购方如此"闭门造车"设计的PPP方案和采购文件,寻找到高素质投标人的可能性被大大降低了。

2. 市场测试方法

高质量的市场测试工作中,政府方通常需要考虑的问题包括邀请谁参与、遵循哪些原则、准备什么文件、何时进行、安排何人介绍、关注记录哪些信息。

一般来说,具有拟测试的PPP项目类似经验的成熟投资者是理想的市场测试参与方,他们往往能提供高质量的反馈信息。所以在发布市场测试公告信息后,政府方应该要求交易顾问根据其经验和业内关系资源,鼓励和邀请一些有经验的投资机构来参加市场测试。另外,除了PPP项目的潜在投资者之外,融资机构也是一类重要的利益关联者,其对PPP项目的理解、认可和支持与否,对PPP最终成功影响很大,也是市场测试的主要对象,甚至可以专门为其设计和组织市场测试。

市场测试提供了采购方和潜在竞标者在进入正式采购程序前的非正式沟通机会,但应该遵循一些基本原则,避免影响后续的公平竞争。市场测试前政府方要明确告知,鼓励潜在投资者参与市场测试,但是即使不参加市场测试的投资者仍然有资格参与正式的采购程序,而且参与市场测试的投资者并不会因此在正式采购程序中得到特别的优待。政府还应该告知,投资者不会因参与市场测试中提出的问题而遭到政府方的歧视;涉及投资者商业机密的讨论内容,政府可以安排一对一的沟通场合。

总之,给予有意愿参与市场测试的投资者比较宽松的沟通环境,有助于获得积极、有价值的反馈。此外,应该声明市场测试不是正式采购程序的组成部分,政府提供的方案信息仍然可能进一步修改,对各方并不具有约束力。

政府方及其交易顾问为市场测试准备的文件主要有市场测试公告、项目简介、PPP项目初步方案和参与者反馈表。PPP初步方案主要包含项目技术经济指标、产出说明、投融资结构、回报机制、风险分担、合同结构及重要条款、采购及实施日程计划。如果是针对融资机构的市场测试,所需文件基本相同,内容重点方面根据影响项目可融资性的要素有所调整。重要的是,政府方交易顾问应该根据市场测试的全部信息,提交一份最终建议给政府PPP执行机构,供推进采购工作的决策和编制采购文件时参考。

过早或过晚进行市场测试,效果可能都不会太理想。过早举行的市场测试,政府方对PPP项目的范围边界和风险分配设想还比较模糊。自己尚未想清楚,自然难令潜在投资者对此项目质量和政府准备就绪程度有信心。过晚的市场测试,可能导致其他未参加市场测试的潜在投资者感到受不公正待遇,甚至认为政府可能已经内定私营合作伙伴。

市场测试时,政府方需要组织与 PPP 项目相关的工程顾问、前期工作责任部门、行业监管部门参与市场测试,交易顾问团队的 PPP 专家、行业专家、法律专家、采购专家是市场测试工作的组织者和协调者。

意向投资者在市场测试环节提供的口头和书面反馈都应该被详细记录整理,包括参与者的企业基本信息、类似项目经验、感兴趣的项目、对项目方案的建议和意见等。不可要求参与者将信息全部填写在同一份文件中;相反,应该分别提供单独表格供其填写,收回后内部汇总。在公开问答环节,应该事先安排人员对所提问题和答复做速记整理。给有特别要求的投资者提供一对一的沟通机会,应该记录沟通过程并整理出纪要存档。

专栏十九:亚洲开发银行试点项目市场测试

在中国—亚行合作伙伴框架下,亚洲开发银行(Asian Development Bank)把双方合作重点聚焦于机制创新、知识和最佳实践分享、能力建设等方面,计划在其中发挥催化和传播的作用。自 2013 年开始,亚行协助中国政府(主要是财政部)启动新一代 PPP 政策设计和试点项目。经过亚行 PPP 专家的考察,财政部和亚行共同选择了河南洛阳、黑龙江哈尔滨作为两个 PPP 试点城市,开展国际规范意义的 PPP 项目试点。

其中,洛阳选出的分别是一个包含市政道路和桥梁的城市交通设施项目、一个位于该市经济技术开发区的市政污水处理项目。哈尔滨的则是位于主城区的既有居住建筑节能改造的项目。

洛阳在 2014 年 2 月下旬,哈尔滨在 3 月上旬,分别在两个城市举行各自试点 PPP 项目的市场测试。亚行的市场测试总体上按照"公告—信息发布—现场问答—项目考察"的程序步骤展开。

洛阳的两个试点项目(市政道桥、污水处理)市场测试公告在当地和省财政部门的政府网站上发布,但是如果公告能够发布在相应的行业网站如中国水网上,应该会有更好的市场反应。哈尔滨的试点项目(既有居住建筑节能改造)吸取了经验,除了在政府网站上发布外,还在中国节能网等行业网站进行了发布。报名及现场参加试点项目信息发布的企业数量每个项目都超过十家,优于预期。

信息发布和现场问答合并在一起,采用集中发布大会的形式。会前政府相关部门和顾问团队认真修改了信息发布会的项目介绍文件,分配讲解角色并做预演,保证了信息发布环节的顺畅进行。问答环节,参与市场测试的企业代表提出的问题质量比较高,他们对亚行支持的 PPP 项目普遍有较高的期待。市政道桥项目的日常运营多头管理,界面非常复杂,绩效考评需要理清现行监管体系,信息发布会前应准备供参与测试的企业代表填写企业基本信息和书面反馈意见的表单。信息发布会上,亚行顾问团队坦率的作风、专业的见解,令不少参与的潜在投资者感受到政府的重视程度和亚行支持下的创新风格。

2.4.2 资格预审

项目实施机构应根据项目需要准备资格预审文件,发布资格预审公告,邀请社会资本和与其合作的金融机构参与资格预审,验证项目能否获得社会资本响应和实现充分竞争,并将资格预审的评审报告提交财政部门(PPP 中心)备案。

项目有 3 家以上社会资本通过资格预审的,项目实施机构可以继续开展采购文件准备工作;项目通过资格预审的社会资本不足 3 家的,项目实施机构应在实施方案调整后重新组织资格预审;项目经重新资格预审合格社会资本仍不够 3 家的,可依法调整实施方案选择的采购方式。

资格预审公告应在省级以上人民政府财政部门指定的媒体上发布。资格预审合格的社会资本在签订项目合同前资格发生变化的,应及时通知项目实施机构。

资格预审公告应包括项目授权主体、项目实施机构和项目名称、采购需求、对社会资本的资格要求、是否允许联合体参与采购活动、拟确定参与竞争的合格社会资本的家数和确定方法,以及社会资本提交资格预审申请文件的时间和地点。提交资格预审申请文件的时间自公告发布之日起不得少于 15 个工作日。

2.4.3 采购文件编制与响应文件评审

项目采购文件应包括采购邀请、竞争者须知(包括密封、签署、盖章要求等)、竞争者应提供的资格、资信及业绩证明文件、采购方式、政府对项目实施机构的授权、实施方案的批复和项目相关审批文件、采购程序、响应文件编制要求、提交响应文件截止时间、开启时间及地点、强制担保的保证金交纳数额和形式、评审方法、评审标准、政府采购政策要求、项目合同草案及其他法律文本等。

采用竞争性谈判或竞争性磋商采购方式的,项目采购文件除上款规定的内容外,还应明确评审小组根据与社会资本谈判情况需对原文件进行实质性变动的内容,包括采购需求中的技术、服务要求以及合同草案条款。

评审小组由项目实施机构代表和评审专家共由 5 人以上单数组成,其中评审专家人数不得少于评审小组成员总数的2/3。评审专家可以由项目实施机构自行选定，但评审专家中应至少包含1名财务专家和1名法律专家。项目实施机构代表不得以评审专家身份参加项目的评审。

项目采用公开招标、邀请招标、竞争性谈判、单一来源采购方式开展采购的，按照政府采购相关法律法规及有关规定执行。

项目采用竞争性磋商采购方式开展采购的，按照下列基本程序进行：

1. 采购公告发布及报名

竞争性磋商公告应在省级以上人民政府财政部门指定的媒体上发布。竞争性磋商公告应包括项目实施机构和项目名称，项目结构和核心边界条件，是否允许未进行资格预审的社会资本参与采购活动，以及审查原则，项目产出说明，对社会资本提供的响应文件要求，获取采购文件的时间、地点、方式及采购文件的售价，提交响应文件截止时间、开启时间及地点。提交响应文件的时间自公告发布之日起不得少于10日。

2. 资格审查及采购文件发售

已进行资格预审的，评审小组在评审阶段不再对社会资本资格进行审查。允许进行资格后审的，由评审小组在响应文件评审环节对社会资本进行资格审查。项目实施机构可以视项目的具体情况，组织对符合条件的社会资本的资格条件进行考察核实。

采购文件售价，应按照弥补采购文件印制成本费用的原则确定，不得以营利为目的，不得以项目采购金额作为确定采购文件售价依据。采购文件的发售期限自开始之日起不得少于5个工作日。

3. 采购文件的澄清或修改

提交首次响应文件截止之日前，项目实施机构可以对已发出的采购文件进行必要的澄清或修改，澄清或修改的内容应作为采购文件的组成部分。澄清或修改的内容可能影响响应文件编制的，项目实施机构应在提交首次响应文件截止时间至少5日前，以书面形式通知所有获取采购文件的社会资本；不足5日的，项目实施机构应顺延提交响应文件的截止时间。

4. 响应文件评审

项目实施机构应按照采购文件规定组织响应文件的接收和开启。

评审小组对响应文件进行两阶段评审：

第一阶段：确定最终采购需求方案。评审小组可以与社会资本进行多轮谈判，谈判过程中可实质性修订采购文件的技术、服务要求以及合同草案条款，但不得修订采购文件中规定的不可谈判的核心条件。实质性变动的内容,须经项目实施机构确认,并通知所有参与谈判的社会资本。具体程序按照《政府采购非招标方式管理办法》及有关规定执行。

第二阶段:综合评分。最终采购需求方案确定后,由评审小组对社会资本提交的最终响应文件进行综合评分,编写评审报告并向项目实施机构提交候选社会资本的排序名单。具体程序按照《政府采购货物和服务招标投标管理办法》及有关规定执行。

项目实施机构应在资格预审公告、采购公告、采购文件、采购合同中,列明对本国社会资本的优惠措施及幅度、外方社会资本采购我国生产的货物和服务要求等相关政府采购政策,以及对社会资本参与采购活动和履约保证的强制担保要求。社会资本应以支票、汇票、本票或金融机构、担保机构出具的保函等非现金形式缴纳保证金。参加采购活动保证金的数额不得超过项目预算金额的2%。履约保证金的数额不得超过PPP项目初始投资总额或资产评估值的10%。无固定资产投资或投资额不大的服务型合作项目,履约保证金的数额不得超过平均6个月的服务收入额。

项目实施机构应组织社会资本进行现场考察或召开采购前答疑会,但不得单独或分别组织只有一个社会资本参加的现场考察和答疑会。

专栏二十:PPP项目与非PPP项目竞争性磋商的区别

不同之处	PPP项目采购	所涉及《PPP采购办法》条文	非PPP项目采购	所涉及《磋商暂行办法》条文
公告内容	资格预审公告:资格预审公告应当包括项目授权主体、项目实施机构和项目名称、采购需求、对社会资本的资格要求、是否允许联合体参与采购活动、是否限定参与竞争的合格社会资本的数量及限定的方法和标准,以及社会资本提交资格预审申请文件的时间和地点	第六条	磋商公告应当包括以下主要内容: ①采购人、采购代理机构的名称、地点和联系方法; ②采购项目的名称、数量、简要规格描述或项目基本概况介绍; ③采购项目的预算; ④供应商资格条件; ⑤获取磋商文件的时间、地点、方式及磋商文件售价; ⑥响应文件提交的截止时间、开启时间及地点; ⑦采购项目联系人姓名和电话	第七条

续表

不同之处	PPP项目采购	所涉及《PPP采购办法》条文	非PPP项目采购	所涉及《磋商暂行办法》条文
磋商供应商的选择	PPP项目采购应当实行资格预审。项目实施机构应当根据项目需要准备资格预审文件，发布资格预审公告，邀请社会资本和与其合作的金融机构参与资格预审，验证项目能否获得社会资本响应和实现充分竞争	第五条	通过发布公告、从省级以上财政部门建立的供应商库中随机抽取或者采购人和评审专家分别书面推荐的方式邀请不少于3家符合相应资格条件的供应商参与竞争性磋商采购活动	第六条
合格（实质性响应）的供应商不足3家的处理	项目通过资格预审的社会资本不足3家的，项目实施机构应当在调整资格预审公告内容后重新组织资格预审；项目经重新资格预审后合格社会资本仍不够3家的，可以依法变更采购方式	第八条	提交最后报价的供应商不得少于3家。市场竞争不充分的科研项目，以及需要扶持的科技成果转化项目，提交最后报价的供应商可以为2家	第二十一条
采购文件内容	包括采购邀请、竞争者须知（包括密封、签署、盖章要求等）、竞争者应当提供的资格、资信及业绩证明文件、采购方式、政府对项目实施机构的授权、实施方案的批复和项目相关审批文件、采购程序、响应文件编制要求、提交响应文件截止时间、开启时间及地点、保证金交纳数额和形式、评审方法、评审标准、政府采购政策要求、PPP项目合同草案及其他法律文本、采购结果确认谈判中项目合同可变的细节，以及是否允许未参加资格预审的供应商参与竞争并进行资格后审等内容。项目采购文件中还应当明确项目合同必须报请本级人民政府审核同意，在获得同意前项目合同不得生效	第九条	磋商文件应当包括供应商资格条件、采购邀请、采购方式、采购预算、采购需求、政府采购政策要求、评审程序、评审方法、评审标准、价格构成或者报价要求、响应文件编制要求、保证金交纳数额和形式以及不予退还保证金的情形、磋商过程中可能实质性变动的内容、响应文件提交的截止时间、开启时间及地点，以及合同草案条款等	第八条、第九条

续表

不同之处	PPP项目采购	所涉及《PPP采购办法》条文	非PPP项目采购	所涉及《磋商暂行办法》条文
项目现场考察或者答疑会	项目实施机构应当组织社会资本进行现场考察或者召开采购前答疑会	第十一条	不需要	
合同需要政府审核同意	必须要	第九条	不需要	
对供应商资格考察核实	可以视项目的具体情况,组织对符合条件的社会资本的资格条件进行考察核实	第十一条	不需要	
评审小组的组成、评审专家的选定	评审专家可以由项目实施机构自行选定,但评审专家中至少应当包含1名财务专家和1名法律专家	第七条	符合本办法第三条第四项规定情形的项目,以及情况特殊、通过随机方式难以确定合适的评审专家的项目,经主管预算单位同意,可以自行选定评审专家。技术复杂、专业性强的采购项目,评审专家中应当包含1名法律专家	第十四条
采购结果确认前的谈判	应当谈判:PPP项目采购评审结束后,项目实施机构应当成立专门的采购结果确认谈判工作组,负责采购结果确认前的谈判和最终的采购结果确认工作	第十四条	不得谈判:采购人应当在收到评审报告后5个工作日内,从评审报告提出的成交候选供应商中,按照排序由高到低的原则确定成交供应商,也可以书面授权磋商小组直接确定成交供应商。采购人逾期未确定成交供应商且不提出异议的,视为确定评审报告提出的排序第一的供应商为成交供应商	第二十八条
预成交结果公示	需要公示:将预中标、成交结果和根据采购文件、响应文件及有关补遗文件和确认谈判备忘录拟定的项目合同文本在省级以上人民政府财政部门指定的政府采购信息发布媒体上进行公示,公示期不得少于5个工作日	第十七条、第十八条	不需要公示:采购人或者采购代理机构应当在成交供应商确定后2个工作日内,在省级以上财政部门指定的政府采购信息发布媒体上公告成交结果	第二十九条

续表

不同之处	PPP 项目采购	所涉及《PPP 采购办法》条文	非 PPP 项目采购	所涉及《磋商暂行办法》条文
后续合同签订	需要为 PPP 项目设立专门项目公司的,待项目公司成立后,由项目公司与项目实施机构重新签署 PPP 项目合同,或者签署关于继承 PPP 项目合同的补充合同	第十九条	不得改变合同的主体;采购人不得向成交供应商提出超出磋商文件以外的任何要求作为签订合同的条件,不得与成交供应商订立背离磋商文件确定的合同文本以及采购标的、规格型号、采购金额、采购数量、技术和服务要求等实质性内容的协议	第三十条
履约保证金最高限额	履约保证金的数额不得超过 PPP 项目初始投资总额或者资产评估值的 10%,无固定资产投资或者投资额不大的服务型 PPP 项目,履约保证金的数额不得超过平均 6 个月服务收入额	第二十一条	适用《政府采购法实施条例》规定的不得超过合同金额的 10%	
采购过程的时间长短	时间较长;如提交资格预审申请文件的时间自公告发布之日起不得少于 15 个工作日;预中标、成交结果公示时间不得少于 5 个工作日;项目实施机构应当在预中标、成交社会资本确定后 10 个工作日内,与预中标、成交社会资本签署确认谈判备忘录	第六条、第十七条	时间较短;无资格预审、无预成交结果公示、无成交结果确认前的谈判等	
评审报告的作用	采购结果确认谈判工作组应当按照评审报告推荐的候选社会资本排名,依次与候选社会资本及与其合作的金融机构就项目合同中可变的细节问题进行项目合同签署前的确认谈判,率先达成一致的候选社会资本即为预中标、成交社会资本	第十五条	采购人应当在收到评审报告后 5 个工作日内,从评审报告提出的成交候选供应商中,按照排序由高到低的原则确定成交供应商,也可以书面授权磋商小组直接确定成交供应商。采购人逾期未确定成交供应商且不提出异议的,视为确定评审报告提出的排序第一的供应商为成交供应商	

2.4.4 谈判与合同签署

项目实施机构应成立专门的采购结果确认谈判工作组。按照候选社会资本的排名,依次与候选社会资本及与其合作的金融机构就合同中可变的细节问题进行合同签署前的确认谈判,率先达成一致的即为中选者。确认谈判不得涉及合同中不可谈判的核心条款,不得与排序在前但已终止谈判的社会资本进行再次谈判。

确认谈判完成后,项目实施机构应与中选社会资本签署确认谈判备忘录,并将采购结果和根据采购文件、响应文件、补遗文件和确认谈判备忘录拟定的合同文本进行公示,公示期不得少于 5 个工作日。合同文本应将中选社会资本响应文件中的重要承诺和技术文件等作为附件。合同文本中涉及国家秘密、商业秘密的内容可以不公示。

公示期满无异议的项目合同,应在政府审核同意后,由项目实施机构与中选社会资本签署。

需要为项目设立专门项目公司的,待项目公司成立后,由项目公司与项目实施机构重新签署项目合同,或签署关于承继项目合同的补充合同。

项目实施机构应在项目合同签订之日起 2 个工作日内,将项目合同在省级以上人民政府财政部门指定的媒体上公告,但合同中涉及国家秘密、商业秘密的内容除外。

各级人民政府财政部门应当加强对 PPP 项目采购活动的监督检查,及时处理采购活动中的违法、违规行为。

2.5 项目执行

2.5.1 成立项目公司

社会资本可依法设立项目公司。政府可指定相关机构依法参股项目公司。项目实施机构和财政部门(PPP 中心)应监督社会资本按照采购文件和项目合同约定,按时足额出资设立项目公司。

2.5.2 融资管理

项目融资由社会资本或项目公司负责。社会资本或项目公司应及时开展融资方案设计、机构接洽、合同签订和融资交割等工作。财政部门(PPP 中心)和项目实施机构应做好监督管理工作,防止企业债务向政府转移。

社会资本或项目公司未按照项目合同约定完成融资的,政府可提取履约保函直至终止项目合同;遇系统性金融风险或不可抗力的,政府、社会资本或项目公司可根据项目合同约定协商修订合同中相关融资条款。

当项目出现重大经营或财务风险,威胁或侵害债权人利益时,债权人可依据与政府、社会资本或项目公司签订的直接介入协议或条款,要求社会资本或项目公司改善管理等。在直接介入协议或条款约定期限内,重大风险已解除的,债权人应停止介入。

2.5.3 绩效监测与支付

项目合同中涉及的政府支付义务,财政部门应结合中长期财政规划统筹考虑,纳入同级政府预算,按照预算管理相关规定执行。财政部门(PPP中心)和项目实施机构应建立PPP项目政府支付台账,严格控制政府财政风险。在政府综合财务报告制度建立后,PPP项目中的政府支付义务应纳入政府综合财务报告。

项目实施机构应根据项目合同约定,监督社会资本或项目公司履行合同义务,定期监测项目产出绩效指标,编制季报和年报,并报财政部门(PPP中心)备案。

政府有支付义务的,项目实施机构应根据项目合同约定的产出说明,按照实际绩效直接或通知财政部门向社会资本或项目公司及时足额支付。设置超额收益分享机制的,社会资本或项目公司应根据项目合同约定向政府及时足额支付应享有的超额收益。

项目实际绩效优于约定标准的,项目实施机构应执行项目合同约定的奖励条款,并可将其作为项目期满合同能否展期的依据;未达到约定标准的,项目实施机构应执行项目合同约定的惩处条款或救济措施。

社会资本或项目公司违反项目合同约定,威胁公共产品和服务持续稳定安全供给,或危及国家安全和重大公共利益的,政府有权临时接管项目,直至启动项目提前终止程序。

政府可指定合格机构实施临时接管。临时接管项目所产生的一切费用,将根据项目合同约定,由违约方单独承担或由各责任方分担。社会资本或项目公司应承担的临时接管费用,可以从其应获终止补偿中扣减。

在项目合同执行和管理过程中,项目实施机构应重点关注合同修订、违约责任和争议解决等工作。

1. 合同修订

按照项目合同约定的条件和程序,项目实施机构和社会资本或项目公司可根据社会经济环境、公共产品和服务的需求量及结构等条件的变化,提出修订项目合同申请,待政府审核同意后执行。

2. 违约责任

项目实施机构、社会资本或项目公司未履行项目合同约定义务的,应承担相应违约责任,包括停止侵害、消除影响、支付违约金、赔偿损失以及解除项目合同等。

3. 争议解决

在项目实施过程中,按照项目合同约定,项目实施机构、社会资本或项目公司可就发生争议且无法协商达成一致的事项,依法申请仲裁或提起民事诉讼。

2.5.4　中期评估

项目实施机构应每3~5年对项目进行中期评估,重点分析项目运行状况和项目合同的合规性、适应性和合理性;及时评估已发现问题的风险,制订应对措施,并报财政部门(PPP中心)备案。

政府相关职能部门应根据国家相关法律法规对项目履行行政监管职责,重点关注公共产品和服务质量、价格和收费机制、安全生产、环境保护和劳动者权益等。

社会资本或项目公司对政府职能部门的行政监管处理决定不服的,可依法申请行政复议或提起行政诉讼。

政府、社会资本或项目公司应依法公开披露项目相关信息,保障公众知情权,接受社会监督。

社会资本或项目公司应披露项目产出的数量和质量、项目经营状况等信息。政府应公开不涉及国家秘密、商业秘密的PPP项目合同条款、绩效监测报告、中期评估报告和项目重大变更或终止情况等。

社会公众及项目利益相关方发现项目存在违法、违约情形或公共产品和服务不达标准的,可向政府职能部门提请监督检查。

2.6　项目移交

2.6.1　移交准备

项目移交时,项目实施机构或政府指定的其他机构代表政府收回项目合同约定的项目资产。

项目合同中应明确约定移交形式、补偿方式、移交内容和移交标准。移交形式包括期满终止移交和提前终止移交；补偿方式包括无偿移交和有偿移交；移交内容包括项目资产、人员、文档和知识产权等；移交标准包括设备完好率和最短可使用年限等指标。

采用有偿移交的，项目合同中应明确约定补偿方案；没有约定或约定不明的，项目实施机构应按照"恢复相同经济地位"原则拟定补偿方案，报政府审核同意后实施。

2.6.2 性能测试

项目实施机构或政府指定的其他机构应组建项目移交工作组，根据项目合同约定与社会资本或项目公司确认移交情形和补偿方式，制定资产评估和性能测试方案。

项目移交工作组应委托具有相关资质的资产评估机构，按照项目合同约定的评估方式，对移交资产进行资产评估，作为确定补偿金额的依据。

项目移交工作组应严格按照性能测试方案和移交标准对移交资产进行性能测试。性能测试结果不达标的，移交工作组应要求社会资本或项目公司进行恢复性修理、更新重置或提取移交维修保函。

2.6.3 资产交割

社会资本或项目公司应将满足性能测试要求的项目资产、知识产权和技术法律文件，连同资产清单移交项目实施机构或政府指定的其他机构，办妥法律过户和管理权移交手续。社会资本或项目公司应配合做好项目运营平稳过渡相关工作。

2.6.4 绩效评价

项目移交完成后，财政部门（PPP 中心）应组织有关部门对项目产出、成本效益、监管成效、可持续性、PPP 模式应用等进行绩效评价，并按相关规定公开评价结果。评价结果作为政府开展政府和社会资本合作管理工作决策参考依据。

第3章 公共部门比较值(PSC)

3.1 公共部门比较值的概念及体系

3.1.1 定义及特点

公共部门比较值(Public Sector Comparator,PSC),是指在全生命周期内,政府采用传统采购模式提供公共产品和服务的全部成本的现值,主要包括建设运营净成本可转移风险承担成本、自留风险承担成本和竞争性中立调整成本等。

公共部门比较值的作用是为 PPP 项目前期立项提供评价依据,具有以下特点:

①为了充分发挥其对比作用,PSC 方案能够提供与相应 PPP 方案相同的产品或服务;

②PSC 假设政府部门采用传统融资方式,并按照传统的方式持有和经营项目,因此 PSC 的计算是基于政府部门的成本历史数据;

③PSC 假设政府部门使用最有效率的方式提供产品或服务,因此在成本和收入数据选取时,要充分考虑效率;

④PSC 衡量的生命周期应和 PPP 标书提出的特许权期限一致,否则无法进行比较和评价;

⑤PSC 需要考虑全生命周期的风险成本和收益;

⑥PSC 作为定量评价指标,其中的各种影响因素都通过定量方法计算在内,构成现金流模型,并进行计算。

3.1.2 公共部门比较值目的、范围和作用

公共部门比较值的目的是为政府提供一种量化的评价物有所值(VFM)的方

法,它是在比较社会资本和政府部门提供的服务水平的基础上产生的。它是政府判断项目是否物有所值的重要工具,其重要性与计量方法的系统性和复杂性有关。

公共部门比较值的建立和使用是 PPP 项目前期一个完整的体系。一般在项目初步评估时建立和细化 PSC 系统,它应用于项目市场化前期,早于项目招标书的发布。应用 PSC 有以下作用:

①促进采购过程前期确定项目总成本;

②关注于服务标准、风险分担和项目成本综合计算的方法,是前期决策中的关键管理工具,协助采购团队和主管部门管理采购过程;

③提供可靠的方法证明采购物有所值;

④提供明确的标准和评价工具;

⑤鼓励企业凭借自身对资金精确和谨慎的评估,参与投标竞争;

⑥引导企业评估,提高行业对风险的认识水平和管理水平。

3.1.3 公共部门比较值的组成

公共部门比较值由四部分组成,分别是初始 PSC(Raw PSC)、竞争中立调整、转移风险和自留风险,如图 3.1 所示。

公共部门比较值是 PPP 项目在提供满足政府要求的产品和服务时全寿命周期成本的总和。其计算公式如下:

PSC=初始 PSC+竞争中立调整+转移风险+自留风险

初始 PSC 是在传统采购模式下政府生产和交付参考项目的基本成本,包括项目的设计、建设、运营维护和其他一切相关费用。一般来说,初始 PSC 可分为三部分:直接成本、间接成本和第三方收入。

竞争中立调整是单纯的由于政府运营服务而产生的利或弊,针对这些利弊对成本进行增加或减少的调整。

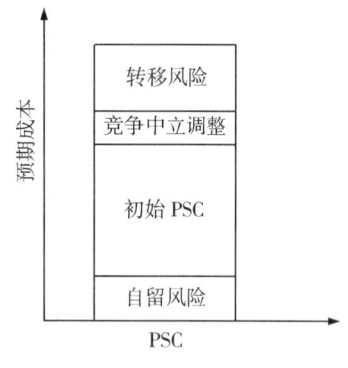

图 3.1　PSC 的组成

转移风险是在 PPP 模式下由政府转移给社会资本的风险,这部分风险的成本应该包含在 PSC 之中。

自留风险主要是指不宜转移给社会资本而由政府自行承担的风险。不管采用

PPP还是政府采购模式,这部分费用政府都需要支付,但在各国的PSC导则中自留风险所产生的成本都计入PSC中。

> **专栏二十一:三种典型PSC构成模式**
>
> 在对比各国/地区的PSC体系时,有三种比较典型的PSC构成模式,分别是澳大利亚、中国香港和南非。
>
> 澳大利亚的PSC模型由四部分构成,分别是初始PSC、竞争中立调整、转移风险和自留风险。前文中已有描述,这里不再赘述。
>
> 中国香港的PSC模型由三部分组成,分别是初始PSC、竞争中立调整和转移风险,没有单独计算自留风险这部分,因为中国香港的指导文件中说明自留风险在基于公平分担的基础上,可根据不同的投标者的风险管理水平决定由政府还是社会资本承担。在进行判断之后,如果由政府承担,则计入初始PSC,而如果转移到了社会资本,则计入转移风险。因此,中国香港的PSC体系所包含的内容与澳大利亚是相同的,只是把自留风险部分合并了。
>
> 南非的PSC模型与前两种差异较大,只包括基础PSC(Base PSC)和风险调整两部分。其中的基础PSC包含了税收调整等,可认为与澳大利亚PSC模型的初始PSC加上竞争中立调整一致,而风险部分没有形成风险分担的概念,而是把这个权利交由私营投标者自行决定和估值。三种PSC典型构成对比见表3-1。
>
> 表3-1 三种典型PSC构成
>
> | 国家/地区 | 要素个数 | 初始PSC | 竞争中立调整 | 转移风险 | 自留风险 |
> | --- | --- | --- | --- | --- | --- |
> | 澳大利亚 | 4 | 有 | 有 | 有 | 有 |
> | 中国香港 | 3 | 有 | 有 | 有 | 无,划入初始PSC或转移风险 |
> | 南非 | 2 | 有(基础PSC) | | 有(没有分担机制) | |
>
> 对比三种构成模式,澳大利亚的模式划分最细致,各组成部分的概念和意义界定清晰,不易混淆,基于尽可能精确计算PSC的目的,四部分构成的PSC是最合理的。

3.1.4 各国公共部门比较值体系

公共部门比较值体系作为物有所值(VFM)的定量评价基准,被很多国家和地区采用。

公共部门比较值体系作为政府部门对潜在投标者在初选阶段的监管依据，一般由各国PPP监管机构负责发布PSC相关指导文件，并在指导后进行监督实施。

各国PPP的监管和指导机构负责发布PSC相关指导文件，指导进行PPP项目投资之前正确建立PSC评价体系，以实现资金的有效利用和VFM。

根据若干国家和地区的PSC指导文件、政府官方网站发布的PPP主管部门主要工作内容和PSC文档的相关内容，对使用PSC比较成熟并各有特点的几个国家和地区进行对比分析，见表3-2。

表3-2 各国和地区PSC框架体系比较

国家/地区	澳大利亚	中国香港	南非	英国
PPP主管部门	国民基础设施部/地方财政部	政务司效率促进组	国民财政部PPP小组/地方政府部门	财政部/国家审计署&公用事业管理委员会
组织类型	中央部门/地方部门	中央专项小组	中央专项小组/地方	中央部门/下属机构
职能	发布政策和指导文件/发布地方管理办法和实施监管	发布指导文件协助政府其他部门	发布政策、指导文件/政府实施监管	发布政策、指导文件，并实施监管
PSC政策与指导体系	中央政策、指导文件+地方特殊要求	中央政策、指导文件	指导文件	中央政策、指导文件
PSC文件类型	技术文档、案例模型、FAQ	技术文档、案例模型	案例模型	技术文档、案例模型、Excel模型
主要文件	1. National PPP Policy, Dec 2008 2. National PPP Guidelines, Dec 2008 (Volume 4: Public Sector Comparator Guidance) 维多利亚州： 1. PSC Technical Note, 2001 2. PSC Supplementary Technical Note, 2003 3. Partnerships Victoria Statement, Feb 2009 4. Partnerships Victoria Requirements, Feb 2009 (PSC development FAQs)	1. An Introductory Guide to PPP, August 2003 (Chapter 8 The Public Sector Comparator) 2. An Introductory Guide to PPP (Second Edition), March 2008 (Chapter 4 Making a Business Case; Annex D Constructing a Public Sector Comparator (PSC) 12 steps)	Municipal Service Delivery and PPP Guidelines (Module 4: Feasibility Study—Stage 6: Value Assessment)	1. The Green Book 2. The Green Book Guidance: A Toolkit Guide 3. Supplementary Green Book Guidance (Adjusting For Taxation In PFI VS PSC Comparisons) 4. Value for Money Assessment Guidance, Nov 2006 5. Quantitative Assessment User Guide, March 2007

其中,澳大利亚的 PSC 评价指南最为详细。在澳大利亚有超过 90% 以上的 PPP/PFI 项目运用了这一指南进行前期决策,并在导则中用详细的案例来说明 PSC 的定量计算方法,可操作性很强。在 2008 年重新修订了 PSC 评价导则(第二版),新的导则覆盖范围更广泛,使用的风险定量方法更先进,对实践中容易出现误解的地方也加强了说明力度。

3.1.5 公共部门比较值编制步骤

PSC 一般由政府部门进行编制。编制的第一步是要确定项目提供的产品或服务标准,之后按照 PSC 的四大组成部分,即初始 PSC、竞争中立调整、转移风险、自留风险的顺序进行识别和计算。PSC 的编制计算过程如图 3.2 所示。

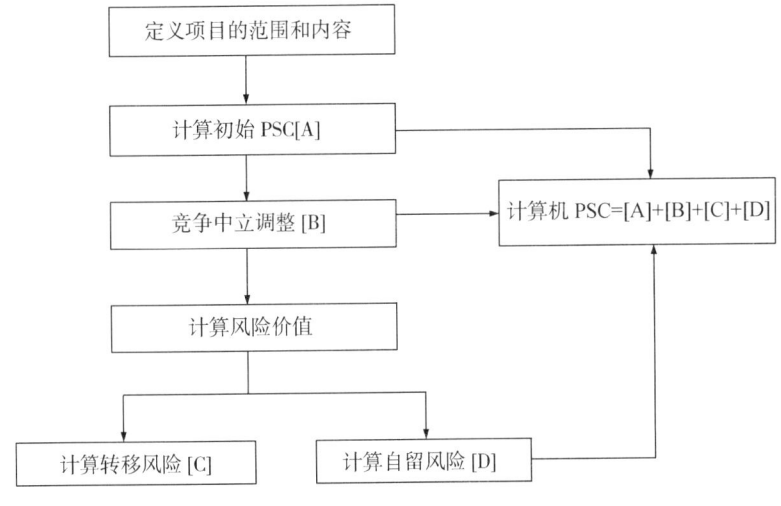

图 3.2 PSC 的编制计算过程

其中值得注意的是,因为 PSC 每一部分信息的延续性,编制过程应该按照图上的流程循序渐进,不能为了编制的速度而把 PSC 分成几部分分别编制。例如,在确定初始 PSC 的时候,项目团队需要尽可能准确地估计直接成本和间接成本。如果同时进行风险的识别,因为风险的影响和定量计算都是基于初始 PSC 中的各项成本的,所以在成本没有确定下来时候,无法确定风险的范围,对风险成本的估算也不会准确。

一般情况下,PPP 项目产品或服务标准和 PSC 是在招标之前确定,并需要经过相关部门审批。在 PSC 最终定案之前,所有信息不得公布于投标人,以免投标人基于错误的信息编制标书,造成资源浪费和不公平竞争。

在 PSC 通过审批定案之后,不应随意更改调整,除非外部因素或新的信息引起了项目的重大变化,尤其是 PSC 编制基准的变化。为了保证招投标过程的公平公正和透明客观,即使要进行 PSC 的变更,PSC 和产品标准也应在接收投标文件之前确定,之后不再变更。

3.2 初始 PSC

初始 PSC 代表了传统采购模式下政府生产和交付拟建项目的基本成本。图 3.3 提供了初始 PSC 计算步骤。初始 PSC 的计算是一个复杂而严谨的过程,需要对所有成本进行界定和分类,预测可能发生的时间和数额,再进行全面的整理和归纳,最后实现净现值的计算。

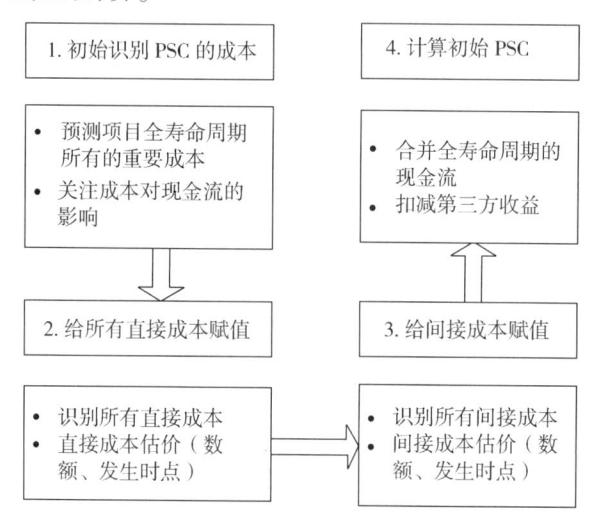

图 3.3 初始 PSC 计算步骤

初始 PSC 包括直接成本、间接成本和第三方收入。在 PSC 报告中采用的初始 PSC 现金流量表见表 3-3。

表 3-3 初始 PSC 现金流量表

序号	项目	净现值	名义值	0	1	2	…	n
1	资本成本							
1.1	直接成本							
1.1.1	项目设计费							
1.1.2	土地转让和开发							
1.1.3	设计、建造合同总价							

续表

序号	项目	净现值	名义值	0	1	2	…	n
1.1.4	咨询费							
1.1.5	厂房和设备获取成本							
1.1.6	现有设施改进							
1.1.7	资产翻新							
1.2	间接成本							
1.2.1	施工管理费							
2	运营和维护成本							
2.1	维护费用							
2.2	直接运营成本							
2.2.1	材料费							
2.2.2	工资和奖金							
2.2.3	员工福利							
2.2.4	水、电费等							
2.2.5	直接管理成本							
2.2.6	保险							
2.3	间接运营成本							
2.3.1	运营管理费							
2.3.2	行政管理费							
2.3.3	间接的资产租赁费							
2.4	第三方收入							

3.2.1 直接成本

直接成本是指采用政府传统采购、经营模式下最佳方案的直接成本费用，它取决于项目要求服务的种类和交付的方式，一般分为直接资本成本和直接运营维护成本。

直接资本成本是用于项目建设投入的成本。例如，基础设施的建设、购入现有资产等，典型的直接资本成本包括设计成本、原材料成本、支付给供应商的费用、政府采购程序费用、与项目建设过程相关的咨询公司及专家的费用、厂房和设备费用。

直接资本成本不是投资成本，其最主要的区别在于资产残值的处理和计算。

在计算初始PSC时,当拟建项目中包括了资产处置时,则资产处置收益减去处置费用部分需要从初始PSC中扣减。如果该资产的所有权属于政府,而且资产使用寿命超过特许经营期后政府可以处置或者保留,则在PSC中,资产在特许经营期内没有摊销完的残值部分,应该计入PSC中。残值的计算应该根据资产的特性、类似资产的残值估价、市场预期和资本收益来确定。

直接运营维护成本是维持公共设施在一定水平上正常运转所需的成本费用。在估算过程中,需要考虑项目全寿命周期的情况,如服务的数量和质量变动所产生的运营成本。直接运营维护成本一般包括原材料和燃料动力成本、员工工资福利、设备更新和维护费用、租赁成本、直接管理费用和保险等。

3.2.2 间接成本

间接成本是与提供公共服务不直接相关的费用,它包括运营费用中的企业管理需要用到的设施经营成本,如电力、清洁、文具、电脑设备等;管理费用中行政管理员工工资福利、设施管理费、全项目管理费;资本成本中部分的厂房和设备租赁费、部分的行政办公楼使用费等。

3.2.3 第三方收入

第三方收入是第三方购买产品或者接受服务所支付的费用,通常指的是公共设施的服务对象。它可以减少政府部门的净成本,在计算初始PSC时要从经营成本中扣除。第三方收入是在一定条件下产生的,它要求第三方对资产或服务具有需求,项目达到了政府要求的服务能力,并且政府允许第三方使用拟建项目的资产或者服务。

第三方收入根据项目的类型变化有所不同。例如,高速公路项目大部分可通过收取过路费获得收益,而保障房项目实现收益的机会较少。第三方收入必须通过充分的分析和对现实情况的假设,进行深入分析后才能被包括到PSC中。

$$第三方收入 = 单一用户支付费用 \times 预计用户数量$$

其中,无论是费用额还是用户数量都是基于市场预期的,可参考行业平均水平。在收取费用时所产生的收集和管理第三方收入相关的所有费用都会包括在PSC中。

3.3 竞争中立调整

竞争中立调整主要体现的是社会资本采购与政府采购不具备的优势,不包括

第3章 公共部门比较值(PSC)

因政府与企业成本管理水平不同带来的绩效和效率的差异。政府的竞争优势主要体现在税收上,例如 PPP 项目的土地使用税,如果换成政府采购则不会发生。政府与社会资本竞争也存在劣势,例如政府传统采购审查力度会加大,公开报告的要求也会提高。

通过竞争中立调整可以排除政府部门通过公共关系可以得到的相对社会资本的竞争优势,从而反映政府部门运作项目的真实成本,使得 PSC 能与 PPP 报价更加公平的比较,减少可能导致错误的采购决策。

针对不同的项目类型,竞争中立调整包含的内容也不尽相同,应该根据项目的具体情况进行分析。竞争中立调整的计算步骤如图 3.4 所示。

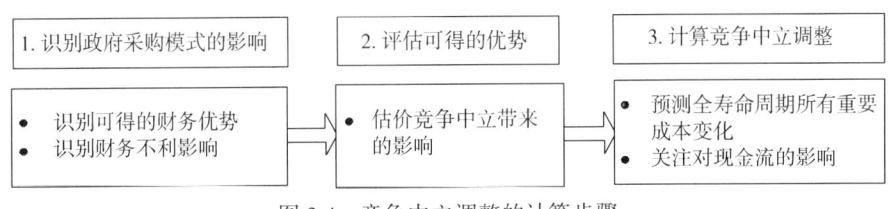

图 3.4 竞争中立调整的计算步骤

由于初始 PSC 是一个现金流模型,而最终的 PSC 也要求是一个现金流模型及折现结果,所以竞争中立调整同样需要采用现金流的模型,即同初始 PSC 的计算一样,确定每个调整项现金流的大小和发生时间,再分别计算每期的现金流量,建立现金流模型,选择折现率,折现得到竞争中立调整的净现值(NPV)。

实践中应注意区别现金流计算和按照权责发生制的区别,避免混淆。一些对于现金流没有影响的事项,如资产折旧,不应包括在其中。

在 PSC 计算中,表 3-4 列出了国外 PSC 实践体系中政府面临的潜在成本优势与劣势可能会给 PSC 带来调整。

表 3-4 政府潜在的优势/劣势和 PSC 的调整

潜在优势	成本处理
无需承担资本成本	选择适当的资金成本(折现率)对一定时期的现金流折现
地租免除	判断参考项目所占用的土地是否需要投标人缴纳地租 量化私营部门需要交纳的土地使用税数额 如果所有成本的计算中包括商业租金,则不需要进行调整
地方政府费用免除部分	判断参考项目需要的厂房设施是否需要向地方政府缴纳费用 量化可能发生的地方政府费用的数额 分析交付费用的时间,及其对现金流的影响 如果所有成本的计算中包括这部分的商业租金,则不需要进行调整

续表

潜在优势	成本处理
印花税免除	判断参考项目是否需要缴纳印花税 识别参考项目应纳税的交易,以及政府的免税事项 计算参考项目相关的政府免税事项的数额
工资税免除 企业管理费	计算政府不需要承担的企业管理费,包括工资单、人力资源部门、办公场地费、销售和计算机服务

通过表 3-4 的细分,竞争中立调整主要有两部分:一部分是由于公有制造成的国家税收义务上的区别;另一部分是公有制带来的国家监管成本的差异。

国家税收对于投资者来说是成本增加项,因为政府运作拟建项目可能不需要纳税。因此,等价的成本应该被计入 PSC 体系。与 PPP 项目相关的税收主要有土地税、地方政府税金、工资税、印花税。其中产生的成本数额和种类对 PSC 具有重大的影响。

国家的法律法规对 PPP 项目的要求与对政府采购项目的要求不同也是竞争中立调整重要的一项。如果拟建项目因某种原因免除了法律法规、管理制度或其他重要的要求,竞争中立调整可能会增加。在实际情况中,政府往往面临更多的监督和管理,因此,在考虑该项时往往是从 PSC 中扣减。

3.4 风险调整

在 PSC 中,风险反映了在初始 PSC 中假设的基本情况下有额外增加成本或者得到收入的可能性。因此,在 PSC 的构成中,一个全面的、实际的、对所有可量化和物质性的风险的定价是非常必要的。

PSC 作为定量的评价体系,是基于现金流模型的计算,因此在风险调整上大量的定性风险无法计入其中。在中国香港特别行政区 PSC 导则文件中说,为了得到确定的估价值,PSC 可以只包含重要风险。而且一定数量的有关联的小风险集合起来也可能成为重大的风险,在 PSC 的计算过程中,应该将不可量化的风险从 PSC 中剔除,但剔除的原因应当留有相应的记录。

PSC 的风险价值是度量公共部门承担所有风险预期所产生的成本。通过风险识别和风险量化的方法,会对 PSC 的结果进行相应调整。风险识别需要在相关专家和有经验的人员协助下实现。参考过去相似项目的资料和数据,对政府传统采购模式建设的项目可能遇到的风险进行识别和复制,从而量化风险。风险调整的计算步骤如图 3.5 所示。

第 3 章　公共部门比较值(PSC)

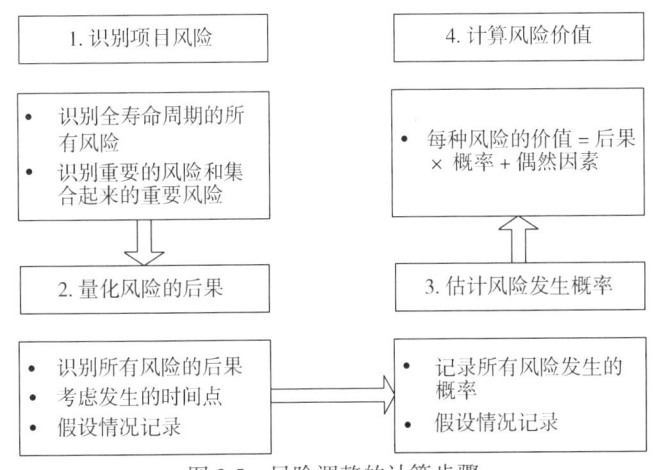

图 3.5　风险调整的计算步骤

在对全部的风险进行识别并赋值之后,根据风险的承担主体不同可以将风险分为转移风险和自留风险。

转移风险是在 PPP 模式下准备转移给社会资本的风险,这部分的风险是包括在 PSC 中的。对于政府是否可以把风险转移给社会资本的决策,判断标准应该以社会资本是否是最有能力控制管理风险的一方,社会资本是否是管理风险成本最低、最有效率的一方来确定风险的转移。当风险转移给社会资本时,其必然会采取最有效、最合理的方式来控制风险带来的成本,从而实现高效管理,实现 PPP 项目的物有所值最大化。

自留风险一般是不适于转移给社会资本的风险,需要由政府自行承担。自留风险应该与转移风险一样列入 PSC 体系(见图 3.6)。其原因在于,首先计算自留风

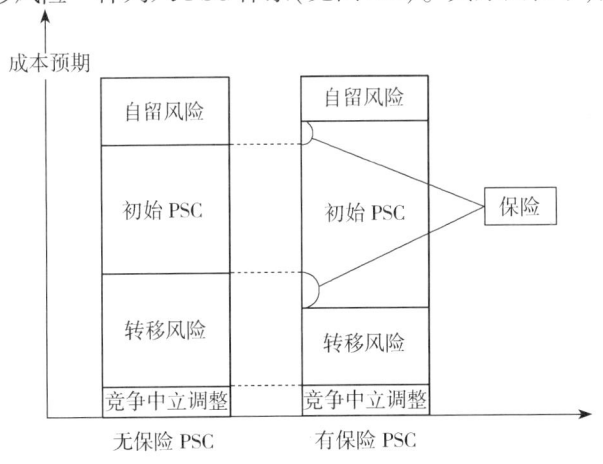

图 3.6　商业保险对 PSC 的影响

险的过程也是政府分析自身面临风险的过程,可以更好地帮助政府识别和管理风险。其次,在分析是否采用 PPP 模式时,以往的政府传统采购模式都会面临这部分风险,把自留风险包括进去可以使 PSC 更加完整。把自留风险计入 PSC,意味着 PSC 不仅仅是招标文件的一个数字,还有了相应的含义,即政府传统采购模式需要支付的所有项目成本。

3.5 我国公共部门比较值的建立与应用

3.5.1 建立时点

英国、德国、澳大利亚和中国香港的 PPP 项目评价都应用了物有所值理念和以 PSC 为基准的评价体系,但是各个国家或地区在应用 PSC 的时点不尽相同。

英国的物有所值评价流程分三个阶段,即投资评价阶段、项目评价阶段和采购评价阶段,PSC 评价体系贯穿始终。在投资评价阶段,对有可能适合于 PPP 模式的项目进行初步评估,该阶段的 PSC 定性与定量相结合,以定性为主,用 PSC 代替财务评价。对于初评后发现不适合采用 PPP 模式的项目,需要在财政预算中预留足够的空间,让政府采用传统经营模式进行开发。在采购评价阶段,把招标初期和预测发生的交易成本、风险转移费用,直接调整入 PSC,进行最后阶段的 VFM 评价。

中国香港和德国的物有所值评价也分为三个阶段,分别是项目的初始阶段、前期阶段和招标阶段。在初始阶段,需要进行经济可行性评价,采用定性方法描述 VFM。在前期阶段,提出定量的服务/产品说明书,之后计算出粗估的 PSC,用定性与定量相结合方式分析。在招标阶段,随着项目数据逐步确定,根据中标人的情况进行 PSC 的调整,并定量计算 VFM,在中标后公布其 VFM 的计算依据和结果。

以上两种情况基本概括了建立 PSC 体系进行 VFM 评价的时点,而在我国建设领域实践中,可行性研究中的经济评价与财务分析结论是决策项目是否可行的主要依据。

我国近几年编制的经济评价方法和参数非常多,如 2006 年出版的《建设项目经济评价方法与参数》、2010 年颁布的《公路建设项目经济评价方法与参数》、2010 年颁布的《石油建设项目经济评价方法与参数》等。对可行性研究中财务评价提供了非常全面和细致的标准、要求,已经很成体系。如果贸然取消财务评价,改用 PSC 不利于我国政策的贯彻,会削弱政府有关部门的权威性。而且可行性研究的核心是判断项目是否可行,而非是否该采用 PPP 模式。因此,建议采用中国香港的方法,在可行性研究表明项目可行后建立 PSC。

3.5.2 专家参与

按照澳大利亚《PSC 技术指南》要求,从项目立项起,应该尽早邀请专家了解项目,参与可行性研究、PSC 计算和评标过程,并且尽量请同一批专家参与项目的前期所有流程。《PSC 技术指南》对这一要求做出的解释是由于随着项目的深入,专家们对项目理解越来越深刻,认识比较统一,便于讨论和编制报告。

我国的专家库制度与国外基本一致,在需要专家时,从各个领域的专家库抽选出有空闲的专家参与项目。但抽选专家仅限于招投标阶段,其他阶段的专家参与比较随机,可由主办单位自主邀请。而且,一般而言,每个环节邀请的专家是随机抽取的,其原因在于防止专家参与项目导致项目信息提前外露,造成竞争不公平。

对于是否邀请同一批专家需要探讨,各有利弊,我国考虑更多的是竞争公平性,而国外考虑更多的是使专家的价值最大化。当然专家邀请对于 PSC 计算的影响是比较隐性的,最主要的影响在于对风险的定量估计。但是从国外案例来看,风险调整一般占 PSC 的 20%以上,而 VFM 的平均值也就 10%左右,因此专家的影响力还是很大的,为了保证 PSC 评价方法行之有效,建议尽可能早地邀请相关领域的专家参与。

3.5.3 PSC 的公布与公众参与

PSC 的公布包括两种形式:一种是向投标人公布;另一种是向社会公众公布,即公众参与。通常情况下,向投标人公布都是在正式招标开始阶段,出售招标说明书中包含了 PSC 的计算方法和计算的各种假设条件、考虑因素,便于投标人按照该规则编制标书。而向社会公众公布时各国的做法不尽相同,多数国家和地区是在招投标即将结束时,对 PSC 进行最后修改和调整,计算出 VFM,在招投标阶段结束时把中标人和 VFM 一同公布。澳大利亚会通过官方网站把 PSC 的计算方法也一同公布,供公众监督。而中国香港地区在轨道交通项目中,PSC 不是与中标人一同公布,而是在中标人对地铁沿线的车站进行了土地储备后才公布。具体的公布方式要平衡公众的监督和项目的外部性,同时也跟各个国家或地区政府的操作透明度有关。

在我国建设项目的招投标结束时,确定中标人之后,有一段时间的公示期,对项目招投标过程有异议可以提出,有关部门会对提出的意见慎重考虑。但是一般不会公布招投标流程中发生的具体问题和选择中标人的详细原因。不过考虑到PPP项目以基础设施项目为主,与公众利益紧密联系,适当地使群众了解该项目的情况也是合理的,因此建议采用大多数国家或地区的做法,公布VFM,但不公布具体的算法。当然与此配套,还需要有专门的机构从专业角度对VFM的计算加以监督,才能使公众信服。

3.5.4　基于我国国情的PSC构成要素

在三种国际上常见的PSC构成模式中,澳大利亚的4要素PSC构成是公认比较清晰的,但是中国香港和内陆地区相互之间的经济交流频繁,考虑到吸引港资参与内陆基础设施建设,应适当考虑与中国香港的三要素PSC体系相结合。因此,构成要素应该在三部分还是在四部分之间选择。

结合我国通常的财务分析,建设成本中都会有不可预见费一项,是考虑建设期可能发生的风险因素而导致的建设费用增加的这部分内容,按照风险因素的性质划分,预备费又包括基本预备费和价差预备费两大种类型。基本预备费是指由于如下原因导致费用增加而预留的费用:①设计变更导致的费用增加;②不可抗力导致的费用增加;③隐蔽工程验收时发生的挖掘及验收结束时进行恢复所导致的费用增加。基本预备费一般按照前五项费用(建筑工程费、设备安装工程费、设备购置费、工器具购置费及其他工程费)之和乘以一个固定的费率计算。其中,费率往往由各行业或地区根据其项目建设的实际情况加以制定。价差预备费:它是指建设项目的建设期间内由于价格等变化引起工程造价变化的预测预留费用。费用内容包括:人工、材料、施工机械的价值差费,建筑安装工程费用,工程建设其他费用调整,利率、汇率调整等增加的费用。价差预备费的计算方法,一般是根据国家规定的投资综合价格指数,以估算年份价格水平的投资额为基数,采用复利方法计算。

尽管不可预见费与自留风险有一定差距,但是这体现了我国的风险管理水平。我国目前在实践中对风险的管理还比较粗放,从不可预见费可以看出,费用的调整主要是依据经验,以费率一个数字概括了建设期的所有风险,显得过于随意。由于PSC的建立不仅仅是为了决策采用PPP模式是否物有所值,还可以提高全过程的管理水平和对风险的预测能力。因此,建议我国采用四部分组成的PSC体系,把风险计量精细化,提高基础设施领域乃至整个建筑领域的风险管理水平。而且在项目进入运营期并通过VFM后评价,采集风险相关的数据,可以建立和完善我国的风险定量数据结构,不断提高PSC的测算精准度。

1. 初始 PSC 成本组成

英国、澳大利亚和中国香港的初始 PSC 组成项基本一致，一般分为三部分，即直接成本、间接成本和第三方收入，其初始 PSC 现金流量可参见表 3-3。

在我国，进行项目经济评价的财务分析主要分为项目投资现金流量分析和项目资本金现金流量分析。两者分析对象不同，项目投资现金流是针对整个项目的财务分析，评价的是项目财务情况；而项目资本金现金流流量分析针对的是投资人的财务分析，评价的是投资者通过该项目获得的收益或回报。

由于 PSC 的本质是决策项目由政府经营还是 PPP 公司经营，因此应该考虑的是政府或者 PPP 公司的经营情况，对应到我国的财务评价，即项目投资的现金流量分析。英国、澳大利亚等国家的州政府在进行基础设施建设时，贷款一般都是通过项目公司实现的；通常情况下采用传统经营模式的项目投资是直接用财政收入支付的，因此，国外不存在政府贷款和利息偿还。然而我国的情况比较特殊，政府可以通过地方政府融资平台贷款，并进行基础设施建设，因此我国的政府传统经营模式是存在贷款和本息偿还的，故在 PSC 的计算中应该加以区别。

我国项目投资现金流量表形式和分项见表 3-5。相比较而言，我国的项目投资现金流量尽管已经与 PSC 的计算相近，但与初始 PSC 的现金流量列项仍存在一定区别，根据比较分析，得出我国计算 PSC 的现金流量表，见表 3-6。

表 3-5 项目投资现金流量表

序号	项目	合计	计算期					
			1	2	3	4	…	n
1	现金流入							
1.1	营业收入							
1.2	补贴收入							
1.3	回收固定资产余值							
1.4	回收流动资金							
2	现金流出							
2.1	建设投资							
2.2	流动资金							
2.3	经营成本							
2.4	营业税金及附加							
2.5	维持运营投资							
3	所得税前净现金流量(1-2)							

续表

序号	项目	合计	计算期					
			1	2	3	4	…	n
4	累计所得税前净现金流量							
5	调整所得税							
6	所得税后净现金流量(3-5)							
7	累计所得税后净现金流量							

计算指标:
项目投资财务内部收益率(%)(所得税前)
项目投资财务内部收益率(%)(所得税后)
项目投资财务净现值(所得税前)($i_c = \%$)
项目投资财务净现值(所得税后)($i_c = \%$)

表3-6 初始PSC现金流量表

序号	项目	合计	计算期					
			1	2	3	4	…	n
1	现金流入							
1.1	营业收入							
2	现金流出							
2.1	建设投资							
2.2	经营成本							
2.3	维持运营投资							
2.4	资本成本(利息)							
3	所得税前净现金流量(1-2)							

计算指标:
PSC = NPV

①项目投资现金流量表中不计算银行的利息,把银行看作是项目参与者,由于政府和企业的融资成本不同,甚至差异很大,因此,不能忽略贷款项,需要在表中现金流出添加利息项,来表明资金运用效率的差异。

②我国的项目投资现金流量表包括了回收固定资产余值。对于初始PSC来说,资产余值不一定要包括在现金流之中,这取决于PPP项目的特许经营期结束时资产的处置方式,在我国常见的是无偿转移给政府,不会在特许经营期末获得残值收益,因此在初始PSC中不考虑资产残值,即我国的现金流量表该项为零。

③我国大多数无法满足自负盈亏的 PPP 项目,都存在政府的逐年补偿。但是在国外的 PSC 体系中,一般没有补偿项,按照 PFI 模式,与补偿类似的是政府租赁费,因为 PSC 主要是基于成本的比较,所以通常在计算时不计入其中。而且,由于没有补偿部分,所得税也无法计量,所以,国外 PSC 采用的是所得税前数据。

④我国的项目投资现金流量表中还加入了税收项。对于税收项,国外一般在竞争中立调整部分计入,由于最后对比的是 PSC 值,因此税收项无论在初始 PSC 还是竞争中立调整项都能满足要求。但是由于竞争中立调整会根据传统模式和 PPP 模式的税收差异进行调整,因此,如果把单独计算的税收都放入竞争中立调整部分,会更加清晰明确,不易混淆。

⑤由于按照 PSC 计算方法计算出的现金流量中一般流出多、流入少,因此,不需要计算内部收益率。

2. 竞争中立调整差异

国外的竞争中立调整项主要包括资本成本(利息成本)、地租、政府设施的租凭费、印花税、工资税和企业/政府管理费。在我国现有国情下,部分调整项应重新考虑。

①资本成本。在国外一些国家,政府直接参与建设基础设施项目,可申请政策性银行贷款,对于部分地区或者特定类型的项目是没有利息费用的。而在我国,政府不能以市政工程业主身份向银行借款,在公司法的限制下只能以其下属的融资平台或者城投公司为载体与银行对接。而且市政工程贷款不在政策性贷款范围内,贷款的提供者以商业银行为主,不存在免息的情况,因此,该项对我国一般的基础设施项目是不存在的。

②地租。国外采用 PPP 模式时,政府能够提供的最普遍的优惠条款是地租免除优惠。在我国,《中华人民共和国土地管理法》第五十四条规定,城市基础设施用地、公益事业用地和国家重点扶持的能源、交通、水利等基础设施用地,在经过县级以上人民政府依法批准后,可以划拨方式取得。因此,我国 PPP 项目使用的土地一般是通过无偿划拨方式取得的,不需要缴纳土地使用费。此项一般不考虑入我国的竞争中立调整项中。

③政府设施租赁费。政府设施租赁费源于 PPP 项目建设、运营过程中使用其他厂房设施需要向地方政府缴纳的费用,一般以租赁费形式出现。在这方面,我国没有相关法律条例规定基础设施项目可以享有租赁费用减免优惠。对于 PPP 项目来说,租赁费是政府和企业根据实际项目情况自行决定的。由于不同的项目情况不同,该项是否计入调整取决于项目安排。

④印花税。国外对 PPP 项目的税收、特许权效率等具有明确的法律法规,一般来说,PPP 项目特许权协议是包含在政府免税事项中的。但是根据我国税法规定,特许权协议属于产权合同的一种,应该按照合同额的 0.05% 纳税。由于传统经营项目不需要签署特许经营协议,因此,在我国的竞争中立调整项中,需要考虑印花税问题。

⑤工资税。国外一些 PPP 项目的投标人应该缴纳的工资税可以免除,但在我国没有相关规定,因此,不计入调整。

⑥企业/政府管理费。从国外的案例中分析,政府管理费占竞争中立调整的比例较高,在澳大利亚这一比例更高达 80%,一般是直接取项目资产价值的一定比例,比例不超过 1%,代表了政府成立专门管理机构的费用。

中国由于没有专门的部门进行管理,自然没有专项的政府管理费。但我国所有实施的 PPP 项目,在前期都需要聘请专业的咨询机构提供服务。PPP 项目咨询费通过招标或竞争性谈判确定。

⑦其他税收。我国目前实施的分税制与多数参考的国家一致,只是比例和免税条款有所区别。我国的税收权力划分见表 3-7。

表 3-7 分税制财政体制下中央与地方的财政收支的权利划分

	中央财政	地方财政
税收权利范围	消费税 铁道部门、商业银行和保险公司的税收 外国和合资海洋石油企业所得税和特许权使用费 能源和运输基金收入 电力公司、中石化总公司和中国有色金属总公司营业税的 70% 关税、进口增值税和消费税	中央不参与共享的增值税 集市交易税 城市维护建设税 城镇土地使用税 车船使用税 电力公司、中石化总公司和中国有色金属总公司营业税的 30% 土地增值税 教育费附加 农牧业税 房地产 资源税 补税罚款收入
共享税收	增值税(75%归中央,25%归地方);企业所得税(60%归中央,40%归地方) 个人所得税(60%归中央,40%归地方);自然资源税 对计划外的用自有资金投资的基建项目所得征建设税 证券交易税(50%归中央,50%归地方) 工商税、外资合资企业所得税	

	中央财政	地方财政
财政支出范围	国防、武警经费 外交和援外支出 中央行政管理费 中央统管的基本建设支出 中央直属企业改造更新 地质勘探费用 中央财政安排的支农支出 国内外债务的还本付息 中央本级负担的公检法支出 中央本级负担的文化、教育、卫生和科学	地主行政管理费 公检法支出 部分武警经费 民兵事业费 地方统筹的基本建设投资 地方企业改造更新 支农支出 城市建设维护费 地方文化、教育、卫生支出 价格补贴和其他支出

其中,与PPP项目相关的有关税、增值税、营业税、城市维护建设税、教育费附加、企业所得税和地方性税费。对于某一经营行为,一般不会同时发生增值税和营业税。

由于我国法律规定,政府不能直接参与经营活动,各地为了进行城市开发、基础设施建设,纷纷成立了城投公司来代替政府行使建设职能。而城投公司是独立的法人企业,在税收上与社会资本基本无差异。

由于分税制改革,地方政府掌握了一定的税权。因此,在采用PPP模式时,社会资本通过与政府的谈判,可以在分属地方政府的税收上按照有关规章申请税收优惠或退税,具体情况因项目类别和PPP公司股东组成有所不同。

3. 风险调整

(1) 风险估计的深度和精度

公共部门比较值体系与我国财务评价体系最大的区别就是风险定量分析部分。在项目前期引入风险定量计量需要花费的成本比较高,包括数据收集、数据库维护、专家咨询费、研讨费等。但是,与此同时,引入风险定量分析的好处也显而易见。首先,可以通过定量分析加深项目各参与方对风险的理解和认识;其次,可以量化项目潜在的影响因素帮助项目决策;再次,随着风险定量分析制度推广,政府的风险数据库会逐步完善,对风险的管理水平也会逐步提高。

国外的公共部门比较值体系经过数十年的实践,逐渐完善。澳大利亚2008年出版的《PSC技术导则》(第二版)丰富了风险定量评价方法,新增了复杂风险定量分析方法,且政府对一些大型项目和复杂项目鼓励应用更加复杂的风险定量方法计算PSC。

(2) 风险的分担

公共部门比较值内的风险价值包括转移部分的自留部分,是衡量公共部门承担一切项目风险责任的预期成本。公共部门比较值在衡量政府部门的风险时会比较细致，而对社会资本承担的风险不够重视，因此在进行测算时应充分考虑私营部门在 PPP 项目安排下所承担的风险成本，并应保证风险的合理分担。

国外以公共部门比较值为基准的招标文件中，会把自留风险和转移风险分别列出，并把每种风险的定量方法写明。在投标人编制标书时，需要根据 PSC 中的风险列项进行计算，不得随意增减风险项，如果发现风险项与实际不符，要另附文件指出，正文部分应按照投标文件规格编制。转移风险需自行计算，可与政府计算不同。自留风险应直接套用政府提供数据，不用自行计算。有违反规定的投标文件，视为废标。

4. 折现率的选取

国外折现率选取的是行业平均收益水平，通过统计该行业采用 PPP 模式的社会资本的平均收益水平确定。由于国外实践经验丰富，并且有专门的部门统计收益水平的数据，因此容易确定。而国内在财务分析中，用基准收益率作为折现率使用，其选取的顺序依次为资金机会成本、本行业内相似项目的财务内部收益率或投资者期望收益率、行业基准收益率。由于政府部门的投资一般不考虑资金的机会成本和收益水平，因此，最常用的也是行业基准收益率。

行业基准收益率应从本行业内选取规模与风险都具有代表性的项目，通过计算这些项目财务内部收益率的加权平均值确定。但是在市政基础设施项目上，一般政府要求的收益率要低于行业水平，例如，轨道交通项目的财务基准收益率为 3%，垃圾处理项目中焚烧工艺为 5%、堆肥工艺和填埋工艺为 4%，供热项目则取 5% 的财务收益率。因为 PSC 要求的折现率体现的是政府的资金使用效率，应高于我国政府在项目可行性研究阶段进行财务分析时采用的折现率，为了在 PSC 中体现政府经营效率，折现率的取法应与国外相同，但是考虑到 PSC 是由政府部门计算，而我国目前有规定的只有可研，因此在初步计算过程中，先参照可研的折现率计算，之后在敏感性分析中尝试合理的折现率。

第4章 物有所值(VFM)

4.1 物有所值概念

物有所值(Value for Money,VFM),是指一个组织运用其可利用资源所能获得的长期最大利益。VFM 评价是国际上普遍采用的一种评价传统上由政府提供的公共产品和服务是否可运用政府、社会资本合作模式的评估体系,旨在实现公共资源配置利用效率最优化。

物有所值的内涵历经两个发展阶段,经过欧美国家发起的新公共管理运动,目前被广泛地应用于西方国家的公共采购审计中。VFM 最初的含义是获得货物与服务的总价,20 世纪六七十年代,主要被公共审计部门用于衡量公共政策执行中的费用是否超支。20 世纪 80 年代,西方国家为改进政府工作效率,提高社会福利,弱化政府的行政管理影响,发起了新公共管理运动,社会资本开始介入原先的公共管理领域。随着这一运动的深入,公共部门的许多固有的管理方法与理念被改变,VFM 也不再局限于提供的货物与服务了,甚至包括项目运营期的更新、环保、生产效率等。这一时期 VFM 已被用于公共采购审计中,当人们发现这一理念对于公共工程、公共物资采购非常具有成效时,VFM 被应用到更多的公共管理领域,如教育、国防、医疗等,比较突出的国家有英国、爱尔兰、南非、澳大利亚、美国、新西兰、加拿大。同时许多私营机构同样将 VFM 的理念与自身的发展和管理相结合,根据不同的行业特征衍生出 VFM 众多的新含义。

对于物有所值可以用"3E"来描述,即经济性(Economy)、效率(Efficiency)、效能(Effectiveness),是一个包含时间、费用、投入产出、生产效率等的丰富而全面的定义。其中,经济性包含数量、时间、地点、种类等因素,效率是指投入产生及组织内部的管理效率,而效能则是对最终目标实现能力的衡量。

PPP 模式自创始之初就以 VFM 作为其标志性特征，VFM 的有效实施成为 PPP 模式不同于其他公共工程模式的最大特点，在实际操作中，PPP 模式的 VFM 的内涵已被大大拓展，可见 VFM 在 PPP 模式中获得了新发展。

英国最早将 VFM 引入公共基础设施项目采购模式的比选中，并不断完善其评估过程，形成一套规范的 VFM 评估指南。实践证明采用该理论进行项目评估，可以为政府节省较大的开支。英国财政部的一份报告显示，2008 年英国政府在交通、健康、能源环境、学校等领域，通过物有所值理论共计实现了 300 万欧元价值增值。报告指出，2010—2011 年，英国包括建设部门在内的各政府部门将通过物有所值共计节省 350 万欧元开支。韩国、日本、中国香港等国家和地区也加强了对物有所值评价的重视程度，物有所值评价越来越多地受到了肯定，并在一定范围内得以较为广泛地应用。

英国政府采购中"物有所值"的定义是为了使每一镑的花销都获得最好的结果，不仅关注于最低成本，而是对每次采购的成本和收益进行评估分析。即在进行项目采购时，不仅要基于采购时的原始价格分析，而且要关注采购产品的整个生命周期，即要求产品从"摇篮到坟墓"的综合成本最低。例如，需要考虑其替代成本、维护成本、培训费用、知识产权费用、运输成本、管理成本、处置成本和环境成本等，只有这样才称得上物有所值。

4.2 基于 VFM 的 PPP 项目绩效评价

PPP 模式自创立之初就以 VFM 作为其标志性特征，VFM 的有效实施成为 PPP 模式不同于其他公共工程模式的最大特点。而 VFM 在 PPP 项目的内涵也被大大扩充了，总体而言，VFM 在 PPP 项目中体现为四点，即经济性、效率、效能和合作。

1. PPP 项目的经济性

经济性是 PPP 模式赖以生存的重要特点，也是 VFM 理念的核心内容，PPP 项目往往需要巨大的融资，运行周期漫长，财务资本的管理异常重要，同时政府又希望全生命周期的成本能够相较于传统采购模式降低，并能在运行阶段获得稳定的现金流。因而，融资能力和财务运行能力是挑选 PPP 项目特许权获得者的重要考察指标。

2. PPP 项目的效率

VFM 中的效率源于对公共行政管理提高效率的需求，效率事实上在很多领域包含了广阔的含义，因而对于单个的案例必须单独选择执行最优的解决方法。然而,效率是与有效利用有限的财务资源、最小化的行政成本和达到既定目标的努力程度相关的。尽管存在财政瓶颈,但在全球范围内社会公众对于公共设施的需求依然在不断增长。这种增长体现在数量和质量上。对于追求效率的政府而言,不断提高基础设施领域的现代化是其一个主要的任务。为了实现高水平的现代化,政府制定综合政策需要多方面因素,包括政府希望达成的远景、具体任务的实施和现代化概念的制定。伙伴关系正是促进基础设施建设和提高公共服务效率的重要途径。在 PPP 项目中不同的组织和部门结成了稳固的伙伴关系,这些伙伴关系使得不同部门之间为了达到共同的目标而利用有限的资源。这种基于项目而达成的同盟关系使得 PPP 模式可以充分利用各个利益相关者的优势,进而在项目中努力提高效率,以往的经验已经表明私营机构在组织各种活动方面更有效率且更能达成预定的目标。因而,社会资本可以在理论上代替政府部门提供更低的价格、更高的效率和不断改进的顾客服务。很多研究指出 PPP 模式将极大地促进公共项目的效率的提高,但是现有的研究却很少深入研究 PPP 项目的效率,没有对 PPP 项目的效率给出具体的定义和确定其相关的指标。在 PPP 项目增强"社会福利"这方面,政府与社会资本合作将会增强社会基础设施的机能、降低经济危机的发生和提高人民的生活水平。然而,不可否认的是 PPP 项目涉及复杂的风险管理和过长的采购程序,这将对 PPP 项目的效率造成不小的冲击。因而 PPP 项目有必要深入研究其效率的构成,明确效率的内涵。

  需求可以从伙伴关系的角度来看待,在 PPP 项目中需求可以从三个方面促进 PPP 项目效率的提升:①运用创新的形式将不同部门的需要结合在一起,通过结合可以集成各部门的优势,克服各部门的劣势,形成互补和团结的局面;②对合作重新审视的需求,进一步确认现存的伙伴关系,并能发展新的伙伴关系,将现存的和潜在的伙伴纳入到项目的进程中,共同提高项目的水准;③最终达到平衡的需求,通过深入的合作均衡各方的利益,采用这一模式激励相关机构提高能力,进而提高项目的效率。而政治、法律和行政环境则包含了:①持续而稳定的政策;②规范的 PPP 合约格式,如特许协议、采购程序和与项目相关的民法条款(如管理和服务合同);③政府部门机构设置的合理性。这一部分的重点在于构建公平合理而又有效率的采购程序和环境,而 PPP 项目的效率正是体现在政府部门有能力为社会资本和公众创造这样的环境。信息沟通在建立高效的 PPP 项目中扮演着重要的角色,其作用在于解决与社会舆论相关的问题,及时识别和排除风险,确保信息及时在利益相关者中传递。因而信息沟通是用于明辨项目的实质和效用的。在 PPP 模式的实践中,原始的信息不适用于传递,信息应当在长期的规划中进行有效的传递,以确保信息的有效性和对经验交流的贡献。信息沟通的策略必须包括精确定义的目标,应主要包括:①满足社会成员的要求,提供高质量和不断改进的信息服务;②在媒体中创造项目执行的积极形象;③在利益相关者中创造互助互惠的氛围,为实现核心价值服务。另外,其他一些因素如人文环境、市场变化及预测、风险分担及管理,也会对PPP项目的效率产生影响。

3. PPP项目的效能

效能,英文为effectiveness,Wiki百科对其的解释为准确无误地完成某事。Easton对效能给出了著名的定义,即从四个维度定义:产出(output)、结果(outcome)、影响(impact)和目标达成度(goal attainment)。产出是指与给定领域的合作伙伴绩效直接有关的特定的活动和成绩。PPP项目中,主要是指利益相关方指定的任务和目标,包括在合作过程中制定的规则和标准以及为合作创造的构架和机制。在PPP项目内部,这种产出具有深远的作用。遵从这些程序并严格地执行,将导致行为的变化,包括PPP项目所有的利益相关方。因此,PPP项目会产生结果。结果说明了这些利益相关方遇到的问题都必须得到解决,如必要的资金和原材料会被提供,新的知识和技术会得到应用。PPP项目的产出和结果将促进项目提高解决问题的能力,并最终解决问题。这种成就可以被定义为影响,换而言之,影响就是对问题解决所做出的贡献。事实上,在解决问题中,很多技术并不能很好地完成任务,这些技术上的问题存在一条清晰的因果链,因而很多研究着重于效能的第四个维度——目标达成度。经验上来说,很多案例中可以很简单地确定一个PPP项目是否达到其设定的目标。但是,这些自我设定的目标可能是比较"谦虚"地完成,即产出,或者稍微"进取"一些而产生结果或者影响。当一个PPP项目刚刚开始时,会设定首要的目标来启动项目。稍后,会将注意力集中到创造结果或者影响。因而,在效能的各个维度上存在某种时间序列的关系,然而这种序列的关系并不是一定存在的。一些PPP项,目前可能不会创造产出,仅仅产生影响。

4. PPP项目中的合作

VFM最后一个重要的内涵是合作机制的建立,PPP项目的利益相关方在其全生命周期中拥有重要的影响,低效的合作机制会导致PPP项目的诸多问题,不完善的合作机制包括公众对PPP模式的不了解、缺乏对利益相关方有关PPP模式的教育以及PPP项目信息缺少有效而透明的途径去了解。利益相关方在PPP项目中的合作是贯穿全过程的,因此PPP项目中利益相关方至关重要。例如,在规划设计阶段,利益相关方影响的是决策过程。为了确保正确而合适的合作机制的建立,透明和信任非常重要。如果决定在事先已经做出,利益相关方会怀疑这样的体系是否会建立或者是否会发挥作用,利益相关方将会在未来的合作中发挥负面的作用,甚至会导致危险利益相关方的出现,对 PPP 项目造成不良影响。另外,合作机制的建立应当考虑利益相关方不同的兴趣和影响。例如,在施工建造阶段,社会公众关注的是项目的外围影响和总体进度,而社会资本关注的是日常的工程情况。

4.3 VFM 在 PPP 项目中的应用

4.3.1 常用 VFM 评价方法

目前,国际上常用的 VFM 评价方法主要有两种。

1. 成本效益分析法

通过比较项目的全部成本和效益来评估项目价值,用以寻求在投资决策上以最小的成本获得最大的效益,常用于评估需要量化社会效益的公共事业项目的价值。在不同国家或不同领域,成本效益评价法在收益率的确定、指标选择、评价项目等具体方面存在一定差别。例如,在评价指标的选择方面,成本现值、收益现值、净现值、收益成本比等都可以作为评价指标。目前较多的做法是将净现值(NPV)作为评价指标,即所有收益现值与成本现值之差。也就是说,应用成本效益分析法,需要对每一个方案的所有成本和收益进行量化,并计算其现值。作为广泛应用的价值评价方法,成本效益评价法的方法论已经比较成熟,但该方法需要大量的数据支持和诸多假设,其计算工作量较大,在数据来源、定价准确性方面存在一定的弊端,从而使其应用受到限制。目前国际上应用成本效益评价法的国家和地区不多,例如,澳大利亚在决策是否进行基础设施项目建设时,会使用该方法,但在选择传统政府采购和 PPP 模式时,则会使用公共部门参照标准法进行决策。

在传统的公共项目采购决策中通常会采用成本效益分析方法来评测所有的经济收益、风险和成本支出,其中主要利用资金的时间价值折算成资金的 NPV。除此之外,很少有其他的因素被考虑进计算过程中。正常来说,最初的成本效益分析方法无法判断对特定项目采用不同采购模式时的优劣。在很多案例中,成本效益分析由政府部门来提供,一旦采购程序被确定,政府部门将安排投标者之间的竞标以确保 VFM 的达成。事实上,在竞争性投标中价格和非价格因素都会被考虑,其等效于 VFM 的评测。

2. PSC

有关 PSC 的相关内容在第 3 章中已有详细描述,此处不再赘述。

在使用 PSC 量化评价方法的国家之中，VFM 主要用于可能采用 PPP 模式的项目前期决策。在招投标之前进行 PSC 的分析和计算，在招投标时要求投标人按照 PSC 方法编制投标文件，并计算出投标价格，之后对比投标价格，两者之差即为 VFM 的量化表现形式，如图 4.1 所示。当 VFM 大于 0 时，说明 PPP 模式比传统采购有效率，即应该采用 PPP 模式；当 VFM 小于 0 时，说明 PPP 模式与传统项目经营模式相比，不能提高效率，可以不采用 PPP 模式。因此，如何使 VFM 值最大化成为项目前期经济评价的核心内容，是引入 PPP 的重要前提。

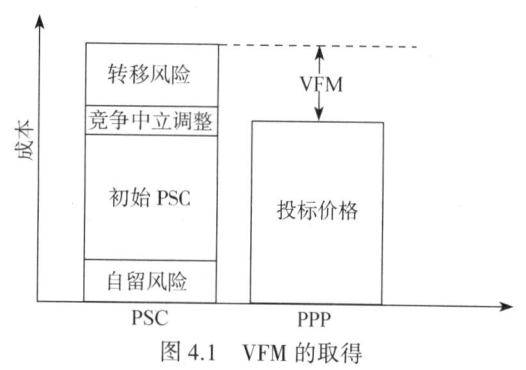

图 4.1 VFM 的取得

4.3.2 VFM 评价方法在国外 PPP 实践中的应用

随着 PPP 模式在世界范围内的应用和不断推广，越来越多的国家效仿英国的做法，采用 PSC 体系进行经济评价。PSC 因为其简单易用，成为评估项目是否物有所值的重要工具。然而，PPP 模式在全球的推广不是一成不变的。在一些使用 PPP 模式的国家或地区，PSC 成为了必要的经济评价手段，而另外一些国家或地区，使用了区别于 PSC 的评价体系。但是，无论使用与否，各个国家衡量是否使用 PPP 模式都需要分析项目运营的资金价值。目前采用与英国的评价方法相似的国家或地区有加拿大、德国、澳大利亚、日本、荷兰、中国香港和南非等；不采用以 PSC 为基准的 VFM 评价体系的国家和地区有美国、罗马尼亚、奥地利、比利时、新加坡等。

1. 英国

英国是最早在 PFI/PPP 模式下采用 VFM 评价方法的国家，也是 VFM 评价体系使用最广泛的国家。1999 年，英国财政部颁布了《VFM 评估指南》来规范 VFM 评价的操作方法，总结见表 4-1。

第4章 物有所值(VFM)

表 4-1 英国 VFM 评价程序

阶段划分	阶段内容
投资评价	针对整个投资计划,判断在该项目中 PFI 模式是否能够提供最佳的 VFM
项目评价	在 PFI/PPP 模式下,项目所有可能发生的风险及 PSC 指标设置; 如果采用 PFI/PPP 提供的报价大于 PSC,则进行采购评价
采购评价	针对项目计划和实施初期的市场信息进行考察并反馈,如投标过程中的交易成本和投标者的融资能力。之后评估风险转移增加的 VFM 和引入竞争所产生的费用。调整后,如果通过采用 PFI/PPP 模式无法提供最佳的 VFM,则应该推迟项目开始时间或返回项目评价阶段重新进行评价

2.德国

德国在过去的数十年内一直就是否推行 PPP 模式进行讨论,政府推行的意愿不是很强。2004 年,德国的公共住房机构提交了一份关于 PPP 模式的研究报告,这份报告加强了政府决定成立联邦资质管理委员会(Federal Competence Centre)的决心。第二年,该委员会成立,并大大推动了 PPP 模式在德国的发展和进步。

德国的 PPP 项目流程一般分四个阶段,分别为项目的初始阶段、前期阶段、招标阶段和执行阶段,如图 4.2 所示,其中,与建立 PSC 有关的是前三阶段,图中用步骤一、步骤二、步骤三标出。

步骤一:PPP 的定性描述,为 VFM 评价提供信息和基础资料;

步骤二:PSC 综合性描述,定量与定性相结合;并且粗略估计 PSC 值;

步骤三:PSC 的精确定量描述和计算,对比中标者的投标报价,分析 VFM 是否可得。

在三个步骤中,每一步都需要对是否应用 PPP 模式进行决策。在任何一步无法得到 VFM,则选择传统经营模式。

3.新加坡

新加坡几乎所有的市政基础设施项目都是采用 PPP 模式经营的。基于社会资本要比政府提供服务更有效率的假设,新加坡一直采用竞争性谈判方式来获得 VFM。新加坡政府相信,在招投标过程中,社会资本相互之间的竞争会使得报价处于合理水平,因此不设定 PSC 评价体系。PPP 项目采购流程如图 4.3 所示。

新加坡的 VFM 评价方法不仅分析投标价格,而且要求包括非定量的要求,如美观性、服务质量、社会资本的能力要求和资金周转情况。新加坡的 PPP 项目需要定期审查,来跟踪评价 VFM。审查内容包括:PPP 协议是否能够满足政府部门的服务或产出目标,合同能否实现 VFM,合作协议运行情况是否良好,是否存在影响合同实施的 VFM 预期收益变更。上述因素都要求进行实地考察,并提交报告。

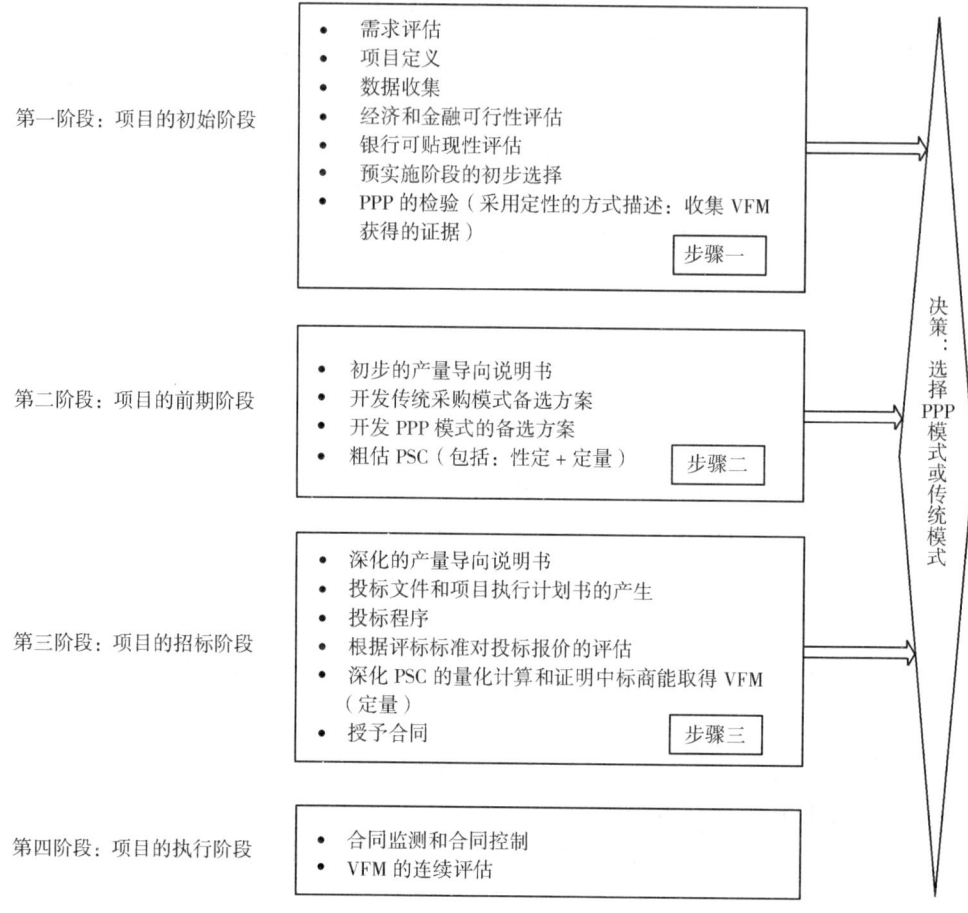

图 4.2　德国 PPP 项目流程图

在英国使用 PSC 的近十年，该方法受到了不少质疑。例如，计算缺乏真实准确的数据，在投资、折现率、风险分担方面假设的过度乐观等。因此，一些国家在引入 PPP 模式时，对英国的 VFM 评价体系做了一定的改进，德国就是其中之一。

在德国的 VFM 评价方法中，对 PSC 的测算是一个由粗到细的过程。允许谈判结果记入 PSC，使 PSC 逐步精细化、准确化。并且在步骤三会根据中标人的情况进行动态调整。而英国在第三阶段，即采购评价阶段，不会对 PSC 做改进和调整，而是把采购发生的费用和风险转移带来的收益直接计入 VFM 中。

尽管德国和英国的做法有所区别，但是其核心理念间是没有差异的。面对 PSC 评价体系，无论是德国和英国，都不可避免地面对这样的质疑。选择使用 PPP 模式还是传统经营模式是一个复杂的问题，不只应该考虑经济效率，还有很多其他需要考量的因素，如果仅用 PSC 与投标价格的大小来判断项目是否物有所值，评价

第4章 物有所值(VFM)

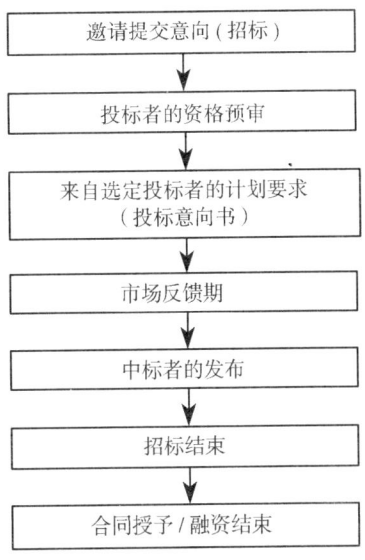

图 4.3 新加坡 PPP 项目采购流程

内容过于单一。

竞争性投标方式相比于 PSC 评价体系,其优势在于不需要估算 PSC 而节省了成本。PSC 中的数据,如投资额、风险定量、折现率等很多都带有不确定性,并且存在争议。抛开 PSC 体系可以避免主观因素对项目的决策带来影响,因此一些国家采用竞争性投标方式来提高项目的 VFM。

新加坡的 PPP 项目采购流程中,实现 VFM 最重要的时段是市场反馈期。在这一阶段中,投标者们分别与政府部门进行沟通和谈判,不断提出修改初始投标文件的要求和反馈,以提高项目的 VFM。这些信息应以澄清、建议和备选方案等形式出现。政府部门这段期间也需要根据新的信息修改招标文件,并随时公开发布。最终通过竞争性谈判来决定中标者,而中标者最终的投标文件和之后签订的合作协议也会包含谈判期间修改的部分内容。

尽管该方式具有一定的优势,但是仍无法掩盖存在的缺陷。经过近几年的实践证明,竞争性投标方式由于在决策期间无法公开透明,PPP 项目的谈判期较长,招标人与投标人、投标人之间、招标代理机构和投标人之间的关系很复杂,存在贪污腐败、串标、围标等种种问题,造成整个社会交易成本较高,从而降低了竞争作用在报价上的优势。

4.3.3 适合我国的 VFM 评价方法

在项目采用 PPP 模式的初步可行性研究通过,并制定出详细的项目实施方案及产出标准之后,即可组建专门的项目咨询机构,协同工作小组,共同对项目进行 VFM 评估。该评估应当将定性分析和定量分析结合起来,在综合评估的基础上,选择项目采购模式,即是否选择采用 PPP 模式。据此,适合我国的评估方法如下:

1.定性评估方法

定性分析通过问卷调查和专家咨询方式进行,侧重于考查项目的潜在发展能力、可能实现的期望值以及项目的可完成能力。根据定性评估的结果判断是否需要进行定量评估,如果定性评估的结果显示项目不适合采用 PPP 模式,则可以直接进行传统模式采购的决策,而不需要转入定量分析。本书设计了 VFM 定性评价问询表(见表4-2),列出了可能影响项目 VFM 的因素,并采用专家打分法,进行详细的定性分析以供参考。

表4-2 VFM 定性评价问询表

序号	影响因素	序号	评价因素	评分	权重	最终评分
1	风险分配	1.1	风险是否转移给最合适管理风险的一方			
		1.2	突发状况下,风险分配是否可靠			
		1.3	市场是否具有足够的管理能力来控制可转移风险			
		1.4	是否真正把风险转移给了社会资本			
		1.5	能否满足服务性能的要求			
2	全生命周期成本	2.1	社会资本能否自由决定经营维护的要求以满足产出规范			
		2.2	社会资本是否对所有整修负责			
		2.3	社会资本是否对合同期内资产的实施性能负责			
		2.4	项目动作是保留足够的弹性空间			
3	产出规范和创新	3.1	社会资本能否自由决定交付服务的方法			
		3.2	资产的设计和施工方法是否在社会资本的控制下			
		3.3	资产的设计和施工方法是否有创新的余地			
		3.4	政府是否给出社会资本创新的合适范围的详细说明			
		3.5	是否对创新对运营的影响做出预测			
4	资产使用率	4.1	社会资本能否提供优质的服务			
		4.2	社会资本是否有自由安排资产以提供额外服务			
		4.3	社会资本能否获得提供额外服务的收入			
		4.4	额外服务的收入能否用于弥补政府的整体服务成本支出			
5	规模经济	5.1	服务市场是否足够大以获得想要的经济规模			
		5.2	社会资本是否具备扩大服务规模的能力			

续表

序号	影响因素	序号	评价因素	评分	权重	最终评分
6	市场竞争	6.1	市场参与者的数量是否充足			
		6.2	项目是否具有足够的吸引力			
		6.3	市场竞争机制是否有利于项目获得资金价值			

评分标准:0——没有产生资金价值的余地;1——产生一定范围的资金价值;2——产生合理的资金价值;3——产生很好的资金价值。其中的权重计算应依据不同类型的项目设定,具体设定方法在此不详述。

2. 定量评估方法

如果定性分析的结果初步判定PPP模式物有所值,则需要进一步精确分析VFM的大小,转入定量分析。定量分析主要用以评估项目采用不同的采购方式所对应的资本结构与运行成本及可获得的利润,即PSC与LCC(Life Cyde Cost,生命周期成本)相比较,可获得的VFM。同时,需要对项目利益相关者偏好、特殊风险、预计的交易成本加以调整。物有所值可以理解成为建设一定标准与质量水平的项目,所付出的费用以及其他支出在统一折算成货币后,价格最低。这就需要计算出政府采购模式下的所有费用支出,将PPP采购模式下建设运营相同项目的总费用与政府采购模式下建设运营的总费用进行比较。也就是说,采用PPP模式是否更加物有所值,可以通过PSC与PPP项目的LCC进行对比来衡量。其中,PSC是一个标杆价格,它综合考虑了服务质量、价格、时间、风险分担以及政府为项目融资的可能性。政府通过PSC这个标杆来确定PPP模式是否更物有所值。

理论上,只有当PPP模式下的价值LCC优于PSC,也就是说,PPP下的投资净现值低于PSC这个标杆时,政府才会选择采用PPP模式。有些情况下PSC和LCC比较接近,考虑到政府可以将部分风险转移给社会资本,政府会倾向于选择采用PPP模式。

在计算PSC和LCC时,需要对一些因素,特别是风险因素做出假设和估计。有时,PSC和LCC的差别会很小,甚至当某些假设条件略作改动后,二者的大小关系会发生改变,这就使得决策变得非常困难。为了解决这个问题,在做出重要的假设或者评价关键风险因素时,有必要进行敏感性分析,从而尽量提高评价和决策的准确性。

3. PPP项目的全生命周期LCC概念及计算

全生命周期费用LCC表示,LCC是指一个建筑物或建筑物系统在一段时期内拥有、运行、维护和拆除的总成本。寿命周期成本包括初始化成本和未来成本,通常由建设期利息、建设成本、运营管理费用、上缴的税金和风险控制成本构成。这里的风险成本包含两部分:社会资本承担的风险成本和政府部门保留的风险成本。

在 PPP 模式下通过合理的风险分担机制,部分风险转移给了最有能力来控制这些风险的社会资本,因此,社会资本承担的风险成本会比 PSC 中的可转移风险成本明显降低。而保留风险成本是无论什么采购方式都应该由政府部门来承担,因此,与 PSC 的保留风险成本相比,二者相差不大。因此 LCC 可参照私人企业的投标报价或采用生产规模指数估算法来估算。

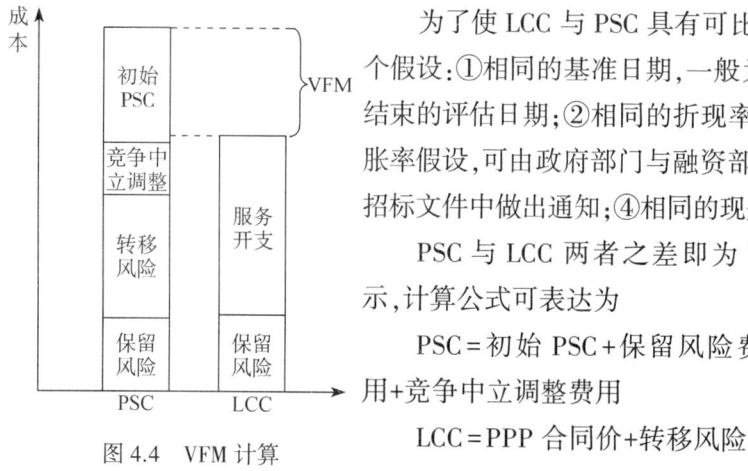

图 4.4　VFM 计算

为了使 LCC 与 PSC 具有可比性,应对二者作几个假设:①相同的基准日期,一般为项目融资或合同结束的评估日期;②相同的折现率;③相同的通货膨胀率假设,可由政府部门与融资部门商议决定,并在招标文件中做出通知;④相同的现金流时间假设。

PSC 与 LCC 两者之差即为 VFM,如图 4.4 所示,计算公式可表达为

PSC = 初始 PSC + 保留风险费用 + 转移风险费用 + 竞争中立调整费用

LCC = PPP 合同价 + 转移风险费用

VFM = PSC - LCC

专栏二十二:北京地铁 4 号线项目的 PSC 比较与 VFM 评价实证分析

1. 项目概述

北京地铁 4 号线是贯穿城区南北的一条轨道交通主干线。该线路南起丰台区马家楼,穿越四个城区——丰台、(原)宣武、(原)西城和海淀,北至海淀区龙背村,途经菜市口、西单、新街口等繁华商业区和颐和园等旅游名胜区,线路全长 28.2km,共设车站 24 座,是北京轨道交通路网中的主干道之一。2009 年 9 月 28 日,地铁 4 号线通车试运营。它的运营大大缓解了城区西部南北向的交通压力,轨道交通的网络效应得到了充分的显现。

根据特许权协议规定,按照投资建设责任主体分类,北京地铁 4 号线的全部建设内容可划分为 A、B 两部分。具体合作框架如图 4.5 所示。A 部分包括洞体、车站等土建工程的投资建设,投资额约为 107 亿元人民币,占项目总投资的 70% 左右,由北京地铁四号线投资有限责任公司(简称"四号线公司")负责投资建设;B 部分主要包括车辆、信号、自动售检票系统等设备资产的投资建设,投资额约为 46 亿元,占项目总投资的 30% 左右,由"港铁—首创联合体"组建的北京京港地铁有限公司(简称"PPP 项目公司")负责投资建设。

第4章 物有所值(VFM)

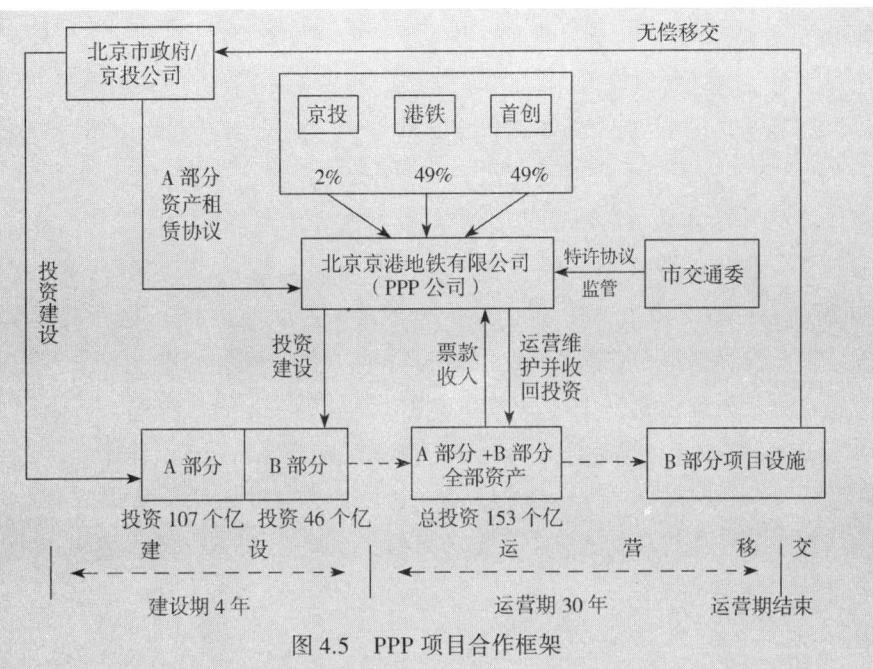

图4.5 PPP项目合作框架

北京京港地铁有限公司(PPP项目公司)是由京投公司、首创集团和香港地铁公司共同投资组建,各方持股比例为2∶49∶49。北京市政府将其投资A部分所形成的资产,以收取一定租金的方式租用给京港公司使用。项目特许期结束后,京港公司将无偿把项目全部资产移交给政府。

2. PSC 计算

(1) 计算依据

①传统经营模式。北京市轨道交通项目的传统做法是由京投公司委托建管公司负责建设,委托地铁运营公司统一管理,并提供运营维护服务。区别于其他地铁线路的内容在于4号线的部分建设工作(A部分)是按照传统模式实施,而部分建设和所有的运营维护工作(B部分)是按照PPP模式实施,因此,对B部分来说,政府本来应该支付给建管公司的B部分建设款项由PPP项目公司来支付;而运营收益不再由地铁运营公司接受,改为由PPP项目公司获取;政府的补贴款支付对象也从运营公司转移到了PPP项目公司,而且补贴的计算基础不再是盈亏平衡,而是允许有一定利润存在。在PSC计算过程中,始终把B部分当做按照传统模式经营的项目。

②数据的选择。由于4号线项目已经开始运营,并非处于招投标之前,与PSC编制和计算阶段不符。尽管项目的很多数据已经可以测算准确,但是按

照 PSC 的原则,选取的数据不应该是 4 号线的真实数据,而是政府采用传统模式实施的类似地铁项目。

通过专家访谈,参与过 4 号线项目的专家一致认为 4 号线 B 部分投资以车辆、信号等设备购置为主,由于轨道交通项目要求的技术比较复杂,很多设备需要成体系购买,B 部分的设备需要与 A 部分的相协调,因此,设备投资中传统模式与 PPP 模式的差异不大;而另外的接口建设由于政府要求委托给建管公司统一施工,所以 PPP 模式与传统模式也基本无差异,所以项目初期的固定资产投资采用 5 号线数据,并根据具体情况加以调整。

在贷款和运营方面,PPP 模式的运作效率显著高于传统模式。因此,在计算 PSC 时,需要参考其他项目的数据。鉴于北京地铁 5 号线的开通时间、招标采购标准、站点分布与 4 号线较为相似,因此参考地铁 5 号线的运营成本,来确定如果采用传统模式运营 4 号线所需的成本补贴。5 号线与 4 号线的线路情况对比见表 4-3。

表 4-3 5 号线与 4 号线运营情况对比

序号	项目	5 号线	4 号线
1	线路长度/km	27.50	28.60
2	车站数量/地下站比例	23(70%)	24(100%)
3	年客流量/万人次	23 061.51	23 457.24
4	年车行里程/万 km	2 718.50	3 043.73

在风险调整部分,为了得到真实合理的风险数据,本书采用了调查问卷方式就风险定量部分进行了调研,共发出问卷 25 份,得到有效问卷 14 份。调查的对象包括北京市基础设施投资公司、北京市轨道交通指挥中心、大岳咨询有限公司、北京金准咨询有限责任公司和中建基础设施部有 PPP 项目经验或参与过 4 号线项目的人员。

③项目范围。根据图 4.5 显示的 PPP 项目公司合作框架,可以确定 PPP 项目私营方的项目范围,即 B 部分的建设投资和整条 4 号线线路的运营,PSC 测算的范围应与私营方的项目范围一致。在测算过程中应严格区分 4 号线的 A 部分和 B 部分的投资,在计算初始 PSC、竞争中立调整和风险调整中,都以 PPP 项目私营方的经营范围为准。

④竞争中立调整和风险分担依据。因为4号线项目是我国第一个采用PPP模式运营的轨道交通项目,之前没有可参考的风险分担方式和税收优惠措施,所以本章在风险分担和竞争中立调整计算中依据了4号线项目特许经营协议及其附件。具体包括的内容详见表4-4。

表4-4 特许经营协议及其附件内容汇总

文件编号	名称	主要内容	签署主体
主协议	《特许经营协议》(全)	全面约定市政府、京港公司双方的权利义务,项目融资、建设、运营、移交的标准和要求,以及票价机制、风险分担等事项	北京市交通委员会与北京京港地铁有限公司
附件1	《北京京港地铁有限公司章程》和《京港公司合作经营合同》	从合作宗旨、董事会和经营管理机构的组成、税收及合同期限、保险、不可抗力等方面合作经营的规则进行规定	北京市基础设施投资有限公司、北京首都创业集团有限公司与港铁北京4号线投资有限公司
附件2	《北京地铁四号线特许经营项目资产租赁协议》和《北京地铁四号线B部分建设管理服务协议》	在租赁协议中规定了京港公司租赁A部分的范围、移交方法、A部分的保修期及质量责任、A部分的设施使用以及租金和租赁期限、双方的违约责任等内容;在建管协议中规定了双方的职责、责任和保险、服务的开始、完成、变更、终止、支付以及争议的解决等内容	北京地铁4号线投资有限责任公司与北京京港地铁有限公司;北京京港地铁有限公司和北京市轨道交通建设管理有限公司
附件3	《京港地铁公司法律意见书》《市政府法律意见书》	分别公证了协议签署双方签署协议事宜的合法性	金杜律师事务所、北京君合律师事务所
附件4	项目融资文件	项目公司与借款方签署的融资协议,提供此附件,表明项目建设资金基本落实	
附件5	《AB两部分的内容分工》	该文件对北京地铁4号线项目A、B部分各自所包含的内容进行了较详细的划分	
附件6	《初步设计文件及其补充文件》	该文件详细写明了北京地铁4号线各站点的设计单位	
附件7	《试运行考核技术要求》	该文件包含了一般技术要求、试运行技术考核的主要内容这两个内容	
附件8	《建设期协调委员会议事规则》	该文件规定了建设期协调委员会的召开方式、地点、参会规则及会议决定的制定程序、召开会议的费用安排和保密原则	
附件9	《重大变更》	该文件规定了设备系统和土建及装修工程重大变更的确定原则	

续表

文件编号	名称	主要内容	签署主体
附件10	《客流预测》	该文件明确了在特许经营期内,每年预测的客流量情况	
附件11	《客运服务要求和违约处理方法》	该文件规定了京港公司在特许经营期内对地铁4号线运营的总体要求,以及客运服务的具体指标和表现要求,并规定了要求的特殊处理情况及违约处理方法	
附件12	《税收优惠政策及所得税处理办法》	该文件规定了对京港公司的税收优惠政策和企业所得税的收取和相应的补偿办法	
附件13	《移交考核技术要求》	该文件规定了移交的一般要求、移交的范围、移交的技术要求,设施了、设备功能和系统功能的验证等内容	
附件14	《终止补偿》	该文件规定了政府对京港公司终止补偿的事件及补偿金额的验证	
附件15	《保险要求》	该文件规定了建设期间的保险类别和特许经营期的保险类别等内容	
附件16	《仲裁协议》	该文件规定了针对特许协议引发的争议进行仲裁的适用范围及程序	北京市人民政府、北京京港地铁有限公司和北京地铁4号线投资有限责任公司

(2)基本假设

①人员工资。在传统模式下,4号线由政府运营公司负责运营,作为市属国有企业,在职人员工资增长根据北京市国有企业在职人员工资平均增长水平估算。根据市统计局公布的数据,2002—2004年国有企业在职人员工资增长幅度为社会平均工资增长幅度的60%~80%。在测算中,假设国有企业在职人员工资增幅为社会平均工资增幅的80%,约为4%。

②电价。动力费占项目经营成本比重较大,电价是影响动力费用的最直接因素。根据北京市工业电价近五年实际增长情况,电价增长率为2.79%。在动态测算中,假设电价仍保持这一增长率。

③物价上涨因素。2004—2009年CPI年均增长率为1.5%。本次测算假设特许经营期内CPI平均年增长1.5%,并自2011年开始,票价补偿收入、维持运营投资、成本支出等均考虑物价上涨因素的影响。

(3)初始 PSC

按照 4 号线项目 PPP 协议规定,项目可分为两部分,即建设阶段和运营阶段,需要分别计量。

①建设总投资。

ⅰ建设投资。根据对地铁 5 号线情况调研,通过调整的设备单价和数量的加乘,本项目总投资 460388 万元,主要投资为 4 号线 B 部分车辆、设备购置安装和项目开办费等(表 4-5)。

为了依据现金流进行计算,地铁 5 号线由于没有分成几部分进行采购,因此建设阶段的投资额没有参考作用。根据项目可研编制时的分期计算方法,政府在进行 4 号线项目 A、B 部分统一财务分析时,把投资在 2006—2009 年平均分配,每年投入建设投资的 25%,即 115097 万元。

表 4-5　4 号线 B 部分总投资

序号	工程及费用名称	暂估投资金额/万元
一	建设工程费用合计	375857
1	车辆	125840
2	通信	16856
3	信号	29791
4	防灾报警系统(FAS)	5608
5	自动售检票系统(AFC)	15140
6	车辆段及停车场	24017
7	工器具及生产家具购置费	7083
8	供电	29747
9	暖通空调	16682
10	机电设备监控系统(BAS)	2936
11	车站及区间设备安装	49869
12	项目投资待结算金额	52288
二	建设工程其他费用	75109
1	工程监理费	2003
2	联合试运转费	8465
3	办公和生活家具购置费	518

续表

序号	工程及费用名称	暂估投资金额/万元
4	生产职工培训费	1135
5	工程保险费	1079
6	勘测设计费	8156
7	引进技术其他费用	5776
8	招标代理及标底编制费	937
9	建设管理费	8260
10	其他建设费	38749
三	资本化费用	9421
	项目总投资	460388

ⅱ更新改造投资。根据可研报告,本项目拟在2013年增购车辆,来满足运力要求。根据客流预测,增购13辆列车并新建5.5轨道,预计投资69400万元,其中增购车辆投资约64350万元,5.5轨道建设投资约5050万元。另外,预计在2015年追加车辆投资50000万元。

根据设备折旧情况,考虑在折旧期末,进行设备重置,根据设备现值考虑当期通货膨胀率,进行更新改造费用的估算。由于《市政公用设施建设项目经济评价方法与参数》编制过程中参考了地铁固定资产的实际使用寿命,因此,PSC直接采用固定资产折旧要求的年限进行计算。轨道交通项目固定资产折旧年限表,见表4-6。折旧年限超过运营期的,都需要在运营期内重置或大修。

表4-6 固定资产折旧年限表

序号	内容	折旧年限/年	残值率
1	隧道、地下站结构	100	按3%~5%计算
2	高架桥	50	按3%~5%计算
3	地下站装修、房屋建筑	35	按3%~5%计算
4	轨道工程	25	按3%~5%计算
5	供电工程	25	按3%~5%计算
6	通风空调	20	按3%~5%计算
7	自动扶梯及电梯	20	按3%~5%计算

续表

序号	内容	折旧年限/年	残值率
8	站台屏蔽门	15	按3%~5%计算
9	自动售检票	10	按3%~5%计算
10	防灾报警及环境监控	15	按3%~5%计算
11	给排水及消防	25	按3%~5%计算
12	通信信号、电力控制	15	按3%~5%计算
13	车场维修设备	18	按3%~5%计算
14	车辆	30	按3%~5%计算

其中,根据PPP协议,A部分和B部分的设备维护都由PPP公司负责,范围包括轨道工程、供电工程、通风空调、自动扶梯及电梯、自动售检票、防灾报警、通信、信号、车辆等。这些设备按照理论计算,在过了折旧年限之后为了满足运营要求,需要重置或大修。因此,在设备折旧年限到达是按照各项的初始投资金额进行重置。

ⅲ在传统模式下,政府对B部分的建设投资资本金为40%,还款期25年,宽限期6年。运营维护投资资本金40%,其余为银行贷款,还款期5年。银行贷款的贷款利率均为5.53%。

②运营维护成本。

ⅰ5号线2010年车行里程数的单位成本为15.14元,其中安检费用为0.97元/(车·千米)。

由于在PPP模式下,4号线的安检费用,通过一般补偿的方式由政府支付,不计入成本。因此在传统模式下的经营成本中,也扣除安检费用。扣除安检费用后的车公里运营成本14.17元/(车·千米)。以后各年均以此车千米成本为基础,结合通货膨胀率估算运行成本。表4-7为估计4号线的车行里程数。

ⅱ租赁费用。根据特许经营协议的约定,京港公司以年4250万元的租赁费获得4号线A部分资产的使用权。后经过协商,政府免除了该项费用,因此不计入初始PSC。

表4-7 测算的车行里程数(单位:万km)

年份	2009	2010	2011	2012	2013	2014	2015	2016
测算车行里程数	786	3034	3673	3860	3860	3860	3860	3860

续表

年份	2017	2018	2019	2020	2021	2022	2023	2024
测算车行里程数	3860	3860	3860	3860	3860	3860	3860	3860
年份	2025	2026	2027	2028	2029	2030	2031	2032
测算车行里程数	3860	3860	3860	3860	3860	3860	3860	3860
年份	2033	2034	2035	2036	2037	2038	2039	
测算车行里程数	3860	3860	3860	3860	3860	3860	2895	

注:2009年运营95天,2039年运营三个季度。

③第三方收入。

ⅰ客流量测算。根据特许权协议规定,预测每年的客流量见表4-8。

表4-8 预测客流量(单位:万人次)

年份	2009	2010	2011	2012	2013	2014	2015	2016
协议客流	4673	20580	21985	23485	25088	26801	2863	28879
年份	2017	2018	2019	2020	2021	2022	2023	2024
协议客流	2913	29384	29639	29897	30157	30419	30684	30951
年份	2025	2026	2027	2028	2029	2030	2031	2032
协议客流	31220	31192	31164	31136	31108	31080	31052	31024
年份	2033	2034	2035	2036	2037	2038	2039	
协议客流	30996	30968	30940	30912	30884	30884	23163	

ⅱ票价测算。同北京的其他地铁线路一样,4号线运营票价实行政府定价管理。由于存在各条线路间的免费换乘,实际平均人次票价还将低于运营票价。在此情况下,实际票价已完全不能反映其成本、收益等财务特征。因此,在可行性研究阶段,采用"测算票价"(影子票价)作为投资方进行财务可行性分析的依据。谈判过程中,以预测客流量为基础,根据B部分的投资估算、运营成本、投资收益预期等条件,通过测算,确定了特许经营期各年的测算平均人次票价,见表4-9。

表4-9 特许经营期各运营年的测算票价(单位:元)

运营年	1	2	3	4	5	6	7	8	9	10
测算票价	3.34	3.35	3.36	3.28	3.2	3.12	3.05	2.98	2.97	2.97
运营年	11	12	13	14	15	16	17	18	19	20
测算票价	2.96	2.96	2.95	2.95	2.94	2.94	2.93	2.93	2.93	2.93
运营年	21	22	23	24	25	26	27	28	29	30
测算票价	2.93	2.94	2.94	2.94	2.94	2.94	2.95	2.95	2.95	2.95

特许经营协议约定特许经营期第一年测算平均票价为 3.34 元/人次(以 2004 年价格列示),本项目 2009 年 9 月 28 日开始试运营。

iii 非营业收入。2004 年 5 号线非票务收入额 10345 万元,4 号线也采用该值进行测算,按照该值并根据通货膨胀进行调整。在试运营期间非票务收入无法达到预计值,假设 2009 年是标准收入的 20%,2010 年是标准收入的 90%,2011 年及之后按照 100% 计算。

④现金流计算值。

运用 Excel 表格,按照要求折现率 3% 计算,初始 PSC 的净现值约是 519657 万元。

(4) 竞争中立调整

①税收。按照税法、特许经营协议和协议附件 12 的税收优惠条款,税收优惠包括以下八项:

i 特许经营期内按照 15% 的税率缴纳所得税、且自获利年度起享受两免三减的所得税优惠待遇;

ii 在特许经营期内免缴地方所得税;

iii 票款收入按 3% 缴纳营业税,其他收入按 5% 缴纳营业税;

iv 特许经营公司外方股东以其从特许经营公司所得利润投资于特许经营公司用于资产更新的部分,享受 40% 的所得税退税待遇;

v 城市房地产税优惠待遇(只针对外商投资企业征收);

vi 项目进口设备和材料等的进口环节关税和增值税的免税待遇和购买国产设备的增值税退税待遇;

vii 向特许经营公司外方股东支付利润免征预提所得税及向外国贷款人支付利息时的预提所得税优惠待遇;

viii 特许经营公司从政府所收到的补贴和补偿免缴税费。

该项目的税收优惠条款主要针对的是所得税,其税基是项目的利润,而 PSC 的计算注重项目全过程的成本,一般不把所得税计入其中,因此不考虑所得税相关的优惠政策。城市房地产税是针对外商投资企业征收的税种,采用传统经营模式没有该项税费,而税收优惠中免除该税项,因此不计入调整。关税由于在初始 PSC 中根据五号线资产投资计算时采用的是到岸价,因此,不在竞争中立调整中单独考虑。

通过分析,4 号线项目在竞争中立调整中需要计入的税收两部分,营业税和印花税。其中营业税中票务部分取票务收入的 3%,非票务部分取非票务收入的5.5%（包括城市建设维护费及教育附加）。印花税取特许权协议合同额的0.05%，约230万元。

②咨询费用。按照《建设项目前期工作咨询收费暂行规定的通知》，该项目的投资额超过100亿元，应取200万~250万元，因该项目比较复杂，取最高额，即250万元。一般在签订特许权协议之后给付。

③竞争中立调整计算值。

运用Excel工具，按照要求折现率3%计算，竞争中立调整的净现值约是-39958万元。

（5）风险调整

①风险分担。按照我国PPP项目全生命周期风险列表，通过对特许协议的研究和与北京金准咨询有限公司、北京市基础设施投资有限公司的专家访谈，4号线风险分担的具体情况见表4-10。

②风险定量分析。本书在风险分担确定的情况下，根据表4-10列出的风险进行了问卷调研，对各种风险发生的概率和影响采集了定量数据，数据通过筛选和加权平均来确定。问卷要求受访人员尽量从政府角度考虑风险。风险的概率和后果见表4-11。

表4-10　4号线PPP项目的PSC实证分析

风险类别		风险因素	政府承担	特许公司承担	共同承担
系统风险	政策法律	征用/公有化	✓		
		政治反对	✓		
		法律变更		✓	
		审批获得/延误	✓		
		税收变更			✓
	市场	收益不足			✓
		动力人工费上涨			✓
		费率调整	✓		
		市场需求变化			✓
		通货膨胀			✓
		利率变化			✓
	其他	不可抗力			✓

续表

风险类别		风险因素	政府承担	特许公司承担	共同承担
非系统风险	建造	融资工具可及性		✓	
		融资成本高		✓	
		设计不当		✓	
		工程设计质量		✓	
		分包商违约		✓	
		工地安全		✓	
		劳资设备的获取		✓	
		地质条件		✓	
		场地可及性		✓	
		工程运营变更			✓
		建设成本超支		✓	
		完工风险		✓	
非系统风险	建造	建设质量		✓	
		公共设备服务提供	✓		
		技术不过关		✓	
		接口风险			✓
		考古文物保护		✓	
	运营	运行成本超支		✓	
		服务质量不好		✓	
		维护、维修成本高		✓	
		运营效率低		✓	
		移交设备状况		✓	
		设备维修状况		✓	

运用 Excel 进行分期计算,折现率取 3%,风险共担部分按照 PPP 公司承担 50%,政府承担 50%分配,得出风险调整值为-109911 万元,转移风险为-62924 万元,自留风险为-46986 万元。

通过计算出来的初始 PSC、竞争中立调整和风险调整项,进行相加得出本项目的 PSC 为 369789 万元。

表 4-11 风险分析

风险类别	风险因素	风险概率	风险后果	后果的计算基数或原因	风险值/万元	风险发生时点
系统风险	政策法律					
	征用/公有公	<10%	-5%	项目总投资	-23019	建设阶段和运营阶段
	政治反对	无	无			
	法律变更	<10%	-5%	净利润	-7061	运营期平均分配
	审批获得/延误	<10%	-1	项目总投资	-460	建设期第一、二年
	税收变更	10%~30%	-5%	税收总额	-3224	运营期平均分配
系统风险	市场					
	收益不足	<10%	-5%	营业收入	-27395	运营期平均分配
	动力人工费上涨	10%~30%	-10%	动力费和人工费	-97464	运营期平均分配
	费率调整		协义留有谈判余地			
	市场需求增加	10%~30%	1%	营业收入	97464	运营期平均分配
	通货膨胀	10%~30% >30%	-1% -2%	经营成本	-15576	运营期平均分配
	利率变化	无	无	固定利率		
	其他	不可抗力	难以计量			
非系统风险	建造					
	融资工具可及性	无	无			
	融资成本	无	无			
	设计不当	无	无	转移设计单位		
	工程设计质量	无	无	转移设计单位		
	分包商违约	10%~30%	-3%	项目总投资	-2763	建设期和试运营期
	工地安全	>50%	-1000		-500	建设期
	地质条件	无	无	已勘察		
	场地可及性	无	无	一级开发已做完		
	工程运营变更	<10%	-5%	营业收入	-27395	运营期平均分配
	建设成本超支	10%~30%	-2.50%	总投资	-2302	建设期
	完工风险	无	无	外包		
	建设质量			难以计量		
	共公设备服务提供			难以计量		
	技术不过关	<10%	-1%	总投资	-460	试运营阶段
	接口风险	10%~30%	-2.50%	A部分总投资	-5250	建设期末、试运营阶段
	考古文物保护	无	无			
	运营					
	服务质量不好			难以计量		
	运行成本超支	10%~30%	-10%	试运营阶段成本	-8142	试运营阶段
	维护、维修成本高	<10%	-5%	经营成本	-9734	运营期平均分配
	运营效率低	<10%	-5%	经营成本	-9734	运营期平均分配
	移交设备状况	10%~30%	-50%	残值损失	-101	特许经营期末
	设备维修状况	10%~30%	-10%	维修费用	-6948	运营期平均分配

3. PPP 标价计算

(1) PPP 标价计算规则

采用 PSC 模式的国家,在招标时会发布 PSC 的计算框架指南,通常要求在投标时,按照 PSC 框架进行测算,得出标价。其中的自留风险部分按照政府测算 PSC 的值直接导入,其他部分需要根据公司情况自行确定。在我国一直没有采用 PSC 体系进行评标,北京地铁 4 号线项目的特许权协议及其补充协议中,都没有计算标书的标价。协议的条款是根据双方的内部测算数据进行商定的。因此,本案例中要进行 VFM 计算,则还需要进行 PPP 协议的标价计算。其计算方法与 PSC 的计算方法一致,但是其中的各项调整参数是根据 PPP 公司曾经做过的类似项目统计数据进行计算,而折现率要与政府折现率保持一致。其计算结果能够充分体现 PPP 公司的动作能力和水平。

通过跟香港地铁公司相关人员的访谈,并参照京投公司提供的 4 号线项目运营情况统计进行计算。

(2) 计算依据

尽管该项目在投标阶段没有 PSC 计算,而且无法获得投标阶段 PPP 公司的收益测算资料,但是由于 4 号线项目进入了试运营阶段,正在进行项目后评价,因此本计算参照项目实际运营数据进行测算。

(3) 计算结果

因为在 VFM 评价中,标书会提供标价进行 VFM 评价体系的比较选择,其计算过程类似 PSC 计算,因此不再详述。

计算出的项目标价为 515827 万元。

4. VFM 分析

(1) VFM 数值对比分析

按照标准的 VFM 体系对比格式,对比值见表 4-12。

表 4-12　标价对比(单位:万元)

项目	PSC	标价
初始 PSC	519657	
竞争中立调整	-39958	
风险调整——转移风险	-62924	
NPV 小计	416995	515827
自留风险	-46986	-46986
NPV 总计	369789	468841
VFM	26.8%	

本项目由于预期收入过大,使得以计算项目成本为主的 PSC 方法计算出的 PSC 值为正。而国外 PPP 项目的 PSC 值一般为负,因此,在计算 VFM 时,原来的计算方法纵坐标代表的是成本,在这里应该换成收益,其计算方法也需要相应微调。

在选定中标者,并计算出 VFM 后,为展示评标过程的公开透明,需要向公众发布 PSC 和 VFM。该项目的 VFM 为 26.8%。根据 VFM 计算方法,凡是 VFM 大于 0,就说明该项目用 PPP 模式可行。

由于,国外 PPP 项目的 VFM 平均值在 10% 左右,对比我国的数据,并通过访谈了解的信息,4 号线项目的 VFM 较大,原因有如下几点:

①PPP 公司的运营效率比我国传统经营模式高出较多。PPP 公司中的主要负责运营的企业是港铁公司,该公司的运营效率在全世界范围内有着良好的口碑。其在 4 号线项目的运营成本仅为其他线路的一半,雇用的人员仅为其他线路的 1/3。而在 PSC 计算中,经营成本占比例超过一半。因此仅运营成本节省出来的 VFM 就有 20% 左右。

②经验丰富的专业管理团队使 PPP 模式的设备更新和维护成本比其他线路降低较多。PSC 的计算是按照《市政公用设施建设项目经济评价方法和参数》中地铁项目的固定资产折旧年限表进行计算,到期后重置,而对比 PPP 公司,大多数设备通过完善的维护机制,设备寿命得到延长,多数设备能够维持到特许经营期结束,不需要更换。

③风险调整计算偏误。由于国内风险定量分析的水平较低,数据积累不足,使得本项目的风险调整完全依靠调查问卷,其中存在大量的不确定性。而且风险之间存在关联性,目前的计算方法会使得风险调整值偏大。

(2)敏感性分析

由于我国规定的折现率仅为 3%,低于企业或政府的融资成本,因此尝试使用与融资成本更接近的折现率进行分析。参考近几年的通货膨胀水平,有上升的趋势,如果这种趋势一直持续,则原来预测的 1.5% 的通货膨胀率将无法满足需求。对于服务需求量和运营成本,由于预测存在不准确性,因此尝试适当增减,分析其对 PSC 的影响,详见表 4-13。

表 4-13　敏感性分析项取值

分析项	折项率	通货膨胀率	服务需求量	运营成本
变化取值	4%、5%	2%、2.5%	增加或减少 5%	增加或减少 5%

折现率的调整会影响到 PPP 标价的计算,因此计算 VFM 时,需要考虑标价的变化;而标价中的通货膨胀率、服务需求量和运营成本是企业根据自身情况预估的,所以不需要调整。计算的结果见表 4-14。

表 4-14 敏感性分析结果(单位:万元)

分析项	变化取值	初始 PSC	竞争中立调整	转移风险	自留风险	PSC	标价	VFM
折现率	4%	401574	−34582	−58136	−42643	266213	372840	40.05%
	5%	308646	−30167	−54065	−39006	185408	363503	42.12%
通货膨胀率	2%	450243	−42854	−62924	−46986	297479	515827	73.40%
	2.5%	370844	−46015	−62924	−46986	214919	515827	140.01%
服务需求量	−5%	374094	−37993	−62924	−46986	226191	515827	0.48%
	5%	665221	−41942	−62924	−46986	513369	515827	0.48%
经营成本	−5%	579425	−39968	−62924	−46986	429547	515827	20.09%
	5%	459890	−39968	−62924	−46986	310012	515827	66.39%

通过敏感性分析可知,折现率的变化引起的 VFM 的变化不大,因此,按照政府要求的折现率选取对判断 PPP 项目的效率无关键性影响。而其通货膨胀率、需求量和经营成本的变化引起的 VFM 的变化较显著。这说明,政府在计算 PSC 时,应尽可能准确地估计,否则可能出现误判,如服务需求量增加超过 5% 时,VFM 可能为负。同时,由于 VFM 是评价项目是否应该采用 PPP 模式经营的重要指标,在敏感性分析下,出现了很大的波动,说明该指标存在着较大的不确定性,应该针对其组成进行分析,找出对 VFM 影响较大的因素,分析其存在的合理性。

用国外案例中的 PSC 组成部分与本项目进行对比,各项均严格按照 PSC 的定义进行计算,但是在计算本项目的第三方收入过程中,由于能够得到的收入数据是政府在保证企业收益情况基础下,计算出的影子价格,与实际收入存在差距,其差距是政府收入补贴。这与国外的 PSC 组成不一致。因此本案例中 VFM 的不稳定,主要源于第三方收入数据涵盖的范围过广。但是由于在北京地铁 4 号线项目进行招标之前,没有估算过实际收入,因此,该项数据无法获取,希望在以后的实践和研究中,加以注意。

(3) VFM 定性因素对比分析

澳大利亚区别于其他国家,它在提出 PSC 时,还提出了定性评价指南,提出一个完整的 VFM 评估不仅要考虑定量评价,还要独立考虑质量因素(包括基础设施和服务解决方案)。确定最佳的产出要求运用灵活的评价体系,并且要考虑到专家反馈的不能被量化的质量因素。因此 VFM 研究在除了 PSC 体系以外,还可以另外建立一套定性分析体系,弥补项目的一些不能被量化的因素。

本项目的风险调整部分,一些风险在进行问卷调研时,有被访者质疑风险量化的可能性,如不可抗力、建设质量、服务质量不好等风险因素。为了使 VFM 更加全面,本书认为进行定性分析是必要的,因为无论是用 PPP 模式还是传统经营模式,其核心宗旨就是为公众提供满意的服务和产品。

第5章 产出说明(Output Specification)

产出说明(output specification)是指项目建成后项目资产所应达到的经济、技术标准,以及公共产品和服务的交付范围、标准、绩效水平等。

5.1 PPP项目中政府部门比较关心的问题分析

PPP模式改变了传统的采购理念,相较传统的工程采购对项目资产的追求,PPP模式更关注的是对项目资产投资所提供的产品或服务。因此,PPP项目中政府方比较关心的问题主要有以下几个方面。

5.1.1 PPP项目提供的产品或服务的质量和数量

PPP项目的实施旨在利用社会资本的资金与活力解决政府财政资金不足和管理效率低下的问题,而其提供的产品或服务又是社会公众亟需的。因此,PPP项目的实施是否能提供质量合格的产品或服务,以及是否能缓解社会的供需矛盾,成为政府关心的首要问题。

5.1.2 PPP项目提供的产品或服务的价格

PPP作为一种准公共产品的提供方式,决定了其提供的产品或服务是要有收益的,社会资本之所以愿意投资,银行之所以愿意提供贷款,看中的就是项目预期的收益。同时PPP项目服务的是公众,这种服务的价格必须是公众能够承受并愿意接受的,所以PPP项目提供的服务收费应该合理。另外,价格的制定应体现社会的公平性,主要表现在:"谁消费、谁付费";投资者能获取合理回报;PPP项目投资巨大,服务的周期长,特许经营协议中应该有调价机制条款。

5.1.3 PPP 项目特许经营期限的设计

PPP 项目的生命周期包括建设期和实际运营期,根据是否将建设期和实际运营期分开计期,可以将特许经营期的结构分为单时段和双时段,这涉及 PPP 项目一个比较重大的风险——完工风险的分配问题。政府采取 PPP 模式实施项目,很重要的原因就是公众对项目预期提供的产品或服务处在一种亟需的状态,因此政府大都希望 PPP 项目建设周期尽可能短,尽早提供产品或服务,由于 PPP 项目大部分都是以特许经营的方式发包给项目公司的,因此采取何种特许经营期限结构以缩短建设周期,成为政府关心的问题。

5.1.4 PPP 项目的可持续性

PPP 项目的生命周期一般都较长,PPP 项目的建设和运营是否符合环保要求、项目建造是否具备内部维护能力和长远规划要求、项目提供的产品或服务是否具备竞争力以及是否具备可升级能力,都将影响项目的可持续性。另外,PPP 项目在特许经营期限到期后一般都将移交给政府,在移交之前社会资本方出于自身利益的考虑可能会进行掠夺性经营,最终导致移交给政府的项目无法正常运营,不利于项目的可持续性发展。

5.1.5 政府方的收益

政府方的收益更多地体现在有效使用公众赋予的权力上,使得有限的财政收入效益最大化,为公众提供及时、便捷、实惠的基础设施产品或服务,以期加快社会经济发展,进而维护政府形象和提高政府威信。

5.2 PPP 项目基于政府的产出说明一般性指标体系制定

5.2.1 指标体系制定的原则

1.科学性和互斥性原则

指标设置应遵循定量与定性相结合的原则,以定量分析为主、定性分析为辅。因为定量计算具有客观性和科学性,对于不能定量分析的指标应进行有理有据的定性分析,力求指标设置的科学性和可操作性。另外,指标之间应不具有强相关性,各指标所包含的信息应尽量避免重复。

2.全面性和层次性原则

PPP项目产出标准指标体系应该是PPP项目实施后对社会经济发展促进的客观描述,指标设置既要从社会宏观整体角度出发,又要从个体消费者微观处着手,力求全面完整。另外,一个完整的指标体系应由不同层次组成,这样,可以确保更加全面地反映项目指标体系的内在结构及关键问题,并制定相应的应对措施。

5.2.2 指标体系制定的方法

在结合政府比较关心的问题的基础上,遵循以上指标体系制定的原则,结合PPP项目自身的特点,通过调查问卷的形式,对PPP专家和参与过PPP项目实施的专业人员进行问卷调查,结合专家的意见,得出表5-1所列的指标体系。

表5-1 PPP项目基于政府方的产出标准一般性指标

标准类别	表现形式
产品或服务质量	项目设计满足现在及将来的使用要求
	项目运营安全可靠
	产品或服务质量满足消费者需求
	产品或服务质量移交前后具有一致性
	产品或服务质量具有持久性
产品或服务数量	数量满足消费者需求
	在一定程度上缓解社会供需矛盾
产品或服务价格	消费者能够承受
	项目公司获取合理利润
	与社会经济发展水平相适应
	设置合理的调价机制
	定价能促进社会公平
特许经营期限设计	特许经营期限结构选择合理
	建设期尽可能短,尽早提供服务
	运营期限设置长短合理
项目的可持续性	项目的建造和运营符合环保标准
	项目具有内部维护能力
	产品或服务具有竞争力
	产品或服务具有升级能力

续表

标准类别	表现形式
政府方的收益	减少政府补贴,切实减小政府财政压力
	提高财政资金的利用效率
	提高基础设施项目建造、经营、维护和管理效率
	体现政府的公益性和服务性
	维护政府的权威和形象

5.3 各个指标的来源和含义

5.3.1 PPP 项目提供的产品或服务质量

1. 项目设计满足现在及将来的需求

是指 PPP 项目在具体实施阶段的设计方案满足项目现阶段以及未来的使用需求:一方面指 PPP 项目的规划和方案设计具有适用性、前瞻性;另一方面指 PPP 项目设计寿命周期应大于或等于项目的服务或运营周期。

2. 项目建造质量的安全可靠性

是指 PPP 项目的建设质量能确保项目运营阶段的安全性和可靠性。建造质量的控制是 PPP 项目在建设阶段影响项目成功与否的最重要的因素。PPP 项目大多属于建设项目,建设项目的质量要求至少应符合建设项目质量验收标准,这是项目建成后移交的前提,PPP 项目的建造质量主要应由承建商来保证。

3. PPP 项目移交前后产品或服务质量的一致性

是指 PPP 项目在移交给公共部门前,其运营能力与移交给公共部门后,不论由其自身运营或是通过拍卖由其他运营商来运营,项目的运营能力是一样的。这一指标主要是为了避免 PPP 项目运营商在移交前对 PPP 项目进行掠夺式经营,并减少或不投入维护费用。这一指标在我国已经得到应用,国家体育场("鸟巢")的特许经营协议第三十三条规定:"特许经营期满时,项目公司应无偿地把体育场在正常可运营状态下移交给北京市政府,并保证移交给北京市政府的体育场是一个工程资料齐全、功能完善、设施良好、设备先进、可负荷举办国际性体育赛事的体育场。"

4. PPP 项目提供的产品或服务的质量满足消费者的需求

是指 PPP 项目提供的产品或服务能改善公共基础设施服务供应不足的现状,缓解公众对现有公共基础设施服务的不满情绪。例如:地铁的修建,能改善公众出行困难的现状;高速公路的修建,能够满足人们区域性快速流动的需求;水厂、电厂的修建,能够改善水电供应不足的现状;等等。PPP模式在英国的利用经验是:政府推行PPP模式的主要原因是想尽快为公众提供基础设施产品或服务,而PPP模式是英国政府为公众提供现代化、优质的公共服务以及提升国家竞争力的战略关键因素。

5. PPP项目提供的产品或服务质量具有持久性

是指PPP项目运营阶段提供的产品或服务质量具有稳定性,不会因为使用年限的增长而降低或过度提高收费。PPP项目的服务周期一般长达几十年,根据建设项目的经济寿命理论,随着项目的使用,为维持服务质量其维护费用会逐年增加,但其固定成本会随着消费者增加逐渐摊销。根据经济寿命公式 $N_0 = \sqrt{\dfrac{2(P-L_N)}{\lambda}}$,项目运营商应增加维护费用,维持PPP项目提供的产品或服务的质量水平,吸引更多的消费者,从而延长项目的经济寿命。为避免项目运营商因运营维护成本提高所带来的高运营成本降低服务质量,应在合同中设立相关条款以规范其行为,并对其违约行为作出经济处罚。

5.3.2 产品或服务的数量

1. PPP项目提供的产品或服务数量应满足消费者需求

是指PPP项目提供的产品或服务从数量上能够满足消费者的需求。改善公众基础设施服务供给不足的现状是政府应用PPP模式的主要动因之一,尤其像我国这样的人口大国,随着经济的高速发展,各项公共基础设施服务都处在供不应求的状态。

2. PPP项目提供的产品或服务数量规模适中

是指PPP项目提供的产品或服务从数量上能满足消费者的需求,但不要过量。根据供求关系理论,当供大于求的时候,必然造成价格的回落和服务(产品)的浪费,这对社会资本和政府都是不利的。这就要求PPP项目的选择能准确预测市场需求,只有准确地预测了市场需求,才能确定准确的投资规模,减小投资风险,满足消费者的需求。国家体育场设计了20000个临时座位,并于奥运会之后拆除,主要原因就是项目公司经过测算,奥运会后公众的需求将有所降低。

5.3.3 产品或服务价格

1. 消费者能够承受

是指PPP项目提供的产品或服务的价格是和社会经济发展水平相适应的,是消费者愿意消费并能够承受的。在 PPP 项目投标阶段关键的成功因素中，消费者可接受的价格水平（如最终电价/水价、通行费等）是一个重要的因素，北京地铁 4 号线在经过运营商详细的测算后预计定价在 3.7 元左右；北京地铁机场线票价经过公开听证，最终定价为 25 元，这些价格都是公众能够承受的。

2. 项目公司获取合理利润

是指 PPP 项目提供的产品或服务的收费价格能够确保项目公司收回成本并获取合理利润。社会资本参与公共基础设施的建设主要原因还是为了获取利润，这是资本逐利性的必然反映，也是市场经济的必然规律。PPP 模式的应用主要集中在自然资源开发、公共基础设施领域的原因就在于这些领域收费较容易，有稳定的现金流和收益，项目公司较易获取利润。

3. 定价促进社会公平

是指 PPP 项目提供的产品或服务价格能够促进社会分配效率的提高，既能让投资者有所回报，又能让民众接受。主要表现在：①消费者付费，谁消费谁付费，而不应该主要通过财政资金补贴来实现 PPP 项目的低价运行。财政补贴是变相的对所有人收费，这对没有参与消费 PPP 项目提供的产品或服务的民众是不公平的。②投资者应能获取合理回报。对于社会资本来说，PPP 是一种投资活动，应该有一定的收益，但是收益率必须是有限的，过高的收益率会造成暴利行业的产生，不利于 PPP 模式的应用和推广。

4. 设置合理的调价机制

是指 PPP 项目的特许经营协议里应该有合理的调价机制条款，这主要是为了保证 PPP 项目提供的产品或服务价格在社会经济的发展过程中不贬值。PPP 项目投资巨大，服务的时间长，在这个过程中，通货膨胀、利率、需求变化等因素会导致实际价格的变化，价格的变化必然导致利益的失衡，所以设置合理的调价机制应作为一个重要的指标。

5.3.4 特许经营期限设计

1. 特许经营期限应长短合理

是指 PPP 项目的特许经营期限应经过详细的测算，并应以 PPP 项目公司收回其成本并获取合理回报率为标准，英国 PPP 项目的特许经营期限一般为 25 年，北京地铁 4 号线和国家体育场——"鸟巢"的特许经营期限都是 30 年。PPP 项目一个典型的特征就是其具有特许经营期限，合理的特许经营期限能够对社会资本起到良好的激励作用，有利于提高项目运作的效率。首先，特许经营期不能过短，由于受价格水平和需求弹性的限制,过短的特许经营期限将无法保证投资者收回成本,从而导致投资者尽可能地减少投资,这对PPP项目的长远发展是不利的;另外,过短会造成政府频繁的组织特许权拍卖,而频繁拍卖特许权的组织费用,以及特许权转移影响PPP项目正常运营而造成的损失成本可能会大于因此而带来的收益。其次,特许经营期不能过长,过长可能会导致项目公司回报率过高,另过长会减少特许经营者的竞争压力,降低其对效率改进的追求。因此,PPP项目特许经营期限的长短是政府控制PPP项目的一个重要指标。

2. 特许经营期限结构选择合理

特许经营期限结构可以分为单时段和双时段,按是否带有激励措施,又可分为单时段不带激励措施、单时段带激励措施、双时段不带激励措施和双时段带激励措施结构。特许经营期限结构选择合理是指PPP项目公司根据具体项目的特征选择一种合理的特许经营期限结构,这涉及PPP项目的一个很重要的风险——完工风险的分配问题。

3. 建设期尽可能短,尽早提供产品或服务

是指PPP项目在合理的规划和组织下的建设周期尽可能短,尽早为公众提供产品或服务。特别是在双时段特许经营期限结构下,PPP项目的实际运营期是从项目完工后开始计算的,如果项目建设期过长,必然导致实际运营期的延迟。国家体育场——"鸟巢"的建设期计划是2003年12月至2006年12月,但实际完工日期是2008年6月29日,工期延误有政策变化和设计变更的原因,但如果国家体育场能按期完工,将增加2年的运营期,带来巨大的经济效益。另外,政府实施PPP项目很重要的原因是民众对项目所提供的产品或服务处在一种亟须的状态,在这种情况下,项目公司尽早提供产品或服务将更早满足民众的需要。英国PPP模式应用的经验证明:如果规划组织合理,PPP项目较传统模式下的建设项目更能够按时或提前完工。

5.3.5 项目的可持续性

1. 项目具有广泛的社会适应性

是指PPP项目的建设符合地区或国家的经济社会发展水平,能够促进地区或国家的经济社会发展。该指标评价内容通常还包括促进当地经济社会发展,增加当地人民群众收入,节约人们的时间效益,提高劳动生产率,缓解社会供需矛盾,利益相关者都能满意,等等。

2. 项目的建造和运营符合环保标准

是指 PPP 项目的建设阶段和运营阶段都必须注重对环境的保护。建设项目后评价理论很重要的一个评价指标就是对环境影响的评价。PPP 项目属于建设项目,并且 PPP 项目大多集中在基础设施领域和资源开发领域,因此更应该注意环境的保护,对环境影响较小也是 PPP 项目的一个关键成功因素。对 PPP 项目环境保护可以采取"环境影响评价报告书"的方式进行评价。

3. PPP 项目具有内部维护能力

是指 PPP 项目的固定资产设施是可维护的并具有相应的维护技术。建设项目在交付之前,施工单位都要出具质量保修书,主要目的就是对建设项目进行维护。PPP 项目也不例外,PPP 项目不仅需要维护建筑物,还要维护提供产品或服务的设备,如地铁项目的车辆、电厂的发电设备、水厂的滤水设备等,从某种程度上,这些设备更容易磨损,维修难度也更大,PPP 项目的运营公司必须掌握这些设备的维修技术,并对设备进行良好的保养,从而提高 PPP 项目的内部维护能力。PPP 项目特许经营期满后的移交不仅包括产权的移交,还包括维护技术的移交等。国家体育场——"鸟巢"的特许经营协议第 33 条中规定:"项目特许经营期届满时项目公司必须向北京市政府交付最新的维护方案、维护手册、维护要求等。"

4. PPP 项目具有防灾能力

是指 PPP 项目的灾难(主要包括地震、火灾、洪水、战争等)预防能力、灾难防御能力、应急措施以及灾后重建的能力。2008 年 5 月 12 日发生在中国四川的大地震造成的破坏力度非常大,很多建筑物因为没有相应的防灾能力而倒塌,造成巨大的生命财产损失。PPP 项目的投资规模、灾难风险性以及灾难后的损失都将远远大于一般的建筑物,因此 PPP 项目更应该注意自身的防灾能力建设。

5. 产品或服务具有竞争力

是指 PPP 项目提供的产品或服务较同类产品或服务更能满足民众的需要,主要包括价格的合理性、产品或服务的舒适性等。随着 PPP 模式应用在中国的推广,会带来越来越多的 PPP 项目,特别是对于一些政府无法提供限制竞争担保的自由竞争领域,PPP 项目产品或服务的竞争力优势将会成为项目通过论证并获得成功的重要因素,这也是 PPP 项目能够持续生存的重要因素。

5.3.6 政府的收益

1. 减少政府支出,切实减小政府财政压力

是指 PPP 模式下的项目与传统模式下相比能减少政府的财政支出,缓解政府

日益紧张的资金压力。PPP模式的一大优点就是能够拓宽政府的融资渠道,缓解政府的财政压力。从这点来看,PPP项目的实施能不能切实地减小政府的财政压力,使政府能够花小钱办大事,为民众带来利益,体现政府的服务职能成为衡量PPP项目产出的一个重要的指标。

2. 提高公共基础设施建造、运营、维护和管理效率

是指PPP模式下,引入社会资本的管理、技术优势,减少浪费,提高效率,进而也提高财政资金的利用效率。由于管理效率低下、技术落后等原因,传统投资模式下固定资产投入产出率只有60%左右,每年造成巨大的浪费,PPP模式正在这种背景下才得到政府的青睐。因此,PPP项目是否能发挥社会资本高效的投资管理优势,提高投资项目的建造、经营、维护和管理效率也成为考核PPP项目产出的一个重要指标。

3. 体现政府的公益性和服务性

是指PPP项目能促使政府的职能由管制型向服务型转变,体现财政资金"取之于民,用之于民"的公益性质。现代国家的决定性特征主要体现在政府是公共服务的提供者和付费者,PPP模式下,政府成为合同方,应成为公共服务的提供者和公众利益的代表者,而不再是公共服务的投资者和经营管理者,在逐渐现代化的中国,政府也一直在积极地转换自己的角色,PPP模式的引进正是政府想改变过去在公共基础设施建设中的主导角色,而转变为与社会资本合作提供公共服务的监督、指导及合作者角色。

4. 促进经济发展、维护社会的稳定

是指PPP项目的实施能促进地区和国家的经济发展,提高基础设施的服务水平,缓解社会供需矛盾,维护社会的安定。随着中国经济持续不断地高速发展,地区间的发展不平衡、行业间的发展不平衡以及贫富差距的加剧,各种社会矛盾将逐渐显现出来,根据世界发展进程的规律,在人均GDP处于1000~3000美元的发展阶段,意味着经济社会发展进入了一个新的发展阶段,也往往对应着社会矛盾最为严重的时期。而我国现阶段正处在这样一个时期,为此党的十八大报告提出要建设和谐社会。在这种大环境下,作为具有重大民生影响的PPP项目的实施,应该能够促进经济社会平衡发展,为维护社会的稳定做出贡献。

5.4 指标体系的应用领域和定量方法

5.4.1 指标体系的应用领域

1. 特许经营者的招标选择

前文所提到的评价指标体系可以应用于特许经营者的选择。PPP项目特许经营者的选择方法通常有两种,公开竞争性招标和协商招标。公开竞争性招标是通过招标公告让任何有兴趣又有资格的法人参与投标,在众多的投标人中选取最适合的特许经营者;协商招标是与少数几个潜在的候选人协商,选取最适合的特许经营者。要注意的是,公开竞争性招标具有公开和透明等优点,被世界银行、亚洲开发银行等国际金融组织和各国政府所推荐,广为应用。然而,过分强调公开竞争招标的方式,而忽略项目的特性,可能并不能达到降低价格、提高效率的目的,在一些情况下,由于项目的特殊性(如需要独特的技术、项目规模庞大等),能参与竞争的单位很少,这时使用公开竞争招标的方式可能并不能达到降低投标报价的目的,这时使用协商议标效果可能更好。但是,无论使用何种方式选择特许经营者,都必须进行评标,评标有打分法和门槛法。

在完成了特许经营者的选择后还必须进行合同谈判,PPP项目涉及的参与方很多,合同文件也相当多,这是项目各参与方之间合理分担风险、保证项目成功实施的重要方面。合同文件按合同的签约方分为四类主要合同,即政府和项目公司之间的特许权协议、项目公司和承包商/运营商等之间的履约合同、项目公司和放贷方之间的贷款合同、项目公司股东之间的协议等,但这里所指的合同谈判主要指政府和项目公司签订的特许权协议。在特许协权议签订的谈判过程中,鉴于PPP项目实施的长期性、复杂性、风险性等,政府方需要和特许经营者进行博弈,特许经营者希望尽量规避风险,保障收益,而政府方希望能提供高质量的产品或服务,并尽量减少政府的投入和提高政府投入资金的使用效率。投入和产出本身是统一的,但是由于PPP项目产权的复杂性造成投入和产出、经营和产权等成为矛盾体,实际上就是各方利益之间的矛盾,这样就必须通过双方的谈判来平衡矛盾。根据以往的经验,这个谈判的时间耗时非常之长。另外,就目前而言,我国尚没有完善的全国统一的关于PPP项目实施的法律法规文件的颁布,而政府方也缺乏从事PPP项目能力的专业人员。在这种情况下,一方面谈判的时间会比较长,另一方面也增大了政府谈判的风险性,稍不注意就会造成谈判的结果对政府方很不利。这

第5章 产出说明（Output Specification）

两方面都是政府所不愿看到的,谈判的时间过长,则导致项目不能按期实施,甚至导致项目重新选择特许经营者或项目搁置。

在多种原因下,政府必须提高自己的谈判能力,尽量缩短谈判的时间,规避谈判的风险。前面所提到的指标体系正是基于政府的困境,建立的一套指导其进行谈判的指标体系,应用该指标进行谈判,政府方的谈判将变得主动,谈判时间将大大缩短,谈判的风险也将大大减小,从这方面来讲,该指标体系在特许经营者的选择上是一个很好的应用领域。

2. 项目特许经营期限届满移交质量控制

PPP项目通过以上方式选择特许经营者,特许经营到期后,PPP项目通常情况下都将无偿移交给政府,政府可以选择自己经营、重新选择特许经营者或者仍然由原有特许经营者继续经营。

如果政府方选择自己经营或者重新选择特许经营者,都面临一个项目移交的问题,而移交的过程是有一定风险的。因为PPP项目特许经营期限一般短则十几年,长则几十年,这么长的时间里,PPP项目本身不可能不出现问题,维护费用肯定比当初建成时要高。另外,项目提供的产品或服务质量也很难继续满足公众的需求,即使能满足,那么维持这种产品或服务的代价肯定比当初要高得多。造成这两方面问题的原因有以下两种可能:其一是项目实施的时候没有进行完善的,没有预计几十年后如何保证项目继续正常运行,这是PPP项目的先天性缺陷,这种缺陷和PPP项目实施决策人的预见能力和决策能力有关,属于政府方应当承担的风险;其二是特许经营者在特许经营期限即将到期时,为了获取更多的利润或回报,对项目实施掠夺式经营,使项目超负荷运转、减少项目的维护经费或者不再进行维护,这些都可能导致移交给政府方的PPP项目是一个无法正常运行的项目,或者即使能运行,也需要投入较大的维护费用,这也是政府方应当承担的风险。若出现以上情况,政府方再选择特许经营者就会很被动,自己经营的代价也很大。

即使选择由原特许经营者继续经营该PPP项目,其也可能通过谈判要求重新签订特许经营协议,进而达到满足其利益的目的,在这个过程中,政府依然很难掌握主动权。

而前面所提到的指标体系可以指导政府方在谈判的过程中规避以上风险,例如指标体系中要求项目建造时必须考虑长远的规划、移交时必须满足特许经营协议中约定的标准。这套指标指出了大部分政府方应该注意的问题,应用这套指标体系指导政府方的谈判,将大大减小政府的风险,使PPP项目特许经营期满后,不管是选择自己经营、重新选择特许经营者或者仍然由原有特许经营者继续经营,政府方都将掌握主动权。

5.4.2 指标体系定量评价方法

PPP 项目与一般的建设项目既有联系也有区别,每一个 PPP 项目也都有其自身的特点,前面总结的只是 PPP 项目基于政府采购的一般性指标,该指标并不能涵盖所有项目的所有指标。并且每个 PPP 项目实施的目的不同,那么其侧重点就不同,相应的评价指标也不同,在这种情况下如何应用该指标体系去评价具体的 PPP 项目呢?

首先,应结合前面提到的指标体系和具体 PPP 项目的特点和实施的目的,建立适合该项目的指标体系,该指标体系的建立应广泛争取项目的利益相关方,包括政府、社会资本、银行、运营商、工程承包商以及未来的消费者等的意见。指标体系应尽可能完善和准确,这样方能照顾到每一方的利益。

接着可以采取层次分析法(AHP)确定各指标的权重。AHP 将评价对象分解为不同的组成因素,按照各因素之间的隶属关系,把它们排成从高到低的若干层次,建立递阶层次结构。对同层的各元素进行两两比较,对每个层次的重要性进行两两比较,对每个层次的相对重要性予以定量表示,并利用数学方法确定每一层次各因素的权值;然后对各个指标进行隶属度赋值;最后进行模糊综合评价,得出该 PPP 项目投资和产出的合理性。

专栏二十三:解读 PPP 产出说明书

产出说明书是用来定义和规范 PPP 项目产出的说明性文件,作为项目纲要(或投资者须知)的一部分,用于向参与 PPP 项目的私人部门(投资者)明确需求,以及满足该等需求所需的产出要求。

在产出说明书的应用中,存在一个常见的误区,即过分关注如何实现产出而非产出本身,或者说是误把目标当成产出来控制。近十余年来,基础设施投资一直在我国经济发展中扮演着重要的角色。20 世纪末,我国城市化进程的加速带动了基础设施投资的第一轮迅猛增长。随后,国民经济快速发展和居民可支配收入不断增加带来的社会需求进一步促进了基础设施领域的持续投资。全球金融危机发生后,一方面由于基础设施投资具有熨平经济周期波动的功能,另一方面支撑经济的另两架重要"马车"——消费和出口受到危机影响而持续疲软,我国彻底陷入了"稳增长—增投资—搞基建"的宏观调控路径依赖之中。

第5章 产出说明(Output Specification)

可以说在过去的十几年中,无论经济形势是高歌奏凯还是波动起伏,我国基础设施投资始终热度不减,而PPP模式正是在这个阶段被引入中国并在各相关行业的项目实践中逐渐被认知、运用和改良,成为迄今为止我国民间资本进入传统垄断行业较为成功的指导性模式。

如果借用产品生命周期理论来评判PPP模式在我国的发展历程,那么20世纪末和21世纪前五年左右的十余年间可以算作该模式在我国的导入期,总体特征是对PPP概念的理解比较模糊,对具体操作模式的认知具有片面性和局限性,项目实践大多从照搬逐渐发展到"摸着石头过河"。近年来,随着PPP模式在研究、教育等领域的初步普及和在实践领域中的广泛应用,该模式在我国的发展逐渐进入成长期,主要体现为采用PPP模式运作的项目比例有所提高,参与者的关注重点从该模式的融资功能向绩效评估和公共监管转移,以及对各种具体的PPP运作模式从盲目套用转变为能够相对灵活的理解和理性的分析取舍。

尽管PPP模式在我国基础设施领域获得了长足的发展并得到了应有的重视,但在相关理论研究和项目实践中我们注意到,业界对于PPP的认知在某些方面仍然有所偏差,甚至是存在误区。本书试从PPP产出的角度出发,对PPP项目产出说明书的应用做一说明,算是抛砖引玉,希望能带来更多有益的思考。

1.PPP产出的概念

狭义的PPP产出是指PPP的"项目产出",即满足项目需求的基础设施项目资产、公共产品和服务等直观的产出,通过产出说明书的形式进行定义和规范。项目产出是一个绝对概念,强调不同模式间对项目需求响应结果的一致性。也就是说,无论采用传统的公共采购模式还是采用PPP模式,项目产出均指向同一个对具体的基础设施建设、融资、运营服务等需求标准的满足,是结果导向的指标。

广义的PPP产出是指PPP的"模式产出",即采用PPP模式相比传统的公共采购模式而言产生的效益差别(VFM),以货币化(定量化,可能为正值或负值)和非货币化(定性描述和判断)方式衡量。模式产出是个相对概念,基本原理与项目评估中的前后比较法类似,强调PPP模式与公共采购模式间的差异性的比较,因此同一个PPP项目的模式产出可能随不同的边界条件而异,没有一个绝对的标准。

2.产出说明书

如前所述,产出说明书是用来定义和规范 PPP 项目产出的说明性文件,作为项目纲要(或投资者须知)的一部分,用于向参与 PPP 项目的私人部门(投资者)明确需求以及满足该等需求所需的产出要求。在产出说明书的应用中,存在一个常见的误区,即过分关注如何实现产出而非产出本身,或者说是误把目标当成产出来控制。

那么,究竟什么是产出?产出与需求、成果、目标等概念间的联系和区别是什么呢?下面以污水处理项目为例进行解释和说明:

需求(Needs)是项目最终要满足和实现的要求,也是产生项目的根本原因。如随着某湖泊水体质量的恶化和蓝藻事件的爆发,该湖流域各市县普遍产生了"改善水体环境"的需求。

成果(Outcomes)是项目的直接结果,也是满足需求的途径。如为了满足上述改善水体环境的需求,需要"提高该地区的污水处理率和污水处理标准"。

产出(Outputs)是对应项目成果而制订的项目产成品或服务的绩效衡量标准。如"日处理污水 10 万 m^3,出水标准达到《城镇污水处理厂污染物排放标准》(GB 18918—2002)中一级标准的 A 标准"等。

目标(Objectives)是项目具体的产成品或服务要求,也是实现项目产出的手段。如"污水处理厂采用 A2/O 底部曝气氧化沟加混凝沉淀、过滤处理工艺,液氯/紫外线消毒,污泥机械浓缩脱水,新建管径 800~1500mm 的截污主干管 35km、提升泵站 3 座"等一系列具体的工程技术和设计指标要求。

不难看出,需求、成果、产出和目标是由本至末的层层递进关系。以上例来说,需求是自然环境层面的宏观概念,成果是环保产业层面的中观概念,产出是项目层面的微观概念,而目标则是获得产出的若干手段之一。PPP 模式下,公共部门(政府方)关注的焦点是如何达成成果进而满足需求,这就需要对产出进行严格和明确的定义。

而在实践中,很多项目的产出说明书实际上是目标说明书,公共部门不仅对项目产出做了定义和要求,还对具体的设计方案、工艺流程等加以限制,扼杀了私人部门产出交付方式的灵活性和创新空间,还可能因技术壁垒等因素降低投资竞争程度。

这种情况在包含建设内容的项目中更为常见,其产生原因很多。在一些项目中,公共部门为了降低可研、环评等审批环节的不确定性,避免项目进度的延误,会有意将设计环节纳入自己主导的工作范围。还有一些项目中,存在一些具有资源或技术优势的投资者与政府方达成某种默契的现象,政府方在设计方案和技术路线选择方面对该投资人有所倾向,导致公开竞争项目"变味"成为内定项目。

当然,更多的情况是公共部门对风险的认识存在另一种误区,即担心将对于项目绩效具有决定性作用的设计环节交给私人部门可能导致项目出现不可控制的风险,认为政府方对某项工作的控制力越强其承受的风险就越低,继而在完成初步设计环节甚至是施工图设计环节的相关工作后才将项目主导权交予私人部门。殊不知,这样的做法实际上是将设计风险留存了下来,公共部门失去了利用私人部门的技术和经验优势以及在竞争环境下鼓励创新的机会,在设计风险发生后还需承担潜在缺陷风险、绩效风险、技术落后风险、升级风险等次生影响所带来的损失。

综上所述,在应用产出说明书时,应关注最终的项目产出品和服务绩效能否满足需求,而非该产出的交付方式。

第6章 项目融资

项目融资前一项关键的工作就是对项目各方面指标进行融资评估。项目融资评估是指投资方对项目融资借款人申请使用投资的建设项目,从项目建设的必要性、技术的先进合理性、财务效益、投资方收益及潜在风险等方面进行全面系统的分析论证,为投资决策提供意见和建议的工作过程。

项目融资评估主要包括:对项目融资借款人/主要项目发起人资信;项目概况、建设必要性、建设条件、项目技术、设备及环保评估;项目产品市场;项目投资估算及融资方案;项目财务效益;不确定性分析;投资方效益和风险防范、存在问题等方面进行调查和分析,提出投资是否可行的意见或建议,为投资决策提供依据。

专栏二十四:2015年部分省份PPP项目涉及的行业及资金投入估算

地方政府下调经济增速与以基建为抓手稳定增长并行不悖,多个省份引入民间资本大力发展PPP。2015年基建投资仍是对冲房地产投资下滑、稳定增长的重要手段。在今年下调经济增速带动财政回落、消化产能过剩和投资资金压力较大情况下,多个省(直辖市、自治区)下调了固定资产投资目标,西藏、云南因投资基数较低而有所上调,山西则主要因为2014年投资大幅低于目标,在今年有所提升,但整体投资增速目标处于中等偏下水平(见表6-1)。

表6-1 多个省(直辖市、自治区)下调固定资产投资(单位:%)

省(直辖市、自治区)	2014年目标	2014年实际	2015年目标	调整	省(直辖市、自治区)	2014年目标	2014年实际	2015年目标	调整
天津	15	15.1	12	-3.1	贵州	25	23.6	20	-3.6
河北	17	15.5	15	-0.5	宁夏	20	19.4	15	-4.4
福建	18	18.8	18	-0.8	广西	18	16.7	16	-0.7
山东	17	15.8	16	-0.8	内蒙古	15	15.7	13	-2.7
山西	20	11.5	16	4.5	甘肃	25	21.1	20	-1.1
云南	24	15.1	18	2.9	西藏	18	19.8	20	0.2

资料来源:地方政府工作报告。

2015年地方政府基建投资面临着诸多难题：一方面，随着经济增长下降带动财政收入下滑；另一方面，地方融资平台清理使得基建资金受制压力增大。因此，引入民间资本大力发展PPP是地方政府较好选择，也是今年地方政府重点工作内容(见表6-2)。

表6-2 2015年各地两会政府工作报告中对PPP项目的提法

时间	省(直辖市、自治区)	报告内容
2015/01/20	新疆	支持民间资本发起设立产业投资基金、股权投资基金。完善政府对基础设施和公用事业特许经营补贴补助制度
2015/01/27	广西	扩大民间资本市场准入范围，降低准入门槛，积极推广PPP模式，鼓励和吸引社会资本通过多种方式与政府合作参与项目建设运营。探索设立新兴产业企业引导基金和PPP合作创新基金
2015/01/27	山东	减少和取消财政对竞争性行业的直接补助，探索引导基金、政府购买服务、政府与社会资本合作等财政支持方式。大力发展多元股本投资，鼓励各类机构发起设立产业投资基金和股权投资基金。探索特许经营及多样化的项目融资办法
2015/01/18	重庆	推进投融资改革，启动了1300亿元基础设施PPP项目
2015/01/26	云南	创新政府投资使用方式，探索PPP模式，鼓励民间资本发起设立私募基金、资本管理公司等新兴金融组织，撬动社会投资
2015/01/22	青海	深化投资体制改革，争取中央投资增幅高于全国预算投资增幅，探索组建若干透明规范、可持续的投资开发公司，以PPP模式集中推出一批鼓励民营资本进入的示范项目
2015/01/26	湖南	政府购买服务和PPP模式试点有序开展，政府性债务预警机制不断完善。推动投融资体制改革和金融创新。建立新兴产业股权投资基金，探索符合省情的PPP、资产证券化、股权融资等投融资模式
2015/01/27	黑龙江	城市集中供热新增热源、供气、供水、污水垃圾处理、城市交通等公共资源项目，通过招标投标，利用PPP和特许经营等路径加快建设
2015/01/26	内蒙古	充分发挥政府投资引导作用，有效撬动社会资本参与投资。大力推广政府和社会资本合作模式，创新基础设施建设融资模式
2015/01/26	天津	拓宽社会融资渠道，推广新型融资工具，探索PPP等投融资模式
2015/01/08	河北	鼓励民间资本发起设立创业投资基金和股权投资基金，探索推广PPP模式，吸引更多的社会资本投入城市基础设施建设和运营
2015/01/25	上海	扩大政府购买公共服务，推广政府与社会资本合作模式，鼓励社会资本通过特许经营等方式参与公益性事业投资运营，提高公共服务供给效率
2015/01/18	西藏	鼓励支持民间资本发起设立产业投资基金和股权投资基金
2015/01/26	贵州	在基础设施及公共服务领域推广政府和社会资本合作的PPP模式。鼓励社会资本与投资、建设和运营城市基础设施项目

续表

时间	省(直辖市、自治区)	报告内容
2015/01/25	陕西	以我为主谋划实施一批重大项目,推广PPP模式,完成固定资产投资2.2万亿元,增长20%左右
2015/01/28	江西	我省将紧紧抓住国家扩投资、稳增长的机遇,大力实施交通、能源等八大类重大工程,其中大中型建设项目计划总投资1.1万亿元,今年将完成投资3000亿元
2015/01/28	河南	郑州、洛阳成为丝绸之路经济带主要节点城市,郑欧班次密度、货重、货值处于中欧班列前列,郑州至卢森堡定期货运航线开通,河南与西周之路经济带国家和地区交流合作不断加深
2015/01/23	北京	扩大公共领域市场化试点,通过政府和社会资本合作等多种方式,鼓励社会资本进入轨道交通、镇域供热、水环境治理等领域。吸引社会资本参与小城镇建设
2015/01/26	安徽	打破地域垄断和所有制限制。政府通过竞争机制择优选择合作伙伴,吸引各类社会资本参与项目的投融资、建设和运营等

资料来源:地方政府工作报告。

PPP模式是在基础设施和公共服务领域政府和社会资本基于合同建立的一种合作关系,目前已经有多个省份力推PPP。财政部也出台了《PPP项目合同指南(试行)》,指出政府与社会资本处于双方法律地位平等、权利义务对等的法律主体(见表6-3)。

表6-3 地方PPP相关项目内容涉及产业

省(直辖市、自治区)	相关项目内容	项目	主要涉及产业
广西	已甄选首批15个拟采用PPP模式的存量债务项目,承担债务总额217亿元	15	城市供水、供暖、供气、污水和垃圾处理、地下综合管廊、轨道交通、医疗和养老服务设施等领域
山东	PPP试点项目主要包括设市城市、县城、省政府公布的200个"百镇建设"示范镇以及国家级重点镇建设工程	—	主次干路、快速路、大型桥梁、公共停车场、污水处理厂、供水、供热、燃气、地下管网改造等工程
福建	首批122个试点项目,项目投资额共计2247亿元	122	生态环保、水利工程、健康养老、交通工程、保障性安居工程、城乡建设、文化产业、旅游产业等
重庆	包括2个备忘录,8个项目。集中签约项目涉及交通设施、市政基础设施、土地整治,相关公司股票走势等共10个项目,资产总额达1018亿元	2个备忘录,8个项目	交通设施、市政基础设施、土地整治,相关公司股票走势

续表

省(直辖市、自治区)	相关项目内容	项目	主要涉及产业
云南	首批80个项目,涉及总投资1005亿元	80	综合交通、市政设施、文化旅游、社会事业、产业园区建设
青海	第一批80个项目,总投资1025亿元	80	
湖南	推出了30个PPP示范项目,总投资额583亿元	30	交通市政基础设施、生态环保、社会事业、农业水利、文化旅游
黑龙江	面向社会资本公开推出了41个。分3批对城市集中供热新增热源项目公开招标,23个投资主体中标,总投资220亿元	41	铁路、城市基础设施、养老
天津	拓宽社会融资渠道,推广新型融资工具,探索政府和社会资本合作(PPP)等投融资模式	27	涉及供水、供暖、污水处理、垃圾处理、环境综合整治、交通、新能源汽车
江西	2015年,投资1100亿元以上	24	轨道交通、菜篮子工程、重大基础产业、公共服务
河南	公布了87个PPP项目,涉及资金达1410亿元	87	交通、环境治理、公共服务
湖北	加快436个(类)重大项目建设进度,突出抓好20个省级重大专项	20	高端制造、高新技术产业、现代农业、现代服务业、环保、基础设施、城市地下管网改造
北京	新机场线投资总额约410亿元,新机场建设机场工程总投资799.8亿元	2	地铁、机场
安徽	推出42个项目,总投资710亿元,城市交通设施是主要投资领域,共有12个项目,投资达540.1亿元。此外,城镇生活污水处理设施17个项目,投资68.54亿元;城镇生活垃圾处理设施3个项目,投资8.19亿元;城镇供水设施4个项目,投资10.6亿元;生态环境治理6个项目,投资82.1亿元	42	产业园道路、城际轨道、市内轨道交通、大桥道路连接线、城际铁路、城镇生活垃圾污水处理、城镇供水、生态环境
江苏	15个PPP试点项目向社会推出,总投资额约875亿元	15	交通基础设施、供水安全保障、污水处理设施建设、生活垃圾无害化处理、公共服务设施配套

资料来源:地方政府工作报告。

2015年是PPP真正意义上的首推元年,在多个地方政府工作报告中,均有浓墨强调。其全面推广的方法和方式还摸索中,但对于政府监管角色转变、转变政府职能将起到促进作用,同时对于政府放松规制,提高社会公共产品供给,还权给市场提升市场配置资源效率意义重大。

根据国家政策指引,当前地方PPP项目主要集中在轨道交通、医疗养老、供水、供暖、供气、市政建设、生态环境治理、网管改造等产业上。

6.1 一般程序

项目融资评估一般程序是:组织评估小组→制定评估工作计划、安排评估进度→调查收集有关文件、资料和技术经济数据→技术经济分析→评估报告撰写和审核。

1. 组织评估小组

负责项目融资评估的部门接到项目评估计划后,首先要组织评估小组。评估小组一般由3~5名项目评估人员组成。评估小组的成员应兼顾行业管理、工程管理、行业律师、财务分析、市场分析和项目所属行业、地区特点。

2. 制定评估工作计划

评估小组要根据项目的评估时间要求制定工作计划,对评估中的调研工作、落实相关条件、案头分析和撰写评估报告等项工作时间做出合理安排,并报评估评价部门主管批准。

3. 调查、收集有关资料

评估小组要根据批准的评估工作计划,通过实地调查、专家咨询、查阅档案资料等方式,调查收集有关文件、资料和技术经济数据,并落实有关数据资料。

4. 技术经济分析

评估小组人员根据调查核实后的数据资料,按照评估办法规定,共同对项目的各项技术经济指标进行分析和论证。

5. 评估报告撰写和审核

根据技术经济分析结果,评估小组成员分头撰写评估报告各个章节。评估小组组长总纂形成评估报告初稿后,由评估评价部门负责人或其指定人员审核。如果审核后提出了问题或修改意见,评估小组要对提出的问题和修改意见进行落实,对评估报告进行修改,并再次报送审核,直到最后确认。至此,项目融资评估工作基本完成。

专栏二十五：随州殡仪馆 PPP 项目融资交易结构剖析

1. 湖北随州殡仪馆 PPP 项目概况

殡仪馆项目位于随州市曾都区万店镇夹子沟村,新殡仪馆(含公墓)共征地 $29.3hm^2$,拟投资 9000 万元,计划 2~3 年时间搬迁殡仪馆。

随州市现只有一个很小的殡仪馆,公墓也只有白云山公墓,当时投资 1000 万元建设,远远无法满足市场的需求,而周边地市都有规模较大的殡仪馆和公墓,所以市政府决定新建殡仪馆和万安公墓。

2013 年,随州市政府决定由随州市城市投资集团有限公司 100%出资,成立随州市殡仪服务有限责任公司,由随州市殡仪服务有限责任公司作为业主负责该项目的建设与运营。因国家从 2013 年下半年开始,多次发文要逐步剥离政府融资平台的融资功能,分类治理、整顿政府融资平台,将政府融资平台的政府信用彻底剥离,让融资平台成为完全的市场化的独立经营、自负盈亏的经济实体。在此背景下,随州市城市投资集团有限公司已无融资能力继续向项目业主——随州市殡仪服务有限责任公司注资,市政府遂采取 PPP 形式,引进社会资本完成该殡仪馆项目,确保按期运营。

殡葬项目是政府公共事业性质项目,具有高度的垄断性与特许经营性,尤其在广大县域区域内,因国家实行殡葬改革,严禁土葬,因而殡葬经营管理的经济价值更加突出,盈利前景较好,属于使用者付费,且付费收入完全能够覆盖 PPP 项目投资者的投资收益。

基础设施和公用事业特许经营,是指政府依法选择中华人民共和国境内外的法人或者其他组织,通过书面协议明确权利义务划分和风险分担机制,授权法人或者其他组织在一定期限和范围内投资建设经营或者经营特定基础设施和公用事业,提供公共产品或者公共服务的活动。

实施特许经营的基础设施和公用事业项目,应当具备以下条件:

①符合内外资准入等有关法律法规规定;

②具有公益性、长期性、可经营性,风险可分担;

③项目建设运营的标准和监管要求明确;

④能够物有所值,即与传统政府投资模式相比,社会资本参与能提高公共服务质量和效率,或者有效降低项目全生命周期成本。

综上,随州市曾都区万店镇夹子沟村的新殡仪馆(含公墓)项目完全符合国家实施特许经营的 PPP 项目,在依法履行一定程序与手续后动工兴建。

2.湖北随州殡仪馆PPP项目公司融资交易结构

随州市城市投资集团有限公司决定以公司增资的方式,引进天风证券有限公司旗下天风天盈投资有限公司社会资本建成该新殡仪馆。其股权结构如下:

天风天盈投资有限公司出资1亿元,占股95.24%,随州市城市投资集团有限公司出资500万元,占股4.76%,注册资本变更为1.05亿元。

湖北随州殡仪馆PPP项目公司的融资结构如图6.1所示。

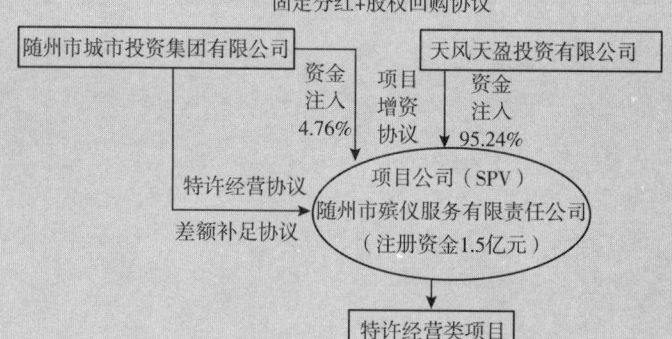

图6.1 湖北随州殡仪馆PPP项目公司的融资结构

主要涉及的PPP协议或法律文件如下:

(1)项目公司增资协议

PPP项目公司——随州市殡仪服务有限责任公司组建前是由随州市城市建设投资有限公司单独投资设立的全资子公司,注册资金500万元,占100%股份;通过增资形式,引进股东——天风天盈投资有限公司资金1亿元,注册资金变更为1.05亿元,随州市城市建设投资有限公司占股4.76%,天风天盈投资有限公司占股95.24%。

(2)特许经营协议

由政府授权随州市城市建设投资集团有限公司代表政府与天风天盈投资有限公司签订特许经营权协议,约定项目公司经营范围、注册资本、股东结构、项目资金来源、收益取得方式、价费及其调整机制、履约担保和风险分担、项目资产所有权归属及移转、公共产品或者公共服务数量、质量、时限等要求及绩效监管标准、变更、提前终止及补偿、项目期满移交与违约责任与争议解决等事项。

(3) 股权回购协议

PPP 项目公司——随州市殡仪服务有限责任公司的股东——随州市城市投资集团有限公司负责从第三年开始,逐年回购天风天盈投资有限公司所占 PPP 项目公司股份,以实现社会资本到期按约退出。

(4) 股东差额补足协议

约定当项目公司每年分红不足于偿还投资者的本金与收益时,项目公司股东随州市城市投资集团有限公司进行差额补足。股东差额补足措施本质上相当于股东对投资者的担保。

(5) 修改公司章程条款

对原有公司章程进行修改,规定项目公司每年须分红,如果项目公司净收入不够分红,由项目公司股东——随州市城市投资集团有限公司差额补足。

3. 天风天盈投资有限公司设立契约性基金的融资交易结构

天风天盈投资有限公司以 1 亿元现金入股 PPP 项目公司并不是其自有资金,而是通过设立契约式基金形式向社会投资者募集而来,基金投入到项目公司后,依靠项目公司殡葬服务收入或其他收入作为向投资者还款来源,不足部分则由项目公司股东——随州市城市投资集团有限公司给予补足。

契约性基金是基金投资人(基金份额持有人)、管理人与托管人签订合同,约定各方权利义务关系,资产由管理人管理并有托管人托管的基金形式;基金财产独立于管理人、托管人的固有财产;投资者、管理人、托管人三者为基金当事人,管理人作为设立人向投资者(基金份额持有人)发行受益凭证,托管人(为银行)对基金财产进行托管,管理人根据基金协议确定的投资标的投资,其还款来源于投资标的的经营收益,投资人按照约定取得收益,管理人、托管人按照约定取得基金管理费与托管费。

该契约式基金的投资人、管理人与托管人:

投资人——湖北银行,该行负责通过发行理财产品的形式,募集资金认购该契约式基金。

管理人——天风天盈投资有限公司,负责设立该契约式基金并管理该契约式基金。

托管人——湖北银行随州分行,该行负责对该契约式基金产品资产进行托管。

该契约式基金的融资交易机构如图6.2所示。

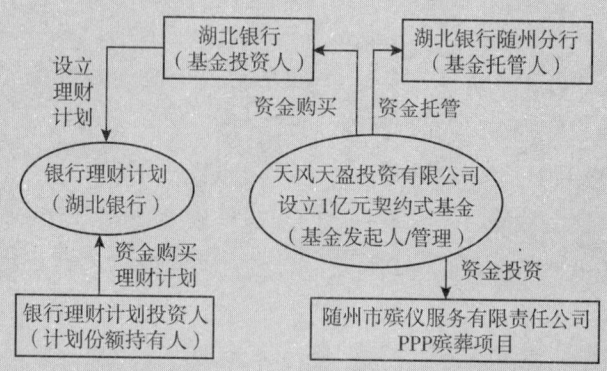

图6.2 天风天盈投资有限公司的契约性基金的融资交易机构

4.基础设施投资基金参与PPP项目融资交易需注意事项

（1）基础设施投资基金的法律基础是信托法律关系

天风天盈投资有限公司为参与湖北随州殡仪馆PPP项目而设立的契约式基金，本质上是基础设施投资基金，即社会资本为参与国家基础设施或公用事业建设而设立的专项基金。他所需遵循的基本法律是——《信托法》《证券投资基金法》《私募投资基金监督管理暂行办法》（中国证券监督管理委员会令第105号）与《私募投资基金管理人登记和基金备案办法》。基础设施投资基金属于私募基金，适用《证券投资基金法》项下的信托法律关系，即基金份额持有人作为信托的委托人和受益人，基金管理人和基金托管人同时作为受托人，从而形成集合自益信托法律关系。所谓自益信托，是指信托人将信托财产委托给受托人（受托人一般为信托公司或基金公司）在特定期限内对信托财产进行管理经营，同时以信托人自己作为受益人的信托活动；期满结束，信托财产按照信托成立生效时约定归还给信托人。因而，基金在将募集资金投入项目时，就须按照协议约定基金退出时间，基金的本金与收益要按照约定归还给基金份额的持有人（基金投资人）。

（2）基础设施投资基金投资PPP项目付费标的类型

PPP项目收益来源（项目付费来源）一般为使用者购买的经营性项目、使用者购买与政府补贴的准经营性项目与政府购买的非经营性项目3种。

①使用者购买的经营性项目：即由最终消费用户直接付费购买公共产品和服务，项目公司直接从最终用户处收取费用，以回收项目的建设和运营成本并获得合理收益。

②使用者购买与政府补贴的准经营性项目:即使用者付费不足以满足项目公司成本回收和合理回报时,由政府给予项目公司一定的经济补助,以弥补使用者付费之外的缺口部分。补贴包括土地划拨、投资入股或补足、优惠贷款、授予项目开发收益权等。

③政府购买产品或服务的非经营性项目:即政府直接付费购买公共产品和服务,在政府付费机制下,政府可以依据项目设施的可用性、产品或服务的使用量以及质量向项目公司付费。

(3) 基础设施投资基金参与 PPP 项目的付费类型

仅限于使用者购买的经营性项目和使用者购买与政府补贴的准经营性项目。完全由政府付费购买的 PPP 项目不宜参与,因基金投资者要求的投资收益较高,政府不可能为该类 PPP 项目出高价购买 PPP 产品或服务。即使是前两类付费类型的项目,具有较高收益的 PPP 项目也仅限于现金流量较多且收益较高的殡葬业、收费高速公路、电厂、部分医院、高端养老项目等。

(4) 基础设施投资基金参与增量 PPP 项目仅限于前端

即基金仅仅能够参与项目公司组建阶段,以提供资本金形式与政府或政府授权国有公司、其他社会资本等组建项目公司,待项目公司建成营运后,以运营收益作为基金的还款来源,同时辅之于股东回购、第三方担保等增信措施作保证,以逐步实现基金的退出。

(5) 基础设施投资基金参与存量 PPP 项目是一个不错的选择

存量 PPP 项目如效益较好,车流量较高的高速公路项目、电厂项目等,因已经建成且收益显见可测,风险性较小,若以基金形式配合项目公司股东资金进入,后以该项目的充沛现金流作为还款来源,此种方式一般应优先增量项目的 PPP。

6.2 项目融资借款人评价

项目融资借款人评价,是指对项目融资借款人的行业特征、行业地位、主体资信及运营、资产负债及偿债能力、信用、发展前景等情况进行全面分析、综合论证。

项目融资借款人分为既有法人和新设法人。既有法人是指已存在的企事业单位,新设法人是指为项目建设而新组建的项目法人。特殊行业项目投资可由具有借款资格的行业主管部门或由其授权具有投资资格的事业法人作为项目融资借款人。根据项目融资借款人经营管理范围与本次建设项目的关系,依据以下不同情况,对其进行评价。

①项目融资借款人为既有法人的,应以投资方对其作出的有效客户信用评级报告中的相关部分作为项目融资借款人评价的内容,评估中不再单独进行项目融资借款人评价。评估时投资方尚未对项目融资借款人进行客户信用评级,或虽进行过,但客户信用评级报告已经超过有效期的,或客户信用评级报告虽在有效期内,但项目总投资额超过项目融资借款人前三年税后利润之和、或有其他影响项目融资借款人和偿债能力的重要事项发生的,评估时应主要对项目融资借款人的基本情况、资本结构、组织架构、领导者素质、融资情况及资信状况、经营状况及财务状况等方面进行分析。详细内容包括:

i 项目融资借款人的基本情况,包括成立时间、注册地点、历史沿革、隶属关系、注册资本与实收资本、经营范围、经营期限、现有职工人数、开户及账号情况。

ii 项目融资借款人的资本结构,应说明投资人构成、出资比例、出资到位情况,投资人对项目融资借款人的控制与管理关系情况。

iii 项目融资借款人的组织架构和领导者素质,应说明项目融资借款人法人治理结构的基本情况,领导班子的构成、经营业绩、管理水平等,在了解项目融资借款人法定代表人基本情况基础上,要重点对其工作能力、经营管理水平和还款意愿进行评估。

iv 项目融资借款人融资情况及资信状况,应说明项目融资借款人目前的融资情况,重点说明项目融资借款人对投资方投资及其他信贷业务的履约情况,并了解项目融资借款人近三年对其他债务的履约情况、项目融资借款人涉及经济纠纷和经济处罚等重大事项。

v 项目融资借款人经营状况和财务状况,应说明项目融资借款人近三年来的经营状况,并根据项目融资借款人最近三年及最近一期的财务报告分析项目融资借款人财务状况,包括项目融资借款人的资产负债情况、损益情况和现金流情况,对项目融资借款人主要财务数据的重大变化要分析和说明原因。

vi 项目融资借款人的其他主要情况。

②项目融资借款人为新设法人的,应对项目融资借款人的基本情况、资本结构、组织架构、领导者素质、融资情况等方面进行全面评估。

新设法人为多家投资人发起组建的,应对主要投资人的基本情况、领导班子构成、管理水平、经营业绩、财务状况、资信状况等方面进行评价。

③所有项目均须对项目各相关人之间的产权及其他关联关系进行调查,必要时可绘图说明。

6.3 项目概况评估

项目概况评估,包括对项目基本情况、建设进度、建设必要性、建设条件、技术和设备以及环境保护、国土资源、城市规划等方面进行分析和评估。

(1) 评估项目基本情况

①项目建设是否符合国家产业政策、行业发展规划和区域经济发展规划等政策要求。重点评估项目是否符合国家宏观经济和产业发展方向,是否享受或可能享受国家和地方给予的优惠、扶持政策,分析项目受政策变化影响的程度和潜在政策风险。

② 对于享受政府直接或间接补贴的项目、政府投资的项目及重要的基础设施建设项目,应对项目的社会效益进行分析。

③项目组织形式和实施方式,基本产权关系和主要债权债务关系。

④项目建设的必要性和合理性,项目是否达到经济规模。

⑤与同类项目相比较的竞争优势和劣势。

⑥项目建设是否符合投资方信贷政策要求。

(2) 项目建设进度评估

调查项目立项过程、依据,项目建设工期、进度、资金投入计划等情况,评估项目建设计划的实施和执行情况。如项目已开工,应分析项目的形象进度、投资完成及各项资金到位情况。

(3) 建设及运营条件评估

分析评估项目建设及运营所需用地、原材料、燃料、动力来源的可靠性,交通、运输、通信和生活保障措施及投资区域环境等条件与项目需要的适应性。

(4) 项目技术评估

调查了解项目技术设计单位的资质和水平,评估项目技术成熟度和与同行业相比较的先进程度,分析项目技术和运营流程在保证产品质量、降低产品成本、提高运营效率及促进环境保护等方面的可靠性和合理性。

(5) 项目选用主要设备评估

应对项目主要选用设备的成熟度、先进性、适用性和经济性进行评估。可通过调查主要设备采购计划的实施情况,国内同类项目设备的使用和运行情况,项目融资借款人有无技术力量掌握、使用、维护该技术设备等方面综合评价项目设备使用方面的潜在风险。

(6) 环境保护评估

调查分析项目实施是否符合国家有关政策的要求,包括项目建设、运营过程对社会生态环境可能造成的影响(包括废水、废气、废渣、生态平衡、拆迁等),环境保护治理的主要措施等,必要时说明项目环保投资占总投资的比重。建设用地与相关规划,在环保评估中,应重点调查项目环保方案获有关部门批准的落实情况。

(7) 国土资源评估

调查建设用地与相关规划,对资源利用和能源耗用进行分析,调查国土资源行政主管部门对项目用地批准的落实情况。

(8) 城市规划评估

主要调查城市规划行政主管部门出具的城市规划意见。

6.4 未来收益分析

项目产品市场评估(亦称未来收益分析),是指对项目产品供求状况及价格走势进行预测,综合评价项目产品的消费潜力和前景。

6.4.1 项目产品供求现状

项目产品供求现状分析,包括市场容量现状分析、价格现状分析、市场竞争力现状分析。

(1) 市场容量现状分析

调查和分析项目产品目前的市场供应和需求总量及其地区分布。

①供应现状分析。应根据行业类型,对项目产品或服务的供应现状进行分析,如交通运输项目,主要调查拟建项目影响区域内各种运输方式的分布现状、客货运力、运量及流向等;水利水电项目,主要调查流域开发现状,水利水电资源开发利用程度、供应能力和供应量等;学校、医院等公益性及基础设施收费项目,主要调查当地学校、医院等公益性机构和基础设施的类型、数量、服务能力和主要服务对象等。

②需求现状分析。应根据行业类型和产品特性,对项目产品或服务的需求现状进行分析,如交通运输项目,主要调查拟建项目影响区域内,用户对各种交通运输方式的客货运输需求现状及其满足程度;水利水电项目,主要调查流域范围内,用户对水利水电的需求现状及满足程度;学校、医院等公益性及基础设施建设项目,主要调查本地区范围内的有效需求人口数量、分布、需求类型及满足程度。

(2)价格现状分析

主要包括以下内容：

①分析项目产品的国内市场价格、价格变化过程及变化规律；

②说明项目产品的价格形成机制，是市场形成价格还是政府调控价格。

6.4.2 产品供需预测和价格走势

产品供需预测和价格走势分析。主要是在说明产品目标市场的基础上，对项目产品的供应量和需求量、供需平衡情况进行预测，并分析项目产品的价格走势。

(1)供应量预测

预测拟建项目产品在运营期内目标市场的可供量，包括区域内现有供应量和新增供应量。

(2)需求量预测

应根据行业类型和项目目标市场特点对项目产品或服务的供应量和需求量进行预测，如交通运输项目，预测拟建项目影响区域内，随着经济和社会发展，各种交通运输方式的发展变化情况（含运力、布局、价格、政策变化等）所引起的供应量和供应方式的变化以及用户对各种运输方式的需求量；水利水电项目，预测拟建项目流域范围内经济和社会发展，用户对水利水电的需求结构和需求量变化情况，以及水电资源的可供量和需求满足的程度；学校、医院等公益性项目及城市基础设施项目，根据法律规定、政府政策、经济发展水平、人口变动、城市规划等，预测项目所在地对公益性服务和城市基础设施的需求量，以及公益性服务和基础设施的数量、结构变化及满足需求的程度。

(3)产品供需平衡预测

在产品供应和需求预测的基础上，分析项目产品在运营期内的供需平衡情况和满足程度，以及可能导致供需失衡的因素和波及的程度、范围。

(4)价格走势分析

通过了解项目产品国际、国内和本地区市场价格的历史数据等信息，结合市场供需分析，预测项目产品的价格走势。进行价格走势分析时，不应低估投入品的价格和高估产出品的价格，避免预测的项目收益失真，城市基础设施和服务品的价格，应根据政府价格政策以及消费者支付意愿和承受能力进行测算。

6.5 投资估算与融资方案评估

投资估算与融资方案评估，是指对建设项目投资估算和各项资金来源的合理性、可靠性进行分析论证,以定量分析的方法为主。

6.5.1 项目投资估算

①在进行投资估算评估时,应对项目可行性研究报告或初步设计(包括政府有关部门对可行性研究报告、初步设计的批复)等文件中所列项目总投资及各分项投资进行评估。

②项目总投资评估包括固定资产投资评估与流动资金投资评估。

③固定资产投资评估包括静态投资评估和动态投资评估。

ⅰ静态投资评估是按项目拟定建设规模、产品方案、建设内容,对项目建设所需费用进行的评估,评估的范围包括建筑工程费用、安装工程费用、设备购置费用、工程建设其他费用和基本预备费。

基本预备费的计算标准为

基本预备费=(建筑工程费用+安装工程费用+设备购置费用+工程建设其他费用)×基本预备费率

基本预备费率按照国家有关部门规定的标准执行。

ⅱ动态投资评估的范围包括项目建设期利息、汇率变动部分、固定资产投资方向调节税(目前暂缓征收)、涨价预备金及国家规定的其他税费。

其中,项目建设期利息和涨价预备金一般按下列公式进行计算:

项目建设期每年应计利息=(年初投资累计+本年发放投资总额/2)×年利率

$$涨价预备金 = \sum_{t=1}^{n} I_t [(1+f)^t - 1]$$

式中　　n——建设期;

　　　　I_t——建设期第 t 年的建筑工程费用、安装工程费用、设备购置费用之和;

　　　　f——建设期价格上涨指数;

　　　　t——第 t 年。

④评估项目固定资产投资估算时,应对评估投资估算依据是否符合国家及行业主管部门颁布的有关规定,工程内容和费用是否齐全,是否任意扩大取费范围和提高标准,估算中有无漏项、少算或压低造价等情况进行审查,必要时应对投资构成比例是否合理及不合理的原因作出评价,并对投资概算进行据实调整。

⑤评估改扩建或技术改造项目的固定资产投资概算时,应将项目利用的企业原有固定资产计入固定资产投资中。对原有固定资产价值的评估原则是:若不进行改扩建或技术改造,企业原有固定资产实际可继续使用年限明显小于计算期时,

按账面价值(即固定资产净值)计算;否则,评估人员在审慎、客观的原则下按评估值进行计算。

⑥流动资金评估是对项目流动资金需要额的评估。项目流动资金的范围包括项目建成投产后,为维持正常运营活动,用于购买原材料、燃料、支付工资及其他经营费用等所需的周转资金。流动资金评估一般采用分项详细估算法,也可采用扩大指标法估算。必要时,应与项目融资借款人日常资金占用的实际情况进行对比分析。

ⅰ分项详细估算法是按照项目融资借款人的经营计划和经营的不同阶段对资金占用的实际情况进行详细测算,确定其流动资金的需要量。

ⅱ扩大指标估算法是参照项目融资借款人以往的或同类企业的流动资金占用率,对项目融资借款人流动资金需求量进行估算,可按照销售收入流动资金占用率、经营成本流动资金占用率或单位产量流动资金占用率等进行测算。

项目融资方案评估,是通过分析项目建设和运营所需全部资金的来源、构成(含资本/负债比例、长短期负债比例、资本金结构、投资方债权融资结构等),按计划到位的可能性及与项目投资计划的匹配性,评估项目融资方案的合理性、可靠性及对投资方投资的保障能力未实现的。

6.5.2 项目融资方案评估

项目融资方案评估包括权益类资金评估和负债类资金评估。

权益类资金是指项目投资人对项目投入的资本金或其他无需返还的资金。其形式有股东投资、实收资本、企业未分配利润、折旧、发行股票募集的资金、财政投入等货币资金形式和实物、工业产权等非货币资金形式。

负债类资金是指投资方等债权人投入项目的需要还本付息的资金。其形式有投资方投资、发行债券、融资租赁及其他有偿使用的资金。

①评估项目融资方案时,应对资金数量、各自占总投资比例及比例是否符合国家规定进行评估。评估中应区分资金的不同来源和形式进行逐项分析。

ⅰ对于权益类资金来源中以土地使用权、实物等非货币资产作价出资部分,应审查其价值是否经过有资格的资产评估机构评估且在有效期内,评估方法是否符合有关法律、法规的要求。

ⅱ对于权益类资金来源中的货币资金部分,应根据各投资人近三年及最近一期的财务报表,结合其在出资期间的债务偿还、投资计划及其他资金运用情况,分析投资人是否有能力按计划出资。

对新设法人进行评估时资本金尚未完全到位的项目,除按上述规定评价投资人出资能力外,还应对主要投资人领导班子的构成、经营业绩、管理水平,投资人的资本结构和基本组织架构,投资人以往的投资方投资偿还记录及其他主要业务的履约情况进行调查,评估其按期出资的资信水平。

ⅲ 对于负债类资金来源,应调查其筹措数额、筹措方式、筹资成本、筹资计划安排及审批落实等情况,使用其他投资方投资的至少应有书面的意向承诺。对拟通过发行债券筹资的,应审查是否获得有关审批部门的批准,调查了解发行规模、价格、时间、方法和说明等信息,结合证券市场的运行情况,分析其能否按时完成该部分资金的筹集。

ⅳ 对于以行政事业收费等作为资金来源的,应提供有关部门的收费批文,判断其合法性及收费期限,测算收费金额并分析可靠性;如果已经开始征收,要分析已征收的实际情况,对实收率作出说明,并在此基础上预测该项资金来源的可靠性。

② 评估项目融资方案时,对于已到位的各项资金,必须审查验资报告或相应的资金到位证明,必要时应对存放资金的账户进行调查。

③ 评估项目融资方案时,应根据项目具体情况,对资金供应风险进行预测,必要时应对利率风险和汇率风险进行说明。

ⅰ 预测资金供应风险。预测融资方案在实施过程中,可能出现资金不落实,导致建设工期拖长,工程造价升高,原定投资效益目标无法实现的风险。

ⅱ 说明利率风险和汇率风险。融资方案中采取浮动利率计息的,必要时,应说明投资利率变动的可能性并预测利率变动对项目造成的风险和损失;对于利用外资数额的投资项目,必要时应根据币种情况,对汇率较大幅度变动可能给项目造成的风险和损失进行说明。

6.5.3 评估项目资金成本

评估项目资金成本时,应当根据项目的全部资金来源计算各种资金成本以及加权平均资金成本。

资金成本是企业为在项目建设过程中筹集资金和使用资金时所支付的各种费用,包括资金筹集费用和资金占用费用。对资金成本的分析一般用资金成本率表示,即资金占用成本(利息、股息等)占全部融资额的百分比。资金成本率是一个项目必须获得的最低收益率。

加权平均资金成本的计算公式为

$$K_W = \sum w_i k_i$$

式中　K_W——加权平均资金成本；
　　　w_i——第 i 种资金来源占全部资金成本的比重；
　　　k_i——第 i 种资金来源的资金成本率。

6.6　财务效益评估

财务效益评估是指在基础财务数据测算与分析的基础上，根据国家现行财税制度及有关规定，测算财务效益指标，评估项目的盈利能力和回报能力，据以判别项目的财务可行性。

财务效益评估的主要步骤包括：选取财务评估基础数据与参数；估算成本与费用，计算运营收入、增值税、销售税金及附加，进行利润测评；编制财务评估的相关报表；计算财务评估指标，进行盈利能力和偿债能力分析。

6.6.1　基础数据与参数

选取财务评价基础数据与参数：
(1)项目计算期
包括项目建设期和运营期。项目建设期原则上按照可行性研究报告或项目初步设计确定。
(2)运营负荷
又称运营能力利用率，是指项目建成投产后各年实际产量与设计运营能力的比值。确定项目运营期各年的运营负荷时，应考虑原材料、燃料、动力供应、产品市场需求及技术等因素变化对运营负荷的影响和制约。
(3)财务价格
财务评估采取以现行价格为基础的预测价格进行估算。
(4)税费
主要包括增值税、营业税、消费税、资源税、所得税、城市维护建设税和教育费附加等。评估时应说明税费测算取费标准及减免税优惠依据。
(5)税率、利率、汇率
选取标准参见投资方固定资产投资项目评估办法附件一《项目评估基本参数》。

6.6.2　成本与费用

评估成本与费用，包括评估项目总成本费用、经营成本、固定成本与可变成本。

其中,总成本费用评估主要用于项目利润分析,经营成本评估主要用于项目现金流量分析,固定成本与可变成本评估主要用于项目盈亏平衡分析。

6.6.3 运营收入

运营收入是指销售产品或者提供服务取得的收入。评估运营收入时,应按照含税价格计算。

$$预计年运营收入 = \sum_{t=1}^{n} Q_i P_i + S_t$$

式中　Q_i——第 i 种产品的年产量;

　　　P_i——第 i 种产品的单价;

　　　S_t——第 t 年政府补贴。

6.6.4 增值税、销售税金及附加

①评估增值税:

　　　　　增值税应纳税额=当期销项税额-当期进项税额

其中

　　　　　当期销项税额=销售收入(不含税)×税率

　　　　　销售收入(不含税)=销售收入(含税)/(1+税率)

②评估销售税金、附加销售税金及附加主要包括与项目运营财务关系密切的消费税、营业税、资源税、土地增值税、城市维护建设税、教育费附加。

对各种税费进行评估时,具体计算标准按照国家现行税收条例的规定执行。

6.6.5 利润及利润分配

利润及利润分配应按照现行财务制度进行评估。项目利润总额(年)、税后利润、税后还款利润的计算公式为

　　项目利润总额(年)=运营收入-税金及附加-增值税-总成本费用

　　　　　税后利润=利润总额-所得税额

　　　税后还款利润(未分配利润)=税后利润-盈余公积金-

　　　　　公益金-应付利润(分红股利)

6.6.6 财务效益评估报表

编制财务效益评估报表,主要有总成本费用估算表、损益和利润分配表、投资

偿还期测算表、财务现金流量表。编制财务报表时,应区分新设法人项目和既有法人项目。

1.新设法人项目财务分析

主要包括对项目的盈利能力和投资回报能力进行分析。

(1)盈利能力分析评价

项目的盈利能力,即通过计算项目销售利润率、投资利润率、财务净现值、财务内部收益率等指标进行定量评价。根据项目所在行业的不同特点,在评估时可以根据行业特点适当增加其他指标。

①项目销售利润率,计算公式为

项目销售利润率=(运营期年平均利润总额/运营期年平均销售收入)×100%

其中

年平均利润总额=运营期各年利润总额/运营期年数

②项目投资利润率,计算公式为

项目投资利润率=(运营期年平均利润总额/项目总投资)×100%

式中:"平均利润总额"一般应按"正常年"计算;若项目各年利润总额均不相同,没有"正常年",可按经营期内平均值计算。

③财务净现值,指将项目方案各年净现金流量折现到同一时点的净效益累加现值。计算公式为

$$NPV = \sum_{t=1}^{n} (CI - CO)_t (1 + r)^{-t}$$

式中　CI——现金流入量,包括运营收入、回收固定资产余值、回收流动资金、其他现金流入等;

　　　CO——现金流出量,包括固定资产投资、流动资金投入、运营成本、销售税金及附加、增值税、所得税、其他现金流出等(可根据项目行业特点和实际需要在现金流入、现金流出两类中增减内容);

　　$(CI-CO)_t$——第 t 年的净现金流量;

　　　n——计算期年数;

　　　r——折现率,按照基准收益率(同折现率)取值。

④财务内部收益率,指项目在计算期内各年净现金流量差额现值累计等于零的折现率(计算现金流出不包括财务费用及所得税)。这一指标反映项目所占用资金的盈利水平,是投资人衡量项目投资收益,决定项目取舍的重要指标。

计算公式为

$$\sum_{t=1}^{n}(CI-CO)_{t}(1+IRR)^{-t}=0$$

式中 IRR——内部收益率；

其他符号含义与 NPV 计算公式相同。

计算 IRR 可采用试算内插法，即：若 $NPV(I_0)=A_1>0$，$NPV(I_0+1\%)=A_2<0$，则 $IRR=I_0+[|A_1|/(|A_1|+|A_2|)]\times 1\%$。

(2)投资回报能力分析

根据有关财务报表，计算项目投资偿还期，评价项目投资的回报能力。

2.既有法人项目财务分析

主要包括确定财务评价范围、选取财务评价数据、盈利能力分析和投资回报能力分析。

(1)确定财务评价范围

根据既有法人项目是否独立核算可以区分为：

①拟建项目建成后能够独立经营，形成相对独立的核算单位，项目所涉及的范围就是财务评价的范围。

②如果项目投产后的运营与现有企业无法分开，也不能单独计算项目发生的效益和费用，应将整个企业作为项目财务评价的范围。

(2)选取财务评价数据

①对于可以相对独立核算的项目，采取"孤立法"对既有法人项目进行财务评价。

②对于不能独立核算效益和费用的既有法人项目的财务评价，采用"有无对比法"进行增量分析，主要涉及以下三种数据：

i "有项目"数据。预测项目实施后各年的效益与费用状况的数据。

ii "无项目"数据。预测在不实施该项目的情况下，项目融资借款人各年的效益和费用状况的数据。

iii "增量"数据。"有项目"数据减"无项目"数据的差额，用于增量分析。

③盈利能力分析。与新设法人项目相同。

④投资回报能力分析。

(3)对于可相对独立核算的项目

应测算项目投资偿还期，计算方法与新设法人项目相同。

(4)对于既有法人项目

应计算综合投资偿还期，即无论该项目属于可相对独立核算项目还是不能独立核算项目,均应综合考虑项目融资借款人各类还贷资金来源和各类债务负担,评估项目融资借款人综合投资偿还期。评估时应考虑以下因素:

①各类还贷资金包括项目融资借款人已有还贷资金、未来可具备的还贷资金及项目建成后可新增的还贷资金。

②各类债务负担包括此笔投资本息、原有债务本息或其他可能承担的债务本息负担。

③测算项目融资借款人综合投资偿还期时,应评价项目融资借款人偿还目前已有负债的能力,分析测算项目新增效益是否需要部分或全部用于偿还项目融资借款人的其他负债,评价在项目自身能力不足以偿还投资本息的情况下,项目融资借款人用企业综合效益偿还项目项下债务的能力。

(5)对基础设施建设以及学校、医院等公益性项目的财务效益评估

除按照本章规定的一般项目财务效益评估的方法执行外,可根据行业特点和项目具体情况作适当调整。对于项目本身不收取费用或只收取少量费用,偿还投资来源主要依赖政府支持的项目,应以成本效用分析为主,并计算投资偿还期,应不计算项目的财务内部收益率、财务净现值等指标。

(6)对于使用多种来源债务资金的项目

应按各种投资或债务的还款条件计算投资方的投资偿还期。在各种债务的偿还条件未确定的情况下,应按照各种来源渠道的投资资金占投资资金总额的比例,分摊偿还投资的方式计算投资方的投资偿还期。

专栏二十六:最高人民法院关于发布第 11 批指导性案例的通知

法〔2015〕320 号

各省、自治区、直辖市高级人民法院,解放军军事法院,新疆维吾尔自治区高级人民法院生产建设兵团分院:

经最高人民法院审判委员会讨论决定,现将福建海峡银行股份有限公司福州五一支行诉长乐亚新污水处理有限公司、福州市政工程有限公司金融借款合同纠纷案等 4 个案例(指导案例 53-56 号),作为第 11 批指导性案例发布,供在审判类似案件时参照。

最高人民法院

2015 年 11 月 19 日

指导案例 53 号 福建海峡银行股份有限公司福州五一支行诉长乐亚新污水处理有限公司、福州市政工程有限公司金融借款合同纠纷案(最高人民法院审判委员会讨论通过 2015 年 11 月 19 日发布)

裁判要点

1.特许经营权的收益权可以质押,并可作为应收账款进行出质登记。

2.特许经营权的收益权依其性质不宜折价、拍卖或变卖,质权人主张优先受偿权的,人民法院可以判令出质债权的债务人将收益权的应收账款优先支付质权人。

相关法条

《中华人民共和国物权法》第208条、第223条、第228条第1款

基本案情

原告福建海峡银行股份有限公司福州五一支行(以下简称海峡银行五一支行)诉称:原告与被告长乐亚新污水处理有限公司(以下简称长乐亚新公司)签订单位借款合同后向被告贷款3000万元。被告福州市政工程有限公司(以下简称福州市政公司)为上述借款提供连带责任保证。原告海峡银行五一支行、被告长乐亚新公司、福州市政公司、案外人长乐市建设局四方签订了《特许经营权质押担保协议》,福州市政公司以长乐市污水处理项目的特许经营权提供质押担保。因长乐亚新公司未能按期偿还贷款本金和利息,故诉请法院判令:长乐亚新公司偿还原告借款本金和利息;确认《特许经营权质押担保协议》合法有效,拍卖、变卖该协议项下的质物,原告有优先受偿权;将长乐市建设局支付给两被告的污水处理服务费优先用于清偿应偿还原告的所有款项;福州市政公司承担连带清偿责任。

被告长乐亚新公司和福州市政公司辩称:长乐市城区污水处理厂特许经营权,并非法定的可以质押的权利,且该特许经营权并未办理质押登记,故原告诉请拍卖、变卖长乐市城区污水处理厂特许经营权,于法无据。

法院经审理查明:2003年,长乐市建设局为让与方、福州市政公司为受让方、长乐市财政局为见证方,三方签订《长乐市城区污水处理厂特许建设经营合同》,约定:长乐市建设局授予福州市政公司负责投资、建设、运营和维护长乐市城区污水处理厂项目及其附属设施的特许权,并就合同双方权利义务进行了详细约定。2004年10月22日,长乐亚新公司成立。该公司系福州市政公司为履行《长乐市城区污水处理厂特许建设经营合同》而设立的项目公司。

2005年3月24日,福州市商业银行五一支行与长乐亚新公司签订《单位借款合同》,约定:长乐亚新公司向福州市商业银行五一支行借款3000万元;借款用途为长乐市城区污水处理厂BOT项目;借款期限为13年,自2005年3月25日至2018年3月25日;还就利息及逾期罚息的计算方式作了明确约定。

福州市政公司为长乐亚新公司的上述借款承担连带责任保证。

同日,福州市商业银行五一支行与长乐亚新公司、福州市政公司、长乐市建设局共同签订《特许经营权质押担保协议》,约定:福州市政公司以《长乐市城区污水处理厂特许建设经营协议》授予的特许经营权为长乐亚新公司向福州市商业银行五一支行的借款提供质押担保,长乐市建设局同意该担保;福州市政公司同意将特许经营权收益优先用于清偿借款合同项下的长乐亚新公司的债务,长乐市建设局和福州市政公司同意将污水处理费优先用于清偿借款合同项下的长乐亚新公司的债务;福州市商业银行五一支行未受清偿的,有权依法通过拍卖等方式实现质押权利等。

上述合同签订后,福州市商业银行五一支行依约向长乐亚新公司发放贷款3000万元。长乐亚新公司于2007年10月21日起未依约按期足额还本付息。

另查明,福州市商业银行五一支行于2007年4月28日名称变更为福州市商业银行股份有限公司五一支行;2009年12月1日其名称再次变更为福建海峡银行股份有限公司五一支行。

裁判结果

福建省福州市中级人民法院于2013年5月16日作出(2012)榕民初字第661号民事判决:

1.长乐亚新污水处理有限公司应于本判决生效之日起十日内向福建海峡银行股份有限公司福州五一支行偿还借款本金28714764.43元及利息(暂计至2012年8月21日为2142597.6元,此后利息按《单位借款合同》的约定计至借款本息还清之日);

2.长乐亚新污水处理有限公司应于本判决生效之日起十日内向福建海峡银行股份有限公司福州五一支行支付律师代理费人民币123640元;

3.福建海峡银行股份有限公司福州五一支行于本判决生效之日起有权直接向长乐市建设局收取应由长乐市建设局支付给长乐亚新污水处理有限公司、福州市政工程有限公司的污水处理服务费,并对该污水处理服务费就本判决第1、2项所确定的债务行使优先受偿权;

4.福州市政工程有限公司对本判决第1、2项确定的债务承担连带清偿责任;

5.驳回福建海峡银行股份有限公司福州五一支行的其他诉讼请求。宣判后,两被告均提起上诉。福建省高级人民法院于2013年9月17日作出福建省高级人民法院(2013)闽民终字第870号民事判决,驳回上诉,维持原判。

裁判理由

法院生效裁判认为:被告长乐亚新公司未依约偿还原告借款本金及利息,已构成违约,应向原告偿还借款本金,并支付利息及实现债权的费用。福州市政公司作为连带责任保证人,应对讼争债务承担连带清偿责任。本案争议焦点主要涉及污水处理项目特许经营权质押是否有效以及该质权如何实现问题。

一、关于污水处理项目特许经营权能否出质问题

污水处理项目特许经营权是对污水处理厂进行运营和维护,并获得相应收益的权利。污水处理厂的运营和维护,属于经营者的义务,而其收益权,则属于经营者的权利。由于对污水处理厂的运营和维护,并不属于可转让的财产权利,故讼争的污水处理项目特许经营权质押,实质上系污水处理项目收益权的质押。

关于污水处理项目等特许经营的收益权能否出质问题,应当考虑以下方面:其一,本案讼争污水处理项目《特许经营权质押担保协议》签订于2005年,尽管当时法律、行政法规及相关司法解释并未规定污水处理项目收益权可质押,但污水处理项目收益权与公路收益权性质上相类似。《最高人民法院关于适用〈中华人民共和国担保法〉若干问题的解释》第九十七条规定,"以公路桥梁、公路隧道或者公路渡口等不动产收益权出质的,按照担保法第七十五条第(四)项的规定处理",明确公路收益权属于依法可质押的其他权利,与其类似的污水处理收益权亦应允许出质。其二,国务院办公厅2001年9月29日转发的《国务院西部开发办〈关于西部大开发若干政策措施的实施意见〉》(国办发〔2001〕73号)中提出,"对具有一定还贷能力的水利开发项目和城市环保项目(如城市污水处理和垃圾处理等),探索逐步开办以项目收益权或收费权为质押发放贷款的业务",首次明确可试行将污水处理项目的收益权进行质押。其三,污水处理项目收益权虽系将来金钱债权,但其行使期间及收益金额均可确定,其属于确定的财产权利。其四,在《中华人民共和国物权法》(以下简称《物权法》)颁布实施后,因污水处理项目收益权系基于提供污水处理服务而产生的将来金钱债权,依其性质亦可纳入依法可出质的"应收账款"的范畴。因此,讼争污水处理项目收益权作为特定化的财产权利,可以允许其出质。

二、关于污水处理项目收益权质权的公示问题

对于污水处理项目收益权的质权公示问题,在《物权法》自2007年10月1日

起施行后,因收益权已纳入该法第二百二十三条第六项的"应收账款"范畴,故应当在中国人民银行征信中心的应收账款质押登记公示系统进行出质登记,质权才能依法成立。由于本案的质押担保协议签订于2005年,在《物权法》施行之前,故不适用《物权法》关于应收账款的统一登记制度。因当时并未有统一的登记公示的规定,故参照当时公路收费权质押登记的规定,由其主管部门进行备案登记,有关利害关系人可通过其主管部门了解该收益权是否存在质押之情况,该权利即具备物权公示的效果。

本案中,长乐市建设局在《特许经营权质押担保协议》上盖章,且协议第七条明确约定"长乐市建设局同意为原告和福州市政公司办理质押登记出质登记手续",故可认定讼争污水处理项目的主管部门已知晓并认可该权利质押情况,有关利害关系人亦可通过长乐市建设局查询了解讼争污水处理厂的有关权利质押的情况。因此,本案讼争的权利质押已具备公示之要件,质权已设立。

三、关于污水处理项目收益权的质权实现方式问题

我国担保法和物权法均未具体规定权利质权的具体实现方式,仅就质权的实现作出一般性的规定,即质权人在行使质权时,可与出质人协议以质押财产折价,或就拍卖、变卖质押财产所得的价款优先受偿。但污水处理项目收益权属于将来金钱债权,质权人可请求法院判令其直接向出质人的债务人收取金钱并对该金钱行使优先受偿权,故无需采取折价或拍卖、变卖之方式。况且收益权均附有一定之负担,且其经营主体具有特定性,故依其性质亦不宜拍卖、变卖。因此,原告请求将《特许经营权质押担保协议》项下的质物予以拍卖、变卖并行使优先受偿权,不予支持。

根据协议约定,原告海峡银行五一支行有权直接向长乐市建设局收取污水处理服务费,并对所收取的污水处理服务费行使优先受偿权。由于被告仍应依约对污水处理厂进行正常运营和维护,若无法正常运营,则将影响到长乐市城区污水的处理,亦将影响原告对污水处理费的收取,故原告在向长乐市建设局收取污水处理服务费时,应当合理行使权利,为被告预留经营污水处理厂的必要合理费用。

6.7 不确定性分析

不确定性分析包括盈亏平衡分析和敏感性分析。

6.7.1 盈亏平衡分析

盈亏平衡分析是指在一定的市场和运营条件下对项目成本与收益的平衡关系进行的分析,以盈亏平衡点表示。项目盈亏平衡点根据项目正常运营年份的产品产量或销量、可变成本、固定成本、产品价格和销售收入及税金的年平均数值计算得出,一般用运营能力利用率表示。公式为

$$BEP(\%) = CF/(S - C_v - T) \times 100\%$$

式中　BEP——用运营能力利用率表示的盈亏平衡点;

　　　CF——年平均固定总成本;

　　　S——年平均销售收入;

　　　C_v——年平均可变总成本;

　　　T——年平均销售税金及附加 +年平均增值税。

6.7.2 敏感性分析

敏感性分析是指通过定量测算项目财务效益指标随项目建设运营期间各种敏感性因素变化而变化的幅度,判断项目的抗风险能力。

①敏感性因素一般包括工期、总投资、运营负荷、投入物价格、销售价格和汇率等。

②财务效益指标取财务内部收益率和投资偿还期。

③具体分析时,应根据项目具体情况,选择影响项目效益的几个最主要因素进行单因素敏感性分析,以了解和评估影响项目财务效益的最敏感因素,预测项目的潜在风险和抗风险能力。

ⅰ影响内部收益率、投资偿还期的主要敏感性因素波动幅度可取该因素当前值或未来最可能值的正向和反向变动5%、10%、20%计算。根据项目情况也可将取值的浮动比例扩大,但一般不超过±30%。

ⅱ对利用外资(包括权益类资金和负债类资金)达项目投资总额30%以上的项目应将汇率作为敏感性因素进行敏感性分析。

④评估人员在对项目不确定性进行分析的基础上,须对项目的风险点作出判断。

6.8 投资方相关效益与风险评估

主要内容包括分析项目投资为投资方带来的效益,及项目存在的风险和防范措施。

6.8.1 投资方相关效益

投资方相关效益评估,是指在合理预测项目投资收益的基础上,就项目投资对投资方相关效益大小进行评估。效益评估的主要内容包括:

①对项目投资可以量化的投资方收益及成本进行具体测算,应区别分年度数和总额进行计算,具备条件的可采取净现值法进行测算。

i 可以量化的投资方收益主要包括投资转移收入、存款转移收入和中间业务净收入,计算公式分别为

投资转移收入 = 投资额×(投资的实际利率−内部资金转移价格)

存款转移收入 = 存款额×(内部资金转移价格−存款付息率)

中间业务净收入是投资方为项目融资借款人提供财务咨询、信息咨询等金融服务获得的净收入。

ii 具备条件的,应量化计算项目投资的投资方成本,主要包括项目投资应分摊的管理成本以及该项目投资的经济资本成本。

②对于项目投资难以量化计算的投资方收益和成本部分,可简化财务计算内容,但至少应对收益和成本项目进行逐项说明。如项目投资收益包括有利于密切投资方与当地政府、主管部门、项目融资借款人所属集团公司或其他关联企业的业务合作关系,有助于投资方取得其他优质投资项目,有利于提高投资方的知名度和业务竞争能力等;项目投资成本包括暂难以量化的各项投入和支出。

6.8.2 风险评估

风险评估是指在分析项目自身存在的风险的基础上分析和判断投资方投资潜在的风险,并针对风险因素提出投资方分散、转移、化解或减轻投资风险的措施和建议。

①项目主要风险包括市场风险、技术风险、资金风险、政策风险等。如项目或投资涉及有待澄清、解决的法律问题或与任何第三方有尚未解决的法律纠纷,须进行分析说明。在评估时应逐一说明项目的主要风险,并进行逐项分析、判断。

②如项目融资借款人对项目投资设定了担保措施,评估时需根据《中华人民共和国担保法》等有关法律、法规和投资方有关规定对各项担保措施的有效性、充分性、可行性、合理性进行评估。

③如项目融资借款人尚未对项目投资设定担保措施,评估人员应根据项目投资和项目融资借款人情况分析是否需要设定担保,并提出切实可行的担保措施建议。

6.9 总评价

通过对项目融资借款人/项目发起人资信状况、项目概况、项目产品市场供求、项目投资估算与资金来源、项目财务和风险防范与投资方相关效益等六个方面的评估论证,评估人员分别得出了各个分项评估结论。在此基础上对各分项论证结果进行全面的归纳总结,形成评估总体结论。

①各分项评估结论和总体评估结论必须以评估分析为基础,符合投资方的信贷政策和信贷规章制度,不得与国家的法律、法规相违背。

②总体评估结论中应就项目投资的主要有利因素和不利因素逐一简要说明,并提出相应风险控制建议。

③总体评估结论应直接、明确地表明是否建议给予投资支持及投资的金额、期限、利率、担保方式,并就需要引起注意的事项或建议作出专门说明。

专栏二十七:评估报告主要内容及格式

项目评估报告是评估工作完成后形成的书面材料,是投资方投资决策的主要依据。因此,评估报告必须完整规范,文字叙述要简明扼要,重点突出,观点明确。评估报告由主报告、附表和附件三部分组成,本专栏介绍主报告和附表。

1. 评估报告封面和扉页

(1)封面格式

      评估报告编号:
      项目融资借款人组织机构代码:

投资方

_____(项目名称)

项目评估报告

评估机构:
评估机构公章:
(评估报告完成日期: 年 月 日)

(2) 扉页格式

评估组长
姓名:_____ 所在单位:_____ 职称:_____

评估组员
姓名:_____ 所在单位:_____ 职称:_____
姓名:_____ 所在单位:_____ 职称:_____

评估审核人
姓名:_____ 所在单位:_____ 职称:_____

(如评估中聘请专家提供咨询意见的,应列明专家姓名、所在单位、职称及咨询领域。)

(3) 评估报告"声明与保证"格式

声明与保证

我们在此声明与保证:此报告是按照《投资方固定资产投资项目评估办法》和有关规定,根据投资申请人提供的和本人收集的资料,经我们审慎调查、核实、分析和整理后完成的。报告全面反映了投资申请人及项目最主要、最基本的信息,我们对报告分析方法的科学性、分析结果的合理性负责。

直接评估人签字:

年 月 日

评估审核人签字:

年 月 日

评估报告批准人签字:

年 月 日

2. 主报告

一般由九章组成。

(1) 第一章

为项目评估情况的简要介绍,内容应包括:

①项目受理情况;

②项目可行性研究的主要结论(包括《可行性研究报告》结论、提示的主要风险、主要评价指标等);

③投资项目的评估结论(包括是否建议提供投资,投资的金额、期限、利率及投资条件;项目的主要竞争优势和劣势;投资的主要潜在风险及建议采取的主要风险防范措施;评估结论与可行性研究结论的对比分析等);

④项目融资借款人/项目基本信息和数据摘要表。

(2) 第二章~第九章

分别对应7.2节~7.9节相应的有关评估内容,并按顺序依次排列。

(3) 项目评估报告正文结构

第一章　前言

第二章　项目融资借款人评价

第三章　项目概况

第四章　产品及市场分析

第五章　投资估算与融资方案评估

第六章　财务效益评估

第七章　不确定性分析

第八章　投资方相关效益与风险评估

第九章　总评价

3. 附表

评估报告附表共计7张,依次为:

评估表1　固定资产投资估算表

评估表2　固定资产投资资产分类表

评估表3　投资计划与资金筹措表

评估表4　总成本费用估算表

评估表5.1　损益和利润分配表(新设法人项目)

评估表5.2　损益和利润分配表(既有法人项目)

评估表6.1　投资偿还期计算表

评估表6.2　项目融资借款人投资综合偿还期计算表(既有法人项目)

评估表7.1　项目现金流量表(新设法人项目)

评估表 7.2-1 项目增量现金流量表(既有法人项目)
评估表 7.2-2 无项目现金流量表(既有法人项目)

专栏二十八:2015 年 PPP 融资需求 1.6 万亿元 财政部:审慎控制项目规模

中国财政部 14 日发布文件,要求对开展政府和社会资本合作(PPP)项目进行财政承受能力论证,审慎控制新建 PPP 项目规模,以防控财政风险。

PPP 模式本质上是一种合作关系,即社会资本承担设计、建设、运营、维护基础设施的大部分工作,通过使用者付费和必要的政府付费获得投资回报;政府部门负责监管基础设施和公共服务的价格和质量。

近年来,PPP 模式越来越受到政府重视,社会资本将有望更多参与到交通设施、社会事业、水利工程、污水处理和垃圾处理等公共项目的建设中去。

中信证券预计,仅 2015 年就有 1.6 万亿元的潜在 PPP 融资需求。

1.开展项目需论证

最新发布的《政府和社会资本合作项目财政承受能力论证指引》(以下简称《指引》)明确提出,开展 PPP 项目要进行财政承受能力论证。如未通过论证,则不宜采用 PPP 模式。

根据《指引》,财政承受能力论证一方面要评估财政支出能力如何,即根据 PPP 项目预算支出责任,评估 PPP 项目实施对当前及今后年度财政支出的影响;另一方面,要平衡不同行业和领域的 PPP 项目,防止过于集中于某一行业和领域。

《指引》要求,每一年度全部 PPP 项目需要从预算中安排的支出责任,占一般公共预算支出比例不应超过 10%。各地可根据实际情况制定具体比例。

《指引》明确,鼓励列入地方政府性债务风险预警名单的高风险地区,采取 PPP 模式化解地方融资平台公司存量债务。同时,审慎控制新建 PPP 项目规模,防止因项目实施加剧财政收支矛盾。

2.加速发展

PPP 模式本质上是一种合作关系,即社会资本承担设计、建设、运营、维护基础设施的大部分工作,通过使用者付费和必要的政府付费获得投资回报;政府部门负责监管基础设施和公共服务的价格和质量。因有助于控制政府性债务,缓解财政压力,近年来 PPP 模式日益受到中国官方的重视。财政部长楼继伟此前曾要求,2015 年推广运用 PPP 模式要有新的突破。

随着经济增速放缓,中国政府在债务高企的同时,财政收入也在减速,收支矛盾凸显。2014年全国财政收入同比增长8.6%,创23年来新低。而截至2013年6月底,全国各级政府负有偿还责任的债务为20.70万亿元人民币。

如今,PPP正在中国加速发展。十八届三中全会以来,多部委和相关部门出台文件中均明确需要发展PPP模式。全国人大法工委委托发改委牵头起草的《基础设施和公用事业特许经营管理办法》进入公开征求意见阶段,财政部牵头成立PPP中心,并公布了关于如何订立PPP项目合同的操作说明。

据民生证券统计,目前省市级地方政府共推出总额约为2万亿元的PPP项目,其中有9000亿元项目公布了具体的项目投资额。到目前为止,签约的项目约为3350亿元,约占总额的1/6。在未签约项目中,主要为交通设施、社会事业、水利工程、污水处理和垃圾处理等项目。

第 7 章 项目风险识别

风险作为工程建设领域中的一种客观现象,是指一种不确定状况,一旦发生会对至少一个项目目标如时间、费用、范围或者质量产生消极影响。风险的概念应该包括3个层面,即有什么风险、风险发生的概率和风险发生带来的后果。与其他类型的工程项目相比,PPP项目往往具有更复杂的风险,因此PPP项目的风险管理是项目运行是否成功的关键因素。

风险分析是指识别和估计风险,并对风险的结果进行评估,为风险管理计划的制订和实施提供依据,风险分析的目的是查明项目在哪些方面、哪些地方、什么时候会出现问题,哪些地方潜藏着风险。在查明风险的基础上提出降低风险的各种行动路线和方案。因此,风险分析不仅仅是简单的风险识别与评估,而是一个复杂的风险管理过程。

风险识别是指对项目本身潜在的或客观存在的影响项目绩效的风险因素进行系统的预测和归类。风险识别技术一般包括信息搜集技术(包括"头脑风暴"法、德尔菲法、访谈、SWOT分析)、核对表分析、假设分析和图解技术(包括因果图、系统流程图、影响图),大多数方法都可以应用于PPP项目的风险管理中。

7.1 失败案例原因分析

近年来,PPP项目融资方式在中国基础设施建设领域越来越受到青睐,社会资本的介入不仅解决了基础设施建设的资金短缺问题,更可以降低成本和提高效率。但是,由于PPP是一种新生事物,我国政府和社会资本普遍缺乏经验,PPP在我国的应用也遇到了诸多实际问题,也有许多项目遇到了较大问题甚至失败。对这些失败项目进行分析总结,找出导致项目失败的主要风险因素,在今后的项目实践中加以重点关注,对我国今后的PPP实践更有指导价值。正是基于这一出发点,通过对过去中国 PPP 项目中失败的一些案例进行重点分析,找出导致其失败的主要风险因素,对其产生原因和内在规律进行深入分析。案例选取了自 20 世纪 80 年代以来在中国实施的 PPP 项目中 16 个失败的案例,表 7-1 为这些案例的基本情况。这些项目主要涉及高速公路、桥梁、隧道、供水、污水处理和电厂等领域,基本涵盖了我国采用 PPP 模式的主流领域。

表 7-1 所选取案例的基本情况

案例编号	项目名称	出现的问题
1	江苏某污水处理厂	2002—2003 年出现谈判延误、融资失败
2	长春汇津污水处理厂	2005 年政府回购
3	上海大场水厂	2004 年政府回购
4	北京第十水厂	Anglian 从北京第十水厂项目中撤出
5	湖南某电厂	没收保函,项目彻底失败
6	天津双港垃圾焚烧发电厂	政府所承诺补贴数量没有明确定义
7	青岛威立雅污水处理项目	重新谈判
8	杭州湾跨海大桥	出现竞争性项目
9	鑫远闽江四桥	2004 年走上仲裁
10	山东中华发电项目	2002 年开始收费降低,收益减少
11	廉江中法供水厂	1999 年开始闲置至今,谈判无果
12	福建泉州刺桐大桥	出现竞争性项目,运营困难
13	汤逊湖污水处理厂	2004 年整体移交
14	延安东路隧道	2002 年政府回购
15	沈阳第九水厂	2000 年变更合同
16	北京京通高速公路	运营初期收益不足

通过对表 7-1 所列 16 个案例失败原因的汇总分析,可得出中国 PPP 项目的失败主要是由以下风险造成的。

1. 法律变更风险

法律变更风险主要是指由于采纳、颁布、修订、重新诠释法律或规定而导致项目的合法性、市场需求、产品/服务收费、合同协议的有效性等元素发生变化,从而威胁到项目的正常建设和运营,甚至直接导致项目的中止和失败的风险。PPP 项目涉及的法律法规比较多,加之我国 PPP 项目还处在起步阶段,相应的法律法规不够健全,很容易出现这方面的风险。例如,江苏某污水处理厂采用 BOT 融资模式,原本计划于 2002 年开工,但由于 2002 年 9 月《国务院办公厅关于妥善处理现有保证外方投资固定回报项目有关问题的通知》的颁布,项目公司被迫与政府重新就投资回报率进行谈判。上海大场水厂和延安路隧道也遇到了同样的问题,均被政府回购。

2. 审批延误风险

审批延误风险主要指由于项目的审批程序过于复杂,导致花费时间过长和成本过高,且批准之后对项目的性质和规模进行必要商业调整非常困难,给项目的正常运作带来了威胁。比如某些行业里一直存在成本价格倒挂现象,当市场化之后引入外资或私营资本后,都需要通过提价来实现预期收益。而根据我国《价格法》和《政府价格决策听证办法》规定,公用事业价格、公益性服务价格、自然垄断经营的商品价格等政府指导价、政府定价,应当建立听证会制度,征求消费者、经营者和有关方面的意见,论证其必要性、可行性,这一复杂的过程很容易导致审批延误的问题。以城市水业为例,水价低于成本的状况表明水价上涨势在必行,但是各地的水价改革均遇到不同程度的公众阻力和审批延误问题。例如,2003 年的南京水价上涨方案在听证会上未获通过;上海人大代表也提出反对水价上涨的提案,导致上海水价改革措施迟迟无法落实。因此出现了外国水务公司从中国市场撤出的现象,比较引人注目的是泰晤士水务出售了其大场水厂的股份、Anglian 从北京第十水厂项目中撤出。

3. 政治决策失误/冗长风险

政治决策失误/冗长风险是指由于政府的决策程序不规范、官僚作风、缺乏 PPP 项目运作经验和能力、前期准备不足和信息不对称等导致项目决策失误和过程冗长的危险。例如,青岛威立雅污水处理项目,由于当地政府对 PPP 的理解和认识有限,政府对项目态度的频繁转变导致项目合同谈判时间很长。而且,污水处理价格是在政府对市场价格和相关结构不了解的情况下签订的,价格较高,后来政府了解以后,又要求重新谈判以降低价格。此项目中项目公司利用政府的知识缺陷和错误决策签订不平等协议,从而引起后续谈判拖延,面临政府决策冗长的困境。相似地,在大场水厂、北京第十水厂和廉江中法供水厂项目中也存在同样问题。

4. 政治反对风险

政治反对风险主要是指由于各种原因导致公众利益得不到保护或受损,从而引起政治甚至公众反对项目建设所造成的风险。例如,大场水厂和北京第十水厂的水价问题,由于关系到公众利益,而遇到来自公众的阻力,政府为了维护社会安定和保障公众利益也反对涨价。

5. 政府信用风险

政府信用风险是指政府不履行或拒绝履行合同约定的责任和义务而给项目带来直接或间接危害的风险。例如,在长春汇津污水处理厂项目中,汇津公司与长春市排水公司于 2000 年 3 月签署《合作企业合同》,设立长春汇津污水处理有限公司,同年长春市政府制定《长春汇津污水处理专营管理办法》。2000 年年底,项目投产后合作运行正常。然而,从 2002 年年中开始,排水公司开始拖欠合作公司污水处理费,长春市政府于 2003 年 2 月 28 日废止了《长春汇津污水处理专营管理办法》,2003 年 3 月起,排水公司开始停止向合作公司支付任何污水处理费。经过近两年的法律纠纷,2005 年 8 月最终以长春市政府回购而结束。

6. 不可抗力风险

不可抗力风险是指合同一方无法控制,在签订合同前无法合理防范,情况发生时,又无法回避或克服的事件或情况,如自然灾难或事故、战争、禁运等。例如,湖南某电厂于 20 世纪 90 年代中期由原国家计委批准立项,西方某跨国能源投资公司为中标人,项目所在地省政府与该公司签订了特许权协议,项目前期进展良好。但此时某些西方大国(包括中标公司所在国)轰炸中国驻南斯拉夫大使馆,对中国主权形成了实质上的严重侵犯。国际政治形势的突变,使得中标人在国内外的融资都变得不可能。项目公司因此最终没能在延长的融资期限内完成融资任务,省政府按照特许权协议规定收回项目并没收了中标人的投标保函,之后也没有重新招标,从而导致了外商在该项目的彻底失败。

7. 融资风险

融资风险是指由于融资结构不合理、金融市场不健全、融资的可及性等因素引起的风险,其中最主要的表现形式是资金筹措困难。PPP 项目的一个特点就是在招标阶段选定中标者之后,政府与中标者先草签特许权协议,中标者要凭草签的特许权协议在规定的融资期限内完成融资,完成融资后特许权协议才可正式生效。如果在给定的融资期内发展商未能完成融资,将会被取消中标资格并没收投标保证金。在湖南某电厂的项目中,发展商就因没能完成融资而被没收了投标保函。

8. 市场收益不足风险

市场收益不足风险是指项目运营后的收益不能收回投资或达不到预定水平的风险。例如,天津双港垃圾焚烧发电厂项目中,天津市政府提供了许多激励措施,如果由于部分规定导致项目收益不足,天津市政府承诺提供补贴。但是政府所承诺补贴数量没有明确定义,项目公司就承担了市场收益不足的风险。另外,京通高速公司建成之初,由于相邻的辅路不收费,导致较长一段时间京通高速车流量不足,也出现了项目收益不足的风险。在杭州湾跨海大桥和福建泉州刺桐大桥的项目中也有类似问题。

9. 项目唯一性风险

项目唯一性风险是指政府或其他投资人新建或改建其他相似项目,导致对该项目形成实质性的商业竞争而产生的风险。项目唯一性风险出现后往往会带来市场需求变化风险、市场收益风险、信用风险等一系列的后续风险,对项目的影响是非常大的。如杭州湾跨海大桥项目开工未满两年,在相隔仅50km左右的绍兴市上虞沽渚的绍兴杭州湾大桥已在加紧准备当中,其中一个原因可能是因为当地政府对杭州湾跨海大桥的高资金回报率不满,导致项目面临唯一性风险和收益不足风险。

10. 配套设备服务提供风险

配套设备服务提供风险是指项目相关的基础设备不到位引发的风险。在这方面,汤逊湖污水处理厂项目是一个典型案例。2001年凯迪公司以BOT方式承建汤逊湖污水处理厂项目,建设期两年,经营期20年,经营期满后无偿移交给武汉高科(代表市国资委持有国有资产的产权)。但一期工程建成后,配套管网建设、排污费收取等问题迟迟未能解决,导致工厂一直亏损,最终该厂整体移交至武汉市水务集团。

11. 市场需求变化风险

市场需求变化风险是指排除唯一风险以外,由于宏观经济、社会环境、人口变化、法律法规调整等其他因素使市场需求变化,导致市场预测与实际需求之间出现差异而产生的风险。例如,在山东中华发电项目中,项目公司于1997年成立,项目于2004年建成,建成后运营较为成功。然而山东电力市场的变化和国内电力系统体制改革对运营购电协议产生了三大影响:第一是电价问题,1998年根据原国家计委曾签署的谅解备忘录,中华发电在已建成的石横一期、二期电厂获准了0.41元/(千瓦·时)这一较高的上网电价,而在2002年10月,菏泽电厂新机组投入运营时,山东省物价局批复的价格是0.32元/(千瓦·时),这一电价不能满足项目的正常运营;第二是合同中规定的"最低购电量"也受到威胁,2003年开始,山东省计委将以往中华发电与山东电力集团间的最低购电量5500h(机组运转5500h所产生的电量)减为5100h。由于合同约束,山东电力集团仍须以"计划内电价"购买5500h的电量,价差由山东电力集团掏钱填补,这无疑打击了山东电力集团公司购电的积极性。在杭州湾跨海大桥、闽江四桥、刺桐大桥和京通高速等项目中也存在这一风险。

12. 收费变更风险

收费变更风险是指由于 PPP 产品或服务收费价格过高、过低或者收费调整不弹性、不自由导致项目公司的运营收入不如预期而产生的风险。例如,由于电力系统体制改革和市场需求变化,山东中华发电项目的电价从项目之初的 0.41 元/(千瓦·时)变更到了 0.32 元/(千瓦·时),使项目公司的收益受到了严重威胁。

13. 腐败风险

腐败风险主要指政府官员或代表利用其影响力要求或索取不合法的财物,而直接导致项目公司在关系维持方面的成本增加,同时也加大了政府在将来的违约风险。例如,由香港汇津公司投资兴建的沈阳第九水厂 BOT 项目,约定的投资回报率为:第 2~4 年,18.50%;第 5~14 年,21%;第 15~20 年,11%。如此高的回报率使得沈阳自来水总公司支付给第九水厂的水价是 2.50 元/吨,而沈阳市 1996 年的平均水价是 1.40 元/吨。到 2000 年,沈阳市自来水总公司亏损高达 2 亿多元。这个亏损额本来应由政府财政填平,但沈阳市已经多年不向自来水公司给予财政补贴了,因此沈阳市自来水总公司要求更改合同。经过数轮艰苦的谈判,2000 年年底,双方将合同变动如下:由沈阳市自来水总公司买回汇津公司在第九水厂所占股权的 50%,投资回报率也降至 14%,这样变动后沈阳市自来水总公司将来可以少付 2 亿多元。实际操作中对外商承诺的高回报率很多时候与地方官员的腐败联系在一起,在业内,由外商在沈阳投资建设的 8 个水厂被称为"沈阳水务黑幕"。

以上为从 16 个案例中总结而来的导致 PPP 项目失败的主要风险,从对这些风险及其对案例的影响描述中也可以看出,一个项目的失败往往不是单一风险作用的结果,而是多个风险的组合作用。表 7-2 就是对每个案例所遇到的主要风险的汇总。

表 7-2 导致 PPP 项目失败的主要风险因素

风　险	1	2	3	4	5	6	7	8	9	10	11	12	13	14	15	16
法律变更	√		√											√		
审批延误					√											
政治决策失误/冗长					√		√			√						
政治反对					√											
政府信用	√	√			√		√							√		
不可抗力	√				√											
融资						√										
市场收益不足						√		√				√				√

第7章　项目风险识别

续表

风险	1	2	3	4	5	6	7	8	9	10	11	12	13	14	15	16
项目唯一性								√	√			√				√
配套设备服务提供													√			
市场需求变化							√	√							√	
收费变更									√							
腐败															√	

注：表7-2中的案例编号请参照表7-1。

7.2　风险清单确定

将中国以往失败PPP项目中导致项目损失的重要风险、以往关于中国PPP项目风险研究分担不明确的风险和现有可参考的风险分担方案中分担不统一的风险进行归纳合并得出初步风险清单，见表7-3。

表7-3　风险清单及其含义解释

序号	风险因素	含义解释
1	政府官员腐败	政府官员的腐败行为将直接增加项目公司在关系维持方面的成本,同时也加大了政府在将来的违约风险
2	政府干预	政府官员直接干预项目建设/运营,影响社会资本的自主决策权力
3	征用/公有化	中央或地方政府强行没收项目
4	政府信用	政府不履行或拒绝履行合同约定的责任和义务而给项目带来直接或间接的危害
5	第三方延误/违约	除政府和社会资本投资者,其他项目参与者拒绝履行合同约定的责任和义务,或者履行时间延误
6	政府/公众反对	由于各种原因导致公众利益得不到保护或受损,从而引起政治甚至公众反对项目建设所造成的风险
7	法律及监管体系不完善	由于现有PPP立法层次较低、效力较差、相互之间存在某些冲突和可操作性差等原因造成的危害
8	法律变更	由于法律、法规及其他政府宏观经济政策的变化而引起项目成本增加、收益降低等后果
9	利率风险	指市场利率变动的不确定性给PPP项目造成的损失
10	外汇风险	包括外汇汇率变化风险和外汇能否兑换风险
11	通货膨胀	指整体物价水平上升,货币的购买力下降,导致项目成本增加等其他后果

续表

序号	风险因素	含义解释
12	政府决策失误/过程冗长	程序不规范、官僚作风、缺乏PPP的运作经验和能力、前期准备不足、信息不对称等造成项目决策失误和过程冗长
13	土地获取风险	土地所有权获得困难、土地取得成本和时间超过预期,使得项目成本增加或项目延期
14	项目审批延误	项目需经过复杂的审批程序,花费时间长且成本高,批准之后,对项目的性质和规模进行必要商业调整非常困难
15	合同文件冲突/不完备	合同文件出现错误、模糊不清、设计缺乏弹性、出现冲突,包括风险分担不合理、责任与义务范围不清等风险
16	融资风险	包括融资结构不合理、金融市场不健全、融资的可及性等因素引起的风险,其中最主要的表现形式是资金筹集困难
17	工程/运营变更	由于前期设计的可建造性差、设计错误或含糊、规范标准变化、合同变更、业主变更等原因引发的工程/运营变更
18	完工风险	表现为工期拖延、成本超支、项目投产后达不到设计时预定的目标,从而导致现金流不足、不能按时偿还债务等
19	供应风险	指原材料、资源、机具设备或能源的供应不及时给项目带来损失
20	技术风险	指所采用技术不成熟,难以满足预定的标准和要求,或者适用性差,迫使私营机构追加投资进行技术改进
21	气候/地质条件	由于项目所在地客观存在的恶劣自然条件,如气候条件、特殊的地理环境和恶劣的现场条件等
22	运营成本超支	政府强制提高产品/服务标准、利率/汇率/不可抗力等非运营商因素及运营管理差等
23	市场竞争(唯一性)	原因导致运营成本超支政府或其他投资人新建或改建其他相似项目,导致对该项目形成实质性的商业竞争
24	市场需求变化(非竞争因素导致)	排除唯一性风险,由于宏观经济、社会环境、人口变化、法律法规调整等其他因素导致的市场需求变化
25	收费变更	包括由于PPP产品/服务收费价格过高、过低或者收费调整不弹性/不自由导致项目公司的运营收入不如预期
26	费用支付风险	由于基础设施项目的经营状况或服务提供过程中受其他因素影响,导致用户(或政府)费用不能按期按量的支付
27	配套基础设施风险	指项目相关的基础设施不到位引发的风险
28	残值风险	投资者过度使用设备等资源,造成特许期满移交时,项目设备材料折旧严重或所剩不多,影响项目的继续运营
29	招标竞争不充分	包括招投标程序不公正、不公平、不透明,招标项目信息不充分或不够真实,缺少足够的竞标者,市场主体恶性竞争、故意压低价格竞标等风险
30	特许经营人能力不足	由于特许经营人能力不足等原因导致建设、运营效率低下

续表

序号	风险因素	含义解释
31	不可抗力风险	合同一方无法控制,在签订合同前无法合理防范,情况发生时,又无法回避或克服的事件或情况
32	组织协调风险	由于项目公司的组织协调能力不足,导致项目参与各方的沟通成本增加、互相矛盾冲突产生等变故
33	税收调整	包括中央或者地方政府的税收政策变更
34	环保风险	由于政府或社会团体对项目的环保要求提高,导致项目的成本增加、工期延误或其他损失
35	社会资本投资者变动	由于各项目股东之间发生冲突或其他原因导致投资者发生变动,如中途退出等,而影响项目的正常运营
36	项目测算方法主观	特许期、服务价格的设置与调整、政府补贴等项目参数的测算过于主观,使得项目没有达到理想的效果
37	项目财务监管不足	放贷方和政府对项目公司的资金运用和项目的现金流监管不足,导致项目资金链断裂等变故

7.3 风险清单分析

7.3.1 风险层级归纳

为了更好地分析和确定每一种风险对其他风险的影响作用,更好地确定对每一种风险所应采取的风险管理措施的优先顺序,本书采用风险层级归纳方法,将PPP项目的风险分为"国家""市场"和"项目"3个层级。其中,国家层级风险指的是某一特定国家的政治、人文、社会、环境等方面的潜在风险,如政治和宏观经济的稳定性、国家对私有/外国财产保护的能力、国家应对经济危机的能力、市场规则改变、对股息/红利的分配限制等;市场层级风险特指在全球或者某一特定国家内的经济市场、建筑市场和PPP项目所在行业市场的潜在风险,包括公司在当地市场的技术优势和劣势、市场资源的稀缺性、市场规则的复杂性以及政府对建筑产业的政策/态度等;项目层级风险指的是在某一特定PPP项目中可能遭遇的潜在风险,如不合理的工程设计、现场施工安全问题、不恰当的质量控制手段和环境保护等。

按照风险层级分析法,37个风险因素的层级分析如图7.1所示,其中包括14个国家层级风险、7个市场层级风险和16个项目层级风险。

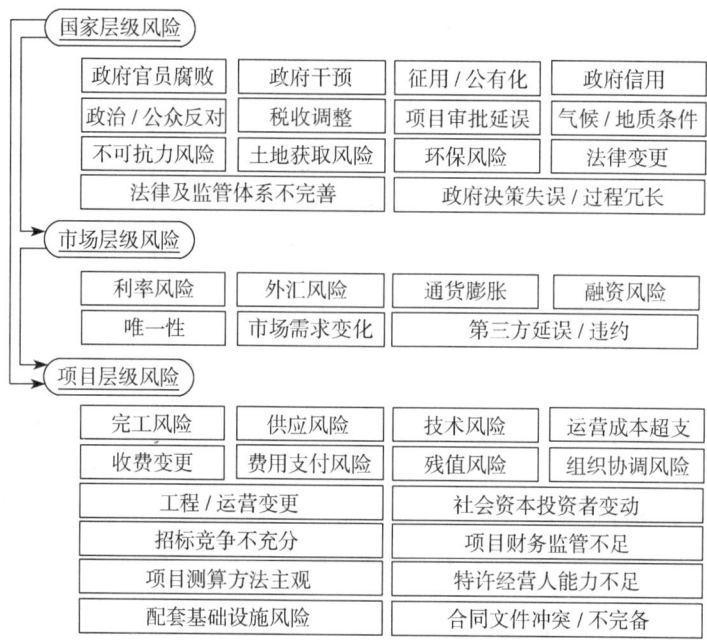

图 7.1 风险因素的层级分析（箭头表示各种风险之间的影响）

7.3.2 风险起源分析

归责原则是法律范围上常用的一个争端处理方法，对风险分担也具有一定的借鉴意义。因此为了方便进一步讨论风险的合理分担，本书首先讨论风险的起源和责任归属。由于 PPP 项目本身的合同结构复杂、项目时间长、风险大等众多特点，很多 PPP 项目风险并不能充分地界定导致该风险产生的过错归责对象，或者政府和社会资本都没有过错。

37 个风险因素的起源分析见表 7-4。可以发现，很多风险特别是国家层级风险的归责对象都是中央政府或者地方政府，根据归责原则，可以初步预见到在 PPP 项目合同谈判中，政府及其相关部门应该主动承担本研究所选取的许多风险因素。

表 7-4 风险起源及其归责对象

序号	风险因素	风险起源	归责对象
1	政府官员腐败	政府决策流程的不透明，一定程度上加强了官员个人在决策时的重要性，也加强了与相关官员的关系在项目运作中的作用，提高了官员腐败的可能性	地方政府
2	政府干预	特别是当政府入股的情况下，政府官员往往特别看重所谓的国有资产控制权/所有权，期望做大股东，拥有决策权	地方政府

续表

序号	风险因素	风险起源	归责对象
3	征用/公有化	当遭遇宏观调控时,项目的部分具体合约条款违反中央政策/方向,中央政府予以征用,强制私营资本退出	无
4	政府信用	政府官员/班子换届后,新任政府官员拒绝履行上任政府官员的承诺,或者政府无法承担过高的履行成本而拒绝履行义务	地方政府
5	第三方延误/违约	由于合作第三方的各种原因导致的延误或者违约	第三方
6	政治/公众反对	项目预期收费过高或者项目的环评/可研不合理,导致社会公众/其他政府部门对项目的反对	无
7	法律及监管体系不完善	现有PPP相关法律条款缺失或不完善或效力等级太低,导致项目运作受到限制	中央政府
8	法律变更	由于相关法律条款的变更,导致现有项目的合同款条设置与其有一定程度的冲突	中央政府
9	利率风险	中央政府对利率的宏观调控导致金融市场的利率变化	中央政府
10	外汇风险	中央政府对外汇汇率或者兑换条件的宏观调控	中央政府
11	通货膨胀	经济环境	无
12	政府决策失误/过程冗长	地方政府的决策流程不规范、能力/前期准备不足或信息不对称导致政府的错误决策、官僚作风等内在问题导致政府部门的决策过程冗长	地方政府
13	土地获取风险	由于城市规划或者其他历史原因导致的土地性质冲突、拆迁困难等	地方政府
14	项目审批延误	政府审批流程设计复杂,需交涉部门过多,办事人员效率低下	政府
15	合同文件冲突/不完备	合同文件设计不完善	社会资本/地方/政府
16	融资风险	金融市场不健全、融资的不可及	无
17	工程/运营变更	业主对现有设计提出调整要求,或者设计方对现有设计进行修正补充	地方政府/设计方
18	完工风险	施工方效率低下等主观原因或者其他外部环境引起的客观原因	施工单位
19	供应风险	供应商供应不及时或者供应物品质量不过关	供应商
20	技术风险	投资者采用的技术不过关	社会资本
21	气候/地质条件	当地先天自然环境	无
22	运营成本超支	政府强制提高服务标准、运营商运营能力低下、其他市场环境因素	特定
23	唯一性	政府自建或者批准其他投资者在附近区域新建了一个竞争项目	地方政府

续表

序号	风险因素	风险起源	归责对象
24	市场需求变化	市场环境的变化	无
25	收费变更	政府统一调整城市基础设施收费的机制	地方政府
26	费用支付风险	政府或终端使用客户拒绝支付费用	地方政府/用户
27	配套基础设施风险	项目的配套基础设施不到位	地方政府
28	残值风险	项目运营阶段维护不周	社会资本
29	招标竞争不充分	招标程序不透明、不公正,缺少足够竞争者,或者故意串通压低中标价格	待定
30	特许经营人能力不足	招标过程不合理、投资者资质造假等	社会资本/地方政府
31	不可抗力风险	非双方能够预期或者抵抗的因素	无
32	组织协调风险	投资者经验不足或者组织协调能力不足	社会资本
33	税收调整	中央或地方政府的税收政策变更	政府
34	环保风险	环保要求的提高	政府/公众
35	私营投资者变动	项目股东各自参与项目的目的不同或者之间的沟通协调出问题	社会资本
36	项目测算方法主观	对项目参数的测算过于主观和乐观	社会资本/地方政府
37	项目财务监管不足	放贷方和政府对项目财务状况缺乏监管	地方政府/放贷方

7.3.3 风险后果分析

项目风险发生之后,可能对项目的成本、进度、质量等产生影响,严重时可能会导致项目的中止甚至终止。有的时候,如果某风险发生后,一方为直接受害者,该风险可以直接划分给该方承担。这是因为当人们的自身利益可能受到损害时,更能主动地采取措施去避免这种风险。直接受害防范、控制此类风险的内在动力和积极性可以提高风险管理的效率。基于此,本书也将讨论所选取的 37 个风险因素导致的后果及其影响对象。

如表 7-5 所列,这些风险的直接影响对象绝大部分是社会资本。主要原因可能是这些风险主要偏向于 BOT 这种标准模式,在 BOT 项目中,社会资本将负责项目的融资、建设、运营和维护等任务。

表 7-5 风险后果及其影响对象

序号	风险因素	风险后果	影响对象
1	政府官员腐败	增加沟通成本、加大将来的违约风险	社会资本
2	政府干预	项目效率降低，可能出现返工导致成本增加和工期推延等情况	社会资本
3	征用/公有化	项目终止，社会资本退出	社会资本
4	政府信用	可能出现支付停滞或延迟、工期延误等，甚至出现项目中止或终止的情况	社会资本
5	第三方延误/违约	工期延误，也可能导致成本增加	社会资本
6	政治/公众反对	工期延误，可能需要重新谈判修改具体合同条款，严重时也可能导致项目中止或终止	社会资本
7	法律及监管体系不完善	项目出现问题时，投资者遭受的损失无法通过法律途径得到妥善的解决，项目可能被迫中止或终止	社会资本
8	法律变更	可能引起项目成本增加、收益降低或者需要修改部分项目合同条款，需进行重新谈判，加长项目谈判时间	社会资本/地方政府
9	利率风险	融资成本的增加	社会资本
10	外汇风险	货币兑换成本的增加或者禁止兑换	社会资本
11	通货膨胀	成本增加、市场需求可能减少	社会资本
12	政府决策失误/过程冗长	谈判时间旷日持久，且项目运作期间政府可能出现信用问题，要求重新谈判等	社会资本
13	土地获取风险	前期成本增加或者开工时间延误	社会资本
14	项目审批延误	开工时间延误，或者后期无法进行必要的商业调整	社会资本
15	合同文件冲突/不完备	政府与投资者之间出现纠纷，可能导致项目中止，严重时也可能导致项目终止	社会资本/地方政府
16	融资风险	融资成本的增加，甚至可能出现融资失败，导致项目被收回	社会资本
17	工程/运营变更	工期延误、成本增加	社会资本
18	完工风险	运营推延，现金流回收延误导致项目现金流压力骤增，可能出现现金流破裂等严重情况	社会资本
19	供应风险	工期延误	社会资本
20	技术风险	技术改进，成本增加，如发生在施工阶段将导致工期延误，发生在运营阶段将导致运营中断，收入减少	社会资本
21	气候/地质条件	工期延误或者施工成本增加	社会资本
22	运营成本超支	运营成本增加	社会资本
23	唯一性	市场竞争激烈，导致项目收入减少	社会资本

续表

序号	风险因素	风险后果	影响对象
24	市场需求变化	项目收入减少或增加(可能性较小)	社会资本(地方政府)
25	收费变更	运营收入不理想	社会资本
26	费用支付风险	运营收入拖欠或者无法回收,导致项目现金流压力增大	社会资本
27	配套基础设施风险	工期延误	社会资本
28	残值风险	特许期结束后项目移交给政府后无法继续正常运营	地方政府
29	招标竞争不充分	中标价格不合理、项目收费不合理或者投资者能力不足	地方政府/公众
30	特许经营人能力不足	项目运营效率低下	地方政府/公众
31	不可抗力风险	工期延误或者成本增加,甚至可能导致项目中止或终止	社会资本/地方政府
32	组织协调风险	沟通成本增加,项目争端产生	社会资本
33	税收调整	税收条件变化	社会资本/地方政府
34	环保风险	设计变更,导致成本增加或者工期延误	社会资本
35	私营投资者变动	项目资本结构变动,严重时可能导致项目中止	社会资本
36	项目测算方法主观	项目收入不如预期,可能导致项目公司现金流破裂	社会资本
37	项目财务监管不足	项目财务状况恶化,或者私营投资者对项目财务进行非法操作	地方政府/放贷方

专栏二十九:我国城市水务业 PPP 项目风险分析

1.成都第六水厂 BOT 项目

这是全国第一家采用公开招标的 BOT 方式进行城市供水基础设施建设的案例。1998 年 7 月 12 日,"法国通用水务(现称威立雅)—日本丸红株式会社联合体"成为中标的项目公司(以下简称"项目公司"),该项目主要建设内容包括 80 万米^3/日的取水工程、40 万米^3/日净水厂工程和 27km 输水管道工程,总投资 1.076 亿美元,其中 30%为资本金,由项目公司股东投资,法国威立雅占 60%,日本丸红占 40%,其余 70%来自亚洲开发银行和欧洲投资银行以及由里昂信贷银行牵头的 5 家商业银行融资。特许权期限 18 年,于 2000 年 12 月提前建成并开始售水。成都自来水公司由市政府指定与项目公司签订了《购水协议》,成为承担购水义务的企业,按照协议规定,2002 年成都自来水公司向项目公司的实际购水价将高达1.186元/米^3。市自来水公司需要向合资公司水厂每天购买自来水40万m^3，即使不需要这么多水，也需按40万米^3/日支付水费。实际上第六水厂建成后，成都市的整体供水能力出现过剩，为给外资水厂"保底"，自来水总公司不得不将自有自来水厂的产能由60万米^3/日降低到20万~50万米^3/日。同时按协议规定，以后的购水价格还要逐年递增，并由中方承担汇率风险。该项目的实施过程中，成都市经历了城市产业结构调整、城市用水结构的改革，该项目的实施对推进西部城市的水业市场化改革有着重要的积极作用。但是，该项目在执行实施过程中也出现了一些问题，如中外双方的风险分担不合理、水量预测错误等原因导致成都市自来水公司亏损严重，因而该项目在业内颇受争议。

2. 沈阳第九水厂BOT项目

1996年，沈阳市政府决定采用BOT方式开发建设沈阳第九水厂(设计能力10万米^3/日)。香港汇津中国有限公司投资2500万美元，沈阳市自来水公司承担工程建设和水厂经营管理，合作期限为20年。按照合同中方需定期向汇津公司给予固定回报：第2~4年回报率为18.5%；第5~14年回报率为21%；第15~20年回报率为11%。因建设和经营全部交由中方承担，这次合作没有引进任何管理经验。1996年沈阳市平均水价为1.40元/米^3，但中方向第九水厂购水的水价为2.50元/米^3。加之其他原因造成的亏损，到2000年沈阳市自来水总公司因这次交易产生的亏损高达2亿多元。由于出现巨额亏损，中方无力向汇津公司支付高额购水费，2000年年底，双方将合同变更如下：中方(沈阳自来水总公司)回购50%汇津公司所占股份，回购价格1150万美元，汇津公司的投资回报率降至13.3%。另外双方同意在条件合适时，外方将股权全部转让给中方。该协议一直未能执行，第九水厂一直由沈阳自来水总公司运营并向管网供水。该项目也暴露出供水行业市场化改革中的一些其他问题，如过于强调资产变现和资金的引入，忽略了竞争机制的引入、忽略了政府的监管职责、决策过于草率等，值得行业借鉴和反思。

3. 北京市第十水厂BOT项目

1999年北京市第十水厂BOT项目经国家计委同意，通过国际公开招标融资。该项目建设规模为50万米^3/日，主要建设内容有取水头、取水站、输水管道、净水厂和相应的配套设施。总投资约2亿美元，建设期3年，专营期限20年，在专营期满后，专营公司将项目设施无偿移交给北京市政府。招标文件中主要考虑水价,兼顾了法律方案、融资方案和技术方案并提出了最低要求,大岳咨询公司等专业咨询机构和招标委员会聘请的专家参加了评标工作。英国安格力安水务与日本三菱商事组成的联合体通过竞标赢得该项目,2002年4月项目协议草签。北京市第十水厂BOT项目是国内运作的比较规范的项目之一,整个流程也比较成功。如有3家联合体的投标水价比政府预测的水价低1元/米^3。

4. 常州城北污水处理厂TOT项目

常州城北污水处理厂是常州市现有规模最大的二级城市污水处理厂,分三期建设,设计处理能力达15万米^3/日,服务人口约60万。2004年7月,常州市城建集团正式实施项目的招商工作,2005年3月,深圳水务集团(中外合资企业)与常州市建设局正式签署了特许经营协议,常州市以1.68亿元的总价向深圳水务集团转让20年的经营权。

本项目政府保留产权,只对经营权进行转让,是特许经营的有益尝试。项目招商期间,政府的运作也比较成功,一开始就聘请了专业的招商顾问、法律顾问机构提供专业咨询服务。同时该项目在招商目标的设定时,并不是单纯追求服务单价低或者转让价高,而是选择综合服务最优者中标。

5. 合肥王小郢污水处理厂TOT项目

合肥王小郢污水处理厂于1998年投入运行,设计处理能力30万米^3/日,服务面积52km^2,服务人口约76万,是安徽省第一座大型城市污水处理厂。2003年,合肥市政府以TOT形式公开招标转让王小郢污水处理厂的特许经营权。2004年7月7日,世界七大水务集团之一的德国柏林水务国际有限公司和东华工程科技股份有限公司联合体以4.8亿元高价,赢得王小郢污水处理厂23年经营权,比标底价2.68亿元高出2.12亿元。成为迄今为止国内最大规模,也最具影响力的污水TOT项目之一,成为业界关注的焦点。

王小郢污水处理厂资产权益转让项目是合肥市首次采取国际招标通过特许经营的方式运营和管理市政基础设施的有益尝试,是国内有史以来规范招标最大的TOT污水处理项目,资产转让项目的整个过程都非常规范,严格按照国际惯例要求逐步实施,最大限度地盘活国有资产,为公用事业改革提供了有益探索和成功模式。

但是其高溢价资产转让根本上基于污水处理的服务单价,因而资产溢价转让的本质使政府将公众的预期污水费支付承诺予以变现,会间接导致较大的社会公众压力。

6. 遵义南郊、北郊水厂 TOT 项目

遵义市供排水公司是遵义市主城区唯一一家供排水企业,2003年11月到2004年3月,经过与法国威立雅水务的多轮谈判,遵义市政府与法国威立雅水务达成协议,出让南郊、北郊两个日生产能力20万吨的自来水厂,转让价格1.52亿元人民币,经营期限30年,期满后可续展5年。双方约定,遵义市供排水公司向威立雅公司的购水量为:第1年每天11.6万 m^3,以后逐年增加,至第9年增加到每天18.2万 m^3 后不再上调,以后的26年均按这一数量执行;购水费为第1年0.92元/米^3,第9年增加到1.25元/米^3 后不再上调,以后26年也按这一价格执行。

据测算,威立雅经营35年,将累计实现利润13亿元,平均年利润为3000余万元,投资回报期为6.5年。而遵义市虽然在此次经营权出让中获得1.52亿元转让资金,却因计划购买威立雅公司已处理水的基本水量而面临巨额预亏,第1~5年累计将亏损1.089亿元,且未含水资源费、城市附加和增值税等费用。特许经营权协议签订后,遵义市供排水公司职工到有关部门不断上访并提出质疑,最终让这两个水厂的移交工作被迫搁置。该案例存在的主要问题是约定水价和保底水量,违背了风险共担、利益共享的市场规律,最终伤害中方本土企业和社会公众的利益。

7. 深圳水务集团

深圳作为新兴现代化大型城市,是中国三大经济发展和新地带之一,具有完善的城市基础设施。2003年深圳全市自来水日供水能力442.2万 m^3,供水普及率达99%。特区内自来水日供水能力194.7万 m^3,供水普及率达100%,污水处理率60%以上。2003年年底,深水集团的PPP项目,投资总额33.1亿元。国有控股55%、威立雅水务和北京首创股份合资成立的通用首创投资有限公司持股40%、威立雅水务持股5%,共获得深水集团45%股权,合营期限为50年。合作经营范围为整个城市的供水、污水处理水务资产及业务。中外双方合同约定合同期满后全部资产无偿移交给中方。深水集团的并购项目不仅将包括管网在内的水务集团股权转让外资,还将污水处理厂及污水管网业务打包在水务集团中,这在中国水业市场化改革中尚属首例,这一模式实现了真正的供排水一体化经营。引入外资后深水集团从国有独资企业转变成为全国水务行业最大的中外合资企业,总资产规模超过80亿元。借助威立雅水务的优秀的管理经验及合资企业的体制优势,深水集团已向全国水务领域扩展,发展势头迅猛,PPP项目公司已持续盈利。深圳市居民和企业等用户的公共利益不仅未因合资受损害,而且因PPP项目公司带来的社会服务水平的提高和水质的改善而得到了有效的保证。

8. 兰州威立雅水务集团

兰州是甘肃省会,2007年生产总值730亿元,财政收入120亿元,城市居民人均可支配收入10270元。合资前兰州供水集团下辖4家水厂,员工2600名,自来水生产能力130万吨/日,供水管网640km。2007年兰州市政府与威立雅水务正式签约,威立雅水务以17.1亿元(约3倍于原资产价)收购兰州供水集团45%的股权,成立兰州威立雅水务(集团)有限责任公司,经营期限30年,合作经营范围为兰州市四座自来水厂、管网及其附属设施。兰州威立雅PPP项目采用自来水厂及管网整体资产与外商进行PPP合营的模式运营,由于该项目也是典型的高溢价收购,资产折旧费巨大,造成合营公司财务上持续亏损。为弥补高溢价而造成的财务亏损,兰州市政府多次上调水价,导致城市水价上涨过快,公众公共利益明显受损。而PPP项目公司出于投资回报的考虑,对城郊、周边开发区水务设施投入也不足,影响了城乡区域经济一体化的发展。另外,合同约定合营期满时,兰州市政府还要以当时的市场价回购外方的股份,这也使未来的有偿回购成为一个"无底洞"。

9. 上海浦东威立雅水务有限公司

上海是全国经济发展建设和社会发展的中心之一,综合实力雄厚,2004年生产总值7400亿元,财政收入1119.7亿元,城市居民人均可支配收入16683元。2002年5月22日威立雅水务集团以20亿元价格受让上海市自来水浦东有限公司50%国有股权,双方合资成立上海浦东威望迪自来水有限公司,下辖三家水厂,员工1205名,日供水能力127万t,经营期限50年。合作经营范围为浦东新区区域内(含浦东城郊及周边开发区)自来水制水、输配和销售服务,工程管理以及给水业务。上海浦东威立雅水务有限公司是中国第一家集制水、输配、服务为一体的中外合资供水企业,属于典型的供水企业整体合资模式,采取的是包括供水管网在内的股权转让方式,为中国第一次允许外资进入城市供水管网系统。上海浦东威立雅项目最初由于该项目以股权溢价近三倍转让,导致PPP项目公司财务折旧加大而持续亏损。另外对浦东城郊及周边待发展区域的水务设施投入相对较少,导致该区域用户的普惠服务得不到完全保障,公共利益明显受损。

10. 三亚中法供水有限公司

三亚市是我国唯一一个热带滨海国际旅游城市,属中型城市,经济、社会发展迅速,但经济基础薄弱,城乡经济一体化水平较低,城郊、周边农村、开发区等区域处于待发展状态,居民、企业等用户消费能力不高,价格承受能力有限。城市水务业规模较小,城乡水务一体化发展水平也较低,但城市区域用水需求逐年快速增长,潜力巨大,三亚市政府也具备一定水平的执政能力。海南天涯水业集团公司,拥有一定数量复合型的PPP项目运作人才,引进外资前是三亚市以提供自来水为主业的老国有企业。在合作伙伴的选择上,中法水务投资有限公司(中法水务)由世界三大水务集团之一的法国苏伊士环境和香港新创建集团有限公司合资组成,具备丰富的专业化水务运营经验,拥有较强的专业化技术,具备大批经营管理、专业技术人才,具有丰富的PPP项目运作经验。

该合资项目投资总额为3.24亿元人民币,中外双方各占50%的股份,合营期限为30年,合营期满后,合营公司资产无偿移交给三亚市政府。合作经营范围为三亚市主城区供水业务。而城郊、开发区及周边乡镇等待发展区域供水业务、污水处理业务仍由政府授权的海南天涯水业(集团)公司负责。自投入运营以来,合资公司充分利用外个的管理和技术优势及海南天涯水业(集团)公司原有的信息化建设成果,加强管理,减少成本,水质、社会服务等重要指标逐年向好,而水价并没有上涨,有效地保护了城市居民的公共利益。而且PPP项目公司从经营期第一年盈利至今,连续盈利。

专栏三十:越南Yen Lenh大桥BOT项目的风险识别

Yen Lenh大桥位于越南北部,跨越红河,它的建设增加了一条连接越南北部重要经济区域兴安省与哈南省的路线。之前,渡过这条河必须通过渡船或绕道约40km经过河内附近,并常常造成那里严重的交通堵塞。这座大桥能够减轻其他道路的并通压力,并能缩短两省之间所需的交通时间。此外,这两个省以及整个红河三角洲地区的社会经济也都将得以改善,进而加速整个国家的社会经济发展。

1.项目背景

如前所述,这个项目的实施把越南北部的两个省连接起来,预计将能够吸引约10%的南北向交通流量,这为该区域社会经济的发展创造了良好的条件。这个项目的建设期为23个月,比计划进度提前了10个月。尽管这个项目是采用BOT模式进行的,但一多半项目成本是由国家和两个省的地方政府提供的(约1100万美元),而唐龙建筑公司和第四土木工程建筑公司承担其余的成本。特许权公司被授予17年的特许经营期以收回项目投资。

东海项目管理公司(ESPMU)被交通部聘为代表在特许权公司中代行其职权,越南公路管理局作为特许权公司的独立监督方以确保工程的设计和施工质量。交通工程设计公司被特许公司和东海项目管理公司聘为项目的顾问公司负责工程的设计、监理。通过与财政部和投资规划部签订协议,特许公司还得到了中央政府的支持;而越南发展投资银行为其提供投资基金和融资担保以帮助确保项目特别是建设阶段的财务稳定性;越南保险公司则同意为项目的建设提供保险。此外,特许权公司在2003年还成立了Yen Lenh BOT公司,负责在所同意的特许期内运营项目。图7.2表示了Yen Lenh大桥BOT项目的关系人结构图。

2. BOT项目风险识别

作为某重要研究的一个组成部分(该研究的目的之一是评估适当的风险分担与项目成功之间的关系),Ninh对Yen Lenh大桥BOT项目进行了案例分析研究,评估项目关系人(见图7.2)对本项目风险及机遇的观点。问卷调查作为数据收集过程的一个组成部分,目的是发现项目关系人认识可能影响或对取得项目成功的努力会有影响的风险种类。此外,问卷还要求项目关系人确定这些风险对项目可能的影响大小,以根据每个关系人对风险影响大小的看法对风险进行排序。

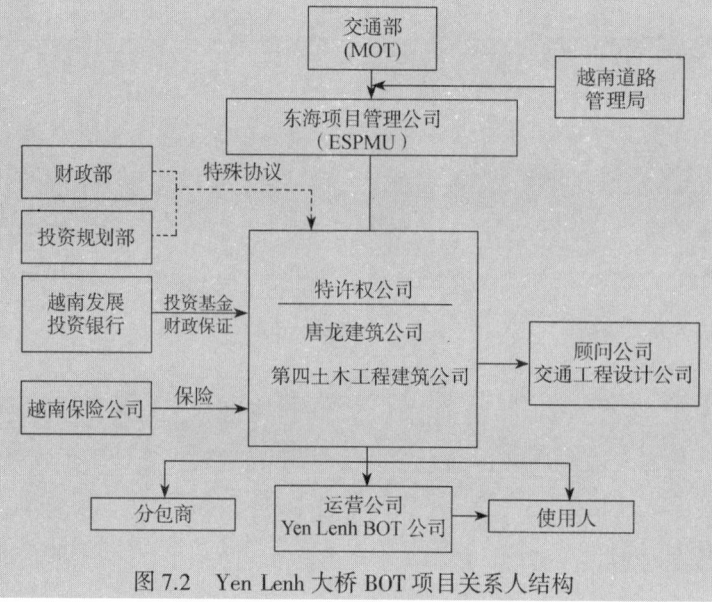

图7.2 Yen Lenh大桥BOT项目关系人结构

这个调研问卷的发放对象包括政府官员、金融机构(如投资机构、银行等)、保险公司、咨询机构人员、承包商和分包商,共发放40份问卷,回收35份,回收率约为87.5%。问卷的填写者绝大多数是管理层人员,他们通常对于管理、技术、财务、组织等各方面议题具有更全面的知识,是信息的可靠来源。而且,约54.3%的问卷填写者具有至少10年的工作经验,可以认为他们具有与这类项目相关的充分知识。

根据调研结构,在越南对BOT基础设施项目最具影响力的十大风险如下:

①土地征用延误;
②政府机构审批延误;
③BOT项目所在区域交通网络风险;
④成本超支;
⑤对未来经济发展及社会需求的不正确预测;
⑥通货膨胀率提高;
⑦特许经营期长度的错误分析;
⑧利率变化;
⑨政府官员的腐败和低信誉;
⑩实际交通收入低于估计值。

上述各个风险将在下面各节中详细讨论。

(1) 土地征用延误

土地征用延误风险是对基础设施项目的总体成功有重要影响的一个风险。及时获得土地对项目而言非常重要,因为项目区段上很小一块土地的征用发生轻微的延误就会影响项目的整体进度和可行性。为了尽量减小该风险的影响,越南政府改进了现行的土地法,使得政府能够马上获得高速公路建设所需的土地。尽管这样,修正后的法律仍然不是很有效,因为土地还是国家议题且土地征用过程本身就是一个费时过程。根据项目的大小和政府对项目的政治支持的力度,土地征用过程一般要历时1~3年。图7.3表示了越南现行的土地征用程序。

此外,土地征用过程还会由其他一些原因造成延误,如相关关系人(社会资本、政府及土地所有者)之间的违约、针对补偿的法律诉讼、土地所有者的再安置、环保问题、公共利益诉讼等。在越南,许多基础设施项目包括本项目,过去几年中都不得不面对下列问题:

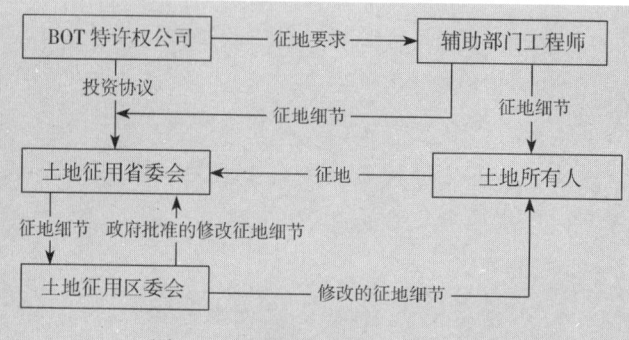

图 7.3　越南现行的土地征用程序

①政府提出的土地补偿价格总是比其实际市场价格低,但土地所有者必须接受这样的条件而没有任何讨价还价或谈判的权力,造成土地所有者不可能用政府的征地补偿买到同等价值的土地。

②由于各省的法律文件或当地法规不同,各省的土地补偿价格存在差异。因此,如果一个项目地处一个以上的省区,就有可能各省采用的土地补偿价格不同,这造成那些得到较少土地补偿费的土地所有者会提起诉讼。

③如果土地所有者是农民,他们通常会在土地被征用后失业,因为他们所拿到的土地补偿费不足以购买同样的土地,而且政府也没有同样类型的土地补偿给他们。

④有些区域还发现参与土地征用过程的政府官员的错误,造成土地补偿费的减少,这给腐败提供了机会。

⑤政府机构之间的协调非常困难。每一个政府机构/部门都有其自己的发展规划且他们绝大多数的项目都是由其自身提出并建设的,很少或几乎没有和其他部门协调,因而导致了政府部门之间的竞争而非支持的环境。

(2)政府机构审批延误

大多数时候,越南政府不能及时地就项目相关问题给予审批,有时甚至会撤销之前已经做出的批准。这使得政府的审批过程非常费时,并会导致项目整体开发进度的延误。此外,冗长的审批过程主要是由几个原因造成的,如政府官员的不专业和能力不足、政府执行法律法规不力、复杂和官僚的审批程序、分散和不清晰的职责规定造成的对项目中一个简单问题的来自很多不同部门和不同层次的不必要要求。

第7章 项目风险识别

从这些情况可以看出,导致审批延误的绝大多数问题源自政府,包括政府官员,也包括政府机构/组织。这是因为政府管员的招聘过程不透明,更多的是听从上级领导部门的安排,因此导致多数政府官员对其职责没有适当的理解,因为他们的资质多数与其职位不相关或有时低于其职位的资质要求。

此外,许多现行的法律法规已经相对陈旧,不能适应当前现实的需求,一些法律法规只能应用于一般情况,由于其内容的不完善,不可能或很难应用于特殊情况。此外,一些法律法规修改过快和经历了一系列的修订,造成很难应用于实际。这些情况也给政府的审批过程带来了阻碍。

(3) 影响 BOT 项目的区域内交通网络风险

因为项目公司获得的收益主要取决于收费公路使用者的数量,因此,发现和了解影响通行费收入的可能原因是非常重要的。在越南,许多以 BOT 模式开发的收费高速公路、旁路和桥梁的小型或独立区段没有实现其容易的交通流量,是因为项目所处未开发区域尚有交通瓶颈。此外,这些收费基础设施的收益还受到其他可替代道路、新建的竞争路线、连接路段的不佳和恶化通行条件的威胁。

Yen Lenh 大桥就是一个因上述问题影响收益的清晰案例。建设这个项目的原因之一是促进 Hai Nung 和 Ha Nam 省的经济增长,因为期望它能够吸引大量从 Hai Phong 港通往越南中心区域的货车和集装箱,反过来又吸引道路沿线的投资项目。此外,还期望本项目的建设,提供一条替代路线,以显著减轻一直超负荷的穿越 Ha Noi 的交通流量。不幸的是未能如愿。这个项目不仅没能减少 Ha Noi 地区的交通堵塞,而且还无法带来其预期的收益。因为中心区省份都有他们自己的港口,他们不需要从 Hai Phong 港运输货物,因此导致了对通过这座大桥的车辆数量的错误估计。不仅如此,由于连接到这座大桥的相关道路没有改造升级或拓宽,因而减少了通过这座大桥的可能车流量。结果,这个项目未能实现项目可行性研究中预期的收益,不能实现其设计容易功能和预期目标。

(4) 成本超支

造成成本超支的因素有很多,如未能严格按照可行性研究结果以正确的方式实施项目,未能在项目实施前识别出对项目有负面影响的因素,使得项目很难控制。被认为对项目有负面影响的因素包括不恰当的设计、资源短缺、争议、现场条件、管理不当、人力资源能力不足、工程范围变更、未预测到的天气条件、技术不当、政治和经济不稳定等。

在越南建设的大多数基础设施项目包括本项目都有同样的经历。虽然越南承包商所承担的设计工作近年来已有进步,但技术设计和实施方法错误尽管不多却仍然存在,结果,花在修复和其他附加工作的额外成本仍是相当可观的。由于政府机构的低效率,修复和其他附加工作的申请、审批、授权过程仍非常复杂,进一步造成整个项目工期的延误,带来更大的额外成本。

特许权公司的管理不善也是造成本项目成本超支的主要原因之一。本项目的特许权公司和承包商同意,特许权公司要想办法资助承包商,因承包商要承担通货膨胀造成建筑材料涨价的额外成本。然而,由于大多数的承包商都是投资方的分公司,出现的结果是,政府没有别的选择,只能承担这些额外成本,或者延长特许经营期以覆盖该成本超支。

(5) 对未来经济发展及社会需求的不正确预测

了解公众(交费个人和团体)对收费基础设施商业化概念是否有正确的知识、理解和接受度是非常重要的。通过这些信息,拟建收费基础设施项目的开发商对项目的实际需求(很大程度上取决于项目的经济价值)就会有一个清晰的看法。遗憾的是,越南政府像任何其他东道国政府一样,往往比社会资本有更为乐观的需求预测,从而产生对社会真实需求的偏见看法,同时也造成对项目促进未来经济发展能力的不切实际的预测。

上述情况由于越南从来就没有任何有关在公路项目中引进收费制度后需求弹性的适当研究而变得更糟,结果,越南仅有极少数以 BOT 模式进行开发的公路项目能够实现其预测的交通流量。本案例分析发现,实际总交通需求量通常比预测交通流量少 20%~30%。本案例分析中的调研问卷结果也显示,需求风险对越南 BOT 项目有巨大的影响。本项目中,需求风险出现的主要原因是其他可替代性不收费公路的建设或改造升级、对周边区域社会经济发展过于乐观的估计,而经济衰退被认为是主要原因。此外,对车流量预测的错误也在一定程度上导致了本项目的不正确的需求分析。

(6) 增长的通货膨胀率

通货膨胀率的增长会使获得的资金明显贬值,换句话说,通货膨胀率的增长会减少投资者本应得到的利润,或甚至更糟,造成损失。因此,准确地预测通货膨胀率以避免项目所有关系人遭受不必要的损失是非常必要的。

然而,本项目遭受了这个风险。基于 1995—1999 年的通货膨胀数据(这期间的年平均通货膨胀率为 5.06%),本项目的通货膨率确定为 5%,因为可行性研究是在1999—2000年进行的。不幸的是,2004年和2005年的通货膨胀率很快增长,分别达到9.5%和8.3%。结果,主要建筑材料价格也上涨,影响了承包商并造成总建设成本上升,比初始预算高出约30%。

(7) 错误分析特许经营期的长度

确定特许经营期的适当长度必须考虑政府和投资者双方的利益,换句话说,不能以一方的损失使另一方获得更多的利益。尽管较长的特许经营期将给社会资本带来更多的收益,但这可能会使政府蒙受损失;另外,如果特许经营期过短,多数私营部门在签订特许权协议时,如果不拒绝协议的话,就将提高服务价格,这将导致公众(最终用户)在较长时间内承担支付较高费用使用该设施的后果。在越南,被认可的计算特许经营期长度的技术是已广泛应用于这类项目中的一种财务分析方法。在这种方法中,折扣率r用来反映通货膨胀的影响,如运营和维护成本的增加。对于本大桥项目,上述折扣率的取值为每年6%,这意味着如果年通货膨胀率超过了6%,投资者就无法收回其投资。事实上,正如前面提及的,本项目建设阶段的通货膨胀率经历了大幅上涨。因此,由于特许经营期的确定有误,该项目未来的财务状况变得非常不利。

(8) 利率变化

利率变动会对项目所有关系人的财务状况如预期收益等造成不利的影响,还会影响国家的整体经济状况。多数情况下,私营投资者会受到利率上升的直接和不利影响,因为他们通常会与银行或其他金融机构签订协议以在项目实施阶段获得贷款,利率上升会使社会资本投资者的潜在利润减少。此外,如果社会资本投资者不能按时还贷,还将支付额外的利息。不幸的是,越南政府恰恰经常会延期支付承包商工程款。结果社会资本投资者特别是承包商,必须接受利率风险所带来的后果,即使他们不是由利率风险所造成的问题的根源。

(9) 政府官员的腐败和低信誉

腐败是基础设施项目经常面临的问题,特别是在越南这样的发展中国家中进行的项目。根据联合国发展墨香(UNDP)的报告显示,政府机构的腐败在越南是很常见的,并且这种腐败风气在政府的许多部门都比较严重。例如,在腐败现象较为严重的政府部门中,和基础设施项目相关的就有两个,即建设部和土地管理局,他们的腐败程度分别排在第5位和第7位。按照Klitgaard的理论,腐败可以由下面这个公式表达:腐败=垄断+权力-责任,所以即使不能完全杜绝腐败现象,在这类基础设施项目中仍然需要透明化的管理和诚信的政府官员来尽量减少腐败现象的发生。尽管通常情况下腐败现象的发生会导致严重的损失,但在越南,腐败所带来的影响较其他发展中国家而言是相对较轻的。这其中的原因是多数越南的商人或企业家对于腐败已经司空见惯,他们已经适应并且接受这样一种现实。

(10) 实际交通收入低于估计值

收费交通基础设施的主要收入来源是使用该设施的车辆数量,通过该设施的交通流量越大,可获得收益就越大。因此,准确地估计该设施潜在的交通流量是非常重要的,这样就可估算预期收益,这是用来确定收费价格高低和特许运营期长短的重要因素之一。

然而,大多数情况下,越南政府和社会资本都未能正确估算交通流量,因此导致由于实际交通流量不足而带来收益减少。越南收费交通基础设施经常发生收益不足的六个主要原因如下:

①区域内现有的交通网络造成了竞争而不是互补的环境。
②对未来社会经济发展和需求的不现实、不准确的预测。
③其他机构开发建设的竞争性基础设施。
④设施使用者不愿甚至抵制支付所确定的收费。
⑤存在着提供类似服务但免费的普通设施。
⑥连接至该基础设施的道路条件不完善。

由于实际交通流量和预计交通流量之间存在明显的差异,本项目的特许权公司遭受了约 36.57 亿越南盾的现金流损失,这相当于 2005 年收益的 19.46%。这个收益损失进一步影响了特许权公司的债务偿还,还导致了设施运营和维护的资金短缺。

3. 对本项目中风险的理解

如前面所讨论的,采用 BOT 模式建设的基础设施项目中包含很多关系人,即政府机构、私营公司、金融机构、保险公司、用户、社会团体等。不同关系人的目标是不一样的,因而影响了他们对这类项目中相关风险的理解。换句话说,不同的关系人可能对风险有不同的定义,而且这些风险对他们也具有不同的意义。一些风险对某一关系人有正面影响,同时却对其他关系人有负面影响。而且,有些风险甚至对同一关系人而言也会因不同时间或情形而具有不同的意义。

结果,每一个关系人都希望通过采用不同的策略来管理项目中可能发生的这些风险。因此,所有的项目关系人都承认和理解每个关系人的不同目标是非常重要的,以使他们对这些风险有共同和一致的理解。如果项目关系人对项目中的风险没有相互的理解,项目中就非常可能发生对风险的错误管理。

关系人对本案例分析中所出现风险的理解是通过问卷调研获得的。调研结果显示,约80%的回复者认为风险只带来威胁,而约14%的人则认为风险中机会与威胁并存。这个结果揭示出大多数回复者对项目风险持敌对态度,认为它们是阻碍而非可以战胜的挑战。而且,调研结果还显示54.3%的回复者曾经历过与其他项目关系人在风险理解方面的冲突,这多数是由关系人之间缺乏相互理解造成的。这种相互理解的缺乏通常因为每个关系人具有不同的目标、利益、方法和价值观而发生。换句话说,关系人之间的沟通不足因而导致误解。

本案例分析中依据各关系人的特点、角色及其参与项目的目标把他们分为三组:第一组是政府,包括政府机构、部门及其官员;第二组是投资者,包括投资人、放贷人、保险人;第三组是承包者,包括承包商、分包商和运营商。从政府的角度看,本项目中最具威胁的风险是投资者只关注项目建设的利益而不是项目本身的利润。尽管这听起来很奇怪,但在越南却确实发生。越南大多数基础设施项目的投资者都或多或少地与国有公司有关联或是由政府控制的联营体公司,负责项目的政府官员总是倾向于在其任期内实施尽可能多的新项目,这样他们可获得更高的回报/利益。这样做时,他们实际上并不考虑也不重视对已获得从事基础设施项目建设许可和授权公司的管理以维持长期效益。为了实现他们的目标,他们会编制可行性研究并提出非常乐观的数据以获得相关机构的批准。

政府认为基础设施项目中前五大风险还有:投资者和承包商的资金来源短缺(第二位),这是建设质量差、工期延误和项目成本超支的主要原因;对未来经济发展和需求的不切实际的预测(第三位);建设质量差(第四位),影响了交通流量,也增加了维护成本和缩短了寿命,其主要原因是不适当的技术应用、低劣的建筑材料、建设管理低效和腐败;不恰当的设施维护(第五位),导致了设施质量的迅速退化,其原因是投资者总是想尽可能压缩维护成本,保持最低的可接受质量。虽然政府尽了最大努力想通过立法、制定标准和监督检查来控制建设质量,但其努力还不足以使其达到所期望的质量。

从投资者的观点看,缺乏适当的收费调整机制是最具威胁的风险,因为这已超出社会资本的控制。在越南,收费调整机制是由财政部管理的,特许权公司只能在约定的范围内提供收费设施的服务,他们想调整基础设施的收费价格就必须等待许多政府部门的审批。此外,影响 BOT 项目的区域交通网络(第二位)是投资者认为交通收入不足和交通流量不确定性的原因,并导致低于预期的收入。至于特许期的不正确分析(第三位)风险,取决于许多没有预计到的长期变化因素,以及数学和财务方法,然而,正如前面所讨论的,这是决定投资者在整个项目中成败的关键因素。政府审批延误(第四位)和土地征用延误(第五位)更多地涉及政治风险而非财务风险,但它们会直接影响投资者的经济状况。多数情况下,越南中央和地方政府不能及时审批项目相关事项,尽管他们了解时间对任何项目特别是 BOT 项目都是非常重要的。本案例中也发生了这些延误问题,打击了投资者参与未来基础设施开发的信心。

不像前两类关系人那样必须长期面对项目风险,由承包商和分包商所构成的第三类关系人只需在项目建设阶段(一般为期 2~3 年)面对风险。至于运营者,也被归为第三类,一般在建设阶段之后参与项目。从第三类关系人的角度看,政府机构审批延误、政府官员腐败和低信誉分别是本案例分析中排名第一和第二位的最具威胁风险。如前所述,从越南政府获得审批像在任何其他政府部门一样需要经过一套完整程序,但存在一些不必要的繁冗环节。为了达到所需要的进度,每个基础设施项目都需要政府强有力的支持。不幸的是,对参与在越南基础设施项目特别是本项目开发的承包商而言,他们经常被要求经过一些困难和不透明的程序。这是由当地政府管理机构工作人员的不专业和能力不足、政府机构内部不清晰的责任下放以及政府官员的常见腐败行为和低信誉所伴随的执法不严所造成的。政府支持不利也通过关键原材料价格的不稳定(第三位)而得到体现。作为项目业主和战略决策制定者,政府应通过汇集支持政策以提供更多的合作和鼓励。没有这样的支持,承包商将面对材料价格明显上涨且自身无法管理的情况,他们只能尽自己所能把损失减到最小。融资完成延迟(第四位)也是这一类关系人认为具有威胁的风险和政府机构审批延误的后果之一。此外,很多时候承包商不得不在等待政府完成土地征用程序的同时就被要求开始项目施工,使得土地征用延误成为该组排名第五位的风险。这种情形给承包商带来了财务负担,如劳动力成本、机构闲置成本、贷款利息,更不用说时间的浪费。表 7-6 对比了 Yen Lenh 大桥 BOT 项目中三类关系人对前五大风险的不同看法。

表 7-6 Yen Lenh 大桥 BOT 项目中不同关系人识别的前五大风险因素

排名	不同关系人识别的风险因素		
	政府	投资者	承包者
1	投资者关注施工利益而不是利润	适当的收费调整机制的缺乏	政府机构审批延误
2	投资者和承包商的资金来源短缺	影响 BOT 项目的区域交通网络	政府官员腐败和低信用
3	对未来经济发展和需求的不现实预测	特许期的不正确分析	主要原材料价格不稳定
4	施工质量差	政府机构审批延误	融资完成延迟
5	不适当的设施管理	土地征用延误	土地征用延误

第8章 项目风险评估

8.1 关键风险的重要性评估

8.1.1 风险发生概率评估

从表8-1中可以看出,发生概率排序前十的风险因素是"政府干预""政府决策失误/过程冗长""融资风险""利率风险""通货膨胀""政府官员腐败""法律及监管体系不完善""外汇风险""项目审批延误"和"工程/运营变更"。其中,"政府干预""政府决策失误/过程冗长""政府官员腐败""法律及监管体系不完善"和"项目审批延误"与政府官员及其行为相关;"融资风险""利率风险""通货膨胀"和"外汇风险"与经济市场环境相关;"工程/运营变更"则属于项目层级风险。这是由于中国正处于PPP发展的阶段,相关的法律和经济体制都尚未成熟,故国家层级风险和市场层级风险的发生概率相对项目层级风险的发生概率要大。

表8-1 中国PPP项目风险因素的发生概率评估

序号	风险因素	层级	最小	最大	平均	标准差	层级排序	总体排序
1	政府官员腐败	国家	1	5	3.48	0.91	3	6
2	政府干预	国家	2	5	3.87	0.72	1	1
3	征用/公有化	国家	1	5	2.26	0.88	14	37
4	政府信用	国家	1	5	3.30	1.07	6	12
5	第三方延误/违约	市场	2	5	3.11	0.71	6	17
6	政府/公众反对	国家	1	5	2.57	1.09	11	32
7	法律及监管体系不完善	国家	1	5	3.46	0.96	4	7
8	法律变更	国家	1	5	2.91	0.94	8	25
9	利率风险	市场	2	5	3.50	0.72	2	4

续表

序号	风险因素	层级	最小	最大	平均	标准差	层级排序	总体排序
10	外汇风险	市场	1	5	3.37	0.85	4	8
11	通货膨胀	市场	1	5	3.48	0.68	3	5
12	政府决策失误/过程冗长	国家	2	5	3.70	0.69	2	2
13	土地获取风险	国家	1	5	2.80	0.88	10	28
14	项目审批延误	国家	1	5	3.33	1.06	5	9
15	合同文件冲突/不完备	项目	1	4	3.11	0.92	6	19
16	融资风险	市场	2	5	3.52	0.62	1	3
17	工程/运营变更	项目	1	5	3.30	0.81	1	10
18	完工风险	项目	1	5	3.22	0.92	4	15
19	供应风险	项目	1	4	2.67	0.7	14	30
20	技术风险	项目	1	4	2.37	0.83	16	36
21	气候/地质条件	国家	1	5	2.43	0.98	13	35
22	运营成本超支	项目	1	5	3.24	0.82	3	14
23	市场竞争(唯一性)	市场	1	4	2.67	0.97	7	31
24	市场需求变化	市场	1	5	3.30	0.87	5	11
25	收费变更	项目	1	4	3.07	0.88	10	22
26	费用支付风险	项目	1	5	3.11	0.9	7	18
27	配套基础设施风险	项目	1	5	3.11	0.9	7	18
28	残值风险	项目	1	5	2.52	0.91	15	33
29	招标竞争不充分	项目	1	5	3.09	1.07	8	20
30	特许经营人能力不足	项目	1	5	2.70	0.99	13	29
31	不可抗力风险	国家	1	5	2.48	0.96	12	34
32	组织协调风险	项目	1	5	3.04	0.89	11	23
33	税收调整	国家	1	5	2.80	0.75	9	27
34	环保风险	国家	1	4	2.93	0.77	7	24
35	社会资本投资者变动	项目	2	5	3.20	0.78	5	16
36	项目测算方法主观	项目	2	5	3.28	0.75	2	13
37	项目财务监管不足	项目	2	4	3.07	0.68	9	21

8.1.2 风险危险程度评估

从表8-2中可以看出,危害程度排序前十的风险因素是"政府干预""政府信用""融资风险""特许经营人能力不足""市场需求变化""政府决策失误/过程冗长""项目测算方法主观""征用/公有化""项目财务监管不足"和"法律变更"。其中,"政府干预""政府信用""政府决策失误/过程冗长""征用/公有化"和"法律变更"属于国家层级风险;"融资风险"和"市场需求变化"属于市场层级风险;"特许经营人能力不足""项目测算方法主观"和"项目财务监管不足"则属于项目层级风险。

表 8-2　中国 PPP 项目风险因素的危害程度评估

序号	风险因素	层级	最小	最大	平均	标准差	层级排序	总体排序
1	政府官员腐败	国家	2	5	3.52	0.81	6	12
2	政府干预	国家	2	5	3.89	0.71	1	1
3	征用/公有化	国家	1	5	3.59	1.07	4	8
4	政府信用	国家	1	5	3.85	0.97	2	2
5	第三方延误/违约	市场	2	5	3.17	0.61	7	29
6	政府/公众反对	国家	1	5	3.13	1.00	13	34
7	法律及监管体系不完善	国家	1	5	3.33	0.82	10	25
8	法律变更	国家	1	5	3.57	0.81	5	10
9	利率风险	市场	2	5	3.37	0.68	4	19
10	外汇风险	市场	2	5	3.35	0.74	5	23
11	通货膨胀	市场	1	4	3.26	0.77	6	26
12	政府决策失误/过程冗长	国家	2	5	3.67	0.60	3	6
13	土地获取风险	国家	1	5	3.50	0.96	7	14
14	项目审批延误	国家	1	5	3.37	0.95	9	21
15	合同文件冲突/不完备	项目	1	5	3.37	0.83	9	20
16	融资风险	市场	1	5	3.80	0.69	1	3
17	工程/运营变更	项目	1	5	3.15	0.89	12	31
18	完工风险	项目	2	5	3.50	0.81	5	13
19	供应风险	项目	2	5	3.13	0.69	13	32
20	技术风险	项目	1	5	3.07	1.04	15	36
21	气候/地质条件	国家	1	5	3.07	0.90	14	35
22	运营成本超支	项目	1	5	3.41	0.86	8	18
23	市场竞争(唯一性)	市场	1	5	3.37	1.00	3	22
24	市场需求变化	市场	1	5	3.72	0.83	2	5
25	收费变更	项目	1	5	3.57	0.89	4	11

续表

序号	风险因素	层级	最小	最大	平均	标准差	层级排序	总体排序
26	费用支付风险	项目	1	5	3.48	0.91	6	16
27	配套基础设施风险	项目	1	5	3.48	0.81	7	15
28	残值风险	项目	1	5	2.67	0.97	16	37
29	招标竞争不充分	项目	1	5	3.22	1.05	11	27
30	特许经营人能力不足	项目	1	5	3.74	1.00	1	4
31	不可抗力风险	国家	1	5	3.46	0.91	8	17
32	组织协调风险	项目	1	5	3.13	0.81	14	33
33	税收调整	国家	2	5	3.17	0.77	12	30
34	环保风险	国家	2	5	3.20	0.75	11	28
35	社会资本投资者变动	项目	2	4	3.33	0.70	10	24
36	项目测算方法主观	项目	2	5	3.63	0.68	2	7
37	项目财务监管不足	项目	2	4	3.57	0.62	3	9

8.1.3 风险重要性评估

风险的概念包括三个层面：什么是风险、风险发生的概率和风险带来的后果。因此，评估风险重要性时，不能单独考虑风险因素的发生概率或者危害程度，需采用风险重要性指标进行评估，风险重要性指标通过发生概率与危害程度相乘所得。模糊数所包括的信息比绝对平均数多，故在计算风险重要性时，先将每个专家反馈的发生概率模糊数与危害程度模糊数相乘，再汇总所有专家的意见，最后对所有风险重要性模糊数的重心值进行排序分析。

从表 8-3 中可以看出重要性排序前十的风险因素包括"政府干预""政府决策失误/过程冗长""融资风险""政府信用""市场需求变化""政府官员腐败""项目测算方法主观""利率风险""法律及监管体系不完善"和"通货膨胀"，其中"政府干预""政府决策失误/过程冗长""政府信用""政府官员腐败"和"法律及监管体系不完善"属于国家层级风险；"融资风险""市场需求变化""利率风险"和"通货膨胀"属于市场层级风险；"项目测算方法主观"则属于项目层级风险。可以看出，国家层级风险和市场层级风险要比项目层级风险重要许多。

表 8-3 中国 PPP 项目风险因素的重要性评估

序号	风险因素	层级	梯形模糊数				重心	$R_层$	$R_总$
			a	b	c	d			
1	政府官员腐败	国家	8.50	10.94	13.63	16.51	12.41	4	6

续表

序号	风险因素	层级	梯形模糊数				重心	$R_层$	$R_总$
			a	b	c	d			
2	政府干预	国家	11.05	13.84	16.61	19.33	15.20	1	1
3	征用/公有化	国家	5.42	7.19	9.26	11.63	8.40	13	34
4	政府信用	国家	9.23	11.68	14.25	16.87	13.02	3	4
5	第三方延误/违约	市场	6.72	8.91	11.36	14.06	10.29	6	26
6	政府/公众反对	国家	5.69	7.49	9.60	12.03	8.73	12	33
7	法律及监管体系不完善	国家	8.29	10.64	13.21	15.99	12.05	5	9
8	法律变更	国家	7.36	9.55	12.02	14.75	10.94	7	20
9	利率风险	市场	8.19	10.62	13.30	16.21	12.10	3	8
10	外汇风险	市场	7.96	10.29	12.87	15.70	11.72	5	11
11	通货膨胀	市场	7.94	10.28	12.93	15.91	11.79	4	10
12	政府决策失误/过程冗长	国家	9.63	12.26	15.14	18.25	13.84	2	2
13	土地获取风险	国家	6.99	9.11	11.48	14.10	10.44	8	25
14	项目审批延误	国家	7.99	10.34	12.81	15.37	11.63	6	14
15	合同文件冲突/不完备	项目	7.45	9.67	12.21	15.08	11.13	7	18
16	融资风险	市场	9.57	12.17	15.02	18.10	13.73	1	3
17	工程/运营变更	项目	7.24	9.45	11.97	14.80	10.89	9	21
18	完工风险	项目	7.97	10.32	12.82	15.44	11.65	2	12
19	供应风险	项目	5.49	7.46	9.75	12.35	8.79	14	32
20	技术风险	项目	4.96	6.69	8.76	11.22	7.94	15	36
21	气候/地质条件	国家	5.22	6.95	9.03	11.49	8.20	14	35
22	运营成本超支	项目	7.84	10.16	12.77	15.68	11.64	3	13
23	市场竞争(唯一性)	市场	6.20	8.14	10.43	13.08	9.49	7	29
24	市场需求变化	市场	8.96	11.42	14.06	16.86	12.84	2	5
25	收费变更	项目	7.91	10.20	12.75	15.57	11.63	4	15
26	费用支付风险	项目	7.01	9.26	11.54	14.14	10.48	12	24
27	配套基础设施风险	项目	7.61	9.85	12.34	15.06	11.24	5	16
28	残值风险	项目	4.71	6.35	8.27	10.52	7.49	16	37
29	招标竞争不充分	项目	7.20	9.36	11.59	14.22	10.59	10	22
30	特许经营人能力不足	项目	7.17	9.26	11.60	14.17	10.57	11	23

续表

序号	风险因素	层级	梯形模糊数				重心	$R_{层}$	$R_{总}$
			a	b	c	d			
31	不可抗力风险	国家	5.87	7.76	9.94	12.43	9.03	11	31
32	组织协调风险	项目	6.49	8.59	11.01	13.74	9.99	13	27
33	税收调整	国家	5.89	7.94	10.25	12.80	9.24	10	30
34	环保风险	国家	6.34	8.46	10.88	13.62	9.85	9	28
35	社会资本投资者变动	项目	7.27	9.56	12.15	15.04	11.03	8	19
36	项目测算方法主观	项目	8.21	10.66	13.33	16.22	12.12	1	7
37	项目财务监管不足	项目	7.38	9.71	12.35	15.29	11.21	6	17

此外，实际项目操作中还需注意两类风险：发生概率小但危害程度很大的风险和发生概率很大但危害程度小的风险。综合比较发生概率、危害程度和重要性排序前十的风险清单，可以发现"政府干预"这项风险的发生概率和危害程度的得分都是最高，从某种程度上可以反映出中国政府对于PPP这种新型融资模式的认识尚未足够成熟；"外汇风险""项目审批延误"和"工程/运营变更"属于发生概率很大但危害程度小的风险；"特许经营人能力不足""征用/公有化""项目财务监管不足"和"法律变更"则属于发生概率小但危害程度很大的风险。

8.2 不同层级风险的重要性评估

图8.1~图8.3分别表示不同层级风险在风险因素中的发生概率、危害程度和重要性总体排序中的分布情况。从图8.1中可以看出，国家层级风险和市场层级风险比项目层级风险的发生概率高，这主要是因为PPP在中国正处于发展的阶段，相关的法律和经济体制都尚未成熟；从图8.2中可以看出参与调研的专家们认为市场层级风险的危害程度较国家层级风险要小；如图8.3所示，综合考虑发生概率和危害程度，国家层级风险、市场层级风险的重要性较项目层级风险要大。将各风险因素的发生概率和危害程度以象限图来表示（图8.4~图8.6），也能清楚地发现大多数国家层级风险和市场层级风险分布在虚曲线以上；大部分项目层级风险均分布在虚线与实线之间；部分国家层级风险和项目层级风险分布在实曲线以下，表示这些风险的综合重要性都小于一般，而观察这些风险可以发现，主要原因是它们的风险发生概率很小（尽管有两个国家层级风险的危害程度得分较高）。

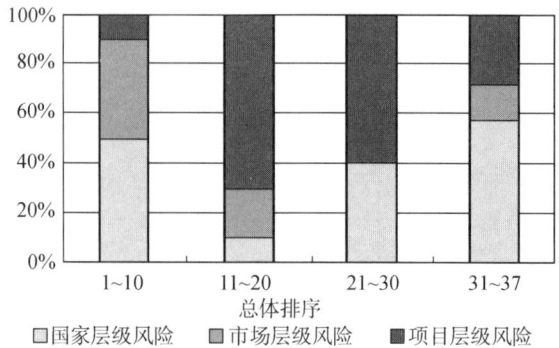

图 8.1 不同层级风险在发生概率总体排序中的分布

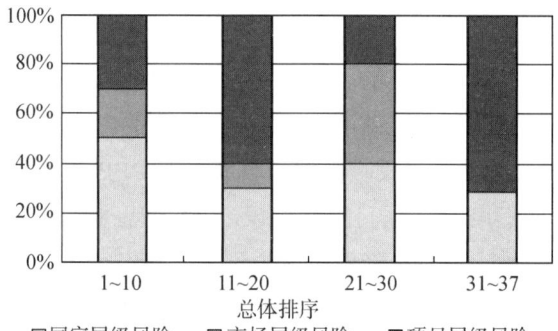

图 8.2 不同层级风险在危害程度总体排序中的分布

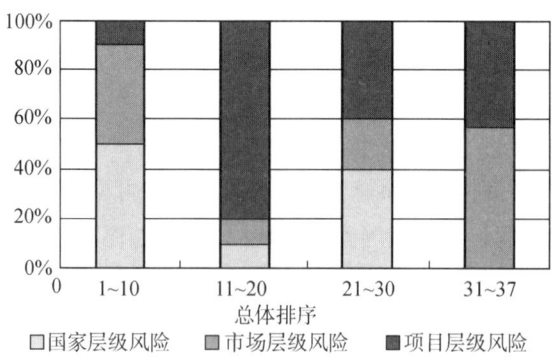

图 8.3 不同层级风险在重要性总体排序中的分布

8.2.1 国家层级风险的重要性

图 8.4 将各国家层级风险因素的发生概率和严重程度综合反映于象限图上。从图上可以清楚地看出这些国家层级风险发生的后果都很严重,但只有 6 个风险的发生概率较大,它们分别是"政府干预""政府决策失误/过程冗长""政府信用""政府官员腐败""法律及监管体系不完善"和"项目审批延误",这 6 个风险因素的归责对象都是政府(除"法律及监管体系不完善"的归责对象是中央政府外,其他 5 个风险的归责对象一般都特指地方政府及其相关官员)。

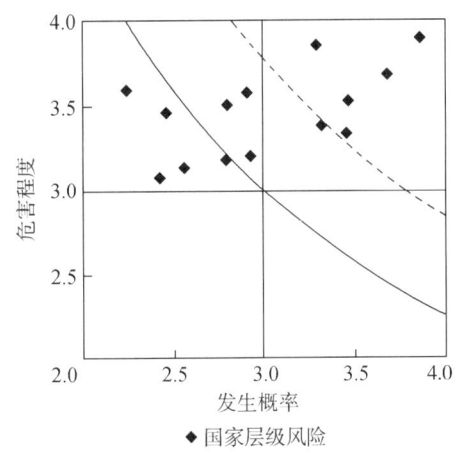

图 8.4 国家层级风险的发生概率和危害程度的象限表示

由图 8.4 可以看出,其他 8 个国家层级风险的发生概率都相对较小,说明中国政府鼓励、支持社会资本参与基础设施建设的积极态度和行动已经得到一定程度上的认可。从图中也可看出"法律变更""土地获取风险""不可抗力风险"和"征用/公有化"4 个风险虽然发生概率较小,但是一旦发生之后危害程度很大,所以在实际项目操作中还是需要对这几个风险多加注意的。

8.2.2 市场层级风险的重要性

图 8.5 将各市场层级风险因素的发生概率和严重程度综合反映于象限图上。从图中可以看出,本研究所选取的 7 个市场层级风险的发生概率和危害程度都较大,除了"市场竞争(唯一性)"风险的发生概率小于 3(一般)。这主要是因为在目前的大部分 PPP 项目中,一般都建议在特许经营合同中明确要求地方政府给予项目公司一定的垄断权力,如英法海峡遂道项目中的两国政府承诺 2020 年之前不兴建第二条竞争性的海峡通道,并给予项目公司自主定价的权利;类似的合同条款规

定也出现在广西来宾 B 电厂项目中。另外,PPP 模式多用于城市基础设施建设项目,这类项目的特点是前期投入大,回收周期长,即政府在该项目竞争范围内再投钱或引资兴建另一竞争项目的可能性也较小,故这一风险的发生概率评分较低。反而"市场需求变化(非竞争因素导致)"和"融资风险"发生的概率较大,且发生后带来的后果也很严重。

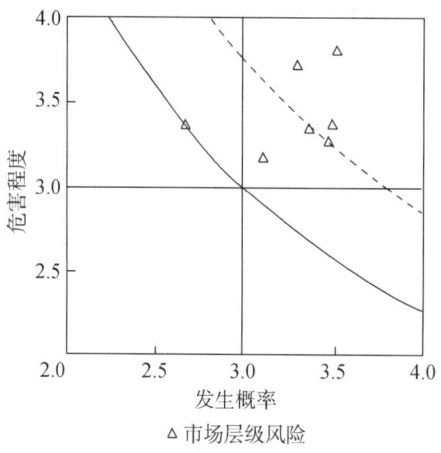

图 8.5　市场层级风险的发生概率和危害程度的象限表示

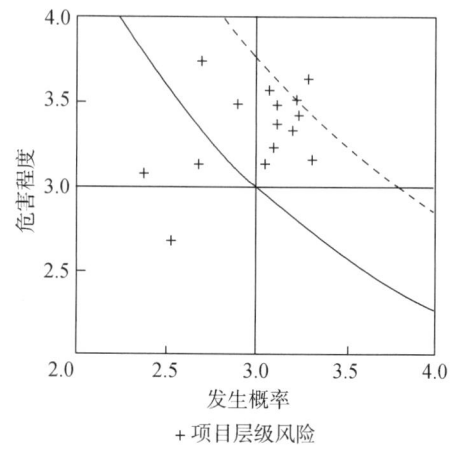

图 8.6　项目层级风险的发生概率和危害程度的象限表示

8.2.3　项目层级风险的重要性

图 8.6 将各项目层级风险因素的发生概率和严重程度综合反映于象限图上。从图中可以看出所选取的 16 个项目层级风险的重要性分布较为平均,大部分分布在虚曲线与实曲线之间。"项目测算方法主观"风险的重要性在所有风险的总体排序中排第 7,这个风险在以往的 PPP 项目中经常发生,主要原因是政府急于招商引资、社会资本急于寻找投资机会,在双方都对促成一个项目具有紧迫性要求时,往往容易对项目前景的估计过于乐观,包括过分夸大未来的市场需求、过分忽视潜在的竞争因素等。客观、合理的项目测算方法的缺失,更导致了双方对项目测算的主观和不合理。此外,社会资本有时也会过分地依赖于地方政府的口头承诺,而忽视合理客观的市场研究。"供应风险""技术风险"和"残值风险"的重要性得分小于 9(一般),主要原因是这些风险发生的概率太小。而需要特别注意"特许经营人能力不足"风险,尽管该风险的发生概率较低,但是一旦发生,该风险所带来的危害很大,从实际操作角度出发,社会资本如果缺乏运营基础设施项目的经验,建议跟

其他有实力的投资者组成联合体。

8.3 基于vague值的PPP模式风险评价模型

8.3.1 风险评价的vague图

风险评价是典型的多目标模糊条件下的决策问题,涉及风险相关人员、物料、法律标准等,很难用一个精确的数值进行评估,而且这些指标间的权重偏好信息也具有不确定性,不同参与方权重的偏好设置是不同的。通常采用模糊学相关决策理论——一种基于vague集的多目标决策方法来解决,vague集在一些偏好信息难以模糊表达的多目标决策问题中的应用。

假定全集 U 为 $U=\{u_1,u_2,\cdots,u_n\}$,对于 U 域内的模糊集 A,用真隶属度函数 t_A 和假隶属度函数 f_A 表征隶属度 μ_A 的情况,即 $[t_A(u_i),1-f_A(u_i)]$,其中 $t_A(u_i) \leq \mu_A(u_i) \leq 1-f_A(u_i)$。

例如:对于PPP项目市场风险的损失程度进行vague集的专家评分,可以给出一个[0,1]上最小风险值(假定为0.35)和一个最大风险值(假定为0.65),形成一个vague值[0.35,0.65]作为其风险的评分值。

根据PPP项目风险特征,可以将风险评估分为三个维度进行:其一是风险的优先级;其二是风险概率;其三是风险危害程度。风险的优先级是指该类风险对于PPP项目建设的成功或失败的重要程度,相对于其他风险因素,它是需要项目管理者优先考虑的。风险概率是指该类风险在PPP项目建设过程中发生的可能性,风险概率的确定可以由[0,1]上的模糊数表达,通常是一个确定的概率值,也可以用一个概率范围表征为一个vague值,发生的可能性越大,越需得到项目管理者的重视与控制。风险危害程度是指风险发生后,会对PPP项目整体利益造成的损失程度,如果损失程度较大,则需要项目管理者加强重视。通过这三个维度的分析即可把握PPP项目风险的属性。

根据风险的三个维度建立三维坐标体系,假定将 x 轴作为风险优先级,y 轴作为风险概率,z 轴作为风险危害程度,则某类风险 A_i 可以表示为一个向量 $[t_{Ai},1-f_{Ai}]$ 在三维空间的投影:$\{[t_{Aix},1-f_{Aix}],[t_{Aiy},1-f_{Aiy}],[t_{Aiz},1-f_{Aiz}]\}$,这种表达方式可以用风险的vague图直观地反映出来,如图8.7所示。

Vague图具有以下特点:

① 通过三维坐标表达风险的基本参数:优先级、发生概率、危害程度;

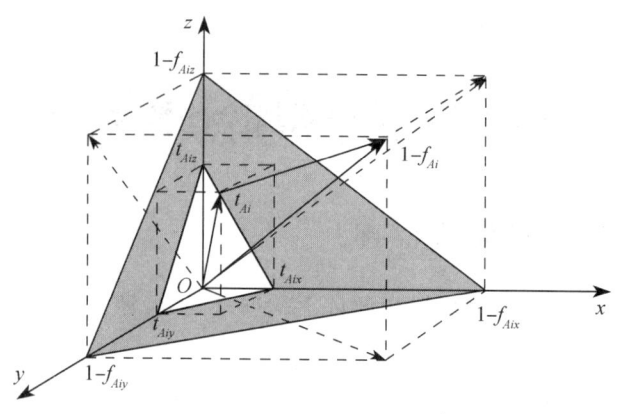

图 8.7 风险 vague 图

② 外面大的三角形 $(1-f_{Aix}, 1-f_{Aiy}, 1-f_{Aiz})$ 表示了最大风险强度;
③ 中间小的三角形 $(t_{Aix}, t_{Aiy}, t_{Aiz})$ 表达了最小风险强度;
④ 灰色区域大小表达了该风险的不确定性程度。

8.3.2 基于 vague 值的 PPP 模式风险评价建模

1.建立风险层级结构

通过上述风险指标体系的建立,构建 PPP 项目风险层级结构,如图 8.8 所示。

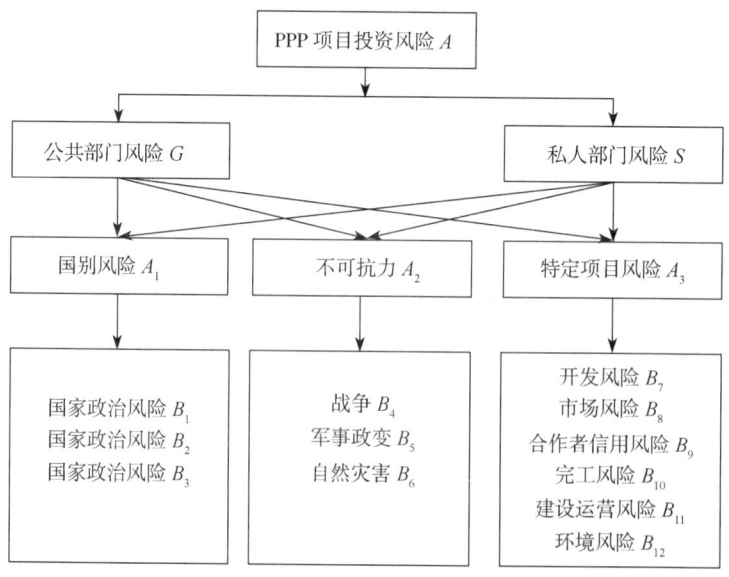

图 8.8 PPP 项目风险指标体系

2.对各风险指标评分

为了对PPP项目风险进行评价,需要对各指标进行综合评分。假定评价的目标矩阵为 A, $A = \{A_1, A_2, \cdots, A_i, \cdots, A_m\}^T$,各列中的最优指标为 A_j^*, $i \in [1,m]$, $j \in [1,n]$,对目标矩阵 A 的 j 个指标进行评价,评分值越大表示风险越大,即

$$A_j^* = \max\{A_{1j}, A_{2j}, \cdots, A_{ij}, \cdots, A_{mj}\}^T$$

所有指标均用vague值作为评分值,即用[0,1]上的小区间表示该风险指标的评价值(范围)。

根据基于vague集的多目标决策方法定义,设 $A_i = \{B_1, B_2, \cdots, B_k\}$, $k \in [1,k]$,利用专家评分法对每个 B_k 进行评分,估算其三维指标体系的最大值/最小值。

专家评分法是在建立PPP项目专家库的基础上,通过匿名方式征求相关专家意见,然后,对其意见进行整理、分析和归纳,将归纳结果发送给专家,进行再征询,如此进行多轮意见的征询、反馈和调整后,得到 B_k 值,并形成目标矩阵 B,即 $B_k = \{[t_{Bkx}, 1-f_{Bkx}], [t_{Bky}, 1-f_{Bky}], [t_{Bkz}, 1-f_{Bkz}]\}^T$。

3.计算各指标权得值

为了减少主观因素的影响,首先将隶属于同一指标的各指标之间的相对重要性进行比较,形成判断矩阵。一般而言,目标层 A 的因素对准则层 B_k 有支配关系,可以建立以 A 为准则的两两比较判断矩阵 B_k,即为

$$A_{ij} = \begin{bmatrix} a_{11} & a_{12} & \cdots & a_{1n} \\ a_{21} & a_{22} & \cdots & a_{2n} \\ \vdots & \vdots & & \vdots \\ a_{m1} & a_{m2} & \cdots & a_{mn} \end{bmatrix}, \begin{pmatrix} i = 1,2,3,\cdots,m \\ j = 1,2,3,\cdots,n \end{pmatrix}$$

式中　A_{ij}——项目的目标;

a_{ij}——a_i 与 a_j 相比的重要程度。

为了使得决策判断定量化,形成上述数值判断矩阵,采用1~9标度方法(见表8-4)。

表8-4　1~9标度

标度	含义
1	表示两个因素相比,具有同样重要性
3	表示两个因素相比,前者比后者略重要
5	表示两个因素相比,前者比后者较重要
7	表示两个因素相比,前者比后者非常重要

续表

标度	含义
9	表示两个因素相比,前者比后者特别重要
2,4,6,8	表示上述相邻判断的中间值

通过以上方法可以成功地建立两两比较判断矩阵。

然后,利用公式 $w_i = \dfrac{\sqrt[n]{\prod_{j=1}^{n} a_{ij}}}{\sum_{k=1}^{n} \sqrt[n]{\prod_{j=1}^{n} a_{ij}}}, i = 1,2,3,\cdots,m$,即可得到各指标权重值,以此构建指标权重矩阵 W,$W_k = \{w_1, w_2, \cdots, w_i, \cdots, w_m\}, i \in [1,m]$。

4.计算目标矩阵风险值

$A_i = B_k \times W_k, i \in [1,m], k \in [1,k]$,以此得出目标矩阵 A,$A = \{A_1, A_2, \cdots, A_i, \cdots, A_m\}, i \in [1,m]$。

5.计算 PPP 项目总风险值

$$P = A \times W = \{A_1, A_2, \cdots, A_m\}^T \times \{w_1, w_2, \cdots, w_k\}$$

以此得出项目目标总风险值。

专栏三十一:三亚市水务 PPP 项目风险定量分析

这里运用层次权重分析法对中法三亚水务 PPP 项目基于政府的风险进行评估。首先组织一批省内水务项目管理方面的专家组成风险评估小组,小组成员为24人。鉴于本书引用的目的仅仅是为了应用前面的理论方法,在保证方法得到正确应用前提下,本书根据专家资历、知识面和权威性将24名专家分成3个小组,并从每个小组中选择有代表性的1人来做分析,得到的结论与最终24人的结论符合。

1.风险综合评价模型设计与风险因素评价

上述风险评价指标体系中,各风险指标体系庞大,又互相影响,很难直观评价其风险。本书拟应用层次权重分析法,对风险进行综合评价。

层次权重分析法是层次分析法的改进,其实质是在构建判断矩阵时综合多个专家的意见对同一指标属性按照各专家各自意见逐一打分并给出判断矩阵,因而能反映参与评价过程的多位专家意愿,有效避免单个专家主观偏见性,得出与客观实际更加一致的评价结果。层次权重分析法评估风险的方法与步骤如下:

①构造风险指标的分层次体系;
②专家对各风险指标构建判断矩阵;

③确定各专家判断力权值;

④根据各专家对风险指标的评价和专家权重,计算确定各风险指标的综合判断矩阵;

⑤进行层次单排序和层次总排序,并检验其一致性;

⑥形成最终风险指标评价结论。

(1)构建多专家风险判断矩阵

专家对同一属性给出的判断矩阵为

$$A_k = \begin{bmatrix} a_{11}^k & a_{12}^k & \cdots & a_{1n}^k \\ a_{21}^k & a_{22}^k & \cdots & a_{2n}^k \\ \vdots & \vdots & & \vdots \\ a_{n1}^k & a_{n2}^k & \cdots & a_{nn}^k \end{bmatrix} (k=1,2,\cdots,m)$$

式中 m——参与评价的专家个数;

n——同一层次和属性下的影响因素个数;

A_k——对某一属性各影响因素构建的判断矩阵;

a_n^k——对某一属性各影响因素i与影响因素j判断后的影响程度对比。

(2)构建专家权重评价体系确定专家判断力权值

多位专家对同一问题进行评价时,评价结果会受到专家本身的专业素质以及个人偏好影响,因此应该根据专家的实际情况设定权重,然后综合专家意见进行最终评价。由于众多客观因素的影响,专家k给出的判断矩阵A_k与理想判断矩阵A可能存在较大的偏差。为有效缩小这一偏差,需要构造一个综合判断矩阵A^*,最后将综合判断矩阵A^*作为层次分析法的判断矩阵进一步评价。

本书采用加权平均法综合各专家判断矩阵A_k得出专家组综合判断A^*。加权平均法根据各专家决策水平的高低给了不同的权责,更有利于科学决策。本书根据专家的资历、权威性、知识面构建了专家权重评价体系,如图8.9所示;然后由项目组决策人员确定专家判断力权值$P_k(k=1,2,\cdots,m)$。

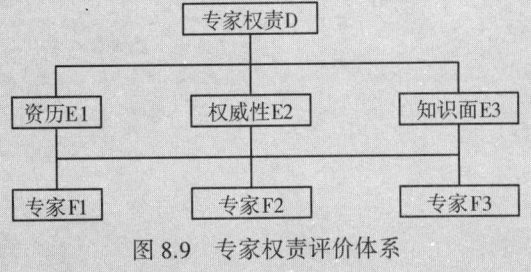

图8.9 专家权责评价体系

(3) 计算确定各风险综合判断矩阵

设专家 k 对某一种属性构建的判断矩阵为 A_k，专家判断力权值为 P_k ($k=1,2,\cdots,m$)，构建综合判断矩阵 A^*：

$$A^* = \sum_{k=1}^{m} P_k A_k$$

在构建了风险综合判断矩阵后，就可以按照层次分析法的原理将综合判断矩阵 A^* 进行判断矩阵检测，并进一步计算各指标对于评价问题的权重值大小。

(4) 进行层次单排序和层次总排序并检验其一致性

运用 Matlab 软件计算每个综合判断矩阵的特征值和特征向量，引用随机一致性比率 CR 来检验每一专家判断矩阵的一致性。

$$CR = CI/RI$$

$$CI = \frac{\lambda_{\max} - n}{n-1}$$

当 CR<0.1 时，项目组人员就认为判断矩阵具有令人满意的一致性；当 CR>0.1 时，需要各专家调整各自判断矩阵，直到通过一致性检验为止。

(5) 风险因素评价

根据层次总排序表确定各风险因素最终权值的大小，风险值越高，说明风险因素对整个 PPP 项目影响越大，需加强重视，采取相应防范措施。

2. 构造风险综合判断矩阵

(1) 确定专家权重

依据专家权重确定中的专家权重指标体系（见图 8.10）将专家权重体系分为 D、E、F 三层。

项目组用层次分析法两两比较确定 Ei 和 Ej ($i,j=1,2,3$) 两元素对 D 的重要程度：当 Ei 和 Ej 同等重要时取 1，Ei 比 Ej 略重要时取 3，Ei 比较 Ej 较重要时取 5，Ei 比 Ej 非常重要时取 7，反之分别取 1/3、1/5、1/7；而 2、4、6、8 为两判断元素之间的中间状态对应的标度，并由此可知：Eii=1，Ejj>0，Eij=1/Eji。

同时，项目组用层次分析法两两比较确定 Fi 和 Fj ($i,j=1,2,3$) 两元素对 Ei ($i=1,2,3$) 的重要程度，得出判断矩阵（见表 8-5~表 8-8）。

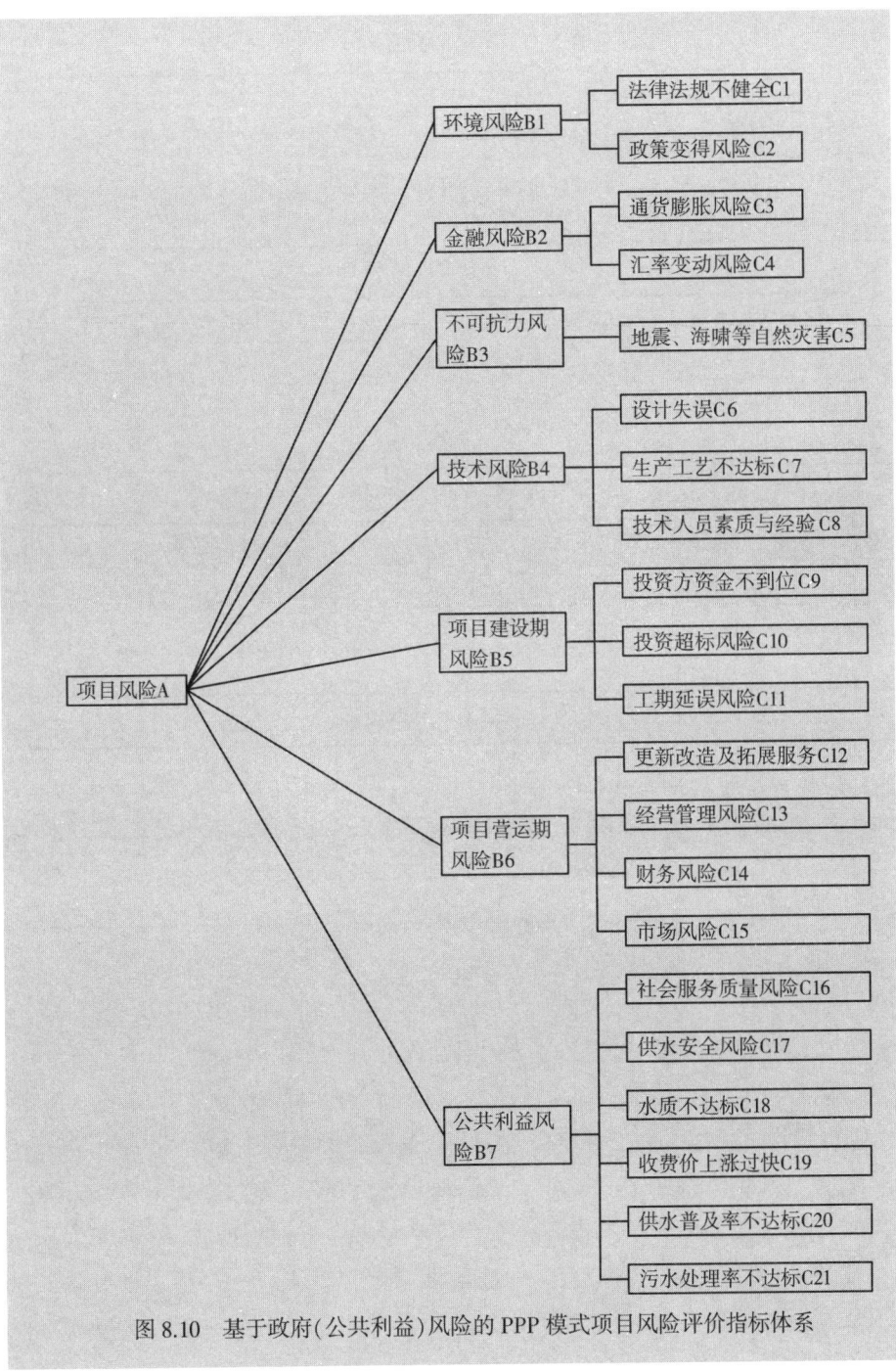

图 8.10 基于政府(公共利益)风险的 PPP 模式项目风险评价指标体系

表 8-5 D-E 的判断矩阵

D	E1	E2	E3	w
E1	1	3/2	3	0.5000
E2	2/3	1	2	0.3333
E3	1/3	1/2	1	0.1667

表 8-6 E1-F 的判断矩阵

E1	F1	F2	F3	w
F1	1	1/2	1/2	0.2000
F2	2	1	1	0.4000
F3	2	1	1	0.4000

表 8-7 E2-F 的判断矩阵

E2	F1	F2	F3	w
F1	1	2	4	0.5715
F2	1/2	1	2	0.2857
F3	1/4	1/2	1	0.1428

表 8-8 E3-F 的判断矩阵

E3	F1	F2	F3	w
F1	1	1/3	1/5	0.1111
F2	3	1	3/5	0.3333
F3	5	1/3	1	0.5556

计算各专家综合权重 $w_i = \sum_{i=1}^{n} \mathrm{E}i(权重) \times \mathrm{F}i(权重)$，并将结果归一化，得出三位专家的最后权重：专家一权重 $w_1 = 0.45$；专家二权重 $w_2 = 0.36$；专家三权重 $w_3 = 0.19$。

(2) 构造风险综合判断矩阵并计算最大特征值和特征向量

基于政府风险的 PPP 模式项目风险评价指标体系，将风险指标体系分为 A、B、C 三层。上层对下层有支配关系。用层次分析法确定 Bi 和 Bj 同等重要时取 1，Bi 比 Bj 略重要时取 3，Bi 比 Bj 较重要时取 5，Bi 比 Bj 非常重要时取 7，反之分别取 1/3、1/5、1/7。2、4、6、8 为两判断元素之间中间状态对应的标度，并由此可知：$Bii = 1$，$Bij > 0$，$Bij = 1/Bji$。

根据上述准则首先对 B 层上的七个元素两两比较打分(见表 8-9~表 8-11)。

表 8-9 A-B 专家一

A	B1	B2	B3	B4	B5	B6	B7
B1	1.0000	1.0000	2.0000	0.6667	0.6667	0.5000	0.2857
B2	1.0000	1.0000	2.0000	0.6667	0.6667	0.5000	0.2857
B3	0.5000	0.5000	1.0000	0.3333	0.3333	0.2500	0.1429
B4	1.5000	1.5000	3.0000	1.0000	1.0000	0.7500	0.4286
B5	1.5000	1.5000	3.0000	1.0000	1.0000	0.7500	0.4286
B6	2.0000	2.0000	4.0000	1.3333	1.3333	1.0000	0.5714
B7	3.5000	2.5000	7.0000	2.3333	2.3333	1.7500	1.0000

表 8-10 A-B 专家二

A	B1	B2	B3	B4	B5	B6	B7
B1	1.0000	1.0000	2.0000	0.6667	0.6667	0.5000	0.2500
B2	1.0000	1.0000	2.0000	0.6667	0.6667	0.5000	0.2500
B3	0.5000	0.5000	1.0000	0.3333	0.3333	0.2500	0.1250
B4	1.5000	1.5000	3.0000	1.0000	1.0000	0.7500	0.3750
B5	1.5000	1.5000	3.0000	1.0000	1.0000	0.7500	0.3750
B6	2.0000	2.0000	4.0000	1.3333	1.3333	1.0000	0.5000
B7	4.0000	4.0000	8.0000	2.6667	2.6667	2.0000	1.0000

表 8-11 A-B 专家三

A	B1	B2	B3	B4	B5	B6	B7
B1	1.0000	1.0000	1.0000	0.5000	0.5000	0.4000	0.1250
B2	1.0000	1.0000	1.0000	0.5000	0.5000	0.4000	0.1250
B3	1.0000	1.0000	1.0000	0.5000	0.5000	0.4000	0.1250
B4	2.0000	2.0000	2.0000	1.0000	1.0000	0.8000	0.2500
B5	2.0000	2.0000	2.0000	1.0000	1.0000	0.8000	0.2500
B6	2.5000	2.5000	2.5000	1.2500	1.2500	1.0000	0.3125
B7	8.0000	8.0000	8.0000	4.0000	4.0000	3.2000	1.0000

依据已确定的专家权重计算,可以得出七个风险类别中对项目总风险的综合判断矩阵,再利用 Matlab 软件求每个综合判断矩阵的特征值 λ_{max} 和特征向量 w,并满足 $B_w = \lambda_{max} w$。其中,w 为对应 λ_{max} 的特征向量,其分量 w_i($i=1,2,\cdots,n$)为指标 Bi($i=1,2,\cdots,n$)在准则 A 下的单排序的权重(见表8-12)。

B 层对 C 层有支配关系,对环境风险对应的两个来源分别两两比较打分(见表8-13~表8-15)。

表8-12　A-B 综合判断矩阵

A	B1	B2	B3	B4	B5	B6	B7
B1	1.0000	1.0000	1.8100	0.6350	0.6350	0.4810	0.2423
B2	1.0000	1.0000	1.8100	0.6350	0.6350	0.4810	0.2423
B3	0.5950	0.5950	1.0000	0.3650	0.3650	0.2785	0.1330
B4	1.5950	1.5950	2.8100	1.0000	1.0000	0.7595	0.3754
B5	1.5950	1.5950	2.8100	1.0000	1.0000	0.7595	0.3754
B6	2.0950	2.0950	3.7150	1.3175	1.3175	1.0000	0.4965
B7	4.5350	4.5350	7.5500	2.7700	2.7700	2.1155	1.0000

$d = 7.0902, w_1 = 0.0823, w_2 = 0.0823, w_3 = 0.0472, w_4 = 0.1295, w_5 = 0.1295, w_6 = 0.1706, w_7 = 0.3586$。

表8-13　B1-C 专家一

B1	C1	C2
C1	1.0000	0.5000
C2	2.0000	1.0000

表8-14　B1-C 专家二

B1	C1	C2
C1	1.0000	0.3333
C2	3.0000	1.0000

表8-15　B1-C 专家三

B1	C1	C2
C1	1.0000	0.6667
C2	1.5000	1.0000

可以得到环境风险的两个来源因素的综合判断矩阵,计算其最大特征值和特征向量(见表8-16)。

表 8-16 B1-C 的判断矩阵

B1	C1	C2	w
C1	1.0000	0.4717	0.3134
C2	2.2650	1.0000	0.6866

$\lambda_{max} = 2.0336$。

依照以上方法,分别对其他类别风险的来源因素进行两两比较打分(见表 8-17~表 8-31)。

表 8-17 B2-C 专家一

B2	C3	C4
C3	1	1.5
C4	0.6667	1

表 8-18 B2-C 专家二

B2	C3	C4
C3	1	0.5
C4	2	1

表 8-19 B2-C 专家三

B2	C3	C4
C3	1	0.75
C4	1.3333	1

表 8-20 B4-C 专家一

B4	C6	C7	C8
C6	1	1.5	3
C7	0.6667	1	2
C8	0.3333	0.5	1

表 8-21 B4-C 专家二

B4	C6	C7	C8
C6	1	1.3333	2
C7	0.75	1	1.5
C8	0.5	0.6667	1

表 8-22　B4-C 专家三

B4	C6	C7	C8
C6	1	1.6667	3
C7	0.6667	1	2
C8	0.3333	0.5	1

表 8-23　B5-C 专家一

B5	C9	C10	C11
C9	1	1	2
C10	1	1	2
C11	0.5	0.5	1

表 8-24　B5-C 专家二

B5	C9	C10	C11
C9	1	5/4	1.25
C10	4/5	1	1
C11	4/5	1	1

表 8-25　B5-C 专家三

B5	C9	C10	C11
C9	1	1	1.5
C10	1	1	1.5
C11	0.6667	0.6667	1

表 8-26　B6-C 专家一

B6	C12	C13	C14	C15
C12	1.0000	0.6667	0.6667	0.5000
C13	1.5000	1.0000	1.0000	0.7500
C14	1.5000	1.0000	1.0000	0.7500
C15	2.0000	1.3333	2.0000	1.0000

表 8-27　B6-C 专家二

B6	C12	C13	C14	C15
C12	1.0000	0.7500	0.7500	1.5000
C13	1.3333	1.0000	1.0000	2.0000
C14	1.3333	1.0000	1.0000	2.0000
C15	0.6667	0.5000	0.5000	1.0000

表 8-28　B6-C 专家三

B6	C12	C13	C14	C15
C12	1.0000	1.0000	0.7500	0.7500
C13	1.0000	1.0000	0.7500	0.7500
C14	1.3333	1.3333	1.0000	1.0000
C15	1.3333	1.3333	1.0000	1.0000

表 8-29　B7-C 专家一

B7	C16	C17	C18	C19	C20	C21
C16	1.0000	1.5000	2.0000	3.0000	6.0000	6.0000
C17	0.6667	1.0000	1.3333	2.0000	4.0000	4.0000
C18	0.5000	0.7500	1.0000	1.5000	3.0000	3.0000
C19	0.3333	0.5000	0.6667	1.0000	2.0000	2.0000
C20	0.1667	0.2500	0.3333	0.2500	1.0000	1.0000
C21	0.1667	0.2500	0.3333	0.2500	1.0000	1.0000

表 8-30　B7-C 专家二

B7	C16	C17	C18	C19	C20	C21
C16	1.0000	1.1429	1.3333	2.0000	2.0000	4.0000
C17	0.8750	1.0000	1.1667	1.7500	1.7500	3.5000
C18	0.7500	0.8571	1.0000	1.5000	1.5000	3.0000
C19	0.5000	0.5714	0.6667	1.0000	1.0000	2.0000
C20	0.5000	0.5714	0.6667	1.0000	1.0000	2.0000
C21	0.2500	0.2857	0.3333	0.5000	0.5000	1.0000

表 8-31　B7-C 专家三

B7	C16	C17	C18	C19	C20	C21
C16	1.0000	1.1429	1.1429	2.6667	4.0000	4.0000
C17	0.8750	1.0000	1.0000	2.3333	3.5000	3.5000
C18	0.8750	1.0000	1.0000	2.3333	3.5000	3.5000
C19	0.3750	0.4286	0.4286	1.0000	1.5000	1.5000
C20	0.2500	0.2857	0.2857	0.6667	1.0000	1.0000
C21	0.2500	0.2857	0.2857	0.6667	1.0000	1.0000

得到各来源因素对项目七大风险的综合判断矩阵,见表 8-32~表 8-37,并计算最大特征值和特征向量。

表 8-32　B2-C 的综合判断矩阵

B2	C1	C2	w
C1	1.0000	0.9975	0.4695
C2	1.2733	1.0000	0.5305

表 8-33　B3-C 的综合判断矩阵

B3	C5
C5	1

$\lambda_{max} = 1$。

表 8-34　B4-C 的综合判断矩阵

B4	C6	C7	C8	w
C6	1.0000	1.4717	2.6400	0.4825
C7	0.6967	1.0000	1.8200	0.3322
C8	0.3933	0.5600	1.0000	0.1853

$\lambda_{max} = 3.0274$。

表 8-35　B5-C 的综合判断矩阵

B5	C9	C10	C11	w
C9	1.0000	1.0900	1.6350	0.3899
C10	0.9280	1.0000	1.5450	0.3627
C11	0.6397	0.7117	1.0000	0.2474

$\lambda_{max} = 3.0515$。

表 8-36 B6-C 的综合判断矩阵

B6	C12	C13	C14	C15
C12	1.0000	0.7600	0.7125	0.9075
C13	1.3450	1.0000	0.9525	1.2000
C14	1.4083	1.0633	1.0000	1.2475
C15	1.3933	1.0333	1.2700	1.0000

$d = 4.2657, w_1 = 0.1955, w_2 = 0.2599, w_3 = 0.2727, w_4 = 0.2717$。

表 8-37 B7-C 的综合判断矩阵

B7	C16	C17	C18	C19	C20	C21
C16	1.0000	1.3036	1.5971	1.4600	4.1800	4.9000
C17	0.7813	1.0000	1.2100	1.9733	3.0950	3.7250
C18	0.6613	0.8361	1.0000	1.6583	2.5550	3.0950
C19	0.4013	0.5121	0.6214	1.0000	1.5450	1.9050
C20	0.3025	0.3725	0.4443	0.5992	1.0000	1.3600
C21	0.2125	0.2696	0.3243	0.4192	0.8200	1.0000

$d = 6.0222, w_1 = 0.292, w_2 = 0.2395, w_3 = 0.1998, w_4 = 0.0122, w_5 = 0.0844, w_6 = 0.0621$。

3. 层次单排序

为了检验判断矩阵的一致性,根据一致性指标 CI 和随机一致性比率 CR 来判断矩阵的一致性。

进行层次单排序,见表 8-38。

表 8-38 层次单排序

矩阵	w	λ_{max}
A-B	0.0823,0.0823,0.0472,0.1295,0.1295,0.1706,0.3586	7.0902
B1-C	0.3134,0.6866	2.0336
B2-C	0.4695,0.5305	2.127
B3-C	1	1
B4-C	0.4825,0.3322,0.1853	3.0274
B5-C	0.3899,0.3627,0.2474	3.0515
B6-C	0.1955,0.2599,0.2727,0.2717	4.2657
B7-C	0.2920,0.2395,0.1998,0.1220,0.0844,0.0621	6.0222

4. 单排序一致性检验

对单排序表进行一致性检验：

$$CI = \frac{\lambda_{max} - n}{n-1}$$

$$CR = CI/RI$$

查表得 n 阶判断矩阵的 RI 值,见表 8-39。

表 8-39　n 阶判断矩阵的 RI 值

n	1	2	3	4	5	6	7	8	9
RI	0	0	0.52	0.89	1.12	1.26	1.36	1.41	1.46

若 CR<0.10 时,认为矩阵具有满意的一致性,否则重新调整矩阵直到满意。表 8-40 所有 CR 值均小于 0.1,因此所有判断矩阵均有满意的一致性。

表 8-40　单排序一致性检验

指标	A-B	B1-C	B2-C	B3-C	B4-C	B5-C	B6-C	B7-C
λ_{max}	7.0902	2.0336	2.127	1	3.0274	3.0515	4.2657	6.0222
CI	0.015	0	0	0	0.0137	0.0258	0.0885	0.0044
RI	1.36	0	0	0	0.52	0.52	0.89	1.26
CR	0.0371	0	0	0	0.0263	0.0495	0.0994	0.0034

5. 层次总排序

总排序见表 8-41。

表 8-41　总排序

CB	B1	B2	B3	B4	B5	B6	B7	w
	0.0823	0.0823	0.0472	0.1295	0.1295	0.1706	0.3586	
C1	0.3134	0	0	0	0	0	0	0.0258
C2	0.6866	0	0	0	0	0	0	0.0565
C3	0	0.4695	0	0	0	0	0	0.0386
C4	0	0.5305	0	0	0	0	0	0.0437
C5	0	0	1	0	0	0	0	0.0472
C6	0	0	0	0.4825	0	0	0	0.0625
C7	0	0	0	0.3322	0	0	0	0.0430

续表

CB	B1	B2	B3	B4	B5	B6	B7	w
C8	0	0	0	0.1853	0	0	0	0.0240
C9	0	0	0	0	0.3899	0	0	0.0505
C10	0	0	0	0	0.3627	0	0	0.0470
C11	0	0	0	0	0.2474	0	0	0.0320
C12	0	0	0	0	0	0.1955	0	0.0334
C13	0	0	0	0	0	0.2599	0	0.0443
C14	0	0	0	0	0	0.2727	0	0.0465
C15	0	0	0	0	0	0.2717	0	0.0464
C16	0	0	0	0	0	0	0.292	0.1047
C17	0	0	0	0	0	0	0.2395	0.0859
C18	0	0	0	0	0	0	0.1998	0.0716
C19	0	0	0	0	0	0	0.122	0.0437
C20							0.0844	0.0303
C21							0.0621	0.0223

从表 8-41 可以看出,基于公共利益的城市水务业外商投资 PPP 项目的风险因素中,公共利益风险中的供水安全(C16)、水质不达标(C17)、水价上涨过快(C18)三个风险因素的权重分别为 0.1047、0.0859、0.0716,是总项目风险 21 个风险因素中的前三大风险因素。

综上所述,三亚水务 PPP 项目通过专家调查法得出原始数据,并依据专家资历、权威性和知识面确定专家权重,通过构建综合判断矩阵,计算各个风险因素对 PPP 项目总风险的权重,进而判断各个风险因素的风险大小。通过总排序表可以得出:三亚水务项目的风险主要集中在公共利益风险上,其中的供水安全是第一大风险,水质不达标是第二大风险,水价上涨过快是第三大风险。

三亚市政府在实施三亚水务 PPP 项目时,高度重视公共利益的保护,对潜在风险特别是上述前三大风险通过供水特许经营协议加以控制。对供水安全风险,市政府在供水特许经营协议中规定 PPP 项目公司的供水区域、供水设施更新改造投资、保证供水、不间断供水、应急供水、军事设施的保密、特许经营权的抵押担保等保护条款;对水质不达标风险,市政府要求三亚中法供水有限公司保证——经营10~15年,水质达到欧盟标准;对水价上涨过快风险,市政府有主导权,将视PPP项目公司的净资产收益率及市民支付能力变化决定水价调整幅度,公共利益得到最大限度的保护。

第 9 章　项目风险分担

本章主要介绍 PPP 项目实践中的实际风险分担，通过与风险分担偏好的对比分析，修正风险分担偏好的公平性，并构造相应的风险分担调整机制。

9.1　风险公平分担机制的构造思路

本章所提出的修正风险分担偏好的基本思路如图 9.1 所示，通过收集过去 PPP 项目的实际风险分担，对风险分担偏好和实际风险分担进行对比分析，可能出现以下三种情况：

①对于某风险的分担偏好和实际分担，如果在各类（多类）项目中都存在显著性分担差异，需要考虑这个风险的分担偏好是否合理，如果不合理，则需要修改风险的分担偏好。

②如果仅在这一类项目中存在显著性分担差异，需要考虑该风险的实际分担是否更适合于该类项目，如果是，则进一步整理出适合于该类项目的风险分担偏好。

③如果仅在单一项目中存在显著性分担差异，通过分析该风险在具体项目中实际分担的原因，归纳出影响风险分担的具体因素，为初步建立风险分担调整框架提供可能性。

以上风险分担结果对比分析采用单样本 T 检验方法。例如，与所有类别项目风险分担比较时，先将所有类别项目按照成功度大小进行加权平均，求解所有类别项目的实际风险分担平均值，然后对德尔菲风险分担数据进行单样本 T 检验，如果两者之间存在显著性差异，且分担结论不一致时，认为两者分担存在差异。具体处理方法见 9.2 节。

风险公平分担机制包括风险公平分担建议和风险公平分担调整机制。上述前

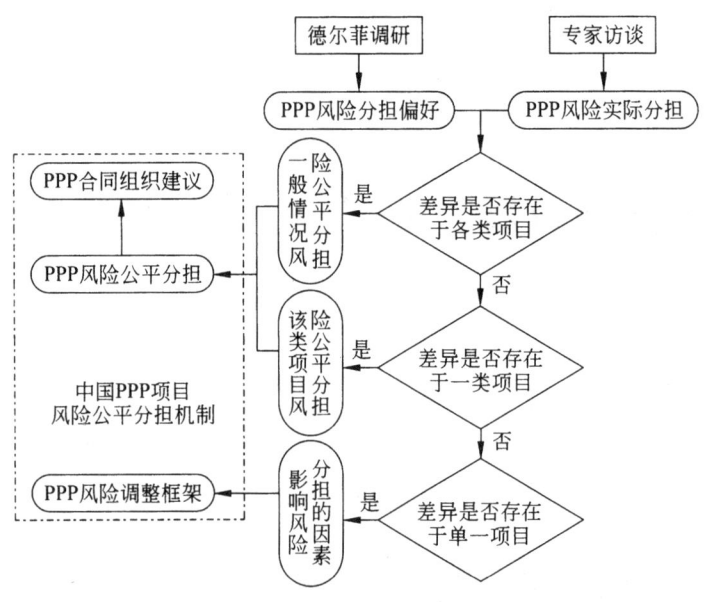

图 9.1　风险公平分担机制的构造思路

两种情况,通过德尔菲调研的风险分担偏好和实际案例风险分担的对比分析,得出最合理的风险公平分担建议。上述第三种情况,可以识别出影响风险分担的具体因素,结合已有的风险分担原则与运用、分担框架等方面的成果,构造风险分担调整框架。

9.2　实际 PPP 项目的风险分担

9.2.1　所有行业的实际分担与分担偏好的差异

如果某风险的分担偏好和实际分担在所有行业项目中存在显著性的分担差异,则需要分析这个风险的实际分担理由,并考虑这个风险的分担偏好是否合理,如果不合理,则需要修改该风险的分担偏好。如前所述,只有当实际分担数据与德尔菲风险分担数据的单样本 T 检验存在显著性差异,且分担结论不一致时,才认为两者存在差异。所有行业的分担得分平均值根据各个项目的成功度得分进行加权平均,比较结果见表 9-1。从表中可以发现,有 5 个风险存在显著性差异,分别是"政府/公众反对""外汇风险""配套基础设施风险""组织协调风险"和"税收调整"。

表 9-1 所有行业的实际分担与分担偏好的差异

序号	风险	德尔菲调研		面对面访谈		比较分析		
		平均	偏好	平均	实际	T 值	Sign.	比较
1	政府官员腐败	2.11	政府	2.05	政府	0.449	0.656	
2	政府干预	1.70	政府	1.52	政府	1.410	0.165	
3	征用/公有化	1.28	政府	1.41	政府	-1.413	0.164	
4	政府信用	1.65	政府	1.67	政府	-0.145	0.885	
5	第三方延误/违约	3.39	共享	3.16	共享	2.525	0.015	
6	政府/公众反对	2.54	共享	2.32	政府	2.794	0.008	差异
7	法律及监管体系不完善	2.43	政府	2.53	共享	-0.727	0.471	
8	法律变更	2.33	政府	2.54	共享	-1.724	0.092	
9	利率风险	3.39	共享	3.60	社会资本	-1.609	0.115	
10	外汇风险	3.26	共享	3.57	社会资本	-2.343	0.24	差异
11	通货膨胀	3.22	共享	3.41	共享	-2.312	0.25	
12	政府决策失误/过程冗长	1.83	政府	2.04	政府	-1.694	0.097	
13	土地获取风险	2.00	政府	2.04	政府	-0.352	0.726	
14	项目审批延误	2.11	政府	2.24	政府	-1.089	0.282	
15	合同文件冲突/不完备	3.15	共享	3.29	共享	-1.947	0.058	
16	融资风险	4.07	社会资本	4.19	社会资本	-1.052	0.298	
17	工程/运营变更	3.52	社会资本	3.465	共享	0.575	0.568	
18	完工风险	4.02	社会资本	4.16	社会资本	-1.370	0.178	
19	供应风险	3.96	社会资本	4.03	社会资本	-0.636	0.528	
20	技术风险	4.37	社会资本	4.63	社会资本	-2.195	0.033	
21	气候/地质条件	3.33	共享	3.21	共享	1.273	0.210	
22	运营成本超支	4.20	社会资本	4.23	社会资本	-0.285	0.777	
23	市场竞争(唯一性)	2.30	政府	2.47	政府	-1.201	0.236	
24	市场需求变化	3.37	共享	3.12	共享	2.068	0.044	
25	收费变更	2.87	共享	2.99	共享	-1.109	0.274	
26	费用支付风险	3.00	共享	3.28	共享	-2.337	0.024	
27	配套基础设施风险	2.26	政府	2.55	共享	-2.414	0.020	差异
28	残值风险	3.52	社会资本	3.56	社会资本	-0.339	0.736	
29	招标竞争不充分	2.28	政府	2.41	政府	-1.033	0.307	

续表

序号	风险	德尔菲调研		面对面访谈		比较分析		
		平均	偏好	平均	实际	T值	Sign.	比较
30	特许经营人能力不足	3.78	社会资本	4.25	社会资本	-2.926	0.005	
31	不可抗力风险	2.91	共享	2.88	共享	0.833	0.409	
32	组织协调风险	3.65	社会资本	3.33	共享	2.856	0.006	差异
33	税收调整	2.35	政府	2.61	共享	-2.390	0.021	差异
34	环保风险	3.02	共享	2.97	共享	0.397	0.693	
35	社会资本投资者变动	3.85	社会资本	4.12	社会资本	-2.542	0.015	
36	项目测算方法主观	3.13	共享	3.30	共享	-1.510	0.138	
37	项目财务监管不足	3.04	共享	3.28	共享	-1.942	0.058	

①"政府/公众反对"风险的分担偏好是双方共担,而在以往实际PPP项目中,该风险大部分都是由政府承担的。通过对相关专家的访谈认为这个风险的归责对象通常是政府,因为根据中国的基建项目管理程序,一个基础设施项目从立项、可研、环评、初步设计、施工到运营等各个阶段都离不开政府的审批和核准,项目在完成立项批复、通过可研和环评后,才进入招商阶段,个别项目政府方甚至都做到了初步设计或施工图设计这一步才开始招商。也就是说在法律上,这个项目的合法性毋庸置疑;在环评的公众意见征集环节,公众也拥有充分的知情权,环评通过也就意味着公众不反对。如果在实施过程中又出现由政治原因或者其他原因引起的政府/公众反对,那么该风险理应由政府承担,因为是由于政府关于项目的前期工作不到位所致。但是,一般污水处理项目中也可能引起"政府/公众反对",其主要情形为:项目公司偷排污水造成环保事故(归责对象为项目公司)、污水处理厂臭气扰民(项目公司未采用适当除臭工艺)、兴建污水处理厂影响周边地区房地产价值导致居民反对(虽然与规划有关,但如果规划是科学的,总会牺牲一部分人的利益,不能算政府方的责任)。因此,本书对于该风险的公平分担建议仍然是双方共担,具体操作是:由项目公司负责调解,政府方予以配合,如果"政府/公众反对"的具体归责对象是项目公司,则由此事件导致的项目损失将不得到赔偿;如果具体归责对象是政府部门,则社会资本有权要求恢复到风险事件之前的经济地位;如果没有具体归责对象,则由双方商议共同承担损失。建议在特许权协议的赔偿机制内容中清楚地描述上述要求的权利义务分摊以及赔偿前提条件和操作过程。

②"外汇风险"的分担偏好是双方共担,而实际PPP项目中该风险大部分是由

社会资本承担。在许多相关案例中,特许权协议中未对外汇风险进行说明,由于双方地位的不平等,未说明的风险都认为实际将由社会资本所承担。在中国外汇管制体制下,地方政府其实没有太多的决策权,在协议中承诺承担汇率风险没有太大实际意义,因此一般只约定政府在其权力范围内尽力协助。另外的一个现实情况是,国外企业或者对外贸易经验丰富的国内企业比地方政府更加能够理解和预测汇率的变化。具体而言,在操作中要规避利率和汇率变动等金融风险,主要通过远期、掉期、互换、期货、期权等金融衍生品进行套期保值。相对政府方而言,市场投资者更有能力通过上述工具对项目特许经营期内遇到的金融风险进行规避和控制。但是汇率风险本身的特异性较强,即使由社会资本承担也存在一定的困难,因此建议地方政府在权力范围内负责项目尽快地通过国家外汇管理局的批准,并承担外汇的可兑换风险,以保证社会资本的外汇兑换和利润汇出权利不受影响。而社会资本则有权根据外币与人民币之间的汇率变化,在固定时期内调整产品价格,最大限度地降低外汇汇率的波动风险。此外,上述的金融衍生品一般也只能规避汇率的小范围变动风险,所以建议在特许权协议中设定一个上限比例,如5%,汇率变化在某一基准值的5%以外时政府应提供部分补偿(当汇率变化造成损失)或收回部分收益(当汇率变化造成盈利),即汇率重大变化风险由双方共担。

③"配套基础设施风险"的分担偏好是由政府承担,而实际PPP项目中该风险大部分是由双方共担。在实际案例中政府方在招商前基本已经完成配套基础设施的建设,如红线范围外的管网、外电、通路等,因此社会资本认为这个风险的发生概率已经很低了,在特许权协议谈判中并未涉及该风险。但是若在项目建设或者运营阶段发生该风险事件,实际操作中应该由社会资本负责建设,政府方提供相应的补偿。根据对相关专家的访谈,红线范围内的配套基础设施的建设由投资人负责,红线范围外的配套设施建设由政府方投资、建设,政府方承担该风险更为合理。因此,对于该风险的公平分担建议仍然是由政府承担。具体而言,项目所在地政府有义务负责:a.提供场地,完成项目的前期工程和进场道路;b.在建设期间协调和推进所有与政府部门相关的事宜;c.保证该场地不设置任何留置或抵押,以使项目公司在特许期内有权免费且独自使用;d.提供该项目所必需的其他配套设施,如电力项目中的输变电设施、起动电力和蒸汽,以及所有调试用燃料等。

④"组织协调风险"的分担偏好是由社会资本承担,而实际PPP项目中该风险大部分是由双方共担。大多数选择由双方共担或者政府承担的项目都具有一个共同特点是项目中政府干预程度较大,实际风险事件发生后,项目公司的组织协调能力不足,导致项目参与各方发生矛盾冲突等变故,最后都需要由政府介入,参与协

调沟通;对于具有强烈政治色彩的项目,工期是最为重要的绩效指标,因此建设期间一切组织协调工作均可由政府负责。但是风险发生若是由于项目公司组织协调能力不足所致,应由社会资本承担大部分。在实际操作中,政府在招标时可以将投标人的类似项目经验和组织协调能力列为评标标准之一,并在特许权协议中说明出现类似情形政府部门该如何介入(需要明确政府介入的前提条件、介入方式和退出条件,以免产生"政府过度干预"风险)。

⑤"税收调整"风险的分担偏好是由政府承担,而实际PPP项目中该风险大部分是双方共担。若特许权协议未对税收调整风险进行说明,而由于双方地位的不平等,未说明的风险都认为实际操作时由社会资本承担。税收调整风险为政府宏观经济政策调整所致,往往非签约级政府可控,对大多数PPP项目而言,税收调整因素并不包括在调价公式中,因此社会资本应承担该风险的大部分。基于上述原因,建议该风险的公平分担建议应该为双方共担。具体操作中,签约级政府应该在其权限范围内为社会资本提供合理的地方税收优惠,并尽最大的努力使项目公司获得中国法律法规许可的国家税收优惠。同时也建议在特许权协议中设定一个上限比例,如5%,税收变化在某一基准值的5%以外政府应提供部分补偿(当税收变化造成损失)或收回部分收益(当税收变化造成盈利),即税收重大变化风险由双方共担。

9.2.2 单一行业的实际分担与分担偏好的差异

如果某风险的分担偏好和实际分担,仅在一类项目中存在显著性分担差异,则需要分析这个风险的实际分担理由,并考虑该风险的实际分担是否更适合于该类项目,如果是,则进一步整理出该类项目的风险分担偏好。每个行业的分担得分平均值应根据各个项目的成功度得分进行加权平均,比较结果见表9-2。由于页面篇幅有限,未列出平均值数值和T检验数值,但如前所述,只有当实际分担数据与德尔菲风险分担数据的单样本T检验存在显著性差异,且分担结论不一致时,才认为两者存在差异。

表9-2 单一行业的实际分担与分担偏好的关系

序号	风险	偏好	电力能源		公共交通		水业	
			分担	比较	分担	比较	分担	比较
1	政府官员腐败	政府	共享	差异	政府		政府	
2	政府干预	政府	政府		政府		政府	

第9章 项目风险分担

续表

序号	风险	偏好	电力能源 分担	电力能源 比较	公共交通 分担	公共交通 比较	水业 分担	水业 比较
3	征用/公有化	政府	政府		政府		政府	
4	政府信用	政府	政府		政府		政府	
5	第三方延误/违约	共享	共享		共享		共享	
6	政府/公众反对	共享	政府		共享		政府	差异
7	法律及监管体系不完善	政府	共享		政府		共享	
8	法律变更	政府	共享	差异	政府		共享	差异
9	利率风险	共享	社会资本		社会资本		社会资本	
10	外汇风险	共享	社会资本		社会资本	差异	社会资本	差异
11	通货膨胀	共享	共享		社会资本	差异	共享	
12	政府决策失误/过程冗长	政府	政府		政府		政府	
13	土地获取风险	政府	政府		政府		政府	
14	项目审批延误	政府	政府		政府		政府	
15	合同文件冲突/不完备	共享	共享		共享		共享	
16	融资风险	社会资本	社会资本		社会资本		社会资本	
17	工程/运营变更	社会资本	共享		共享		共享	差异
18	完工风险	社会资本	社会资本		社会资本		社会资本	
19	供应风险	社会资本	社会资本		社会资本		社会资本	
20	技术风险	社会资本	社会资本		社会资本		社会资本	
21	气候/地质条件	共享	共享		社会资本	差异	共享	
22	运营成本超支	社会资本	社会资本		社会资本		社会资本	
23	市场竞争(唯一性)	政府	共享	差异	共享	差异	政府	
24	市场需求变化	共享	共享		社会资本		共享	
25	收费变更	共享	共享		共享		共享	
26	费用支付风险	共享	共享		共享		共享	
27	配套基础设施风险	政府	政府		共享	差异	政府	
28	残值风险	社会资本	社会资本		共享		社会资本	
29	招标竞争不充分	政府	共享	差异	共享	差异	政府	
30	特许经营人能力不足	社会资本	社会资本		社会资本	私营	社会资本	
31	不可抗力风险	共享	共享		共享		共享	

续表

序号	风险	偏好	电力能源		公共交通		水业	
			分担	比较	分担	比较	分担	比较
32	组织协调风险	社会资本	共享	差异	共享	差异	共享	
33	税收调整	政府	政府		共享	差异	政府	
34	环保风险	共享	共享		共享		共享	
35	社会资本投资者变动	社会资本	社会资本		社会资本		社会资本	
36	项目测算方法主观	共享	共享		共享		共享	
37	项目财务监管不足	共享	共享		共享		共享	

从表 9-2 中可以得知,电力能源、公共交通和水业项目存在显著性分担差异的风险数量分别有 5 个、8 个和 4 个。以下按不同行业分析某风险的实际分担是否具有普遍性且更适合于该类项目。

1. 电力能源行业项目风险的实际分担与分担偏好的差异

"政府官员腐败"风险的分担偏好是由政府承担,而实际 PPP 项目中该风险大部分是由双方共担。根据相关调查,8 个电力能源行业的项目中有 6 个项目的实际分担得分等于 2(政府承担大部分),仅有项目 3 和项目 4 的得分分别是 4(社会资本承担大部分)、5(社会资本完全承担),由此可以发现该风险的分担差异并不具有普遍性,因此在电力能源行业中,关于"政府官员腐败"风险的公平分担应由政府承担。

"法律变更"风险的分担偏好是由政府承担,而实际 PPP 项目中该风险大部分是由双方共担。根据相关调查的 8 个电力能源项目中有 5 个项目的实际分担得分等于 3(双方共担),可以认为该风险的分担差异存在普遍性。对于电力能源行业而言,近期遭遇的比较重大的变更包括 1998 年之后中央政府在基础设施建设领域财政政策的变化和 2002 年之后的电力体制改革。由于 1998 年以来中央政府发行了大量的基础设施建设国债,导致电力市场迅速饱和,使得该项目公司陷入困境,社会资本无法获得合同签署的投资回报。同时,电价定价权归地方电力公司,但是随着国家电力改革,数年后电价变为由省电力公司控制,并开始竞价上网,导致该项目的电价低于最初合同约定的特许价格,项目公司的运营收入不如预期。在这些项目中,上述的法律变更都超出签约的地级市政府的权力控制范围,社会资本在特许权协议谈判中也未考虑到这些因素,因此在实际事件发生之后都是双方协商共同承担损失。因此对于电力能源行业,政府和社会资本双方应该对"法律变更"风险给予特别的重视。基于现在的电力体制,如果签约政府是省级政府,该风险应该由政府承担大部分;如果签约政府是市级政府,该风险应该由双方共同承担。

"市场竞争(唯一性)"风险的分担偏好是由政府承担,而实际PPP项目中的分担大部分是由双方共担。在相关调查中8个电力能源项目中有7个项目的实际分担得分选择3(双方共担),可以认为该风险的分担差异存在普遍性。电力能源的类型很多,如风能、太阳能、氢能、生物质(秸秆、沼气等)等多种能源形式。如果签约级政府满足了项目唯一性的激励要求,意味着政府在某个区域内的漫长特许经营期内不许建造其他任意能源形式的项目,这与国家鼓励新能源项目建设的长期政策相矛盾。此外,国家对新能源项目的政策倾斜(如减排指标控制、优先收购新能源电厂的发电量、一定比例补贴新能源企业等)对非新能源的PPP项目造成了实际上的竞争。因此,地方政府并不能在实际上满足"市场竞争(唯一性)"的要求,故所调查的8个项目中均没有在特许权协议中对该条件进行规定。值得注意的是,在所有项目中社会资本都要求与政府签订或取或付的电量购买合同,此合同在很大程度上可以消除"市场竞争(唯一性)"的影响。基于上述解释,建议在电力能源行业中,该风险的公平分担是双方共担(前提是签订或取或付的电量购买合同)。

"招标竞争不充分"风险的分担偏好是由政府承担,而实际PPP项目中该风险大部分是由双方共担。所调查的8个电力能源项目中有6个项目的实际分担得分等于2(政府承担大部分),仅有2个项目得分分别是4(社会资本承担大部分)和5(社会资本完全承担),由此可以发现该风险的分担差异并不具有普遍性,因此在电力能源行业中,"招标竞争不充分"风险的公平分担应由政府承担。

"组织协调风险"的分担偏好是由社会资本承担,而实际PPP项目中该风险大部分是由双方共担。根据相关调查,8个电力能源项目中有6个项目的实际分担得分小于4(社会资本承担大部分),可以认为该风险的分担差异存在普遍性。在某些试点项目中,地方政府给了充分的重视并积极参与,很多组织协调工作由地方政府来完成的。在其他电力能源项目中也有类似情况,项目中的燃料供应、电力承购、电力运输等多个环节的合作伙伴是政府相关部门或其下属企业,因此在这些项目中政府在组织协调方面都有不同程度的参与。因此建议该风险的公平分担是双方共担,但在实际操作中,社会资本最好能够明确需要政府参与的内容和时机,以免政府的过分干预影响社会资本的自主决策权。

2. 公共交通行业项目风险的实际分担与分担偏好的差异

"外汇风险"的分担偏好是由双方共担,而实际PPP项目中该风险大部分是由社会资本承担。在相关调查中,7个公共交通项目中有4个项目的实际分担得分大于 3(双方共担),可以认为该风险的分担差异存在普遍性。在公共交通行业中,"外汇风险"的具体表现主要包括两方面:外资企业在公共交通项目中的收益汇出、社会资本在项目中的国外设备/设施采购。但是在所调查 7 个公共交通项目中并没有发生上述两种情况,特许权协议中也没有就这部分风险进行说明,而是基于双方在项目中的谈判地位进行的分担判断。因此,该风险在公共交通行业的公平分担应与分担偏好一致。

"通货膨胀"风险的分担偏好是由双方共担,而实际 PPP 项目中该风险大部分是由社会资本承担。在所调查的 7 个公共交通项目中有 4 个项目的实际分担得分大于 3(双方共担),可以认为该风险的分担差异存在普遍性。"通货膨胀"风险的处置方法一般是通过签订固定的总价合同将建设阶段的通货膨胀风险转移给承包商,或者通过调价机制来规避运营阶段的通货膨胀风险。但是对于公共交通行业而言,社会资本只能通过运营阶段的票价收入等渠道获取合理的投资回报,而无法像电力能源行业那样与政府签订或取或付的购买合同。以公共交通中的高速公路为例,国务院《收费公路管理条例》明确规定:车辆通行费的收费标准应当依照价格法律、行政法规的规定进行听证,并由省、自治区、直辖市人民政府交通主管部门会同同级价格主管部门审核后,报本级人民政府审查批准。而且车辆通行费的收费标准需要调整的,应当依照该条例第十五条规定的程序办理。这就意味着公共交通行业 PPP 项目的收费标准并非可以按照特许权协议的规定进行定价或者适时调整,即通过调价机制来规避该风险在公共交通行业中无法切实落实。因此在实际 PPP 项目中,该风险的实际分担都偏向于由社会资本承担。但是基于公平角度考虑,本书对于该风险的公平分担建议由双方共担。在实际操作中,可以设置一个通货膨胀率上限,当通货膨胀率超过上限时,由政府提供部分补偿,以达到双方共同承担通货膨胀重大变化风险的目的。

"气候/地质条件"风险的分担偏好是由双方共担,而实际 PPP 项目中该风险大部分是由社会资本承担。在调查中,7 个公共交通项目中有 4 个项目的实际分担得分大于 3(双方共担),可以认为该风险的分担差异存在普遍性。但是这 4 个项目都是由国内商业银行贷款的典型 BOT 公路项目,"气候/地质条件"风险的发生概率和危害程度都较小,特许权协议中并未明确对该风险进行说明,而根据双方的谈判地位,风险实际上是由社会资本承担的。其他 3 个项目中有 2 个是地铁项目,而在地铁项目中地质条件是个不容忽视的风险,未勘探出来的地质异常或者发现文物等突发事件会导致成本增加或者进度推迟,基于公平原则应由双方共同承担该风险。基于上述分析,"气候/地质条件"风险的公平分担应该是由双方共担。

在城市轨道交通、崇山峻岭间的高速公路等项目中需要给予该风险足够重视,而对于一般的公共交通项目也建议在特许权协议中明确该风险的分担细节。

"市场竞争(唯一性)"风险的分担偏好是由政府承担,而实际PPP项目中该风险大部分是由双方共担。在调查的7个公共交通项目中有6个项目的实际分担得分大于2(政府承担大部分),可以认为该风险的分担差异存在普遍性。对于不同的公共交通类型,该风险的发生概率和应对措施也有所不同。城市轨道交通项目由于投资额巨大和规划限制等多种原因,同类项目的唯一性很容易满足,该类项目的客流量更大程度上由社会经济等宏观环境决定,来自其他类别公共交通的竞争压力较小;桥梁项目的唯一性也相对容易满足,该类项目的竞争压力主要来自一定距离外的其他桥梁和轮渡(若有),竞争强度不大;收费公路项目与上述两类项目不同,公路项目的唯一性较难满足,即使特许权协议中保证了不再在某两地之间另建一条收费公路,但是其他非收费公路或已有的收费较低的收费公路仍会带来很大的竞争。"市场竞争(唯一性)"风险实际上并非完全由政府承担。因此在城市轨道交通和桥梁项目中该风险应由政府承担,而在收费公路项目中由双方共担。

"配套基础设施风险"的分担偏好是由政府承担,而实际PPP项目中该风险大部分是由双方共担。7个公共交通项目中有4个项目的实际分担得分大于2(政府承担大部分),可以认为该风险的分担差异存在普遍性。与电力能源或者水业项目不同,公共交通项目所需的配套基础设施相对简单,一般仅包括场地、完成项目的前期工程、进场道路等。因此在一般的特许权协议中,均未对该风险进行明确说明,而是根据政府和社会资本的谈判地位和合作关系作出风险实际分担判断。但是基于公平原则,该风险仍由政府承担。

"招标竞争不充分"风险的分担偏好是由政府承担,而实际PPP项目中该风险大部分是由双方共担。7个公共交通项目中有4个项目的实际分担得分大于2(政府承担大部分),可以认为该风险的分担差异存在普遍性。由于国内PPP法律法规框架尚不完善,特许经营招标还没有形成一套完整的固定模式,公共交通项目中(以高速公路为例),一般地方政府都是按照特许经营招投标办法或者公路工程招投标办法进行公开招标。尽管招标工作是由政府来负责,但是在招标过程中出现的问题如投标者串通压低中标价格、投标者资料造假、以PPP/BOT当成取得承包合同的台阶等,社会资本也有部分责任,导致项目运营后期成本超支、收入不如预期等。因此对此风险的承担者仍有不少争议,但是随着PPP法律制度的不断完善,PPP的招投标将会形成一套较为完整固定的模式。在今后的PPP项目中,应该由政府承担该风险。

"组织协调风险"的分担偏好是由社会资本承担,而实际 PPP 项目中该风险大部分是由双方共担。所调查的 7 个公共交通项目中有 5 个项目的实际分担得分等于 3(双方共担),可以认为该风险的分担差异存在普遍性。在实际分担中由双方共担的项目都具有一个重要特点是政府干预程度较大。但是与电力能源行业不同,公共交通项目中的合作伙伴大多是第三方企业。因此,应该由社会资本承担该风险,以避免政府的过分干预影响投资者的自主决策权和经营效率。

"税收调整"风险的分担偏好是由政府承担,而实际 PPP 项目中的分担大部分是由双方共担。前文的论述中已经指出该风险的公平分担应该由双方共担,故此处不再做进一步探讨。

3. 水业项目风险的实际分担与分担偏好的差异

"政府/公众反对"风险的分担偏好是由双方共担,而实际 PPP 项目中该风险大部分是由政府承担的。这个风险应该由政府承担的理由是该项目从立项、可研、环评、初步设计、施工到运营等各个阶段都经过政府的审批和核准,从法律上说,这个项目的合法性毋庸置疑;在环评的公众意见征集环节,公众也拥有充分的知情权,环评通过也就意味着公众不反对。如果在实施过程中又出现政治原因或者其他原因引起的政府/公众反对,那么该风险理应由政府承担,因为是政府关于项目的前期工作不到位所致。但是,也有一些污水处理项目中可能引起"政府/公众反对"的主要情形有:项目公司偷排污水造成环保事故(归责对象为项目公司)、污水处理厂臭气扰民(项目公司未采用适当除臭工艺)、兴建污水处理厂影响周边地区房地产价值导致居民反对(虽然与规划有关,但如果规划是科学的,总会牺牲一部分人的利益,不能算政府方的责任)。综上,该风险仍然是应由双方共担,具体操作是:由项目公司负责调解,政府方予以配合,如果"政府/公众反对"的具体归责对象是项目公司,则由此事件导致的项目损失将得不到赔偿;如果具体归责对象是政府部门,则社会资本有权要求恢复到风险事件之前的经济地位;如果没有具体归责对象,则由双方商议共同承担损失。

"法律变更"风险的分担偏好是由政府承担,而实际 PPP 项目中该风险大部分是由双方共担。与电力能源行业相似,水业市场的体制改革也是个热门话题,中央和地方政府相继出台行业管理政策、市场化政策、投资固定回报清理政策、企业改制与产权转让政策等政策法规,以促进和规范城市水业的市场化发展,但是我国现行政策法规体系远远不能满足城市水业市场化的发展需求。行业中也存在因为法律变更而造成项目损失的案例,如 2002 年 9 月《国务院办公厅关于妥善处理现有保证外方投资固定回报项目有关问题的通知》造成许多正在谈判的 BOT 项目被迫进行重新谈判,部分运营中的 BOT 项目被迫进行重新谈判或者被政府回购。在电力体制改革中电力局将被拆分成发电公司和电网公司,而许多正在运营的电力 BOT 项目的电力承购合同是同省级电力局签订,如何继续执行电力购买合同中的责任和义务便是社会资本们首先要考虑的。类似的问题也存在于水业当中,水务局与社会资本参与的水厂存在合同关系,与电力体制改革类似的政府机构拆分整合改革方案将同样引起相当大的合同长期执行问题。法律变更的另外几个重点内容还包括水价和水质标准,同样也值得投资者的重点关注。因此,如果签约政府是省级政府,该风险应该由政府承担大部分;如果签约政府是市级政府,该风险应该由双方共同承担。

"外汇风险"的分担偏好是由双方共担,而实际 PPP 项目中该风险大部分是由社会资本承担,主要的原因是:在许多访谈的案例中,特许权协议未对外汇风险进行说明(假设投资者在支付交易款项的报价中已经考虑了外汇部分),由于双方地位的不平等,未说明的风险都认为实际将由社会资本承担。外汇风险主要发生在以下两个情况中:外资企业在项目中的收益汇出、社会资本在项目中的国外设备/设施采购。在水业项目中,前一种情况更为常见,在早期的水业市场化项目中有很多国际水务公司的参与,如英国 Anglian 水务公司、法国 Veolia 水务公司等。鉴于中国外汇储备的连年增长,外资企业对汇率变化风险可不用担心,不过需要注意的是,兑换货币的批准过程仍然存在很大风险,特别是获得批准时间的耽搁。因此,该风险应由双方共担。

"工程/运营变更"风险的分担偏好是由社会资本承担,而实际 PPP 项目中该风险大部分是由双方共担。而在实际操作中,需要根据实际变更情况的归责对象来判断应该由谁来承担该风险。但是在水业项目中,工程和运营的技术难度都较低,最为常见的变更是前期设计的工艺选择错误或者因水质环保标准的提高而导致的工艺更新,这些事件的归责对象应该都是社会资本。当政府在招标阶段对项目的输出(如处理水量、水质标准、水价结构等)作出明确合理要求后,社会资本应该对特许经营期内的工艺选择、建造和维护更新有合理的规划设计。因此,该风险应该由社会资本承担。

9.2.3 单一项目的实际分担与分担偏好的差异

如果某风险的分担偏好和实际分担仅在单一项目中存在显著性分担差异,则可以通过分析该风险在具体项目中实际分担的原因,归纳出影响风险分担的具体因素,为初步建立风险分担调整框架提供可能性。比较结果见表 9-3,表中的风

表9-3 单一项目的实际分担与分担偏好的差异

风险\案例	1	2	3	4	5	6	7	8	9	10	11	12	13	14	15	16	17	18	19	20	21	22	23	24	25	26	27	28	29	30	31	32	33	34	35	36	37	38
1											√															√												
2			√																							√										√		
3			√																							√										√		
4				√											√																						√	
5																				√				√						√							√	
6									√																													
7							√																							√							√	
8												√																								√		
9									√																				√									
10							√																														√	√
11												√																										
12												√	√				√															√			√	√	√	
13														√																								
14																																				√		
15																√																						
16																√								√													√	
17																	√						√													√		
18																		√										√										
19																			√										√								√	
20																				√					√													
21																					√								√								√	
22									√													√												√				
23																							√															
24																								√			√										√	
25																									√												√	
26																										√										√		
27																											√										√	
28																												√									√	
29																													√							√		
30																														√								√
31																															√							
32																																√						
33																																	√					
34																																		√				√
35																																			√			
36																																				√		
37																																					√	

险序号对应的风险及其解释见表9-1,项目序号表示实际调查的相关案例,表中的"√"表示存在显著性分担差异。如前所述,只有当实际分担数据与德尔菲风险分担数据的单样本 T 检验存在显著性差异,且分担结论不一致时,才认为两者分担存在差异。从表中可以发现,所有风险的分担偏好都与某些项目的实际分担存在显著性差异,存在分担差异的案例数量小于 10 的风险分别是"技术风险""征用/公有化""政府干预""融资风险""完工风险""社会资本投资者变动""土地获取风险""政府官员腐败""政府信用""特许经营人能力不足""项目审批延误""供应风险"和"运营成本超支",可以认为这些风险的公平分担建议得到了验证,比较符合中国 PPP 项目的实际情况。

从表9-3可以看出,以往 PPP 项目的实际风险分担与德尔菲受访专家所认为的合理分担还有不少的差别,通过分析这些差别产生的原因,归纳出实际操作中可能影响风险分担的具体因素,具体包括以下方面。

1. 对风险的有效控制能力

不少实际案例中提及,根据双方对于某风险的有效控制能力是否存在明显优势差异进而推断风险的实际分担情况。例如,在电力能源项目中,一些专家认为在目前中国的外汇管制下,地方政府对于汇率风险并没有太多的发言权,因此在协议中承诺负责汇率风险没有太大意义。反而建议应该根据实际情况,由社会资本和政府共同承担该风险,因此在一般的特许权协议中也只约定政府在其权力范围内尽力协助。而在另一些案例中,则认为规避汇率变动等金融风险,主要通过远期、掉期、互换、期货、期权等金融衍生品进行套期保值。相对政府方而言,社会资本在处理外汇风险时更具有控制风险发生的危害程度和管理风险所需付出的成本的能力。在其他项目的实际分担比较分析中,也可以得出风险有效控制力的概念其实是多层次的,还可以细分为能否预见风险的存在、能否正确评估风险发生的概率和影响程度、能否降低风险的发生概率、能否控制风险发生的危害程度以及管理风险所需付出的成本大小。

2. 政府提供的激励措施

尽管不少文献都认为风险与收益应该相匹配或者认为风险应该由风险承担成本最低的一方承担,但是在操作中,政府部门为了提高项目对社会资本的吸引力,往往愿意提供相应的激励措施。例如,在有关案例中,地方政府提供了占总投资将近 60% 的资本金并且不要求分红,地方政府土地管理部门将项目设施场地的土地使用权以划拨方式无偿提供给项目公司,项目公司不需缴纳土地出让金、配套基础设施建设费,项目公司只需承担项目设施场地的土地一级开发费。通过这些激励措施,地方政府可以减弱社会资本在项目中承担的收益不足的风险。也有一些案例中,为了提高项目的吸引力,地方政府为社会资本的银行贷款提供了一定程度的担保,承担了项目中的部分融资风险。在其他的项目分析中也发现,除了政府投资赞助和政府对融资的协助,政府能提供的激励措施还包括新市场开拓、政府担保(如保证项目在一定区域和时间内的垄断性)和税收减免优惠等。

3. 风险的归责对象

许多相关文献认为风险分担应该遵循包括过错原则、过错推定原则、违法原则、严格责任原则在内的多元化归责原则体系。例如,对于财务监管不足风险,虽然政府在操作中不履行/未能良好履行监管职能,但是财务状况不良的根本责任在于社会资本,故该风险应该由社会资本来承担。不过,通过归责对象来判断风险的分担,虽然在法律层面上思考是公平合理的,在实际操作中却可能无法得到落实,有时候会出现归责对象对该风险的控制力很低或者控制该风险的成本很高的情况,此时的分担并非是真正的公平合理。而且,很多风险因素并不能充分地界定二者的过程,或者合同的双方都没有过错,这就必须依据其他的风险分担原则来进行分担。

4. 与风险对应的收益

社会资本参与 PPP 项目的目的在于获得合理的投资回报,因此许多文献都认为所承担的风险程度与所得回报应该相匹配。而在实践中,很多从业人员根据这条准则,错误地认为"采用 PPP 模式就是要把尽量多的风险转移给社会资本"(主要是政府官员)和"承担更多的风险就可以获得更多的回报,从而把承担风险看成获得高额回报的机会"(主要是社会资本人员)。因此,风险与收益相匹配的准则应该用于对风险进行估价和准备投标报价,而不应该进行反向操作。为了获得更多收益主动承担更多风险,这可能会因为风险控制能力不足而对项目造成严重的影响。

5. 双方的比较优势

在以往的项目操作中,双方在就特许权协议进行谈判的时候并没有很充分地考虑所有的风险,对于那些在特许权协议里并没有提及的风险,在判断实际分担的时候就只能凭借双方的比较优势。例如,特许权协议中未对外汇和税收风险进行说明,由于双方地位的不平等,未说明的风险都认为实际将由社会资本承担。PPP 项目中,双方的地位并不平等,这些差异包括双方的风险态度、对项目的需求程度、双方的合作历史、各自的项目经验、该项目的竞争程度和双方的判断能力等。

9.3 风险公平分担机制的构造

以下将介绍风险公平分担机制的时点安排和实际操作流程。

PPP项目过程一般包括准备阶段、招投标阶段、合同组织阶段、融资阶段、建造阶段、经营和移交阶段。其中,准备阶段的里程碑事件包括可行性报告的制订和招标文件的拟订;招投标阶段的里程碑事件是中标人的确定;合同组织阶段则是特许协议的签订。图9.2表示风险分担管理在PPP项目中的时点,在项目准备阶段,政府需要在详细调查项目需求的基础上,通过对以往类似案例的学习或者咨询行业专家等方法,在提供的带排序风险清单的基础上,识别出项目潜在的风险因素并进行评估(不是所有风险都能在计划阶段识别出来,因此各方在风险管理计划中都应该做好应对新风险的准备),从而制订项目的可行性研究报告。评估风险并计算风险价值的目的在于:①在可行性研究阶段判断项目应该采用PPP模式还是传统的政府自建模式;②在确定采用PPP模式后,为选择最佳投资者提供评标依据。政府可根据本书所提供的风险分担调整机制进行风险的初步分担,在此基础上制定招标文件并发布招标公告,并附上风险公平分担建议和风险初步分担结果的风险矩阵。

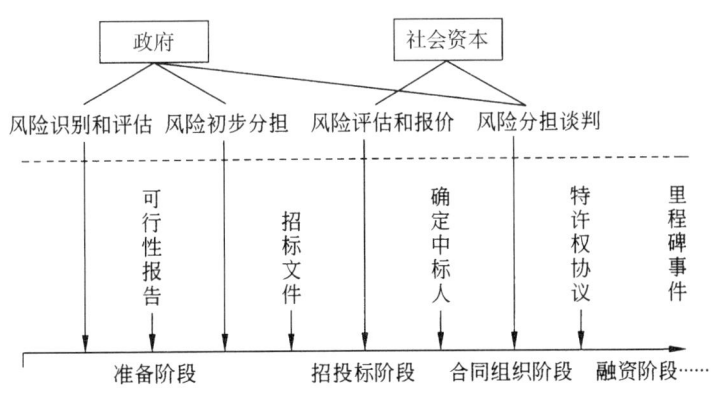

图9.2 PPP项目风险分担的时点

在招投标阶段,社会资本首先就招标文件的初步风险分担结果进行自我评估,主要评估其拥有的资源(包括经验、技术、人才等),据此判断对政府转移的风险是否具有足够控制力或者是否能进一步转移给更有控制力的第三方。如果认为对该风险具有控制力,则对其进行风险报价,并反映于投标报价中;如果认为对该风险不具有控制力,则可以选择转移给第三方,并初步估计转移成本,同时也反映于投标报价中。此外,建议社会资本根据自身以往的项目经验和积累资料对拟投标项目进行进一步的风险识别,风险清单可依据政府在招标时提供的风险矩阵选择。政府则根据自己在准备阶段的风险价值计算,比较各投标人的投标报价以及投标人的经验、能力等其他非价格因素,最后确定一个最合适的中标人。

采用 PPP 模式并不意味着政府可以将所有的风险都转移给私营部门,政府也需要主动承担一定的风险,才能达到风险的合理分担,并可降低风险管理成本。而双方对于风险的分担主要是通过权利义务的界定和付款机制的确定来实现,也就是说,风险分担是通过合同条款来定义的。在合同组织阶段,政府和项目公司首先就特许权协议进行合同谈判,确定双方的权利和义务、服务定价和调整机制。在谈判过程中,务必确保特许权协议已经覆盖了双方在前期所识别的风险,谈判依据可选择 9.3.3 节所描述的风险分担调整机制。在签订特许权协议之后,项目公司再与其他专业分包商/放贷方/保险方等进行合同谈判,将自己掌控不了的风险转移给对该风险更有控制力的第三方。

9.3.1 中国 PPP 项目的风险公平分担建议

通过对比分析所有行业的风险分担偏好和实际风险分担,得出一般情况下的风险公平分担建议,结论见表 9-4。

表 9-4 中国 PPP 项目风险因素的公平分担

序号	风险因素	层级	重要性	层级排序	总体排序	公平分担
1	政府官员腐败	国家	12.41	4	6	政府
2	政府干预	国家	15.20	1	1	政府
3	征用/公有化	国家	8.40	13	34	政府
4	政府信用	国家	13.02	3	4	政府
5	第三方延误/违约	市场	10.29	6	26	共担
6	政府/公众反对	国家	8.73	12	33	共担
7	法律及监管体系不完善	国家	12.05	5	9	政府
8	法律变更	国家	10.94	7	20	政府
9	利率风险	市场	12.10	3	8	共担
10	外汇风险	市场	11.72	5	11	共担
11	通货膨胀	市场	11.79	4	10	共担
12	政府决策失误/过程冗长	国家	13.84	2	2	政府

续表

序号	风险因素	层级	重要性	层级排序	总体排序	公平分担
13	土地获取风险	国家	10.44	8	25	政府
14	项目审批延误	国家	11.63	6	14	政府
15	合同文件冲突/不完备	项目	11.13	7	18	共担
16	融资风险	市场	13.73	1	3	私营
17	工程/运营变更	项目	10.89	9	21	私营
18	完工风险	项目	11.65	2	12	私营
19	供应风险	项目	8.79	14	32	私营
20	技术风险	项目	7.94	15	36	私营
21	气候/地质条件	国家	8.20	14	35	共担
22	运营成本超支	项目	11.64	3	13	私营
23	市场竞争(唯一性)	市场	9.49	7	29	政府
24	市场需求变化	市场	12.84	2	5	共担
25	收费变更	项目	11.63	4	15	共担
26	费用支付风险	项目	10.48	12	24	共担
27	配套基础设施风险	项目	11.24	5	16	政府
28	残值风险	项目	7.49	16	37	私营
29	招标竞争不充分	项目	10.59	10	22	政府
30	特许经营人能力不足	项目	10.57	11	23	私营
31	不可抗力风险	国家	9.03	11	31	共担
32	组织协调风险	项目	9.99	13	27	私营
33	税收调整	国家	9.24	10	30	共担
34	环保风险	国家	9.85	9	28	共担
35	社会资本投资者变动	项目	11.03	8	19	私营
36	项目测算方法主观	项目	12.12	1	7	共担
37	项目财务监管不足	项目	11.21	6	17	共担

通过分析单一行业的风险分担偏好和实际分担的差别，进一步整理出该类项目风险分担偏好。

1. 电力能源项目的公平分担调整

在电力能源行业，政府和社会资本双方应该对"法律变更"风险给予特别的重视,建议如果签约政府是省级政府,该风险应该由政府承担大部分;如果签约政府是市级政府,该风险应该由双方共同承担。在已经签订或取或付电力购买合同的前提下,私营投资者可以与政府共同承担"市场竞争(唯一性)"风险。"组织协调风险"的公平分担是双方共担,但在实际操作中,私营投资者最好能够明确需要政府参与的内容和时机,以免政府的过分干预影响私营投资者的自主决策权。

2. 公共交通项目的公平分担调整建议

在城市轨道交通和桥梁项目中"市场竞争(唯一性)"风险的公平分担应该由政府承担,而在收费公路项目中应该由双方共担。

3. 水业项目的公平分担调整建议

如果签约政府是省级政府,"法律变更"风险应该由政府承担大部分;如果签约政府是市级政府,该风险应该由双方共同承担。

9.3.2 风险公平分担的合同组织

如前所述,政府和社会资本双方对于风险的分担主要通过权利义务的界定和付款机制的确定来实现,即通过合同条款来定义的。因此,为了更好地提高本书所提出的风险分担建议的可应用性,本小节相应提出各个风险分担的合同组织,具体见表9-5。

表9-5 风险公平分担的合同组织

序号	风险因素	分担	合同组织
1	政府官员腐败	政府	政府部门应在特许权协议中作出保证,例如在广西来宾B电厂项目中,广西政府声明,政府部门在项目中既未要求或收到过不合法的报酬或佣金,也未在将特许权协议授予项目公司方面行使或利用时有过任何不合法的影响。但是腐败往往不是公开的,因此很难利用合同语言阻止腐败的发生。此外,即使合同条款有效,条款的执行也将是一个问题。故在争议解决/赔偿机制等相关条文中应涉及该项风险
2	政府干预	政府	在建设部所提供的特许经营协议示范本中政府部门的一般义务中,明确指出政府部门不得干预项目内部管理事务,除非本协议条款的执行受到影响。但是,如上风险,该条款的执行也是一个问题。故社会资本在确定特许权协议时需明确政府部门在其参与的事务中的参与时点和方式,且在争议解决/赔偿机制等相关条文中涉及该项风险
3	征用/公有化	政府	在建设部所提供的特许经营协议示范本中,关于项目"终止"的条件和程序已经有了较为明确的界定,因此在实际操作中,该风险的重要性已经减弱。特别值得提醒的是,社会资本切勿利用政府部门的暂时无知或者对项目的迫切要求,而签订不平等条约或者违反中央长期发展目标的项目条件,因为这会加大出现该风险的发生概率

续表

序号	风险因素	分担	合同组织
4	政府信用	政府	可以在特许权协议中要求政府部门作出相应的声明和保证,例如在国家体育馆项目中,北京市政府明示作为一方当事人的各项目文件项下的义务,依照该文件各自的条件,对于北京市政府而言是有效、有约束力并可强制执行的。此外,社会资本可采取的其他措施包括:①与政府打好交道;②争取更高一级政府的支持和建立;③与政府部门共享获益的机制等
5	第三方延误	共担	特许权协议中应明确规定双方在工程或其任何部分与规定的质量或安全要求严重不符时,有权自己进行或令第三方进行必要的纠正,根据实际情况,有权就延误或违约事件向第三方(和/或对方)提出索赔
6	政府/公众反对	共担	项目公司负责调解,政府方予以配合,如果"政府/公众反对"的具体归责对象是项目公司,即因为项目公司操作不当(如偷排污水造成环保事故、除臭工艺不当等)引起的公众反对,则由此事件导致的项目损失将不得到赔偿;如果具体归责对象是政府部门(如选址规划不当等),则社会资本有权要求恢复到风险事件之前的经济地位;如果没有具体归责对象,则由双方商议共同承担损失。在特许权协议的赔偿机制内容中应清楚地描述上述要求的权利义务分摊以及赔偿前提条件和操作过程
7	法律及监管体系不完善	政府	与其他风险不同,该风险主要造成的危害包括合法操作程序无法完全适应PPP项目(如现行招投标法的相关规定对基础设施PPP项目采购不具备兼容性)、争端纠纷处理无法可依(如项目参与者双方谈判地位不平等)等问题,因此很难通过特许权协议中的条文来界定。协议方面可以将争端解决程序、双方的权利义务等关键内容描述清楚,尽可能减少该风险所导致的危害
8	法律变更	政府	建议在特许权协议中明确说明,当已发生或即将发生的法律变更对项目的正常运营产生影响时,任何一方可去函另一方,表明对其可能造成后果的意见,包括对项目运营的任何必要变动、是否需对本协议的条款进行任何变更以适应法律变更、导致的任何收益损失、导致的项目成本变动等,并应提出实施变动的全面具体的办法。在收到任何一方发出的任何通知后,双方应在可能的情况下尽快进行讨论并达成一致意见
9	利率风险	共担	利率风险对于社会资本的影响是通过财务费用来作用的,可以在价格调整公式上对利率变化加以调整。社会资本可以通过相应的金融工具来规避利率风险,比政府更有控制力,因此与以往的PPP项目稍微不同,应该设置一个界限值,当利率变化大于该界限值时,调价公式才起作用
10	外汇风险	共担	在使用外资的情况下,特许经营权授予方应明确项目公司中,建设承包商和运营维护包商在中国境内开立、使用外汇账户,向境外账户汇出资金等事宜和条件。与利率风险类似,双方应该设置一个界限值,当汇率变化大于该界限值时,可以通过调价公式来调整价格收费,从而实现双方共同承担重大的汇率变化风险的目标
11	通货膨胀	共担	通货膨胀对于项目的直接影响是导致项目成本的增加,通常可以在调价公式中设置相应的调整系数。例如,在北京第十水厂的定价结构中,运营水价的固定部分从第四个运营年1月1日起调整,此后每两年调整一次,每次调整后的固定部分水价适用于随后的两个运营年度。调价公式的主要参考依据是中国综合物价指数,如果综合物价指数大于10%,则按10%计算

续表

序号	风险因素	分担	合同组织
12	政府决策失误/过程冗长	政府	建议在特许权协议中设置相应的前提条件,例如在国家体育场项目中,双方规定在本协议项下所享有的权利与承担的义务,受制的前提条件包括北京市政府已获得了其作为一方签署本协议所必需的一切批准、本协议项目中提及的北京市政府前期工程已经完成等。前提条件的设置可以有效地防止政府决策过程冗长所带来的危害,而社会资本与政府部门的充分沟通,以及双方互赢为目标地进行项目条件的谈判,也可以减少政府决策失误,从而减少将来的政府信用风险
13	土地获取风险	政府	PPP 项目的土地使用一般是通过行政划拨方式,项目公司在特许经营期内无须缴纳土地相关费用。与配套基础设施类似,为了避免土地获取延误对项目现金流产生影响,可以在特许权协议中将土地的获取设置为特许权协议生效的前提条件
14	项目审批延误	政府	同 12、13 两个风险的建议相似,可以在特许权协议中明确要求政府部门协助项目公司完成相应的审批程序,尽量提前列出所有需要批准的条款,整理出合理的申报顺序和所需的材料
15	合同文件冲突/不完备	共担	特许权协议中应设置诚信谈判声明和程序说明,当发生严重不利项目正常运营的事件,且该事件在协议中没有明确的处理办法说明时,双方将秉承诚意进行协商,若双方未能达成一致意见,则启动争议解决程序
16	融资风险	私营	要求项目公司作出融资手续完成的保证,此外,政府部门可以在特许权协议中明确社会资本完成融资工作的期限,并交付所签署的融资文件复印件及其他相关证明文件,并将融资文件副本的提交设置为政府部门付费义务的先决条件
17	工程/运营变更	私营	一般而言,项目公司有权对已获批准的项目工程/运营设计提出改动,但是双方在特许权协议中应该明确对工程建设和运营变更的通知、答复、确认、批准、实施等过程的流程和期限
18	完工风险	私营	应该明确设计、建设过程中的定期进度、质量检查的期限和流程,以期适时对建设过程进行监督管理,并应该明确延误事件发生后的应对方案。社会资本可通过施工总承包等方式将完工风险转移给更为专业的承包商
19	供应风险	私营	在特许权协议中明确甲方的主要责任应包括,如输送符合质量规定的材料等。例如,城市污水处理项目中,应确保在整个特许经营期内,收集或输送污水至污水处理项目交付点,如期达到本协议规定的基本水量和进水水质
20	技术风险	私营	在项目前期应对项目范围、规模、前景等项目条件进行合理测算,选择最为合适的技术方案,并在特许权协议中将所选用的方案、应遵循的技术规范和要求等技术细节都明确规定
21	气候/地质条件	共担	在特许权协议中明确说明,当发生的合理勘测外的气候/地质问题(如工程建设用地上发现考研文物、化石、古墓及遗址、艺术历史遗物等具有考古学、地质学和历史意义的任何其他物品)影响到项目的执行时,有关的进度日期应相应延长。同时,甲方应选择支付补偿金,或调整供水价格,或相应延长特许经营期以补偿损失

续表

序号	风险因素	分担	合同组织
22	运营成本超支	私营	在特许权中应明确说明,政府部门有权对社会资本的经营成本进行监管,并对其经营状况进行评估。政府部门往往为了提高项目的吸引力,允许社会资本在因非自身原因造成的经营成本发生重大变动时,提出城市供水收费标准调整申请,政府部门核实后向有关部门提出调整意见
23	市场竞争（唯一性）	政府	在特许权协议中必须明确规定,在特许经营期内,对于新的竞争性开发项目或对某一现有竞争性项目进行改扩建,政府部门或其下属政府机关原则上将不予批准
24	市场需求变化	共担	设置一个界限值,当市场需求减少超过界限值,政府部门可以通过调整收费等方式给予社会资本全部或部分补偿;当市场需求增加超过界限值,社会资本按照事先约定返回全部或部分收益,从而实现双方对该风险的共担。此外,对于水业项目,双方应约定一定年限内固定水量的或取或付义务,或取或付水平对应的水费一般情况下应满足社会资本支付运营成本和偿还本息的要求
25	收费变更	共担	在特许权协议中应明确调价原则和公式。但是对于国内许多公用事业而言,价格调整往往需要通过公开的价格听证程序,因此本书建议特许权协议中应明确说明当价格无法调整时,政府部门可以通过补贴等方式对社会资本做出合理的补偿
26	费用支付风险	共担	在特许权协议中应明确费用的支付时间表和延期责任,保证社会资本能够支付运营成本和还本付息,建立月和半年费用最低支付水平和年底结算的机制,要求付款方建立费用特别账户,提高费用支付保证度
27	配套基础设施风险	政府	与土地获取风险类似,为了避免配套基础设施延误对项目现金产生影响,可以在特许权协议中将配套基础设施的齐全设置为特许权协议权利义务生效的前提条件
28	残值风险	私营	在特许权协议中应明确要求社会资本在运营阶段的定期维护,明确移交前的交接工作,明确移交的范围、资产标准等
29	招标竞争不充分	政府	由于目前特许经营的法律建设尚未完善,从现有法律法规层面来看,对于特许经营招投标的操作过程是否必须适用公开招标模式等问题,目前尚无明确答案。公开招募、协议转让、直接委托等其他方式将有可能成为今后特许经营项目实施可选择的其他途径。但是这个风险发生在特许权协议签订之前,故无法通过协议条文来预防
30	特许经营人能力不足	私营	特许权协议中应明确规定构成项目公司违约事件的范围(如项目公司发生债务危机、在实际完工日的当日或之前没有实现实际完工、没有按照协议规定进行运营、维护和修理等能力不足),以及发生这些违约事件之后政府部门应该采取的通知、答复、处理等措施
31	不可抗力风险	共担	在特许权协议中需要对不可抗力事件作出明确定义,明确发生不可抗力事件之后的应对措施,如明确相应的赔偿计算方法、支付程序等,此外也需要明确不得声称为不可抗力的事件

续表

序号	风险因素	分担	合同组织
32	组织协调风险	私营	在很多行业中(如电力能源行业),项目中的供应、承购、运输等多个环节的合作伙伴是政府相关部门和下属企业,因此建议社会资本在项目谈判时,可以争取政府部门在本项目建设和运营过程中协助项目公司协调与项目设施场地周边所涉及的有关单位的关系
33	税收调整	共担	社会资本可以要求政府部门尽最大努力使用权限,项目公司有权根据国内有关法律、法规、规章获得税收优惠,并获得签约级政府在其权限范围内的地方税收优惠
34	环保风险	共担	特许权协议中一般都要求项目公司在项目的建设、运营和维护中应遵守环境保护的法律法规的规定。因环保问题所遭受或产生的损害、费用、损失,根据归责原则,由过错那一方作出相应的赔偿
35	社会资本投资者变动	私营	在过往PPP项目中,有许多社会资本参与PPP模式作为取得工程建设合同的台阶。因此,在特许权协议中应明确规定未经政府部门的事先书面同意,项目公司不得转让其在本协议项下的全部或任何部分权利或义务
36	项目测算方法主观	共担	在签署特许权协议之前,投资者需为项目公司(及其他人)的利益进行必要的调查及检查,包括对项目设施场地进行细致而全面的检查、评估,以确定与本项目有关的风险,该调查及检查的状况令项目公司满意;在签署本协议时,建议投资者切勿依赖由政府部门作出的或提供的任何陈述、信息或数据
37	项目财务监管不足	共担	在特许权协议中需明确说明,政府部门需要对投资者特许经营过程实施监管,包括:①产品和服务质量;②项目经营状况;③安全防范措施;④部门核算和监控企业成本等;⑤鼓励公众参与监督;⑥及时将产品和服务质量检查、监测、评估结果和整改情况以适当的方式向社会公布;⑦受理公众对乙方的投诉,并进行核实处理

9.3.3 风险分担调整机制的构造

前面已经提供了一般情况下的风险公平分担建议和不同行业的具体调整建议,但是从上述的实际项目中的风险分担偏好与实际分担差别比较分析中可以看出,在实际操作中,不见得完全适合所有PPP项目。因此,在影响实际风险分担因素的基础上,构造了一个风险分担调整机制,具体如图9.3所示。当谈判双方识别出本书中的风险清单以外的风险,或者双方认为本书建立的某一风险的公平分担不适合具体的PPP案例的实际情况时,进入以下风险分担调整机制。

第一步:检查双方对于该风险的有效控制能力是否有明显差距,若不存在明显差距,则进入下一步骤。对于已有分担建议的风险,若存在明显差距,检查具有控制能力优势的一方是否已经承担了该风险,若否,则建议修改为由该方承担该风险。对于新识别的无分担建议的风险,若存在明显差距,建议由具有控制能力优势的一方承担该风险。这里所说的风险的有效控制能力可以细分为能否预见风险的存在、能否正确评估风险发生的概率和影响程度、能否降低风险的发生概率、能否控制风险事件本身、能否控制风险发生的危害程度以及管理风险所需付出的成本大小。值得注意的是,这一步骤所要求的控制能力差异应该是显著的。

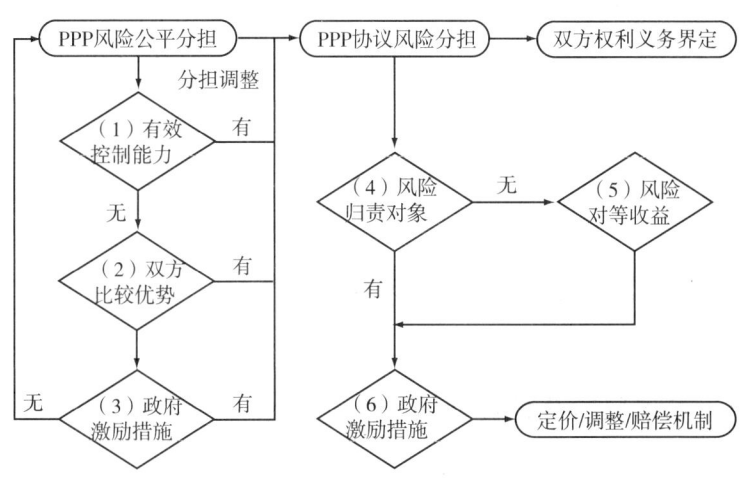

图9.3 风险分担调整机制

第二步:检查双方在项目中的比较优势是否有明显差距,若不存在明显差距,则进入下一步骤。对于已有分担建议的风险,若存在明显差距,检查处于劣势的一方是否已承担了该风险,若否,则建议修改为由该方承担该风险。对于新识别的无分担建议的风险,若存在明显差距,建议由处于劣势的一方承担该风险。此处比较优势的概念包括双方的风险态度、对项目的需求程度、双方的合作历史、各自的项目经验、该项目的竞争程度和双方的谈判能力等。

第三步:检查政府部门是否愿意提供激励措施,若否,则进入下一步骤。对于已有分担建议的风险,政府部门若愿意提供激励措施,检查是否已经承担了该风险,若否,则建议修改为由政府部门承担该风险。对于新识别的无分担建议的风险,政府部门若愿意提供激励措施,建议由政府部门承担该风险。这一步骤中政府部门提供的激励措施主要包括政府投资赞助、政府对融资的协助、政府担保、税收减免优惠和开发新市场等。

第四步:检查该风险的归责对象,如果归责对象已经承担了该风险,则进入第六步骤。如果归责对象没有承担风险,则进入第五步骤,归责对象须给予风险承担方相应的补偿。政府和社会资本对于风险的分担主要通过权利义务的界定和付款机制的确定来实现,归责原则不能作为权利义务界定的依据。为避免建设/运营阶段出现风险控制力不足的情况,归责原则在本调整机制中仅作为定价/调整/赔偿机制的参考依据。

第五步：根据风险收益对等原则，计算所承担的风险相对应的收益，或者在定价结构/调整/赔偿机制中考虑增加该风险。在此步骤，应强调风险收益对等原则应该用于合理的权利义务界定的基础上。即该原则应该用于计算承担合理风险所对应的收益，切勿为了获得更多利益却承担更多的风险而反向操作。

第六步：检查政府部门是否愿意提供激励措施。第三步骤中的激励措施主要是政府在权利义务的主动承担，与之不同，这一步骤中政府部门提供的激励措施主要是放弃所承担风险对应的收益，以提高项目对于投资者的吸引力。

9.4 风险公平分担机制的效率分析

9.4.1 参考风险分担模型的选择

目前较为普遍的风险分担方法主要有两大类：一是通过问卷调查/专家访谈统计各方对各项目风险的承担应答比例，通过比较平均值反映出专家对这一风险的倾向性；二是通过建立博弈等数学模型寻求风险分担的最优解，确定关键风险在政府和社会资本之间的分配。此外，现有的关于PPP项目风险分担结论主要来自三种方式：一是通过对案例的分析总结；二是通过问卷调查/专家访谈的统计分析结果；三是许多政府部门所提供的PPP项目风险分担建议。本小节所选择的风险分担参考模型共有以下六种：

①英国PFI/PPP风险分担偏好。风险分担偏好方案是通过问卷调查统计各方对项目风险的承担应答比例，通过频率来确定某风险的分担偏好。

②PPP风险定量分担模型。基于交易成本经济学和企业能力资源的角度，可以建立一个多层次的风险定量分担模型。其中，外部环境的不确定性、双方的合作历史和双方的风险管理能力影响着合作双方的行为不确定性，而外部环境不确定性、合作双方的合作历史、双方的风险管理能力和双方的行为不确定性又共同影响着双方的风险分担策略。

③香港效率促进组的风险矩阵范例。香港效率促进组发布的《政府与社会资本合作的简易指引第二版》中提供了一套风险矩阵范例，包括风险的描述、后果、影响对象和程度、分担偏好、风险管理策略、商业准则或协议条文建议等。

④PPP项目风险分配框架。在所识别的三条风险分担准则"对风险最有控制力的一方承担相应的风险""承担的风险程度与所得回报相匹配"和"承担的风险

要有上限"的基础上,提出一个包括风险的初步分配阶段(可行性研究阶段)、风险的全面分配阶段(投标与谈判阶段)、风险的跟踪和再分配阶段(建设和运营阶段)的风险分配框架。

⑤项目合同风险分担决策模型。通过对风险控制能力的具体细分(包括能否预见风险的存在、能否正确评估风险发生的概率和影响程度、能否降低风险的发生概率、能否控制风险事件本身、能否控制风险发生的危害程度、能否从风险事件中获益和甲方能否接受乙方的风险报价),结合模糊数学和专家调研方法,可以建立一套项目合同风险分担决策模型。

⑥公共交通 PPP 项目风险博弈分担模型。引入了最终要约仲裁(Final Offer Arbitration)博弈模型,建立了公共交通特许经营项目中的风险分担模型。在该模型中,决定双方由谁来承担风险的主要因素在于双方对于该风险所愿意付出的保证,当该保证大于该风险可能带来的损失,风险态度较为激进一方将承担该风险。

9.4.2　不同风险分担模型的优劣比较

罗春晖等人认为设计风险分担机制时应注意:风险分担机制能迫使项目投资者尽量采用市场手段和自身高效经营来降低风险,而不是靠将风险转移给其他参与者;风险分担机制要有利于降低各方的风险控制成本,提高社会资本控制风险的积极性;风险分担机制使投资者控制风险的行为有利于项目社会效益的提高。因此,比较不同风险分担模型的优劣时,特别需要注意分担模型在实际应用时的效率和效果。

风险分担模型的优劣比较标准可分为理论和应用两个层面。

①理论层面的完整和创新,即比较风险分担模型的形成过程是否逻辑严谨和考虑周全。具体而言,可细分为 4 个子标准:a.风险研究对象的选择是否合理和充分;b.考虑的风险分担准则是否完整和准确;c.风险公平分担建议是否公平合理;d.风险分担调整机制(包括对于未识别风险的分担处理)的建立依据是否充分。

②应用层面的效率和效果,即比较风险分担模型在将来实际 PPP 项目中是否能够得到真正的应用。具体而言,同样也可细分为 4 个子标准:a.模型应用对谈判双方的能力要求;b.模型应用能否与实际 PPP 项目运作流程完美地结合;c.模型对于特许权协议谈判阶段的指导效果;d.模型是否包括对于实际操作中识别异常风险的处理办法。

第10章 基于实物期权的 PPP 项目风险管理

10.1 实物期权投资决策观

10.1.1 传统价值评价方法

由于多数项目所处的环境都具有较多不确定性因素,投资者在进行投资分析时往往希望依据项目不同的发展阶段采取灵活的投资策略,对项目价值进行更准确估计和控制。

在对项目进行价值评估和分析投资决策时,传统现金流折现法(Discounted-Cash-Flow)是项目价值评估与投资决策时最常用的方法,其原理是将项目未来的期望现金流根据风险折现率贴现进行计算,并根据标准予以判断是否投资,即项目期望现金流的现值大于零,则认为项目可行;否则,项目不可行。

尽管这种方法得到广泛应用,但也存在一些明显的缺陷。首先,传统现金流折现法是静态的分析方法,是建立在对未来情况的假设估计前提之下,对不确定性的处理带有很大的主观性。在面对较高不确定性的项目时,仅仅使用高折现率来反映不确定性,从而忽略了不确定性蕴含的价值,这样就会低估项目的价值,导致投资决策的失误。其次,传统现金流折现法是一种刚性的分析方法,在分析完成决策项目的可行性后,投资决策只进行一次,决策者在项目开始前只有接受和放弃两种选择,项目开始后便无法更改决策,既不能确定未来如何追加投资以获得更大收益,也不能确定在未来出现损失时如何放弃项目以减少损失。此外,传统现金流折现法假设投资是可逆的,在市场条件没有达到预期时,可以很容易地撤出项目并收回初始投资,因此在计算中并未考虑投资撤离时产生的损失。而实际上大多数项目的投资往往会产生沉入成本,在投资计划改变或者被放弃时,必然有一部分投资无法回收,从而造成损失。

10.1.2 实物期权决策价值观

实物期权(Real Option)方法是进行项目价值评估和投资分析决策的一种新思路。一般情况下,项目往往具有一定的不确定性,这种不确定性使得项目未来的收益无法准确预测;项目周期的长短以及项目所处环境的改变等因素,也使得项目投资的风险大大增加。这些不确定性和风险因素使得项目本身可能具有了实物期权的特性。

基于实物期权理论的决策观不再将研究目标聚焦于对单一现金流的预测和估计,而是把分析重点着眼于项目本身可能具有的不确定性和高风险性上,用概率作为对项目未来现金流状况的分析描述依据,是一种全新的进行投资设计的工具。

首先,实物期权方法考虑了项目决策和实施的灵活性,是一种柔性的投资分析策略。一方面,投资者在进行投资决策分析时,不必再进行完全接受和完全放弃的一次性投资选择,而是可以考虑对投资方案、项目进行重新设计和多种方式的重组,增大投资的可能性,通过延期、分阶段等有效手段,尽可能规避项目风险,从而为项目带来更高收益。例如:投资者将一个项目推迟一段时间,以获取更多的项目相关信息,之后再进行投资分析和决策制定。相对于传统分析方法,实物期权方法更能将这项投资的潜力进行考虑分析以及进行价值评估。另一方面,实物期权方法考虑了投资者在项目启动后随情况变化而扩大投资或放弃项目的可能性。投资项目被接受后,投资者有能力在适当时机做出某种决策,来影响项目的进行和投资的变化。如果项目表现出良好的势头,则在继续对项目进行下一阶段投资的同时,可以扩大投资的规模,以获取更大收益;如果项目发展不如预期,则可以选择放弃对项目下一阶段的投资,以减少更大的损失。

其次,用实物期权方法对项目进行评价,可以使评价结果更加接近项目的真实价值。实物期权方法是通过基础资产的当前价格和估计波动率来反映项目的价值,比传统净现值法更为客观和准确,更能够从实证来考察项目的价值,尽量减少因个人偏好而产生的对项目价值评估的误差。同时,实物期权方法将项目可能存在的风险性和不确定性视为项目投资价值的一个组成部分,这样的评估结果更为接近项目的真实价值,使分析决策数据更加真实可靠。

再次,实物期权方法可以被看做一种有效的投资策略设计工具。与传统净现值法仅具有能够评价项目是否可行的功能不同,实物期权方法还可以作为一种设计投资策略的有效工具。投资者可以运用实物期权的思维模式,提前进行设计投资策略,对投资方案和项目进行多种方式的重组、评价,从而增加项目投资决策的选择可能,继而考虑降低风险和不确定性的方法,在期权产生前充分估计项目运营情况,提前制定应对策略,把握对投资和项目进行的主动权。

在一定条件下,实物期权法也是一种多方案决策的有效手段。当出现用传统多方案决策方法无法判断方案的优劣时,如 $NPV1=NPV2$,可以采用实物期权理论,通过计算各方案潜在的实物期权价值,进而区分方案的优劣并给予判断。

10.1.3 实物期权与传统价值评价方法

虽然净现值法有许多缺陷,但是实物期权法并不能完全代替它。净现值法与实物期权法之间的关系应该为互补性质。净现值法适用于市场环境较为简单、不确定因素相对较小的项目,而实物期权法产生的根本原因就是不确定性因素的增多,因此,实物期权法更适用于高风险行业中。Lint 和 Pennings 以实物期权法与净现值法具有互补性为基础,提出了四象限分析法。根据项目收益和所遇风险的不同将项目分为四个象限,并将各种情况应采用的模型与项目实施策略进行了分析。具体分析如图 10.1 所示。

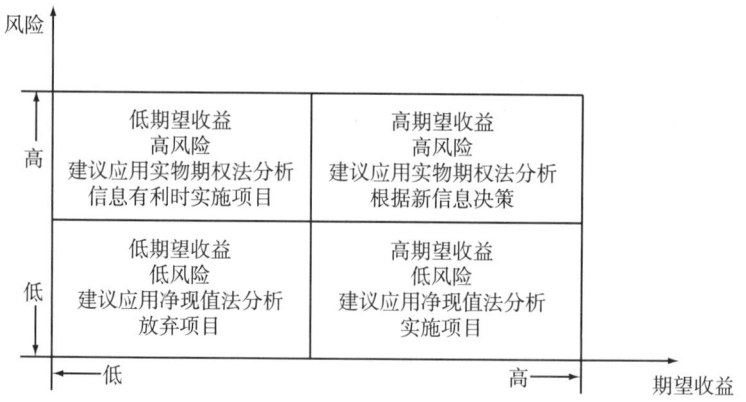

图 10.1 项目分类与相应评价模型分页

10.2 关键风险的实物期权识别

影响我国 PPP 项目的关键风险包括政府决策与审批延误、政府干预、工程建设变更、融资风险、合同/文件风险、法律及监管体系不完善、第三方违约风险、运营成本增加、政府信用、市场需求变化、通货膨胀、类似项目竞争风险。这 12 种风险在一定时期对 PPP 项目的影响较大,将进行实物期权识别。其中政府信用、政府决策与审批延误、第三方违约风险、运营成本增加、市场需求变化和类似项目竞争这6种风险可能为项目带来实物期权的潜在价值。

10.2.1 运营成本增加

交换期权

运营成本的增加可能来自很多方面,如原材料的上涨、人力成本的增加等。如何根据现有市场情况,选择有利的方案减少运营成本对投资者来说是一个不可回避的问题,而运用实物期权理念来解决这一问题是一个不错的选择。例如,某大型电厂的燃料主要是液化天然气,但某石化副产品也可作为替代燃料,但使用替代燃料需购买燃料转换机。液化天然气的价格会随着市场需求、各种政治原因等发生波动,也就造成发电成本的不断变化。如液化天然气的价格大于石化副产品且两者价格差所带来的利益大于购买设备的费用时,可选择后者作为燃料;反之则反。投资者在电厂运营中,可根据两种燃料的价格来决定选择使用燃料,从而降低成本。投资者的这种交换选择燃料的权力称为交换期权。

该案例中交换期权的拥有者是电厂的投资人,期权的费用为购买材料转换机所发生的费用。交换期权的价值来源于投资者通过有效地判定市场环境,交换使用燃料后给项目带来的新增收益。

10.2.2 第三方违约风险

担保期权

在本书中,第三方是特指除政府与中标项目公司之外的任何参与方,包括参与的融资机构、工程建设的承包商、材料的供应商、勘察设计单位等。当项目公司与其中的任意一方签订合同后都有可能存在对方违约的风险。例如,假设某发电厂的燃料主要为煤矿,项目公司与某煤矿供应商签订了固定价格供应协议。由于煤矿的价格变动较大,当供应协议期内,市场煤矿的价格大大高于供应给该电厂价格,供应商则可能选择违约,将产出煤矿以市价销售给其他需求者。这样发电厂就不得不以市价向其他供应商购买煤矿,发电成本大幅增加。

为使第三方违约风险发生后的损失降到最小,要求项目公司在与第三方签订协议时,将违约金提高,且需要一个具有较高信用等级与资产偿还能力的另一方作为担保人。一旦违约发生,要求第三方交付违约金且担保人进行全程担保,这过程就可以认为行使了担保期权。担保期权拥有人是项目公司,背书人是鉴定合同时的担保人,期权价值来源于投资者对违约风险发生的充分准备。

10.2.3 政府信用

1. 放弃期权

在 PPP 项目实施的任意阶段,由于政府不履行或是不完全履行特许经营协议的条约给社会资本造成损失。这种情况下,社会资本可以选择放弃该项目。这种选择放弃的权利就是放弃期权。

1997 年,福州市政府与福州鑫远城市桥梁有限公司(后简称项目公司)合作的闽江四桥项目。在双方签订的《专营权协议》中,政府承诺保证项目公司自经营之日起的 9 年内,福州市从二环路及二环路以内城市道路进出福厦高速公路与 324 国道的机动车辆都必须经过白湖亭收费站(该收费站的经营者为福州鑫远城市桥梁有限公司),同时保证在专营权有效期限内,不产生车辆分流的现象。为了防范除以上现象之外原因对公司造成的严重影响,协议还约定,在专营经营的前 9 年,如果因为其他原因导致项目公司通行费收入严重降低或通行费停收,项目公司有权要求福州市政府提前收回专营权并给予一定的补偿。此外,福州市政府还承诺,保证外方除收回本金外,按实际经营年限获取年净回报率 18% 的补偿。然而在 2004 年 5 月 16 日,福州市二环路三期正式通车后,大批车辆绕过白湖亭收费站,项目公司通行费收入急剧下降,由此造成的亏空达到 5 亿多元人民币。对此,项目公司多次找福州市政府商谈,但都未获得成效。此后,项目公司向中国国际经济贸易仲裁委员会申请仲裁,要求:①政府收回专营权,归还外方投资本金;②中方承担合作项目尚余的银行贷款担保责任;③政府合理支付外方的融资成本和适当回报。但仲裁也没能行得通。最终在上一级政府的协调下,项目公司撤回投资。这就是一个典型的政府信用风险案例。案例中,项目公司在政府不守信用后,及时采取措施,从而达到撤回投资、放弃项目、减小损失的目的。该案例中,项目公司放弃项目的行动可以看做是执行了放弃期权。其中,期权的拥有者是项目公司,背书人是政府,期权费用是项目公司决定执行放弃项目所发生的仲裁费、诉讼费等相关费用,期权价值来源于投资者对当下项目所处政策与市场环境的正确判断。

2. 分阶段投资期权

在于政府合作项目之前,为了防范未来政府存在信用不良,投资者也可以根据具体情况分阶段对项目进行投资,从而减少可能由于政府不守信造成的损失。这种分阶段投资的权力就是分阶段投资期权。期权的拥有者是项目公司,期权费用是用于搜集下一阶段是否适合投资的信息所发生的一切费用,期权价值主要来源于投资者对政府信用的保守估计与政策环境的灵敏分析。

1998年开始的山东中华发电项目原计划装机规模是300万kW,包括山东石横电厂的4台30万kW发电规模的发电机组、山东菏泽电厂二期的2台30万kW规模的发电机组和山东聊城新电厂的2台60万kW发电规模的机组。在该项目中,投资者为避免政府信用风险,分批次地修建了原发电规模为300万kW的各个电厂。事实证明,后期政府对项目公司并未一直坚持部分承诺,造成项目公司的较大亏损。亏损的只是目前运营的电厂,对于后期150万kW的电厂的建设,投资者可以根据后期政府的态度以及现行的市场环境决定是否继续投资建设,避免发生更多的损失。

10.2.4 市场需求变化风险

1.担保期权

成都市自来水六厂B厂项目是由法国通用水务集团与日本丸红株式会社组成的联合体以BOT模式开发的。在B厂建设前,成都市供水能力不能满足用户需求,根据市政府的预测,成都市的用水量需求呈每年7%增长,待B厂投产后,该市用水需求量应在120万米^3/日以上。但由于成都市政府对产业布局的大调整,市区工业用水大幅迁至郊区,导致市区用水量大幅减少。在B厂建成后,市区用水量只能达到约105万米^3/日,市场预期小于市场现状。好在法国通用水务集团、日本丸红株式会社组成的联合体与成都市政府在签订的特许经营协议中有对该市场风险发生后的相关担保条款,即成都市政府需日购40万米^{3}净水的承诺。该案例中当市场需求小于预期时,项目公司要求成都市政府担保的权利即行使了担保期权。期权的拥有者是私人联合体,背书人是成都市政府,期权费用是项目公司为获得政府的承诺所让出的利益,期权价值的来源是投资者对市场前景的前瞻性。

2.分阶段投资期权

根据政策、市场环境变化来决定分阶段修建项目的权力称为分阶段投资期权。实施分阶段投资期权的好处在于,投资者可以搜集更多的有力信息来决定是否进行下一步的投资,如果市场环境不好,可以停止投资以减少损失;若市场环境良好,则能保证投资的正确性。其中分阶段的关键在于信息的完整性。期权的拥有者是山东中华发电项目公司,期权费用是用于收集下一阶段是否适合投资的信息所发生的一切费用,期权价值主要来源于在分阶段投资过程中,由于各种市场与政策信息的明确、完整,使得投资者更容易决策是否可以进行下一步投资。

3.停启期权

山东中华发电项目在运营过程中遇到了许多困难,例如随着山东省电力体制的改革以及山东省其他发电厂的建成,山东省的电量分配格局发生了较大变化。2003年,中华发电与山东电力集团间的最低购电量 5500h 被山东省计委减为 5100h;获准电价也由 1998 年的 0.41 元/(千瓦·时)变为 2003 年的 0.32 元/(千瓦·时)。购电量的减少与电价的大幅降低都使得项目的正常运营变得举步维艰。

面对这些由于市场需求变化产生的风险,如何将损失降到最低成为投资者考虑的关键。停启期权则将是一个不错的选择。如市场环境恶劣,继续运营电厂的损失大于停止运营的损失,可选择停止运营。待市场环境好转,停止运营的损失大于继续运营电厂的损失时,选择继续运营。期权的拥有者是项目公司,期权费用是停止或启动运营所需额外支付的员工工资、设备维护费等的总和,期权价值的主要来源是投资者对项目的熟悉度与对当下市场环境的正确判定。

4. 增长期权

投资者与政府部门合作发起某项目时,都会先在前期进行可行性研究,在对市场需求预期时,为了争取更多的好处,往往会较为保守地进行估计。例如,采用 BOT 项目的北京地铁 4 号线,在投资估算时预计每日客流量为 50 多万人次,但其运营后,实际的客流量远远超过原本的估计,现在 4 号线的日均客流量已经超过 8 万,2011 年 5 月 1 日更创下 116 万人次的最高日客运量。客流量远超预期就代表该项目具有增长期权价值。该案例中增长期权的价值的大小与客流量的增长率、波动率有关。该增长期权的拥有者是项目公司,期权价值主要来源于早期对客流量的保守估计与当下客流量的波动上升。

5. 延迟期权

延迟期权又可以叫做等待期权。使用延迟期权不仅可以延迟投资,也可以延迟项目的部分运营。部分大型基础设施项目如高速公路的修建,在政府与项目公司签订特许协议的时候就已经规定了项目的规模。因此,无论市场环境如何项目公司都必须完成规定规模的高速公路,但修建时间却是可以与政府协调的。建设某大型高速公路要求建设六个车道,但经过调研发现,运营前 5 年,4 个车道就能满足需求。这种情况下,项目公司有两种选择。选择一,先完成规定规模的工程,但前 5 年只开放 4 车道,后两车道根据运营期后的车流量的情况适时开放。选择二,先修建 4 车道,待 4 车道运营后,再根据车流量情况决定修建后两车道的时间。这两种方案都是投资者通过延迟开放运营或是延迟修建的方法来减少对市场需求不足所带来的损失,这种选择延迟的权利称为延迟期权。期权的拥有者是投资者,期权费用是延迟开放所发生的道路保养费或是延迟修建所产生的建筑人员的工资等费用,期权价值的来源是在延迟期内,获得信息的相对充足及投资者对这些信息的有效分析与决策。

10.2.5 类似项目竞争风险

担保期权

在闽江四桥案例中,项目公司为了避免在特许经营期内出现类此项目的竞争,便在与政府签订的《专营权协议》中,要求政府承诺保证项目公司自经营之日起的9年内,福州市从二环路及二环路以内城市道路进出福厦高速公路与324国道的机动车辆都必须经过白湖亭收费站,同时保证在专营权有效期限内,不产生车辆分流的现象。为了防范除以上现象之外的原因对公司造成的严重影响,协议还约定,在专营经营的前9年,如果因为其他原因导致项目公司通行费收入严重降低或通行费停收,项目公司有权要求福州市政府提前收回专营权并给予一定的补偿。这种为避免类似项目竞争要求政府给予保证的行为可以认为实施了担保期权。期权的拥有者是项目公司,背书人是政府,期权的费用是项目公司为获得政府的保证与补偿,期权价值主要来源于项目公司对未来政策与市场环境的判断。

放弃期权

闽江四桥案例中,在特许经营期的第7年,大批车辆被新修建通行的福州市二环路三期吸收,造成项目公司的收入急剧下滑,并由此造成5亿多元人民币的亏空。在与福州市政府多次交涉无果后,项目公司最终通过法律手段和上级政府的协调放弃了该项目。通过该案例,可以认为项目公司在遭受类似项目竞争风险的威胁下,选择放弃项目的权力,而这一权力也可称为放弃期权。放弃期权的拥有者是项目公司,期权费用是为使政府收回专营权所发生的一切费用,期权价值的来源是项目公司对闽江四桥未来市场环境的有效判断。

10.2.6 政府决策与审批延误

放弃期权

1996年,英国泰晤士水与英国宝维士公司的联合体取得了上海市北自来水公司下属大场水厂项目。2000年,泰晤士水收购原英国宝维士公司该项目50%的股份,成为大场水厂项目的唯一股东。该项目采用BOT模式,特许经营期为20年。在特许经营协议中,上海市政府承诺投资者15%的固定回报。2002年,国务院办公厅签发43号文《国务院办公厅关于妥善处理现有保证外方投资固定回报项目有关问题的通知》,明确指出:保证外方投资固定回报不符合中外投资者利益共享、风险共担的原则,违反了中外合资、合作经营有关法律和法规的规定;今后任何单位不得违反国家规定保证外方投资固定回报。根据文件指示,上海市政府无法继续保证给予泰晤士水15%的固定回报。为此,泰晤士水抛售了其在大场水厂项目中的全部股份,全面退出该项目。在此案例中,由于政府决策的变化,上海市无法再继续履行固定回报的承诺,使得英国泰晤士水受到损失。为此,英国泰晤士水采取了放弃该项目,这种放弃项目的权力就是放弃期权。该案例中期权的持有者是英国泰晤士水,背书人是上海市政府,期权费用是英国泰晤士水为撤出资本所支付的一切费用,期权价值主要来源于英国泰晤士水对项目所处政策环境的准确认识和决策。

10.3 其他风险的实物期权识别

对部分非关键风险因素,本书通过与实际案例相结合的方式,认为以下七种 PPP 项目的非关键风险可能为 PPP 项目带来实物期权价值。

10.3.1 完工风险

止损期权

基础设施 PPP 项目多数需修筑实体工程,所以完工风险就不可避免地存在。完工风险不仅仅指完工时间的不准时,也可指完工质量的不达标。为减少完工风险带来的损失,投资者对于项目中不是很擅长修建的部分,往往会采取分包的形式转移该风险。例如,四川省宜泸渝高速公路的泸州段,投资者是广州龙光(集团)有限公司。该公司主要以房地产开发为主,以投资基础设施为辅。虽然具有投资高速公路的经验,但对于修筑高速公路的部分技术还不够精湛。所以,在宜泸渝高速公路泸州段修筑过程中的长隧道和桥梁的建设就需要分包给具有更多经验的桥梁隧道公司修筑。这部分分包工程就可以采用交钥匙模式,签订协议,将完工风险转移给分包商。若发生完工风险,则由分包商承担主要损失,而项目公司的损失主要是分包给分包商的部分利润。这种选择牺牲部分利益、将风险转移的权利可以看做是止损期权。该案例中期权的拥有者是投资者组成的联合体,期权的背书人是分包长隧道和桥梁建设的分包商,期权费用就是转移风险时牺牲掉的利益,期权价值的来源将是项目公司对修筑高速公路技术的充分认识和对各方面信息的充分吸收与判断。

10.3.2 收费价格变更风险

担保期权

中华发电项目是目前中国最大的 BOT 发电项目之一。它是中外几家公司的联合体发起,该项目的投资总额达到 168 亿元人民币,其中山东电力集团公司是第一大股东,它持有中华发电 36.6% 的股权。起初,山东电力集团公司同时拥有两个身份:一方面它是购电方;另一方面它又是售电方。此时,电价的高低对山东电力的影响不大,只是利润在企业内部的再分配。但随着山东省电力体制的改革,第一大股东山东电力的角色发生变化,成为独立的购电方,其所拥有的电厂被剥离,并成为国家电网下的电网公司。同时,在 1998 年石横一期、二期电厂获准电价为 0.41 元/(千瓦·时),但在 2002 年 10 月批复的电价却是 0.32 元/(千瓦·时)。而这个价格不但不能满足项目的正常运营,而且连还本付息都困难。面对这样的收费价格调整风险,项目公司显得束手无策。

为了防止此类风险发生所带来的伤害,项目公司在签订特许经营协议时,应尽量争取到政府对电价过低的补偿与保证条约。若有了这样的条约,待电价过低时,项目公司可以提出让政府担保损失,这一权力就是担保期权。担保期权的拥有者是项目公司,背书人是政府,期权费用是为获取该担保补偿而对政府让步的利益,期权价值主要来源于项目公司对未来市场环境的充分分析及正确判断。

10.3.3 费用支付风险

放弃期权

1999 年,长春市政府与汇津公司共同发起 BOT 项目长春污水处理厂,该项目由汇津公司出资 2.7 亿元人民币。2000 年,代表政府的长春市排水公司与汇津公司签署《合作企业合同》,并成立长春汇津污水处理有限公司。同年下旬,长春市政府制定《长春汇津污水处理专营管理办法》(以下简称《管理办法》)。《管理办法》成为该项目成立与运营的基础。2000 年年底,项目建设完成并正式运营。项目从 2000 年至 2002 年年初运营正常。但从 2002 年年中开始,长春市排水公司开始拖欠汇津公司污水处理费。2003 年 2 月 28 日,长春市废除《管理办法》,同年 3 月,排水公司开始停止向汇津污水处理厂支付污水处理费。截至 2003 年 10 月,拖欠费用达到 9700 万元人民币。在多次协商无果的情况下,汇津公司将长春市政府告上法庭,但一审结果对汇津不利。对此,双方处于僵持状态。直到 2005 年,长春市回购汇津污水厂,回购资金为 2.8 亿元人民币,并分三次支付。

该案例中，代表政府的排水公司根据相关政策拖欠与停止支付污水处理费用。在费用支付风险发生的情况下，汇津公司首先采取法律手段索取赔偿，但终无结果。最后，汇津公司选择放弃项目，撤走资金，要求政府回购，回购资金大于起初的投资金额。这一选择在最大限度上帮助汇津公司将费用支付风险所带来的损失降到最低。而这种选择放弃项目的权利就是行使了放弃期权。期权的拥有者是项目公司，背书人是政府，期权费用是项目公司使得政府最终回购所发生的一些费用，期权价值来源于项目公司对当前与今后项目市场和政策环境的准确判断。

10.3.4 环保风险

放弃期权

20 世界 80 年代，我国为了发展经济并未对环保提过多要求，因此国内早期的 BOT 发电项目多是采用火力发电。这个项目可能在设计时未采用较好的烟尘净化设备。但随着经济的高速发展，国家对环保的要求越来越高，原本的烟尘净化设备已不能满足要求。面对这种情况，投资者可以放弃该项目。当项目烟尘设备升级所需成本大于项目后期运营利润时，可以选择放弃项目，这种选择权称为放弃期权。

止损期权

在上案例中，若投资者具有一定的远瞻性，从项目前期开始购买环境保护类保险，则在面对后期环保力度加强的情况，可以向保险公司索取赔偿。而这种选择权就是一种止损期权，期权的费用为保险费用。期权的持有者是投资者，背书人是保险公司，期权价值的来源是投资者对购买保险的前瞻性。

10.3.5 产品损失

担保期权

基础设施 PPP 项目如水厂、电厂项目是有直接产品输出的，这类有产品输出的项目，在从生产输出端出发到客户使用端过程中一般都存在一定比率产品损失。由于运输过程的正常损失是不可避免的，但是由于客户端的恶意偷窃所造成的损失却不正常。据不完全统计，江西是全国窃电最为严重的省份之一，其主网（不包括农网）平均每年被窃电量就达到 1.7 亿 kW·h 时，造成供电企业直接经济损失上 7000 多万元人民币，间接损失则无法估计。全国每年因窃电造成的经济损失更是多达百亿元人民币。面对如此巨大的窃电损失，投资者在投资电力项目时，应考虑到由于这种客户端偷窃造成的产品损失该如何处理。最为直接的方法就是在签订协议时,加上政府给予投资者一定的客户端窃电造成的产品损失补偿条款。当窃电量达到输出电量的一定比率,要求政府补偿。这种行为可以认为投资者在行使担保期权。担保期权的持有者是投资者,背书人是政府,期权费用是投资者为获得担保所付出的一切费用,期权价值主要来源于投资者对各种社会环境信息的正确把握与有效决策。

10.3.6 公众反对风险

放弃期权

2007年,北京控股公司与美国金州公司组成的联合体北京安菱水务科技有限公司投资了BOT项目北京自来水六厂A厂。该项目的中标水价是1.4元/米^3,随着经济的发展,这一水价不但不能达到投资者的预期收益,而且还出现水价低于成本的现象。为了获取收益,投资者不得不提高水价。但根据我国《价格法》和《政府价格决策听证办法》规定,要调整水价的要求一度受到公众的阻碍与政策的拖延。对此,美国金州公司为了保护其利益采取了从北京自来水六厂A厂撤资行为,这一行为就是行使了放弃期权。期权的持有者是美国金州公司,期权费用是美国金州公司为撤出投资所发生的一切费用,期权价值来源于美国金州公司对项目所处社会环境的正确认识与决策。

10.3.7 政治不可抗力风险

放弃期权

20世纪90年代中期,湖南某电厂采用BOT模式,该电厂项目的总投资为7.15亿美元,100%由中标人出资。中标人是西方某著名跨国能源投资公司,其自行出资1.781亿美元,剩余资金主要通过国际融资方式解决。该电厂项目开始进展很顺利,但在1999年5月8日,该能源投资公司所在国轰炸我国驻南斯拉夫大使馆,对中国主权形成了严重的侵犯。随着这一事件的发生,国际政治形势突变。原本愿意给该项目贷款的银行纷纷退却,从而使中标人所成立的项目公司的融资变得不可行。最终由于项目无法在规定的有效期内完成融资,湖南省政府依照协议收回项目,至此项目失败。

在该案例中,面对中标人所在国严重侵犯我国主权、我国民众民族情绪高涨的情况下,湖南省政府选择了放弃该项目,这种选择的权力就是放弃期权。期权的持有者是湖南省政府,费用是迫使外国投资者放弃该项目所发生的一切费用,期权价值的主要来源是湖南省政府对当下政治环境及社会环境的正确认识。

专栏三十二：南京某污水处理厂项目风险的实物期权处理

1. 项目背景

随着南京市社会经济的持续发展，人们对城市环境质量有了更高要求。南京市为创建国家环境模范城市，必须逐步提高污水集中处理率。同时，为解决南京主城区三大水系之一的金川河水系的水质严重污染问题，亟须建设针对性的纳污、处理工程，因此一个新的污水处理系统(以下均称"A污水处理厂"或"A项目")建设被列入南京主城环境治理规划的首批项目。南京市A污水处理系统是南京市规划的五个污水处理系统之一，被列为南京市环境整治项目之首。

A污水处理系统由厂外污水收集系统、A污水处理厂、污水排放管道网组成。其中厂外管网总长39km，污水处理厂位于南京市北区，占地面积13.14hm，日污水处理设计能力旱季规模30万吨/日，雨季规模60万吨/日。

A项目的污水收集系统采用以合流制截流式为主的排水体制(其中老城区近期沿用合流制截流式收集方式，远期逐步向分流制过渡，南十里长沟上游东片新区实施雨污分流排水体制)。A污水处理厂的污水处理工艺采用技术较成熟，集三沟式氧化沟、普通活性污泥法和SBR等多种工艺特点的"一体化活性污泥法"。污泥处理工艺采用浓缩脱水带式一体机。臭气处理采用化学法集中除臭方案。

按初步设计概算，A污水处理系统总投资约103070万元，其中污水处理厂厂区投资69235万元(含征地拆迁费25500万元)，污水收集管网投资33835万元。

A项目以市政公用局下属的南京市公用水务有限公司为项目建设法人单位，项目建设资金来源主要包括公用水务公司资本金、市财政拨付的污水处理费、国家开发银行和交通银行贷款。

2. 投融资结构

(1) 交易结构

A项目的交易结构包括两个层面。其一为特许经营权转让，这是一次性的，性质上可视作政府或资产授权管理单位对公用设施的经营性出租。其二为污水处理及费用支付，这是在项目日常运行期间持续发生的，性质上可视作政府所需公共服务的外购。如果加上政府授权、特许权授予和服务监管等单向行为，则整个项目的交易结构如图10.2所示。该交易结构具有以下特点：

第10章 基于实物期权的 PPP 项目风险管理

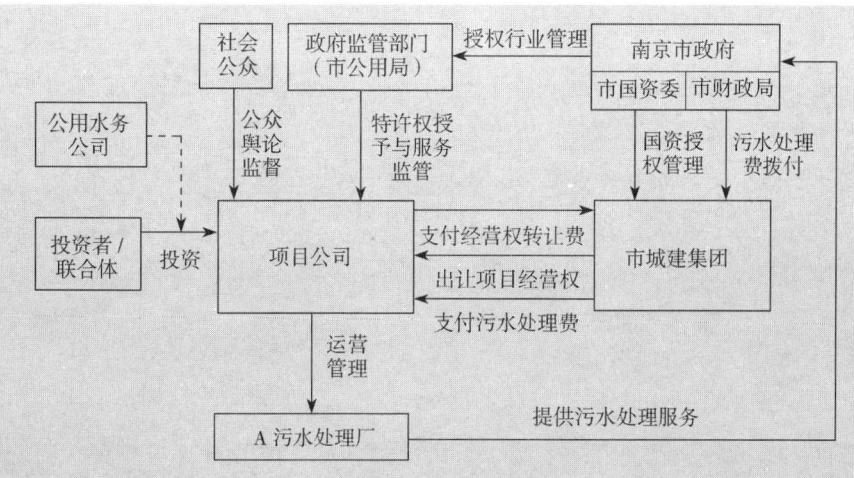

图 10.2 A 项目交易结构

①特许权的授权主体是政府或经政府授权的监管部门(如市公用局),而非资产拥有方——市城建集团;

②特许权授予对象是最后中标的投资方组建的项目公司(特许经营者),而不是单个投资者或投资联合体;

③市城建集团代表市政府向项目公司购买污水处理服务,并支付相应的污水处理费。

(2)投资结构

经综合考虑,南京市政府推荐采用的投资结构为投资者设立项目公司受让特许经营权并承担项目运行管理的方式,如图 10.3 所示。

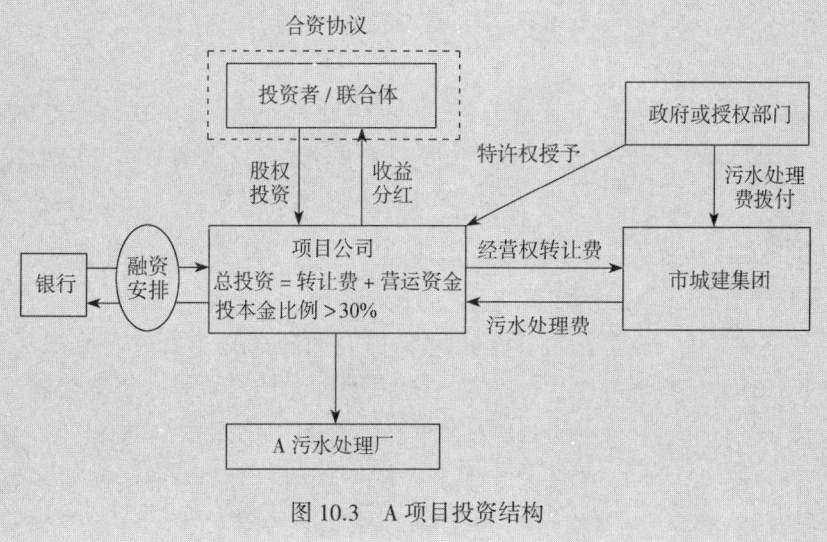

图 10.3 A 项目投资结构

该模式围绕项目公司的特许权授予、经营权转让交易、债务融资安排和污水处理厂的日常运行管理构成了整个结构的核心，对项目公司管理权和现金流量的控制最为重要。其特点如下：

①项目公司既是经营权受让主体，又直接承担A项目的运行管理；

②项目公司总投资包括经营权转让费和营运资金，投资金额超限，需要报商务部审批。

3. 主要风险因素分析

(1) 费用支付风险

从交易结构中可以看出，污水处理费由政府划拨给市城建集团，然后再由市城建集团交给项目公司。在这个费用支付结构中存在着部分问题。首先，费用是经过市城建集团交给项目公司，市城建集团可能从中抽取部分管理或其他费用，那么污水处理费用从政府到项目公司将会在金额上存在一定差距；同时，市城建集团在转交污水处理费用时也可能会发生拖延克扣等现象，导致项目公司不能及时拿到污水处理费；另外，污水处理费是由政府划拨的，如果政府的财政出现紧张或赤字现象时，污水处理费就可能被延迟发放。

(2) 市场需求风险

污水处理量的多少是污水处理厂能否盈利的关键。该项目中对污水处理量的估计是通过历年来的南京市在该区的污水处理量估计的。但是随着天气的变化与城市经济的发展，历年的污水量并不能完全地反映出今后项目的实际污水处理量。为避免污水处理量的不足给项目带来的过多损失，该项目采用"照付不议"的形式给予项目公司最低污水处理量保证。

(3) 运营成本增加

南京A污水处理厂项目的运营成本主要取决于员工工资、动力费、药剂费、大修费、化验费、检修维护费、化验费、管理费等。这些费用将直接影响项目的运营成本，其中一部分费用会随市场情况的变化而波动，一部分费用又与国家政策和通货膨胀情况相联系。因此，项目的运营成本将会发生波动。

(4) 重置资金的投资风险

政府要求项目公司在项目运营的第13年对大部分设备进行重置更新。而且该重置资金需要项目公司自行承担，政府在回收项目时不再对项目经营者该部分投资进行补偿。如此高额的重置投资将会给项目公司带来一定的风险。在运营的第13年，项目公司若决定重置设备，则可能存在重置后的项目失败的风险，若放弃重置设备，则存在违约的风险，需要支付一定的违约成本。

因此，项目公司是否重置投资的决策将对项目产生重大的影响。

(5) 残值风险

该项目的特许经营期是 25 年，至移交时，在项目资产完好且能够连续生产的情况下，其残值约为 525 万元。但若在经营期内由于操作、保养不当等原因造成的相关设施设备严重损失，或是由于市场及技术等原因造成的设备超范围贬值现象发生时，设备残值在移交时远小于预期，这将对项目造成一定的伤害。因此，残值风险在该项目中存在。

(6) 类似项目的竞争

南京市 A 污水处理厂项目是在南京主城区三大水系之一的金川河水系的水质严重污染、急需处理的情况下诞生的。但随着市场的需求与政府政策的变动，地方政府为了更快更好地解决水污染现象，可能会继续招商引资建立其他的污水处理厂，从而对 A 污水处理厂造成威胁。

(7) 税收调整

在该项目中所涉及的税种主要包括三种。第一种是营业税，其税率为 5%，计税基础为城北污水处理厂年度污水处理营业收入；第二种是城市维护建设税及附加，其税率为 11%，计税基础为企业年度营业税总额；第三种是企业所得税，其税率为 33%，计税基础为企业年度应纳税所得额。一般情况下，税率变动的概率较小。但由于该项目的特许经营期为 25 年，税率变动的可能性将大幅增加。该项目的投资回报率较低，税率的变动将直接影响项目的收益。

(8) 政府信用风险

政府信用风险一直存在于各种类型的 PPP 项目中，该风险一旦发生将对项目造成致命的伤害。因此，投资者在评估项目前应首先评定项目所在地政府的信用等级。经过对以往南京 PPP 项目的调查，发现存在少数的 PPP 项目在南京市发展不顺利，其中不会由于政府不守信导致的项目失败。所以，投资者在投资该项目之前应充分考虑南京市政府的信用等级。

4. 主要项目风险的实物期权识别

(1) 担保期权

在该项目中，市场需求风险主要驱动因素是污水处理量。为避免水量不足给项目带来损失，项目公司与市城建集团达成协议，采用"照付不议"的支付形式。当污水处理量小于最低保证水量时，市城建集团支付最低保证水量的费用给项目公司，减少由于水量过低给项目带来的损失。水流量的波动为项目带来了期权价值。当实际水量向下波动,采用"照付不议"的支付形式可看做项目公司实施了看涨的担保期权。该担保期权的持有者是项目公司,背书人是南京市政府,期权费用是项目公司为得到此担保做出的利益让步,如当污水处理量大于正常污水量上限时,超过上限水量所损失的污水处理费。期权价值主要来源于污水处理量的波动,以及为减少波动损失所得到的政府担保。

(2) 增长期权

采用的支付形式不但保证了投资者的最低收益,而且当水量大幅向上波动时,政府也可以用来控制投资者的过多收益。当污水处理量大于正常污水量上限时,超过上限水量的污水处理费将以低于正常污水量单价的形式支付。"照付不议"支付形式对水流量的大幅向上波动提前做了准备,限制水流量过大给投资者带来的过多收益,降低了政府的支付压力。这种预测资产在未来会增长,从而采取措施的权利是增长期权。在本书案例中,增长期权的持有者是政府,背书人是投资者,期权费用是为得到此限制做出的利益让步。如当污水处理量小于最低保证水量时,不够最低保证水量的费用损失。期权价值主要来源于污水处理量的向上波动。

(3) 放弃期权

在特许经营协议中,政府要求投资者在特许经营期的第13年对大部分设备进行重置更新。设备重置投资数额项目较大,可以视为投资者在该项目的第二次投资。因此,在项目运营的第13年,投资者将会有一个是否进行二次投资的选择权。当市场环境较好时,投资者可以选择继续投资经营,但当市场环境不利时,投资者可以选择放弃投资与经营该项目。这种行使是否继续该项目的权利称作放弃期权。放弃期权的持有人是投资者,背书人是政府,期权费用是行使放弃期权的投资者必须支付给政府的补偿费用。放弃期权价值主要来源于在市场信息相对完整的情况下,投资者对第二次投资的选择权。

(4) 延迟期权

按照协议规定,特许经营期的第25年,项目公司需向政府移交项目。但在市场环境良好的情况下,投资者可向政府提出继续经营该项目,向政府购买经营权。一般情况下,政府综合考虑各种利益后会同意继续转让经营权。这种在特许经营期结束后继续选择经营项目的权利称作延迟期权。延迟期权的持有者是项目公司,背书人是政府,期权费用是项目公司用于购买继续经营的经营权转让费。延迟期权价值主要来源于在市场信息相对完整的情况下,投资者对继续经营项目的选择权。

5. 基本边界条件假设

(1) 转让期限假设

本项目经营权转让期限拟定为25年。

(2) 转让资产范围假设

厂区固定资产(围墙以内除土地外所有资产)原值为35040万元,其中土建投资22740万元,设备安装投资12300万元。

(3) 项目技术参数假设

①污水处理单价。正常污水处理费单价取为1.05元/米^3;超进污水量费单价取为正常污水处理费单价的70%,即为0.735元/米^3。

②污水处理量假设见表10-1。

表10-1 污水处理量假设

日平均水量/(万米^3/日)		第1年	第2年	第3年	第4年	第5~25年
实测水量	旱季	15	19	22	25	30
	雨季	26	33	38	46	60
最低保证水量		10	15	18	20	25
额定水量		15	19	22	25	30

③其他技术参数。平均年度雨日天数为40天/年;每万吨污水产生污泥量6t/万t;厂区年度消耗总电功率为3474.78千瓦/年;项目拟设置员工数量为60人;污水量总变化系数为1。

(4) 项目成本核算参数假设

①本项目大修费提存费率取2.2%,取费计算基础为A污水处理厂固定资产原值;日常检修维护费率取1.0%,取费计算基础为A污水处理厂固定资产原值;管理费费率取10%,取费计算基础为A污水处理厂项目正常运营期内各年度直接成本总和。

②成本明细项假设。相关单价取费参数为:人均年工资福利费4.9万元/(年·人);人均年职工教育培训费为0.7万元/(年·人);单位污泥处理费用30元/吨;电费单价为0.68元/千瓦。药剂费参数假设见表10-2。

表 10-2 药剂费参数假设

名称	用量	单位
化学药剂(1)投加量	0.33	g/t
化学药剂(1)单价	50000	元/吨
化学药剂(2)投加量	0.68	g/t
化学药剂(2)单价	450	元/吨
化学药剂(3)投加量	0.36	g/t
化学药剂(3)单价	1300	元/吨
化学药剂(4)投加量	3.2	g/t
化学药剂(4)单价	300	元/吨
消毒剂投加量	10	g/t
消毒剂单价	2400	元/吨
消毒剂年度投加天数	90	天/年

(5)受让方财务参数假设

①正常年份:经营期流动资金总额按固定资产1%计,即350万元/年。

②资产重置年份:资产重置发生年限为自项目起始年份开始第13年,需重置资产总额为12300万元,重置投资中自有资金为3690万元;重置投资借款还款年限为5年,贷款年利率为5.76%,无风险利率 r_f 为4.44%,受让方期望投资回报率 r 为9%;重置资产残值率为5%,即重置资产余值为615万元。

6. 放弃期权参数计算

(1)污水处理量波动率

A污水处理厂的不确定性主要来自污水处理量,而每年的降雨量将直接影响污水处理量。因此,本书将使用1994—2002年南京地区各年降雨量(见表10-3)来估计A污水处理厂的污水量的波动率。经计算南京地区年降雨量的波动率 $\sigma=21.70\%$。

表 10-3 1994—2002年南京地区年降雨量

年份	1994	1995	1996	1997	1998	1999	2000	2001	2002
降雨量/mm	715.7	772.4	1058.6	853.7	1186.5	1016.8	1080.7	870	922.2

(2)项目价值折现率

项目价值折现率的计算采用加权平均资本成本法(WACC)。该案例中重置投资总额为 12300 万元,自有资金为 3690 万元,贷款资金为 8610 万元,贷款利率为 5.76%,受让方期望投资回报率为 9%,则项目价值预期折现率 r = 6.5%。

(3) 其他参数

在二叉树定价模型中,还需要的参数有上行乘数 u、下行乘数 d、中性风险下的上涨概率 π_u 与下跌概率 π_d。具体计算如下:

$$u = e^{\sigma\sqrt{t}} = e^{0.2170 \times \sqrt{1}} = 1.2423$$

$$d = \frac{1}{u} = \frac{1}{1.2423} = 0.8049$$

$$\pi_u = \frac{e^{rf} - d}{u - d} = \frac{e^{0.0444} - 0.8049}{1.2423 - 0.8049} = 0.5498$$

$$\pi_u = 1 - \pi_d = 1 - 0.5498 = 0.4502$$

7. 放弃期权价值计算

由于项目在第 13 年需要对大部分设备进行重置更新。设备重置投资数额项目较大,可以视为投资者在该项目的第二次投资。因此,在项目运营的第 13 年,投资者将会有一个是否进行二次投资的选择权。故在该项目中具有放弃期权价值的部分是在第 13~25 年。

通过项目的自有现金流量表,可计算出项目从第 13~25 年的现金流净现值 NPV = 997 万元(折现率 i = 6.5%),第 13 年重置投资的自有资金净现值 K_0 = 3690/(1+6.5%)^{12} = 1733(万元),则项目第 13~25 年的资产价值为

$$S = NPV + K_0 = 2730(\text{万元}) \tag{10-1}$$

① 根据二叉树模型,A 项目资产价值二叉树的计算结果见表 10-4。

表 10-4 A 项目资产收益价值二叉树(单位:万元)

0	1	2	3	4	5	6
2730	3392	4214	5235	6503	8079	10036
	2198	2730	3392	4213	5234	6502
		1769	2197	2730	3391	4213
			1424	1769	2197	2730
				1146	1424	1769
					922	1146
						742

续表

7	8	9	10	11	12	13
12468	15489	19242	23904	29696	36891	45830
8078	10035	12467	15488	19240	23902	29694
5234	6502	8077	10035	12466	15486	19239
3391	4213	5233	6502	8077	10034	12465
2197	2729	3391	4212	5233	6501	8076
1424	1768	2197	2729	3391	4212	5233
922	1146	1423	1768	2197	2729	3390
598	742	922	1146	1423	1768	2197
	481	598	742	922	1146	1423
		387	481	597	742	922
			312	387	481	597
				251	312	387
					202	251
						162

②通过项目预期收益价值二叉树倒推,可以得到带有期权价值的 A 项目总价值二叉树的计算结果(见表10-5)。

表10-5 带有期权价值的项目价值二叉树(单位:万元)

0	1	2	3	4	5	6
1095	1554	2178	3010	4106	5525	7342
	645	950	1380	1976	2786	3865
		337	520	792	1187	1750
			148	241	389	619
				48	85	147
					9	17
						0

7	8	9	10	11	12	13
9641	12532	16151	20673	26318	33361	42140
5274	7084	9376	12257	15863	20372	26004
2533	3595	4998	6804	9089	11956	15549

续表

7	8	9	10	11	12	13
970	1492	2245	3295	4700	6504	8775
253	431	722	1189	1912	2971	4386
33	62	118	224	427	811	1543
0	0	0	0	0	0	0
0	0	0	0	0	0	0
	0	0	0	0	0	0
		0	0	0	0	0
			0	0	0	0
				0	0	0
					0	0
						0

由表 10-5 可知，第二阶段带期权的项目价值为 $V=1095$ 万元。根据实物期权理论，该项目的放弃期权价值 $V_{opt}=V-NPV=1095-997=98$（万元），期权价值为 NPV 的 10%。该期权价值主要来源于政府给于投资者在第 13 年放弃的选择权，即投资者在第 13 年可以选择继续经营该项目，也可以选择放弃继续经营。在该项目中，如果政府没有给予投资者这种放弃选择权，投资者则必须继续经营该项目，那么在市场环境恶化的情况下（$S<K$），选择继续经营将会给投资者带来损失。但是，如果政府给予投资者这种灵活选择放弃的权力，在选择实施放弃该项目后，投资者可以避免后期继续经营的损失。

由此可见，项目的实际价值应该由项目的净现值和项目的实物期权价值两部分组成，在评估项目价值时应充分考虑其风险所带来的期权价值，使项目的评估价值尽量接近项目的真实价值，进而避免因价值评估的不准确而作出的错误决策。

第 11 章 PPP 项目产品定价

对 PPP 项目价格影响因素的分析是研究其价格形成原理的基础,而价格形成原理决定了价格的形成与变化。为此,本章对 PPP 项目在其整个特许期内影响项目产品/服务价格的因素进行详细分析。

11.1 PPP 项目价格影响因素及结构关系

PPP 项目在整个特许期内其产品/服务价格是受政府方、社会资本、公众方、项目与市场、经济、社会、政治、法律及其他多种因素综合影响的多变量函数。PPP 项目的成本是定价的基础,而项目的外部性特征是定价必须考虑的重要条件,并通过 PPP 项目产品/服务的需求与供给来实现。上述就是影响 PPP 项目价格的主要因素,其相互影响关系如图 11.1 所示。

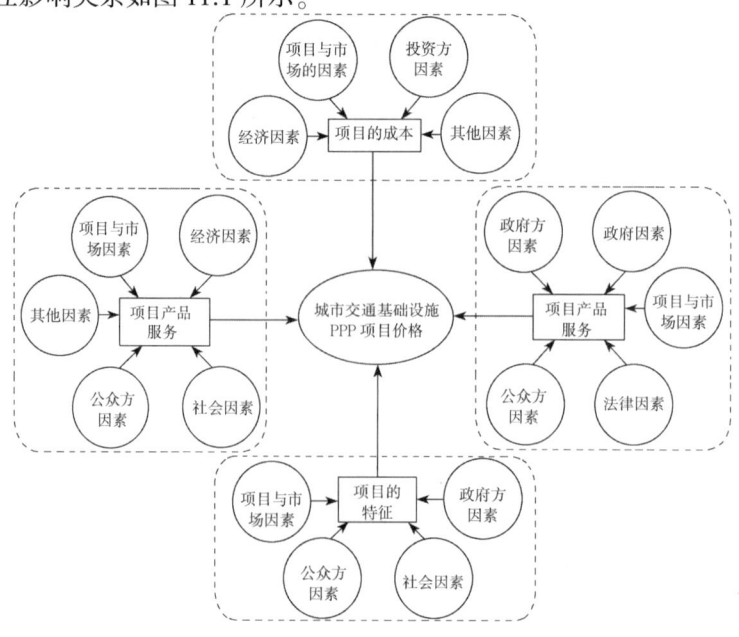

图 11.1 影响 PPP 项目价格因素的关系结构

11.2 PPP 项目价格的影响因素分析

11.2.1 项目利益相关方对价格的影响

PPP 项目的利益相关方主要有政府、社会资本和社会公众。社会资本作为 PPP 项目产品/服务的提供者,在项目的投资、建设与运营管理水平及其期望投资回报率等方面影响价格,公众作为 PPP 项目产品/服务的接收者其承受能力等也是影响其价格的重要因素。由于基础设施及公共服务项目具有外部性,政府应根据地方的财政收入给予项目补贴,政府补贴能力也影响项目的价格。

1. 政府方影响因素

政府方影响 PPP 项目价格的因素主要有利益分配机制、价格政策、政府补贴或优惠政策、最低收入或最低消费量保证、汇率变动的担保、利率变动的担保、通货膨胀的担保和环境风险的担保 8 项因素,具体如图 11.2 所示。

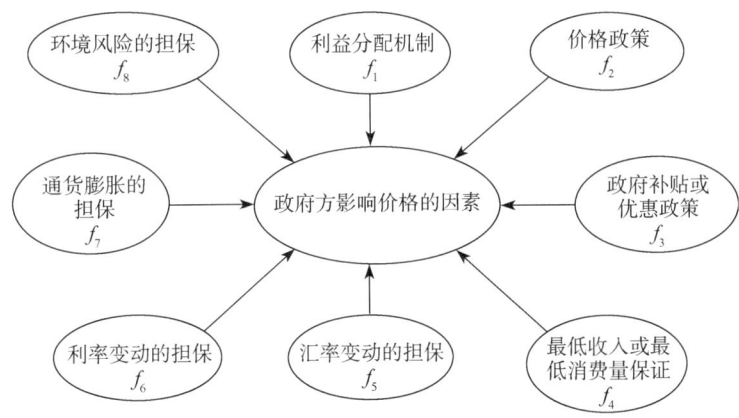

图 11.2 政府方对 PPP 项目价格的影响因素

(1) 利益分配机制 (f_1)

利益分配机制是指政府与社会资本对 PPP 项目获取的收益进行分配而制定的相应机制,通常需要在 PPP 项目特许协议中约定利益分配的具体办法。利益分配的约定除了考虑政府与社会资本的投资比重、项目的外部性等诸多因素外,还要考虑 PPP 项目所面临的风险及其分担情况。在政府与社会资本二者之间,风险分担的原则是:第一,风险最有控制力的一方分担相应的风险;第二,承担风险的程度与所得回报相匹配;第三,承担风险要有上限。根据 PPP 项目面临的风险及风险分担的原则,在特许协议中约定具体的风险分担和利益分配机制,这势必会影响社会资本在 PPP 项目上的现金流,为了保证社会资本在经营期内收回投资并获取预期的投资收益率,政府根据风险分担和利益分配,在考虑项目生存的前提下制定相应 PPP 项目产品/服务价格。利益分配机制对 PPP 项目产品/服务价格影响具体如图 11.3 所示。

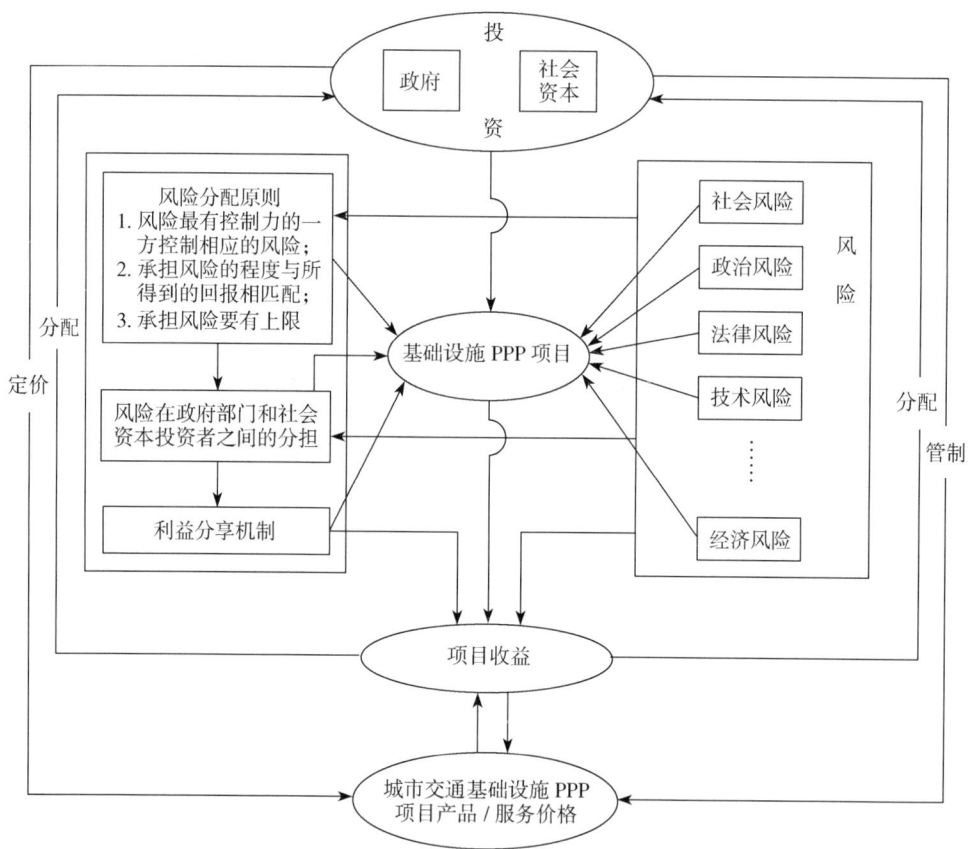

图 11.3 利益分配机制对价格的影响

在 PPP 项目实践中,一些 PPP 项目中政府和社会资本在对利益分配机制的协议中作了相应的约定。例如,澳大利亚悉尼港过海隧道在 30 年经营期内,交通量是政府担保的,由于该项目政府出资少,私人投资出资多,政府为此设计了一个最小的交通量,如果小于这个数,政府就给予补贴,如果超过这个数,项目所得收益,政府就要与项目公司共享。此外,匈牙利的 M1-M15 和 M5 高速公路、德国汉堡国际航空港、波兰华沙国际航空港等诸多交通基础设施 PPP 项目都对利益分配机制作了有关约定。

(2) 价格政策(f_2)

基础设施项目是整个社会生产生活的基础,其价格是市场和经济生活中最敏感的因素,对此,许多国家制定了一系列政策,以指导城市交通基础设施项目产品/服务的定价。事实上,政府部门制定城市基础设施项目产品/服务定价政策,对价格进行管制的做法非常普遍,其主要原因是由于此类项目的自然垄断性和价格弹性小的特征所致。首先,基础设施项目由于具有投资额大、建设周期和投资回收期长等特点。其次,由于基础设计项目价格弹性较小的特点,公众一般只能成为价格的接受者,其价格过高对低收入家庭的生活带来极大影响。最后,在社会资本和公众之间存在着严重的价格信息不对称,相对于社会资本来说,公众具有明显的价格信息劣势,以致根本无法自由选择。因此,政府部门如果不制定相应的政策对价格进行管制,必然形成垄断高价。基于上述原因,为了防止社会资本制定垄断高价、解决垄断导致的"市场失灵"问题、维护处于弱势地位的公众消费者的利益,政府有必要制定相应的价格政策以进行价格规制。国内外与基础设施项目产品定价有关的价格管制政策内容参见表 11-1。

表 11-1 国内外与城市交通基础设施项目有关的价格政策

序号	价格管制政策	政策主要内容及规定	国家
1	投资回报率价格管制	美国对自然垄断性准公共产品采取投资回报率价格管制,其模型是 $R(\sum_{i=1}^{n} p_i q_i) = C + S(RB)$。式中,$R$ 为企业收入函数,它取决于产品价格(p)和数量(q),C 为成本费用,S 为政府规定的投资回报率,RB 为投资回报基数	美国
2	最高限价管制	英国对准公共产品定价的方法采用最高限价管制,模型采用 RPI-X 的"一揽子价格"模型。RPI 表示零售价格指数,即通货膨胀率,X 是由管制者确定的生产效率增长百分比	英国
3	价格法	制定关系群众切身利益的公用事业、公益性服务、自然垄断经营商品价格,应当建立听证会制度,由政府价格主管部门主持,征求消费者、经营者和有关方的意见,论证其必要性和可行性	中国
4	《政府价格决策听证办法》	关系群众切身利益的公用事业价格、公益性服务价格和自然垄断经营的商品价格,政府价格主管部门可以根据定价权限确定并公布听证目录,其价格的制定应当实行听证	中国
5	公用事业法典	公用事业价格制定因遵循控制垄断、保护消费者、替代竞争、调节收入分配原则	美国
6	《收费公路管理条例》	为了加强对收费公路的管理,规范公路收费行为,维护收费公路的经营管理者和使用者的合法权益,促进公路事业的发展	中国
7	公共产品价格及收费体系	规定要遵循成本补偿原则、合理利润原则、反映市场变化、及时调整价格原则、用户公平负担原则、提高资源配置效率	欧美

(3) 政府补贴或优惠政策(f_3)

基础设施项目具有较大的外部效应,即其特有的经济功能和社会功能,如其带来周边人流、物流的增加,使其沿线的土地价格、房产价格上涨,使附近或相关的其他行业的经济效益大增等,同时,政府以外的基础设施提供者很难向这些非交通基础设施的使用者索取回报以阻止其效益外溢。而 PPP 项目是要向提供产品/服务的公众收取费用,并在项目经营期收回投资并获得预期利润,尽管公众为其所得到的产品或服务支付了相应的费用,但这部分费用远远小于其建设和经营成本,这就构成了一对矛盾。为了解决这一矛盾以确保项目的成功,通常由政府给予补偿/补贴或提供一些优惠政策帮助项目公司。政府的补偿不是直接交给消费者,而是通过给项目公司(投资方)补贴或是其他优惠政策从而降低 PPP 项目产品价格或服务的收费,以间接补偿消费者。政府补贴或优惠政策一般有两种方式:一是直接转移支付,即政府对项目公司直接提供财政补贴;二是间接转移支付。国际上政府对 PPP 项目给予补贴或提供优惠政策的具体做法有:第一,提供已建成的项目运营权,帮助项目公司在运营期得到一定的收入,以减轻融资风险。第二,提供 PPP 项目附近设施、土地的开发权,比较常见的是划出一块地区交由项目公司开发经营其他项目,如房地产、商业区、娱乐区等。第三,由政府提供竞争保护政策,即政府向项目公司做出担保,在若干年内不再兴建类似的、在建 PPP 项目的同类竞争项目,以保证项目的垄断性经营。第四,税收减让优惠。虽然税收减让并非直接注入资本,但通过减少运营费用所需要的现金流量,可以对 PPP 项目的收益产生一定的影响。第五,提供贷款优惠政策。上述做法的典型案例见表 11-2。

表 11-2 政府补偿/补贴或提供优惠政策典型案例

序号	具体补偿/补贴或优惠政策	典型案例
1	提供已建成项目的运营权	案例1:马来西亚政府在 BOT 修建南北高速公路的协议中,同意将已建成的 30km 高速公路的经营权在特许期内转让给南北高速公路项目公司经营
		案例2:英国政府特许 Dargfold 桥项目公司购买两个已经获利的收费隧道。这项特许使项目公司从项目一开始就有通行费收入。在建设期项目公司经营这两个隧道即可收入 1.2 亿美元
		案例3:在悉尼港隧道项目中,作为一种奖励,发起人获得了运营现有的悉尼大桥的特许权。为了补贴新的项目,大桥的通行费提高到与隧道通行费一样的水平

续表

序号	具体补偿/补贴或优惠政策	典型案例
2	提供PPP项目附近设施、土地的开发权	案例4:中国香港的海底隧道项目,政府授予PPP项目公司附近8个小区的多座33层公寓的开发权,帮助项目公司收回投资
		案例5:泰国政府将曼谷高架路项目沿线两侧的土地开发权交给了PPP项目公司,开发价值较大,以作为收费偏低补偿
3	由政府提供竞争保护政策	案例6:英法海底隧道得到的政府竞争保护许诺是在38年内不再建第二条连接英法两国的隧道,以保证项目公司的垄断地位和收益。但作为项目公司也要预计到其他竞争方式的风险,如英吉利海峡船舶运业采取各种措施与海底隧道争夺客流和货运,造成了不小的威胁,但在这方面,政府不能干预
4	税费减免	案例7:印度政府为了鼓励外商在电力开发方面投资,推出前5年免税、后5年减税的鼓励措施
		案例8:曼谷高速公路从项目赢利第一天起,减免8年公司所得税以及股息税
5	提供贷款优惠	案例9:澳大利亚悉尼港隧道项目中,在隧道建设期间,政府将现有的悉尼大桥每年过桥费的净收益作为政府贷款给项目公司,在项目的5年建设期内,累计2.24亿澳元。对这笔贷款政府还提供了优惠政策:贷款是无息的,在项目结束时偿还,属于非优先债务,即隧道收益可优先归还其他贷款,再归还政府贷款。这笔贷款对悉尼港隧道建设起到了重要作用

(4)最低收入或最低消费量保证(f_4)

PPP项目在运营过程中可能会面临着消费量需求不足的风险,即如果预测的市场需求发生变化,导致项目收益低于预期收益,从而影响项目现金流,最终影响项目产品/服务的定价。为了保证PPP项目公司的收益,政府有时给予最低收入或最低消费量保证,即若低于某一标准消费量或最低收入政府给予费用补偿。类似的典型案例见表11-3。

表11-3 政府提供最低收入保证和最低消费量的典型案例

序号	政府保证方式	典型案例
1	最低收入保证	案例1:马来西亚BOT南北高速公路项目中,马来西亚政府不直接担保交通量,但对最低营业收入做出承诺,为此,双方签订了交通量补充协议
		案例2:荷兰威杰克隧道工程政府对项目的最小收入给予担保
2	最低交通量保证	案例3:悉尼过海隧道,交通量是政府担保的,由于该项目政府出资少,私人投资出资多,政府为此设计一个最小的交通量,如果小于这个数,政府就给予补贴

(5)汇率变动的担保(f_5)

PPP 项目东道国的汇率政策、外汇管制政策、货币的兑换和汇出风险等影响着汇率变化,可能引起进口材料或设备价格上涨,导致项目建造和运营成本增加,最终影响交通基础设施 PPP 项目产品/服务的价格。为了保证社会资本的积极性,东道国政府通常会在汇率变化超过一定范围后给予担保。这类风险一般主要由政府方承担,但也规定当汇率在一个规定的小范围内变动时,由社会资本承担。例如深圳沙角 B 电厂,项目的电力销售收入的 50%用人民币支付,50%用外汇支付,人民币用以购买煤炭以及平日经营管理费用,外汇收入用以支付外币形式发生的项目经营费用,包括贷款债务的偿还和股东的利润。政府承担经营费用及外汇贷款债务偿还全部的汇率风险,但是项目公司收入部分的汇率风险则由双方分担,30%由政府承担,70%由项目公司承担。但在有的国家,如 1994 年印度政府为了鼓励私人投资解决电力供应问题,宣布凡从事电厂建设的私人机构或外国投资者由政府保证卢比与美元的兑换,且汇率按带入时的汇率计算。

(6)利率变动的担保(f_6)

PPP 项目在特许期内,可能因宏观经济政策、金融政策、货币政策和投资政策引起利率发生变动,将直接或间接导致项目融资成本、建设成本和运营成本增加,收益价值降低。为了保证外商投资的积极性,拓宽基础设施 PPP 项目的融资渠道,促进基础设施项目的建设与发展,东道国政府往往会为项目提供利率担保,即在项目特许期内利率变化超过规定的百分比时,项目公司可得到利率方面损失补偿,其收益便得到保证,保持价格的稳定。如在马来西亚南北高速公路项目中,项目公司 PLUS 就得到了政府提供的利息率保证:如果利率增加超过 20%,项目公司在偿还费用中将得到差额补偿。

(7)通货膨胀的担保(f_7)

PPP 项目的东道国发生通货膨胀,会使得项目所在地的工资和物价水平大幅上涨,导致项目建设和营运成本相对上升。为抵消通胀对项目收益的影响,具体可以通过特许协议中的价格调整条款来实现,或要求政府给予通货膨胀担保,补偿超出由私营机构承担的通货膨胀率范围以外损失。

(8)环境风险的担保(f_8)

在城市化进程中,项目建设可能会对自然生态环境产生破坏以及对人类健康产生负面影响。基础设施项目的建设将对沿线自然生态环境产生一些负面影响:一是对自然生态环境的破坏,如水土流失、植被破坏、占用耕地等;二是对环境的污染,主要是行驶车辆所产生的噪声、废气、尘埃等注入沿线环境,使沿线环境质量降低。社会资本可能面临东道国政府出台的环境保护标准不断提高的风险。要满足环保法律法规的各项要求,就需要增加项目生产成本,或者增加新的资产投入改善项目的生产环境,使得社会资本项目的预期收益减少,因环保标准提高导致的成本增加,政府通过给予担保补偿,就可以防止 PPP 项目产品价格的上涨。

2. 社会资本方影响因素

社会资本方影响基础设施 PPP 项目价格的因素主要有科学的财务分析、期望投资回报率、定价建议权、项目公司管理能力、项目建设总投资、资本结构合理安排等多项因素,具体如图 11.4 所示。

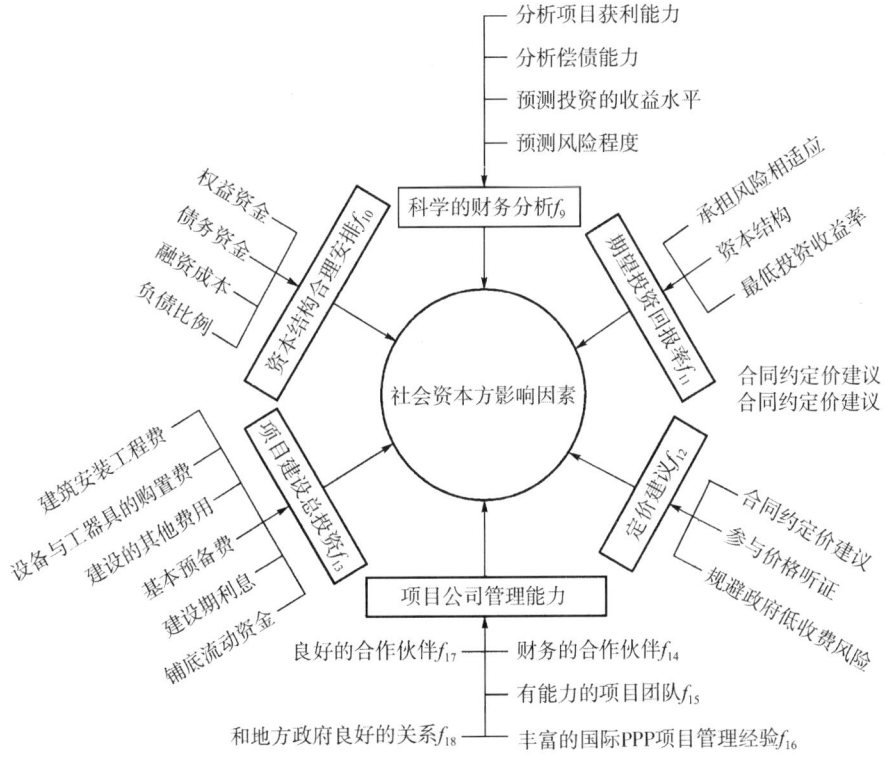

图 11.4 社会资本方对 PPP 项目价格的影响

(1) 科学的财务分析(f_9)

科学的财务分析,有助于项目私营机构了解 PPP 项目获利能力、偿债能力,从而进一步预测投资后的收益水平和风险程度,以做出正确的投资决策。

(2) 资本结构合理安排(f_{10})

PPP 项目资金来源主要是权益资金和债务资金,其资金结构直接影响股本投资者、债务投资者、东道国政府的风险和回报,各方对资金结构的要求是不同的,确定合理的资金结构有助于降低资金成本,减少风险和促成项目。股本投资者希望PPP项目资金结构中负债比率尽可能高一些,如果项目成功将获得较高的股本回报率,如果项目失败其承担的风险也较小。另外,较高的负债比率可使股本投资者保留一部分资金从事其他项目的开发。但高负债比率对债务投资者来说意味着较大的风险,因此它希望资金结构中的负债比率尽量低一些。资本结构还将影响到项目公司的财务风险,高负债比率将会使项目公司的财务结构稳定性变差。

资本结构的高低既然影响了股本投资者和债务投资者的风险,那么它必然在回报中得到反应,最终影响到项目的资金成本。对东道国政府来说,资金成本是一个重要的财务指标,它反映了政府将要为PPP项目的产品或服务付出的代价。随着负债比率的提高,项目公司财务风险加大,风险报酬率将提高,权益资本的资金成本将提高。对于债务投资者来说,在某一负债比率之内,债务的资金成本不变,达到这一点时由于项目公司财务风险的提高,债务资金成本随之提高。由于利润分配在所得税后,利息偿还在所得税前,而且权益风险大于债务风险,因此权益资金成本要高于债务资金成本,一般要高出10%以上。

由于债务资金成本较低,随负债比率提高,初始阶段项目资金成本将降低,负债超过一定比率后将开始增加。因此,最低资金成本所对应的负债比率对政府来说是一种理想的资金结构。通过分析可以看出,项目的资金结构选择取决于债务资金成本和权益资金成本,两者分别取决于债务投资者和权益投资者所承担的风险,因此降低和合理分配两者风险是降低项目资金成本、获得理想资金结构的有效途径。要建立合理的资本结构,使PPP项目的总成本最小化,从而降低项目产品/服务的价格。

(3)期望投资回报率(f_{11})

在正常情况下投资者能归还银行贷款和利息,收回股本投资和达到最低投资收益率,并且争取实现与之承担风险相适应的投资回报最大化。

(4)定价建议权(f_{12})

尽管有些条例规定了项目产品/服务定价标准的听证和审批程序,但投资商依然可通过适当方式在PPP合同中约定投资商拥有定价的建议权以及参与听证的权利,以尽量规避由政府确定收费标准的风险。

(5)项目建设总投资(f_{13})

PPP项目总投资额是特许期内发生的现金流出,直接影响项目现金流量的变化,因此它也是影响 PPP 项目定价的因素之一。总投资主要包括发生在项目建设期的建筑安装工程费、设备与工器具的购置费、建设的其他费用、基本预备费、建设期利息构成的建设期投资额以及运营初期投入的铺底流动资金。城市交通基础设施 PPP 项目(如轻轨、地铁、隧道或大桥)投资会高于传统的城市公路项目,例如,通常采用 PPP 模式的轻轨或地铁项目的建设工程费用以及机动车组等设备的购置费和安装工程费都要明显高于传统融资模式下建设的公路项目。由于 PPP 基础设施项目建设周期长、项目投资大,随着项目建设进度资金投入不断增加,项目面临的投资增加的风险程度也随之增加。因此,项目总投资额也将对 PPP 项目定价产生部分影响。

(6)项目公司管理能力

PPP 项目公司管理能力主要体现在财务和融资创新能力(f_{14})、有能力的项目团队(f_{15})、丰富的国际 PPP 项目管理经验(f_{16})、良好的合作伙伴(f_{17})以及和地方政府良好的关系(f_{18})五个方面。

①财务和融资创新能力(f_{14})。财务和融资创新能力是 PPP 项目成功的关键因素之一。项目私营机构的财务实力越雄厚,为项目融资的能力也越强,进行 PPP 项目成功的可能性越大。

②有能力的项目团队(f_{15})。有能力的项目团队包含有能力的领导与高效率的项目团队两个方面。

③丰富的国际 PPP 项目管理经验(f_{16})。如果 PPP 项目由经验不足或毫无经验的私营机构来经营管理,往往不能深层次地介入项目,导致项目受挫。

④良好的合作伙伴(f_{17})。与承包商和运营商等合作伙伴的巧妙组合有利于节省投资和运营成本,形成优势互补、相关方多赢的局面。

⑤和地方政府良好的关系(f_{18})。良好的关系有助于加快 PPP 项目立项的许可和审批速度等。

3. 承包商影响因素

承包商对 PPP 项目价格的影响是通过设计、施工、材料或设备供应、环境、技术等多方面因素影响,使得项目成本增加或减少,进而影响项目现金流和价格。大量典型的工程实例表明承包商影响基础设施 PPP 项目价格主要有设计方案的经济性(f_{19})、施工质量水平(f_{20})、施工技术方案经济性(f_{21})、施工组织的合理性(f_{22})、施工安全与成本管理(f_{23})、材料和设备的合理选用(f_{24})等多项因素,见表 11-4。

表 11-4 承包商对 PPP 项目价格影响的典型案例

影响因素	影响因素依据
	典型案例
设计方案的经济性(f_{19})	巴黎迪士尼乐园;中国台湾国际金融大厦(101 大楼);武汉过江隧道;南京长江隧道
施工质量水平(f_{20})	英法海底隧道;葡萄牙 Beiras Litoral and Alta Shadow Toll Road;马来西亚南北高速公路;北京地铁 10 号线
施工技术方案经济性(f_{21})	英法海底隧道;葡萄牙 Beiras Litoral and Alta Shadow Toll Road;北京地铁 5 号线
施工组织的合理性(f_{22})	The Jakarta-Bandung Corridor Project
施工安全与成本管理(f_{23})	英法海底隧道;深圳地铁一期工程;乌鞘岭特长隧道
材料和设备的合理选用(f_{24})	武汉轻轨项目;广珠城际轨道交通项目;南京地铁一号线

(1)设计方案的经济性(f_{19})

PPP 项目建设中,设计阶段是项目投资控制的关键环节,对项目投资有着非常重要的影响。有资料研究表明:在初步设计阶段,影响项目投资的可能性为 70%~95%;在施工图设计阶段,影响项目投资的可能性为 35%~50%。由此可见,对项目设计进行多方案的比较分析,做好设计方案的优化,在满足技术可行的基础上,尽可能保证经济的合理性,以达到节省项目投资的目的,降低项目的建设和运营成本,通过减少项目的资金流出影响项目的现金流,进而影响 PPP 项目产品/服务价格。

(2)施工质量水平(f_{20})

承包商在 PPP 项目施工中,在满足工程质量要求的前提下,应尽可能降低造价,不必盲目追求超越合同规定的质量标准,导致成本或投资的上升,过多增加项目的负担,以避免影响 PPP 项目产品/服务价格。

(3)施工技术方案经济性(f_{21})

类似轻轨、地铁、大桥和隧道的基础设施 PPP 项目,不仅施工的工程量大,而且技术复杂,为了确保项目的质量、进度、成本、环境和安全等目标的实现,采用科学的方法对现有各种施工技术方案进行选优具有十分重要的意义。不同的施工方案,所消耗的人工、材料、机械等工程直接费和管理费是不同的,应在满足施工安全性、技术可行性的前提下,尽可能选用经济上更合理的方案,以降低工程造价,节省投资。如英法海底隧道、葡萄牙 Beiras Litoral and Alta Shadow Toll Road、北京地铁 5 号线等项目,均通过合理化技术方案的经济性,实现 PPP 项目的投资控制。

(4) 施工组织的合理性(f_{22})

施工组织具有很强的技术性和综合性，施工组织合理性包含劳动力优化、材料和施工机械等资源优化、施工进度的优化、施工平面图布置优化等多方面的内容。承包商应充分发挥自身在资金、人力资源、设备等方面的优势，从技术、经济、管理等方面做好施工组织工作，以降低成本。

(5) 施工安全与成本管理(f_{23})

施工安全管理是承包商在城市基础设施项目施工活动中一项重要内容，安全管理虽然不能创造直接效益，但一旦发生事故后，就会导致巨大的直接经济损失，因此施工安全管理也是降低成本的重要途径。施工成本是工程造价构成的基础，承包商可以通过对PPP项目施工成本的有效管理，降低成本，节省投资。

(6) 材料和设备的合理选用(f_{24})

基础设施PPP项目中往往需要采购大量的材料和设备，承包商在材料和大型设备的采购中在满足作为业主的项目公司的基本要求下，必须注意技术与经济的有机结合，通过技术比较、经济分析和效果评价等手段，使得选用的材料和设备既要保证项目安全运行和合理寿命，又要追求最佳投资效益，尽可能地降低成本。例如，南京地铁1号线在重大装备选用中，通过引进、消化、吸收国外地铁车辆等先进技术，结合自主创新，对地铁车辆的关键技术进行了深入的研究和系统的开发与应用，使得车辆的性能得到提高，车辆成本费用比同类进口车降低30%左右。

4. 运营商影响因素

(1) 运营费用及其控制(f_{25})

运营费用和建设总投资一样也是项目的重要支出，项目中社会资本投资目的是为了获得收益，因此基础设施PPP项目的运营费用也必须通过项目产品/服务价格或其他方式得到回收，才能补偿生产上的耗费和获得期望收益。由此可见，运营费用也是基础设施PPP项目产品/服务定价的一个关键因素。

例如，基础设施PPP项目运营费用具有以下几个特点：a.能源消耗量较大。如除大桥外的其他PPP项目自动化水平高，用电量大，电力消耗在地铁、轻轨、隧道项目运营支出中占的比重较大。b.设备维护与修理工作量大。从轨道交通PPP项目维护和检修情况来看，由于其客流量较大且运行里程较高，其部分维护和检修的机械及零部件都需要从国外直接进口，并采用工厂化、机械化施工方式，因此其检修和维护费用较高，在运营支出中也占有很大的比重。c.人力资源费用高。要确保城市轨道交通基础设施PPP项目正常运营，需要设备操作与维护、站务、票务和安保大量的人力资源。基于上述特点，将基础设施PPP项目运营费用按经济性质划分,如图 11.5 所示。

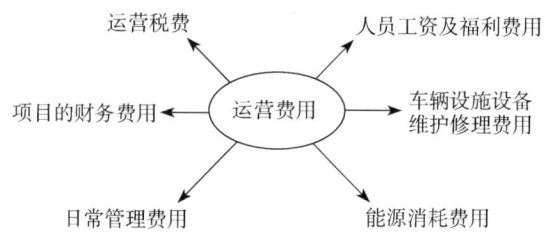

图 11.5 PPP 项目运营费用结构分解

①人员工资及福利费用。PPP 项目运营过程中,需要运营商提供售票、疏导客流、安保、车载服务、设备运行和维护、日常管理等大量服务工作人员,他们的工资及福利费用主要包括工资、奖金、津贴、补贴和其他工资,此项支出属于刚性支出,可以控制和压缩的潜力较小。

②车辆设施设备维护修理费用。主要包括车辆、土建设施、设备等维护保养和修理费用。从该项费用的变化来看,它所占比例会在 7%~8% 波动。

③能源消耗费用。根据该类项目的特点可知,项目在运行中需消耗电力资源、水资源及其他备用品资源,尤其是电力资源的耗费支出所占的比重较大,而且随着运量的上升和电费的调整,动力费用的比重将出现上升趋势。

④日常管理费用。这部分费用属于固定成本费用,与运量变化关系不大。但从北京地铁历年的数据结合实际情况来看,从 1988 年到 1992 年北京地铁的运量增长了 1.42 倍,而日常管理费用却增长了约 2.06 倍,明显高于客运量的增长速度,显然该项费用控制有着较大的挖掘潜力。

⑤项目的财务费用。指基础设施 PPP 项目在建设和运营过程中所筹集资金而发生的费用,包括利息支出、汇兑损失以及相关的手续费用等。

⑥运营税费。PPP 项目运营中向政府部门上缴的各种税收及费用,由于基础设施具有经济的外部性,通常政府通过减免税收等优惠政策给予投资者间接补贴。

运营费用在不同类型的基础设施 PPP 项目中所占的比重有一定的差异,根据南京地铁运营两年的统计来看,各部分所占的比重约为人员工资及福利费用占 33.10%、车辆设施设备维护修理费用占 18.40%、能源消耗费用占 22.50%、项目财务费用和税费占 3.40%、日常管理费用及其他占 22.50%。

据上述数据可以得出以下结论:人工工资及福利费用比例最高,应尽可能采用高智能化的设备,减少人员的配备,降低此项费用;能源耗费费用比例,在设备选用和开发方面,应采用引进、吸收和自主创新相结合,开发出能耗低、性能优的设备,在节省能耗和成本上下功夫;日常管理费用及其他所占比例也较高,运营商应在管理上下功夫,优化运营管理的程序,促进管理出效益。

(2) 项目产品/服务的质量(f_{26})

项目运营商提供的服务质量是吸引客流和定价的重要因素,主要包括公交换乘、等候时间、等候环境、是否准点到达、车厢拥挤状况、车站治安状况、乘车安全等因素。运营商应在提高运营服务质量上下功夫,提高乘客满意度,直接影响乘客的心理票价承受能力。

5. 公众的影响因素

公众对 PPP 项目价格影响主要有公众支付能力(f_{27})、公众消费心理(f_{28})、公众出行需求(f_{29})三个方面因素。

(1) 公众支付能力(f_{27})

基础设施项目属于准公共产品,具有公益性,其产品/服务定价要考虑到公众的支付能力,公众的支付能力包括实际支付能力和心理支付能力两个方面。公众的实际支付能力不仅与本地区社会经济发展水平相关,而且与公众的收入水平、消费水平和消费结构水平密切相关,政府在定价时应充分考虑上述因素。地区经济水平发达、公众平均收入和消费水平高的城市,公众实际支付能力也强,项目产品/服务的价格也较高;反之亦然。而公众的心理支付能力与项目的服务质量、常规交通项目服务的价格、实际支付能力等因素有关。

(2) 公众消费心理(f_{28})

随着经济社会的快速发展,人们对物质文化生活水平条件的需求也日益提高。从消费心理来看,城市交通基础设施 PPP 项目与常规公共交通比较,具有安全、高效、舒适等明显优势,公众对这类产品/服务的消费心理需求不断提高。

(3) 公众出行需求(f_{29})

公众的出行需求与本地区人口的规模、出行有效需求总量和需求的结构有关,本地区人口越多,相对有效出行需求越高,因此项目的客流量相对也越大,从弹性需求的角度来看,其定价可能越低。

11.2.2 项目与市场对价格影响

项目与市场对价格的影响是指项目自身的特征和市场环境对项目/服务价格的影响,主要包括项目优势特征(f_{30})、同类竞争项目(f_{31})、项目的需求量(f_{32})、项目的特许经营期(f_{33})及项目所处的不同阶段(f_{34})五个因素。

1. 项目优势特征(f_{30})

以 PPP 项目中的轨道交通项目为例,从消费者心理角度分析,其对票价的承受程度,除与收入水平有关外,还与项目的可达性、旅行总时间、安全、准点、舒适、卫生、环保和方便等方面的优势特征有密切关系(见图 11.6),而这些因素都是基础设施 PPP 项目区别于常规公共交通项目的特征优势,这些优势对 PPP 项目产品/服务价格的影响较大。

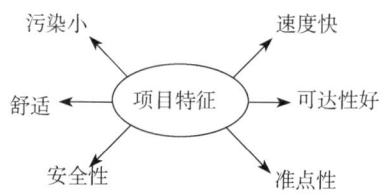

图 11.6 轨道交通项目的特征优势

(1)速度快

PPP 项目中的轨道项目速度能达到 45~60km/h,而常规公共交通的速度一般是 18~20km/h,且轨道交通无堵车现象,这是常规交通无法比拟的。在行车路线相同的情况下,轨道交通所花费的时间只是传统公共交通的 1/3~1/2。而对于非轨道的 PPP 项目(如大桥、隧道)比要绕道项目的行驶距离近得多,节省大量时间。

(2)可达性好

PPP 项目中的轨道项目在线路规划时,不仅考虑繁华的城市中心地带,而且也考虑到城郊的边缘地带,路线布置合理,可达性好,尽可能满足消费者的不同需求。

(3)准点性

PPP 项目中的轨道项目拥有自己专用的线路,不存在交通堵塞的问题,乘客能预先知道行驶距离所需花费的时间,准点性好。

(4)安全性

根据统计资料显示,相比之下,城市交通基础设施 PPP 项目中的轨道交通是比较安全的出行方式。

(5)舒适性

随着人民生活水平的提高,消费者对环境的要求也相应提高。公交的拥挤程度、平稳性、噪声大小、候车环境、车内环境等随着消费能力的提高,这些因素在公众选择轨道交通方式中所占的比重也在逐步提高。

（6）污染小

PPP 项目中的轨道交通项目使用电力作为动力,对环境的污染小。

2. 同类竞争项目(f_{31})

竞争项目是指与 PPP 项目同类的项目,如与隧道项目平行的不收费或收费的大桥等项目。基础设施 PPP 项目价格要受到市场竞争的影响,当竞争项目出现后,往往会导致客流或交通量的减少,为了吸引客流或交通量,PPP 项目公司通常会降低价格,最终影响了基础设施 PPP 项目的收益。例如,连接英法两国的欧洲海峡隧道,政府要求一切风险由社会资本承担,但做出了 33 年内不设横跨海峡的二次连接设施的承诺,确保了项目的交通流量,从而保证在此前提下定价的预期收益。福建省泉州刺桐大桥建成后,经济效益和社会效益均较好,但是市政府在泉州大桥与泉厦高速公路间修建了一条长达 10 多千米的连接线,大大降低了刺桐大桥的交通流量,最终导致项目价格和收益的变化。

3. 项目的需求量(f_{32})

在市场经济中,产品的供需情况对其价格起着重要的作用,而价格只有被需求者接受,才能实际完成商品的交换过程,PPP 项目的定价也应建立在对项目需求量的科学预测基础上,因此项目的需求量和价格是相互影响的。PPP 项目产品/服务定价过高,会导致需求量减少,项目的预期收益很难达到;定价过低,即使需求量增加,特许经营期内也可能无法收回投资并获得预期收益。例如,墨西哥某 BOT 高速公路,由于对交通量的增长率估计草率,政府定价较高,并据此同意特许经营时间为 7 年,结果实际营运中的交通量比预测的交通量少了 2/3,7 年时间只收回不到一半的成本。

4. 项目的特许经营期(f_{33})

社会资本在 PPP 项目中的投资和期望收益主要通过票价收回投资,显然 PPP 项目产品/服务的价格越高,回收期就越短,项目的特许经营期也就越短;反之,PPP 项目产品/服务的价格越低,则项目的特许经营期就越长。项目特许经营期 T 和价格 P 两者之间的关系可以用收益函数 $F = \int_0^T PQ(t)\mathrm{d}t$ 表示。

5. 项目所处的不同阶段(f_{34})

PPP 项目建设周期长,如轨道交通项目可能有多条线路,有的项目完全建成要近 10 年的时间,各条线路根据其工程进度先后开通运营,有的线路开始通车运营的时间相差几年,假设不同线路开通对应项目的不同阶段。从项目换乘的便利性、可达性等因素来看,PPP 项目的不同阶段有较大差异,只有当整个项目完工且各条线路全部运营后,项目的可换乘最为便利,可达性也最好,仅从这一点来看价格通常比前期单条线路和少数线路运营时要高。从政府补贴角度来看,随着政府财政收入的增加,财政补贴能力也逐渐增强,项目可能得到的政府补贴也越多,价格可能逐步降低。由此可见,项目的不同阶段,价格会发生一些变化。

11.2.3 项目环境对价格的影响

PPP项目环境因素对价格的影响包括经济环境因素、社会环境因素、政治环境因素及法律环境因素四个方面。

1. 经济环境因素

影响价格的经济环境因素系指PPP项目所在的外部经济环境引起项目建设总投资、运营成本及收益等变化的因素。其主要包括利率变动(f_{35})、汇率变动(f_{36})、通货膨胀(f_{37})、地区经济发展水平(f_{38})及金融市场的健全程度(f_{39})等,其对价格的影响原理如图11.7所示。

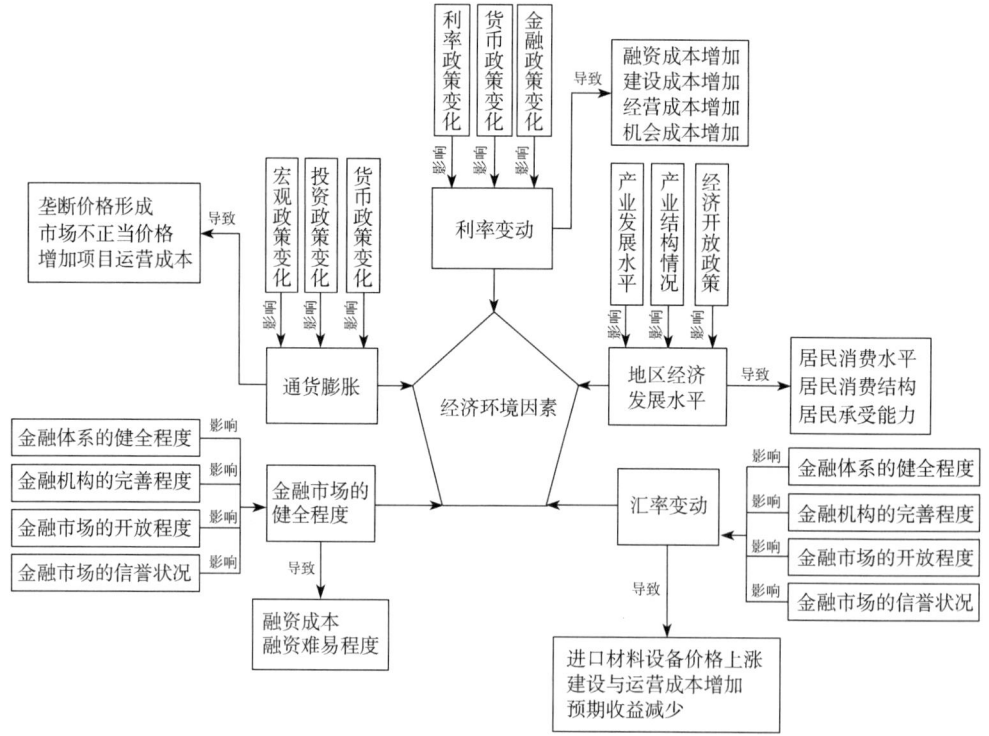

图11.7 经济环境对PPP项目价格的影响原理

(1) 利率变动(f_{35})

前面在利率变动的担保中阐述了利率变动的原因及其对项目成本的影响,由于政府的担保是在利率变动超出某一范围时,才予以担保。当利率变动在某一范围内时,其风险是由社会资本来承担,最终影响PPP项目产品/服务的价格。如广西来宾电厂BOT项目要求采用低利率加浮动部分的办法,以防止国际市场的利率下调,机会成本太高。

(2)汇率变动(f_{36})

前面在汇率变动的担保中阐述了汇率变动的原因及其对项目价格的影响。由于政府的担保是在汇率变动超出某一范围时才有效。当汇率变动在某一范围内时,其风险是由社会资本来承担,最终影响PPP项目产品/服务的价格。如成都自来水厂BOT项目在建设完成后,由成都市政府、项目公司和贷款人共同承担汇率变动风险,为了规避汇率变动带来的风险,在特许权协议中规定了包含汇率变动运营水价浮动部分。

(3)通货膨胀(f_{37})

前面在通货膨胀担保中阐述了通货膨胀对基础设施项目产品/服务价格的影响。合同约定政府的担保是在超出某一范围时才有效,当通货膨胀在某一范围内时,其风险是由社会资本来承担,使得项目预期收益价值降低,影响项目的现金流变化。在印度大博电厂项目建设与经营期,亚洲金融危机爆发并波及印度,卢比迅速贬值40%以上,因此导致的建设成本上升使大博电厂的上网电价大幅提高。

(4)地区经济发展水平(f_{38})

不同地区所处地理位置、自然环境、资源条件等不同,其产业结构情况、产业发展水平和地区经济开放政策与程度也不一样,导致其经济发展程度及人民物质文化生活水平存在差距,最终也影响到基础设施PPP项目产品/服务的价格。

(5)金融市场的健全程度(f_{39})

基础设施PPP项目建设需要大量的贷款资金且资金回收期较长,而金融体系的健全程度、金融机构的完善程度、金融市场的开放程度及信誉状况直接影响项目融资的难易程度和融资成本,因此金融市场的健全程度也影响着项目现金流和价格。

2. 社会环境因素

影响基础设施PPP项目产品/服务价格的社会环境因素主要包括社会福利保障水平(f_{40})、社会诚信度(f_{41})和公众态度(f_{42})等,其对价格的影响原理如图11.8所示。

(1)社会福利保障水平(f_{40})

社会福利保障水平是一定时期内一个国家或地区的社会成员享受社会保障经

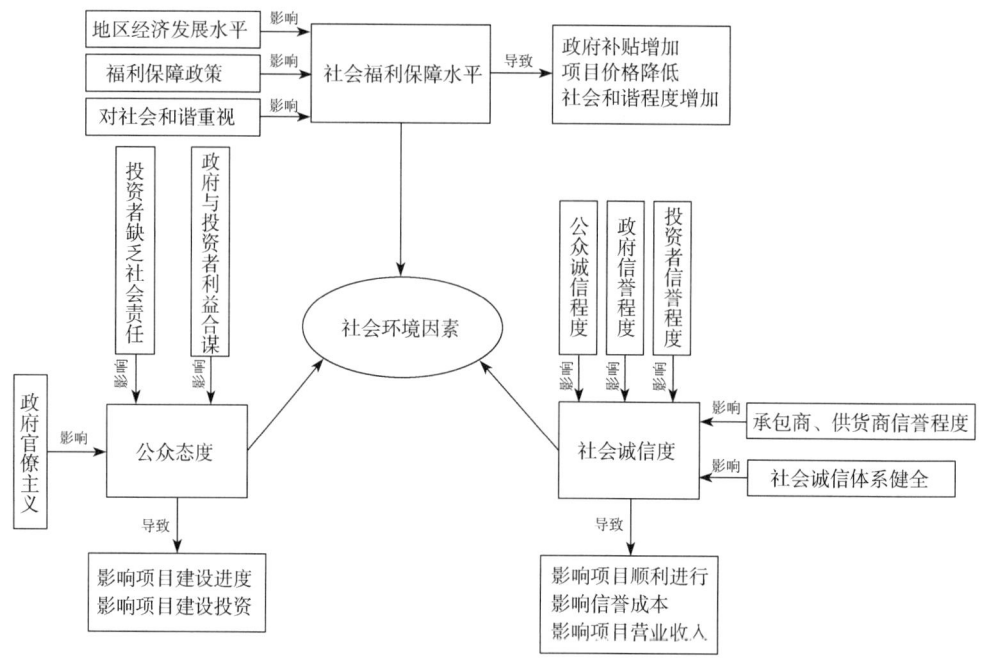

图 11.8 社会环境对 PPP 项目价格的影响原理

济待遇的高低程度。城市交通基础设施 PPP 项目产品/服务具有垄断性,又对国计民生有重要影响,价格不能完全由供求关系决定,而应从整个社会的利益出发,考虑社会保障水平因素,通过行政手段影响甚至控制价格,保证社会和谐。

(2) 社会诚信度(f_{41})

社会诚信包括政府、项目投资者、贷款方、承包商、材料或设备供货商等各项目参与方和公众的信誉。基础设施 PPP 项目是依靠有效的社会诚信体系和较高社会诚信度支撑起来的,项目各参与方的诚信状况决定了是否能够按照合同的约定履行其责任,完成项目并获得预期收益。不健全的社会诚信体系、项目各参与方信誉的缺失都会不同程度地影响项目的顺利进行,使项目的信用成本增加,而公众的诚信缺失可能导致项目营业收入减少,最终影响项目现金流和定价。

(3) 公众态度(f_{42})

公众对 PPP 项目的态度影响着项目的实施和管理,公众的支持是 PPP 项目取得成功的关键因素之一。公众的反对则会造成 PPP 项目实施和管理内在的不稳定,损害公私合作的群众基础。例如,政府官僚主义、社会资本缺乏社会责任感、政府与私营机构的利益合谋将损害公众的利益,并会遭到公众的反对,影响 PPP 项目的建设进度和增加项目的成本。

3.政治环境因素

PPP 项目所处的政治环境对价格影响主要包括政局稳定程度(f_{43})、监管机制的完善程度(f_{44})和政府的官僚与腐败(f_{45})三个方面,其对价格的影响原理如图11.9 所示。

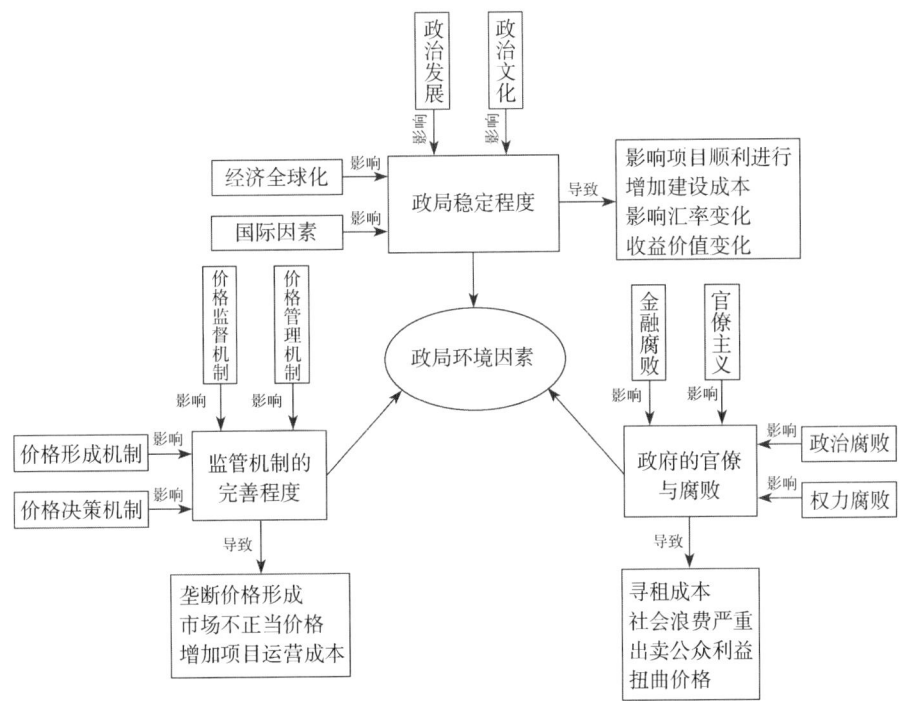

图 11.9 政治环境对 PPP 项目价格的影响机构

(1)政局稳定程度(f_{43})

政局稳定程度受到政治发展、政治文化、经济全球化及国际因素影响。政治发展是指政治关系的调整和变革,主要是国家行政与法律方面的发展,即现代行政组织、行政秩序与法制的发展,政治发展致使国家的政治过程具有内在不稳定性。政局稳定程度影响着政策的连贯性和执行的难易度,也会不同程度影响项目的顺利进行程度、建设成本、汇率和收益。

(2)监管机制的完善程度(f_{44})

政府对 PPP 项目定价监管机制包括价格形成机制、价格决策机制、价格监督机制与价格管理机制,监管机制不完善将可能导致 PPP 项目产品/服务垄断价格或市场不正当价格的形成,建设与运营成本的增加。

(3) 政府的官僚与腐败（f_{45}）

政府的官僚及腐败主要体现在权力腐败、金融腐败、政治腐败、官僚主义等方面，上述因素将产生PPP项目寻租成本和造成社会资源的浪费，甚至会出现践踏人民群众利益的情况，最终影响PPP项目产品/服务的价格。

4. 法律环境因素

影响PPP项目产品/服务价格的法律环境因素主要包括法律体系完备程度（f_{46}）、法律/法规/标准变化（f_{47}）等因素。

(1) 法律体系完备程度（f_{46}）

法律体系完备程度主要包含特许经营PPP项目的政府政策、法律法规完备程度以及可操作性等，影响PPP项目参与方的权利、义务和责任的界限划分，从而影响项目产品/服务价格。

(2) 法律/法规/标准变化（f_{47}）

与PPP项目相关的法律/法规/标准变化主要是指国家或地方政府对PPP项目的投资政策、税收政策、融资政策等变化，以及PPP项目的环保标准、产品/服务质量等变化。上述标准的变化将可能导致PPP项目运营成本的增加和收益减少，影响项目的现金流，最终影响到价格。

11.2.4　PPP项目价格影响因素综合分析

前面分析了各参与方或利益相关方（政府、投资方、承包商、运营商及公众）、项目与市场因素、项目环境因素（政治因素、经济因素、社会因素、法律因素）等对PPP项目价格的影响机理，据此可以归纳出其价格影响主要因素，如图11.10所示。

实际上基础设施PPP项目在其策划与准备、设计与施工、完工与试运营、运营与维护各阶段影响价格的因素是不尽相同的，有的阶段影响价格的因素较多，而有些阶段影响价格的因素较少，且PPP项目产品/服务价格也不是一成不变的，它随着项目自身条件和环境因素的变化而变化。为此，本章对基础设施PPP项目的策划与准备、设计与施工、完工与试运营、运营各阶段影响价格的因素做了科学分析，并对项目期初定价与运营阶段的调价影响因素做了划分，具体如图11.11所示。

第11章 PPP项目产品定价

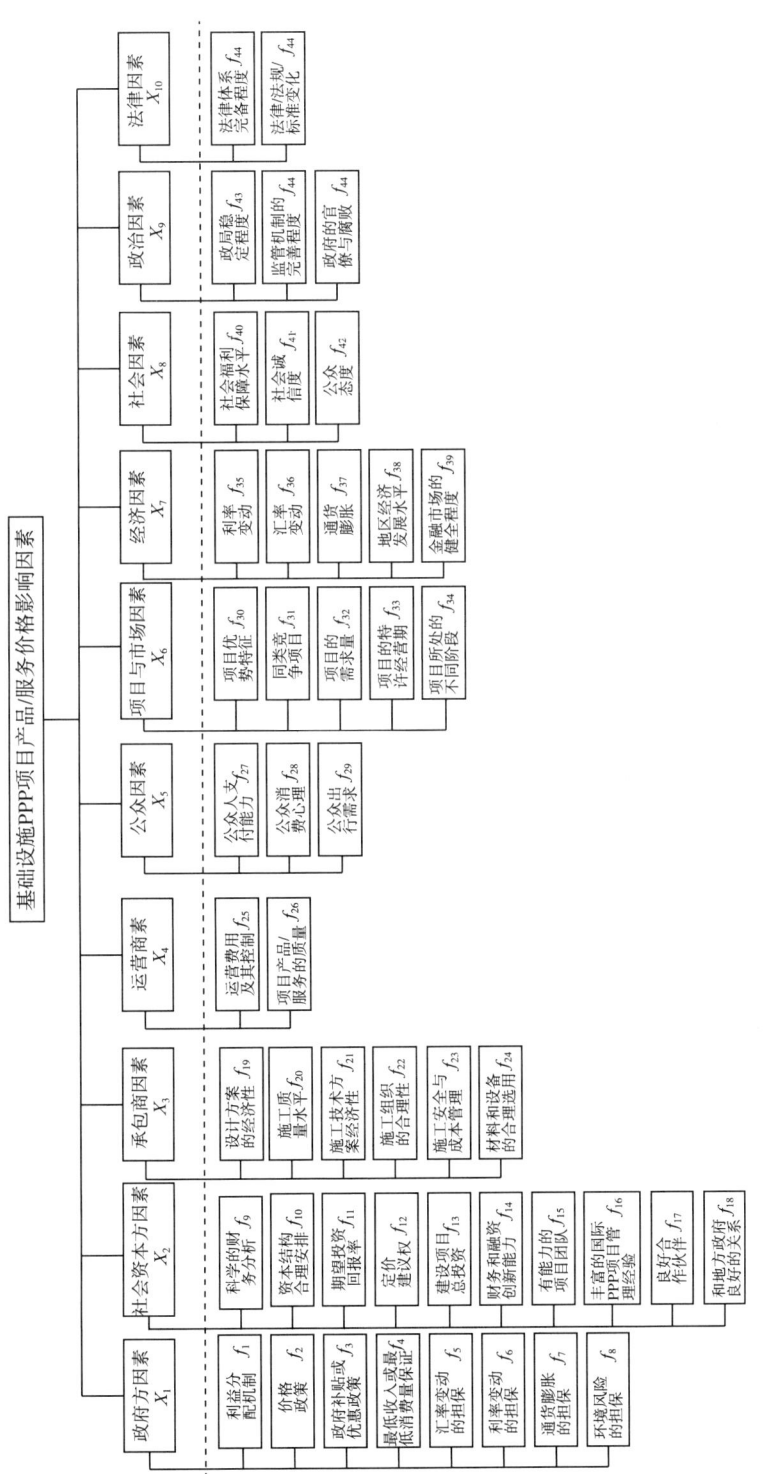

图11.10 PPP项目价格影响因素综合分析

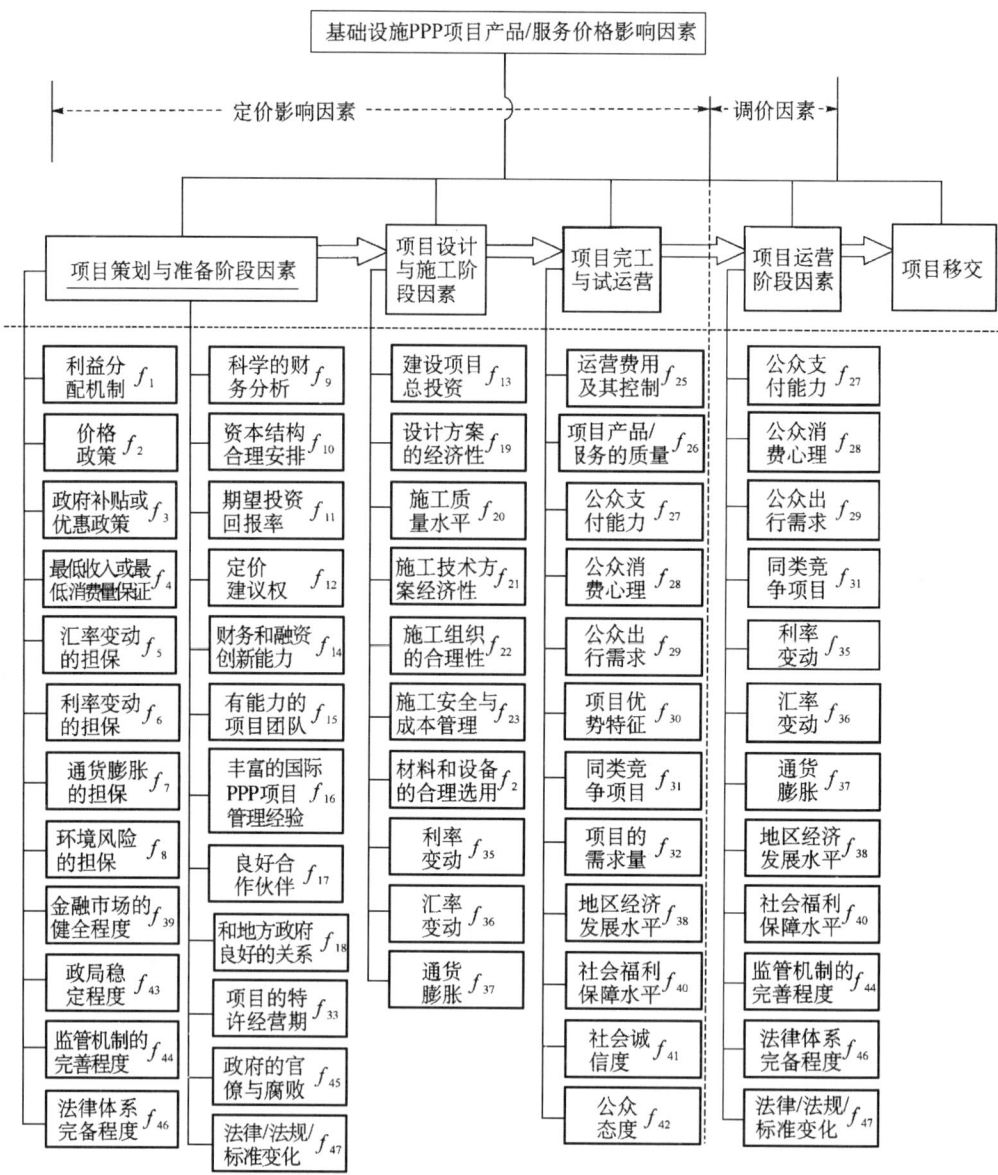

图 11.11 PPP 项目不同阶段的影响因素分析

专栏三十三：隧道(大桥)PPP 项目价格的形成过程

隧道(大桥)PPP 项目多属于经营性项目,因而不同于公益性较强的轻轨(地铁)PPP 项目,因此其价格形成过程有一定的差异。隧道(大桥)PPP 项目和轻轨(地铁)PPP 项目一样,也需要考虑其竞争项目所耗费时间、交通拥挤程度、便捷度和提供的服务质量等特点,从市场供求机制角度出发,采用科学的方法确定出基于市场的隧道(大桥)PPP项目的产品价格。同时,私营机构投资隧道(大桥)PPP项目的目的是收回投资并且获取期望的收益,可根据项目公司的中标方案和PPP项目的招标文件,估算出项目的建设和运营成本,并按照风险收益对等原理计算出项目的理论成本价格,和政府签订PPP项目特许经营协议,综合考虑基于市场供求机制的理论价格和基于风险收益对等的成本价格,确定隧道(大桥)PPP项目的初始综合定价。当隧道(大桥)PPP项目按初始综合定价收费时,项目的最低收益或最低交通量等条件不能达到特许权协议的约定时,由政府按协议约定给予补偿,如果超过协议规定应和政府分配收益。在隧道(大桥)PPP项目的特许经营期内,随着环境的变化,当满足特许权协议中规定的价格调整条件时,可以由PPP项目公司提出调价申请方案,并经政府主管部门审核通过后,予以调整价格。具体过程如图11.12所示。

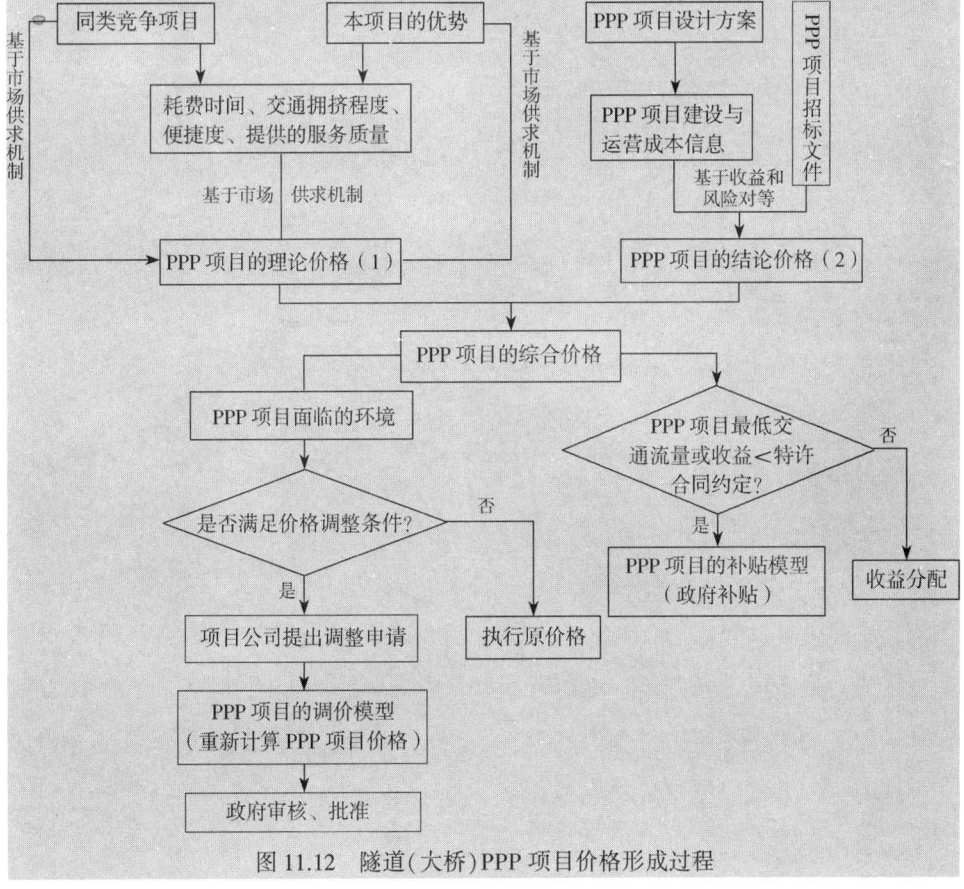

图11.12 隧道(大桥)PPP项目价格形成过程

专栏三十四：轻轨(地铁)PPP项目价格的形成过程

轻轨(地铁)PPP项目的价格形成过程涉及从市场机制角度确定其供求理论价格、初始定价、基于风险收益对等的理论成本价格、PPP项目的政府补贴、价格调整等问题。

1. 轻轨(地铁)PPP项目服务初始定价

(1) 基于市场的PPP项目理论价格确定

轻轨(地铁)PPP项目服务价格必须从PPP项目及竞争项目——常规公共交通两类项目乘坐所耗费时间、交通拥挤程度、便捷度及提供的服务质量等因素出发,考虑市场供求机制的条件下,同时参考常规公共交通项目的服务价格,采用科学的方法(如博弈论)确定出基于市场的轻轨(地铁)PPP项目服务的理论价格。

(2) 初始价格的确定

由于轻轨(地铁)PPP项目的公益性和外部性,在上述理论价格的基础上必须从广大公众利益出发,考虑到公众的承受能力及当地政府的财政补贴能力。在基于市场的PPP项目理论价格的基础上,考虑上述因素,可提出轻轨(地铁)PPP项目的初始价格方案。同时,为保证定价的科学性及合理性,政府主管部门应该主持召开公开的价格听证会,听取各方面的意见,对初始价格的可行性进行充分的论证,并根据听证的意见进行一定调整,最后确定出项目的初始定价。

2. 轻轨(地铁)PPP项目政府补贴的确定

(1) 基于风险收益对等的理论成本价格

私营机构投资城市交通PPP项目的目的是获取期望的收益,因此可按风险收益对等原理计算出项目的理论成本价格。当私营机构的方案中标并与政府签订了PPP项目特许经营协议后,政府价格主管部门可以对城市交通PPP项目的建设和运营成本构成因素及情况进行调查,充分了解PPP项目的成本、利润、税金等情况,并对其进行必要的监督管理。在政府的成本监控下,价格主管部门可以成本为基础,考虑风险回报的情况下,计算出PPP项目的理论成本价格。

(2)项目政府补贴强度确定

由于轻轨(地铁)PPP项目的外部性和公益性特征,使得项目基于风险收益对等原理的理论成本价格必定高于最终在听证会上通过的价格,为了补偿PPP项目公司的投资回收和获取期望的利润,政府必须给予项目一定的补贴。可以根据PPP项目的初始定价和基于风险收益对等的理论成本价格差以确定政府补贴水平。

3. 轻轨(地铁)PPP项目价格调整

在轻轨(地铁)PPP项目的特许经营期内,随着经济快速发展,项目面临的环境也在不断发生变化,当满足特许权协议中规定的价格调整条件时,可由PPP项目公司提出调价申请,并根据上期价格基数提出价格调整的方案,政府主管部门对申请和调价方案进行审核,审核通过后由政府组织价格调整听证会,通过调价听证会后予以调整价格。

轻轨(地铁)PPP项目的价格确定过程充分考虑了公众、私营机构、政府等相关方的利益,既保证了公众的利益,也保证了私营机构有合理的收益和适当的风险控制,政府通过激励作用来鼓励PPP项目公司(私营部门)改善服务、提供新产品和新服务的积极性,同时也考虑了政府的财政负担能力。总之,轻轨(地铁)PPP项目服务的价格应在满足PPP项目公司合理收益、政府财政保障能力的前提下,确保社会福利的最大化。轻轨(地铁)PPP项目价格形成过程如图11.13所示。

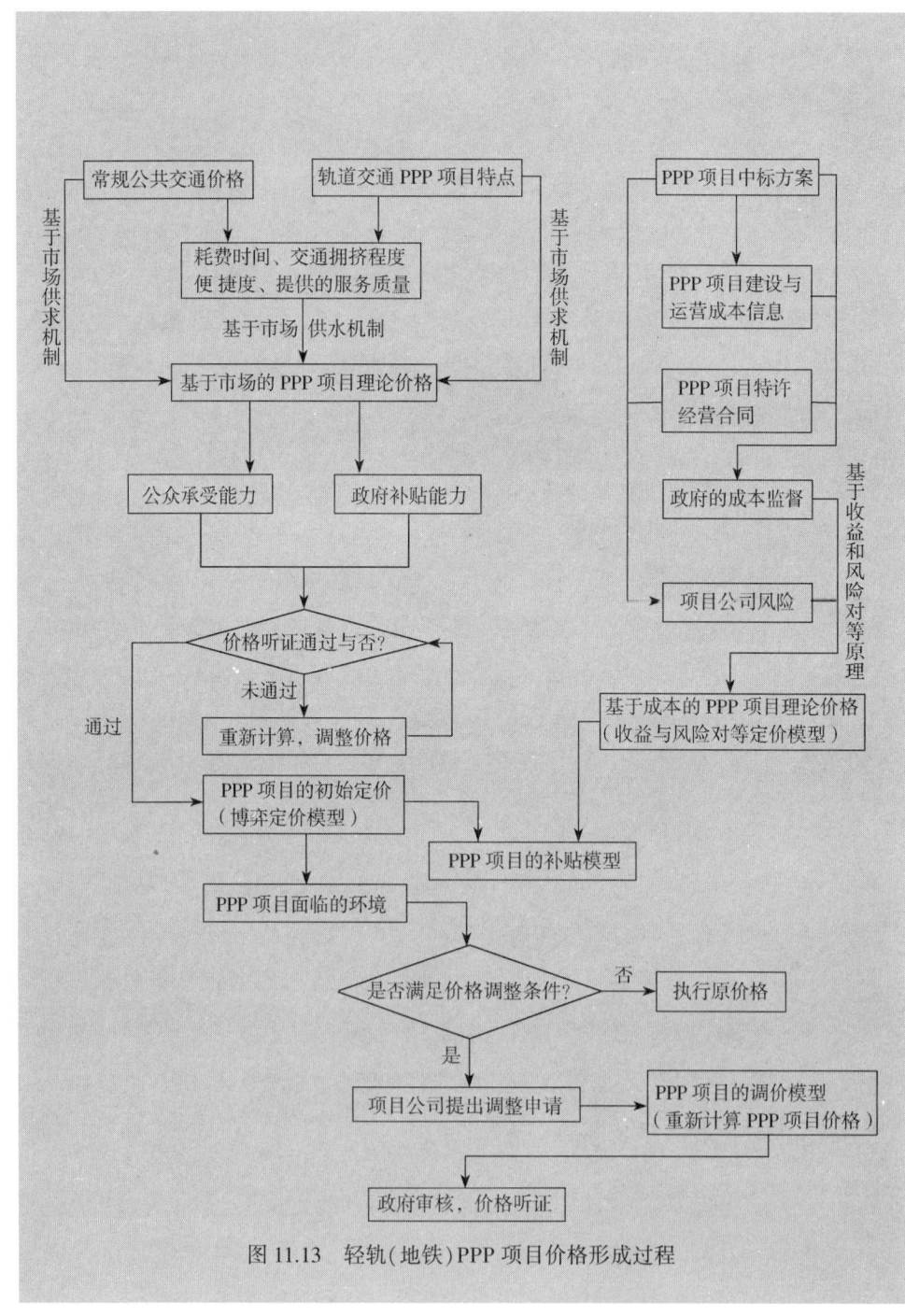

图 11.13 轻轨(地铁)PPP 项目价格形成过程

11.3 政府规制定价区间

公共品由于外部性的特点,导致了收益与供给的不对称关系,这种不对称关系决定了公共品区别于私人产品的定价方式。公共品可以分为纯公共品和准公共品,如国防、外交为纯公共品,该类产品具有完全的非竞争性和非排他性,政府在这类产品上拥有完全的定价权。而像自来水、电灯为准公共品,由于兼有公共品和私人产品的特征,则应由政府与市场共同提供,或者通过收益的原则来确定公共品的价格。在市场经济条件下,任何经济主体对某种产品的生产都要求保本,并且在可能的条件下适当地营利。对于政府提供公共品来说,不能以追求利润为目的,但是又不能完全不考虑提供公共品的成本。在公共品定价过低时,需要政府提供较大的财政补贴来维持其运行,保证公共品市场供给的数量和质量。

公共品定价以公平为基础,但并不忽视效率因素,目前各国都尝试在适当竞争的公共品供给市场上引入市场机制,逐步放开市场,让更多的社会资本参与到公共基础设施项目建设和公共品的供给中来,利用市场竞争机制,让价值规律发挥作用,促使经营者努力降低生产成本,满足公共品市场上的消费需要。因此,公共品定价要将公平与效率并重,注意协调两者相互的利害关系,并将此作为公共品定价的基点。

为了计算的方便和简洁,在研究PPP模式下的定价机制之前,首先构造一个简单公共品需求市场来阐述其定价原理,假定该公共品的需求函数为$f(v)$,且供需函数都是简单的线性一次函数,如下:

$$Q_d = q = f(v) = a - bv (a, b > 0) \quad (11-1)$$

式中　a——价格为0时的市场需求量;

b——当价格增加1单位时,市场需求的减少量。

考虑到PPP组织参与的建设、运营两个阶段,则假定PPP组织在两阶段中的整体经营成本函数为

$$C(q) = cq + k (c > 0) \quad (11-2)$$

式中　q——公共品市场消费数量;

c——PPP组织在运营期的运营成本参数;

k——PPP项目在建设期的投资或建设成本,在运营期中可以看作PPP项目的沉没成本。

假定政府管制者以及被管制的企业对于市场的信息是对称且充分的,需求曲

线是两者的共同知识,而且相互知道对方的需求曲线,则式(11-2)中社会资本在建设运营过程中的单位平均成本为

$$C = C(q)/q \tag{11-3}$$

尽管政府管制部门不知道企业确切的成本函数,但是政府管制者对于企业的成本参数 c 具有先验概率(prior probability),假设 c 的取值区间为 $[c_0, c_1]$,相对应的概率分布的密度函数与累积分布函数分别为 $g(c)$ 和 $G(c)$,$G(c)$ 在区间 $[c_0, c_1]$ 上为 c 的连续函数且 $g(c)>0$。

因此通过式(11-1)假设的市场需求函数 Q_d 可得到市场逆需求函数 Q_d^{-1} 为

$$Q_d^{-1} = v(q) = \frac{1}{b}(a-q) \tag{11-4}$$

假定 v^* 为项目运营阶段项目使用费价格,显然,在公共品消费价格 v^* 水平上,PPP 项目运营期社会资本的用户费收益为 $R(v) = v^*$。由定价规则可知,公共品市场最终定价 v^* 有政府限价或社会资本定价两种可能。

政府有个很重要的前提就是要保障社会资本最基本的收益,这体现在政府的信誉保证和形成 PPP 模式的事前承诺,在此假定私人部门的保留效用大于零,即

$$\int u(R(v)+S(v)-C)f(v)\mathrm{d}v \geq u(0) \tag{11-5}$$

式中 $S(v)$——政府对社会资本的补贴函数。

化简得

$$R(v)+S(v)-C(q) \geq 0 \tag{11-6}$$

由于竞争的引入,PPP 模式的监管内容相应地发生了重要变化,主要表现为:在范围上,从限制进入的经济性监管转向社会性监管。放宽了监管的经济进入范围,大大加强了质量、环境、最低服务水平等社会性监管。在定价方式上,政府采用了激励性定价方式,从资本回报率的成本监管转向了价格上限监管,监管结构更加灵活。在普遍服务方式上,将补贴从定价问题中分离出来,采取了更加灵活的市场化运行模式。由于政府不知道社会资本确切的成本函数,但是政府对于社会资本的成本参数 c 具有先验概率,且由上面假设 c 的取值区间 $[c_0, c_1]$,则政府保障社会资本保留效用大于零的定价区间为 $p(c) = [m, M]$,由 $R(v) = pq$ 和 $C(q)$,计算式 (11-6) 得

$$v^* + S - c - \frac{k}{q} \geq 0 \tag{11-7}$$

求解得

第 11 章　PPP 项目产品定价

$$v^* \geq c + \frac{k}{q} - S \tag{11-8}$$

在式(11-8)中,代入 PPP 组织在项目运营阶段的运营维持成本参数 c 的取值区间 $[c_0, c_1]$,并取 PPP 组织中社会资本最低保留收益的等号,那么可以得到政府保证 PPP 组织中社会资本收益的定价区间 $[m, M]$ 关于 c 的函数表达式为 $[c_0 + \frac{k}{q} - S, c_1 + \frac{k}{q} - S]$。

11.4　不同市场需求状态下公共品定价及定价权配置

由于不同的公共品或服务所面临的市场需求程度不同,显然其垄断程度也就不同,关于该公共品的定价方式和方法也就不同。在此根据 PPP 组织对于公共品需求状态的分类,来描述不同市场、不同公共消费品的需求,比较公共品或服务市场上消费者的支付意愿和政府的规制价格区间,规则如下:

①当消费者的最低支付意愿大于政府规制的 PPP 项目运营期的最高用户费价格,即 $v_{\min} > M$ 时,市场对 PPP 项目提供的公共品为高需求状态,政府限定最高用户费价格为 M,这样政府或社会福利获得剩余的收益将在原有基础上大大提高,即 $v - M$;而此时公共品市场定价为 $v^* = M$。

②当消费者的支付意愿处于政府规制的 PPP 项目运营期的最低用户费价格 m 和最高用户费价格 M 之间,即 $m \leq v \leq M$ 时,市场对 PPP 项目提供的公共品为中等需求状态,公共品供给市场按照正常自由市场供需进行交易,并将该公共品的定价权交给 PPP 社会资本,即社会资本自行按照市场定价 v,政府不给予社会资本任何补贴,即 $S(v) = 0$。

③当消费者的最高支付意愿小于政府规制的 PPP 项目运营期的最低用户价格,即 $v_{\max} < m$ 时,市场对 PPP 项目提供的公共品为低需求状态,政府给予 PPP 组织中社会资本相应补贴 $S(v) = m - v$,以此来保证社会资本的最低保留收益及 PPP 项目的正常运营。

14.4.1　高需求市场状态下公共品的定价

消费者的支付意愿大于政府规制的价格区间的上限,即 $v_{\min} > M$,市场按照政府规制的最高价格进行交易,此时政府对 PPP 组织中社会资本没有任何补贴,即 $S(v) = 0$,则政府的优化问题为

$$\max \int [v-R(v)-(1+\lambda)(1+\zeta)S(v)]+E+\lambda[v-R(v)]+\alpha[R(v)+S(v)-C]f(v)\mathrm{d}v$$

$$=\max \int \{[v-R(v)]+E+\lambda[v-R(v)]+\alpha[R(v)-C]\}f(v)\mathrm{d}v$$

$$\text{s.t.} \quad \int u(R(v)-C)f(v)\mathrm{d}v \geq u(0)$$

$$0 \leq R(v) \leq v$$

$$S(v)=0 \tag{11-9}$$

$$v=\frac{1}{b}(a-q)>M$$

式中 λ ——政府公共部门的资金成本,即影子成本系数;

ζ ——考虑到政府部门在向私人部门转移支付的同时会存在一定程度的财政损失,因为政府的代理机构在转移资源是存在一定的代理成本或资金损失,资金损失比例假定为 ζ;

v ——市场上的消费者支付意愿;

$f(v)$ ——加强需求是不确定的,服从 $F(v)$ 的分布,响应的密度函数为 $f(v)$;

$R(v)$ ——在 v 支付意愿水平上 PPP 项目的用户费收益,是运营阶段私人部门通过提供高频或服务向单位消费用户索取的费用,即公共品价格;

$S(v)$ ——政府部门给予私人部门的转移支付或补贴;

C ——私人部门的成本在建设和运营阶段的单位平均成本,包括项目建设阶段的投资每单位分摊成本以及运营阶段的运营维持的单位成本;

E ——项目产生的外部性效果;

$u(0)$ ——私人部门参与项目的机会成本或保留效用;

α ——社会资本生产者剩余纳入社会总福利水平的比例。

代入式(11-1)~式(11-8)得

$$\max(1+\lambda)\left[\int_0^q v(q)\mathrm{d}q - vq\right]+E+\alpha(vq-cq-k)$$

$$=\max(1+\lambda)\left[\int_0^q \frac{1}{b}(a-q)\mathrm{d}q - \frac{1}{b}(a-q)q\right]+E+$$

$$\alpha\left[\frac{1}{b}(a-q)q-cq-k\right] \tag{11-10}$$

FOC 条件为

第11章 PPP项目产品定价

$$(1+\lambda)\frac{q}{b}+\alpha\left[\frac{1}{b}(a-q)-\frac{q}{b}-c\right]=0 \quad (11-11)$$

求解得

$$q=\frac{\alpha(a-bc)}{2\alpha-(1+\lambda)} \quad (11-12)$$

求解式(11-10)的二阶导数,又由 $\lambda>0,b>0$,可得当 $\frac{1}{2}(1+\lambda)<\alpha$ 时,由函数一阶条件和二阶条件可知,其均衡解满足函数最大化的充分条件。由公共品市场逆需求函数式(11-4)得

$$v=\frac{\alpha c-\frac{a}{b}(1+\lambda-\alpha)}{2\alpha-(1+\lambda)} \quad (11-13)$$

又因为高需求市场状态下有 $v>M$,即

$$v=\frac{\alpha c-\frac{a}{b}(1+\lambda-\alpha)}{2\alpha-(1+\lambda)}>M \quad (11-14)$$

在公共品市场高需求的情形下,消费者对公共品支付意愿明显高出政府所规制的价格上限,因此政府将对公共品进行规制定价,达到价格规制区间的上限,也即 M,这就意味着 PPP 项目中社会资本将比在市场化运营机制下损失一部分生产者剩余,而政府或者市场消费者将获得更高的社会福利或消费者剩余。

由求解所得的式(11-13)和式(11-14)可得出以下结论:

①政府规制的价格上限范围与 PPP 项目的运营成本 c 呈正相关,且政府规制价格的上限 M 是低于 PPP 项目在运营阶段的运营成本参数 c 的,这主要是由该公共品市场的需求状态决定的,且在一定条件下,公共品市场才能再现出消费者高需求的状态,则政府基本上是根据 PPP 项目的运营成本 c 大小来决定其规制价格上限 M 的大小。

②在公共品市场高需求的状态下,公共品市场上最终关于 PPP 项目提供的公共品定价规制价格上限 M 的范围与公共品市场需求弹性相关参数 a/b 呈负相关,即当 a 不变时,b 越大,即公共品市场需求弹性越大时,公共品价格规制上限将越高;当 b 不变时,a 越大,即公共品市场需求弹性越小时,公共品的价格规制上限将越低。

③根据 v 的均衡解表达式(11-13)可发现消费者支付意愿与政府对公共品规制价格上限及相关参数有关,市场支付意愿与政府将生产者剩余纳入社会福利水

平的比例 α 呈正相关,当比例越大时,则公共品市场支付意愿越高,来源于生产者剩余的社会福利水平增加的净值高于市场消费剩余的降低净值,因此总体社会福利水平将会提高。

④由式(11-14)对政府财政收入的影子成本系数 λ 求偏导数判断其单调性,可知随着政府财政收入的影子成本系数 λ 的增大,公共品市场的均衡价格将降低,考虑到政府对公共品价格规制的上限与政府对成本的估计,较高的影子成本系数 λ 将导致消费者剩余的下降,从而降低社会公共福利水平,造成公共事业效率低下。

⑤考虑外部性参数的影响,由于在高需求市场状态下,PPP 项目能带给社会和公共品市场更大的外部性效用,导致了市场对该项目更高的需求,形成不断抬升公共品消费价格的局面,因此政府将通过适当降低其定价,来抑制 PPP 项目中社会资本追求垄断租金。在市场高需求状态下,政府规制的最高价格界限低于真实的需求价格,很大一部分原因在于政府对 PPP 项目中社会资本成本参数的估计低于其真实的成本参数,最终导致政府对公共品价格进行最高价管制,以实现社会福利最优。

在市场高需求状态下,由于 PPP 项目中的社会资本没有任何形式的政府补贴,即 $S(v)=0$,则政府规制定价的上限值为

$$M = c_1 + \frac{k}{q} \tag{11-15}$$

将式(11-12)代入式(11-14)FOC 条件可得,政府公共部门对公共品定价规制区间的上限为

$$M = c_1 + \frac{k[2\alpha-(1+\lambda)]}{\alpha(a-bc)} \tag{11-16}$$

11.4.2　中等需求市场状态下公共品的定价

消费者的支付意愿位于政府规制的价格区间内时,即 $m \leqslant v \leqslant M$,按照自由市场机制交易,由 PPP 项目中的社会资本定价,市场需求函数为 $q=a-bv$,逆需求函数为 $v(q)=\frac{1}{b}(a-q)$,此时政府对社会资本没有任何补贴,即 $S(v)=0$,则 PPP 项目中的社会资本的优化问题为

$$\max PS = \max \int [R(v)-C]f(v)\mathrm{d}v$$
$$\text{s.t.} \quad 0 \leqslant R(v) \leqslant v \tag{11-17}$$

$$S(v)=0$$
$$m<v<M$$

代入式(11-1)~式(11-8)得

$$\max \int (v-c)f(v)\mathrm{d}v-k$$
$$=\max(vq-cq-k)$$
$$=\max\{v(a-bv)-c(a-bv)-k\} \tag{11-18}$$

由 FOC 条件求导得到市场此时的公共品定价和市场消费数量:

$$v=\frac{1}{2}\left(\frac{a}{b}+c\right),\ q=\frac{1}{2}(a-bc) \tag{11-19}$$

由 $m<v<M$ 得

$$m \leqslant v=\frac{1}{2}\left(\frac{a}{b}+c\right) \leqslant M \tag{11-20}$$

且由式(11-4)得,在中等需求状态下,由于政府不会给予社会资本任何形式的价格补贴,公共品的市场消费价格应满足如下参与约束条件(IR):

$$v \geqslant c+\frac{k}{q}=c+\frac{2k}{a-bc} \tag{11-21}$$

在市场中等需求状态下,政府授权给 PPP 项目的社会资本完全自主定价权,社会资本根据自身利润最大化,即满足生产者剩余最大化的前提下进行 PPP 项目公共品的定价,因此最终定价与政府规制的价格上下限无关。通过以上对价格均衡解的求解,可以得到:

①社会资本在自主定价的过程中,完全按照市场化运行机制,按照市场供需函数来确定公共品的最优定价,最终 PPP 项目提供的公共品的定价与 PPP 在项目运营期的成本 c 正相关,即市场中等需求状态下公共品的定价仍然是在 PPP 项目第二阶段运营期中的运营成本的基础之上。

②在市场中等需求的情形下,社会资本的自主定价 v 与市场需求弹性的相关参数 a 和 b 对定价的影响,体现为当 a 不变时,b 越大,即市场需求弹性越大时,价格将越低;当 b 不变时,a 越大,即市场需求弹性越小时,价格将越高。

③由式(11-21)可得,社会资本的自主定价 v 与 PPP 项目在建设期当中所投资的成本 k 呈正相关,即表明 PPP 组织中的社会资本在项目建设中投入的资金和成本越高,那么其在运营期的定价就会越高。

④政府对公共品价格规制的区间上下限只与市场的需求和社会资本的运营成本参数有关。

由式(11-19)求解得到关于 PPP 项目中社会资本利润最大化的均衡解,代入 PPP 项目剩余

$$PS(v) = \int [R(v) + S(v) - C] f(v) \mathrm{d}v$$

得

$$PS(v) = vq - cq - k \tag{11-22}$$

求解 PPP 项目中社会资本的最大化利润,即 PPP 项目建设和运营中社会资本的生产者剩余得

$$\pi = PS = \frac{a^2}{4b} - \frac{ac}{2} + \frac{bc^2}{4} - k \tag{11-23}$$

根据以上解得的最优状态下的均衡解参数,可以求解出中等市场需求情形下的全社会福利水平,得

$$SV = \int [v - R(v)] + E + \lambda [v - R(v)] + \alpha [R(v) - C] f(v) \mathrm{d}v$$

$$= (1 + \lambda) \left[\int_0^q \frac{1}{b} (a - q) \mathrm{d}q - pq \right] + E + \alpha \pi$$

$$= (1 + \lambda) \left\{ \left[\frac{a(a - bc)}{2b} - \frac{(a - bc)^2}{8b} \right] - \frac{(a - bc)(a + bc)}{4b} \right\}$$

$$+ \alpha \left[\frac{a^2}{4b} - \frac{ac}{2} + \frac{bc^2}{4} - k \right] + E$$

$$= \frac{(1 + \lambda + 2\alpha)(a - bc)^2}{8b} - \alpha k + E \tag{11-24}$$

11.4.3 低需求市场状态下公共品的定价

消费者的支付意愿小于政府规制的价格区间的下限,即 $v_{\min} < m$,应按照消费者的支付意愿进行交易,政府根据消费者支持意愿与规制的最低价格 m 之间的差价进行补贴,此时政府对 PPP 项目中的社会资本实施补贴的额度为 $S(v) = \int_0^q (m - v) \mathrm{d}q$,则政府基于社会福利最大化为目标导向的优化问题,可归纳如下:

$$\max \int \{ [v - R(v) - (1 + \lambda)(1 + \zeta) S(v)] + E + \lambda [v - R(v)] +$$

$$\alpha [R(v) + S(v) - C] \} f(v) \mathrm{d}v$$

$$\text{s.t.} \int u(R(v) + S(v) - C) f(v) \mathrm{d}v \geq u(0)$$

$$0 \leq R(v) \leq v$$

第11章 PPP项目产品定价

$$S(v) = \int_0^q (m-v) \mathrm{d}q$$
$$v < m \tag{11-25}$$

将式(11-1)~式(11-8)代入式(11-25),并进行化简得

$$\max \int \{[v-R(v)-(1+\lambda)(1+\zeta)S(v)] + E + \lambda[v-R(v)] + \alpha[R(v)+S(v)-C]\}f(v)\mathrm{d}v = \max(1+\lambda)\left[\int_0^q v(q)\mathrm{d}q - pq\right] - [(1+\lambda)(1+\zeta)-\alpha]\int_0^q [m-v(q)]\mathrm{d}q + E + \alpha(vq-cq-k) \tag{11-26}$$

FOC 条件为

$$(1+\lambda)\left[\frac{q}{b}\right] - [(1+\lambda)(1+\zeta)-\alpha]\left[m - \frac{1}{b}(a-q)\right] + \alpha\left[\frac{1}{b}(a-q) - \frac{q}{b} - c\right] = 0 \tag{11-27}$$

求解得

$$q = \frac{\alpha(a-bc) - [(1+\lambda)(1+\zeta)-\alpha](mb-a)}{(1+\lambda)\zeta+\alpha} \tag{11-28}$$

根据式(11-4)的市场逆需求函数表达式可得

$$v = \frac{[(1+\lambda)(1+\zeta)-\alpha]m - (1+\lambda-\alpha)\frac{a}{b} + \alpha c}{(1+\lambda)\zeta+\alpha} \tag{11-29}$$

由于在低需求市场状态下,$v<m$ 可得

$$v = \frac{[(1+\lambda)(1+\zeta)-\alpha]m - (1+\lambda-\alpha)\frac{a}{b} + \alpha c}{(1+\lambda)\zeta+\alpha} < m \tag{11-30}$$

则可得到政府对价格规制的下限的范围:

$$m < \frac{(1+\lambda-\alpha)\frac{a}{b} + \alpha c}{1+\lambda-2\alpha} \tag{11-31}$$

在市场低需求情形下,由于在 PPP 模式下,政府对社会资本有保留收益的承诺和保障,而消费者的支付意愿低于政府规制的最低价格下限,因此公共品的消费仍然按照消费者的支付意愿进行交易和运行,而政府需要对社会资本的损失提供一定的转移支付或补贴。由式(11-29)求解得到的价格均衡解,可知:

①市场上最终的公共品定价 p 与 PPP 在项目运营期的成本 c 呈正相关。

②市场上最终的公共品定价 p 与市场需求弹性相关的参数 $\frac{a}{b}$ 呈负相关,即在市场低需求情形下,当 a 不变时,b 越大,即市场需求弹性越大时,价格将越高;当 b 不变时,a 越大,即市场需求弹性越小时,价格将越低。

③政府对公共品规制价格下限 m 的范围,与 PPP 项目运营期的成本 c 以及市场需求弹性相关的参数 $\frac{a}{b}$ 呈正相关。

④由式(11-31)对政府财政收入的影子成本系数 λ 求偏导数判断其单调性,可得

$$\frac{\partial m}{\partial \lambda} = \frac{-\alpha(\frac{a}{b}+c)}{(1+\lambda-2\alpha)^2} < 0 \tag{11-32}$$

显然,随着 λ 的增大,政府对公共品价格规制的下限将降低,以减小消费者支付意愿与价格区间下限的差距,从而减少政府需要向 PPP 项目中社会资本提供的转移支付和补贴的资金,也就减少政府财政收入的成本。

⑤由式(11-31)对社会资本生产者剩余纳入社会总福利水平的比例 α 求偏导数判断其单调性,可得

$$\frac{\partial m}{\partial \alpha} = \frac{(1+\lambda)(c+\frac{a}{b})}{(1+\lambda-2\alpha)^2} > 0 \tag{11-33}$$

显然,随着 α 的增长,政府对公共品价格规制的下限将提高,因为生产者剩余的提高将大于消费者剩余的降低,导致总体社会福利水平的提高。

根据上文中政府对 PPP 项目运营定价的区间限制条件,将 PPP 项目中社会资本的最低保留收益 $m = c_0 + \frac{k}{q}$,代入 FOC 条件,计算得

$$m = \frac{\{[(1+\lambda)(1+\zeta)-\alpha](a-bc_0)+\alpha(a-c)\}}{2[(1+\lambda)(1+\zeta)-\alpha]b} +$$

$$\frac{\sqrt{\{[(1+\lambda)(1+\zeta)-\alpha](a-bc_0)+\alpha(a-c)\}^2 - 4[(1+\lambda)(1+\zeta)-\alpha](2\alpha-\lambda)bk}}{2[(1+\lambda)(1+\zeta)-\alpha]b}$$

(11-34)

由上式求得的关于 p 和 m 的均衡解,式(11-29)和式(11-31)可得政府在市场低需求的情况下需要向社会资本提供的转移支付或补贴为

$$S(v) = \int_0^q (m-p)\,\mathrm{d}q$$

$$= (m-p)q$$

$$= \left[\frac{\{[(1+\lambda)(1+\zeta)-\alpha](a-bc_0)+\alpha(a-c)\}}{2[(1+\lambda)(1+\zeta)-\alpha]b}+\right.$$

$$\frac{\sqrt{\{[(1+\lambda)(1+\zeta)-\alpha](a-bc_0)+\alpha(a-c)\}^2-4[(1+\lambda)(1+\zeta)-\alpha](2\alpha-\lambda)bk}}{2[(1+\lambda)(1+\zeta)-\alpha]b}-$$

$$\left.\frac{[(1+\lambda)(1+\zeta)-\alpha]m-(1+\lambda-\alpha)\dfrac{a}{b}+\alpha c}{(1+\lambda)\zeta+\alpha}\right]\cdot\left[\frac{\alpha(a-bc)-[(1+\lambda)(1+\zeta)-\alpha](mb-a)}{(1+\lambda)\zeta+\alpha}\right]$$

(11-35)

11.4.4 不同需求状态下的定价比较

通过以上对三种不同层次的市场需求状态下PPP项目最优定价的分析,以及对不同市场需求状态下定价影响因素的比较,可以得到如下结论(见表11-5)。

表 11-5 不同市场需求状态下各种因素对消费者支付意愿 v 的影响

影响因素	高需求市场状态	中等需求市场状态	低需求市场状态
基建项目运营成本	↑	↑	↑
公共品需求弹性	↑	↓	↓
公共资金成本	↓	−	↓
生产者剩余比例	↑	−	↑

注:↑代表该因素与消费者支付意愿正相关;↓代表该因素与消费者支付意愿负相关;−代表该因素对消费者支付意愿无影响。

①在公共品市场上消费者的支付意愿,政府规制的价格上限、下限范围都与PPP组织在项目运营期的成本 c 呈正相关,即不管是通过市场机制定价还是政府的规制定价,公共品价格都是在提供该公共品或服务成本的基础上确定的。

②在公共品市场高需求和低需求的情形下,公共品的定价与政府将社会资本生产者剩余纳入社会福利水平的比例 α 呈正相关,而在市场中等需求情形下,由于政府完全授权给社会资本自主定价,社会资本只考虑自身的生产者剩余的最大化,因此公共品定价除了与公共品市场需求和运营成本相关以外,与影子成本系数 λ、社会福利函数中的社会资本生产者剩余比例 α 等都无关。

③在公共品市场中等需求和高、低需求的情形下,最终公共品的定价 p 与公共品市场需求弹性相关的参数 $\dfrac{a}{b}$ 的相关性呈现相反,这是因为市场的需求状态不同,政府制定的价格规制区间不同,导致市场上公共品价格面对不同的市场需求呈现不同的

变化趋势。

④在公共品市场高需求和低需求的情形下，考虑到外部性的影响，不管在何种需求状态的公共品市场中，PPP 项目如果能给社会或消费者带来更高的外部性效用，那么该公共品市场都会对 PPP 项目所提供的公共品/服务产生更高的市场需求，如果不存在政府的限价区间，那么市场将不断哄抬公共品的消费价格，因此当公共品带来较高的外部性时，政府将通过适当降低规制定价，从而防止社会资本形成垄断，追寻垄断租金。中等需求情形下，社会资本完全控制定价权，不需要考虑外部性的影响，因此在该情形下，社会资本的定价与 PPP 项目产生的外部性无关。

⑤由于只有在低市场需求情形下，政府才会向社会资本提供一定的转移支付来补贴其达到保留收益，公共品定价才与政府在转移支付过程中产生的影子成本、效率损失等因素相关，而高市场需求和中等市场需求由于都不需要政府提供任何形式的转移支付或补贴，因此在这两种市场需求状态下，公共品的定价都与影子成本系数、效率损失等因素无关。

11.5　博弈定价模型

11.5.1　PPP 项目博弈定价模型的构建

PPP 城市交通基础设施项目定价直接影响到 PPP 项目公司、常规交通公司以及公众的利益。如果定价偏高，客流量减少将导致 PPP 项目收益的降低，同时损害公众的利益；如果定价偏低，将影响到常规交通项目的客流量，使得其收益降低，可能导致常规交通公司为争取客流量而进一步降低价格，两者形成恶性价格竞争，最终导致双方利益损失。在城市交通基础设施 PPP 项目定价博弈中，PPP 项目特许公司及常规交通公司掌握的信息是相对完整和对称的。在此情况下，PPP 项目公司和常规交通公司是一种公平市场竞争关系，双方希望通过价格博弈，形成一个均衡价格，使各自达到收益最大化的目标。

作为消费者的广大公众在交通网络环境中选择出行交通方式时，通常除了对比价格之外，还会从不同层次对项目产品或服务的不同属性进行比较，这些属性主要包括乘车时间(速度因素)、准点度(是否准时到达站点)、便捷度(指交通方式的方便换乘和可达性)、舒适度(交通拥挤带来的不舒服程度，与客流量或交通流量密切相关)、服务质量(项目能提供的服务质量或水平)、安全度(选择某种交通方式出行的安全性)等。实际上城市交通基础设施 PPP 项目价格的确定是 PPP 项目公司、常规交通公司和消费者(公众)三方在考虑上述因素后的完全信息动态博弈过程,如图 11.14 所示。

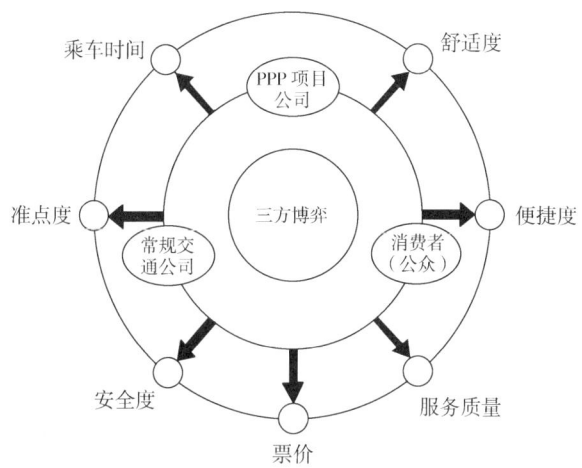

图 11.14　基础设施 PPP 项目定价博弈

为了构建完全信息动态博弈定价模型,首先建立模型的基本假设如下:

①假设博弈参与人即 PPP 项目公司、常规交通公司及公众(消费者)都是完全理性的。

②假定所有的出行者都是同质的,并对他们来说出行方式的选择是一个决策的过程,总是希望能够选择效用最大或者成本最低的出行方式。

③假设出行成本用广义成本表示,其主要包括出行者从车站起点到终点所需时间、票价、交通拥挤带来的不舒服程度、出行便捷度、提供的服务质量、安全度和准点度 7 个方面。

④假设选择交通基础设施 PPP 项目出行耗费的时间是 T_A、票价是 P_A、客流量或交通流量是 Q_A、便捷度是 δ_A、服务质量是 q_A、安全度是 α_A、准点度是 β_A;假设选择常规交通项目出行耗费的时间是 T_B、票价是 P_B、客流量或交通流量是 Q_B、便捷度是 δ_B、服务质量是 q_B、安全度是 α_B、准点度是 β_B;线路上的总客流量是 Q,即 $Q = Q_A + Q_B$。

⑤假设出行者的时间价值系数为 ξ_1,舒适度的价值系数为 ξ_2,便捷度的价值系数为 ξ_3,服务质量的价值系数为 ξ_4,安全度的价值系数为 ξ_5,准点度的价值系数为 ξ_6;耗费时间、票价、舒适度、便捷度、服务质量、安全度及准点度的权重系数分别为 ω_1、ω_2、ω_3、ω_4、ω_5、ω_6、ω_7。

⑥PPP 项目产品/服务的定价与常规交通项目的定价分别以 PPP 项目公司和

常规交通公司的收益最大化为定价目标。

在城市交通基础设施 PPP 项目产品/服务的定价过程中,博弈参与方 PPP 项目公司和常规交通公司的信息是完全的,而且 PPP 项目在常规交通项目的票价为 P_{B0} 时,会确定一个最优价格达到其收入最大化的目标;而对于常规交通公司来说,原来确定的 P_{B0} 已不是最优,PPP 项目的定价会使其收入降低,常规交通公司为了获得收入最大化,根据 PPP 项目产品/服务的价格也相应调整自身的价格。总之,在完全信息动态定价博弈下,参与人双方都会达到收入最大化的目标。

根据前面的假设可知,出行者选择 PPP 项目出行的广义成本可用下式表示:

$$C_A = \omega_1\xi_1 T_A + \omega_2 P_A + \omega_3\xi_2 Q_A + \omega_4\xi_3\delta_A + \omega_5\xi_4 q_A + \omega_6\xi_5\alpha_A + \omega_7\xi_6\beta_A$$

(11-36)

$$C_B = \omega_1\xi_1 T_B + \omega_2 P_B + \omega_3\xi_2 Q_B + \omega_4\xi_3\delta_B + \omega_5\xi_4 q_B + \omega_6\xi_5\alpha_B + \omega_7\xi_6\beta_B$$

(11-37)

当 $C_A - C_B > 0$ 时,很显然常规交通项目分担的客流量或交通流量大于均衡状态下分担的客流量或交通流量,此时 PPP 项目会调整自己的价格,以争取更大的客流量;当 $C_A - C_B < 0$ 时,常规交通项目分担的客流量或交通流量比例小于均衡状态下分担的客流量或交通流量,此时常规交通公司会调整自己的价格,以争取更大的客流量或交通流量。双方通过反复博弈后,只有当 $C_A - C_B = 0$,即两种出行方式的广义成本无差异时,PPP 项目和常规交通项目才能达到收益最大化的目标。

根据上述分析,可以令 $C_A - C_B = 0$,即

$$\omega_1\xi_1(T_A - T_B) + \omega_2(P_A - P_B) + \omega_3\xi_2(Q_A - Q_B) + \omega_4\xi_3(\delta_A - \delta_B) +$$
$$\omega_5\xi_4(q_A - q_B) + \omega_6\xi_5(\alpha_A - \alpha_B) + \omega_7\xi_6(\beta_A - \beta_B) = 0 \quad (11-38)$$

$$Q = Q_A + Q_B \quad (11-39)$$

将式(11-39)代入式(11-38)中可算出 PPP 项目和常规交通项目均衡状态下分担的客流量 Q_A 和 Q_B:

$$Q_A = \frac{Q}{2} - \frac{\omega_1\xi_1(T_A - T_B) + \omega_2(P_A - P_B) + \omega_4\xi_2(\delta_A - \delta_B)}{2\omega_3\xi_2} +$$
$$\frac{\omega_5\xi_4(q_A - q_B) + \omega_6\xi_5(\alpha_A - \alpha_B) + \omega_7\xi_6(\beta_A - \beta_B)}{2\omega_3\xi_2} \quad (11-40)$$

$$Q_B = \frac{\omega_1\xi_1(T_A - T_B) + \omega_2(P_A - P_B) + \omega_4\xi_3(\delta_A - \delta_B)}{2\omega_3\xi_2} +$$
$$\frac{\omega_5\xi_4(q_A - q_B) + \omega_6\xi_5(\alpha_A - \alpha_B) + \omega_7\xi_6(\beta_A - \beta_B)}{2\omega_3\xi_2} + \frac{Q}{2}$$

(11-41)

在定价博弈过程中，常规交通项目首先定价并以收益最大化为目标，根据分析得到的 P_B 和 Q_B，常规交通项目的定价决策模型如下：

$$\max_{P_B} f(P_B) = P_B \cdot Q_B = P_B \left[\frac{\omega_1 \xi_1 (T_A - T_B) + \omega_2 (P_A - P_B) + \omega_4 \xi_3 (\delta_A - \delta_B)}{2\omega_3 \xi_2} + \frac{\omega_5 \xi_4 (q_A - q_B) + \omega_6 \xi_5 (\alpha_A - \alpha_B) + \omega_7 \xi_6 (\beta_A - \beta_B)}{2\omega_3 \xi_2} + \frac{Q}{2} \right]$$

(11-42)

在定价博弈过程中，城市交通基础设施 PPP 项目也以收益最大化为目标，根据分析得到的 P_A 和 Q_A，PPP 项目的定价决策模型如下：

$$\max_{P_A} f(P_A) = P_A \cdot Q_A = P_A \left[\frac{Q}{2} - \frac{\omega_1 \xi_1 (T_A - T_B) + \omega_2 (P_A - P_B) + \omega_4 \xi_3 (\delta_A - \delta_B)}{2\omega_3 \xi_2} + \frac{\omega_5 \xi_4 (q_A - q_B) + \omega_6 \xi_5 (\alpha_A - \alpha_B) + \omega_7 \xi_6 (\beta_A - \beta_B)}{2\omega_3 \xi_2} \right]$$

(11-43)

由此可见，定价的博弈过程就是城市交通基础设施 PPP 项目和常规交通项目根据自己掌握的对方的价格信息，调整自己的定价以达到自身项目收益最大化的目标。

11.5.2 博弈定价模型的求解

以下根据博弈决策模型式(11-42)和式(11-43)，求解定价博弈精练纳什均衡。首先分别对式(11-42)和式(11-43)求 P_A 和 P_B 的一阶偏导。

令

$$\frac{\partial f(P_A)}{\partial P_A} = \frac{Q}{2} - \frac{\omega_1 \xi_1 (T_A - T_B) + \omega_2 (P_A - P_B) + P_A + \omega_4 \xi_3 (\delta_A - \delta_B)}{2\omega_3 \xi_2} + \frac{\omega_5 \xi_4 (q_A - q_B) + \omega_6 \xi_5 (\alpha_A - \alpha_B) + \omega_7 \xi_6 (\beta_A - \beta_B)}{2\omega_3 \xi_2} = 0$$

可得

$$P_A = \frac{\omega_3 \xi_2 Q - \omega_1 \xi_1 (T_A - T_B) + \omega_2 P_B + \omega_4 \xi_3 (\delta_A - \delta_B) - \omega_5 \xi_4 (q_A - q_B)}{2\omega_2} + \frac{\omega_6 \xi_5 (\alpha_A - \alpha_B) + \omega_7 \xi_6 (\beta_A - \beta_B)}{2\omega_2} = 0 \quad (11\text{-}44)$$

同理，令

$$\frac{\partial f(P_B)}{\partial P_B} = \frac{\omega_1\xi_1(T_A - T_B) + \omega_2(P_A - P_B) + \omega_4\xi_3(\delta_A - \delta_B)\omega_5\xi_4(q_A - q_B)}{2\omega_3\xi_2} +$$

$$\frac{\omega_6\xi_5(\alpha_A - \alpha_B) + \omega_7\xi_6(\beta_A - \beta_B)}{2\omega_3\xi_2} + \frac{Q}{2} - \frac{\omega_2}{2\omega_2\xi_2}P_B = 0$$

可得

$$P_B = \frac{\omega_1\xi_1(T_A - T_B) + \omega_2 P_A + \omega_4\xi_3(\delta_A - \delta_B) + \omega_5\xi_4(q_A - q_B)}{2\omega_2} +$$

$$\frac{\omega_6\xi_5(\alpha_A - \alpha_B) + \omega_7\xi_6(\beta_A - \beta_B) + \omega_3\xi_2 Q}{2\omega_2} \tag{11-45}$$

联立式(11-44)和式(11-45)可以求得 P_A、P_B，即 PPP 项目和常规交通项目产品/服务定价完全信息动态博弈模型的精练纳什均衡。

$$P_A = \frac{3\omega_3\xi_2 Q + \omega_1\xi_1(T_B - T_A) + \omega_4\xi_3(\delta_B - \delta_A) + \omega_5\xi_4(q_B - q_A)}{3\omega_2} +$$

$$\frac{\omega_6\xi_5(\alpha_B - \alpha_A) + \omega_7\xi_6(\beta_B - \beta_A)}{3\omega_2} \tag{11-46}$$

$$P_B = \frac{3\omega_3\xi_2 Q + \omega_1\xi_1(T_A - T_B) + \omega_4\xi_3(\delta_A - \delta_B) + \omega_5\xi_4(q_A - q_B)}{3\omega_2} +$$

$$\frac{\omega_6\xi_5(\alpha_A - \alpha_B) + \omega_7\xi_6(\beta_A - \beta_B)}{3\omega_2} \tag{11-47}$$

即精练纳什均衡 P_A 为博弈定价模型求得的 PPP 项目产品/服务定价。

11.5.3 博弈定价模型中权重及价值系数的确定方法

博弈定价模型中广义成本各因素的权重、评价值及价值系数的确定，可采用问卷调查方法对交通沿线的市民做调查，以期了解他们在交通方式选择时对广义成本各因素的重要性、评价值及价值系数的判断。

1. 广义成本各因素的权重确定

广义成本各因素权重的确定可以采用 AHP 法，具体步骤如下：

第一步：构造判断矩阵 $\boldsymbol{A} = (a)_{n\times n}$。将广义成本包含的 7 个因素，即票价、便捷度、准点度、乘车时间、安全度、舒适度及服务质量等两两对比，判断各因素的重要性，方法采用 1~9 的比较标度法，具体含义见表 11-6。

表 11-6　比较标度及其含义

标度值	含义
1	表示元素 i 和 j 相比,两者具有同等重要性
3	表示元素 i 和 j 相比,元素 i 比元素 j 稍重要
5	表示元素 i 和 j 相比,元素 i 比元素 j 明显重要
7	表示元素 i 和 j 相比,元素 i 比元素 j 强烈重要
9	表示元素 i 和 j 相比,元素 i 比元素 j 绝对重要
2、4、6、8	表示元素 i 和 j 相比,其差别介于上述两者之间的情况
倒数	若元素 i 与元素 j 重要之比为 S_{ij},则元素 j 与元素 i 重要性之比为 $S_{ji}=1/S_{ij}$

第二步:求解判断矩阵的特征向量 $\boldsymbol{\omega}$ 的分量 ω_k。具体计算方法是 $\omega_k = \{\prod_{j=1}^{n} a_{kj}\}^{\frac{1}{n}} (k=1,2,\cdots,n)$。

第三步:求解权重向量。对特征向量 $\boldsymbol{\omega} = (\omega_1, \omega_2, \cdots, \omega_n)^T$ 进行规范化处理,$W_K = \dfrac{\omega_k}{\sum_{k=1}^{n}\omega_k} (k=1,2,\cdots,n)$,得到 $\boldsymbol{W} = (W_1, W_2, \cdots, W_n)^T$ 即为所求的规范化特征向量,也就是权重向量。

第四步:一致性检验。由于客观事物的复杂性,在构造判断矩阵时,可能会使判断带有主观性和片面性,一般来说要求每次比较判断的思维标准完全一致不大可能,但判断偏离一致性过大时,把计算结果作为决策依据是不可靠的,因此需要作一致性检验。一致性检验的方法是首先求解判断矩阵的最大特征值 $\lambda_{\max}$,然后一致性指标 CI 和随机一致性比率 CR。

判断矩阵的最大特殊性征值 $\lambda_{\max}$ 的计算:

$$(BW)_i = a_{i1}W_1 + a_{i2}W_2 + \cdots + a_{i7}W_7 \tag{11-48}$$

$$\lambda_{\max} = \frac{1}{n}\sum_{i=1}^{n}\frac{(BW)_i}{W_i} \tag{11-49}$$

式中　n——判断矩阵的阶数。

计算一致性指标:

$$CI = (\lambda_{\max} - n)(n-1) \tag{11-50}$$

计算随机一致性比率:

$$CR = \frac{CI}{IR} \tag{11-51}$$

当 $\lambda_{\max} = n$,$CI = 0$ 时,为完全一致;CI 值越大,判断矩阵的完全一致性越差,一般只要 $CR < 0.1$,即认为其一致性的可以接受,否则重新进行调整判断。

2. 广义成本各因素的评价值的确定方法

城市交通基础设施 PPP 项目与常规公共交通项目广义成本的各因素评价值都难以用数据准确表示,但可给出大致范围的模糊语言评价。因此可根据模糊集理论,用语言价值变量对其评价值赋值并用对应的三角模糊数表示,然后进行主观信息的集成。广义成本各因素的评价值的语言价值与三角模糊数之间的对应关系见表 11-7。

表 11-7 语言价值量与三角模糊数之间的对应关系

评价指标的语言价值变量	对应三角模糊数	评价指标的语言价值变量	对应三角模糊数
很差 VB	(0,0,20)	较好 CG	(60,70,80)
差 B	(0,10,30)	好 G	(70,80,90)
较差 CB	(0,20,40)	很好 VG	(80,90,100)
中等 C	(30,50,70)	非常好 SG	(90,100,100)

m 位被调查者独立给出广义成本因素的评价值矩阵为 $\tilde{X}^{(m)} = [\tilde{X}_{ij}^{(m)}]_{n \times l}$,其中,$\tilde{X}_{ij}^{(m)}$ 用对应的三角模糊数表示为 $\tilde{X}_{ij}^{(m)} = (\tilde{f}_{ij}^{(m)}, \tilde{g}_{ij}^{(m)}, \tilde{h}_{ij}^{(m)})$ ($k = 1, 2, \cdots, l$)。对 m 位被调查者给出的信息集成,得到广义成本因素的评价值矩阵 $\tilde{X} = [\tilde{X}_{ij}]_{n \times l}$,其中 $\tilde{x}_{ij} = \left(\frac{1}{m}\sum_{k=1}^{m}\tilde{f}_{ij}^{(k)}, \frac{1}{m}\sum_{k=1}^{m}\tilde{g}_{ij}^{(k)}, \frac{1}{m}\sum_{k=1}^{m}\tilde{h}_{ij}^{(k)}\right)$。将模糊数转化为非模糊价值量方法如下:设三角模糊数为 $A = (f, g, h)$,其非模糊价值量则为 $D(A)$,计算公式为

$$D(A) = \frac{1}{5}(f + g + g + g + h) = \frac{1}{5}(f + 3g + h) \tag{11-52}$$

根据上述公式则有

$$D(\tilde{x}_{ij}) = x_{ij} = \frac{1}{5}(\tilde{f}_{ij} + 3\tilde{g}_{ij} + \tilde{h}_{ij}) \tag{11-53}$$

由式(11-53)可计算出广义成本各因素的评价值。

3. 广义成本各因素价值系数的确定方法

广义成本各因素价值系数的确定,可直接根据问卷调查的结果求取平均值。

11.5.4 博弈定价模型的结构与评价

从 PPP 项目定价博弈的精炼纳什均衡 P_A 分析,可以得到以下结论:

①博弈的精炼纳什均衡 P_A 与 $\omega_1 、 \omega_2 、 \omega_3 、 \omega_4 、 \omega_5 、 \omega_6 、 \omega_7$ 均成正比,即满足 PPP 项目收益最大化目标的定价与出行耗费时间、舒适度、便捷度、服务质量、安全度和

准点度的权重系数成正比;博弈的精练纳什均衡 P_A 与 ω_2 成反比,即与票价的权重系数成反比。

②博弈的精练纳什均衡 P_A 与 ξ_1、ξ_2、ξ_3、ξ_4、ξ_5、ξ_6 均成正比,即满足 PPP 项目收益最大化目标的定价与出行者的时间、舒适度、便捷度、服务质量、安全度和准点度等的价值系数成正比。

③博弈的精练纳什均衡 P_A 与 T_B-T_A 成正比,即两种交通方式耗费的时间差越大,则定价 P_A 越高;与 $\delta_B-\delta_A$(两种出行交通方式便捷度之差)成正比;与 q_B-q_A(两种交通方式提供的服务质量)成正比;与 $\alpha_B-\alpha_A$(两种出行交通方式安全度之差)成正比;与 $\beta_B-\beta_A$(两种出行交通方式准点度之差)成正比。

④博弈的精练纳什均衡 P_A 与总客流量或交通流量 Q 成正比,总客流量 Q 越大,则定价 P_A 越高。

11.6 基于合同设计及风险收益对等的 PPP 项目定价模型

11.6.1 基于 PPP 项目合同设计的定价原理

城市交通基础设施 PPP 项目属于准公共产品,其项目提供产品或服务的成本中固定成本所占比重较大,变动成本所占的比重很小,因此该类项目具有成本的次可加性,即在一定的条件下,由一个项目公司提供的项目成本比多个项目公司共同提供相同数量的项目产品或服务的总成本小得多。城市交通基础设施项目是整个社会生产生活的基础,影响地区经济的发展,政府作为公共工程项目的管理者和公众利益的代表,必须通过制定和执行政策与制度对这类项目进行管制。

PPP 项目特许经营制度就是一种管制模式,这种管制主要通过政府与 PPP 项目公司签订的合同来约束,以达到防止垄断价格形成的目的。由此可见,城市交通基础设施 PPP 项目服务的价格受到特许权合同中具体条款的约束,因此对该类项目产品/服务价格的分析必须结合特许权合同进行,不能单独从 PPP 项目公司投入的成本和获取期望收益的角度对价格水平进行分析。具体来说受到特许合同中特许权期、政府补贴、投资回报率、资本结构、资本投资回报率、政府担保等条款规定的限制,因此 PPP 项目服务的定价必须基于特许合同设计的条款进行。

1. 特许权期(T)

特许权期是指特许权生效时点至终止时点或满足终止条件的时点之间的一段时间。采用 PPP 模式融资,政府需授予项目公司特许经营权来获取收益,以补偿项目公司建设投资、运营费用、维护费用,并获取相应的投资回报。特许权中所有权和经营权相分离,不涉及项目的最终权属问题。特许权期从结构上来看包含了建设期和经营期,其期限界定实质是经营权时限的界定。

PPP项目特许权期的确定一般有两种:一类是固定期限,固定特许权期是指政府和项目公司一旦将特许权期确定后,项目的建设和运营就严格按照既定的期限进行,除非特许经营协议规定的特殊原因(如不可抗力的巨大影响),否则不能随便延长或者缩短特许权期;另一类是弹性期限的特许权期,项目招投标和特许经营协议谈判中并未规定明确的建设、运营期限,而只是给出特许权期届满的条件,特许权期的实际长度由项目的现实收益情况决定。我国2004年颁布的《市政公用事业特许经营管理办法》第十二条规定:"特许经营期限应当根据行业特点、规模、经营方式等因素确定,最长不得超过30年。"上述两类不同的特许权期分别适用于不同的项目类型,同时其对项目定价的影响程度也不尽相同。城市交通基础设施这类公益性项目通常为固定特许权期。

2. 资本结构

城市交通基础设施PPP项目的总投资主要是由PPP项目公司的股权投资(资本金)以及向金融机构借贷的债务资金组成,这两者的资金比例形成了该项目的资本结构。一般来说,当特许权项目的总资产回报率高于债务资金的融资成本时,在财务杠杆的作用下,债务资金比例越高,PPP项目公司投入的股权资本回报率越高,因此项目特许权人通常希望项目有较高的债务资金比例,但破产的风险会更大。由于轻轨或地铁项目是关系到人民生产和生活的重要交通工具,对本地区经济的发展有重要的影响,政府对轻轨或地铁项目未来的可持续发展负有重要责任,因此实际上承担的风险往往会高于合同约定的风险水平,因为城市交通基础设施PPP项目的破产风险带来的损失最终只能由政府承担,而对于特许权人只承担所投股本资金的有限责任。当特许权人股权投资的资本回报率高于项目资产投资回报率时,债务资金的比例越高,PPP项目产品或服务的价格就越低,因此在项目特许经营者利益要求一定的情况下,资本结构中债务资金比例越大,意味着政府承担的PPP项目在未来的破产风险越大。因此,政府往往会权衡可以向特许权人和债务方担保的水平、公众的利益和自身所承担风险大小,在招标文件或特许权合同中规定合理的项目资本金比例。

3. 政府担保

城市交通基础设施PPP项目建设和经营期长,同时由于环境的变化使得项目有较大不确定性,可能面临着诸多的风险,如客流量达不到预测的流量,因汇率、利率变化以及通货膨胀超过项目公司的预期等风险。社会资本在投标时往往会考虑到上述风险,并可以在一定范围内承担,若风险较大并超出其预期的限度,社会资本可能会放弃项目的投标,不利于 PPP 项目对社会资本的吸收。因此,政府为了吸引社会投资者,通常会在 PPP 项目招标文件和特许权协议中约定为项目公司提供一些政府担保,如最低收入或最低交通量保证、汇率担保、利率变动担保、通货膨胀担保和环境风险担保,以确保 PPP 项目公司合理的资本投资回报率。

4. 政府补贴

城市交通基础设施 PPP 项目是准公共产品,具有较强的外部性,PPP 项目公司很难通过票价收入回收全部的投资并获得合理投资收益率,通常需要政府给予补贴,如已建成项目的运营权或经济补偿等形式给予的项目补贴,特许合同中政府补贴的约定直接影响定价水平,关于 PPP 项目的政府补贴问题将在第 13 章中详细介绍。

11.6.2 基于 PPP 项目风险收益对等的定价原理

城市交通基础设施 PPP 项目提供的产品或服务的价格不能完全依靠市场机制决定,其价格应建立在生产价格的基础上并反映供求关系,即其定价应保证 PPP 项目公司收回投资及获得合理投资回报率。按照马克思的生产价格理论,合理投资回报率应是社会平均资本利润率,然而这种平均利润的选取具有明显的局限性。因为根据马克思的社会平均利润率原理,只有当资本在不同行业之间自由流动并达到均衡时,才会形成社会平均利润率。然而城市交通基础设施这类准公共产品具有自然垄断特性,限制了资本的自由进入,使该行业的资本长期无法达到供求均衡状态。同时,投资回报率水平确定还应根据收益与风险对等原则,即考虑 PPP 项目公司承担的风险大小对期望收益率的影响。因此,以生产价格为基础的定价中选取社会或行业平均利润率代替 PPP 项目的期望收益率显然是不合理的,会偏离实际价值。总之,对 PPP 项目特许公司来说,PPP 项目定价的投资回报率应使其加权平均资金成本与其面临的投资风险匹配。

对于 PPP 项目公司来说,其资金结构包括 PPP 项目公司的股本资金和债务资金,这两类资金的成本及其面临的风险不同。因此,应当采用加权平均资金成本作为其投资收益率(贴现率),即项目的不同类型资金的加权平均成本(综合资金成本),其计算公式如下:

$$R = R_c \left[\frac{C}{C+D} \right] + R_d \left[\frac{D}{C+D} \right] \quad (11-54)$$

式中　R_c——股本资金成本；

　　　R_d——债务资金成本；

　　　D——项目债务资金的市场价值；

　　　C——项目股本资金的市场价值。

显然，PPP 项目公司的股本资金成本高于债务资金成本 R_d，那么如何根据风险收益对等定价原理计算两类资金的成本呢？债务资金成本 R_d 比较容易获得，可根据 PPP 项目的经济强度、投资者的资信以及可能的融资结构计算出债务资金的成本。而股本资金成本计算相对来说要复杂一些，为了确定一个风险与收益对等的合理资本金投资收益率，可以采用资本资产定价模型（CAPM）来计算，资本资产定价模型是测量系统风险率以及系统风险如何影响投资收益率的一种有效方法。根据资本资产定价模型，投资者在投资决策时应考虑项目系统风险，要求的投资回报率要高于零风险的投资回报率，以此补偿其承担了这种项目风险而应得到的收益，即任何一种资产的必要报酬等于无风险报酬加上补偿其风险的附加报酬（风险溢价）。PPP 项目的预期资本金收益率也是据此来确定，因此其预期投资收益率也可以用资本资产定价模型来确定。其计算公式如下：

$$R_c = R_f + \beta_i (R_m - R_f) \tag{11-55}$$

式中　R_c——资本金资金成本，即项目的合理资本金投资收益率；

　　　R_f——无风险投资收益率；

　　　R_m——市场平均投资收益率；

　　　β_i——包括行业风险、企业风险在内的特定投资方案资本投资风险系数。

式（11-55）中 β_i 与投资者、资本结构和行业的系统风险有关，即不同投资行业其系统风险特征完全不同，因此系数 β_i 也不相同；同时系统风险还要受负债率影响，不同公司的负债率会有所不同，有负债公司的财务风险要高于其它类似的无负债公司的财务风险，相应地，前者的系数 β_i 要高于后者，上述两者之间的系数可以用如下公式描述：

$$\beta_i = \beta_n + \beta_n \left[\frac{D(1-t)}{C} \right] \tag{11-56}$$

式中　β_i——有负债的同类公司的系数；

　　　β_n——无负债的同类公司的系数；

　　　D——有负债公司中债务资金的市值；

　　　C——有负债公司中股本资金的市值；

　　　t——公司税率。

根据国家有关部门颁布的标准定额查出行业无负债的投资公司的系数 β_i，用上述公式计算出有负债的同类投资公司的系数，然后依据资本资产定价模型计算出 PPP 项目公司股本资金的期望投资回报率(资金成本)，同时将债务资金成本和资本结构有关数据代入不同类型资金的加权平均成本计算公式[式(11-53)]中，就可以算出资产期望投资收益率(贴现率)。

11.6.3 基于合同设计及风险收益对等的定价模型

基于合同设计定价原理中分析了城市交通基础设施 PPP 项目特许合同中影响定价的诸多因素，为了构建一个定价模型，根据特许合同约定和未来的预期，对有关数据可以给出一些估计，同时考虑计算的方便性对合同中涉及定价的条款作如下规定：

① 合同约定特许权期为 T，其中建设期为 T_1，特许经营期为 $T_2 = T - T_1$。

② 随着人民币升值和中国经济发展，预计人民币与美元的兑汇率将以每年 α 比例变化，且合同约定汇率在 ε 范围内变化风险由 PPP 项目公司承担、超过 ε 的损失由政府承担。

③ 合同约定特许期内利率 r 变化在 θ 范围之内损失由 PPP 项目公司承担，超过的损失由政府承担。

④ 合同约定特许权期内，因通货膨胀等原因导致物价上涨，使得建设投资和经营成本增加，通货膨胀率在 i 范围内的损失由项目公司承担，超过 i 时的损失由政府承担。

⑤ 假定 PPP 项目在全部完成后，即项目特许经营期第一年初的价格为 P，在此之前因考虑到项目线路并未形成网络，因交通不便导致客流量较少，建设期已开通的运营线路的产品价格为 P 的 γ 倍，考虑到未来的物价上涨等通货膨胀率因素，预计特许经营期内每 3 年调整一次产品价格，调整的平均幅度为 φ。

⑥ 特许权协议约定 PPP 项目整个经营期内政府担保最小客流量为 $Q_{\min}$，即在项目特许经营期内当某年的客流量小于 $Q_{\min}$ 时，损失由政府补贴。

⑦ 政府在权衡消费者的利益和自身所承担风险大小后，在特许权协议中约定 PPP 项目公司的股本资金占总投资的比例为 η。

⑧ 假定无风险投资收益率为 R_f，市场平均投资收益率为 R_m。

⑨ 假定项目从运营期的第一年开始每年等额偿还本金 A。

⑩ 折旧采用平均年限法计算。

根据风险收益对等定价原理，可以分析城市交通基础设施 PPP 项目特许期内现金流的情况。PPP 项目主要现金流入是票价收入，除此之外还有主营业务外收入（如广告收入、沿线房地产开发经营收入等）以及按特许合同规定政府给予的项目补贴；而项目的现金流出主要有建设投入、经营成本、贷款利息、销售税费、所得税等项目。据此可以给出 PPP 项目第 t 年的总收入 B_t 和总成本：

$$B_t = PQ_t + Y_t + S_t \tag{11-57}$$

$$C_t = C_t^i \times r_e + C_t^m + r_i \times L_t + (PQ_t + Y_t) \times t_1 + [(PQ_t + Y_t)(1-t_1) - C_t^m - r_i \times L_t] \times t_2 \tag{11-58}$$

式中 B_t——项目第 t 年总收入；

P——城市交通基础设施 PPP 项目产品或服务的平均价格；

Q_t——项目第 t 年客流量或交通流量；

Y_t——项目第 t 年主营业务外收入；

S_t——项目第 t 年因未达到特许权协议约定的政府担保的最低客流量、最低收入或利率和汇率变化导致的损失并在政府担保范围内而应给予的补贴；

C_t——项目第 t 年总成本；

C_t^i——项目第 t 年建设投入；

r_e——项目第 t 年的汇率；

C_t^m——项目第 t 年的经营成本；

L_t——项目第 t 年年初的贷款余额；

t_1——项目销售税率；

t_2——项目所得税税率；

r_i——项目第 t 年的贷款利率。

费用效益分析是将项目的费用和效益进行比较，并保证项目在经济上合理可行。常用的指标是效益费用比 BCR，它是项目特许期所取得的效益现值和费用现值之比。当 $BCR \geq 1$，效益现值大于费用现值，PPP 项目在经济上是合理的。在此，取 $BCR = 1$。计算公式如下：

$$BCR = \frac{B}{C} = \frac{\sum_{t=T_1+1}^{T} B_t(1+R)^{-t}}{\sum_{t=1}^{T} C_t(1+R)^{-t}} = 1 \tag{11-59}$$

即

$$\frac{B}{C} = \frac{\sum_{t=T_1+1}^{T}(PQ_t+Y_t)(1+R)^{-t}}{\sum_{t=1}^{T_1} C_t^i \times r_e + \sum_{t=T_1+1}^{T} \{C_t^m + r_i \times L_t + (PQ_t+Y_t) \times t_1 + [(PQ_t+Y_t)(1-t_1) - C_t^m - r_i \times L_t] \times t_2\}(1+R)^{-t}}$$

$$= 1 \tag{11-60}$$

联立式(11-59)和式(11-60),通过数学推导,求解计算价格 P:

$$\frac{B}{C}=$$

$$\frac{\sum\limits_{t=T_1}^{T}(PQ_t+Y_t)(1+R)^{-t}}{\sum\limits_{t=1}^{T_1}C_t^i\times r_e(1+R_c)^{-t}+\sum\limits_{t=T_1+1}^{T}\{C_t^m+r_i\times L_t+(PQ_t+Y_t)\times t_1+[(PQ_t+Y_t)(1-t_1)-C_t^m-r_i\times L_t]\times t_2\}(1+R)^{-t}}$$

$$= 1 \tag{11-61}$$

$$\sum_{t=T_1+1}^{T}[(PQ_t+Y_t)(1-t_1)(1-t_2)-(C_t^m+r_i\times L_t)(1-t_2)](1+R)^{-t}=\sum_{t=1}^{T_1}C_t^i\times r_e(1+R)^{-t}$$

$$\tag{11-62}$$

$$P=\frac{\sum\limits_{t=1}^{T_1}C_t^i\times r_e(1+R)^{-t}+\sum\limits_{t=T_1+1}^{T}[(C_t^m+r_i\times L_t)-Y_t(1-t_1)](1-t_2)(1+R)^{-t}}{\sum\limits_{t=T_1+1}^{T}Q_t(1-t_1)(1-t_2)(1+R)^{-t}} \tag{11-63}$$

令

$$1-t_1=A \tag{11-64}$$

$$1-t_2=B \tag{11-65}$$

$$1+R=\bar{R} \tag{11-66}$$

同时,在定价时为了便于计算,将每年的客流量或交通流量 Q_t 视为不变常数 Q,将式(11-64)、式(11-65)和式(11-66)代入式(11-63),可以得

$$P=\frac{\sum\limits_{t=1}^{T_1}C_t^i\times r_e\times \bar{R}^{-t}+\sum\limits_{t=T_1+1}^{T}[(C_t^m+r_i\times L_t)-Y_tA]\times B\times \bar{R}^{-t}}{\sum\limits_{t=T_1+1}^{T}Q\times A\times B\times \bar{R}^{-t}} \tag{11-67}$$

令由该模型计算得出的PPP项目产品或服务价格为 P_2,并对其构成进行分析可知,主要由以下四部分组成。

第一部分: $\dfrac{\sum\limits_{t=1}^{T_1}C_t^i\times r_e\times \bar{R}^{-t}}{\sum\limits_{t=T_1+1}^{T}Q\times A\times B\times \bar{R}^{-t}}$ 是项目的总投资分摊到PPP项目产品或服务的单价。

第二部分: $\dfrac{\sum\limits_{t=T_1+1}^{T}C_t^m\times B\times \bar{R}^{-t}}{\sum\limits_{t=T_1+1}^{T}Q\times A\times B\times \bar{R}^{-t}}$ 是项目运营期内的经营成本分摊到PPP项目产品

或服务的单价。

第三部分：$\dfrac{\sum\limits_{t=T_1+1}^{T} r_i \times L_t \times B \times \bar{R}^{-t}}{\sum\limits_{t=T_1+1}^{T} Q \times A \times B \times \bar{R}^{-t}}$——是项目贷款利息分摊到PPP项目产品或服务的单价。

第四部分：$\dfrac{\sum\limits_{t=T_1+1}^{T} Y_t A \times B \times \bar{R}^{-t}}{\sum\limits_{t=T_1+1}^{T} Q \times A \times B \times \bar{R}^{-t}}$——是运营期内项目其他收入对PPP项目产品或服务的单价的影响。

基于合同设计及风险收益对等的定价模型，是在综合考虑PPP项目特许合同中影响定价的经济因素及PPP项目公司回收投资并获取期望利润两方面的情况下提出的定价模型，符合现实情况，模型具有较好的现实意义与应用价值。

本模型在现有定价模型研究（以资本资产定价模型确定资本金投资成本，并以此为贴现率）的基础上进一步提出了考虑资本结构、资本金成本和债务资金成本等因素的条件下确定综合资金成本并作为项目贴现率，该方法更具有科学意义，得出的结果更准确。

但是，本模型的定价从PPP项目公司的角度出发，更多地考虑了其投资回收及获取的期望收益，仅适用于经营性的交通基础设施PPP项目产品的定价，具有一定的局限性。

11.7 不同类型的城市交通基础设施PPP项目定价模型的选择

11.7.1 轻轨或地铁PPP项目定价模型的选择

城市交通基础设施PPP项目博弈定价模型是从市场竞争的角度出发，分析了PPP项目和其常规公共交通项目分别以自身收益最大化为目标的博弈定价过程。实际上采用博弈定价模型计算的价格是以常规公共交通项目最初的服务价格作为博弈的基础，双方相互竞争形成的。公众在选择上述出行方式时，判断的标准是轻轨或地铁PPP项目和常规公共交通项目为他们提供的效用或需付出的广义成本。

基于合同设计及风险收益对等的PPP项目定价模型是以PPP项目公司和政府签订的特许权合同为依据，根据收益及风险对等原则，并估计PPP项目公司投入和未来可能承担的风险后确定 PPP 项目产品或服务价格的方法。运用该模型计算出的价格是考虑项目投资及风险回报后的价格,即 PPP 项目公司通过票价收入及其他主营业务外收入可以回收项目的总投资并获取期望的资本收益率。由于轻轨或地铁 PPP 项目属于准公共产品,具有极强的外部性,如果按该模型定价,实际上是将项目外部收益应分担的成本由轻轨或地铁项目的乘客来承担。显然,采用这类模型计算出来的价格比地铁或轻轨 PPP 项目的合理定价高。

通过分析可知,上述两类定价模型中,博弈定价模型更适用于轻轨或地铁 PPP 项目,即用博弈定价模型计算出来的价格

$$P_A = \frac{3\omega_3\xi_2 Q + \omega_1\xi_1(T_B - T_A) + \omega_4\xi_3(\delta_B - \delta_A) + \omega_5\xi_4(q_B - q_A) + \omega_6\xi_5(\alpha_B - \alpha_A) + \omega_7\xi_6(\beta_B - \beta_A)}{3\omega_2}$$

更趋合理。当然初始定价还需要在博弈定价模型计算出的结果上进一步考虑政府定价目标、政府财政补贴能力以及公众的承受能力后最终确定。

1. 公众的承受能力的影响

随着我国社会经济的发展和人民生活水平的不断提高,公众对地铁或轻轨 PPP 项目服务的需求也日益增长。公众的承受能力对其定价有一定影响,或者说地铁或轻轨 PPP 项目服务的定价不能超过公众的承受能力。公众的承受能力是一个综合因素,可以通过对某地区社会平均收入状况、消费支出情况、消费结构等统计指标进行分析和处理,得到公众在交通费用等项目支出的承受能力和需求趋势,从而给地铁或轻轨 PPP 项目的定价提供参考依据。

2. 政府定价目标的影响

政府定价目标是影响轻轨或地铁 PPP 项目定价的重要因素。2005 年 9 月 23 日,国务院转发建设部、国家发展改革委员会等六部委《关于优先发展城市公共交通的意见》,首次给予公共交通公益性的明确定位,强调要优化公共交通运营结构,大力发展公共汽(电)车,有序发展城市轨道交通,适度发展大运量快速公共汽车系统。同时也提出了要兼顾经济效益和社会效益,考虑企业经营成本和群众承受能力,科学合理地核定公共交通票价。发挥客运价格的导向和杠杆作用,继续保持低票价和低成本的优势,最大限度地吸引客流,提高公共交通工具的利用率,优化交通运营结构。在确定轻轨或地铁 PPP 项目服务的价格时必须遵循这一定价目标。

3. 政府财政补贴能力的影响

仅依据博弈定价模型计算出来的票价收入及项目主营业务外收入 PPP 项目公司无法回收全部的投资及获取期望的收益,这与 PPP 项目公司投资的初衷相矛

盾。如何解决这个矛盾？只有依靠政府补贴才能弥补项目公司的损失，促进PPP项目的健康发展。而项目的补贴强度只能依据政府补贴能力而定，即政府给予项目补贴与地方政府的财政收入水平密切相关。

由以上分析可知，轻轨或地铁PPP项目最终的合理价格P应该是在市场博弈价格P_A的基础上，考虑政府定价目标、政府财政补贴能力以及公众的承受能力等综合修正系数K得到，即

$$P = KP_A = K_1 K_2 K_3 P_A \tag{11-68}$$

式中　K_1——公众的消费承受能力修正系数；

K_2——政府财政补贴能力修正系数；

K_3——政府的定价目标修正系数。

下面分别对公众的承受能力、政府定价目标及政府财政补贴能力的修正系数确定方法予以讨论：

① 公众的承受能力修正系数（K_1）。公众的承受能力修正系数是一个综合指标，可以通过对某地区社会平均收入状况、消费支出情况、消费结构的统计分析和处理，得到公众现在和未来的交通费用支出的承受能力，并据此确定修正系数K_1。

② 政府财政补贴能力修正系数（K_2）。发展轻轨或地铁特别是低票价下的轨道交通项目，政府无论是以何种形式（资金、土地开发经营权、减免税等）必须对项目给予一定的补贴，以保证PPP项目公司回收投资并获取期望收益，这就需要政府有一定的财力保障能力。政府的财力保障直接影响着政府对项目的补贴能力。

③ 政府定价目标修正系数（K_3）。政府定价目标直接影响价格确定，现阶段我国城市在政府财政保障的情况下，应以"优化公共交通运营结构，降低票价缓解交通拥挤"为定价的目标。例如，在北京，市民开私家车出行，政府非但不需要给予补贴，甚至还可以有些收入，成为财政收入的一项来源；而鼓励市民乘坐公共交通工具出行，则需要给予补贴，这在财政支出中占有重要比例。政府定价目标修正系数（K_3）可以采用专家打分法确定。

计算出上述修正系数K_1、K_2和K_3后，由式（11-68）可以确定轻轨或地铁PPP项目服务的价格P，即为初始价格。

11.7.2　隧道或大桥PPP项目定价模型的选择

隧道或大桥PPP项目定价与特许期密切相关，按PPP项目招标时特许期是否确定，有固定特许期和弹性特许期两种定价机制。弹性特许期是项目招标和特许经营协议谈判中并未规定出明确的建设、运营期限，而只是给出特许期届满的条

件,特许期的实际长度由项目的现实收益决定,存在各种长短变化的可能。固定特许期是指政府将特许期固定,项目的建设和运营严格按照既定的期限进行,除非特许经营协议规定的特殊原因,不能随便延长或者缩短特许期。固定特许期的 PPP 项目通常是政府在公开招标时首先确定项目的特许期,然后投标人以特许价格作为报价,政府选择特许价格报价最低的竞标者中标。在实践中,政府往往倾向于选择固定特许期,因此固定特许期下以报价作为选择中标单位的 PPP 模式在大桥和隧道项目中应用最广泛。

  隧道或大桥 PPP 项目的性质有别于地铁和轻轨 PPP 项目,前者多属于经营性项目,而后者带有更多的公益性。因此,政府对地铁和轻轨 PPP 项目可能给予较多的补贴、政策支持力度;而对隧道或大桥 PPP 项目给予的政策支持和补贴非常有限,甚至有时是没有的。若选用城市交通基础设施 PPP 项目博弈定价模型计算出来的初始价格会偏低,导致 PPP 项目公司无法收回项目投资并获取期望收益;而选用基于合同设计及收益风险对等的定价模型计算出来的初始价格更趋合理,因此隧道或大桥 PPP 项目应在科学合理预测未来交通量的基础上,以合同设计和风险收益对等定价模型作为定价的依据。综上所述,隧道或大桥 PPP 项目的定价可直接选用基于合同设计和风险收益对等定价模型。

第 12 章 基于实物期权的 PPP 项目产品定价

12.1 PPP 项目特许价格影响因素的实物期权识别

影响 PPP 项目的因素主要有政府信用、政府行为、法律监管体系不完善、法律变更、税收政策调整、竞争项目分流、市场需求波动、运营成本变化、利率波动、汇率波动、通货膨胀、项目投资额、预期投资收益率、特许期等。本章通过引入实物期权理论,对影响因素进行期权识别,找出影响因素中存在的期权种类,从而对其期权价值进行分析和计算。

1. 政府信用

放弃期权

对于投资者来说,若政府对于合同中规定的相关责任和义务,采取不履行或怠慢的态度,导致项目在运营过程中达不到预期的要求,出现收益受损,甚至经营困难时,投资者可以根据特许协议,要求与政府谈判,若谈判无果,则投资者可以选择放弃该项目来避免继续运营所造成的更大的损失。此时放弃该项目的权利就可以看成是一个放弃期权,当市场有愿意接受该项目且给出的价格高于项目此时的剩余价值时,投资者便会执行这一放弃期权。

2. 政府行为、法律监管体系不完善、法律变更、税收政策调整

担保期权

当存在法律监管体系不完善、法律变更、税收政策调整等相关影响因素时,项目公司可以跟政府签订协议,约定出现如法律变更、税收政策调整等相关变故时有最低的收益率,当项目公司由于这些因素导致运营收入下降并低于担保收益率时,政府能补贴其差额。此时,项目公司在有政府担保的情况下相当于拥有了一个担保期权。

第12章　基于实物期权的PPP项目产品定价

放弃期权

当政府行为及法律监管体系不完善、法律变更、税收政策调整等相关影响因素确实发生时，会对项目的运营带来损害，导致运营收入的下降，甚至经营困难，此时，项目公司可以选择放弃该项目，该种选择放弃的权利即放弃期权。如在上海大场水厂项目中，在特许经营协议中，上海市政府承诺的固定投资回报率为15%，但到2002年，国家有关部门出台政策，明确指出任何单位不得规定保护外方投资固定回报，直接导致泰晤士水务抛售其全部股份，退出项目。在该案例中，泰晤士水务实施了放弃期权，期权持有者为泰晤士水务，期权价值为继续运营的价值和出售收益的差额。

3. 竞争项目分流

担保期权

当政府在项目特许期内，引入其他与该项目类似的项目时，建成后新项目必然会分走公司部分产品购买用户，导致运营困难或者难以维持，此时需要政府提供一个担保期权，限制在特许期内其他同类型项目参与竞争，如延长一定的项目特许期、提高项目特许价格等方式，这种权利即可看作是一种担保期权，当项目的实际收益低于担保收益时即可执行。如在闽江四桥的案例，投资者直接与政府签订了相关协议，来避免在特许经营期内有类似竞争项目的出现。该协议要求政府保证在项目经营之日起的9年内，经过某段路的车辆必须通过白湖亭收费站，即要求在特许经营期内不能有其他道路进行分流。上述这种投资者为了避免竞争项目的分流而要求政府给予担保的行为可认为是实施了担保期权，该期权所有者是项目公司，期权价值是在没有政府担保的情况下，因分流导致的损失，期权费用为项目公司为获得该期权而付出的代价。

放弃期权

当竞争项目使得原项目的收入不能弥补其成本支出，且与政府部门协商无果时，项目的投资者可以选择放弃该项目，从而避免继续运营而带来的更大损失。此时放弃项目的权利就可以看作是一种放弃期权，仅当市场有愿意接受该项目且给出的价格高于项目此时的剩余价值时，投资者便会执行这一放弃期权。同样是在闽江四桥的案例，在特许经营期的第7年，由于附近新路的修通，导致车流量急剧下降，收入严重下滑，在与政府交涉无果的情况下，项目公司通过法律手段最终放弃了该项目，这一放弃的权力称为放弃期权。期权拥有者为项目公司，期权识别价值是若项目继续运营下去所产生的损失，期权费用为终止该项目继续运营所发生的费用。

4. 市场需求波动

担保期权

对于PPP项目来说,市场需求的变动直接影响PPP项目的收益,当市场需求变动过大,对于PPP项目将产生非常大的影响,此时投资者可以和政府签订特许协议,要求政府提供最低需求担保。当项目市场需求降低到一定水平后,投资者可以根据特许协议要求政府提供最低需求担保,当且仅当项目的实际需求低于项目的担保需求时,该担保期权将会被执行,这里项目投资者拥有的权利便是一种担保期权。例如,在巴基斯坦Indus高速公路项目中,SEW-TD公司与政府签订的交通流量补充协议中明确如果一年内的实际交通流量少于担保的交通流量时,SEW-TD公司可与政府协商调整下一年的特许价格至特许价的最大值,此时对于SEW-TD公司来说就相当于获得了一个政府的担保期权,该期权的所有者为SEW-TD公司,期权价值为政府担保车流量与实际车流量差额的收入,期权费用为SEW-TD公司为获得该协议付出的代价。

增长期权

当项目的市场需求旺盛而获得超额收益时,投资者可以与银行进行谈判,进行提前还款、改变还款方式等,从而降低项目的还款成本,获得环境变好时的收益。这里的权利可以看做是一种增长期权,当项目的市场需要超过既定的需求上限时,增长期权将会被执行。如北京地铁4号线项目,4号线是北京市首条采用PPP方式建设运营的线路。引入了中国香港的投资和运营管理经验,由港铁和北京市合资成立的京港地铁公司承担部分建设投资,并以特许方式运营30年。在前期投资估算时,预计单日客流量50多万,但在实际运营过程中,客流量远大于当初估计量,达到80万,远超预期,此时项目公司拥有一个增长期权,该期权的价值源于前期客流估计量和当前客流量的差额。

延迟期权

延迟期权是指当投资者在面对市场上一些不确定性因素时,有权根据市场的实际情况来决定是否推迟对项目的投资。如某大型高速公路需要建设六车道,但是通过市场调研发现,在开通运营前五年,四车道完全能满足需求。此时,对于项目公司来说存在两种选择:其一,项目公司先修建四车道满足前五年的需求,之后再根据具体车流量来决定是否修建以及何时修建另外两车道;其二,一次性完成六车道建设,但前五年只开放四车道,另两车道根据车流量适时开放。以上两种方案均是项目公司因延迟修建或延迟开放的方式来避免市场需求不足导致的收益下降,该选择权即为延迟期权,其拥有者为项目公司,期权价值为项目公司可以在延迟期内获取更多、更有效的信息来进行决策。

5.运营成本变化

担保期权

材料、能源等价格的波动会直接导致项目运营成本的波动，进而造成项目收益的波动，为了维持特许价格在运营期的相对稳定，需要政府提供担保，补贴由于运营成本变化造成的收益下降，此时的项目投资者便拥有一个担保期权，当材料能源等价格波动超过与政府商定的上限时，该担保期权才会被执行，期权价值为政府补贴。

6.利率波动

项目的利率水平受到通货膨胀、货币政策、经济周期和社会平均利润率等众多宏观因素的影响，其未来变化具有不可完全预测性和随机性。对于PPP项目来说一般项目采取的利率方式为浮动利率和固定利率。针对利率波动，PPP项目中可能存在如下期权：

看涨期权(Call Option)

对于浮动利率，当利率上涨时，如果项目投资者可以通过设置利率上限，使得当利率上涨时将项目的还款成本增加控制在一定的水平，此时项目投资者拥有的权利即为一种看涨期权，当市场利率波动超过设置的利率上限时，该期权才会被执行。

看跌期权(Put Option)

对于固定利率，当利率下跌超过利率下限时，项目的投资者可以要求解除固定利率，重新调整即下调项目的贷款利率，从而获得利率下降带来的好处，此时的权利是一种看跌期权，当市场利率低于既定的利率下限时，项目投资者就可以执行上述看跌期权。

转换期权(Option to Switch)

当市场中出现比项目借款利率更低的利率时，项目的投资者如果可以通过要求提前还款，然后重新在市场上借入更低利率的资金，从而获得市场利率波动带来的好处，此时的权利即是一类转换期权，项目投资者在市场利率远低于项目实际利率时即可选择执行该期权。

7.汇率波动

当PPP项目有外资参与时，汇率波动对项目的影响就显得尤为重要，汇率受到国际经济因素、经济周期等因素而波动。项目所在国币种汇率的升高会加大项目所在地的通货膨胀压力，运营成本以及项目需求会受到极大影响，针对汇率波动，

PPP 项目中可能存在如下期权：

看涨期权

当汇率上涨时，如果项目投资者可以利用汇率上限，当汇率上涨超过汇率上限时，将汇率固定在一定的水平，避免因汇率上涨造成的损失，则此时的项目投资者拥有的便是一类看涨期权，当项目实际汇率超过既定的汇率上限时，即可选择执行该权利。

担保期权

由于汇率波动受国家宏观经济影响较大，如果项目投资者可以要求获取政府对汇率的担保，从而避免汇率的波动超出自身可控的范围，此时的投资者便拥有了一个担保期权，当汇率波动超过既定的波动范围时，即可选择执行该权利，获取政府的担保。广西来宾 B 电厂项目装有两台 36 万 kW 发电机组，总装机容量 72 万 kW，总投资 6.16 亿美元。在来宾 B 电厂整个的投资设计、融资和建设过程中，所需要的各方面的协调和协助，广西政府都给予大力支持，如果由于政府政策等的变化而造成人民币与外汇的汇率剧烈波动时，准许项目公司通过调整电价来应对汇率的波动，波动在 5% 以内时，不调整电价；超过 5% 时，才作相应的调整。此时对于由法国电力公司和 GEC 阿尔斯通公司组成的项目公司来说便拥有了一个担保期权。

8.通货膨胀

担保期权

项目所在地的通货膨胀情况会直接影响项目的运营成本，以及项目所在地居民的购买力水平，对项目的运营收入影响巨大。当项目所在地的通货膨胀超过规定范围时，项目投资者可以与政府进行谈判，通过对特许价格进行调整来弥补通货膨胀带来的损失，这里的项目投资者即拥有了一个担保期权，当通货膨胀超出既定范围，项目投资者可以选择执行该权利，获取政府部门的担保，从而保证项目现金收入的稳定。

综上所述做出影响PPP项目特许价格因素中的市场因素和金融因素进行期权的识别表，具体见表 12-1。

表 12-1 影响 PPP 项目特许价格因素期权识别表

序号	因素类别	影响因素	期权类型	期权持有者
1	政治因素	政府信用	放弃期权	投资者
		政府行为	放弃期权	投资者

续表

序号	因素类别	影响因素	期权类型	期权持有者
2	法律因素	法律变更、监管体系不完善、政策调整	担保期权	投资者
			放弃期权	投次者
3	市场因素	竞争项目分流	担保期权	投资者
			放弃期权	投资者
4		市场需求波动	担保期权	投资者
			增长期权	投资者
			放弃期权	投资者
5		运营成本变化	担保期权	投资者
6	金融因素	利率波动	看涨期权	投资者
			看跌期权	投资者
			转换期权	投资者
7		汇率波动	看涨期权	投资者
			担保期权	投资者
8		通货膨胀	担保期权	投资者

12.2 特许价格影响因素的期权评价模型构建

上面通过对 PPP 项目特许价格影响因素的识别,并对其中某些影响因素中隐含的期权进行了识别,本节将对其中主要的影响因素——市场需求波动、运营成本变化、通货膨胀进行期权评价模型构建。

1. 市场需求变动

(1)担保期权

假设项目在第 k 年的市场需求为 Q_k,政府部门的担保需求量为 Q_{kg},此时该担保期权的价值为第 k 年的最低担保收益 CF_{kg} 减去 k 年实际需求量的收益 CF_k,如果项目在第 k 年的市场需求 Q_k 高于政府的最低担保需求量 Q_{kg},则投资者选择不行使该期权,故期权价值为 0,因此在市场需求波动中的担保期权价值为

$$CF_{kg} = Q_k \times Q_{kg} - (O_k + A_k + T_k) \tag{12-1}$$

$$CF_k = Q_k \times Q_{kg} - (O_k + A_k + T_k) \tag{12-2}$$

$$V_{op} = S_k = \max(CF_{kg} - CF_k, 0) \tag{12-3}$$

此模型假设只受单一影响因素,故当投资者行使担保期权后即处在一个无风

险环境中,因此采取无风险利率 r_f,将 S_k 折现到项目起点,故担保期权的价值为

$$V_{RO} = \sum_{k=1}^{t_0+t_1} \frac{S_k}{(1+r_f)^k} \qquad (12-4)$$

式(12-1)~式(12-4)中　　t_1——项目的特许期;

t_0——项目的建设期;

O_k——项目第 k 年的经营成本和维护费用;

A_k——债务费用;

T_k——第 k 年需上缴的税收;

S_k——标的资产价值。

(2) 增长期权

当项目在第 h 年的需求增长旺盛,使得项目可以获取超额利润时,如果项目投资者可以采取提前还款、减短还款期等方式降低还款成本,则此时项目投资者便拥有一类增长期权,当项目的市场需求超过既定需求上限时,便可以使用上述权利,该增长期权价值为

$$V_{RO} = \sum_{k=t_0}^{t_2} A_k - \sum_{k=t_0}^{h} A_k \qquad (12-5)$$

式中　t_2——项目还款期。

(3) 放弃期权

若由于市场需求的变动导致项目的收益不足以弥补投入的成本,则投资者有权放弃对项目的继续投资,若此时项目的现值为 V,转让或放弃项目所得的价值为 C,则该放弃期权的价值为

$$V_{RO} = \max(C - V, 0) \qquad (12-6)$$

2. 运营成本变动

(1) 担保期权

假设项目在第 k 年的实际运营成本为 C_k,政府担保的运营成本为 C_{kg},若实际运营成本大于政府担保运营成本,则投资者根据协议可以要求对该年特许价格 P_k 进行调整,调整后的特许价格为 P_{kg},故该担保期权的价值为第 k 年的担保收益 CF_{kg} 与第 k 年的实际收益 CF_k 的差额,若当年实际运营成本低于政府担保成本,则担保期权价值为 0。运营成本变动的担保期权价值为

$$V_{op} = S_k = \max(CF_{kg} - CF_k, 0)$$

同上,此模型假设只受单一影响因素,故当投资者行使担保期权后即处在一个无风险环境中,因此采取无风险利率 R_f,将 S_k 折现到项目起点,故担保期权的价值为

$$V_{RO} = \sum_{k=1}^{t_0+t_1} \frac{S_k}{(1+r_f)^k}$$

(2) 增长期权

当项目运营成本由于原材料价格下降等原因降低时,投资者可以向银行提出提前偿还贷款的要求,以此来降低还款成本,此时投资者拥有一个增长期权,当运营成本下降超过既定的下限时,该期权被执行,期权价值同上市场需求变动的增长期权价值。

3. 通货膨胀

当项目所在地在第 k 年的实际通货膨胀率为 I_k,与政府商定的担保通货膨胀率为 I_{kg},当实际通货膨胀率超过担保通货膨胀率时,则可以要求对项目在第 k 年的特许价格 P_k 进行调整,且调整后为 P_{kg},此时期权的价值为第 k 年的担保收益 CF_{kg} 与第 k 年的实际收益 CF_k 的差额,若该年的通货膨胀率低于政府的担保通货膨胀率,则该担保期权的价值为 0。此时,由于通货膨胀率变动而产生的担保期权价值为

$$V_{op} = S_k = \max(CF_{kg} - CF_k, 0)$$

此模型假设只受单一影响因素,故当投资者行使担保期权后即处在一个无风险环境中,因此采取无风险利率 R_f,将 S_k 折现到项目起点,故担保期权的价值为

$$V_{RO} = \sum_{k=1}^{t_0+t_1} \frac{S_k}{(1+r_f)^k}$$

12.3 构建基于实物期权的 PPP 项目特许价格决策模型

从项目公司角度考虑,特许价格应满足项目公司在正常情况下能收回股本投资和达到最低投资收益率,归还银行贷款、利息等,在这里考虑特许价格应满足项目最低投资收益率的要求,得到如下模型:

$$NPV \geqslant ER_E \tag{12-7}$$

在 PPP 项目中,不考虑影响特许价格因素隐含的期权情况下,假定 NPV_1 为在项目建设期的投资总额的净现值,NPV_2 为项目在运营期内总运营收入的净现值,故项目总收益净现值为

$$NPV = -NPV_1 + NPV_2 = -\sum_{i=0}^{t_0} \frac{I_i}{(1+r_f)^i} + \sum_{i=t_0+1}^{t_i} \frac{CF_i}{(1+r_c)^i} \tag{12-8}$$

其中

$$NPV_1 = \sum_{i=0}^{t_0} \frac{I_i}{(1+r_f)^i} \tag{12-9}$$

$$NPV_2 = \sum_{i=t_0+1}^{t_i} \frac{CF_i}{(1+r_c)^i} \quad (12-10)$$

此处，在项目建设期内，每年的投资额都是根据计划投资，且在项目建设期，政府会给予一定的政策支持，故这里并不需要考虑风险因素，因此在折现时直接使用无风险利率 r_f；项目一旦建成投产，则需要考虑经营期内的各种风险因素，因此在项目运营期，折现率宜采用项目的基准收益率 r_c。

根据模型式(12-7)及式(12-10)得

$$-\sum_{i=0}^{t_0} \frac{I_i}{(1+r_f)^i} + \sum_{i=t_0+1}^{t_i} \frac{CF_i}{(1+r_c)^i} \geq ER_E \quad (12-11)$$

式中　CF_i——第 i 年现金流量，为特许价格 P 的单变量函数；$CF_i = Q_i \times P - C_i$；

　　　C_i——第 i 年的运营成本；

　　　E——项目公司的投资总额；

　　　R_E——项目公司的预期投资回报率。

经整理得到关于特许价格 P 的函数：

$$-\sum_{i=0}^{t_0} \frac{I_i}{(1+r_f)^i} + \sum_{i=t_0}^{t_i} \frac{Q_i \times P - C_i}{(1+r_c)^i} \geq ER_E \quad (12-12)$$

通过前面对各个影响特许价格的因素进行期权识别后，识别出了如担保期权、放弃期权、增长期权等，并构建了相应期权的评价模型，我们知道传统的投资评价法因为没有考虑项目的不确定性及管理的灵活性使得项目的测算价值小于实际价值，其中的差额即项目中所隐含期权的价值 V_{RO}。因此，在考虑隐含的实物期权价值之后，实际的 NPV' 为原来项目的净现值加上所含实物期权的价值，即

$$NPV' = NPV + V_{RO} \quad (12-13)$$

在模型式(12-11)的基础上，考虑项目隐含的实物期权价值，构建基于实物期权的 PPP 项目特许价格决策模型如下：

$$NPV' = NPV + V_{RO} = -\sum_{i=0}^{t_0} \frac{I_i}{(1+r_f)^i} + \sum_{i=t_0+1}^{t_i} \frac{CF_i^*}{(1+r_c)^i} + V_{RO} \geq ER_E$$

$$(12-14)$$

式中　CF_i^*——第 i 年现金流量，特许价格 P^* 的单变量函数，$CF_i^* = Q_i \times P^* - C_i$，

　　　　　　　Q_i 为第 i 年的特许产品消费量，C_i 为第 i 年的运营成本。

经整理得到关于特许价格 P^* 的函数：

$$-\sum_{i=0}^{t_0} \frac{I_i}{(1+r_f)^i} + \sum_{i=t_0+1}^{t_i} \frac{CF_i^*}{(1+r_c)^i} + V_{RO} \geq ER_E \quad (12-15)$$

模型式(12-15)得到经调整后的特许价格 P^* ,其中该模型将隐含的实物期权价值引入到传统 NPV 决策模型中,弥补了传统投资决策模型在 PPP 项目中忽略项目的不确定性及管理灵活性的缺点,使 PPP 项目中的特许价格决策更趋合理。

专栏三十五:案例分析 —— 江苏省某高速公路

1. 项目概况

1.1 项目建设背景及基本信息

X 高速公路是江苏省"四纵四横四联"高速公路网的重要组成部分,不但沟通了苏北与苏南的经济联系,也促进了江苏省与浙江省的社会往来,使苏州的发展与长江三角洲社会经济发展更加紧密地联系在一起。

(1) 建设规模

本工程路线全长 98.775km,估算总投资为 50.179 亿元,由南、北两期组成,采用双向 6 车道高速公路标准,设计车速为 120km/h。

南段:路线长 54.175km,投资估算为 28.806 亿元,平均每千米造价为 5317.3 万元。计划工期三年,1999 年 7 月开工,2002 年 7 月建成通车。相应每年的计划投资额比例为 15%、30%、30%、25%。

北段:路线长 44.6km,投资总估算为 21.405 亿元,平均每千米造价为 4799.4 万元。计划工期三年,2002 年 7 月开工,2005 年 7 月建成通车。相应每年的计划投资额比例为 15%、30%、30%、25%。

(2) 融资方案

中外双方按照确定的股比,首先以实物或现汇投入资本金(占项目总投资的 25%~30%),建立中外合作合资项目公司。中方以土地、拆迁等前期经费和部分现汇投入,拟占资本金的 40% 左右;外方以现汇投入,拟占资本金的 60% 左右。

中外合作合资项目公司建立后,除投入的资本金以外,其余所需建设资金,利用外方公司的信誉和项目本身的潜在效益,以项目公司名义进行有限追索权的境外融资方式解决。

效益分配办法:项目建成投入营运后,其全部收费收入和一旦公司股票上市后的收益,扣除营运成本和维护费用(约占总收入的 10%)后,首期偿还境外融资,然后按股分配,直至合作合资期满。

(3) 项目的资金来源

① 江苏省交通厅定额补助为 700 万元/千米,合计 69143 万元,占总投资的 13.77%。

②公司注册资本金为本项目的自有资金,共计116810万元,其中:中方出资额为35043万元,占30%;外方出资额为81767万元,占70%。

③境外项目融资,融资总额为316165万元,其中贷款总额为272556万元,占融资总额的86.21%;利息为43609万元,占融资总额的13.79%。

1.2 项目的现金流分析

(1) 分析所需的计算基本数据

① 项目预期投资回报率 E 为14%;

② 项目总投资约为502127万元;

③ 营业税及附加税在公路开通运营时按收费总额的3%计缴;

④ 所得税按净利润的33%计缴(第一年免缴所得税);

⑤ 公路折旧采用直线折旧法,不计残值,折旧年限为20年;

⑥ 税后利润的10%作为盈利公积金;

⑦ 贷款利率为8%;

⑧ 无风险利率取1999年国债利率,利率为3.8%;

⑨ 项目平均通行费用为0.65元/(千米·辆),费率按照2%的通货膨胀率增长,具体收费标准见表12-2。

表12-2 不同车型收费标准

车型	小客	中客	大客	小货	中货	大货	拖挂	集装箱
收费标准/(元/(千米·辆))	0.4	0.6	0.8	0.6	0.8	1.0	1.2	1.4
车型占比	24.11%	6.02%	6.71%	18.04%	28.20%	10.15%	2.24%	4.51%

(2) 项目的现金流量表

本例中因南北段在案例分析中几无不同,故仅以南段为例来分析,故根据上述数据求出该项目南段的现金流量,并作出相应的现金流量表,见表12-3。

在使用传统的 NPV 方法中净现值 NPV 的计算需要两个最重要的因素:一个是项目的现金流量表;另一个是项目的基准折现率。表12-3所给出的项目的现金流量表,因此计算净现值 NPV 还需要确定项目的基准收益率。基准收益率的确定一般采用的方法有资本资产定价模型(CAPM)和加权平均资金成本(WACC)。具体的做法一般通过 CAPM 模型计算出权益资本的基准收益率,然后再根据权益资本与负债资本的比例利用 WACC 方法计算最终的基准收益率。CAPM 模型的运用一般在西方发达国家使用较多,由于我们国家的

第12章 基于实物期权的PPP项目产品定价

表12-3 推荐线南段现金流量表

序号	项目	合计	建设期			运营期			
			1	2	3	4	5	…	23	24
			1999	2000	2001	2002	2003	…	2021	2022
1	现金流入	1299491.00				10701.56	23409.47	…	107548.18	111655.00
1.1	公路收费	1299491.00				10701.56	23409.47	…	107548.18	111655.00
1.1.1	通行费用	0.00				0.65	0.66	…	0.95	0.97
1.2	回收固定资产余值	0.00								
1.3	回收流动资金	0.00								
1.4	其他	0.00								
2	现金流出	685039.00	43210.00	86419.00	86419.00	72927.23	4878.87	…	40062.53	41796.05
2.1	公路建设投资	288064.00	43210.00	86419.00	72016.00	59419.00				
2.1.1	固定资产投资	262870.00	43210.00	82640.00	77601.00					
2.1.2	固定资产方向调节税	25194.00		3779.00	8818.00	12597.00				
2.1.3	建设期贷款利息	0.00								
2.1.4	流动资金	19785.00	0.00	0.00	0.00	233.00	489.00	…	1176.00	1235.00
2.2	运营成本	5121.00				73.00	153.00	…	367.00	386.00
2.2.1	公路养护及管理费	3394.00								
2.2.2	大修费用	11270.00				160.00	336.00	…	809.00	849.00
2.2.3	收费设施管理费	38985.00				321.05	702.28	…	3226.45	3349.65
2.3	营业税及附加	280818.00				0.00	3092.00	…	29766.00	31060.00
2.4	所得税	57387.00				372.00	628.00	…	6043.00	6306.00
2.5	其他(盈余公基金)	614452.00	-43210.00	-86419.00	-86419.00	-62240.49	18498.18	…	67336.74	69704.35
3	净现金流量									

市场经济机制仍不完善,使得其在运用中受到了很大的限制,尤其是在 CAPM 模型计算公式的求解就缺少必要的统计数据。这里为了回避这一问题,并考虑计算的简便,采用《建设项目经济平价与方法参数》中公布的通过专家调查法得到的公路建设行业权益资本基准收益率,具体为 7%,然后再根据权益资本与负债资本的比例利用 WACC 方法计算。其中 WACC 计算公式为

$$i_c = K_E \frac{E}{E+D} + K_D \frac{D}{E+D} \tag{12-16}$$

式中　i_c——所要求的基准收益率;

　　　K_E——权益资本的基准收益率;

　　　K_D——债务资本的预期收益率;

　　　E——权益资本的数额;

　　　D——债务资本的数额。

将案例中南段资金来源比例代入式(12-16)中,即可得到基准收益率 i_c = 6.71%,最后根据 NPV 计算公式:

$$\text{NPV} = \sum_{i=1}^{n} \frac{CF_i}{(1+i_c)^i} - I \tag{12-17}$$

式中　CF_i——第 i 年的净现金流量;

　　　I——投资金额。

因此,结合现金流量表数据和求出的基准收益率值,可以计算项目的静态 NPV,其值为

$$\text{NPV} = -\sum_{i=0}^{t_0} \frac{I_i}{(1+r_f)^i} + \sum_{i=t_0+1}^{t_1} \frac{CF_i}{(1+r_c)^i} = 87035.31(万元)$$

2. 项目特许价格影响因素识别

结合 X 高速公路项目的特点,以及内外部环境因素,对照影响 PPP 项目特许价格因素清单表,得到影响 X 高速公路项目特许价格因素,见表 12-4。

3. 实物期权的识别

对于政治因素中的政府信用和政府行为、法律因素中的法律变更,以及税收的调整,考虑上述三种因素均属于宏观因素,虽然结合项目实际情况发生概率较小,但是如果发生对项目的影响很大,为此项目公司可以要求苏州市政府为其提供政府担保,如果发生上述因素影响收益则可调整特许价格等(见表 12-5)。

表12-4　X高速公路项目特许价格影响因素清单

序号	因素类别	影响因素	含义
1	政治因素	政府信用	苏州市政府对于合同中的相关责任和义务,不履行或拒绝履行,影响特许价格
2		政府行为	政府部门对项目进行超出特许协议范围内的强制干预,影响特许价格
3	法律因素	法律变更	本国内法律的修订、颁布等对项目的特许价格等造成的影响
4		税收政策调整	国家对项目各项税收优惠政策的调整,影响特许价格
5	市场因素	竞争项目分流	该区域多条省道、国道对其进行竞争,导致项目收入发生波动,影响特许价格
6		市场需求波动	由于经济、人口等因素变化促使项目的市场需求发生波动,进而使得项目收入发生波动,影响特许价格
7		运营成本变化	由于经济环境、市场供给等因素影响,项目的原材料价格上涨或下跌,使得项目成本发生波动,影响特许价格
8	金融因素	利率波动	特许期内,项目贷款利率波动,使得项目的还款成本波动,影响特许价格
9		汇率变动	针对有外资介入的项目,汇率的波动对建设成本及运营成本有影响
10		通货膨胀	特许期内,所在国物价水平波动导致原材料或需求的波动,影响特许价格
11	其他因素	投资额	不同的股本/债务资金比例可影响投资额的现值,从而影响特许价格
12		预期投资收益率	较高的投资收益是项目公司的经营目标,在其他条件一定时,较高的投资收益率要求较高的收费
13		特许期	PPP项目的建设期和运营期

表12-5　X高速公路项目中包含的实物期权清单

序号	因素名称	期权类型
1	政府信用、行为,税收调整	担保期权
2	法律变更	担保期权
3	利率波动	看跌期权、复合期权、转换期权
4	通货膨胀	担保期权

续表

序号	因素名称	期权类型
5	竞争项目分流	担保期权、放弃期权
6	市场需求波动	担保期权、增长期权、放弃期权
7	运营成本变化	担保期权、增长期权

  对于利率因素，由于本项目中的贷款采用的是固定利率，因此项目公司可以与银行商量一个利率下限，如果市场利率波动超过利率下限，则要求调整项目的利率，此时项目公司即用了一个看跌期权。同时，为了降低期权费用，项目公司可以同时设立一个利率波动上限，通过利率上下限来对冲掉利率的波动对项目的影响，同时仅需要支付较低的期权使用费。最后当市场上的利率远低于项目利率时，项目公司可以提前偿还贷款，转而接入相应较低利率的贷款，此时项目公司即拥有一个转换期权。

  对于通货膨胀因素，如果运营期类的通货膨胀率超过一定的范围，必然对项目的运营管理、维护大修费用，以及项目的通行费用等产生影响，此时同样可以要求当地政府在此种情况下为项目提供适当的担保，具体如延长还款期限、延长特许期、调整特许价格等。

  对于竞争项目分流，X高速公路主要为缓解所在区域交通拥堵状况，所在地区内，主要有国道204、国道312、国道318、沪宁高速公路、省道205、省道206等多条干线公路，其中省道205与本项目呈平行状。如此多的干线公路势必会对X高速公路造成分流影响，极大地降低项目的预期收益，造成项目运营压力，此时项目的投资者可以要求获取政府的支持或者担保。如果政府提供担保仍然不能满足收益需求，则项目公司可以考虑出售项目，当市场有愿意接受该项目且给出的价格高于项目此时的剩余价值时，投资者便会执行这一放弃期权。

  对于市场需求波动，由于项目周边拥有较多的国道、省道等诸多类型道路，公路虽然等级较低，但是收费相比本项目也较低，因此可能项目的市场需求会受到较大的影响，同时其他的经济波动等因素也会造成市场需求达不到预期，当项目市场需求降低到一定水平后，项目投资者可以要求政府部门对特许价格进行调整，通过调整特许价格来满足项目的收益需求，即担保期权。当项目的市场需求远远低于项目预期，使得项目的收益严重不足，不能够弥补项目的成本支出，造成项目的持续亏损，政府提供担保也无法弥补损失时，项目公司可以考虑放弃该项目，条件是当市场有愿意接受该项目且给出的价格高于项目此时的剩余价值时,从而避免更大的损失,即放弃期权。当项目的市场需求旺盛并获得超额收益时,项目的投资者可以与银行进行谈判,提前还款,从而降低项目的还款成本,获得环境变好时的收益,即增长期权。

对于运营成本变化,项目在经营期限的管理费用、大修费用等运营费用上涨,如果上涨造成的项目收益影响明显,则可以要求政府提供担保调整特许价格或者特许期,即担保期权,或者与延迟还款付息,即延期期权。如果项目经营成本下降,则可以提前还款,获得成本结余带来的好处,此时项目公司拥有增长期权。

4. 实物期权价值的计算

结合上述对影响 X 项目特许价格因素和期权的识别,引入实物期权定价理论,按照前面给出的期权评价模型进行上述期权价值的计算,结合项目的实际情况,本部分仅挑选上诉因素中的市场需求(车流量)波动进行期权价值计算。

(1) 期权定价方法的选用

考虑本项目未来市场需求波动的不确定性,以及蒙特卡洛方法所具有的模拟次数多、时间快、适应性较强、准确性高等特点,因此在具体的期权定价方法选用上,采用蒙特卡洛方法进行模拟,通过设定每年车流量的分布函数为对数正态分布,利用蒙特卡洛模拟可以进行多次的模拟,这样可以很好地预测项目市场需求的未来波动情况。

(2) 期权价值计算所需要的基本数据

对于收费高速公路来说,对项目价值波动影响最是明显的变量为项目的车流量和每年车流量增长率,这里由于车流量不能为负值,所以假定项目的初始车流量服从对数正态分布,每年车流量增长率服从正态分布,参考关于每年车流量数据,给定对数正态分布和正态分布的具体参数,见表 12-6。

表 12-6 交通流量所属分布的参数表

参数	初始交通流量	每年交通量增长率
分布类型	对数正态分布	正态分布
均值	350.30	6.94%
标准差	30.18	11.6%

(3) 期权价值的计算

基于上述基础数据,项目在未来运营过程中,如果未来第 i 年的实际市场需求量为 Q_i,小于与政府部门谈判设定的担保市场需求量 Q_{ig}(设定 $Q_{ig} = 0.8Q_i$),

则可以将项目第 i 年的特许价格 P_i 调整为政府部门谈判设定的特许价格 P_{ig}，由此可以计算此时项目针对市场需求波动中担保期权的价值：

$$CF_{ig} = Q_i \times P_{ig} - (O_i + A_i + T_i)$$
$$CF_i = Q_i \times P_i - (Q_i + A_i + T_i)$$
$$S_i = \max(CF_{ig} - CF_i, 0) \quad (12-18)$$
$$V_{RO} = \sum_{i=1}^{t_0+t_1} \frac{S_i}{(1+R_f)^i}$$

采用蒙特卡洛模型按照既定的分布函数与设定的参数对变量进行模拟，得出 X 高速公路车流量担保后现金流量表（见表12-7），即可得出实际现金流量和担保后现金流量的差额，最后将其折现即可得出项目担保期权的价值。

项目车流量波动担保期权价值的均值为1331.32万元，标准差为1556.14万元，中值为826.28万元。在统计图表中可以看出项目的市场需求波动担保期权价值统计图明显偏左，并且在 0~3.64 的区间内累计概率已经达到了60%，因此这里取该项目的担保期权价值为826.28万元，因此，本项目考虑市场需求波动担保期权价值后的真实价值应为

$$NPV' = NPV + V_{RO} = 87035.31 + 826.28 = 87861.59(万元)$$

5. 基于实物期权的特许价格调整

根据前面构建的模型，若直接计算特许价格 P^*，难度将非常大，故本书采用试算法对特许价格进行估算。

在模型 $NPV' = NPV + V_{RO} \geq E \times R_E$ 中，$E \times R_E$ 是已知，为70298万元，NPV 和 V_{RO} 都可以通过特许价格 P 求得。通过不断取不同的特许价格 P 进行计试算，直到满足：

$$NPV'(P_1) \leq E \times R_E \leq NPV'(P_2) \quad (12-19)$$

根据表 12-8 可知：

当 $P_1 = 0.62$ 元/（千米·辆）时，$NPV' < E \times R_E$；

当 $P_2 = 0.63$ 元/（千米·辆）时，$NPV' > E \times R_E$。

假定特许价格从 P_1 到 P_2 所对应的净现值服从线性分布，则项目特许价格为

$$P^* = (P_2 - P_1) \times \frac{E \times RE - NPV'_1}{NPV'_2 - NPV'_1} + P_1 = 0.624 \text{ 元/（千米·辆）}$$

第12章 基于实物期权的PPP项目产品定价

表12-7 X高速公路车流量担保后现金流量表

序号	项目	合计	建设期				运营期			
			1	2	3	4	5	...	23	24
			1999	2000	2001	2002	2003	...	2021	2022
1	现金流入	1299491.00				10701.56	23409.47	...	107548.18	111655.00
1.1	公路收费	1299491.00				10701.56	23409.47	...	107548.18	111655.00
1.1.1	通行费用					0.65	0.66	...	0.95	0.97
1.1.2	实际交通流量（万辆/年）					350.30	751.24	...	2416.51	2459.59
1.1.3	担保交通流量					280.24	600.99	...	1933.21	1967.68
1.2	回收固定资产余值	0.00								
1.3	回收流动资金	0.00								
1.4	其他	0.00								
2	现金流出	685039.00	43210.00	86419.00	86419.00	72927.23	4878.87	...	40062.53	41796.05
2.1	公路建设投资	288064.00	43210.00	86419.00	72016.00	59419.00				
2.1.1	固定资产投资	262870.00	43210.00	82640.00	77601.00	12597.00				
2.1.2	固定资产方向调节税	25194.00		3779.00	8818.00					
2.1.3	建设期贷款利息	0.00								
2.1.4	流动资金	0.00								
2.2	运营成本	19785.00	0.00	0.00	0.00	233.00	489.00	...	1176.00	1235.00
2.2.1	公路养护及管理费	5121.00				73.00	153.00	...	367.00	386.00
2.2.2	大修费用	3394.00								
2.2.3	收费设施管理费	11270.00				160.00	336.00	...	809.00	849.00
2.3	营业税及附加	38985.00				321.05	702.28	...	3226.45	3349.65
2.4	所得税	280818.00				0.00	3092.00	...	29766.00	31060.00
2.5	其他（盈余公基金）	57387.00				372.00	628.00	...	6043.00	6306.00
3	净现金流量	614452.00	-43210.00	-86419.00	-86419.00	-62240.49	18498.18	...	67336.74	69704.35
	担保利润						13401.18	...	47449.59	49098.54
	利润差额						0.00	...	0.00	0.00

当考虑车流量担保期权的价值时，特许价格为 $P^* = 0.624$ 元/（千米·辆）小于现有的特许价格 $P = 0.650$ 元/（千米·辆）。也就是说项目投资者在与政府进行关于市场需求波动谈判过程中，可以接受的最低特许价格下限为 0.624 元/（千米·辆），只要特许价格大于等于 0.624 元/（千米·辆），项目投资者都可以选择接受（见表 12-8）。

表 12-8　不同收费水平下的 NPV′　　　　　　　　　　　（万元）

特许价格/ （元/（千米·辆））	0.65	0.64	0.63	0.62	0.61	0.60
NPV	87035.31	80173.45	73311.59	66449	59587.87	52726.01
V_{RO}	859.35	856.24	878.00	901.00	903.41	928.05
NPV′	87894.66	81029.69	74189.59	67350.00	60491.28	53654.06
$E \times R_E$	70298	70298	70298	70298	70298	70298

第 13 章　PPP 项目政府补贴和收益分配

本章以城市基础设施 PPP 项目为目标分析政府补贴和收益分配的原则、影响因素和收益分配模型。

13.1　PPP 项目利益分配原则

利益分配问题是 PPP 项目合作中最为突出的问题,只有政府和社会资本双方都认可或者满意的利益分配方案,才能保障合作过程的顺利进行和 PPP 项目的成功建设。因此,PPP 项目合作伙伴关系形成前,各方应对利益分配进行协商达成一致意见。但是因存在着信息不对称现象,所以利益分配应当遵循基本的分配原则,以指导 PPP 项目利益分配方案的形成,最大限度地避免利益分配方案的不对称性。利益分配的基本原则主要包括:

(1) 互利互惠的原则

PPP 项目合作伙伴关系得以形成的最主要原因是双方希望通过这种合作模式,达到"双赢"或"多赢"的目的。因此,利益分配方案应在充分考虑政府和社会资本双方预期的投资利益的基础上,以不破坏合作伙伴关系为最低标准,以不损害参与各方的应得利益为基本准则,使各利益相关者的基本利益得到充分保障,保证各利益相关者都"有利可图",从而形成一种互利互惠、合作信任的关系。

(2) 投入、风险与收益相对等的原则

PPP 项目合作伙伴关系是建立在"风险共担、利益共享"的基础上,政府和社会资本双方在商定利益分配方案时,既要考虑各利益相关者的资源投入情况,也要充分考虑对承担风险的合作伙伴给予一定的风险补偿,以增强合作积极性,即合作各方的利益分配必须与资源投入的大小和其所承担的风险相匹配。在市场经济条件下,双方利益分配受到资源投入比例影响,取决于风险分担的比例。

(3) 结构利益最优原则

PPP 项目利益分配方案必须确定合理的利益分配的最优化比例,促使 PPP 利益相关者共同努力、协调发展,因此,需要建立激励机制和相互信任机制,保障各利益相关者积极合作。PPP 项目作为一种契约模式,其履行的义务、承担的责任、享受的权益等都在合同中予以明确规定,应该充分考虑投入比例、风险分担、合同执行度、贡献度等多方面因素的综合作用。

(4) 效率与公平并重原则

公平的利益分配方案有助于调动利益相关者的合作积极性、避免双方之间矛盾和冲突的产生。但是,过分的公平又会影响 PPP 项目的整体效益最大化,因此,必须在保障公平原则基础上兼顾效率的最大化。

(5) 信息透明原则

引起 PPP 项目矛盾和冲突最主要的原因就是信息的不对称。因此,利益相关者在 PPP 项目利益分配方案商讨过程中应尽量保证信息互通,减少信息不对称的程度,以便于制定更为合理的利益分配方案。

13.2 城市基础设施 PPP 项目利益分配影响因素分析

基于上述结构利益最优原则,按照"风险共担、利益共享"原则,考虑政府和社会资本双方的投入比重,对项目所做出的贡献,以及政府和社会资本双方的合同执行状况对 PPP 项目利益分配的影响程度,从而得到了影响 PPP 项目利益分配的因素,如图 13.1 所示。

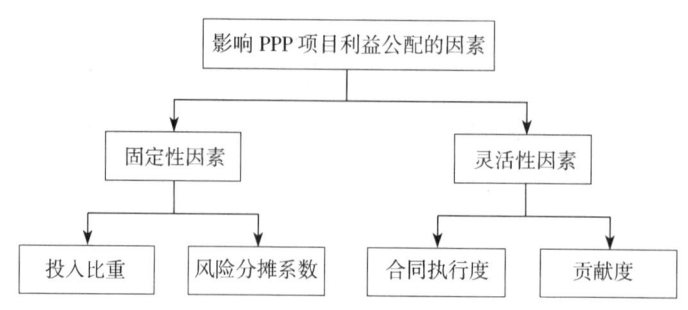

图 13.1 PPP 项目利益分配影响因素

1. 政府和社会资本双方投入比重

不同的投资结构、投资者对 PPP 项目资产的拥有形式、对项目现金流量的控制以及对项目所拥有的权益和承担的义务有很大的差异。通常而言,投资者投入的资本越大,则期望的报酬越多。同时,按照公平分配、增加投入附加收益分配与投入增加比例相对等原则,即利益分配与资本投入成正比例相关,政府和社会资本双方所要求的收益会随着投资的增加而增加。

2. 风险分摊

政府部门所承担风险是很大的,可借助 PPP 模式将部分风险转移给更有能力进行管理的社会资本,从而可有效地降低项目成本,增加其整体收益,因此,风险分摊可影响项目整体利益。同时,利益和风险应当是正相关关系。通常而言,风险越高,期望的报酬就越多。利益是对承担风险与提高效率的奖励,如在项目中承担更多风险,则可得到更多收益,以此平衡承担风险成本。能够使政府和社会资本双方形成合作的首要条件就是双方都能够得到与承担风险相适应的回报。同时,风险在政府和社会资本双方之间进行转移和合理分配,能够提高双方的合作效率,增加项目的总收益。风险应与获得收益的机会均等,因此,双方风险分摊是影响 PPP 项目利益分配至关重要的因素。

3. 合同执行度

合同执行度是指政府和社会资本双方为实现项目的最大收益,遵照合同约定而采取积极行动的程度。PPP 项目是以政府和社会资本双方合作为基础的,在实施过程中涉及一系列合同的签订,双方可能会为了自身利益,违背合同约定,采取单方偷懒的态度,损害了 PPP 项目总体利益的最大化。而合同执行度就是用以衡量双方在项目实施过程中,对项目总体利益最大化所做出的努力程度,以此作为确定利益分配方案的影响因素,可以避免单方消极合作的行为,使得 PPP 项目实现效益最优。

4. 贡献度

由于 PPP 所处的外部环境复杂多样,会有事先难以预料的突发状况产生,为了快速响应环境的变化,就会要求双方中的一方做出临时的牺牲和贡献。为了激励双方自发对 PPP 项目总体收益做出临时的牺牲和贡献的行为,这部分额外贡献也应被纳入考虑的影响因素的范围。

13.3　基于 Shapely 值的 PPP 项目利益分配模型

从激励角度考虑,在 PPP 项目合作伙伴关系确立时,各利益相关者应当就利益分配方案达成一致意见。PPP 项目合作意味着新利益分配格局产生,其利益公平分配是项目顺利建设和实施的源动力。收益与其承担的风险、投资的比重、合同执行度和贡献度呈正比例相关,有助于调动合作伙伴工作的积极性,实现PPP项目总体利益的最大化。利益相关者对PPP项目存在着不同的利益需要,这种不同的、甚至可能相矛盾的利益需求会使得PPP项目合作伙伴之间发生不可避免的冲突和矛盾,本书假定在PPP项目总体收益既定的前提条件下,全盘考虑PPP项目利益分配影响因素的作用,试图建立一个能够使各方满意度最大的收益公平分配方案,以化解各方利益冲突和矛盾。

13.3.1 模型假设

(1) 无大的决策变动、政治和法律环境稳定等。
(2) 利益经协调可达到公平分配的状态、利益均衡为静态状态。
(3) PPP项目的总体收益给定,且不考虑项目的运营成本。

13.3.2 Shapely值的确定

Shapely值法是由Shapely L.S.提出的用于解决多人合作对策(Cooperativen-person game)问题的一种数学方法。当N个人从事某项经济活动时,他们之中若干人组合的每一种合作形式,都会得到一定的效益,当这几个人的利益为非对抗性时,合作人数的增加不会引起效益的减少,这样,全体N个人的合作将带来最大的效益,Shapely值法是分配这个最大效益的一种方法。

假设N是参与人集合,$S \in N$为N中的一个联盟。$V(s)$是定义在联盟集上的特征函数,表示联盟S的收入,则满足以下条件:

$$V(\varphi) = 0 \tag{13-1}$$

$$V(s) > \sum_{i \in s} V(i) \tag{13-2}$$

设φ_i为局中人i的收入,根据Shapely定理可得

$$\varphi_i = \sum \frac{(|s|! - 1)(n - |s|!)}{n!} \tag{13-3}$$

式中 $|s|$——联盟的规模。

$[V(s) - V(s-i)]$中的$V(s-i)$表示联盟S中去掉成员i后的收入,因此$[V(s) - V(s-i)]$可以视为成员i对联盟S的贡献。

由于PPP是政府和社会资本合作实施的项目,因此在PPP项目利益分配Shapely值计算过程中:假定$i = 1,2$,分别表示政府和社会资本;$N = \{i\}$,表示N是参与人i的集合,则$n = 2$;φ_1和φ_2,分别表示修正前政府分配所得利益和社会资本分配所得利益。

13.3.3 基于 Shapely 修正值的 PPP 项目利益分配模型

由以上的分析可知,Shapely 值法虽然避免了利益的平均分配,有一定的科学性,但是此分配方案是建立在没有考虑个体实际承担风险大小等情况,默认其对利益分配的影响程度是均等的前提下的 $\frac{1}{n}$。在 PPP 项目实施操作过程中,各成员投资比重、所分担的风险、合同的执行情况、对项目的贡献度等因素对利益分配有着至关重要的影响;因此,必须在考虑这些因素影响的基础上,对 Shapely 值进行修正。

设在 Shapely 值的基础上,考虑影响利益分配的因素,建立利益分配修正因素集合为 $J=\{j\}, j=1,2,3,4$,分别代表了影响 PPP 项目利益分配的 4 个关键性因素。

集合 N 中第 i 个合作伙伴关于第 j 个修正因素的测试值为 a_{ij},建立分析表,见表 13-1。

表 13-1 修正因素测度值

i \ j	1 (投资比重)	2 (风险分摊系数)	3 (合同执行度)	4 (贡献度)
1(公共部门)	a_{11}	a_{12}	a_{13}	a_{14}
2(私人部门)	a_{21}	a_{22}	a_{23}	a_{24}

根据表 13-1,即可得到影响利益分配的修正矩阵:

$$A = \begin{bmatrix} a_{11} & a_{12} & a_{13} & a_{14} \\ a_{21} & a_{22} & a_{23} & a_{24} \end{bmatrix}$$

对矩阵 A 归一化处理,得到矩阵 $B=(b_{ij n\times m})$。确定每个影响因素对 PPP 项目利益分配的影响程度 $\boldsymbol{\lambda}=[\lambda_1 \quad \lambda_2 \quad \lambda_3 \quad \lambda_4]^T$,根据公式:

$$[R_1 \quad R_2]^T = \boldsymbol{B} \times \boldsymbol{\lambda} \tag{13-4}$$

式中　R_1——调整后各因素对政府利益分配的综合影响程度;

　　　R_2——调整后各因素对社会资本利益分配的综合影响程度。

则调整后各部门实际应当得到的利益分配值为

$$V_1 = \varphi_1 + \left(R_1 - \frac{1}{n}\right) \times V(s) \tag{13-5}$$

$$V_2 = \varphi_2 + \left(R_2 - \frac{1}{n}\right) \times V(s) \tag{13-6}$$

通过上述公式计算,可得到基于修正的 Shapely 值 PPP 项目利益分配方案,此方案综合考虑了影响 PPP 利益分配的 4 个关键性因素;基于这 4 个关键性因素,对利益分配方案进行进一步的修正,使得 PPP 项目利益分配方案更加符合客观性、公正性和合理性。

13.3.4 参数确定

1. 政府和社会资本双方投入比重

投入的核算与分配。这里的投入不单单是指政府和社会资本双方初始投资时资本金投入比重,还包括后续实施过程中需要追加投资的资金投入比重。同时,这里的投入不仅指资本金的投入,还包括双方在项目实施过程中的场地设备的投入、技术投入、劳动投入等各项投入。确定投资比例和资本结构,按照如下步骤:

第一步,明确投资条件及确定社会资本的投融资条件;

第二步,确定项目的最佳资本结构,以此确定政府和社会资本的投资比例;

第三步,在考虑项目建设和运营需要的基础上,设计满足政府、社会资本和债权人的不同收益要求的融资方案。

通过上述一系列的考虑计算即可得到政府和社会资本投入比重的测度值为 a_{11}、a_{21}。

2. 政府和社会资本双方风险分摊系数

采用层次分析法来确定风险在政府和社会资本之间的分摊系数。

假定 a_{12}、a_{22} 为双方的综合风险分摊系数,项目的风险总共有 m 种,每一种风险在政府和社会资本之间的分摊系数为 x_i, y_i;其中 $x_i + y_i = 1$,则

$$a_{12} = w_1 x_1 + w_2 x_2 + \cdots + w_m x_m$$
$$a_{22} = w_1 y_1 + w_2 y_2 + \cdots + w_m y_m$$

式中　w_i ——各类风险的权重系数。

基于前面对 PPP 项目风险因素划分的基础上,将融资风险分为六类,每类风险因素由若干个风险因子组成,风险指标呈层级结构。

下面以特定项目风险为例说明 PPP 项目中单个风险系数的确定方法。$A_3 = \{$开发风险,市场风险,合作者信用风险,完工风险,运营风险,环境风险$\}$,按照其对特定项目风险的影响程度分别赋予其权重值为 $\boldsymbol{\alpha} = (\alpha_1 \quad \alpha_2 \quad \alpha_3 \quad \alpha_4 \quad \alpha_5 \quad \alpha_6)$,确定评价值的标准隶属度 $v = (0.1 \quad 0.3 \quad 0.5 \quad 0.7 \quad 0.9)$,邀请项目管理专家对特定项目风险进行评估,统计有关专家的评价结果,得到各因素的模糊向量 U_i,从而得到模糊关系矩阵:

$$R_3 = \begin{bmatrix} U_1 \\ U_2 \\ U_3 \\ U_4 \\ U_5 \\ U_6 \end{bmatrix} = \begin{bmatrix} r_{11} & r_{12} & r_{13} & r_{14} & r_{15} \\ r_{21} & r_{22} & r_{23} & r_{24} & r_{25} \\ r_{31} & r_{32} & r_{33} & r_{34} & r_{35} \\ r_{41} & r_{42} & r_{43} & r_{44} & r_{45} \\ r_{51} & r_{52} & r_{53} & r_{54} & r_{55} \\ r_{61} & r_{62} & r_{63} & r_{64} & r_{65} \end{bmatrix}$$

对特定项目风险因素进行模糊综合评价,获得风险系数矩阵:

$$B_3 = \alpha_3 \times R_3 = (\alpha_1 \quad \alpha_2 \quad \alpha_3 \quad \alpha_4 \quad \alpha_5 \quad \alpha_6) \times \begin{bmatrix} r_{11} & r_{12} & r_{13} & r_{14} & r_{15} \\ r_{21} & r_{22} & r_{23} & r_{24} & r_{25} \\ r_{31} & r_{32} & r_{33} & r_{34} & r_{35} \\ r_{41} & r_{42} & r_{43} & r_{44} & r_{45} \\ r_{51} & r_{52} & r_{53} & r_{54} & r_{55} \\ r_{61} & r_{62} & r_{63} & r_{64} & r_{65} \end{bmatrix}$$

$$= (b_1 \quad b_2 \quad b_3 \quad b_4 \quad b_5 \quad b_6)$$

则政府和社会资本双方的风险的大小分别为

$$x_3 = B_3 \times V^{\mathrm{T}}$$
$$y_3 = 1 - x_3$$

3. 合同执行度

对合同执行度的衡量可以借用"完工百分比"的方式作出测量,确定合同执行度。因此,可以事前确定任务目标,然后采用打分法,请相关监督部门对政府和社会资本双方完成任务目标的程度进行评价、衡量,以此得出努力水平的测度值 a_{13}、a_{23}。

4. 贡献度

贡献度的衡量可以按照以下步骤进行:

第一步,确定突发状况的发生,以及突发状况会对PPP项目总体收益产生的负效益 B。

第二步,明确政府和社会资本双方为了解决这一突发状况,保证PPP项目的顺利实施所进行的投入,包括资金、人力等以及其他的沉没成本 C_g 和 C_s。

第三步,确定物质和非物质的投入,减少PPP项目负效益为 B'。

通过上述一系列的考虑计算可得政府和社会资本的贡献度测度值分别为

$$a_{41} = \frac{C_g}{C_g + C_s}, a_{42} = \frac{C_s}{C_g + C_s}$$

5. λ 的确定

由于每个具体的 PPP 项目都有自身的风险特点，因此，利益分配的影响因素对每个 PPP 项目的影响程度是不尽相同的。在讨论 PPP 项目收益分配问题的时候，必须要考虑到利益分配影响系数 λ。

利益分配影响系数 λ 可借助专家打分法按照匿名方式征求相关专家的意见，并对其进行统计、整理、分析和归纳等，综合其经验和主观判断，对难以进行定量分析的因素作出合理的估计，经多轮意见的征询、反馈和调整后，得出利益分配影响系数 λ 值。

专栏三十六：PPP 项目利益分配模型应用题例

假设 PPP 项目利益相关者为政府 G 和社会资本 S。经过评估，项目的总体收益为 1500 万元。如果此项目不采用 PPP 模式，由政府或者社会资本单干，则其所得收益分别为 500 万元和 650 万元。现假定有一个强有力的措施来保障公私双方都能够按照其最大的努力程度实现 PPP 项目总体利益最大化。同时，假定发生突发状况时，双方的贡献度相同。该项目投资额巨大，根据双方协商约定，政府和社会资本双方投资比重分别为 0.3、0.7；且对利益分配影响的 4 个因素根据专家评价得出其利益分配影响系数为 $\boldsymbol{\lambda} = [0.3 \quad 0.6 \quad 0.05 \quad 0.05]$。同时，根据专家对风险分担进行评估，得出如下结论：

国别风险($w_1 = 0.2$)　　　$x_1 = 0.7, y_1 = 0.3$

不可抗力($w_2 = 0.15$)　　$x_2 = 0.5, y_2 = 0.5$

特定项目风险($w_3 = 0.65$)　$x_3 = 0.35, y_3 = 0.65$

根据收益公平分配方法，按照如下步骤求解 PPP 项目利益分配方案。

第一步，根据式(13 - 3)计算 Shapely 值：

$$\varphi_1 = \frac{0! + 1!}{2!} \times 500 + \frac{1! + 0!}{2!} \times (1\,500 - 650) = 675$$

$$\varphi_2 = \frac{0! + 1!}{2!} \times 650 + \frac{1! + 0!}{2!} \times (1\,500 - 500) = 825$$

第二步，对 Shapely 值进行修正。

根据题意可知，政府投入比重，即 $a_{11} = 0.3$；社会资本投入比重，即 $a_{21} = 0.7$。

根据已知风险分摊情况，可得：

第13章　PPP项目政府补贴和收益分配

政府的风险分摊系数　　　　　　$a_{12} = 0.44$
社会资本的风险分摊系数　　　　$a_{22} = 0.56$

同时,由题意可知,公私双方都会以100%的努力去完成其共同的目标。因此,$a_{13}=1, a_{23}=1$。且在突发状况面前公私双方投入成本相同,则

根据以上的计算可得修正矩阵:

$$A = \begin{bmatrix} a_{11} & a_{12} & a_{13} & a_{14} \\ a_{21} & a_{22} & a_{23} & a_{24} \end{bmatrix} = \begin{bmatrix} 0.3 & 0.44 & 1 & 0.5 \\ 0.7 & 0.56 & 1 & 0.5 \end{bmatrix}$$

对其进行归一化处理,得到矩阵:

$$B = \begin{bmatrix} 0.3 & 0.44 & 0.5 & 0.5 \\ 0.7 & 0.56 & 0.5 & 0.5 \end{bmatrix}$$

根据式(13-4)计算修正后各因素对公私双方利益分配的影响程度为

$$\begin{bmatrix} R_1 \\ R_2 \end{bmatrix} = B \times \lambda^T$$

$$= \begin{bmatrix} 0.3 & 0.44 & 0.5 & 0.5 \\ 0.7 & 0.56 & 0.5 & 0.5 \end{bmatrix} [0.3, 0.6, 0.05, 0.05]^T$$

$$= \begin{bmatrix} 0.4 \\ 0.6 \end{bmatrix}$$

根据式(13-5)和式(13-6)可得政府和社会资本的利益分配方案:

$$V_1 = \varphi_1 + (R_1 - \frac{1}{n}) \times V(s)$$

$$= 675 + (0.4 - 0.5) \times 1\,500$$

$$= 525$$

$$V_2 = \varphi_2 + (R_2 - \frac{1}{n}) \times V(s)$$

$$= 825 + (0.6 - 0.5) \times 1\,500$$

$$= 975$$

上述的计算结果即为PPP项目利益在政府和社会资本之间的最佳分配方案。在此方案的指导下,政府和社会资本双方都会采取积极合作的态度,使得项目实现帕累托最优。

基于Shapely修正值的PPP项目利益分配模型的实证表明,该模型的应用必须具备以下几个条件:

(1) 东道国政治环境稳定，即东道国的政治法律环境稳定，无重大的政策变更。

(2) 东道国经济环境稳定，PPP 项目的产品或服务的销售市场清晰，现金流量稳定，能够准确预测项目的收益。

(3) 专家库的构建要完备，必须拥有为数较多的知识和经验都丰富的专家，以保障对相关系数的评估更为准确和客观。通过此模型协调 PPP 项目各利益相关方的利益均衡和分配，能够减少 PPP 项目各方参与者在项目实施建设过程中的主要矛盾和冲突，保障各参与者积极合作，从而使得项目的整体利益最大化，形成帕累托最优。

13.4 PPP 项目政府补贴或收益分配模型

城市交通基础设施 PPP 项目的政府补贴直接影响到政府、PPP 项目公司及公众等多方利益相关者。如果补贴强度偏低，可能导致 PPP 项目公司无法收回投资并获得预期收益，影响投资积极性，或者公众承受票价过高，损害公众利益；如果补贴强度偏高，可能增加政府财政负担。因此，对城市交通基础设施 PPP 项目政府补贴机制、补贴模型等问题的研究显得尤为重要。

13.4.1 城市交通基础设施 PPP 项目政府补贴机制及模型

1. 城市交通基础设施 PPP 项目政府补贴问题描述

城市交通基础设施 PPP 项目作为准公共产品同样具有外部性。城市交通 PPP 项目的建设不但会产生经济效益，而且能产生巨大的社会效益，如带来项目周边人流、物流的增加，使其周围的土地价格、房产价格上涨，也会使其附近或相关的其他行业的经济效益大增，且很难向这些非交通基础设施的使用者索取回报以阻止其效益外溢。在城市交通基础设施项目采用 PPP 融资模式时，社会资本和项目产品/服务的消费者都是理性的经济人，前者以利润最大化为目标且以市场价格进行项目经济评价，并以此作为投资项目决策依据，后者以效用最大化为目标作为选择交通方式的决策依据。总之，无论是交通基础设施项目的社会资本还是项目产品/服务的消费者都不会站在社会边际收益的高度做出决策。城市交通基础设施 PPP 项目的社会边际收益与社会资本投入项目的边际收益不一致时，就产生了项目的效益。为了引导 PPP 模式在国内的健康发展，利用民间资金进行城市交通基础设施建设，从而减轻政府财政负担，进一步促进社会经济的发展，政府必须对交通基础设施项目的外部效应进行矫正。

城市交通PPP项目的外部性矫正是指对提供项目产品/服务的社会资本的边际收益进行调整,使之与社会边际收益相一致,实现外部效应的内在化。城市交通PPP项目正外部效应的矫正有政府补贴和政府规制两种手段,其中以政府补贴为主。政府规制是指政府部门依据有关的法规,通过许可、禁止等手段,对企业的经济活动施加直接影响的行为。例如,政府向社会资本做出担保,在若干年内不再兴建类似的与在建PPP项目有竞争的同类项目,以保证项目的垄断性经营。政府补贴一般有两种方式:一是直接转移支付,即政府对项目公司直接提供财政补贴;二是间接转移支付。例如,提供已建成的项目运营权,提供PPP项目附近设施、土地的开发权,由政府提供竞争保护政策、税收减让优惠和提供贷款优惠政策。例如,轻轨或地铁PPP项目投资大,在线路还未形成网络,客运辐射域狭小处于亏损情况下需要依靠政府补贴经营,而且补贴额度较高;北京市政府每年要向地铁项目补贴3亿~4亿元,政府补贴占运营成本的20%~30%;上海市政府确定了在单条线路上第一年补贴6000万元,第二年补贴3000万元,第三年实现运营平衡;天津市地铁运营线路较短,也未形成网络,也是依靠政府补贴经营。

2. 城市交通基础设施PPP项目政府补贴机制

项目的政府补贴方式很多,如向PPP项目公司提供已建成交通项目的运营权、提供财政补贴、税费减免、沿线房地产开发、项目水费和电费的价格优惠等。通常市政府委托市发展与改革委员会制定地区经济发展规划,市发展与改革委员会向市政府提供发展政策建议。市政府根据建议,向市建设管理局下达城市交通基础设施项目的建设任务,同时受市政府委托,市建设管理局需提出项目的政府补贴参考方案,并向市政府提供补贴的具体方案。市政府向市交通局、财政局、税务局、房地局、规划局、国土资源管理局、水务局和电力局等有关部门下达对城市交通基础设施PPP项目政府补贴的具体办法,上述各部门遵照执行。具体如图13.2所示。

下面以基于合同设计与风险收益对等定价模型为基础探讨不同类型的城市交通基础设施PPP项目政府补贴或收益分配模型。

①轻轨或地铁PPP项目政府补贴模型。轻轨或地铁PPP项目是准公共产品,带有公益性,不可能靠项目自身的收益收回全部投资并获取期望利润,政府必须给予项目一定的补贴,以保护投资者的利益。假设采用博弈定价模型计算的轻轨或地铁PPP项目服务价格是P_1,PPP项目对应的总收入为CI_1(包含了主营业务外收入CI_0);而采用基于合同设计与风险收益对等定价模型计算的轻轨或地铁价格是

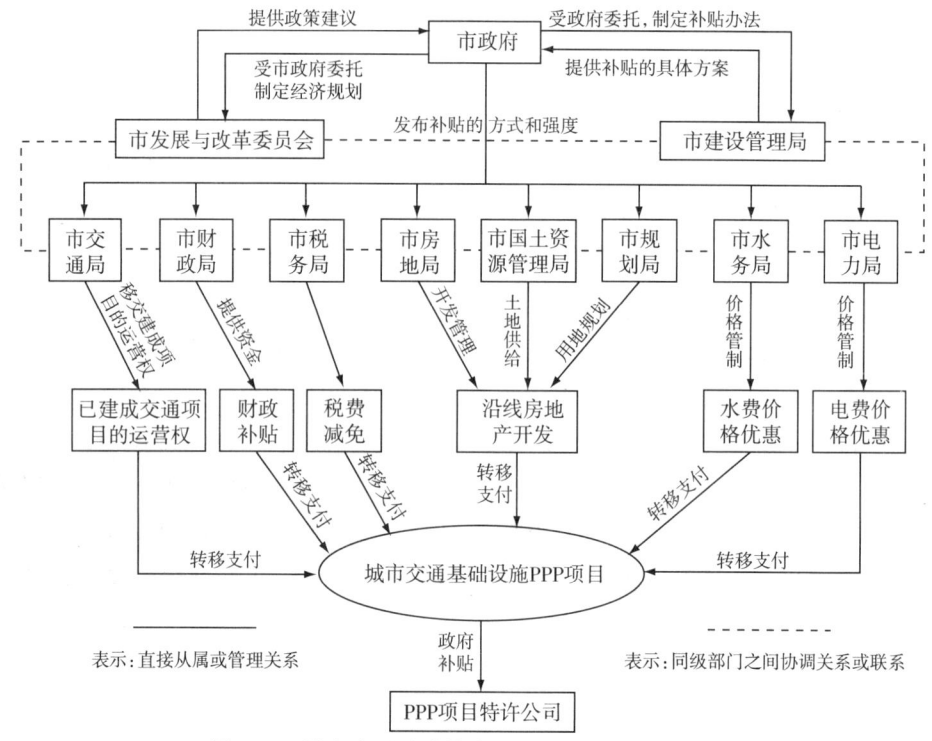

图 13.2 城市交通基础设施 PPP 项目政府补贴机制

P_2，PPP 项目对应的总收入为 CI_2（包含了主营业务外收入 CI_0）。PPP 项目总收入与客流量之间的函数关系曲线如图 13.3 所示，在预测客流量为 Q_{std} 的条件下，PPP 项目的政府补贴强度为

$$y(Q) = CI_2 - CI_1 = Q_{std}(P_c - P_g) \quad (13-7)$$

$$y(Q) = \sum_{i=1}^{n} X_i (i = 1, 2, 3, \cdots, n) \quad (13-8)$$

式中　X_1——已建成交通项目运营权收入补贴；

X_2——政府的财政补贴；

X_3——税费减免补贴；

X_4——沿线房地产开发收入补贴；

X_5——水费的价格优惠补贴；

X_6——电费价格的优惠补贴。

②隧道或大桥 PPP 项目政府补贴或收益分配模型。隧道或大桥 PPP 项目多属于经营性项目，政府给予项目的补贴非常有限，但为了提高投资者积极性，合理分担项目的风险，通常会在特许协议中规定项目政府补贴或收益分配的条件。如

第 13 章　PPP 项目政府补贴和收益分配

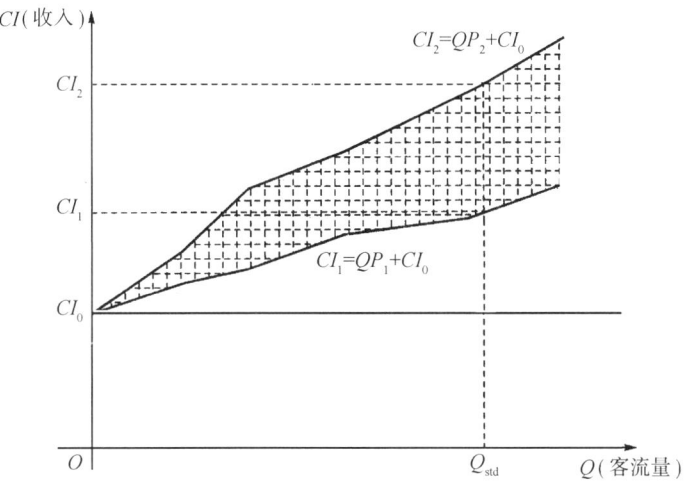

图 13.3　轻轨或地铁 PPP 项目政府补贴模型

当实际客流量 Q 小于合同约定的政府担保客流量 Q_{min} 时，政府应给予项目补贴；当实际客流量 Q 大于合同约定的标准客流量 Q_{std} 时，项目公司应与政府按合同约定对超额收益进行分配，如图 13.4 所示。

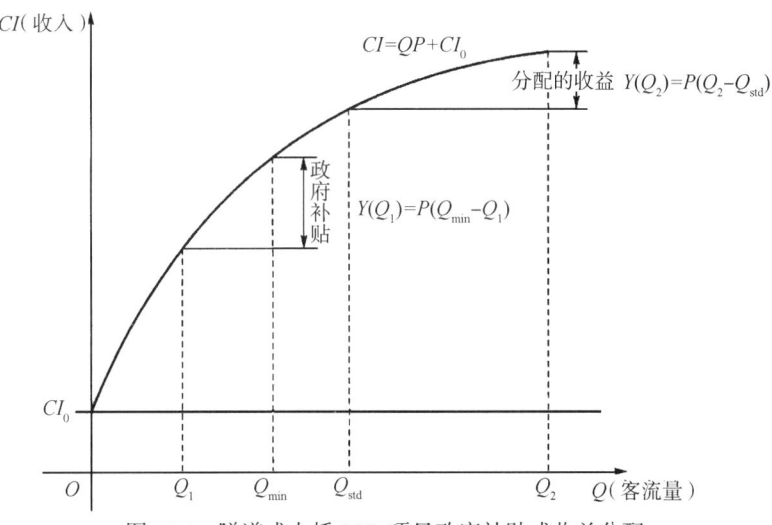

图 13.4　隧道或大桥 PPP 项目政府补贴或收益分配

13.4.2　城市交通基础设施 PPP 项目补贴或收益分配博弈模型

1. 政府补贴不完全信息动态博弈模型

按照中华人民共和国建设部 2004 年颁布的《市政公用事业特许经营管理办法》有关规定，对于城市交通基础设施 PPP 项目，政府和项目特许公司应在特许经营合同中明确项目产品/服务的价格,并对 PPP 项目给予必要的政府补贴。通常在项目产品/服务价格确定后,政府和特许公司对项目的政府补贴的强度进行谈判。项目的政府补贴应是根据 PPP 项目产后/服务价格、客流量或交通流量、运营成本以及特许公司合理的投资回报率确定,假设用 C 代表项目年均运营成本、Q_{std} 代表项目的年均客流量和交通流量、P_g 代表平均票价、P_c 代表项目收回投资和特许公司的合理利润的成本票价,则项目的政府补贴是 $nQ_{std}(P_c-P_g)$(以下用 N 代表自然,T 代表私营机构,Z 代表政府)。对于城市交通基础设施 PPP 项目年均运营成本,PPP 项目特许公司自己是知道的,而政府是不完全确定的。政府补贴谈判的博弈参与方有受政府委托对城市交通基础设施 PPP 项目进行管理的政府管理部门和项目公司两方。

(1)博弈假设

①假设博弈参与人政府和 PPP 项目公司是完全理性的。

②假设政府是廉洁的,被视为所做的决策是客观公正的、科学的。

③假设城市交通基础设施 PPP 项目的年均客运量或交通流量为 Q_{std},δ_1、δ_2($0<\delta_1<1,0<\delta_2<1$)分别为政府和 PPP 项目特许公司的贴现因子,且均为常数。

④假设城市交通基础设施 PPP 项目按基于合同设计和风险收益对等定价原理公式计算出的特许公司的成本票价为 P_c,项目公司知道该项目拥有高的年均运营成本 C_h 和成本票价 P_c^h 的概率为 $1-\alpha$,拥有低的年均运营成本 C_l 和成本票价 P_c^l 的概率为 α,这是私人信息,政府无法确切知道项目公司在项目上年均运营成本和成本票价高或低的概率,仅根据以前的经验来估计项目公司在项目上的年均运营成本 C 取 C_h 和 C_l($C_h>C_l\geq 0$)之间的任何一个值都有同样的可能性,即 C 在 $[C_l, C_h]$ 服从均匀分布,相应的 PPP 项目特许公司的成本票价 P_c 在 $[P_c^h, P_c^l]$ 上也服从均匀分布。另外按博弈定价模型计算出来的票价为 P_g,PPP 项目的特许经营期为 n 年。

⑤政府根据以前的经验估计 PPP 项目公司在城市交通基础设施项目上拥有高年均运营成本 C_h 和高成本票 P_c^h 的概率为 β,则拥有低年均运营成本 C_l 和低成本票价 P_c^l 的概率为 $2-\beta$。

⑥整个谈判至多持续两个阶段。在第一个阶段由参与人 T(PPP 项目公司)提出年均运营成本为 C^1 及对应的成本票价为 P_{c1},若参与人 Z(政府)接受,则博弈结束,参与人 T 所得支付为 $nQ_{std}P_{c1}$,参与人 Z 得到的支付为 $nQ_{std}(P_{c1}-P_g)$,某参与人拒绝,则博弈进入第二阶段。

⑦第二阶段博弈开始时,应由参与人 Z 提出运营成本 C^2 及对应成本价格 P_{c2},

若参与人 T 接受,则博弈结束。此时参与人 T 所得支付现值为 $\delta_2 nQ_{std}P_{c2}$,参与人 Z 得到的支付现值为 $\delta_1 nQ_{std}(P_g - P_{c2})$;若参与人 Z 拒绝,博弈也结束,此时两者的支付均为 0。

⑧ 参与人 T 在整个博弈过程中拥有完全信息,项目的运营成本及成本票价是私人信息,不为参与人 Z 知道,即参与人 Z 拥有不完全信息,参与人 T 先行动。

(2) 政府补贴不完全信息动态博弈模型

对模型进行假设后,下面将对城市交通基础设施 PPP 项目政府补贴的不完全信息动态博弈加以描述。项目的政府补贴实际上是一个讨价还价博弈,其贝叶斯博弈树如图 13.5 所示。首先作为虚拟参与人"自然"先行动,"自然"随机地选择 PPP 项目公司的类型,即项目公司年均运营成本及成本票价的高低。在"自然"选择了项目公司的类型后,项目公司开始行动。如果项目公司拥有高年均运营成本及高成本票价并提出为 C_h^1 和 P_{c1}^h,反之若项目公司拥有低年均运营成本和低成本票价分别为 C_1^1、P_{c1}^1,与之相应的政府补贴可能接受也可能被政府拒绝。如果政府接受项目特许公司提出的与年均运营成本和成本票价 C_h^1、P_{c1}^h 和 C_1^1、P_{c1}^1 相应的补偿,则政府的支付分别为 $nQ_{std}(P_g - P_{c1}^h)$ 或 $nQ_{std}(P_g - P_{c1}^1)$。如果政府拒绝了项目公司提出的与上述年均运营成本相应的政府补贴,接下来轮到政府出价。在第二阶段的谈判中,假设政府提出的年均运营成本和成本票价为 C^2、P_{c2},如果项目公司在第一阶段出价中提出的年均运营成本和成本票价分别为 C_1^1、P_{c1}^1,那么政府会认为项目公司拥有的年均运营成本和成本票价分别为 C_1、P_c^1,为了最大化其效用,政府还价 $C^2 = C_1$ 及 $P_{c2} = P_c^1$,并且其期望的支付现值为 $\delta_1 nQ_{std}(P_g - P_c^1)$。如果项目公司提出的年均运营成本和成本票价分别为 C_h^1、P_{c1}^h,那么政府会认为特许公司是高年均运营成本 C_h 和高成本票价 P_c^h,为了最大化其效用,政府还价 $C^2 = C_h$ 及 $P_{2c} = P_c^h$,并且其期望的支付为 $\delta_1 nQ_{std}(P_g - P_c^h)$。

2. 政府补贴博弈模型求解

(1) 完美贝叶斯均衡

一个完美的贝叶斯均衡由满足以下的 4 个策略与信念构成:

①在每一个信息集,在该集具有行动的参与人关于博弈达到信息集中的每一个结必须有一个信念。

②在给定的信念下,参与人的策略必须是序贯理性的。就是说,在每一个信息集,参与人所采取的行动(以及参与人往后的行动)在给定该参与人在该信息集上的信念与其他参与人以后的策略下必须是最优的。

③参与人在均衡路径上信息集的信念,是通过贝叶斯法则与参与人的均衡策

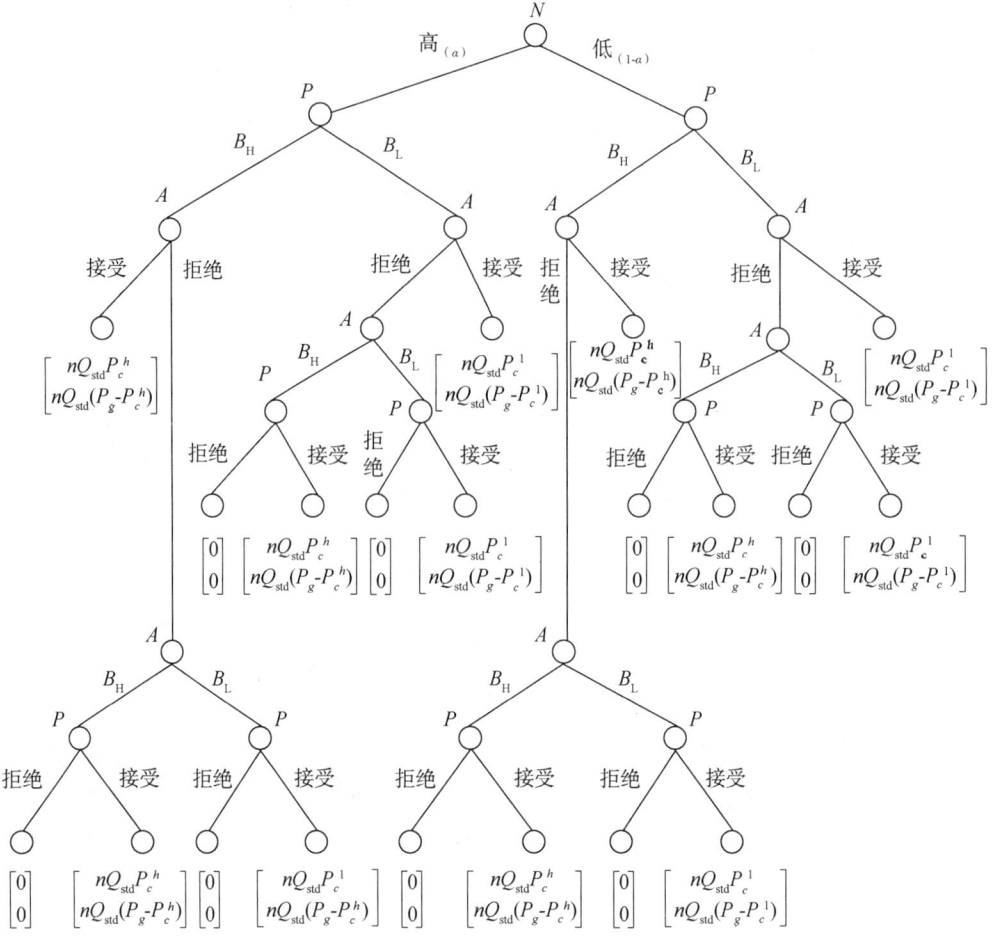

图13.5 政府补贴不完全信息动态博弈树

略来确定的。

④在非均衡路径上信息集的信念通过贝叶斯法则和参与人的可能的均衡策略来确定。

（2）政府补贴博弈模型求解的过程

政府补贴博弈是一个有限的贝叶斯博弈，因此一定存在着贝叶斯纳什均衡。下面将采用贝叶斯法则求解其纳什均衡，以及纳什均衡下政府和PPP项目特许公司相应的报价策略。

对于项目特许公司来说，其纳什均衡应满足在第一阶段出价时使得政府无法辨别应该接受还是拒绝，即使政府接受后的支付与政府拒绝后反出价获得的支付相等。因此，项目特许公司是低年均运营成本和成本票价时，它的出价 P_{c2}^l 应满足下式：
$$nQ_{std}(P_g - P_{c1}^1) = \delta_1[nQ_{std}(P_g - P_c^1)] \tag{13-9}$$

即可得
$$P_{c1}^1 = (1-\delta_1)P_g + \delta_1 P_c^1 \tag{13-10}$$

同理，当项目特许公司是高年均运营成本和成本票价时，它的出价 P_{c1}^h 应满足以下等式：
$$nQ_{std}(P_g - P_{c1}^h) = \delta_1[nQ_{std}(P_g - P_c^h)] \tag{13-11}$$

即可得
$$P_{c1}^h = (1-\delta_1)P_g + \delta_1 P_c^h \tag{13-12}$$

通过以上分析，可得出 PPP 项目公司在第一阶段的报价 P_{c1}^1 应满足式(13-10)的要求，而报价 P_{c1}^h 应满足式(13-12)的要求。由于政府并不确切知道 PPP 项目特许公司的类型，因此项目公司的最优策略是采取混合策略：在低年均运营成本和成本票价时以概率 ξ 报价 P_{c1}^h，以概率 $1-\xi$ 报价 P_{c1}^1；而高运营成本时总是报价 P_{c1}^h。

在上述情况下，政府应该如何选择自己的策略呢？根据前面的假设可知，PPP 项目公司的原价信息是私人信息，政府无法确切知道项目公司在项目上年均运营成本和成本票价的高低，仅根据以前的经验来估计其高低的概率。政府观察到项目公司的报价行为后，它将从项目公司的报价中获取信息，并以贝叶斯法则更新其原有的信念。为了讨论方便，记 M_1 为事件"PPP 项目公司有低年均运营成本和成本票价"，M_2 为事件"PPP 项目公司有高年均运营成本和成本票价"，N 为事件"PPP 项目特许公司报价 P_{c1}^h"。政府通过贝叶斯法则来计算项目公司报 P_{c1}^h 时为低年均运营成本和成本票价的概率。

根据贝叶斯法则，得
$$P\left(\frac{M_1}{N}\right) = \frac{P\left(\frac{N}{M_1}\right)P(M_1)}{P\left(\frac{N}{M_1}\right)P(M_1) + P\left(\frac{N}{M_2}\right)P(M_2)} \tag{13-13}$$

根据前面的假设有 $P\left(\frac{N}{M_1}\right)=\xi$、$P(M_1)=\alpha$、$P(M_2)=1-\alpha$、$P\left(\frac{N}{M_2}\right)=1$，并将其代入式(13-13)中可以得
$$P\left(\frac{M_1}{N}\right) = \frac{\alpha\xi}{1+\alpha\xi-\alpha} \tag{13-14}$$

根据贝叶斯法则，政府可以计算出 PPP 项目公司在报价 C_h^1 和 P_{c1}^h 时确为低年

均运营成本,成本票价的概率是 $\dfrac{\alpha\xi}{1+\alpha\xi-\alpha}$。因此,政府为了最大化自己的效用,获得理想的支付,其最佳的策略也应采取混合策略,即以概率 $\dfrac{\alpha\xi}{1+\alpha\xi-\alpha}$ 拒绝项目公司报价 C_h^1 和 P_{c1}^h,以概率 $1-P\left(\dfrac{M_1}{N}\right)=\dfrac{1-\alpha}{1-\alpha+\alpha\xi}$ 接受项目公司报价 C_h^1 和 P_{c1}^h,总是接受项目公司报价 C_1^1 和 P_{c1}^1。如果政府接受了项目公司报价 C_h^1 和 P_{c1}^h,那么政府获得的支付为 $nQ_{std}(P_g-P_{c1}^h)$;如果政府拒绝了项目公司的报价 C_h^1 和 P_{c1}^h,并且还价 C_1 和 P_c^1,政府获得的支付为 $P\left(\dfrac{M_1}{N}\right)\times\delta_1[nQ_{std}(P_g-P_c^1)]$。

下面再考虑项目公司的策略,上面已经指出其最优策略是:在低年均运营成本和成本票价时,以概率 ξ 报价 C_h^1 和 P_{c1}^h,以概率 $1-\xi$ 报价 C_1^1 和 P_{c1}^1,在高年均运营成本和成本票价时总是报价 C_h^1、P_{c1}^h。最为理性的项目公司,也完全知道政府通过贝叶斯法则来更新其信念。因此,PPP 项目特许公司在报价时要使得政府无法分辨接受还是拒绝,即它报价 P_{c1}^h 时应该满足下式:

$$nQ_{std}(P_g-P_{c1}^h)=P\left(\dfrac{M_1}{N}\right)\times\delta_1[nQ_{std}(P_g-P_c^1)]=\dfrac{\alpha\xi}{1+\alpha\xi-\alpha}\times\delta_1[nQ_{std}(P_g-P_c^1)]$$

可得项目公司在低年均运营成本和成本票价时报 P_{c1}^h 的概率 ξ 满足下式要求:

$$\xi=\dfrac{(1-\alpha)(P_g-P_{c1}^h)}{\alpha\xi_1(P_g-P_c^1)+\alpha(P_{c1}^h-P_g)} \quad (13-15)$$

因此,项目公司在低年均运营成本和成本票价时报 P_{c1}^1 的概率 $1-\xi$ 为

$$1-\xi=\dfrac{\alpha\delta_1(P_g-P_c^1)-(P_g-P_{c1}^h)}{\alpha\delta_1(P_g-P_c^1)+\alpha(P_{c1}^h-P_g)} \quad (13-16)$$

因此,将式(13-15)代入式(13-16)可得 PPP 项目特许公司报价 P_{c1}^h 时为低年均运营成本和成本票价的概率为

$$P\left(\dfrac{M_1}{N}\right)=\dfrac{(1-\alpha)(P_g-P_{c1}^h)}{\delta_1(P_g-P_c^1)+\alpha(P_{c1}^h-P_g-1)} \quad (13-17)$$

继而可求出项目特许公司报价 P_{c1}^h 时为高年均运营成本和成本票价的概率为

$$1-P\left(\dfrac{M_1}{N}\right)=\dfrac{\delta_1(P_g-P_c^1)-(P_g-P_{c1}^h+\alpha)}{\delta_1(P_g-P_c^1)+\alpha(P_{c1}^h-P_g-1)} \quad (13-18)$$

3. 政府补贴博弈模型结果分析

根据对城市交通基础设施 PPP 项目政府补贴博弈模型的求解,可得出该讨价

还价博弈模型的贝叶斯精练纳什均衡如下:

(1) PPP 项目特许公司的策略

① 项目公司在低年均运营成本和成本票价时以概率 $\xi = \dfrac{(1-\alpha)(P_g - P_{c1}^h)}{\alpha\delta_1(P_g - P_c^l) + \alpha(P_{c1}^h - P_g)}$,报价 $P_{c1}^h = (1-\delta_1)P_g + \delta_1 P_c^h$,以概率 $1 - \xi = \dfrac{\alpha\delta_1(P_g - P_c^l) - (P_g - P_{c1}^h)}{\alpha\delta_1(P_g - P_c^l) + \alpha(P_{c1}^h - P_g)}$ 报价 $P_{c1}^l = (1-\delta_1)P_g + \delta_1 P_c^l$。

② PPP 项目公司在高年均运营成本和成本票价时报价 $P_{c1}^h = (1-\delta_1)P_g + \delta_1 P_c^h$。

(2) 政府的策略

① 政府以概率 $P\left(\dfrac{M_1}{N}\right) = \dfrac{(1-\alpha)(P_g - P_{c1}^h)}{\delta_1(P_g - P_c^l) + \alpha(P_{c1}^h - P_g - 1)}$ 接收项目公司报价 $P_{c1}^h = (1-\delta_1)P_g + \delta_1 P_c^h$。

② 政府以概率 $1 - P\left(\dfrac{M_1}{N}\right) = \dfrac{\delta_1(P_g - P_c^l) - (P_g - P_{c1}^h + \alpha)}{\delta_1(P_g - P_c^l) + \alpha(P_{c1}^h - P_g - 1)}$ 拒绝项目公司报价 $P_{c1}^h = (1-\delta_1)P_g + \delta_1 P_c^h$。

③ 政府总是接受项目公司报价 $P_{c1}^l = (1-\delta_1)P_g + \delta_1 P_c^l$。

13.4.3 城市交通基础设施 PPP 项目政府补贴博弈合谋

1. 合谋及政府补贴合谋动因

合谋(collusion),通俗地表达即是勾结。合谋有两种类型:一是进行合谋的代理人在地位上平等,即高效率的代理人和低效率的代理人在委托人面临着效率与信息租金的权衡时,可能会结成联盟,从而出现混同均衡的状况;二是进行合谋的代理人之间存在着等级上的控制与被控制关系,即代理人和监管者之间的合谋。产生合谋现象一般需要有三个条件:一是多代理人(包括多层级),当只有一个代理人时,就不存在代理人之间的合谋。二是权力(包括评价其他代理人绩效的权力和决策权限)。如果一个代理人没有这些权力,可以说他就不可能为他人带来额外效用,其他代理人也就没有激励性与其合谋。三是委托代理双方信息不对称,当这三个基本条件同时存在时,合谋行为就有可能发生。

采用 PPP 模式建设的城市基础设施项目,因项目票价收入不能回收项目投资并达到预期收益率,政府应按合同规定给予项目公司一定的补贴,其涉及的主体包括政府、政府管理部门和项目公司。政府的管理部门作为项目的代理人与政府之间是委托代理关系,并接受政府的监督。社会资本为了追求自身利益最大化,可能产生寻租行为,政府管理部门与私营机构之间可能形成一种基于寻租行为的博弈合谋关系。

(1) 利益的依存性——合谋的前提条件

PPP项目公司投资的目的是获取利润,按与政府签订的特许协议建设和运营项目并以利益最大化为目标。而项目特许经营协议中的政府补贴条款意味着政府造成的任意的或人为的稀缺,这种稀缺意味着租金的潜在性。项目公司作为理性的"经济人",有着自己明确的偏好,利润的追求是其本质特征,这就意味着寻租的可能性。因此,特许公司为了实现自身利益的最大化,向政府管理部门的官员及公务人员行贿,换取政府补贴的部分租金收益,也不失为一种理性选择。

从政府管理部门的角度看,在府补贴的特许权分配上具有一定控制权,而政府补贴的分配影响着特许公司的项目利润。如果政府管理部门的官员及公务人员完全按照法律、准则、特许协议和道德规范等努力工作,他们将得不到什么额外收益。总之,他们对上述制度、政策执行的态度可能取决于其额外的收益和可能的成本分析的结果。而通常PPP项目公司为了获取潜在的租金,贿赂政府管理部门的官员及公务人员,以最大化其收益。因此,PPP项目公司和政府管理部门的官员及公务人员之间很容易形成一种合谋,最后导致政府和公众利益的损失。

(2) 信息不对称——合谋的基础

信息不对称是一个非常普遍的现象,指交易中某些参与者拥有另一些参与者所不知道的私人信息。通常情况下参与者从自身利益出发,有信息优势的参与者会以此向信息劣势的参与者寻租,而后者则会采取一些措施获取前者的私人信息,以便采取对策。PPP项目在政府补贴问题上,信息不对称不仅存在于政府管理部门和项目特许公司之间,而且也存在于政府和政府管理部门之间。

首先,从政府管理部门和特许公司的关系来看,在政府与社会资本合作过程中,特许公司和政府签订特许协议,并按照特许协议规定对PPP项目进行资金筹集、建设和特许经营活动。政府管理部门受政府委托须按照特许协议的要求为PPP项目建设、运营的项目公司提供必要的服务和进行管理。由于政府管理部门不直接参与到PPP项目的建设和运营活动中,因而对项目的建设和运营活动中的有关问题(如项目的运营成本等)不具有完全信息,而项目公司在项目中的建设和运营活动的性质,使得其掌握了PPP项目建设和运营的全部私人信息。

其次,政府管理部门(代理人)受政府(委托人)的委托对PPP项目建设、运营进行监督和管理,反映代理人对项目定价和补贴履行情况的信息由于其生成过程由代理人一手把持,委托人处于信息劣势的地位,于是又形成了政府管理部门(代理人)的"私人信息",政府(委托人)无法确切知道,这些信息对于政府来说属于不完全信息。当政府管理部门的工作人员为非廉政型时,社会资本为了最大化自身的利益,就会向政府主管部门的工作人员寻租,政府主管部门项目公司之间的政府补贴合谋行为就会产生。

(3)监管机制的失调——合谋的直接原因

政府主管部门和项目公司之间的合谋行为之所以能够实现,归根到底是由于我国城市交通基础设施PPP项目在定价和补贴上存在着监管机制的失调。例如,在轻轨或地铁PPP项目的监管体系中,定价和补贴监管由市发展与改革委员会负责,具体来说其代表政府履行政府补贴决策与管理职能,而在监管机制中缺乏对发展与改革委员会补贴水平合理性监督的有关监督部门。由此可见,我国城市交通基础设施PPP项目的政府补贴在监管上存在弱化,处于失衡状态,这就为合谋创造了先天条件。

2. 政府补贴合谋的博弈模型与求解

PPP项目政府补贴中,项目公司可供选择的策略有寻租与不寻租;政府可供选择的策略有监督与不监督;而监督的可能结果有查处违规与未查处违规;政府管理部门的行动选择有遵纪守法不参与合谋和腐败参与合谋。就信息而言,政府对受委托代理人政府管理部门和项目公司的行为不能及时、完全把握,而作为代理人的政府管理部门和特许公司对委托人政府的行动及力度也很难以准确得知。可见,三者间信息是不完全的。

(1)基本假设

① 假设博弈参与人政府、政府管理部门和项目公司是有限理性的。

② 假设政府对自己的代理人政府管理部门的行为进行监督的概率是 α,不进行监督的概率为 $1-\alpha$;且为政府进行监督检查并成功查证的概率是 γ,而未能成功查证的概率是 $1-\gamma$。

③ 假设项目公司向政府管理部门寻租的概率是 β,则不寻租的概率是 $1-\beta$。

④ 假设项目公司向政府管理部门寻租,政府管理部门参与合谋的概率是 μ,不参与合谋的概率是 $1-\mu$。

⑤ 假定项目公司在不寻租的情况下政府给予的项目政府补贴为 B,通过寻租特许公司与政府管理部门合谋后获得补贴为 $T(T>B)$,假定政府管理部门的灰色收入为 H,政府的实施监督所付出的成本是 C(一般情况下有 $B+H<T$)。

⑥ 假设政府管理部门和特许公司在项目的政府补贴问题上不进行合谋,政府

也不监管,三者的效用分别为 0、0、0。

⑦假设政府进行监督检查并成功查处后对政府管理部门的罚款为 mH,对项目公司的罚款为 $n(T-B)$。

(2) 政府补贴合谋博弈模型描述

对模型进行假设后,下面将对 PPP 项目政府补贴问题的政府管理部门和项目公司之间的合谋博弈模型加以描述。根据前面对合谋形成的条件及政府补贴合谋动因分析可知,项目公司和政府管理部门的官员及公务人员之间是很容易形成合谋的,其合谋的博弈树如图 13.6 所示。政府实施监管并成功查证条件下,项目公司向政府管理部门寻租,政府管理部门参与合谋,则三者的支付分别是 $-(m-1)H$、$-(n-1)(T-B)-H$、$mH+n(T-B)-C$;若特许公司向政府管理部门寻租,而政府管理部门未参与合谋,则三者的支付分别是 0、0、$-C$;政府实施监管并成功查证条件下,政府管理部门未参与合谋时,则三者的支付分别是 0、0、$-C$;政府实施监管并未查证成功条件下,项目公司未向政府管理部门寻租,则三者的支付分别是 0、0、$-C$;政府未实施监管条件下,项目公司向政府管理部门寻租,政府管理部门参与合谋,则三者的支付分别是 H、$T-H-B$、$B-T$,若政府管理部门未参与合谋,则三者的支付分别是 0、0、0;政府未实施监管条件下,而项目公司也未向政府管理部门寻租,则三者的支付分别是 0、0、0。

(3) 政府补贴合谋博弈模型求解

①当社会资本向政府管理部门寻租,政府管理部门参与合谋时,政府进行监督和不进行监督的期望收益如下:

政府进行监督的期望收益为

$$F(\alpha) = \gamma\{\beta[\mu mH + \mu n(T-B) - \mu C - (1-\mu)C] - C(1-\beta)\} + (1-\gamma)[\beta\mu(B-T-C) - \beta(1-\mu)C - (1-\beta)C]$$

政府不进行监督的期望收益为

$$F(1-\alpha) = \beta[(1-\mu) \times 0 + \mu(B-T)]$$

当政府进行监督和不进行监督的期望收益无差异时,就得到政府在博弈均衡时私营机构向政府管理部门寻租并合谋的最优概率。

令

$$F(\alpha) = F(1-\alpha)$$

则

$$F(\alpha) = \mu\beta[\gamma \times mH + \gamma \times n(T-B) - (1-\gamma)(T-B)] - C$$
$$= F(1-\alpha) = \mu\beta \times (B-T)$$

第13章 PPP项目政府补贴和收益分配

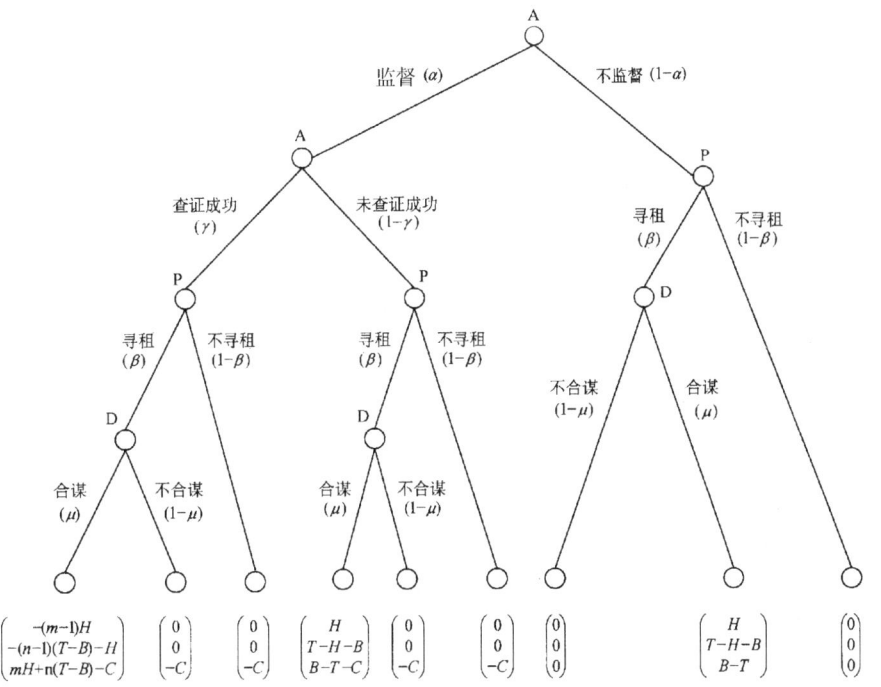

图13.6 政府补贴合谋博弈树

即

$$\mu\beta[\gamma \times mH + \gamma(1+n)(T-B)] - C = 0$$

$$\mu\beta = \frac{C}{\gamma[mH + (n+1)(T-B)]} \quad (13-19)$$

②当政府以概率 α 进行监督时,政府管理部门参与合谋和不参与合谋的期望收益分别如下:

政府管理部门参与合谋的期望收益为

$$U(\mu) = \alpha\{\gamma[-\beta(m-1)H] + (1-\gamma)\beta H\} + (1-\alpha)\beta H$$

政府管理部门不参与合谋的期望收益为

$$U(1-\mu) = \alpha[\gamma\beta \times 0 + \beta(1-\gamma) \times 0] + (1-\alpha)\beta \times 0 = 0$$

令

$$U(\mu) = U(1-\mu)$$

则

$$U(\mu) = \beta H - \alpha\gamma\beta mH = U(1-\mu) = 0$$

$$\alpha = \frac{1}{\gamma \times m} \quad (13-20)$$

③当政府以概率α进行监督时,社会资本寻租和不寻租的期望收益分别如下:

社会资本寻租的期望收益为

$$Y(\beta) = \alpha\{\gamma\mu[-(n-1)(T-B)-H] + \gamma(1-\mu) \times 0 + (1-\gamma)\mu(T-B-H) + (1-\gamma)(1-\mu) \times 0\} + (1-\alpha)\mu(T-B-H)$$

社会资本不寻租的期望收益为

$$Y(1-\beta) = 0$$

令

$$Y(\beta) = Y(1-\beta)$$

则

$$Y(\beta) = -\alpha\mu\gamma \times n(T-B) + \mu(T-B-H) = Y(1-\beta) = 0$$

$$\alpha = \frac{T-B-H}{\gamma \times n \times (T-B)} \tag{13-21}$$

根据以上分析,可得出该模型的混合战略纳什均衡为

$$\{\mu\beta = \frac{C}{\gamma[mH + (n+1)(T-B)]}, \alpha = \frac{1}{\gamma \times m}\}$$

或

$$\{\mu\beta = \frac{C}{\gamma[mH + (n+1)(T-B)]}, \alpha = \frac{1}{\gamma \times m}, \alpha = \frac{T-B-H}{\gamma \times n \times (T-B)}\}$$

3. 政府补贴合谋均衡解的理论指导意义及机制设计

PPP项目政府补贴合谋的博弈均衡解,可从政府、政府管理部门和项目公司三者角度分析得出以下结论:

(1) PPP项目公司向政府管理部门以概率β寻租,政府管理部门以概率μ合谋的情况

① 当$\mu\beta > \frac{C}{\gamma[mH + (n+1)(T-B)]}$时,作为理性的经济主体,政府应选择监督。

② 当$\mu\beta < \frac{C}{\gamma[mH + (n+1)(T-B)]}$时,作为理性的经济主体,政府应选择不监督。

③ 当$\mu\beta = \frac{C}{\gamma[mH + (n+1)(T-B)]}$时,作为理性的经济主体,政府可随机地选择监督。

PPP项目公司和政府管理部门合谋的最优概率是$\mu\beta =$

$\dfrac{C}{\gamma[mH+(n+1)(T-B)]}$。假定社会资本的贿赂成本 H 与合谋前后政府补贴差 $T-B$ 成比例,且上述比例既定情况下,显然合谋的最优概率 $\mu\beta$ 与政府的监督成本 C 成正比,与政府查证成功率 γ 和查处后对政府管理部门及社会资本惩罚的倍数 m、n 成反比,从而也使得合谋的程度降低。

(2) 从政府管理部门和项目特许公司合谋的角度看

① 当政府监督概率 $\alpha > \dfrac{1}{\gamma \times m}$ 时,作为理性的经济主体,政府管理部门会选择不合谋。

② 当政府监督概率 $\alpha < \dfrac{1}{\gamma \times m}$ 时,作为理性的经济主体,政府管理部门会选择合谋。

③ 当政府监督概率 $\alpha = \dfrac{1}{\gamma \times m}$ 时,作为理性的经济主体,政府管理部门会随机选择合谋与不合谋,此时的概率 $\alpha = \dfrac{1}{\gamma \times m}$ 为政府的最优监督概率。

政府进行监督的最优概率 $\alpha = \dfrac{1}{\gamma \times m}$,且最优概率 α 与查证成功率 γ 和查证成功后对政府管理部门惩罚的倍数 m 成反比。因此为了有效降低政府进行监督的概率,可以提高查证成功率和加大对政府管理部门合谋的惩罚力度,从而也使得合谋的程度降低。

(3) 从社会资本寻租角度来看

① 当政府监督概率 $\alpha > \dfrac{T-B-H}{\gamma \times n \times (T-B)}$ 时,作为理性的经济主体,社会资本将选择不寻租。

② 当政府监督概率 $\alpha < \dfrac{T-B-H}{\gamma \times n \times (T-B)}$ 时,作为理性的经济主体,社会资本将选择寻租。

③ 当政府监督概率 $\alpha = \dfrac{T-B-H}{\gamma \times n \times (T-B)}$ 时,作为理性的经济主体,社会资本将随机选择寻租和不寻租,此时的概率 $\alpha = \dfrac{T-B-H}{\gamma \times n \times (T-B)}$ 为政府进行监督的最优概率。

政府进行监督的最优概率 $\alpha = \dfrac{T-B-H}{\gamma \times n \times (T-B)}$，假定特许公司的贿赂成本 H 与合谋前后政府补贴差 $T-B$ 成比例，且上述比例既定。政府的最优监管概率 α 与查证成功率 γ 和对特许公司的惩罚力度 n 成反比，为了降低政府的最优监管概率 α，可以提高查证成功率 γ 和加大对项目公司寻租的惩罚力度 n，从而也使得合谋的程度降低。

第 14 章 项目绩效评价

绩效评价作为对公共资源的使用和管理的一种有效衡量、评价与监督手段,在英美等发达国家的发展已有近百年的历史,并逐步形成各具特色的绩效评价体系。对 PPP 模式应用绩效评价是从政治、经济、社会、生态等多方面,是对各种成本与效益进行的一种科学评估。

这种评价的目的,在于通过全面的总结,不断提高 PPP 项目决策、设计、施工、管理、运营的水平,达到合理利用资金、提高投资效益、改进管理、促进生态平衡、提高公共产品的供应能力和质量、公众福利最大化等目的,同时为制定相关政策等提供科学依据。绩效评价应当是 PPP 模式运作的重要组成部分,是其全生命周期中不可缺少的信息反馈环节。

通过绩效评价,反映出项目决策过程、建设过程和运营阶段中出现的一系列问题,并将各类信息反馈到管理决策部门,可以检验项目投资决策的正确与否,促进项目全生命周期中各项工作不断改善,从而构成完整的绩效管理系统。同时通过有效的绩效管理不断促进 PPP 模式在我国应用的规范化、标准化,向社会资本和公众展现良好的政府形象,从而更好地吸收社会资本,推动基础设施的建设和运营,更加符合新公共管理理论,实现政府的有效运营。

因而,通过明确基础设施 PPP 项目的绩效目标与内容,找出项目绩效的影响因素,形成系统的绩效管理系统,建立合适的绩效评价方法,进而构建促进绩效进一步提高的绩效激励机制,并以此来深入研究 PPP 项目的费用、工期、服务质量、公众满意、合作方式等,可以为 PPP 项目明确正确的发展路径,促进 PPP 项目创造出最大的产出。

14.1 项目全生命周期的价值管理

建设项目全生命周期价值管理(Life Cycle Value Management,LCVM)是为建筑产品在全生命周期内达到社会或企业的最大价值而采用一系列的管理过程,是全生命周期管理与价值管理的结合,全生命周期追求的是建筑产品的基本目标:进度、质量、投资、安全、职业健康和环境,价值管理是其中的一部分内容。LCVM 除了力争使建筑产品"从有到无"过程中花费的总成本最低,同时还考虑了时间、质量、功能、符合性以及项目对于社会和环境的影响等多种因素。也就是说,全生命周期的价值体现在成本、时间、质量、功能、符合性以及项目对于社会和环境的影响等多个方面。因此,全生命周期的价值大小更能全面地反映项目综合管理效益的好坏。

价值管理在产品开发和建设项目的前期决策中被广泛应用,并在全生命周期中被多次应用。在不同阶段应用价值管理,其对整个产品或建设项目的影响是不一样的,应用的最终效果也是不一样的。在决策的前期,在更早的阶段和更高的层次上发挥效力,在产品开发和生产的不同阶段中多次应用价值管理,已经成为实践中一种新需要和新趋势。要将价值管理和全生命周期管理相结合,充分运用全生命周期价值管理方法,对项目全生命周期价值进行分析和控制的实质就是对各种不同的备选方案进行价值分析,实现工程项目全生命周期价值。正确运用该方法从众多方案中选择最优方案,可以控制项目全生命周期成本,达到最佳的全生命周期价值。

14.1.1 全生命周期管理的各个阶段

在建设项目全生命周期内的不同阶段,价值管理的侧重点与方法也是不同的。图 14.1 指出了在不同阶段应用的价值管理方法。将建设项目分为决策—设计—施工—运营四个重要的阶段,各个阶段的价值管理实施各有不同。图 14.1 同时指出了在不同阶段价值管理的介入点。

1. 决策阶段

在建设项目最初的决策阶段中,业主的主要任务是确定项目的实施方向,如项目类型、发包模式、项目选址、项目的技术经济目标等。因而,此阶段的价值管理应着重于如何挑选合适的项目实施、在什么地点实施、希望项目实现怎样的功能、完成何种经济指标,为项目的实施奠定良好的基础。

2. 设计阶段

设计阶段的价值管理对于建筑产品最终价值的实现具有重大的意义,建筑产品成本节约的最大可能阶段就是在设计阶段。随着设计工作的进一步开展,建筑产品的构成进一步明确,成本可以优化的空间越来越小,同时优化的限制越来越

第 14 章 项目绩效评价

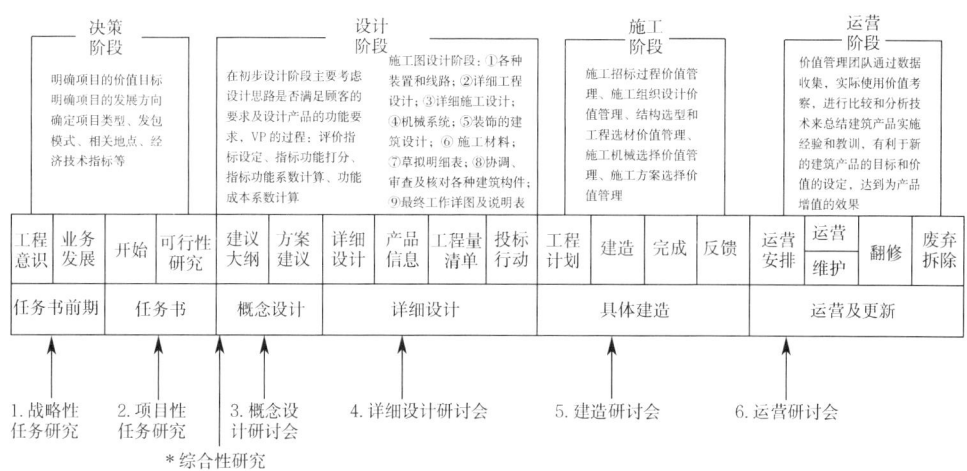

图 14.1 建设项目价值管理的各个阶段

多。因而,在设计阶段进行价值管理,能够更好地发挥设计的创造性、满足社会需要、使价值转化为设计因素,并能大幅度提高投资经济效益。

3. 施工阶段

施工阶段在建筑产品价值形成过程中占着极为重要的地位,是将物化劳动和活劳动转化为建筑产品的使用功能和价值。同时,施工阶段相对于设计阶段来说,是一个比较漫长的阶段,虽然施工阶段对总造价的影响程度较小,但通过施工阶段的价值管理,可以检查设计阶段的价值管理效果,提高设计的水平和质量,提高建筑产品的使用功能和使用价值,提高建筑产品的整体价值。在传统的目标管理模式下,质量、成本、进度这三大目标往往会顾此失彼,带来不必要的损失。进行价值管理可以弥补这方面的不足,价值管理从功能分析入手,强调的是建筑产品功能提高和成本合理降低的有机结合,符合可持续发展和循环经济的思想,促进资源的合理节约。

4. 运营阶段

运营阶段在建筑产品全生命周期中占据的时间最长,一般要占到 90% 以上,在这漫长的周期里,建筑产品充分发挥着本身的使用价值和功能,同时投入的运营和维修费用也非常巨大,因此价值管理的意义十分重大。但是建筑产品在该阶段的价值管理目前发展十分缓慢,一般在维修方案或设备更新方案的优选、拆除重建或折旧利用的比较中进行价值管理,如果是商业建筑还可能会在运营模式的选择上应用价值管理。

14.1.2 PPP 项目价值管理的机构设置

PPP 项目中集成了政府和社会资本双方，政府和社会资本双方在 PPP 项目中共担风险，共享收益，共同对项目的决策、设计、施工和运营负责。实施 PPP 价值管理有着独特的优势，也更能够提高建筑产品的价值。

PPP 项目中由于有多种资本的注入，资本结构复杂，利益相关方众多，具体负责 PPP 项目运作的是 PPP 项目公司（Special Purpose Vehicle，SPV），这一机构也是 PPP 模式中最适合负责价值管理的。以北京地铁 4 号线为例说明这一问题（如专栏三十七和图 14.2 所示）。

项目公司在 PPP 项目中居于核心地位。项目公司一方面需要深入参与 PPP 项目的决策阶段，在签订的特许协议中对于项目的建设标准、运营标准和特许期结束后的项目设施移交标准都需要与政府展开细致的讨论，项目运营期的收费和管理也应当在谈判阶段充分考虑。项目公司集成了各个利益相关方的利益与需求，政府和社会资本双方都会参与项目公司的组建，双方的利益都会得到体现，故而双方都应承担相应的责任。在这种情况下，项目公司负责项目的价值管理是合适而自然的，同时它也应具备相应的能力。通常对于价值管理的团队，从全生命周期价值管理的角度出发，成员应包括投资咨询师、项目管理师、建筑师、勘测设计各专业工程师、监理工程师、造价工程师、建造师、施工单位项目经理、物业管理师等专业技术和管理人员等。而项目公司正是由多种专业人士构成，在北京地铁 4 号线的项目公司中，成员由北京市基础设施投资有限公司、香港地铁公司和北京首都创业集团有限公司组成，这个联营体既有社会资本也有国资委下属的企业，同时具有投资、施工和运营的专业技能，因而项目公司有着自身的技术优势，可以确保价值管理实施的关键成功因素的达成，可以对项目可选择方案进行评估。价值管理是以经验为基础的，同时相关团队也应当对 PPP 项目当前和长期的目标有着充分的认识，对提高 PPP 项目的价值有必要的紧迫感。项目公司的团队经过精挑细选，具有相关项目的经验，团队成员都有着共同价值目标——促进 PPP 项目的绩效提高，对未来的风险和不确定性有着必要的准备，并且希望能够从 PPP 项目中获得稳定的收益来回报投资，因而项目公司是实施价值管理主体的最优选择。

第14章 项目绩效评价

专栏三十七:北京地铁4号线的项目公司及其构成

北京地铁4号线由北京市基础设施投资有限公司(Beijing Infrastructure Investment Corporation,BIIC)与香港地铁公司(Hong Kong Mass Transit Railway Corporation,MTR)、北京首都创业集团有限公司(Beijing Capital Group Ltd.,BCG)合作成立项目公司,特许经营列车及机电设备的投资建设和4号线的运营,成为国内首例以PPP模式运作的地铁项目。

项目所有投资建设任务被划分为A、B两部分。A部分占总投资的70%,约107亿元,包括征地拆迁、土建工程(包括地铁车站、洞体、车辆段和停车场部分)、轨道、人防工程等,其投资与建设由基础设施公司负责。建成后该部分资产以使用权出资和租赁两种方式提供给SPV使用,其中以使用权出资的资产部分简称A1,租赁的资产部分简称A2。B部分占总投资的30%,约50亿元,包括车辆、自动售检票系统、信号和通信、空调通风、给排水和消防、自动扶梯和电梯、控制设备、供电设施等机电设备的购置和安装。

项目结构如图14.2所示。香港地铁占股49%,政府投资方(首创集团和基础设施公司)控股51%。北京市政府通过特许经营协议授予项目公司地铁4号线30年的特许经营权,并规定了线路的建设标准、运营标准和特许期结束后的项目设施移交标准,特许经营期内特许权不得转让。基础设施公司与项目公司签署租赁协议,将A2租赁给项目公司使用。在项目的成长期,实行象征性的租赁价格可为项目公司实现合理的投资收益提供保障,而在项目的成熟期,通过增减租金,可分担部分客流风险,亦可收回部分政府投资,避免项目公司产生超额利润。基础设施公司与有关工程承包公司签订承包协议,将资产A建设的完工风险以完工担保的形式转移给工程承包公司。

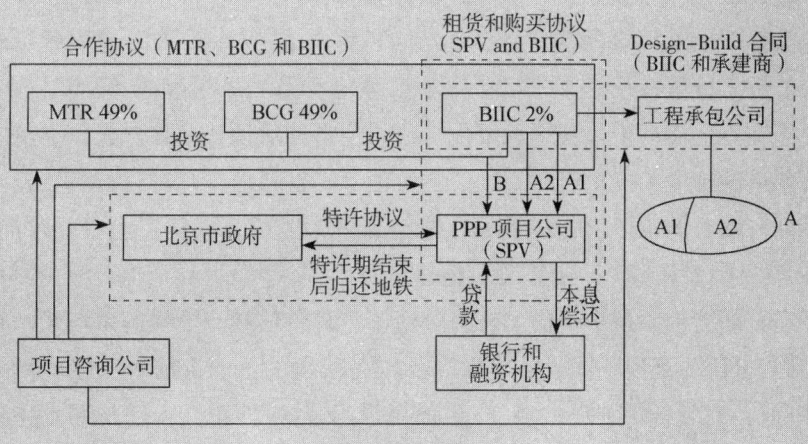

图14.2 北京地铁4号线的资本结构

14.1.3 PPP 项目价值管理的基本流程

在确定价值管理的执行主体之后，PPP 项目的价值管理应当按照不同的阶段动态地进行，根据不同阶段的需求和目标实施有效的价值管理，促进项目的绩效提高。在前述的价值管理基本理论、建设项目的特点和 PPP 项目特性的基础上，其基本的流程可以表达为以下几个方面：

1. 确定价值管理在全生命周期的介入点

在 PPP 项目中，价值管理实施的范围可拓展到 PPP 项目全生命周期的各个阶段，包括项目建议书、可行性研究、现场勘察、初步设计、技术设计、施工图设计、实施、生产运营、废弃处理等，每个阶段都会对项目的价值造成影响。考虑到节约的可能性、项目的可塑性以及方案变更所引起的工程造价增加和工期延误，价值管理应用的阶段越早、层次越高，就越有利。结合 PPP 项目特点，项目决策阶段、立项后由项目公司负责的设计阶段、早期运营阶段和维护计划的制定以及 PPP 项目移交时是实施价值管理的四个最优介入点，如图 14.3 所示。

2. 识别各介入点的利益相关者及其需求

价值管理必须在识别不同利益相关者的基础上确定利益相关者的价值体系，明确利益相关者文化、组织、功能、时间、质量和成本等方面的侧重点，在设计、施工和运营中最大限度地满足利益相关者在这些侧重点上的要求。PPP 项目的绩效管理就是实现利益相关者的核心价值，达到项目既定目标的过程，而核心价值正是源于利益相关者的需求。以利益相关者的需求作为价值管理的推动因素，可以保障价值管理向着提高各方面的价值迈进。

3. 分析各介入点的价值流，明确价值管理的方法

价值管理把工程建设看做由一系列的过程组成，这一系列的过程就组成了工程的价值链。价值链从行业战略和竞争优势角度出发，从商业组织战略性管理重要的内部和外部活动中来获得竞争优势。价值链的活动从给客户生产产品和提供服务所创造的价值中提供组织基础。在价值管理框架内，项目作为价值链，可定义为一系列有联系的价值增加活动和在战略与战术阶段帮助理解业主要求的活动。在 PPP 项目中存在多个单个工程价值链：

①在不同工程阶段中价值的转移创造了工程价值链。不同的阶段价值产生的途径不同，价值的流向不同，甚至错综复杂，各阶段的价值链前后相接就形成了项目整体的价值链。如前所述，在 PPP 项目价值链中，四个介入点是四个主要的过渡点。

第14章 项目绩效评价

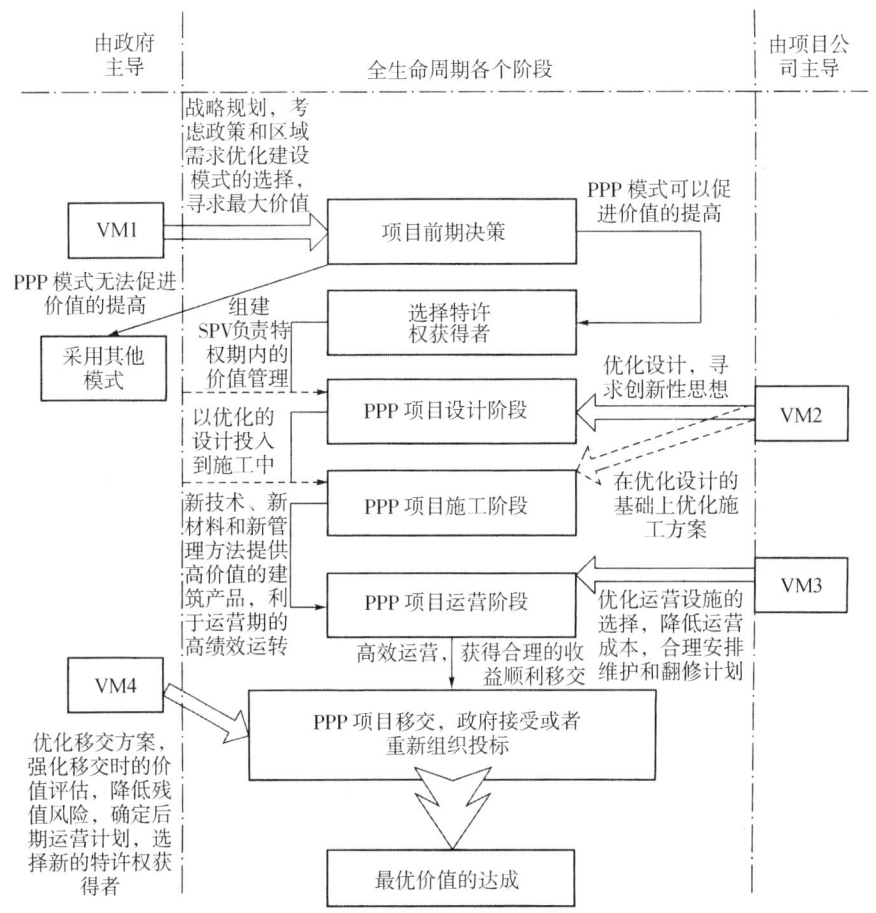

图14.3 价值管理在PPP项目中的介入点分析

②利益相关方众多,各自的价值链相互交织。PPP项目的业主不同于一般的建设项目,政府作为业主代表,事实上是在使用国家财政和公用设施的相关权利,应当向广大的社会公众提供高等级的公共产品和服务。因而,PPP项目的工程价值链不仅仅满足商业目标,更要满足社会目标、环境目标等。在PPP项目中,业主的价值链直接与项目公司的价值链相关,而项目公司的价值链由设计价值链、承包商价值链和运营价值链去实现。通过对价值流的分析,可以发现价值传递的路径,为制定有效的价值管理方法提供基础。

PPP模式下使用价值管理人员从设计、承包商和运营价值链整体上考虑业主价值成为可能,这样使设计方案在可实施性和运营性上充分实现业主的价值。在设计阶段设计人员就可以考虑原材料、预制件等货物的采购,在保证货物质量的前提下尽量降低货物成本,同时由于承包商可能与供应商有长期合作关系使货物质量和供货进度更能得到保障,降低检查成本和保证工程进度,还能延期支付改善项目现金流量,降低财务成本。设计方还可以考虑具体的施工方法、施工器械及运营以后的成本(能源消耗、维修成本等)。把承包商的知识、经验运用到设计过程中,提高设计的可施工性,从而减少变更和有缺陷产品的成本,保证进度。PPP 模式最大的优点在于过程的整合,考虑了采购程序中价值增值过程和项目未来的增值潜力,把它们有效地整合在一起。这种模式使得第二个和第三个过渡点得到很好控制。

4. 分阶段实施价值管理

PPP 项目在决策阶段和运营阶段的价值管理更为重要。决策阶段价值管理主要由公共部门完成,有两个任务:项目选择和可行性研究。确定待开发的项目可采用 PPP 模式是开发的第一步,选定的待开发项目通常是政府前期规划的尚未开发的项目,或者根据实际需要政府临时确定的项目。与其他项目不同,对于 PPP 项目来说,可行性研究的内容不仅包括对项目进行市场、技术、经济等方面的评价,还要对项目实施 PPP 模式可行性进行评估,包括对民间资本的吸引力、民间资本的实力、民间资本的风险承受能力等方面进行综合评估,分析是否适合采用 PPP 模式,在确认可行后,政府开始组织招标。

设计阶段的价值管理基本与一般建设项目设计阶段的价值管理相同,但是应当充分考虑利益相关者的影响。本书所涉及的研究阶段涵盖了技术方案的设计(建筑、结构、给排水和水电等)和施工方案的设计。将二者的价值管理融合在一起,最大限度发挥价值管理作用的要求,PPP 模式为设计—施工一体化提供了良好的平台,有利于设计中充分结合施工现场的条件采用创新性的设计方案,有利于新技术和新材料在施工过程中的应用,也使得设计方案的优化和施工方案的优化可以结合,缩短施工时间,获得更多的运营时间,为运营阶段的设施使用和维护提供天然的良好条件,降低了运营成本,促进了价值的提高。

运营阶段在 PPP 项目中占据重要的地位,一般特许权期为 25~30 年,其中施工时间一般为 3~4 年,超过 20 年的运营时间,对于 PPP 项目的成败非常重要。在运营期内,PPP 项目公司负责项目的正常营运、维护、翻修和新建,依靠政府补贴和市场化运作获得收益,建筑产品本身的使用价值和功能在运营期内得到充分发挥。为了降低投入的运营和维修费用,并提高收益水平,价值管理的意义十分重大。在该阶段的价值管理强调日常财务和融资计划的创新,以有效降低财务和融资成本;注重相关运营设施的选用和维护,通过对运营设施功能和成本的分析,选择购买或者租赁合适的设施,有效使用设施,降低维护费用,达到增值目的。

移交阶段应用价值管理的关键在于对 PPP 项目的价值评估,建立相应的评价体系,为今后改进 PPP 项目的准备、决策、管理、监督等工作创造条件,并为提高 PPP 模式的投资效益提出切实可行的对策措施。另外,此阶段的价值管理可在此基础上提出 PPP 项目在移交之后的处理方法和后期营运的关键点(如由政府接管、由原项目公司继续运营或者重新公开招标采用 TOT(Transfer Operate Transfer)的模式继续运营等)。

图 14.4 理出了价值管理的基本流程,该流程是以利益相关者的需求作为管理的唯一出发点,以价值的增值为最终目标。

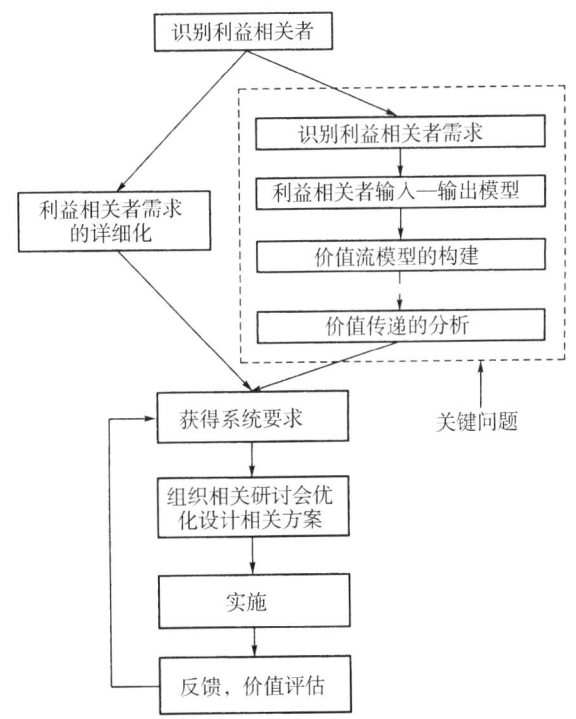

图 14.4 PPP 项目价值管理的基本流程

图 14.4 中利益相关者的需求详细化是整个价值管理中的重要环节。如前所述,PPP 项目中利益相关者的价值链交结在一起,运用价值链理论并不能很好地解释和说明价值的流动,无法充分识别增值环节,也就无法充分促进价值的提高,因而正确识别他们的需求对价值管理的实现至关重要。另外,PPP 项目四个阶段的价值管理相互联系,在每个阶段应用价值管理都要做出决策或选择,从而使 PPP 项目达到最大的价值。因此,各个阶段的决策都不是任意确定的,它应该遵循全生命周期价值管理的原则,既取决于当前的各种条件,又会影响以后各个阶段的价值。当所有阶段的价值管理完成后,就形成了一个价值管理的序列,因而决定了整

个项目价值管理的效果,所以可以把建筑产品全生命周期价值管理看成一个前后关联具有链状结构的多阶段价值管理过程。这一过程是与 PPP 项目的绩效管理相互促进的,价值管理的效果将对 PPP 项目的绩效产生巨大的影响,充分衡量这一效果将有助于 PPP 项目的绩效管理。

14.2 PPP 项目的绩效评估模型

关键绩效指标(KPI)对于 PPP 项目的绩效评价尤为重要,通过增强各个 KPI 指数,促进 PPP 项目达到绩效目标是 PPP 项目绩效管理的关键路径。本节将介绍两个绩效评价模型:第一,是完全基于 KPI,采用虚拟标杆的方法构建了 PPP 项目的综合绩效评价体系,并对 PPP 项目的采购阶段进行了评估;第二,从实际的公租房 PPP 项目出发,提取出适合公租房 PPP 项目的绩效指标,仍然结合标杆管理的思想,采用了模糊综合评价法评估项目绩效。

14.2.1 PPP 项目的虚拟标杆

1. 标杆管理简介

持续改进和追求高绩效是企业生产经营的目的,而确保企业持续改善与不断优化的最好方法之一就是实施标杆管理法。标杆管理的核心是向行业内外的最优秀的企业学习。通过学习,企业重新思考和改进经营实践,创造自己的最佳实践,争取赶上和超过竞争对手,成为行业中的强者。

2. 虚拟标杆的提出

进行标杆管理的关键是寻找、确立标杆。也就是说要实施标杆管理,首先要解决两个关键性的问题:一是标杆瞄准的内容是什么,即向别人学什么;二是如何瞄准的问题,即如何学。在传统的标杆管理中要实施标杆瞄准,首先要解决的是与谁进行比较以及比较什么,向标杆企业学习什么。对于企业而言,确定标杆瞄准项目可以从五个方面入手:一是进行业务流程的标杆瞄准;二是对机器设备进行标杆瞄准;三是对产品生产和制造的标杆瞄准;四是进行产品服务的标杆瞄准;五是对管理方式进行瞄准。

对 PPP 项目而言,最优价值是其最终的目标。不同的利益相关者对于各个 PPP 项目有着不同的期望与目标,绩效管理中可以分析实际项目运作时与最终目标和绩效目标的差距,找到薄弱环节,进行有效的、有针对性的改进,提高项目的绩效,因而这两个目标构成了 PPP 项目的内外标杆。所以,PPP 项目的最优价值和绩效目标是其内含的两个虚拟标杆。虚拟标杆并不是实际项目可以达到的目标，也不是实际存在的竞争对手或者竞争性项目，但是却为项目确定了努力的方向，因而具有虚拟的特点。不同于传统的标杆管理，虚拟标杆的确立为 PPP 项目寻找到两个存在于项目内部和凌驾于不同类型的 PPP 项目之上的标杆。虚拟标杆的确立应当满足利益相关者的共同需求，因而离不开 PPP 项目利益相关者共同绩效目标的识别与选择和实现这些目标的指标体系的构建。

14.2.2　PPP 项目综合绩效评价体系的构建

1. 基于虚拟标杆的 PPP 综合绩效评价体系

如前所述，PPP 项目的绩效目标可以视为 PPP 项目绩效评价中的虚拟标杆。虚拟标杆的设定分为内部标杆和外部标杆。对于一个特定的 PPP 项目而言，其内部标杆就是该项目在策划阶段完成的绩效目标水准设定。通过利益相关者对项目绩效目标的设定而得到的标杆是 PPP 项目全过程中不断自我衡量的唯一尺度，将绩效指标与 KPI 相联系，设定为完成既定的目标而必须达到的 KPI 标杆指数，在全生命周期内不断审视各个 KPI 与虚拟标杆的距离，以此作为未来项目运作中的调整方向，达到绩效的不断提升。另外，PPP 项目的外部标杆是 PPP 项目全部绩效指标的水准都能达到最优值。事实上，这是一个难以达到的水平，但为了激励 PPP 项目中的利益相关者共同提高项目绩效，设定外部标杆的作用在于为不同的 PPP 项目提供一个合理的同一水平的评价平台，考察各个 PPP 项目的绩效水平差异，为共同提高 PPP 模式的产出提供参考。

可将 KPI 分为静态和动态的指标，目的在于充分考虑 PPP 项目在既定的较为恒定的宏观环境和变化的项目内部环境影响下的绩效变化。静态指标被编至物理特征指标部分。由于这些绩效指标是在项目进入设计施工阶段之前就确定的，因而它们也被视为是对项目后面设计、施工和运营阶段的输入，是输入型指标，反映了 PPP 项目的效能，即对 PPP 项目目标达成和努力方向起到决定性作用。因而，动态指标可以视为 PPP 项目中的输出，它们反映了 PPP 项目进程中效率、经济性和合作伙伴关系的变化。通过将输入型指标和输出型指标相联系，建立输入/输出模型，将项目以时间节点作为决策单元（DMU）可以衡量各个时间节点决策单元（DMU_t）的有效性变化，从而反映出项目绩效的变化。

因而，PPP 项目的综合绩效评价可以分为两个阶段，综合绩效评价体系及流程如图 14.5 所示。整个绩效评价的流程可以从两个层面，分为两个阶段进行评价。

第一阶段主要是对 PPP 项目采购阶段的绩效进行评价，用以评价的指标是来

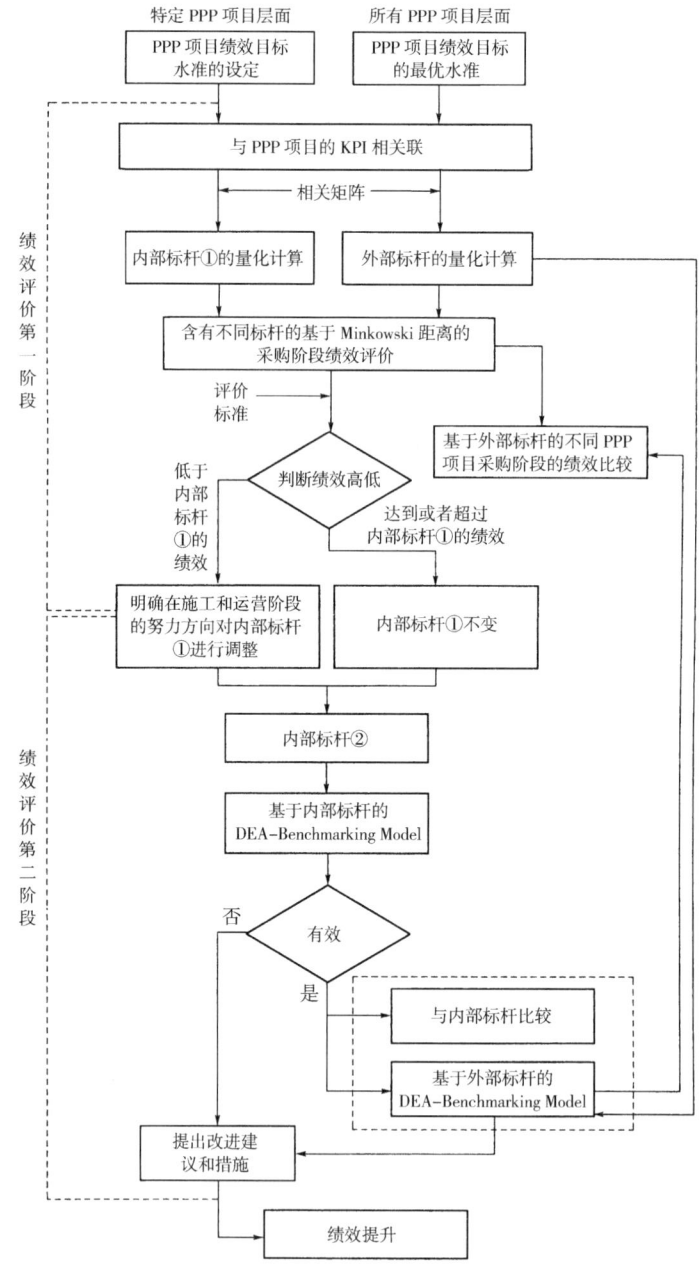

图 14.5 PPP 项目的两阶段绩效评价流程图

自物理特征指标部分的 KPI,而该阶段所采用的内部标杆是通过绩效目标水准设定得到的,外部标杆是通过绩效目标的最优值得到的。进行绩效评价后,需要分两种情况进行下一阶段的绩效管理:第一种是当绩效不足时,由于物理特征指标在

· 400 ·

PPP项目的施工运营阶段不会发生变化或者只发生微小的变化,因而下一阶段的某些绩效指标的虚拟标杆要进行相应的调整,避免下面阶段中虚拟标杆设置过高,打击利益相关者的积极性;第二种是绩效满足要求时,可以与外部标杆相比较,以期在下一阶段获得更高的绩效。同时,应用外部标杆计算得到的绩效可以与不同PPP项目进行横向比较,通过学习同行之间的先进经验来提高自身的绩效水平。

第二阶段主要应用含有标杆限定域的DEA方法测算施工和运营期的绩效变化。通过计算结果的有效性判断进程中的活动有效性,并以此计算各个时间节点的绩效。在本书中对该部分不进行详细描述。

2. PPP项目绩效评价的虚拟标杆量化

对PPP项目进行分阶段的绩效评价,第一个关键的问题就是如何量化虚拟标杆。下面以北京国家体育场PPP项目为例说明内部标杆和外部标杆的量化算法。

第一步:构建绩效目标水准和KPI的关系矩阵,见表14-1。

第二步:通过联系已经设定的绩效目标水准D以及绩效目标与KPI的相关矩阵,考虑各个KPI在全部KPI中的线性权重,并进行求和,得到各个KPI的内部标杆值,具体计算步骤如下:

$$IB_k = \sum_{i=1}^{15} D_i \cdot Q_k \cdot C_{ik} \quad (14-1)$$

式中 k——第k个KPI;

D_i——对第i个绩效目标水准的设定;

Q_k——第k个绩效指标的权重;

C_{ik}——第k个KPI与第i个绩效目标的相关性强弱。

其中,对D_i的设定采用了梯形模糊函数,即将其去模糊化,含义参见表14-2,利益相关者主观评价转化为模糊数,即$D_i = d_i = (e_i + f_i + g_i + h_i)/4$。从而,式(14-1)可以变换为

$$IB_k = \sum_{i=1}^{15} d_i \cdot Q_k \cdot C_{ik} \quad (14-2)$$

计算结果见表14-3。同理可以得到基于绩效目标最优值和最差值的标杆,见表14-4、表14-5。

第三步:设定标杆的语言变量。式(14-2)求出的标杆值需要与基于绩效目标最优值和最差值的标杆值进行比较,从而判断出内部标杆所处的位置,进而可以用于和项目具体的KPI值进行比较计算。设定的等级为四级,如下:

表 14-1　绩效目标水准和 KPI 的关系矩阵

KPI	KPI的线性权重	PO1 G/EG 85	PO2 G 80	PO3 G 80	PO4 G 80	PO5 G 80	PO6 G/EG 85	PO7 G 80	PO8 EG 95	PO9 F/G 65	PO10 F 50	PO11 G 80	PO12 G 80	PO13 P 20	PO14 F/G 65	PO15 F/G 65
KPI_1	0.0466	7	5	7	7	5	7	5	7	5	9	7	7	5	5	7
KPI_2	0.0445	7	7	7	7	5	7	7	9	9	9	5	5	5	9	9
KPI_3	0.0442	7	7	7	7	5	7	7	7	7	7	7	7	5	7	9
KPI_4	0.0440	7	7	7	9	5	5	7	7	3	7	3	7	5	7	9
KPI_5	0.0421	9	5	9	5	5	7	5	5	5	7	5	5	7	7	5
KPI_6	0.0411	7	5	5	5	5	5	5	5	5	7	5	5	3	7	5
KPI_7	0.0410	7	7	5	5	7	7	5	7	7	7	7	7	5	5	5
KPI_8	0.0407	7	5	7	7	5	5	5	5	5	7	5	5	3	7	7
KPI_9	0.0397	7	9	7	7	7	7	5	7	7	7	7	7	5	7	7
KPI_{10}	0.0393	7	9	9	9	9	9	9	9	9	5	5	7	7	5	7
KPI_{11}	0.0405	9	9	9	9	9	9	7	9	9	9	9	9	5	5	7
KPI_{12}	0.0350	7	5	5	7	9	9	9	9	9	7	9	7	7	9	5
KPI_{13}	0.0406	9	9	9	9	9	9	9	5	7	7	9	5	5	5	9
KPI_{14}	0.0378	9	9	3	7	5	9	9	7	7	5	7	7	7	7	7
KPI_{15}	0.0377	7	7	5	7	7	7	5	7	7	7	3	7	7	7	7
KPI_{16}	0.0371	9	7	9	7	1	7	3	7	3	7	3	7	7	7	7
KPI_{17}	0.0370	7	7	7	9	5	5	5	7	7	7	3	7	7	7	5
KPI_{18}	0.0360	5	9	5	7	9	7	7	9	5	5	7	9	5	7	0
KPI_{19}	0.0356	3	9	3	7	7	9	9	9	9	9	5	7	9	5	7
KPI_{20}	0.0352	7	9	5	7	3	7	5	5	5	7	5	9	7	9	7
KPI_{21}	0.0349	7	7	7	7	1	7	3	7	3	7	3	7	7	7	7
KPI_{22}	0.0348	3	9	7	3	7	9	5	9	7	7	5	9	9	5	7
KPI_{23}	0.0342	3	9	7	5	7	7	5	9	3	7	7	9	5	5	5
KPI_{24}	0.0339	7	7	7	3	1	3	3	5	7	7	3	7	7	7	7
KPI_{25}	0.0337	3	9	5	7	7	7	5	9	5	5	5	7	5	7	5
KPI_{26}	0.0327	7	5	7	7	3	7	5	9	5	5	5	5	9	5	7

注：本表数据根据袁竞峰、李启明、邓小鹏（2013）研究成果给出，其中 EG、G、F、P 等含义见表 14-2。

① 当

$$\frac{IB_k - IB_{k\min}}{IB_{k\max} - IB_{k\min}} \geq 0.9 \qquad (14-3)$$

语言标杆 等极为"极好"(EG);

② 当

$$0.75 \leq \frac{IB_k - IB_{k\min}}{IB_{k\max} - IB_{k\min}} < 0.9 \qquad (14-4)$$

语言标杆 等极为"好"(G);

③ 当

$$0.5 \leq \frac{IB_k - IB_{k\min}}{IB_{k\max} - IB_{k\min}} < 0.75 \qquad (14-5)$$

语言标杆等极为"中"(F);

④ 当

$$\frac{IB_k - IB_{k\min}}{IB_{k\max} - IB_{k\min}} < 0.5 \qquad (14-6)$$

语言标 杆等极为"差"(P)。

同时,这四个等级也可用以判断各个KPI的值,在实际的PPP项目中判断具体的KPI指标值的优劣时,则应考虑这些指标包含了较为广泛的含义。因而,这些指标有些可以定量,有些只能定性,在本书中主要结合定量的数据和定性的主观判断来进行评判。

表 14-2 对于绩效子目标水准的语言变量评估和对应的模糊数

绩效子目标水准的语言变量	模糊数
非常差(EP)	(0,0,0,20)
介于非常差和差之间(EP/P)	(0,0,20,40)
差(P)	(0,20,50,70)
介于差和一般之间(P/F)	(30,50,50,70)
一般(F)	(30,50,80,100)
介于一般和好之间(F/G)	(30,50,80,100)
好(G)	(60,80,80,100)
介于好和非常好之间(G/EG)	(60,80,100,100)
非常好(EG)	(80,100,100,100)

表 14-3 KPI 的内部标杆

KPI	PO1	PO2	PO3	PO4	PO5	PO6	PO7	PO8	PO9	PO10	PO11	PO12	PO13	PO14	PO15	KP标杆值（行和）	语言标杆设定
KPI_1	27.73	18.64	26.10	26.10	18.64	27.73	18.64	30.99	15.15	20.97	26.10	26.10	4.66	15.15	21.20	323.87	好
KPI_2	26.48	24.92	24.92	24.92	17.80	26.48	24.92	38.05	26.03	20.03	17.80	17.80	4.45	26.03	26.03	346.66	好
KPI_3	26.30	24.75	24.75	24.75	24.75	26.30	24.75	29.39	20.11	15.47	24.75	24.75	4.42	20.11	25.86	341.22	好
KPI_4	26.18	24.64	24.64	24.64	24.64	26.18	24.64	29.26	20.02	15.40	24.64	24.64	4.40	20.02	25.74	339.678	好
KPI_5	32.21	23.58	30.31	30.31	16.84	25.05	16.84	28.00	8.21	14.74	10.10	16.84	5.89	19.16	13.68	291.75	好
KPI_6	24.45	16.44	16.44	16.44	23.02	17.47	23.02	19.52	13.36	14.39	16.44	16.44	2.47	18.70	13.36	251.94	好
KPI_7	24.40	16.40	16.40	16.40	16.40	17.43	16.40	19.48	13.33	14.35	16.40	16.40	2.46	18.66	13.33	238.21	好
KPI_8	24.22	22.79	16.28	16.28	22.79	17.30	16.28	27.07	18.52	14.25	22.79	22.79	4.07	13.23	13.23	271.88	好
KPI_9	23.62	218.58	22.23	22.23	15.88	23.62	15.88	18.86	12.90	13.90	15.88	15.88	2.38	18.06	18.06	267.98	好
KPI_{10}	23.38	28.30	22.01	22.014	15.72	23.38	15.72	26.13	12.77	9.83	9.43	22.01	3.93	12.77	17.88	265.28	好
KPI_{11}	30.98	29.16	29.16	29.16	29.16	30.98	29.16	34.63	23.69	18.23	29.16	22.68	5.67	13.16	18.43	373.41	好
KPI_{12}	20.83	25.20	14.00	19.60	19.60	20.83	19.60	29.93	15.93	12.25	19.60	25.0	3.50	11.38	11.38	268.80	好
KPI_{13}	31.06	29.23	29.23	29.23	29.23	31.06	29.23	34.71	23.75	18.27	29.23	22.74	5.68	23.75	23.75	390.17	好
KPI_{14}	28.92	27.22	27.22	21.17	15.12	28.92	27.22	17.96	17.20	9.45	21.17	15.12	3.78	12.29	12.29	285.01	好
KPI_{15}	22.43	21.11	21.11	21.11	21.11	22.43	15.08	25.07	17.15	13.20	9.05	21.11	5.28	17.15	17.15	269.56	中
KPI_{16}	28.38	20.78	26.71	20.78	2.97	22.07	8.90	24.67	7.23	12.99	8.90	20.78	5.19	16.88	16.88	244.12	中
KPI_{17}	22.02	20.72	20.72	26.64	14.80	15.73	14.80	24.61	16.84	12.95	8.88	20.72	5.148	16.84	16.84	258.26	好
KPI_{18}	15.30	25.92	14.40	20.16	25.92	21.42	20.16	30.78	11.70	9.00	20.16	25.92	3.60	16.38	16.38	277.20	好
KPI_{19}	9.08	25.63	8.54	19.94	19.94	21.18	19.94	30.44	16.20	8.90	14.24	19.94	3.56	11.57	11.57	240.66	中
KPI_{20}	20.94	25.34	14.08	19.71	8.45	20.94	14.08	30.10	11.44	15.84	14.08	25.34	6.34	20.59	20.59	267.87	好
KPI_{21}	20.77	19.54	19.54	19.54	2.79	20.77	8.38	23.21	6.81	12.22	8.38	19.54	4.389	15.88	15.88	218.13	中
KPI_{22}	8.87	25.06	19.49	8.35	19.49	26.62	19.49	29.75	15.83	12.18	19.49	25.06	6.26	11.31	15.83	263.09	中
KPI_{23}	8.72	24.62	19.15	13.68	19.15	20.35	13.68	19.24	15.56	11.97	13.68	24.62	3.42	11.12	11.12	240.08	好
KPI_{24}	20.17	18.98	18.98	18.98	2.71	20.17	18.98	22.54	6.61	11.87	18.98	18.98	4.75	15.42	15.42	233.57	好
KPI_{25}	8.59	24.26	13.48	8.09	18.87	8.59	13.48	28.81	15.33	11.80	13.48	18.87	3.37	15.33	10.95	213.32	好
KPI_{26}	19.46	13.08	18.31	18.31	7.85	19.46	13.08	27.96	10.63	8.18	13.08	13.08	5.89	10.63	14.88	213.76	中

表 14-4 KPI 的外部标杆最优值

KPI	绩效目标															KP标杆值（行利）	语言标杆设定
	PO1	PO2	PO3	PO4	PO5	PO6	PO7	PO8	PO9	PO10	PO11	PO12	PO13	PO14	PO15		
KPI$_1$	30.99	22.14	30.99	30.99	22.14	30.99	22.14	30.99	22.14	39.84	30.99	30.99	22.14	22.14	30.99	420.57	最好
KPI$_2$	29.59	29.59	29.59	29.59	21.14	29.59	29.59	38.05	38.05	38.05	21.14	21.14	21.14	38.05	38.05	452.37	最好
KPI$_3$	29.39	29.39	29.39	29.39	29.39	29.39	29.39	29.39	29.39	29.39	29.39	29.39	21.00	29.39	37.79	440.90	最好
KPI$_4$	29.26	29.26	29.26	29.26	29.26	29.26	29.26	29.26	29.26	29.26	29.26	29.26	20.90	29.26	37.62	438.90	最好
KPI$_5$	36.00	28.00	36.00	36.00	20.00	28.00	20.00	28.00	12.00	28.00	12.00	20.00	28.00	28.00	20.00	379.95	最好
KPI$_6$	27.33	19.52	19.52	19.52	27.33	19.52	27.33	19.52	19.52	27.33	19.52	19.52	11.71	27.33	19.52	324.07	最好
KPI$_7$	27.27	19.48	19.48	19.48	19.48	19.48	19.48	19.48	19.48	27.27	19.48	19.48	11.69	27.27	19.48	307.71	最好
KPI$_8$	27.07	27.07	19.33	19.33	27.07	19.33	19.33	27.07	27.07	27.07	27.07	27.07	19.33	19.33	19.33	351.85	最好
KPI$_9$	26.40	33.94	26.40	26.40	18.86	26.40	18.86	18.86	18.86	26.40	18.86	18.86	11.31	26.40	26.40	343.21	最好
KPI$_{10}$	26.13	33.60	26.13	26.13	18.67	26.13	18.67	26.13	18.67	18.67	11.20	26.13	18.67	18.67	26.13	339.75	最好
KPI$_{11}$	34.63	34.63	34.63	34.63	34.63	34.63	34.63	34.63	34.63	34.63	34.63	26.93	26.93	19.24	26.93	480.94	最好
KPI$_{12}$	23.28	29.93	16.63	23.28	23.28	23.28	23.28	29.93	23.28	23.28	23.28	29.93	16.63	16.63	16.63	342.48	最好
KPI$_{13}$	34.71	34.71	34.71	34.71	34.71	34.71	34.71	34.71	34.71	34.71	34.71	27.00	27.00	34.71	34.71	505.27	最好
KPI$_{14}$	32.32	32.32	32.32	25.14	17.96	32.32	32.32	17.96	25.14	17.96	25.14	17.96	17.96	17.96	17.96	362.69	最好
KPI$_{15}$	25.07	25.07	25.07	25.07	25.07	25.07	17.91	25.07	25.07	25.07	10.74	25.07	25.07	25.07	25.07	354.57	最好
KPI$_{16}$	31.72	24.67	31.72	24.67	3.52	24.67	10.57	24.67	10.57	24.67	10.57	24.67	24.67	24.67	24.67	320.73	最好
KPI$_{17}$	24.61	24.61	24.61	31.64	17.58	17.58	17.58	24.61	24.61	24.61	10.55	24.61	24.61	24.61	24.61	340.96	最好
KPI$_{18}$	17.10	30.78	17.10	23.94	30.78	23.94	23.94	30.78	17.10	17.10	23.94	30.78	17.10	23.94	23.94	352.26	最好
KPI$_{19}$	1015	30.44	10.15	23.67	23.67	23.67	23.67	30.44	23.67	16.91	16.91	23.67	16.91	16.91	16.91	307.76	最好
KPI$_{20}$	23.41	30.10	16.72	23.41	10.03	23.41	16.72	30.10	16.72	30.10	16.72	30.10	30.10	30.10	30.10	357.81	最好
KPI$_{21}$	23.21	23.21	23.21	23.21	3.32	23.21	9.95	23.21	9.95	23.21	9.95	23.21	23.21	23.21	23.21	288.45	最好
KPI$_{22}$	9.92	29.75	23.14	9.92	23.14	29.75	23.14	29.75	23.14	23.14	23.14	29.75	29.75	16.53	23.14	347.13	最好
KPI$_{23}$	9.75	29.24	22.74	16.25	22.74	22.74	16.25	29.24	22.74	22.74	16.25	29.24	16.25	16.25	16.25	308.66	最好
KPI$_{24}$	22.54	22.54	22.54	22.54	22.54	22.54	22.54	22.54	9.66	22.54	22.54	22.54	22.54	22.54	22.54	305.95	最好
KPI$_{25}$	9.60	28.81	16.01	9.60	22.41	9.60	16.01	28.80	22.41	22.41	16.01	22.41	16.01	22.41	16.01	278.53	最好
KPI$_{26}$	21.75	15.53	21.75	21.75	9.32	21.75	15.53	27.96	15.53	15.53	15.53	15.53	27.96	15.53	21.75	282.69	最好

表14-5 KPI的外部标杆最差值

KPI	PO1	PO2	PO3	PO4	PO5	PO6	PO7	PO8	PO9	PO10	PO11	PO12	PO13	PO14	PO15	KP标杆值(行和)	语言标杆设定
KPI_1	6.52	4.66	6.52	6.52	4.66	6.52	4.66	6.52	4.66	8.39	6.52	6.52	4.66	4.66	6.52	88.54	最差
KPI_2	6.23	6.23	6.23	6.23	4.45	6.23	6.23	8.01	8.01	8.01	4.45	4.45	4.45	8.01	8.01	95.23	最差
KPI_3	6.19	6.19	6.19	6.19	6.19	6.19	6.19	6.19	6.19	6.19	6.19	6.19	4.42	6.19	7.96	92.82	最差
KPI_4	6.16	6.16	6.16	6.16	6.16	6.16	6.16	6.16	6.16	6.16	6.16	6.16	4.40	6.16	7.92	92.40	最差
KPI_5	7.58	5.89	7.58	7.58	4.21	5.89	4.21	5.89	2.53	5.89	2.53	4.21	5.89	5.89	4.21	79.99	最差
KPI_6	5.75	4.11	4.11	4.11	5.75	4.11	5.75	4.11	4.11	5.75	4.11	4.11	2.47	5.75	4.11	68.23	最差
KPI_7	5.74	4.10	4.10	4.10	4.10	4.10	4.10	4.10	4.10	5.74	4.10	4.10	2.46	5.74	4.10	64.78	最差
KPI_8	5.70	5.70	4.07	4.07	5.70	4.07	4.07	5.70	5.70	5.70	5.70	5.70	4.07	4.07	4.07	74.07	最差
KPI_9	5.56	7.15	5.56	5.56	3.97	5.56	3.97	3.97	3.97	5.56	3.97	3.97	2.38	5.56	5.56	72.25	最差
KPI_{10}	5.50	7.07	5.50	5.50	3.93	5.50	3.93	5.50	3.93	3.93	2.36	5.50	3.93	3.93	5.50	71.53	最差
KPI_{11}	7.29	7.29	7.29	7.29	7.29	7.29	7.29	7.29	7.29	7.29	7.29	5.67	5.67	4.05	5.67	101.25	最差
KPI_{12}	4.90	6.30	3.50	4.90	4.90	4.90	4.90	6.30	4.90	4.90	4.90	3.60	3.50	3.50	3.50	72.10	最差
KPI_{13}	7.31	7.31	7.31	7.31	7.31	7.31	7.31	7.31	7.31	7.31	7.31	5.68	5.68	7.31	7.31	106.37	最差
KPI_{14}	6.80	6.80	6.80	5.29	3.78	6.80	6.80	3.78	5.29	3.78	5.29	3.78	3.78	3.78	3.78	76.36	最差
KPI_{15}	5.28	5.28	5.28	5.28	5.28	5.28	3.77	5.28	5.28	5.28	2.26	5.28	5.28	5.28	5.28	74.65	最差
KPI_{16}	6.68	5.19	6.68	5.19	0.74	5.19	2.23	5.19	2.23	5.19	2.23	5.19	5.19	5.19	5.19	67.52	最差
KPI_{17}	5.18	5.18	5.18	6.66	3.70	3.70	3.70	5.18	5.18	5.18	2.22	5.18	5.18	5.18	5.18	71.78	最差
KPI_{18}	3.60	6.48	3.60	5.04	6.48	5.04	5.04	6.48	3.60	3.60	5.045	6.48	3.60	5.04	5.04	74.16	最差
KPI_{19}	2.14	6.41	2.14	4.98	4.98	4.98	4.98	6.41	4.98	3.56	3.56	4.98	3.56	3.56	3.56	64.79	最差
KPI_{20}	4.93	6.34	3.52	4.93	2.11	4.93	3.52	6.34	3.52	6.34	3.52	6.34	6.34	6.34	6.34	75.33	最差
KPI_{21}	4.89	4.89	4.89	4.89	0.70	4.89	2.09	4.89	2.09	4.89	2.09	4.89	4.89	4.89	4.89	60.73	最差
KPI_{22}	2.09	6.26	4.87	2.09	4.87	6.26	4.87	6.26	4.87	4.87	4.87	6.26	6.26	3.48	4.87	73.08	最差
KPI_{23}	2.05	6.16	4.79	3.42	4.79	4.79	3.42	6.16	4.79	4.79	3.42	6.16	3.42	3.42	3.42	64.98	最差
KPI_{24}	4.75	4.75	4.75	4.75	0.68	4.75	4.75	4.75	2.03	4.75	4.75	4.75	4.75	4.75	4.75	64.41	最差
KPI_{25}	2.02	6.07	3.37	2.02	4.72	2.02	3.37	6.07	4.72	4.72	3.37	4.72	3.37	4.72	3.37	58.64	最差
KPI_{26}	4.58	3.27	4.58	4.58	1.96	4.58	3.27	5.89	3.27	3.27	3.27	3.27	5.89	3.27	4.58	59.51	最差

14.2.3 含有不同标杆的基于 Minkowski 距离的采购阶段绩效评价

对于本阶段的绩效评价,将借鉴 TOPSIS 的基本思想,充分考察第一阶段中特有的物理特征指标值与内部和外部标杆值之间的距离,就用 Minkowski 距离计算该阶段 KPI 值与内部和外部杆值之间的贴近度,用贴近度反映出该阶段的绩效值。

1. Minkowski 距离基本计算方法

对绩效指标的评判有四个等级的语言变量,评判时可以根据项目运作中的实际情况评判是极好、好、中或者差。然而,这四个语言变量是模糊不清的,包含了大量的不确定信息。根据式(14-3)~式(14-6)的评级标准,如果单个 KPI 的评分为 100 分,那么可以设定 KPI 四个等级的评分是处于四个区间的:

① "极好"(EG)→[90,100]。
② "好"(G)→[75,90]。
③ "中"(F)→[40,75]。
④ "差"(P)→[0,40]。

据此,可以在这里引入灰色系统理论。在灰色系统理论中,白数、灰数和黑数是描述不确定信息的三个分类。令数 $\otimes x = [\underline{x}, \overline{x}] = \{x \leq x \leq \overline{x}, x, \overline{x} \in R\}$,对于灰数的下限 $\underline{x}$ 和上限 $\overline{x}$ 两个数可以定义如下:

① 如果 $\underline{x} \to -\infty, \overline{x} \to +\infty$,那么 $\otimes x$ 被称为黑数,而不包含任何信息;
② 如果 $\underline{x} = \overline{x}$,那么数 $\otimes x$ 被称为白数,包含完整而清晰的信息;
③ 其他情况下,$\otimes x = [\underline{x}, \overline{x}]$ 被称为灰数,包含了不充分和不确定的信息。

灰数,事实上可以被看成模糊数的特殊形式。假设两个三角模糊数 $\tilde{a} = (a_1, a_2, a_3)$,$\tilde{b} = (b_1, b_2, b_3)$,那么 $\tilde{a}$ 和 $\tilde{b}$ 之间的 Euclidean 距离可以按下式计算:

$$d(\tilde{a}, \tilde{b}) = \sqrt{\frac{1}{3}[(a_1 - b_1)^2 + (a_2 - b_2)^2 + (a_3 - b_3)^2]} \qquad (14-7)$$

当模糊数和转换成为灰数和时,近似地,$\tilde{a}$ 和 $\tilde{b}$ 之间的 Euclidean 距离可以按下式计算:

$$d(\otimes a, \otimes b) = \sqrt{\frac{1}{2}[(\underline{a} - \underline{b})^2 + (\overline{a} - \overline{b})^2]} \qquad (14-8)$$

根据式(14-8)可以得到 m 维空间内的 Minkowski 距离,假设在 m 维空间中有

两个灰数序列 $\otimes x_i = [\underline{x_i}, \overline{x_i}]$ 和 $\otimes y_i = [\underline{y_i}, \overline{y_i}]$，并考虑灰数的权重 ω_{gi}，其 Minkowski 距离可根据下式计算：

$$d(\otimes x_i, \otimes y_i) = \sqrt[p]{\frac{1}{2}\sum_{i=1}^{m}\omega_{gi}[|\underline{x_i}-\underline{y_i}|^p + |\overline{x_i}-\overline{y_i}|^p]} \qquad (14-9)$$

2. 含有不同标杆的绩效评价

根据式（14-9）可以进一步拓展出如何衡量特定 PPP 项目与其内部标杆和最优标杆的贴近程度，以此作为衡量绩效高低的标准。

① 假设特定 PPP 项目的 KPI（$KPI_1 \sim KPI_{10}$）在第一个阶段的评判值为灰数向量 $\otimes P_i = [\underline{P_i}, \overline{P_i}]$，其对应的权重为 W_i，可以根据表 14-1 的全部 KPI 权重线性求解得到。

② 设最优状态、绩效目标设定状态和最差状态下的标杆评判值向量分别为 $\otimes IB_{imax} = [\underline{IB_{imax}}, \overline{IB_{imax}}]$、$\otimes IB_i = [\underline{IB_i}, \overline{IB_i}]$ 和 $\otimes IB_{imin} = [\underline{IB_{imin}}, \overline{IB_{imin}}]$，则 $\otimes P$ 到三个标杆的距离分别为

$$d(\otimes P_i, \otimes IB_{imax}) = \sqrt[p]{\frac{1}{2}\sum_{i=1}^{m}W_{gi}[|\underline{P_i}-\underline{IB_{imax}}|^p + |\overline{P_i}-\overline{IB_{imax}}|^p]} \qquad (14-10)$$

$$d(\otimes P_i, \otimes IB_i) = \sqrt[p]{\frac{1}{2}\sum_{i=1}^{m}W_{gi}[|\underline{P_i}-\underline{IB_i}|^p + |\overline{P_i}-\overline{IB_i}|^p]} \qquad (14-11)$$

$$d(\otimes P_i, \otimes IB_{imin}) = \sqrt[p]{\frac{1}{2}\sum_{i=1}^{m}W_{gi}[|\underline{P_i}-\underline{IB_{imin}}|^p + |\overline{P_i}-\overline{IB_{imin}}|^p]} \qquad (14-12)$$

③ $\otimes P$ 对 $\otimes IB_i$ 和 $\otimes IB_{imax}$ 的贴近度分别为

$$C_i^* = \frac{d(\otimes P_i, \otimes IB_{imin})}{d(\otimes P_i, \otimes IB_{imin}) + d(\otimes P_i, \otimes IB_i)} \qquad (14-13)$$

$$C_{max}^* = \frac{d(\otimes P_i, \otimes IB_{imin})}{d(\otimes P_i, \otimes IB_{imin}) + d(\otimes P_i, \otimes IB_{imax})} \qquad (14-14)$$

C_i^* 和 C_{max}^* 越大说明绩效越高，越接近标杆。通过式（14-13）可以衡量出特定 PPP 项目在采购阶段与内部标杆的接近程度，以此判断出绩效的高低。通过式（14-14）可以衡量特定 PPP 项目在最优标杆下的绩效表现，以此作为不同 PPP 项目之间绩效比较的工具。

专栏三十八：香港迪士尼乐园 PPP 项目

1999 年 12 月 10 日，中国香港特别行政区政府与华特迪士尼公司（Walt Disney Company，WD）达成协议，在竹篙湾兴建香港迪士尼乐园（Hong Kong Disneyland，HKDLD），由双方共同成立的合资公司——香港国际主题公园有限公司（Hong Kong International Theme Parks Limited，HKITP）负责兴建和营运。香港迪士尼乐园采用的是 PPP 模式中的联营体方式。

据特别行政区政府当局所述，预计香港迪士尼乐园在 40 年间可为香港经济带来达 1480 亿元的巨大经济效益。这项计划还会提供大量的就业机会，主题乐园及相关基础设施的建设提供超过 11000 个就业机会。此外，预期主题乐园启用后会创造约 18400 个新职位，估计 20 年内职位数目会增至 35800 个。主题乐园开幕后，估计每年前往该处的游客达 560 万人次，而当主题乐园开幕时，需要的员工人数约为 5000 人。

对于迪士尼乐园 PPP 项目主要的目标在于获得巨大的经济收益和大量的就业机会以促进香港经济的发展，故而项目的绩效目标可以得到。采用前述的方法可以得到项目第一阶段的标杆，实际的 KPI 完成情况和标杆的对比见表 14-6。

表 14-6 迪士尼乐园 PPP 项目第一阶段的 KPI 标杆及实际评判

第一阶段 KPI	标杆	评判			
		极好	好	中	差
KPI_1：合同风险分配、共享与转移机制	极好		√		
KPI_2：承包商与政府部门之间达成的相互承诺与责任分担	极好	√			
KPI_3：特许权获得方/承包商对于 PPP 模式的理解深度、掌握能力	极好			√	
KPI_4：政府相关部门对于 PPP 模式的理解深度、掌握能力	极好	√			
KPI_5：项目的技术可行性、工程的可建造性与完工项目的可维护性	极好		√		
KPI_6：稳定而适宜的政治环境	好		√		
KPI_7：稳定而适宜的法律环境	好		√		
KPI_8：稳定而适宜的宏观经济条件	好				√
KPI_9：PPP 模式的标准示范合同文本，及其实用性与灵活性	好			√	
KPI_{10}：竞争性招投标程序的完善与合理	极好	√			

由于该项目面临很大的市场风险,需要社会资本和政府之间构建良好的风险分担机制以共同承担未来风险,从股本结构来看达到了最佳的"负债/净资产"6∶4的资本结构,政府和社会资本之间构建良好的风险分担机制。另外,双方的收益分享也是较为合理的。但是,由于该项目还面临来自其他迪士尼乐园的竞争威胁,特别是东京迪士尼乐园,因而,在市场情况发生较大变化时,该风险分担机制有待考验,故 KPI_1 判为"好"。

香港特别行政区政府对该项目寄予了极高的期望,故而与社会资本达成了多项协议,如为协助项目最初数年的发展,政府贷款将根据递进计算法借出:在主题公园建设期间和启用后最初8年,按优惠利率(8.5%)减1.75%,即6.75%;其后8年,按优惠利率减0.875%;其后9年,按优惠利率(8.5%)。整个贷款期的平均利率约为7.5%,低于香港特区政府以外汇基金的回报率计算的资本成本,故 KPI_2 判为"极好"。

对于PPP项目,社会资本和政府对PPP模式的理解是至关重要的,在本案例中,社会资本方华特迪士尼公司具有很高的市场运营能力,但是缺乏经营PPP项目的相关经验,故而 KPI_3 判为"中";而香港政府却参与了多个PPP项目,并出台相关的操作指南,拥有丰富的经验和大量专业的技术人才,故 KPI_4 判为"极好"。

该项目的工程特点决定了项目的可施工性和可维护性的要求极高。本案例的工程特点如下:

①工程规模大,即实物工程量大。迪士尼乐园工程中包含了多项工程,如250万 m^2 的地基及基础处理,包括堆填打压、打止水带、做碎石桩等;处理8万 m^3 的污染泥;修建20km的道路桥梁,13万 m^2 的人工湖和水上娱乐中心;种植一千多个品种的花草树木;生产花泥210多万 m^3;建造10万m长的钢筋混凝土箱涵;建造一个六星级的酒店等。

②工程专业种类繁多,工序复杂。如上所述,由于工程较多,造成多个工程类型和工种都被包含了,有海事工程、土木工程、交通工程、地基工程、给排水工程、园林工程等。同时,各专业工程被限定严格的工期,使得施工现场各个工序会同时作业,平面交叉和立面交叉的现象非常常见,增大了可施工性的难度。

③质量要求高。本案例的验收标准高于香港现行的规范标准,超过国际常规的验收标准,使得施工难度加大。如对污染土中二恶英的净化处理标准

高出美国环保署10倍。

④工期紧。由于必须保证迪士尼乐园于2005年9月12日开园营业,项目必须提前三个月竣工交付进行准备工作,且工期延误的罚款最高达292万港币/天,累积计算,无上限,承建商的压力非常大。

而在运营期内,由于游客众多且难以管理,项目的可维护性受到很高的挑战,故 KPI_5 判为"好"。

香港特别行政区的政治和法律环境一向良好,为PPP项目的成功运行奠定了良好的基础,故 KPI_6 和 KPI_7 判为"好"。但是,香港的宏观经济环境自亚洲金融危机之后一直令人担忧,故 KPI_8 判为"差"。

在合约方面,由于香港有PPP项目的操作指南,其合同文本的实用性与灵活性处于很好的状态,但是由于工期紧,故而与承包商签订的合约显得较为苛刻,如前述的质量和工期要求等;同时合约关系复杂,在本案例中,香港政府(土木工程署)、顾问工程公司[茂盛(亚洲)工程顾问有限公司]、社会资本方华特迪士尼公司都会对承包商提出改进意见,造成执行中的困难,故 KPI_9 判为"好"。

本案例的招投标工作主要是在承建商的招标中。香港是完全开放的社会,迪士尼乐园落户香港一事正式确定一年以后,即2000年年底就开始了公开招标。本案例对于总承包商的要求异常严格,要求总承包商具备多个专业类工程方面的资质,对其最近5年在香港地区或者海外完成的项目有较高的要求,对承包商的组织管理能力和专业技术能力也提出了高要求,要求承包商有足够的营运资金和财务支持能力,并对承包商社会信誉进行了评估,同时要求承包商具有良好的国际视野。参与最终评标的企业有中国建筑(香港)、金门建筑、中国港湾—西松联营体、五洋—保华联营体等,中标单位为中国建筑(香港)。整个招投标过程公开透明,严格有序,故 KPI_{10} 判为"极好"。

在计算中,令式(14-10)~式(14-12)的 p 值为2。
根据式(14-10)、式(14-11)和表14-5可以得到:
① $d_{迪士尼乐园}(\otimes P_i, \otimes IB_{i\max}) = 28.138$;
② $d_{迪士尼乐园}(\otimes P_i, \otimes IB_i) = 22.577$;
③ $d_{迪士尼乐园}(\otimes P_i, \otimes IB_{i\min}) = 62.952$。

从而得

$$C_i^{迪士尼乐园} = \frac{d_{迪士尼乐园}(\otimes P_i, \otimes IB_{i\min})}{d_{迪士尼乐园}(\otimes P_i, \otimes IB_{i\min}) + d_{迪士尼乐园}(\otimes P_i, \otimes IB_i)}$$

$$= \frac{62.952}{62.952 + 22.577} = 0.736$$

$$C_{\max}^{迪士尼乐园} = \frac{d_{迪士尼乐园}(\otimes P_i, \otimes IB_{i\min})}{d_{迪士尼乐园}(\otimes P_i, \otimes IB_{i\min}) + d_{迪士尼乐园}(\otimes P_i, \otimes IB_{i\max})}$$

$$= \frac{62.952}{62.952 + 28.138} = 0.691$$

专栏三十九：北京奥运工程——国家体育场

本部分继续对国家体育场项目的 PPP 项目进行研究，标杆和各个 KPI 的评判见表 14-7。

表 14-7　北京国家体育场 PPP 项目第一阶段的 KPI 标杆及实际评判

第一阶段 KPI	标杆	评判			
		极好	好	中	差
KPI_1：合同风险分配、共享与转移机制	好		√		
KPI_2：承包商与政府部门之间达成的相互承诺与责任分担	好		√		
KPI_3：特许权获得方/承包商对于 PPP 模式的理解深度、掌握能力	好			√	
KPI_4：政府相关部门对于 PPP 模式的理解深度、掌握能力	好		√		
KPI_5：项目的技术可行性、工程的可建造性与完工项目的可维护性	好				√
KPI_6：稳定而适宜的政治环境	好		√		
KPI_7：稳定而适宜的法律环境	好		√		
KPI_8：稳定而适宜的宏观经济条件	好		√		
KPI_9：PPP 模式的标准示范合同文本，及其实用性与灵活性	好		√		
KPI_{10}：竞争性招投标程序的完善与合理	好		√		

国家体育场项目工程量巨大，工程复杂，包含多种不同的风险，其中政策法律变动风险、金融风险、完工风险、成本超支风险和运营风险尤为突出。社会资本和政府之间合理的风险分担机制是应对这些风险的重要措施。在国家体育场项目中，项目的发起人是中信集团、北京建工、美国金州三家集团公司组成的银团和北京市国有资产管理有限公司，出资比例为 42% 和 58%，其中银团内部的出资比例为 65%、30% 和 5%。由于公司双方共同出资，对于完工、成本和运营等相关风险基本达到公平分担。同时，项目公司与法国 Vinci 建筑工程有限公司和法国布依格建筑公司签订项目管理协议，聘请为项目管理顾

问,与法兰西体育场股东签订战略运营协议,聘请为项目的运营顾问。这些措施都对各个关键风险因素起到了很好的控制作用。但是政策变动的风险仍然是项目在30年的运营期内不可忽视的问题,而这一点在风险分担中并未能很好地加以控制。因而,KPI_1被判为"好"。另外,为了保证奥运工程能够高质量地按期完工,并能在随后的运营期内获得可观的收入,北京政府为国家体育馆的建设和运营提供了多方面的支持、承诺,故KPI_2被判为"好"。

在国家体育场项目中政府方通过招标的方式选择中信集团、北京建工、美国金州组成的中信联合体作为社会资本投资机构。该联营体在项目经营和施工管理方面均具有丰富经验,但是参与的PPP项目数量偏少,故KPI_3判为"中",而北京市政府则具有较为丰富的PPP项目管理经验,有专门的PPP项目地方法规,之前的北京地铁4号线和亦庄天然气项目都是成功的先例,故KPI_4判为"好"。

国家体育场项目最初的设计方案是被广为诟病的,虽然造型奇特,标新立异,但是项目的可施工性差,成本巨大,原先的开合屋顶更是很难维护,在2004年7月31日全面停工后,设计方案才得以优化,故KPI_5判为"差"。

对照我国目前的政治经济环境,KPI_6和KPI_8都可判为"好",而KPI_7则因为相关法律文本的缺失判为"中"。

整个北京奥运工程的招投标工作都是采用了项目法人责任制的招标办法,成为本届奥运会准备工作中的亮点,除了国家体育场采用PPP模式以外,其他一些重要场馆如国家体育馆、国家会议中心、五棵松篮球馆等采取BOT融资模式。整个招投标程序历经9个月,采取"一次招标、两步进行"的方式进行。首先进行"资格预审和意向征集",对众多投标申请人的投标资格、建设方案设想、融资计划思路、运营方案意向等进行评估,通过预审确定5名投标入围者;然后对投标入围者进行"招标",对投标入围者递交的优化设计方案、建设方案、融资方案、运营方案以及移交方案等进行评审,最终确定了中标人。招投标程序公平、公正、科学,国家体育场项目法人招标工作专门邀请了第29届奥运会监督委员会对第一阶段资格预审和意向方案评审、第二阶段开标/评标全过程进行了监督,是对我国招投标的一次机制创新。最终中国中信集团联合体分别与北京市人民政府、北京奥组委、北京市国有资产有限责任公司签署了《特许权协议》《国家体育场协议》和《合作经营合同》3个合同协议,故KPI_9、KPI_{10}分别判为"中"和"好"。

在计算中,令式(14-10)~式(14-12)的 p 值为 2。

根据式(14-10)、式(14-11)和表 14-5 可以得到:

① $d_{国家体育场}(\otimes P_i, \otimes IB_{imax}) = 26.739$;

② $d_{国家体育场}(\otimes P_i, \otimes IB_i) = 16.914$;

③ $d_{国家体育场}(\otimes P_i, \otimes IB_{imin}) = 54.926$。

从而得

$$C_i^{国家体育场} = \frac{d_{国家体育场}(\otimes P_i, \otimes IB_{imin})}{d_{国有体育场}(\otimes P_i, \otimes IB_{imin}) + d_{国有体育场}(\otimes P_i, \otimes IB_i)}$$

$$= \frac{54.926}{54.926 + 16.914} = 0.765$$

$$C_{max}^{国家体育场} = \frac{d_{国家体育场}(\otimes P_i, \otimes IB_{imin})}{d_{国家体育场}(\otimes P_i, \otimes IB_{imin}) + d_{国家体育场}(\otimes P_i, \otimes IB_{imax})}$$

$$= \frac{54.926}{54.926 + 26.739} = 0.673$$

由上述的分析可以发现,相对于各自内部的标杆,国家体育场 PPP 项目的绩效高于迪士尼乐园 PPP 项目;但是当横向采用最优标杆时,迪士尼乐园项目的绩效高于国家体育场 PPP 项目,即迪士尼乐园 PPP 项目在第一阶段的绩效更接近于最优标杆。

第15章 PPP项目盈利模式创新与发展

PPP本质上是要借助社会资本的资金与竞争(特别是创新),来改善公共产品的供给效率,其注重产出标准而不是实现过程,是一种激励相容的制度安排;然而,公私双方通常具有截然不同的利益诉求,政府部门关注公众需求满足,而社会资本强调利润获取。因此,保证社会资本适当盈利是避免其关系专用性投资不足、提高其竞争与创新积极性的关键,并最终实现政府部门、社会资本和公众的"多方共赢",促使PPP项目成功。

15.1 PPP项目盈利模式创新的必要性

在传统思维方式下,PPP只是政府进行基础设施建设或开展公共事业的一种新型的融资方式,借此减轻其财政压力。社会资本通过收购股权或收购资产、投融资建设、经营管理或(和)按需求提供服务的方式投入PPP项目,而政府部门则以让渡收费权、支付可行性缺口补助或(和)政府付费的方式给予社会资本合理的回报。此时,公私双方关注的焦点即社会资本的投资回报率或目标收益率;过低的投资回报率或目标收益率不利于社会资本积极性的发挥,甚至将迫使其退出基础设施和公用事业领域;而较高的投资回报率或目标收益率将会给政府带来沉重的财政负担。PPP项目的公私双方过度关注"投入—回报"之间的关系,甚至在确定投资回报率或目标收益率上表现出对抗关系,违背了PPP伙伴关系的初衷。

据审计署数据显示,截至2013年6月底,我国各级政府负有偿还责任的债务约20.7万亿元,如何监控和化解债务风险备受外界关注。2014年,我国政府开始在全国范围内大力推行PPP,并密集发布PPP的相关文件,其中《国务院关于加强地方政府性债务管理的意见》(国发〔2014〕43号,以下简称国务院43号文)的基本思想为"修明渠、堵暗道",即堵住"地方政府的融资平台公司"这一暗道,修了政府债券与PPP两条明渠;然而,国务院43号文在鼓励运用PPP模式化解地方债务的同时还明确指出,"地方政府要加强对或有债务的统计分析和风险防控,做好相关监管工作"。由此可见,对于那些需要政府付费或者给予适当补贴的PPP项目(非经营性和准经营性公共项目)而言,无论是政府部门还是社会资本,仅仅盯着这一项目既有的收益和财政补贴是不够的,更需要通过PPP项目盈利模式创新"将蛋糕做大",政府可以因此避免PPP项目引起的新发生或有债务超出规定范围,社会资本也因此可以在投资回报率或目标收益率上减轻与政府部门的对抗,从而更顺利地实现其盈利。

15.2 伙伴关系下的PPP项目盈利模式框架

PPP的成功实施需要以伙伴关系思维为基础,公私双方必须摒弃对抗思维,互相尊重且积极主动地参与到项目中去,因此,如何在提高公共产品或服务供给效率的同时保证社会资本适当盈利,必须是公私双方共同面对、协力解决的问题。PPP项目盈利模式的创新,是在确定投资回报率或目标收益率之前不得不考虑的问题。在现实生活中,交易行为背后隐藏着价值交换,存在一定的价值交换范式或机制,而盈利模式这一概念即为了解释这种价值交换范式或机制;收益和成本决定了组织的经济价值,利润或盈利水平则是企业经济价值的直接体现,因此,盈利模式通常是指按照利益相关者划分的收入结构、成本结构以及相应的目标利润。有鉴于此,本书基于实践中的典型案例,从收益结构优化、成本结构优化、目标利润稳定三方面分析PPP项目的盈利模式,如图15.1所示。值得注意的是,由于本书收集到的案例数量有限,图15.1所示的PPP项目盈利模式树形框架仍有拓展空间。

第15章 PPP项目盈利模式创新与发展

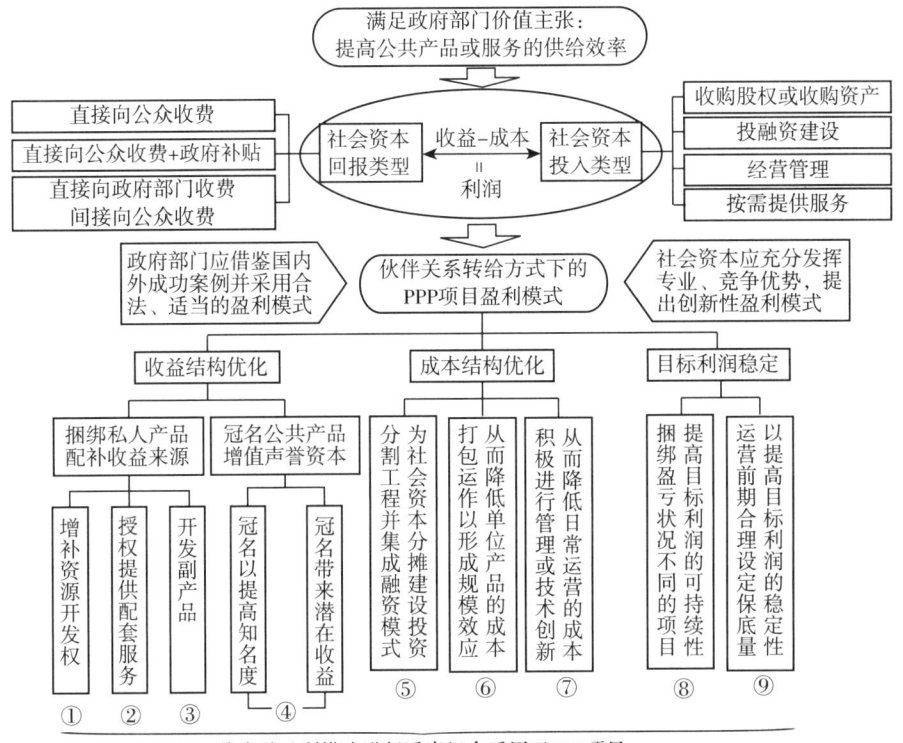

图15.1 基于多案例的PPP项目盈利模式树形框架

注：①城市轨道交通、城市综合交通枢纽、铁路、港口/码头、水库、环境治理等项目捆绑土地、旅游、矿产等资源开发项目；

②医疗、教育、养老服务设施、场馆类、机场航站楼等项目捆绑餐饮、物业、绿化等配套服务；

③公厕与垃圾投放设施、路灯节能、城市公共停车场站、城市公汽交通、高速公路等项目捆绑广告等副产品，保障性安居工程捆绑商品房这一副产品，海水淡化捆绑工业制盐这一副产品等；

④投资规模相对较小、供特定人群使用或会对特定人群留下印象的项目，若该特定人群为某一商品的潜在客户，则生产该商品的企业可投资并冠名该项目；

⑤城市轨道交通等投资规模大、专业复杂的工程，可根据专业进行分割并分别选择适当的融资模式；

⑥规模小且分布零散的能源站（供热/冷）、（生活、工业）污水处理、（生活、餐厨）垃圾处理项目；

⑦城市供水、能源站（供热/冷）、污水处理、垃圾处理等PPP发展相对成熟的领域；

⑧既可以是同类公共产品中盈亏状况不同的项目捆绑,如捆绑交通流量不同的高速公路路段,也可以是具有特定联系的异类公共产品中盈亏状况不同的项目捆绑,如海水淡化与发电捆绑;

⑨污水处理、垃圾处理、隧道、桥梁等具有流量特征的项目,以及新能源汽车充电等市场不稳定的项目。

15.3 PPP 项目盈利模式之收益结构的优化

收益即财富的增加,其既包括货币收益,又可以包括声誉提高、潜在收益等非货币的。PPP 项目可以通过优化收益结构实现盈利。

1.捆绑私人产品,配补收益来源

当政府希望通过 PPP 模式获得的公共产品或服务属于非经营性(没有任何价格机制和现金流入,主要产生社会效益)或准经营性(有价格机制和现金流入,但无经营利润,成本无法收回)时,可以为该公共产品或服务配补适当的私人产品并捆绑提供,从而克服收费困难或收费不足的难题,即所谓的公共物品供给的捆绑模式或联合供给模式,最早提出这一思路的为德姆塞茨。《基础设施和公用事业特许经营管理办法》(简称 25 号令)明确规定,"向用户收费不足以覆盖特许经营建设、运营成本及合理收益的,可由政府提供可行性缺口补助,包括政府授予特许经营项目相关的其它开发经营权益",从而充分肯定了这一盈利模式的合法性。

(1)增补资源开发权,弥补收益不足

政府以对 PPP 项目公司进行补偿的方式,将基础设施或公用事业项目(地铁、隧道、环境治理等)周边一定数量的资源(如土地、旅游、矿产)的开发权出让给 PPP 项目公司,以捆绑的方式提高项目公司的整体盈利能力,以确保项目投资者获取合理回报,调动投资者的积极性,即所谓的资源补偿项目(Resource Compensate Project,RCP)融资模式。例如:

①香港地铁公司(简称"港铁")的盈利模式可总结为"轨道交通+地产商业"的组合,即以轨道交通的投融资建设与沿线地产商业的开发同步进行,由港铁的收益结构可知,地产商业开发的收入占总收入的 50% 以上,正因如此,港铁成为了全世界范围内服务水平最好、运营效率最高、盈利情况最为理想的地铁公司之一。

②2004 年 4 月,澳大利亚维多利亚州政府决定在亚拉河畔现有的墨尔本展览中心旁边,建设一个世界级的会议中心,维多利亚州政府通过招标确定由 Plenary Group 为首的承包联合体(简称"Plenary 联合体")作为社会资本,负责该项目的开

发、设计和建设,并且授予 Plenary 联合体长达 25 年的特许期,为了提高该项目的可经营性,公私双方制定了会议中心周边区域的扩充性商业开发计划,包括在新墨尔本会展中心附近建设办公区、住宅区、零售专区以及一个五星级的希尔顿酒店,并翻修码头上一艘名叫波利伍德赛德的老帆船,将其货棚改造成餐厅,从而通过经济乘数效应显著增加了项目效益。

(2)授权提供配套服务,拓展盈利链条

当 PPP 项目供给的基础设施或公用事业建成后,必须相应地配套服务才能正常运转时,政府可授权 PPP 项目公司提供这种可以产生预期收益的配套服务(如餐饮、物业、绿化),从而通过延长价值链创建现金流、补偿主体项目财务上的不可行。例如:英国国家医疗卫生服务体系(NHS)与百威斯特公司(Bywest)合作的西米德尔塞克斯大学医院(West Middlesex University Hospital)项目,百威斯特公司负责其投融资与建设,西米德尔塞克斯大学医院基金会负责该项目的运营管理,为了补偿与回报百威斯特公司的建设投入,将该医院运营期间的配套服务项目全部交由百威斯特公司负责,包括餐饮、搬运、安全、保洁、维护和物品供给,服务周期或从 35 年延长至 60 年,服务费由英国政府支付。

(3)开发副产品,增加收益来源

PPP 项目公司在提供政府需求的公共产品或服务时,可以附带生产出更具经营性的副产品(如广告、建筑作品知识产权的授权使用),以此弥补主产品项目财务上的不可行,如北京丰台区郭庄子和昌平区回龙观限价房项目中增配的商品房开发,梅州模式公厕项目中用以养厕的店铺、饭店、办公楼、垃圾中转站。具体策划方案既可由公共部门主动提出,也可由社会资本策划提出、公共部门审核批准。

前者如:英国森德兰市采用 PFI 方式对市内街道的照明、标志和街道设备(3.05 万个灯柱和 6000 个公路标志)进行设计、安装、运营、维护和融资,合同期限为 30 年,且要求最长 5 年内更换完所有设备,该项目中的社会资本在合同期内的前 5 年获得一次性支付 265 万英镑用于更换完所有设备,其后运营期每年通过经营灯杆和公路标志广告、交通 CCTV(注:闭路电视)增加费等第三方收益(折现共计 158.9 万英镑),来作为维护投资和获取相应回报。

后者如:德国将公厕进行市场化运作,以期在弥补政府资金不足的同时,促进公厕在节能、节水、环保等技术上的创新,1990 年在柏林市公共厕所经营权拍卖会上,后来被称为"茅厕大王"的汉斯·瓦尔即承诺免费提供公厕设施及其维护和清洁工作,当时其竞争对手都认为他疯了,于是在缺少竞争、承诺免费建厕、只要求交纳低廉管理费的情况下,瓦尔公司一举拿下全柏林的公厕经营权;瓦尔公司的盈利点显然不在厕所门口 0.5 欧元的投币口上,其最大的收入来源是这些公厕外墙的广告经营,它把柏林的很多厕所外墙变成了广告墙,加之瓦尔公司的墙体费用比一般广告公司低得多,使得香奈尔、苹果、诺基亚等很多著名公司都在公厕上做广告。

2.冠名公共产品,增值社会资本声誉资本

对于社会资本而言,能够为其自身增值、为其发展助力的收益不仅限于货币形式的,还可以是提高知名度、潜在收益等非货币形式的,因此,PPP 项目还可以冠名公共产品作为社会资本的回报,日本丰田汽车公司就热衷于这一类 PPP 项目。例如:丰田汽车公司捐赠 350 万元人民币在天津建造过街天桥,命名为"丰田桥",虽然丰田桥无法产生任何直接现金收益,但丰田汽车公司通过得到该桥的冠名权,收获了巨大的隐性声誉收益。又如:丰田汽车公司负责了 NBA 球队休斯敦火箭队的主场——"丰田中心球馆"的投融资建设与维护,但并不负责其运营以收回建设投资,而是通过为体育场馆冠名,来吸引丰田中心球馆看比赛的火箭队球迷购买丰田轿车。

15.4 PPP 项目盈利模式之成本结构的优化

成本是社会资本进行投资建设、特许运营所必须耗费资源的货币表现,因此,成本结构优化既可以是减轻社会资本的一次性建设投入、通过规模经济降低单位产品成本,也可以是其通过技术和管理创新减少日常运营成本。

1.集成融资模式,分摊建设投资

对于建设期投资规模较大、运营期收费不足的公共项目,可将其进行适当的分割,只对其中部分工程(与运营成本及效率密切相关的)采取 PPP 模式或对不同部分采取不同的 PPP 模式细分,从而减轻社会资本对该项目的一次性建设投入,提高其可营利性。例如:

①北京地铁 4 号线的全部建设内容划分为 A(征地拆迁和土建工程)、B(机电设备的购置和安装)两部分,北京市政府只将占总投资 30% 的 B 部分(投资额约为 46 亿元)交由香港地铁有限公司(香港特区政府控股的上市公司)、北京首都创业集团有限公司(当地国企)和北京基础设施投资有限公司(当地国企)共同组建的京港地铁公司(SPV)来负责融资建设(即 BOT 模式)。此外,该 SPV 负责地铁 4 号线的运营管理、全部设施(包括 A 和 B 两部分)的维护和除洞体外的资产更新,以及站内的商业经营,通过地铁票款收入及站内商业经营收入回收投资,特许经营期(30 年)满后将 B 部分项目设施无偿地移交给北京市政府,将 A 部分项目设施归还

第15章　PPP项目盈利模式创新与发展

给北京地铁四号线投资有限责任公司。

②昆明快速公交(BRT)系统项目(包括交通枢纽站、首末站、场站、沿途站牌的建设)建设规模大,收费显著不足,对民间资本缺乏吸引力。为此,昆明市政府采取了 BOT-BT-TOT 的集成融资模式:将资金需求量大、投资收益较好且建设周期长的专用道建设(包括路面建设、交通枢纽站、首末站和场站的建设)部分,采用 BOT 模式交由 A 公司负责;将资金需求量相对较小、无收费机制、建设周期短的车辆购置及智能交通系统建设部分,采用 BT 模式交由 B 公司负责;A 公司建设完成后,通过租赁协议将专用道部分的经营权移交给 C 公司,同时,B 公司在建设完成并由政府回购后,再由政府将车辆购置及智能交通系统部分的经营权移交给 C 公司,至此,整个 BRT 项目采用 TOT 模式交由 C 公司负责经营。

2. 打包运作形成规模效应,降低单位产品成本

在 PPP 项目中,社会资本需要进行一定规模的建设投资,或者购买项目一定期限的产权或经营权,那么,若公共产品或服务的需求量过小则 PPP 项目的产能过剩,导致社会资本的盈利性差或者需要政府对差额部分进行财政补贴。可见,确保 PPP 项目适当规模的需求,从而降低单位产品的成本是 PPP 项目盈利的一种思路。

以各省公布的首批 PPP 项目清单中普遍受到青睐的污水处理项目为例,规模越大对投资者越有吸引力,而规模小的项目基本不具备投资者对市场化经营的收益要求。因此,对于普遍存在规模小且分布零散特点的乡镇污水项目,国内的通常做法即打包运作、"一厂一价",如深圳龙岗 10 座污水处理厂打包转让项目、海南 16 座污水处理厂打成两个"项目包"委托运营项目、江阴 4 污水处理厂打包招商项目等。

又如江西省工业园区污水打包 BOT 项目:2010 年 8 月,江西省政府颁布了鄱阳湖生态经济区的规划,把工业园区污水处理设施建设列为十大节能减排工程之首,要求在 2015 年建成 102 个工业园区的污水处理项目;2011 年 5 月,江西省政府与中国节能环保集团签署全面的战略合作框架(规划日处理量 237 万 t,总投资 146 亿元),由江西省城投(出资 20%)与中国节能环保集团(出资 80%)组建的中国节能江西公司(SPV),负责江西省 102 个工业园区的污水和固废处理、环保节能,工作范围包括投资建设、运营管理,特许期限 30 年,由政府来进行付费。

3. 进行管理或技术创新,降低运营成本

采用 PPP 不仅是为了解决公共部门的财政紧张,更重要的是借助社会资本的专业和创新,来提高公共产品的供给效率。因此,社会资本为了拓展其盈利空间,

应在特许经营过程中充分发挥其主动创新积极性,通过管理或技术创新不断降低其运营成本。

例如:在湖南省长沙市东部近郊的长沙县,牛角冲社区与长沙绿动循环再生资源有限公司合作推出"绿色循环积分计划",居民们在长沙绿动循环再生资源有限公司注册后,将领取到各自的专属二维码,居民们将家中可回收垃圾打包后贴上二维码投放到社区的专用回收桶后,公司会将垃圾运往循环分拣中心通过扫描二维码确定居民信息,根据垃圾的种类数量换算成积分录入用户账户,居民的二维码垃圾积分达到一定数量后可兑换生活用品或抵用小区的物业费。集中回收后再由PPP项目社会资本进行垃圾分类是一项耗时、耗力的事,而对于形成并投放生活垃圾的居民而言,垃圾分类却是举手之劳、轻而易举的事,长沙绿动循环再生资源有限公司通过二维码社区垃圾回收模式这一管理创新,充分调动了广大居民的积极性,大幅压缩了其进行垃圾分类的成本,进而极大拓展了其盈利空间。

15.5 PPP 项目盈利模式之目标利润的稳定

获取利润是企业价值增长的主要方式,因此,能否获取稳定、可持续的利润是企业进行投资的重要决策依据。有鉴于此,不但要让 PPP 项目社会资本"有钱可赚、有利可图",还要确保其利润的相对稳定与可持续,降低社会资本在 PPP 项目中实现目标利润的风险,也是其重要的盈利模式设计思路之一。

1.将盈亏状况不同的公共产品捆绑,提高目标利润的可持续性

基础设施和公用事业领域既有现金流入充裕的经营性公共项目,也有现金流入不足的非经营性公共项目,甚至是没有任何现金流入的非经营性公共项目。经营性公共项目对于社会资本具有强大的吸引力,采用 PPP 模式有可能造成社会资本"暴利",置政府于尴尬境地;而准/非经营性公共项目则对社会资本缺乏吸引力,采用 PPP 模式后政府需要进行适当的财政补贴或者需要付费,从而给政府带来一定的财政压力。为了吸引社会资本进入更为广泛的基础设施和公用事业领域,同时确保 PPP 项目"盈利但不暴利",可以将盈亏状况迥异的项目捆绑实施 PPP,实现"以丰养歉":既可以是同类公共产品中盈亏状况不同的项目捆绑,如捆绑交通流量不同的高速公路路段;也可是具有特定联系的异类公共产品中盈亏状况不同的项目捆绑,如海水淡化与发电捆绑。

代表性项目如:天津的国投北疆发电厂循环经济 PPP 项目由国家开发投资公司、天津市津能投资公司、天津长芦汉沽盐场有限责任公司按 64∶34∶2 的比例共

同投资建设与运营管理,该工程由"发电工程、海水淡化、浓海水制盐、供热、土地整理、废物利用"六个分项工程组成,提供电力、热力、淡水、土地、盐化产品、建材等多种重要产品。其中,海水淡化工程是循环经济的关键环节,由于受生产成本及供水体制等约束而一直处于亏损状态,该项目就是将盈利性差的海水淡化工程与盈利性较好的发电工程捆绑,实行"以电养水"的政策,发电工程的盈利弥补海淡工程的亏损;鉴于天津的国投北疆发电厂循环经济 PPP 项目整体上看是盈利的,其二期工程规划的 2 台 100 万 kW 发电机组和 30 万吨/日海水淡化装置已于 2014 年 12 月 24 日获国家发改委核准。

2.运营前期合理设定保底量,提高目标利润的稳定性

由于 PPP 合同的长期性,成本与需求的不确定即成为其显著特征。为了保证社会资本目标利润的稳定性,公私双方通常会设定最小需求保证(Minimum Demand Guarantee,MDG)或最小收益保证(Minimum Revenue Guarantee,MRG),即我国 PPP 实践中所谓的保底量,这本质上是一种公私双方风险共担策略或社会资本的风险缓解机制。由于我国经济与社会发展较快且 PPP 市场还不健全,运营前期设定保底量的做法在污水处理、垃圾处理、隧道、桥梁等具有流量特征的 PPP 项目,以及新能源汽车充电等市场不成熟的项目中普遍存在,下面介绍污水处理与垃圾处理两个领域的具体做法。

①污水处理 PPP 项目通常会在运营期前 3~5 年,按设计处理规模的一定比例设定阶梯式增长的保底水量,剩余特许经营期内则以设计规模为保底水量,根据按月付费的惯例,若当月实际处理量达不到保底量则仍按保底量计付污水处理服务费(不考虑暂停、罚款等特殊情况),从而使得投资人获得可预期的、稳定的现金流担保;该领域运作比较成功的如合肥市王小郢污水处理厂资产权益转让(TOT)项目。

②与污水处理略有区别,垃圾处理项目保底量的设定,需要综合考虑实际垃圾供应量及预期增长速度、设计处理规模、垃圾含水率以及垃圾处理设备的实际负荷能力,如果为垃圾焚烧发电项目还需考虑焚烧率;此外,由于一年之中的垃圾供应量会因季节变化出现较大波动,因此,垃圾供应保底量不是按月执行,而是按年累计执行的,即只在开始付费日起每满一年时才计算年度累计实际垃圾处理量,若该累计量低于年垃圾保底量则按全年垃圾保底量计算全年应付垃圾处理费(不考虑暂停、罚款等特殊情况);该领域运作比较成功的如荣成垃圾焚烧发电 BOT 项目。

15.6 结论

相关数据显示,采用PPP并不一定会让政府"更省钱",国际上判断一个公共项目是否采用PPP,通常都是看其相比传统模式增加的成本相对于公共产品供给效率或公共服务质量的提升是否VFM。因此,不同于一般工程项目中承发包双方之间"零和博弈"的特征,PPP项目的公私双方更多地追求项目的价值增值,是可以实现"共赢"的。

有鉴于此,双方应摒弃传统的对抗思维,这就要求双方都以积极的态度进行盈利模式的设计与创新:公共部门应广泛借鉴国内外成功案例的经验,主动地为PPP项目选用合法、适当的盈利模式,或客观地对待社会资本提出的盈利模式方案;而社会资本则应充分发挥其专业、竞争优势,在交易阶段向公共部门提供可行的盈利模式方案,在建设期或运营期通过技术或管理创新优化项目成本。

此外,盈利模式是获取利润的逻辑与方法,随着价值理论的导入,其研究重心逐渐从关注企业利润转向关注用户价值,从而提出了商业模式的概念;本书认为,项目是具有特定目标的一次性任务,更是组织配置资源、创造价值并最终达成自身战略目标的手段或方式,因此,未来PPP项目社会资本应从公众价值主张出发,以公众需求为中心开展价值创造和价值传递,在实现公众价值的同时获取企业价值。

第16章 PPP实践案例分析

案例一 市政道路PPP破题：安庆市外环北路工程PPP项目的探索

2015年5月6日，安徽省安庆市外环北路工程PPP项目（如下称"本项目"）正式签约。作为市政道路PPP，外环北路项目是安徽省乃至全国第一例典型意义上的市政道路PPP项目，是非经营性项目采用PPP模式运作的破题之作，对未来市政道路及类似非经营性项目PPP运作提供了可资借鉴的示范案例。

1. 项目概况

外环北路位于安庆市东、北部，是安庆市中心城区主干路系统的重要组成部分，也是贯穿西北—东南城区的主要干道，道路设计全长约14.9km（桥隧比为28.7%），道路等级为城市主干路，设计速度60km/h。该工程按工程量清单方式计价，工程建设投资控制价为15.26亿元人民币，包干工程建设其他费用为4.5亿元人民币（如项目前期工作费用、征地拆迁费用等），共计19.76亿元人民币。

为进一步创新安庆市城市基础设施投融资体制，提升基础设施的建设运营绩效水平，安庆市人民政府（如下简称"市政府"）于2014年年底发文批准成立PPP项目工作领导小组，启动实施本项目，并授权安庆市住房和城乡建设委员会（以下简称"市住建委"）为本项目实施机构，具体负责本项目社会资本的采购工作；同时授权安庆市城市建设投资发展（集团）有限公司（以下简称"市城投"）作为PPP项目政府方出资代表，与社会资本合资组建项目公司。目前，市城投和中选社会资本——北京城建设计发展集团股份有限公司之间的合资公司已完成注册设立程序。

本项目合作期限为13年，其中建设期两年，运营期11年。综合考虑本项目的回报机制、项目投资收益水平、风险分配基本框架、融资需求等因素，本项目作为新建项目采取 DBFOT 的运作方式,项目公司具体负责本项目设计(就本项目而言,指优化设计)、投资、融资、建设、运营维护、移交等,政府为基于可用性绩效指标的公共产品和基于运维绩效指标的公共服务付费,合作期届满项目公司将本项目无偿移交给市住建委或市政府指定的机构。

2.项目交易结构

(1)投融资结构

如图 16.1 所示,安庆市政府授权安庆市城投作为本项目政府方出资代表,与社会资本共同新设项目公司。项目实施方案中设计,市城投持股比例为 12%,中选社会资本持股比例为 88%(如为联合体中标的,则指联合体合计持股比例,下同)。项目公司注册资本在符合适用法律规定及金融机构融资要求的情形下,按照不低于 5 亿元人民币设置,由市城投和中选社会资本根据项目建设进度和融资机构要求,按照各自认缴的持股比例同步、足额缴纳到位。

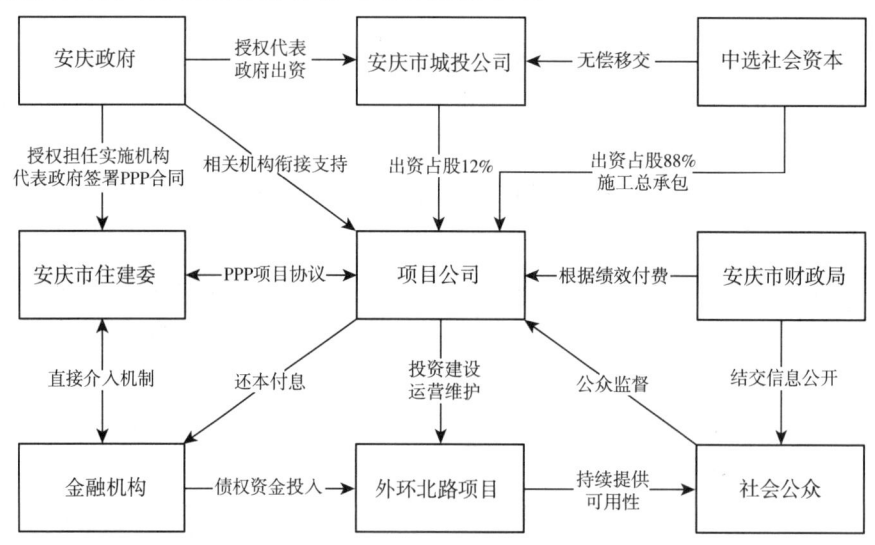

图 16.1 本项目投融资结构图

(2)回报机制

本项目是无用户(通行者)付费的市政道路,属于非经营性项目,最终决定采用"政府付费"的回报机制。具体而言,本项目按照"基于可用性的绩效合同"方式,由政府向项目公司购买本项目可用性(符合验收标准的公共产品)以及为维持本项目可用性所需的运营维护服务(符合绩效要求的公共服务),即政府根据绩效考核情况向社会资本支付可用性服务费和运维绩效服务费。

3.项目合同结构

本项目合同结构分两层:

第一层次为由市住建委、市城投、中选社会资本等主体之间一揽子签署的协议体系。以 PPP 项目协议作为主合同,合资合同、公司章程、可用性绩效指标及相关、运维绩效指标及相关、各类保函及其他支撑性文件等作为 PPP 项目协议的附件体系,和 PPP 项目协议共同构成一个完整的合同体系。其中,PPP 项目协议,在项目公司设立之前,由市住建委和中选社会资本签署;待项目公司设立完成后,由市住建委和项目公司通过签署补充协议或另行签署项目协议的方式完成社会资本和项目公司之间的角色转换(当然此举并不解除社会资本作为股东应享有的权利及承担的义务);合资协议和公司章程由市城投和中选社会资本签署;可用性绩效指标及相关、运维绩效指标及相关、各类保函及其他支撑性文件等可作为 PPP 项目协议的附件,也可以作为 PPP 项目协议中的一个子章节,视合同安排需要酌定即可。

第二层次为由项目公司和本项目推进过程中的各有关主体签署的协议体系。如由项目公司与金融机构签署的融资协议及担保合同、与施工总承包方(就本项目而言,指中选社会资本方)之间签署的施工总承包合同、与保险机构之间签署的保险合同等。

4. 项目 PPP 内核

本项目之所以成为国内首例典型意义上的市政道路 PPP 项目,在于其对 PPP 项目内核要素的准确把握,真正具有 PPP 之实。本项目合作期长达 13 年(含建设期及运营期),由社会资本承担本项目优化设计、投资、融资、建设、运营及维护,并设置明确的可量化的绩效指标,将可用性付费与可用性资产的达成挂钩,将运维绩效付费与运维效果挂钩,有效激励社会资本以运维为导向,统筹考虑项目全生命周期成本,以实现风险最优分配与安排。

首先是创新"政府购买服务"方式,并将付费义务纳入跨年度财政预算,注重政府履约能力。由政府通过向项目公司支付可用性服务费的方式购买项目可用性(符合验收标准的公共资产),以及支付运维绩效服务费的方式购买项目公司为维持项目可用性所需的运营维护服务(符合绩效要求的公共服务)。安庆市人大常委会在 PPP 项目协议签署前通过决议,将该等可用性服务费和运营绩效服务费纳入跨年度的财政预算,并要求市政府加强项目建设与资金管理,定期向市人大常委会报告工程进展、资金使用情况。注重政府方履约保障,给社会资本和金融机构等主要利益相关方吃了定心丸,这也是本项目成功实施的关键因素之一。

其次是可量化的绩效考核指标及激励相容机制设计。本项目从全生命周期成本考虑,分别设置了可落地的可用性绩效考核指标、运维绩效指标以及移交绩效指标。市住建委从质量、工期、环境保护、安全生产等方面设置可用性绩效指标,将其作为竣工验收的重要标准;同时,从四个层级17个方面设置了38项运维绩效指标,在运营维护期内,项目实施机构主要通过常规考核和临时考核的方式对项目公司服务绩效水平进行考核,并将考核结果与运维绩效付费支付挂钩,当然,建设期内项目建设质量的优劣将直接影响社会资本在运营维护期的成本高低,以有效激励社会资本从项目全生命周期成本统筹考虑本项目的建设、运营维护及移交等;通过移交绩效标准的设计,督促项目公司善始善终。且PPP项目协议中还设置了明确的奖惩机制,上述种种安排和设计,有效避免其他PPP项目在运作时的"重建设、轻运营""重惩罚,轻奖励""假PPP,真BT"以及项目公司的短期行为。

最后是关于项目竞价方式的创新,亦为政府选择合作伙伴提供了更为开阔的操作思路。于政府方而言,其主要诉求为政府购买服务费用在合理区间范围内的最低,以及每年相对平滑的财政支出安排;于社会资本而言,其主要诉求为政府购买服务费用在合理区间内的相对较高,以及在尽可能短的年限内收回相应的成本及获得合理回报。为平衡两方的利益诉求,项目组在设计竞价方式时给予社会资本的一定的自主选择权,在可用性服务费支付年限方面,社会资本可根据自身风险承受能力、回报要求等因素自主选择可用性服务费支付年限(7~11年均可,当然如果某一社会资本选择适用较短期限时,则在投标文件评审时,该社会资本的本项得分会相对较低)及采购文件规定的年支付比例上限之内的支付比例。此举创新了国内PPP项目的报价方式,并充分尊重了各社会资本的投资偏好。同时,为了实现各年财政付费规模的平滑,在评标细则中对可用性服务费年支付比例设计了专门的评分机制,引导社会资本理性报价。

5.项目条款设计

(1)非经营性与经营性业务统筹安排

在非经营性业务范围方面,约定项目公司具体负责本项目道路工程、桥涵工程、立交工程、管线工程、交通工程、照明工程、绿化工程及其他附属工程的投资、融资、建设及运营维护,并由政府通过购买可用性资产及运维绩效服务的方式以覆盖其投融资、运营成本支出及实现合理回报。

同时考虑合作期内,项目公司亦有可能对本项目沿线资源进行开发,虽目前预期收益不确定性大,确不宜作为长期的回报机制安排,但或可作为创新举措激励双方挖潜合作空间,故此在PPP项目协议中作约定:如未来政府或社会资本计划对本项目红线范围内的商业资源(如广告、综合管廊、公共交通专用路权设施等)进行经营性开发,在报经市政府批准后,由项目公司与政府就该等商业资源的开发经营和收益分享机制等事宜充分协商,达成一致后实施。同时明确此等经营性业务的开展不得影响本项目的实施,也不得有任何影响公共利益或公共安全的行为。如此,鼓励社会资本合理挖掘项目资产的价值潜力,创造额外收入。

(2)项目法人制和资产权属设计

从项目法人制考虑,PPP项目要求由社会资本或其设立的项目公司作为法人实体,具体负责项目的投融资、建设、运营及维护等,以确认项目建设主体、融资及偿债主体、项目设施权属主体等,做到风险隔离、独立核算。本项目的立项、初设及批复、施工图设计及批复、工程量清单编制等前期工作虽由市住建委根据基建程序按照政府投资项目的路径完成相应手续,但社会资本选定后,则需办理相应的项目法人变更手续,即将项目法人办理变更至项目公司名下。

在资产权属方面,本项目建设期内投资建设形成的项目资产,以及本项目运营期内因更新重置或升级改造投资形成的项目资产,根据社会资本对本项目土地使用方式的选择来确定。如果社会资本选择享有本项目的划拨土地使用权,则项目公司相应拥有项目设施或资产的所有权,当然,项目公司拥有的该等土地使用权及项目设施或资产不得用于本项目融资、建设之外的其他目的;如果社会资本选择由政府方将相应的土地无偿提供给项目公司使用的,则项目公司不享有相应的土地使用权,也无法标记对本项目设施/资产的权属,但此举在于不会发生项目设施或资产的移转,减少PPP项目设施或资产在转移时可能产生的税费,降低交易成本。

(3)平衡各方利益诉求,实现风险合理共担

于政府方而言,政府方或市住建委一方面作为行政管理主体享有法律赋予的行政监管的职权,同时其作为PPP项目协议一方签约主体享有相应的契约监管的权利。市住建委有权依据PPP项目协议(含各类附件)的约定,享有前期准入、项目投融资、建设、运营管理维护、中期评估、移交等全流程的履约监管权利。

于社会资本而言,市住建委按照"让专业的人做专业的事"的原则,由社会资本及其项目公司全面负责项目的投资、融资、建设、运营及维护等,当然为担保其全面、适当履约,我们也要求项目公司提交建设履约保函、运营维护保函及移交保函。

于金融机构而言,为保障项目融资方的利益,市住建委允许项目公司为本项目项下的融资之目的,将PPP项目协议项下的预期收益作为履约担保;同时约定,在适用法律允许的前提下,项目公司有权在和保险公司之间签署的保险合同中,将贷款方列为第一受益人;当项目出现重大经营或财务风险,威胁或侵害债权人利益时,债权人可依据项目协议中的直接介入条款代位行使项目公司股东权利和经营管理权利,要求项目公司改善管理、增加投入,或指定市住建委认可的合格机构接

管项目。

于社会公众及公共利益而言,除要求项目公司保障本项目的长期稳定安全运营外,要求项目公司应针对自然灾害、重特大事故、环境公害及人为破坏等事件的发生等各类可能发生的事故和所有危险源制定应急预案和现场处置方案,明确事前、事中、事后的各个过程中相关部门和有关人员的职责。项目公司制定的应急预案应征求政府方的意见并报经政府同意后实施。

6.采购程序设计

关于资格条件设计,允许联合体投标。考虑 PPP 项目(涉及投资、融资、建设、运营管理及维护等综合需求),非常复杂,所涉专业多且对能力及经验要求比较高,一家社会资本很难满足全部需求,为保证本项目的竞争性,我们在资格条件设计方面,允许联合体投标,但联合体成员不得超过两家,同时约定由具有相应的施工资质及经验、业绩的一方担任联合体牵头方,并对其股权比例也作了相应要求。

关于一次招标的设计。根据《招标投标法实施条例》第九条的规定,"……(三)已通过招标方式选定的特许经营项目投资人依法能够自行建设、生产或者提供;……,可以不进行招标"。本项目中,通过一次招标的方式确定具备相应施工总承包资质、能力及经验的社会资本方负责本项目投融资、建设、运营维护等,并要求项目公司将本项目主体工程(至少包括道路工程、桥涵工程、立交工程、管线工程)委托给作为本项目公司股东的社会资本,或者联合体成员中具备相应施工总承包资质、能力及经验的成员方(联合体适用)承担。这个安排增加了本项目对社会资本的吸引力,同时有利于市住建委对社会资本进行直接的协议监管(如果未来由项目公司自行通过二次招标的方式选择施工总承包单位,因市住建委与其之间无直接的合同关系,则相应增加了监管难度)。

关于市场测试及资格审查。在启动本项目正式采购程序前,为检验初步拟定的方案设想是否符合潜在社会资本、金融机构等本项目主要参与方的意愿,我们进行了相应的市场测试,并获得了参与主体的热烈反馈,我们据此对项目实施方案和招标文件进行了相应的调整与完善,在一定程度上保障了本项目的顺利落地。同时本项目按照《政府和社会资本合作项目政府采购管理办法》财库〔2014〕215号的规定采用资格预审方式,并按照规定给予社会资本充分的准备时间,从自公告发布之日至提交资格预审申请文件的时间为15个工作日。

关于采购方式的选择。本项目为涉及公共利益及公共安全的基础设施,且边界清晰、技术成熟,故采用公开招标方式采购社会资本,评标方法为综合评审,不仅考虑社会资本的商务报价,同时考虑其专业能力、履约能力等综合实力。

第16章　PPP实践案例分析

关于商务报价。本项目的竞价方式为在可用性服务费静态总额上限、各年可用性服务费比例上限、年运维绩效服务费上限内,投标人报出本项目可用性服务费总额、各年可用性服务费支付比例、年运维绩效服务费,经统一折现率(8%,仅为评标时的标准化之目的,与社会资本回报水平无关)折现至运营期初后,竞争政府购买服务付费金额的现值大小。

由于前期工作到位、方案设计合理、投资竞争激烈,各投标人报价均在实施方案编制阶段的财务测算区间范围内,且多家投资人接近测算区间下限,实现了充分且有效的竞争,社会资本的投资回报水平适中,盈利但不暴利,整个采购程序集公正规范、成本可控、专业化与市场化于一身。

案例二 深圳轨道交通 PPP 模式

1. 深圳轨交建设:困难与挑战

经过 35 年发展,深圳已成为一个千万级人口的特大城市。由于城市空间有限(1952km², 在整个广东省位居倒数第二),深圳的发展,面对土地空间限制、能源和水资源短缺、人口膨胀压力、环境承载力这"四大难以为继",还面临本地土地资源短缺和空间发展格局受限的多重瓶颈性制约。在城市交通方面,深圳目前每天公交客运量超过一千万人次,压力非常大。

以轨道交通带动发展的 TOD(Transit Oriented Develoment)模式,今天已成为新兴国际大都市的一项城市战略,轨道交通是城市动脉,也是城市发展的战略选择。城市轨道交通,虽然对城市发展意义重大,但投资巨大;对政府和企业而言,其资金来源一直是个大问题。由此,在轨道交通建设领域进行 PPP 模式的探索,一直为业界关注。

PPP 最重要的,就是建立盈利模式。没有盈利模式就没有 PPP。那么,在轨道交通领域,PPP 如何建立起盈利模式?

TOD,即公交引领城市发展,体现集约高效发展的方式,也为城市带来更多活力。在轨道交通层面,TOD 可以被视作"MOD"(Metro Oriented Develoment),即以车站为中心的城市规划;落实到具体项目上,就是"R+P",地铁(Railway)加物业(Property)。可以说,地铁加物业,就是 PPP 在轨道交通的实践。

在新一轮改革开放中,习总书记给深圳提出的要求是:改革开放经济特区,创造新经验,先行先试。深圳正在进行大规模轨道交通建设,对轨道交通的投资建设模式进行 PPP 创新探索,是践行这一要求的具体行动。深圳现在规划的轨网共计五条线,已完成了两期建设,正在建设第三期,规划第四期。深圳轨道交通建设的困难和挑战包括:

第一,政府财政难以持续承担轨道建设运营投资,过去那种政府财政加银行的模式已难以为继。

2011—2020 年,深圳轨道交通建设资金(含枢纽国铁)需求约 1329 亿元(其中三期工程资金需求约 1018 亿元,二期工程及枢纽国铁 311 亿元);建设资金以外的资金需求,如征地拆迁、市政工程配套等,共约 549 亿元。深圳市政府明确要求,轨道三期以土地资源筹集资金,土地地价作为政府资本金,投入地铁建设。

第二,轨道交通与周边城市用地功能结合并不紧密,轨道交通建设与城市空间、土地利用规划及城市建设的协调机制有待完善,综合效益有待提升。

深圳市轨道交通一、二、三期工程中,借鉴香港轨道交通发展经验,围绕一些站点及车辆段,进行了综合开发尝试,取得了良好效果。但在开发机制上,尚未形成轨道交通与周边物业开发的良好互动及协调机制。轨道交通线路在实施建设时,沿线土地或已规划他用,或已批出,很难进行综合开发,这类情况仍存在。还存在建设时序难以协调匹配等问题。另外,受轨道交通投资体制限制,一、二期轨道交通期间,建设主体进行综合开发的积极性及主动性不高。

由此,对轨道交通利用土地融资,深圳方面也面临如下困惑:

①利用土地融资是否只是当前特殊情况下的权宜之计?可持续的轨道交通投融资模式到底如何?

②土地资产如何转换为资本?

③土地如何选取?能否满足轨道交通融资及可持续发展要求?

④利用土地融资,实施过程中会有何问题?如何破解?

2.中国香港经验评析

中国香港是轨道交通综合开发非常成功的城市。全港公共交通的机动化分担率高达90%以上,位居全球之首,是世界闻名的公交都市。这个格局,并不是通过摇号、限行、拍卖、单双号、尾号限行等措施实现的。香港地铁2011年资产总值达到1979亿港元,全年总收入334亿港元,实现基本业务利润104.7亿港元,企业净负债权益比仅为11.9%,运营状况良好。那么香港地铁的成功因素是什么?

第一,确立动机。香港地铁建设之初,就确定了基于商业发展的原则。比如,针对某个项目,财务必须要打平。而现在我们的地铁公司,主要任务是建设——如果政府财政给钱,那么就建。大家知道,搞综合开发是非常费脑筋的事,协调、跨度非常大。一开始,如果没有确立一个项目基于商业、要自身打平的发展理念,那么是没人愿意费这个工夫,去做所谓综合开发的。如果都是"政府财政加银行",PPP更无从谈起。这正是香港这个事能成立的起点所在。

第二,高度重视项目前期策划。实际上,这是内地城市和香港最大的差距所在。在香港,策划是创造价值最大的阶段。

中国的项目工程前期"策划—规划—工程设计"的花费,是金字塔形态——"上小下大":项目前期费用最高的是施工图,然后才是工程规划,基本没有"策划"这个阶段。

但在香港,不是这样。以香港站为例,这个超高层建筑,占地面积并不大,只有57000m^2,却创造了一千多亿港币的价值。香港地铁公司前期的策划费用投入了上亿港币(不是建筑设计费),才在弹丸之地上创造出这么好的项目。

策划阶段包括什么？包括交通,地面和地下、机动化和非机动化、各种机动化方式的衔接,包括街区的整体开发,包括文化和产业内容的安排,包括经济和产业等。香港安排铁路项目经过了这三个阶段,基本把它法制化,如图16.2所示。

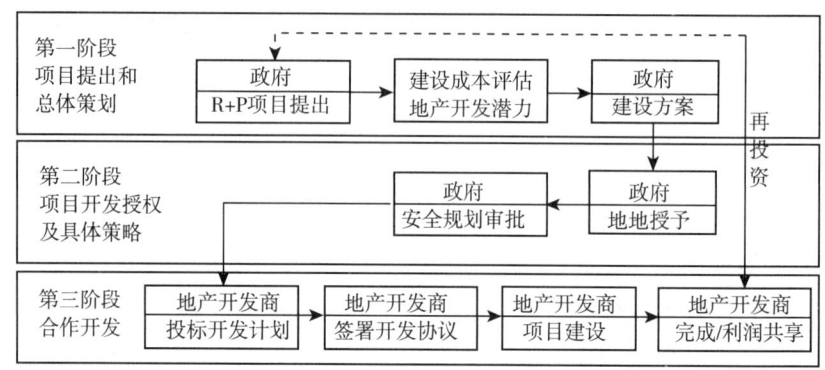

图 16.2　香港地铁项目实施过程示意图

第三,围绕车站的城市规划和街区整体设计。车站不再只是人行道上的一个"玻璃房子",也不只是地上和地下的连接。它是整个街区的中心。在这种规划理念之下,强调城市资源向站点的有机集中和组团间的有机疏散,打破城市规划建设的均质化,形成疏密有致、大疏大密的城市模式。

一般做城市规划,对容积率是上限要求,但这里的站点居然是下限要求。东京、香港在一级地铁站周边,最高的容积率可以达到10以上。因为下方是地铁,交通最方便,可以承载最高强度的开发。在交通承载力最强的地方,把开发强度提上去,这叫"宜高则高"。

第四,合理确定TOD的开发类型。不是所有车站都适合TOD,不是所有车站都要应用同样的TOD开发类型(见图16.3)。

第五,多方合作、利益分享的联合开发机制。香港地铁的实践证明,联合开发比单纯出售土地带来的收益高一倍。香港由地铁公司和开发商组成合作团队,进行整体开发。香港地铁公司自身的定位非常清楚——并不实质介入二期开发。有人说,香港地铁公司是香港最大的房地产开发商,这话其实没有错,但香港地铁公司并没有直接开发土地。

在香港,由于铁路建设技术复杂,建设营运任务繁重,地铁公司不宜分散精力去从事物业开发;房地产行业较强的专业性,也让地铁公司没有能力独立开发地铁物业。这和内地城市不同,我们的国企认为自己无所不能,忽视了其中有很强的专业性。而综合开发过程中,公司将面临巨大的财务压力,铁路运营要求公益性,也需要规避房地产行业的高风险。

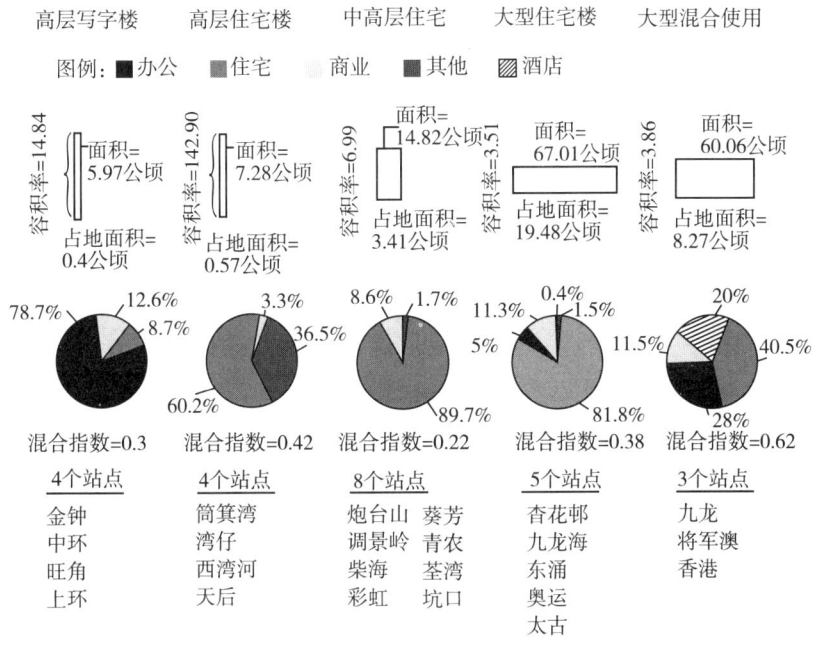

图 16.3 香港地铁建筑环境的车站列表及关键变量

对香港的相关开发商而言,地铁车站和上盖桩基一体,必须统一设计。同时还有规定,车站 50m 范围内是轨道交通的控制保护区域。那么,如果不与轨道交通建设结合,则无法实施这种开发。另外,上盖开发是用地的二次利用,如果不预先进行相关综合开发的接口设计,一旦轨交开通,就将难以对用地进行开发。

事实上,轨交路线和车站只要规划出来,土地、房地产就已经在升值了,如果不预先规划,留给物业发展商的发展利润就会大大缩小。所以,香港地铁公司明确提出了"两个提前介入",就是地铁在规划设计阶段,要提前介入物业开发和营运业务。香港认为,营运部门是最终用户,这个东西好不好用,是由营运部门说了算的,所以,在规划设计阶段,营运部门就要提前介入。那么,过程是怎样的呢?

第一个阶段,是项目的提出和总体策划。这个 R+P 项目,由政府提出,明确这个项目要实施,然后由港铁对沿线土地进行整体评估,政府允许地铁公司根据成本效益原则,对线位站位进行选择、调整。

香港与内地的操作有一个程序上的差别:在内地,交通规划所确定的轨道交通的线位站位,就会被最后实施,但香港不是这样。

香港在轨道交通规划后,还会有一个综合开发规划阶段。这个阶段,由港铁对修建的地铁、车站物业进行统一规划策划,结合周边用地,对局部的站位线位和周边的土地利用性质、开发强度等,再做一次调整,并与政府进行协商,形成最终方案。例如,把车站向旁边调 50m,恰好是一个城市更新地块。城市更新,如果容积率不翻倍,经济上很难平;而容积率要是做这么高,交通又承载不了。但这个更新地块如果正好在地铁上方,两者结合,就会兼顾交通与经济,为地铁带来大量客流。我们过去不是这种模式,没有再调整的过程。

第二个阶段,项目开发授权和具体策划。这个阶段后,港铁公司以修地铁之前的价格,获得这块土地。之后,由港铁公司完成这个项目发展的相关各种规划、设计,向政府申请规划审批。

接着进入第三个阶段——合作开发。挑选房地产开发商,将这块地以修地铁之后的价格卖给开发商,然后按规划方案共同合作,开发上盖空间。之后签署开发协议。港铁公司负责监管,参与物业管理,建成后移交并分享利润。

多年来,香港地铁和房地产开发商形成了一个非常紧密、运作有序的联合开发团队,互动默契。最后实现政府、港铁、物业开发商、市民的共赢。

3. 深圳的实践与探索

轨交造价昂贵,成本很高。这个过程中,深圳方面需解决以下问题:

第一,钱的问题,如何保证大规模的财政投入可持续?第二,如何解决投资软约束?这是机制问题。第三,如何有效控制亏损,实现自身造血机制?

这里说说北京 4 号线和深圳 4 号线。同样是内地城市与香港地铁合作项目,但两者不同。

北京 4 号线项目,重点不在引进投资,而是探索一种模式,实际上,香港地铁没投多少钱。北京 4 号线,整个建设内容分成两个包,A 包是土建,B 包是机电。B 包这一块,和香港地铁合作,进行特许经营,经营期 30 年,然后以租赁经营模式交给 4 号线公司。这是整个项目结构。

深圳地铁 4 号线不同。深圳当初主要希望缓解建设资金压力,在这个基础上,形成一种相对激进的探索。

最初的想法,是学香港搞 TOD,原来的设想是,政府给它 82 万 m^2 的地,可售建筑面积是 290 万 m^2,学香港搞综合开发,然后香港给深圳建条地铁。但这个模式没做下去,不是香港地铁公司没有意愿,更不是深圳政府没有意愿。深圳政府在国家层面做了很多协调,但在技术上,当时国家相关政策都不支持,这套模式落不了地。R+P 做不成,最后演变成政府以现金补贴给它回报的形式,连补十年,每年补 6.2 亿元。这和当初设想有区别。后来香港地铁公司以招拍挂形式,拿到龙华车辆段上盖的开发权,拿地大概花了 18 亿元。

再到后来,深圳 5 号线,是深圳轨道二期的一条东西向环线,总投资 200 亿元。这条线没有搞 TOD,仅通过 BT 代建的模式,解决了政府一定时间内的资金压力。优势是缩短了工期,减少了政府管理的环节。不足是合作谈判艰巨,政府在前期也要加强管理力量;还有资金成本很高,投融资策划不尽如人意。

总结一下 BT 模式:第一,从政府而言,融资效果有限,最终还是政府出钱,但有利于项目进度;第二,需要强势承办人,对自身能力要求高;第三,减少廉政风险;第四,招标成形式,谈判定结果。

后来,到了深圳的 7 号线、9 号线、11 号线。三条线全长 107km,总投资 800 多亿元。其过程进行了深化:①公开招标、评定分离,充分竞争;②降低融资费用;③强化设计和施工的协调;④优化相关费用,降低风险包干费和建设单位管理费。⑤整体效果不错(进度、资金、协调)。

二期建设完成后,深圳轨道交通进入网络化运营与大规模、高速度建设并进阶段。确保轨道交通在建设资金、行业发展等方面可持续,是深圳轨道交通发展面临的巨大挑战,选取 6 号线为"轨道+物业"发展模式的试点线路,主要探索以下三方面:

①如何实现轨道交通与沿线物业开发的良好互动及协调发展?
②如何保证轨道交通建设资金投入可以持续?
③轨道交通运营企业如何盈利,实现自身"造血"功能?

轨道 6 号线开始尝试 R+P 模式,即香港 TOD 模式,但 R+P 模式最大的困难是,物业产生收益是滞后的。这期间,我们要投两份钱。怎么办?可以采用 BT 模式。上盖物业开发,与地铁建设同步,以土地资源融资,以土地资源注入当项目资本金,以 BT 模式缓解建设期间的资金压力,打个时间差,如图 16.4 所示。

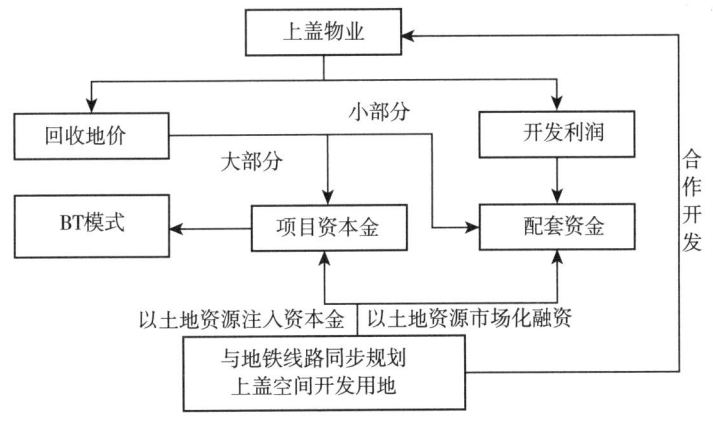

图 16.4 深圳轨道交通投融资实施路径模型

4.建议与对策

为什么香港地铁能做成TOD,之前在中国内地不行?

第一,政府各职能部门分块管理,难以实现最优效益。职能部门条块分割,政府之间协调跨度大、难度大。发改、规划、财政、国土,各部门价值取向不同,相关政策各异。目前国内没有形成一套模式,打破原有架构,使之更好地协同。各个部门都在讲,在现行政策下,这样不行,那样不行。那最终这个事又怎么行?地铁公司积极性也会受影响,这是现存体制的问题。对策是建立多部门、多专业协同的轨道+物业的综合规划新工作机制。

第二,政府投资为主的投资方式,使财政背负巨大压力,轨道公司亏损难以解决。对策是投融资模式转变:将轨道的外部效益内部化,使项目本身获得资金平衡,解决投资、补贴的缺口。

第三,政府授权经营模式,实质是政府经营,缺乏有效的激励机制,不利于提高经营效率。企业承担非常有限的责任。表现为,投资靠政府,经营靠补贴,盈利靠提价。对策是,建立相对完备的轨道交通投资经营体制和风险收益分配机制。

第四,前期整体策划和组织模式,首先需要经营城市的概念。这个过程中,引入很多机构,如搞投融资的、搞房地产策划的。所谓治未病不治末病,特别需要加强项目前期整体策划。事后控制不如事中控制,事中控制不如事前控制。区别于以前的工作模式,这里引入物业开发顾问,做很多具体工作,包括土地价格评估、重点地块城市设计、物业发展的组成、用地性质的优化等。横向组合,纵向搭接,强调全过程的沟通和协调。

需要在传统可研基础上,开展综合开发研究和投融资研究工作。三项研究同步开展,相互支持。

随着深圳轨道建设由"磨合—试验"期进入"成熟—加速"期,"轨道+物业"综合开发的模式制度创新的尝试,还将不断深入。这只是开始!

第16章 PPP实践案例分析

案例三 国际某港口PPP/BOT项目招标文件案例分析

1. 项目背景和目标

名称为"R港口扩建项目"位于中东红海海岸，采用的是PPP模式中的BOT方式运作(以下简称"BOT")，该项目的招标为BOT模式招标，即要求前来投标的一方为该项目进行投资和建设，并在竣工后的特许期内进行运营。东道国发起该项目的目的是为了提高该港口的吞吐量，并通过借助外来投资带动本国经济。该项目招标方为东道国政府的交通部，并授权该国的R港务局(RSPA)具体运作该项目，RSPA在招标文件中定义为"项目业主"。该项目的具体目标在招标文件中表述为：

①项目业主希望以BOT方式，与具备设计、建设、运营该港口(干散货码头终端)能力的国际/国内投资运营人(以个体或联合财团形式)签订合同，授权投资运营人开发和运营该项目，并力图在特许期内获得最大的投资收益，特许期届满后无偿交给东道国政府；

②根据国际通行的运营标准，采用最新技术，通过项目扩建，提高港口的运行效率和服务质量；

③为港口所在地以及附近的行政区提供新的就业机会，并根据国家标准，提高雇员服务水平。

招标文件同时说明了采用BOT方式进行招标的法律依据，即东道国于1996年通过并于1998年修正的关于BOT政策与指南的1号法令。

通过背景资料，可以看出，该项目属于扩建项目，因此，其与原港口设施界面衔接的边界条件是投标者必须识别清楚的核心条件。这是因为，对于此类BOT项目，项目业主前期的工作深度往往不够，所给予的界面描述的信息比较笼统，而扩建项目竣工后的运营可能在运作程序、组织协调、责任分担等方面受制于原有港口设施，所以，在投标决策时，必须将未来扩建设施对原设施提供的各方面的支持和限制作为假设条件，并在后期与项目业主方的现场考察、澄清和谈判中进行确认。在设定的3个项目目标中，第一个为经济目标，即东道国政府通过引入国际管理技能实现港口投资效益最大化，因此，投标者在港口运营方面的经验和国际声誉将会很大程度上影响其是否能中标。第二个为技术目标，要求投标者采用最新国际技术标准来投资建设该项目，因此，该标准会影响投标者对该项目投资额度的估算。对于我国投资者而言，在投资估算时就不能按我国港口建设的国内环境投资预算的思维来编制项目投资额度,而是根据项目要求的技术条件、东道国环境条件以及国际惯例要求来进行投资估算。第三个是项目的社会目标,即该项目能提高当地的就业,因此,投标时必须考虑在建设和运营期间该项目能为当地提供的就业人数,作为吸引东道国政府的条件之一。BOT 项目招标与传统现汇招标不同,其本质上是引进外资,以项目换资金,属于特许经营。因此,必须考虑东道国政府的现有法律对未来项目实施,尤其是运营期间的影响。本项目招标文件中明确提出了其法律基础,即东道国专有的 BOT 法律,所以在投标决策前,必须获得该法律文本,研究法律对此类特许经营项目的限制条件和支持条件、尤其是在投资政策和特许经营协议的法律性质、项目资产保护及争议解决等方面的限制和支持条件。

2.招标程序

与传统的项目招投标相比,国际 BOT 项目的招投标的持续时间要更长,投标者需要对招标文件给出的招投标过程中的时间节点特别注意,要对所给出的时间进行估计,并可在必要时向招标方申请延长,有经验的招标方会考虑投标者的申请,见表 16-1。

表 16-1 本项目招标文件列出的时间计划

关键节点	大致日期	累计持续时间/周
招标文件颁发		0
招标文件问题澄清接收	2009-10-04	6
问题澄清	2009-10-18	8
招标方答复以及招标补遗的截止日期	2009-11-02	10
技术标评标	2009-12-13	16
投标短名单结果颁布	2010-01-10	20
谈判与合同关闭	2010-02-10	24

可以看出,招标方的原始计划太乐观,整个招投标过程不到半年,尤其是问题澄清的时间和合同谈判的时间更是不足。由于投标人的投标不单单是投标人自身的行为,而且此类项目需要投资人采取各种方式去融资,因此,在投标提交前,需要与金融机构进行协商谈判,时间确定很困难。BOT 合同谈判的时间一般也很长,主要是这一特许经营协议属于长期协议,一般为 15～35 年,本项目在招标文件中规定的是 25 年(外加 30 个月的项目建设期),因此,要想设计一个完善的特许经营协议,必须设定很多条件,而且各种条件之间互为关联,其中可能包括很多权变条款。根据国际 PPP/BOT 项目实施的经验可以看出的一个基本规律是:"前期慢、实施快、运营稳"是成功项目的普遍特征。项目前期招投标和谈判阶段的"慢"应是常态的,因为这个阶段对

关键问题不解决,随着项目进程的推移,投资人对项目的投资越增加,就会处于被项目"锁定"状态,导致解决问题更加复杂化,谈判博弈力也会下降。

本项目采用国际公开招标,在评出最佳候选中标人后,项目业主与最佳候选人进行谈判,最终签订项目特许协议。具体评标作法是,先对投标人技术标进行评标,只有通过技术标的投标人才有资格进入财务标评标阶段,在技术标和财务标进行加权计算后,开始与得分最高的候选人谈判。这一阶段,按英国 PPP 项目招投标的经验,一般需要 34 个月。从上述时间安排来看,业主对招标过程的时间安排太短促,尤其留给合同谈判的时间太短,短短的四周(24~20 天)时间根本无法完成合同谈判。该项目后面的实际过程也印证了这一点。在笔者参与的另外两个国际 BOT 项目的投标中,其中一个项目颁布招标文件和投标书递交的日期推迟了 3 次;另一个由于合同条件谈判,特别是融资条件双方不能达成一致,最终业主将 BOT 模式招标转换为买方信贷的 EPC 总承包模式重新议标。对于我国投标国际 PPP/BOT 项目的企业来说,一定不要过分受制于招标方颁发的招投标时间计划,匆匆提交一个不成熟的投标书,而应根据自己的能力,评估妥善完成投标与实施合同的条件所需要的时间,并根据项目的进程的需要,要求延长时间,则是一种恰当的 BOT 项目投标策略。若自身能力与业主要求的不匹配,或项目条件太苛刻,放弃投标也许是一种明智的决策行为。从近几年我国企业承担国际大型工程项目的结果来看,不理智的投标决策,是导致项目后期亏损的一个重要原因。

3. 项目招标文件的组成

BOT 项目与传统的项目招标也有一定的区别,特别是招标方在提供项目信息的深度上差异更大。本项目的招标文件主要内容分为 9 个部分,7 个附录,共 44 页,各方面描述十分简单。

文件正文具体组成如下:①项目背景介绍;②术语定义;③项目目标;④示意性计划时间表;⑤程序事宜;⑥对投标的要求;⑦评标;⑧商业安排框架;⑨本项目投标限制性条件。

7 个附录包括:投标要求检核表、商务研究内容、关键绩效指标、项目运营公司需提供的信息、财务评价数据表、投标函格式、项目现场位置平面图。

无论从招标文件的组成,还是从每部分招标文件描述的深度来看,本招标文件提供的信息都很笼统,因此,投标人投标决策所依据的信息就很不完备。在招标文件⑨中,明确提出,"在正式的项目协议书签订之前,政府或 R 港务局与感兴趣的投标人不存在任何合同关系"。但从上面的文件组成来看,本项目的招标文件并没有包含项目特许经营协议草案,而国际惯例做法是,大多数东道国政府在招标时都附有一个特许经营协议草案,供投标人在投标时参考,并在合同谈判期间以此为基础,结合投标条件进行谈判,最终形成正式的项目特许经营协议和配套协议。虽然在招标文件⑧中提供了商业框架要求,但毕竟很简单,所以,对此项目投标而言,投标人应在招标文件商务框架要求的基础上,在投标书中设定自己的投标条件,作为后期谈判合同的基础,若仅仅提出了投资额、回报率等具体要求,而对背后的条件不加限定,则项目实施和运营期间就会很容易产生争议。

4.投标要求分析

PPP项目区别于传统项目主要体现在工作范围和义务的"前伸"与"后延"上。除了项目设计和施工之外,前延的工作包括项目前期的市场、商务、融资策划,后延的内容是项目竣工后的运营和移交。下面针对这些方面,对本招标文件进行分析。

(1)对投标书的要求

该招标文件要求投标人提交的投标书主要包括两大部分:技术建议书和财务建议书。

①技术建议书包括项目参与人情况、项目实施以及商务安排三个部分。

项目参与人情况要求投标人提供项目投资人信息,包括组织架构,组成投标人的联合体各个成员的名称以及相关角色的情况,除投资人外,还需要提供项目融资人、承包商、咨询顾问等,同时附有各成员单位的关键人员。关于各个投标成员,需要提供的具体信息包括:国籍,有关项目经验,其组织和法律结构,过去三年经过审计的财务报表,投资人之间的股本比例和母公司情况,每个投资人内部组织关系、角色定位和责任分工。同时,还应包含一份投标人成员各公司董事会同意参与投标的授权书。

在项目实施计划中,投标人应基于招标人提供的项目信息的理解,提出自己的项目实施计划,这一计划应包括项目的设计和现场布局、施工、设施运营的整体方案,在满足招标文件要求的基础上,提出项目实施和运营在质量、安全、环保、物质储运等方面的技术标准。

商务安排是PPP投标书的核心内容。招标文件要求必须详细阐述投标人的商务计划书,具体包括:在未来25年的特许经营期内的项目愿景;投标人参与项目的动机;项目关键阶段里程碑日期;港口服务市场现状与未来市场预期分析,包括为用户提供的设施和服务类型,近期业务类型、业务量及其未来的预期变化,市场细分及目标市场定位,潜在用户特点及影响用户服务选择的因素分析,预计的货物处理能力;竞争力及市场营销策略分析,包括项目所在地区的港口服务竞争格局,未来竞争环境的变化,项目经济可行性分析,与港口项目相关联的产业开发计划,服务定价和服务促销策略等。此外，在商务计划书中，东道国政府还单独提出了该项目在运营期间的本土化问题，要求投标人提出在项目运营期间所招募当地人员并对他们进行培训和发展职业生涯的计划，根据当地劳动法，提出让当地雇员进入运营公司管理层的计划。

本招标文件中的商务安排还包括项目融资渠道安排问题，并要求提交下列内容：

i.项目资金结构，包括股本金、次级债务、夹层债务、优先债务及设备融资等。

ii.投标人与项目贷款机构签署的贷款意向协议，协议内容须覆盖：具体的提款要求、先决条件、财务限制条件、保证、违约事件、还款计划、干预条件、提前还款条件、债权人之间的安排等。

iii.股东承诺书，包括股东身份、股本量、最小回报要求、认购条件、分红权、投票权，以及股东(联合体)协议或承诺函副本。

iv.要求每个股东或贷款人确认已经审阅并批准了项目的财务模型和输出结果，并同时确认财务模型准确地反映了他们所要求的条件。

v.投标人还必须对其资金安排的弹性给予清楚地描述，即在项目需要追加投资时的后续资金安排计划。

vi.针对股本以及各级别债务融资，投标人应分别就资金类型、开账金额、提款安排、资本利息、还款安排、期终余额给出特许经营期内的年度计划。

商务安排中的另一内容是要求投标人对交易量进行预测分析，并作为后面财务报价书中财务模型的基础，要求投标人的交易量预测必须反映出其商务计划中的市场策略，交易量预测分析深度必须至少达到年进出口交易量的吨位数。

招标文件鼓励投标人在商务安排中提供一个港口服务收费结构分析，以便对用户透明，并使管理更简明。

②财务报价书包括报价表及支持报价表的财务模型。财务标报表见表16-2。

表16-2 财务标报表样式

从运营开始日期起到特许经营期届满为止	A 根据承包商商业计划的预测交易量/吨位	B 每吨交易费用/美元	C 预计收益 $(A \times B)$/美元	D 最小保证营业收入 $(70\% \times C)$/美元	E 每平方米土地租赁费/美元	F 土地租赁收入(占地面积 $\times E$)	G 向项目业主保证的总收入 $(D+F)$
第1个12个月							
第2个12个月							
等等							

但招标文件同时要求,若实际交易量大于预测交易量,则向项目业主按实际收入支付。

投标人提供的财务模型应符合下列要求:

i.财务模型应足够的详细,并用 Excel 电子文本和 PDF 文本同时提供;

ii.财务模型应是动态的,即应包括和显示出计算所用的全部公式,不得有隐藏栏或数据表,并包含有运算功能、各公式和链接;

iii.详细说明计算所依据的重要假设;

iv.以财务模型所包含的现金流来预测,必须与投标书中技术标中商务计划书相一致。现金流预测、港口收费结构、预测交易量、运营策略之间的关系应具有可追溯性。

(2)分析

对于国际 PPP/BOT 项目,项目核心问题就是投标人投资、建设、运营是否能获得预期收益,而获得预期收益的关键就是项目在经济上的可行性。就本项目而言,其关键问题就是扩建港口项目投资额度、交通流预测、可收取的服务费率,在这三个条件的基础上,计算投资人项目投资收益期望值,然后才能给出技术标与财务标要求的各种条件。就投资额测算来看,项目招标文件中关于项目本身提供的资料很少,投标人要想比较准确地对投资费用测算,需要在投标期内对项目现场进行详细的勘测,并设想出合理的设计、施工方案,并根据项目实施的环境条件确定扩建该项目的投资额,因此,可以看出,投标本项目需要付出很大的工作量和时间,需要为此花费很大的开支,这在决定是否投标时是一个很重要的影响因素。而在前面项目业主安排的招标计划中,整个投标期间不足 4 个月,显然,投标人必须考虑其在这么短的时间内完成投标书的可能性。在投标基础资料的提供方面,BOT 项目的投标与传统的投标差异很大。交易量的预测是一个十分敏感的问题,因为该项目的时间跨越 25 年,港口的交易量不但与港口的位置和服务质量相关,而且与该地区乃至全球的宏观经济发展周期以及竞争环境关系十分密切,投标人应根据自己对相关数据的掌握情况和调研渠道,来判断港口在特许经营期的交易量。关于港口服务收费水平的确定,业主招标中并没有给予硬性的限制条件,只是鼓励投标人给出其服务收费的结构分析,给予了投标人服务定价一定的灵活性,但由于港口服务不属于完全的垄断服务,因此,服务定价还受同行竞争、替代运输方式的影响。

从前面的财务报价书中可以看出,本项目业主评标的主要财务指标为该项目给东道国政府所带来的财务收益,即在特许经营期内向项目业主保证的净现值总收入,除了其他因素之外,该额度的确定主要受投资人期望的投资收益的影响;其各个参数关系如下：

项目总收益(投资人期望收益+东道国政府期望收益)＝项目总收益(交易量×服务费率+其他开发收益)−项目总投资(投标费用+建设费+运营费+其他开支)

因此，在确定项目总投资和总收益的条件下，投标人最终决策焦点将会落在其财务报价(给东道国政府带来的财务收益)与自己投资期望值大小的取舍上。

5.风险分担

PPP/BOT属于一种长期的、高度资产专用性的项目交易，因此所面临的各种不确定因素都很多。如前所述，项目的各种因素都可能是一种变量，项目收益计算都建立在某种假设条件上。若这些假设在实际项目实施和运营过程有变化，就会影响项目预期。对于这些变化带来的项目影响，是由项目投资人承担，还是由东道国政府承担，则招标人应在招标时在项目协议草案中建立一个风险分担框架，作为投标人投标参照和未来谈判的基础。本项目的招标文件并没有包括项目协议草案，只是在招标文件中的商务安排以及其他部分给出了笼统、散乱的风险分担，主要内容概述如下：

①特许权受让人(中标的投资人)对整个项目的全过程负责，包括项目实施所涉及的各种事宜。项目建设和运营中的超支、拖期等风险由特许经营人负责。

②汇率波动风险由投资人全部承担，政府不予补偿。

③项目实施和运营的所有许可证和牌照的获得由特许经营人负责，政府方面负责协助。

④现场条件以项目业主交付的实际情况为条件，对于因项目现场条件延误项目实施的情况也由特许权受让人负责。

⑤特许权受让人承担项目融资相关的一切风险，包括利息、外汇的变化和通货膨胀。

⑥应有责任遵守特许协议签字时生效的法律以及未来对其的修订，同时特许受让人还应遵守相关政府当局(包括R港务局)的要求和指令。

⑦对于因不可抗力、政治因素和双方违约事件的补偿将在后期的谈判中商定，并最终体现在项目特许经营协议中，但倘若特许受让人违约，则政府有权要求特许受让人将其股份出售给政府控制的当地运营公司。

⑧政府在特许权受让人违约的情况下有项目经营的介入权。

分析：由于本招标文件没有附上通常应随招标文件颁发的项目特许经营协议草案，在涉及风险分担的招标文件⑧中，只是笼统提出了上述各点，这是该招标文件存在的最大问题。对于国际PPP/BOT项目，由于签约的一方属于东道国政府，因此,可认为在履约过程中,项目特许权受让人与政府的实际博弈力量是不平衡的,政府的力量比项目特许经营人强大得多,因此,作为一种保障机制,首先在特许权协议中尽量清晰地界定双方承担的风险。虽然没有固定的风险分担模式,但很显然,本招标文件在这方面的规定,既不公平,也不完整。例如,要求特许权受让人承担外汇风险、法律变更风险,并服从政府部门,包括代表政府签约的 R 港务局,显然是不合理风险分配,因为这些方面基本上是由政府的行为造成的,特许权受让人既无法预测,也无法考虑合理的风险费。若接受这样的合同条款,则在履约过程中,政府利用自己的行政权力就可以控制项目的运行,特许权受让人完全被置于政府的控制之下,这种行为风险是无法接受的。招标文件中,关于不可抗力、政治风险以及双方违约的情况,会在随后的谈判中再予以确定。一般双方违约的责任比较容易谈,但关于不可抗力和政治风险则不好界定,如某些政府的行为是属于政治风险,还是属于其违约行为,哪些事件可以归为不可抗力事件等,国际上并没有统一的做法,双方不易达成一致意见。另外,本招标文件还漏掉一项重要的内容,即争议解决方式。投资人应争取采用国际仲裁机构仲裁方式来解决,从而从战略上对政府行为进行一定限制。若东道国法律规定必须在该国内采用诉讼形式解决,则必须考虑该国的司法体制的公平和透明性,从当今国际现状来看,很多国家都达不到这一理想状态,尤其发展中国家。这一法律风险必须引起投资人高度重视。

6.结语

PPP/BOT 项目不同于传统的工程承包项目,其实质是投资和项目经营,周期长,前期沉没成本很高,因此,项目投标决策就应该更加谨慎,并基于招标文件及其相关信息进行科学的分析和投标决策。国际 PPP/BOT 项目招标文件的成熟度不高,目前国际上还没有一套成熟的 PPP/BOT 招标范本格式,实践中做法不一,从本招标文件来看,PPP/BOT 项目中很多关键问题在招标文件中都没有提到,如同业竞争保护问题、东道国政府给予的支持条件、项目的边界条件等。没有配套的特许经营协议草案,更是本招标文件的缺陷。招标时间的安排也太仓促,没有给予投标人合理的编制投标书的时间。因此,对于我国投资国际 PPP 项目的企业,在国际 PPP/BOT 项目投标决策时,应采用"以我为主"的原则,在理解招标文件的基础上,制定自己的投标策略,防止草率决策,尤其重视影响项目中长期运作的法律、政治、经济等东道国制度安排的完善性和稳定性,并确定该项目中能够承担的风险水平。在项目投标进程上,应尽早确定自己的投标报价底线,并在不能满足时迅速暂停。对 PPP 项目投标,关键问题越是推迟解决,对投资人越不利,因为投资人为项目投标和谈判花费的资金越多,越容易造成"持续的决策偏差",因此,应将自己不能接受的风险清单,结合招标文件的规定,在前期随投标书一起递交,并作为谈判的前提条件,防止投资人因前期花费太多,并为了得到项目,不得已接受己方根本无法控制和接受的风险。

案例四　英国付费公路 M1-A1 link 的 PPP 模式

1.背景

由于财政无法完善公共交通基础建设的需要,英国政府在 1994 年 8 月开始在部分高速公路项目上适用 PFI(私人主动融资),主要采用设计—建设—融资—运营(DBFO)模式。一般付费公路项目的特许运营期是 30 年,整个项目均由政府承担付费,为此英国政府建立了独特的付费标准,包括"通行的车辆数,道路的管理效率和道路的建设情况等",以此提高 PFI 模式下公路的建造质量和运营效率。在这种模式下,实际上社会资本是通过政府在变相收费,因此也被称为"影子收费"。

M1-A1 link 是利兹(Leeds)附近的一条高速公路连接,其对缓解交通堵塞和发展利兹东部经济有很大作用。在这条长达 3 万 m 的路线上,包含了 1 条六车道高速公路、1 个高架桥、2 个隧道、37 座桥等,是当时"影子收费"公路中成本最高的项目(包括项目本身的费用和对周边 M1、A1、M62 的改造费用),该项目 1996 年施工,1999 年完工,特许期 30 年。

2.合作安排

公共部门:高速公路局(英国交通部下的执行机构,负责英格兰的道路网络的战略发展,包括设计、建设、维护、发展等)。由于 PellFrischmann Consultants Ltd.负责该项目的初期设计和工程服务(在开展 PFI 模式前),因而后来作为政府部门的代表参与管理。

项目公司:Connect M1-A1 Holdings Ltd.,由 BICC 与 Kvaerner Construction 投资设立,其中 Balfour Beatty(BICC 下设的建设部门)承担高速公路的建设、运营与维护,Kvaerner Construction Group(1999 年被 MIG 收购)主要负责高速公路连接的建设、项目管理与财务管理。

其他参与方:JacobsBabtie Group,在整个项目发展过程中提供项目设计和建设工程的相关服务。32 家银行,作为项目公司的贷款方。

3.问题与策略

当地居民的抵触:当地人对在当地建设该项目的抵触是很早以前就存在的,当时政府曾一度计划取消该项目。后来,经过了 8 年的协商才确定了一个双方都可以接受的项目地点。为了降低项目成本和避免后期风险,政府选择在解决了民众抵触问题后才开始了项目采购。

环境问题:考虑到 M1-A1 link 所经地区的环境保护问题,项目方案曾计划依照现有地形来新建路段,同时再采取一些环保措施以尽量较少污染。但关键问题是该路线会经过一片特殊的保护区域(区域内有供科学研究用的珍稀植物),这批植物有可能迫使计划搁浅。但项目团队后来发现,高速公路的堤坝其实可以为这些珍稀植物提供更好的生长环境,那么修建高速公路因此反而应该被鼓励。

公众对用户付费的抵触:在20世纪90年代英国政府开始在交通基础设施领域尝试PPP模式时,英国民众对于付费的抵触成为当时项目发展的一大阻碍,于是政府需要在社会资本的利润追求和民众的公益要求中做出平衡,后来就发展出了"影子收费"模式。一方面,社会资本通过合伙设立项目公司,单方进行股权和债权融资;另一方面,为了获得政府的付费,社会资本则更加积极地运营该项目,包括尽早完成建设、积极清理路障、提高道路可通行水平、减少车道关闭的次数等。

公共部门和社会资本在"影子收费"下的风险:"影子收费"一方面还是加重了政府的财政负担,政府需要寻求其他财政来源来补充该资金缺口;另一方面,社会资本对于交通流量的依赖直接决定了其是否能从该项目中获益,有关该交通流量的风险因而是由社会资本来承担。就该项目来看,由于这条路线前后连接的是高速公路主干道,通过这两条路过去的流量可以在一定程度上预测出该线路未来的交通流量。

社会资本通过"影子收费"获得高额回报:有人认为"影子收费"实质上不过是政府借款和担保的工具,最终可能会导致政府承担了过高的财政风险,而社会资本获得了高额回报。为了避免这种情形的发生,政府在"影子收费"的基础上以预计的交通流量为基础做出了关于付费最高限额的规定。

项目管理:考虑到该项目的复杂性和规模都超过了公共部门与社会资本的能力,为了充分体现项目的公私合作性,在项目的设计和建设阶段,政府设立了专门的项目管理讨论会和技术讨论会,通过该平台来讨论和解决各种各样的管理、项目计划和成本等问题。参与讨论的人员一般包括公共部门的代表、项目各个社会资本参与方的代表和技术组人员等。

报告和责任制度:政府确立了一些公路的作业标准(如交通流量、交通网络的改善、交通维护、应急反应、事故处理、车道关闭、设施情况等),其要求项目承担方在每年年报时公布这些标准的达标情况。特别是考虑到这条道路预计将有120年的服务期,因此承担方应当尤其考虑到全生命周期下的道路管理情况,包括道路保护、例行检查、设计预防性管理措施等。

4.评论

M1-A1 link 最终在预算内提早完成,鉴于该项目的规模和复杂性,该项目的成功使得其成为英国在政府项目采购和建设方面的标志性案例。但该项目所采用的影子收费模式仍存在争议,英国政府后来也在尝试以直接向用户收费来取代"影子收费"模式,如英国的桥、隧道及部分路段现已经开始采取向用户收费的模式。

案例五 PPP模式建设保障房的国际经验与战略选择

1.相关背景

住房制度改革以来,保障性住房(简称保障房)一直是我国社会保障政策的重要组成部分。当前,保障房建设再次成为政府和公众关注的焦点。2010年国务院发布的《关于促进房地产市场平稳健康发展的通知》和国土资源部发布的《关于加强房地产用地供应和监管有关问题的通知》都提出要增加保障房有效供给,加快推进保障性安居工程。《"十二五"住房保障规划》中提出未来五年,我国计划新建保障房3600万套,"十二五"期末,城镇住房保障覆盖率将达到20%以上。

然而,地方政府在落实中央政府的既定目标时,却陷入了资金与管理的双重困境中。3600万套保障房的建设目标,在不考虑土地相关费用的情况下,所需的建设资金就高达5万亿元人民币,在建设过程中,地方政府的管理协调能力也受到了巨大的挑战。

为了缓解地方政府的资金和管理压力,中央政府提出了"在以政府主导的局面下引入民间资本参与保障性住房的融资、建设和管理工作"的政策。2010年5月7日国务院正式颁布《关于鼓励和引导民间投资健康发展的若干意见》,明确指出"鼓励民间资本参与政策性住房建设。支持和引导民间资本投资建设经济适用住房、公共租赁住房等政策性住房,参与棚户区改造,享受相应的政策性住房建设政策"。在中央政府政策指引下,从2010年年底开始,北京、上海、江苏等地也先后开始鼓励民间资本进入保障性住房建设领域。

2.国外PPP模式建设保障房的成功经验

许多西方发达国家,如英国、美国、加拿大、澳大利亚、德国、瑞典等,已经在公共住房领域运用PPP模式,且收效明显。

(1)英国

1999年英国将PPP模式应用于宜居住房(decent homes)项目中。研究表明,在项目经济性上,PPP模式能够以合理的支付水平和有效的方式实现公共部门的社会住房投资目的,通过合理分担风险提高资金价值。

在住房保障供给方面,英国强调政府对于住房供给的主导作用。英国保障性住房实施主要依靠社会住房基金(SHG)和各地方政府的规划政策。SHG从各类住房公司获得资金,然后将资金分配给非营利性机构。向非营利性机构提供资金的同时,SHG还会审核住户的资格、所有权形式以及退出机制等。此外,英国也实行配建制,即开发商为获得相应地块的规划许可证,必须建设一定比例的保障房,并且在建成后,必须保证房屋一直符合 SHG 的要求,以实现这些保障房持久的"可支付"特性。在高房价地区,政府鼓励采用共有产权开辟新的 PPP 合作模式。在项目建设的效率上,英国财政部调查显示 88% 的项目能够按时或提前完成,没有项目出现预算超支情况。

"规划得益"和"共有产权"政策是吸引私人机构积极参与英国保障房建设的重要原因。根据英国政府《Circular22/83》中的规定,规划得益是地方规划部门在授予规划许可的过程中,从规划申请人(通常是开发商)身上寻求的规划条款中规定义务以外的利益,规划申请人付出这一利益的方式可以是实物的、现金的(支付)或是某种权益。该政策认为,土地被规划使用之后产生的增值不应全部属于开发商,而需要部分返回给公众,以平衡社会、经济与环境等方面。开发商支付规划得益是其获取规划许可的必要条件。"共有产权"则允许开发商持有一部分的保障房的产权,通常不高于 30%,作为长期租金收入和房屋长期溢价之后的补偿,以达到永久性保持住房"可支付"特性。

(2) 美国

PPP 模式已经发展成为美国公共住房供给的主要方式。美国保障房以私人企业经营方式为主,以商品的形式向社会提供住房。联邦政府通过设置广泛的政策及金融机制激励私营部门以及非盈利机构进入公共住房的建设。很多地区也有自己的保障房战略。当地政府从地区发展所得和出售资产所得中抽出一定的部分,并与住房信托基金(HTF)结合,用于住房保障资金。资金来源包括并容用地住宅、土地增值基金(TIF)、房产转移税(RETT)等,这些资金还可以通过联邦政府、州政府的基金项目(如 CDBG、LIGTC 等)进行扩充。公共机构还可以通过项目接力的形式融资,并且通过自己的资产带动私人或者非营利性投资。

目前,越来越多的地方政府通过使用包容性区划法要求或鼓励私人开发商将其开发的部分住房服务于中低收入住户以提高"廉价"住房的供给,其优点是在增加保障性住房供给的同时,促进富裕社区的经济多样性。

另外,非盈利机构是美国地方政府推行公共住房项目最主要的合作伙伴之一。社区发展公司(Community Development Corporations)是全美影响力巨大的住房非盈利组织,三十多年来在很多城市都很活跃,并且获得了联邦政府、州政府及市政府的资助。大多数非盈利住房组织的宗旨是无限期地为低收入住户提供廉租房,而且他们愿意服务于最贫困、最有需要的家庭,因此,非营利性住房开发商对州和地方政府有很大的吸引力。因此任何一个保障性住房项目都极有可能获得直接拨款、无息贷款或者延期归还的贷款,从而降低了资金成本和租金的盈亏平衡点,项目因此不再需要其他补贴来维持。

(3)环保信托基金投资建设英国保障性住房项目

环保信托基金是1979年建立于英国东部的一项社区发展信托基金。数年来,该信托基金促进了几百个环保项目。它丰富的经验涵盖了可再生能源、生物科技和社区开发多个领域。该基金是一个非营利性组织,各种收益均用于社区开发,其主要宗旨是建设更多的绿色环保住宅,Bethnal Green 项目就是其中之一。

Bethnal Green 项目是该基金与一个非营利性住房组织 Circle 33 合作开发的。这一公顷土地在第二次世界大战期间曾遭受过轰炸,原本属于政府。为了这一开发项目得以顺利实施,政府以优惠的价格出售了该土地。此后,环保信托基金又将部分土地卖给 Circle 33 住房协会,由 Circle 33 住房协会将其开发成13套住宅并出租给了该协会的客户。环保信托基金则开发了剩余29套绿色住宅。该基金建设的所有住宅项目都符合绿色建筑相关标准,Woolwich 建设协会以项目本身为担保为其提供了贷款。该基金将建成的住宅以70%的市价卖给经政府审核并提名的家庭,并保留剩余30%的产权。该基金享有所占有部分的房屋所有权和抵押权,而住户拥有长期的使用权。该基金保有的30%产权可以转让,也可以抵押用于后续房产的开发。因此,尽管 Bethnal Green 项目开发建设期间利率上涨至11%以上,该项目却逆势为基金会创造了收益。

(4)国外经验总结

基于上述分析,可以总结归纳出国外应用 PPP 模式建设保障性住房时的关键成功因素。

①政府让步土地收益。一般可通过无偿获得、折价获得和延期支付方式做出不同程度的利益让步。

②开发商让步短期收益。除土地以外的建设成本均由开发商承担,且多数开发商的收益被平均分配到较长的运营期,以租金等形式获得。

③共有产权。住户所占的产权从60%~75%不等,剩余部分由私营机构持有,私营机构持有的产权保证了私营方能够享受到房屋的升值受益,可以弥补因租金较少而出现的项目亏损。

④较高的住房质量。降低保障房的成本依靠简洁合理实用的设计,而不是降低质量。国外的经验表明私营机构可以建设高质量的住房,在规划设计和功能等方面均满足了政府的要求,甚至达到绿色建筑的标准。

⑤明确清晰的权责关系。PPP 模式下保障房中的政府、私营机构、入住者三方

的权责关系见表 16-3。

表 16-3 PPP 模式建设保障性住房各方的权责关系分析

利益相关者	责任	权利
政府	(1) 让步土地收益(无偿转让、折价转让、延期支付) (2) 建设资金的担保 (3) 提名并审核入住者	(1) 提供一定数量的保障性住房公共设施 (2) 拥有保障性住房的分配权 (3) 借助 PPP 项目提出安置失业人员等附加的社会福利条件
私营机构	(1) 提供主要的开发资金 (2) 按照进度建设高质量的住房 (3) 让步短期收益权	(1) 获得长期但低额的资金收益 (2) 贷款担保 (3) 获得知名度和良好的社会声誉
入住者	(1) 缴纳低于市价的租金 (2) 缴纳低于市价的购房款	保障性住房的使用权

案例六　澳大利亚医院类 PPP 模范项目：New Royal Women's Hospital

作为医院类 PPP 项目模范案例之一的 New Royal Women's Hospital（RWH）项目是由澳大利亚维多利亚州的 PPP 主管部门 Partnerships Victoria 所主导的。该医院的建造是根据 Partnerships Victoria 在医疗领域的一般操作模式，即与私人联合体进行合作，由该私人联合体负责设计、建造、融资与维护（DBFM），由政府负责提供医院内所有的医疗服务。

1. 项目背景

RWH 项目旨在使 RWH 成为澳大利亚南部地区首屈一指的高医疗水平与高服务水平的医院，尤其突出其作为教学性医院与专科医院（服务群体为妇女和新生婴幼儿）的特点。政府在 2003 年 10 月立项，确定了医院的地址和建设需求，包括需要容纳已有的 RWH 医院和 France Perry House（在同一地址上的私人医院），咨询室以及由医疗人员使用的教学和科研设备等。项目周期是 25 年，从医院建成并投入运营时起算。

项目合同是在 2005 年由维多利亚政府与项目公司 RWH Partnership Pty Ltd（RWH 合伙私人有限公司）签署，其中：①项目的设计、融资、建设应在 3 年期完成，截止日期 2008 年 6 月；②后续的清洁、停车、安保、大楼维护服务等应持续 25 年，从医院建成时起算，截止日期 2033 年 6 月。

政府是该医院的所有权人，其对该项目的投资由两部分组成：一部分是直接投资 2.5 亿美元（其中 6000 万美元源于旧医院的资产处置）；另一部分是向项目公司进行的季度性付费（25 年，包括私人联合体的服务费与医院的建设费用）。政府设立了降价机制（Abatement of Payment），如前面所介绍的澳大利亚项目，一般这个机制都会与服务水平相挂钩，起到约束私人部门的作用。风险分担也与之前所介绍的澳大利亚医院项目无异。

项目公司与以下私人联合体成员签约：

Baulderstone Hornibrook Pty Ltd，负责设计、建筑，以及部分设施的采购与安装；

Wilson Parking，负责运营停车场；

United Group Services，提供设备管理服务，但不包括停车场。

Deanmac，提供安保服务；

ISS Australia，提供清洁与室内服务。

2.项目目标

①为妇女与婴幼儿提供便捷、高效和高质量的服务；

②提供尖端、有效、新型的医疗设备；

③提供更加全面的医疗服务环境，满足医院的专业诊疗需求、患者的恢复休养；

④提供能够符合政府要求、融资要求、医疗实践需求的基础设施；

⑤在医院内提供能够结合医疗教学、研究和训练的设施；

⑥满足物有所值；

⑦在与政府达成的指标内完成项目；

⑧尽最大可能高效利用现有资源，降低经常性项目的成本，提高资金使用效率。

3.项目范围

①前期准备工作：因为需要拆除医院地址上的原有建筑，因此要提前安排地址上的所有人员转移。

②建设工作：拆除原有建筑，并建造地下停车场、医院的主楼。

③资产处置：将旧医院的资产进行处置。

4.政府管理

在机构安排上，政府授权财政部门与卫生部门负责该项目，其中卫生部门（DHS）是项目主导方与操作方，财政部门（DTF）是政府财政投入的审核方与项目支出的监督方。

如图16.5所示，卫生部门下主要设有"指导委员会（Steering Committee）——项目控制组（Project Control Group）——项目主管（Project Director）"三级机构，其中指导委员会为项目的最高管理机关，主要是在宏观上与项目董事会（Board）沟通，进行项目监督并向卫生部门报告；项目控制组是政府与项目公司的合作平台，主要与项目公司的负责人（CEO）协作，负责新医院的计划、设计、建设与运营；"项目主管"负责该项目的日常管理，完全把控包括项目的所有细节（包括项目设计、文件编制、采购、建设、运营、合同管理、预算管理、报告）及人员管理（包括专家顾问、分包人等）。

第16章　PPP 实践案例分析

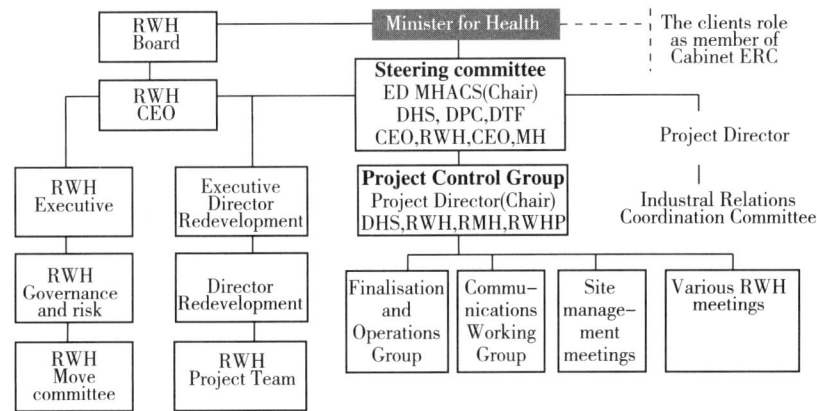

图 16.5　RHW 项目管理结构

Source: DHS Major Projects.

财政部门对于政府项目投资的决定具有核心作用。在这一环节,财政部门做出决策的主要依据包括政府的 PPP 指导文件与政策文件(PPP Guidance and Policy)与财政部门的全生命周期优秀项目实践的指导文件(Better Practice Lifecycle Guidelines),其中特别是项目评价与商业发展的文件具有更关键的指导价值。

这里有必要介绍澳大利亚财政部在评价大型项目商业价值时所使用的 Gateway 审核程序(Gateaway Review Process)。根据澳大利亚财政部的解释,该审核是由项目组委托一个项目组外的专业团队,根据该团队的项目经验与专业,就该项目的整个生命周期及其关键阶段(Key Points)向财政部提出及时、独立的意见(该意见对外保密)。该审核必须适用于高风险的大额投资项目(High Value High Risk, HVHR),并且作为一个项目筛选的前置程序,只有通过该审核程序的项目才能进入政府的候选名单。事实上,除了前期审核,在项目开始后,该评价小组还需要在项目的关键阶段就该项目情况向财政部提出意见。虽然该审核并非为 PPP 项目所特设,但根据 HVHR 的特点,PPP 项目一般都会适用。这种审核确实可以进一步矫正项目方对于项目认识的偏差。

在合同管理上,该项目也作出了比较详细的安排。如图 16.6 所示,在项目实施阶段,卫生部门有责任完整记录项目的管理、监督与审核过程及相关费用的变动,高效管理项目整个实施阶段的所有合同,包括制定相关的制度(如制定合同管理计划、手册等)以及委派专门的合同管理(Contract Manager)人员等。财政部门有责任确保项目合同管理的质量,如确定在什么阶段需要制定合同管理手册、是否需要上报政府来修改合同管理的相关文件等。其中合同管理计划是合同管理的灵魂,应该在项目开始阶段完成并且涵盖合同管理的所有关键点,最终应经由政府审核;合同管理手册应该集中地涵盖了整个项目管理的所有流程与使用工具,并且应该随着项目进行而不断完善,最终要确保可以协助合同管理,但具体应该什么时间完成该手册、或者是否应该根据不同阶段制定不同的手册等,该项目并没有明确。在此,合同管理一般涵盖内容有:①与合同相关人员的沟通;②与公众和媒体的沟通;③合同制定/变更的管理;④合同管理质量的保证;⑤风险管理;⑥应急安排;⑦管理合规政策;⑧信息管理;⑨记录和证明文件管理等。政府与私人公司的合同管理人员则最终应该依照手册所确定的流程和标准,规范日常管理。

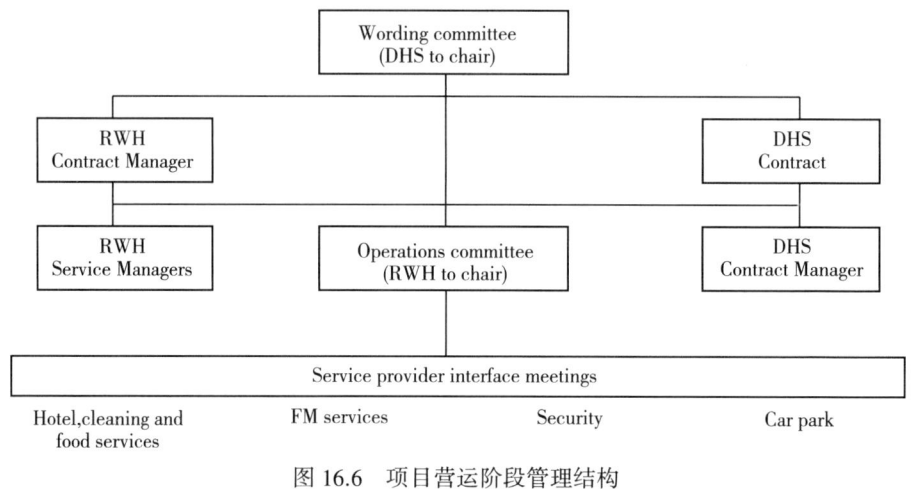

图 16.6　项目营运阶段管理结构

Source：Department of Human Services.

在项目的监督方面,由卫生部门设立的工作委员会(Working Committee)负责日常的项目监督与评价工作,其与项目公司的执行委员会(Operation Committee)对接,双方共同掌握项目的相关指标信息,并且据此可以同时监督项目日常运行情况,包括采取必要的审计与现场检查的措施等。除此之外,项目公司的执行委员会还要在每个月、每半年向该工作委员会提交审核报告,明确该期间项目实施中的失败情况以及与预算的偏离情况。通过这种方式,政府通过把控监督实现了对于项目实践在服务与成本上的严格监控。

案例七 山东潍坊高铁 PPP 项目详解

2015年6月8日,作为中国高铁首单、潍坊首次PPP项目,济青高铁潍坊段沿线土地征收拆迁43亿元PPP项目,成功通过竞争性磋商方式,在11家社会资本中选定了一家社会资本。中国邮政储蓄银行及其合作资本方成功中标,复星、中信民营资本败走首单高铁项目。

本书主要以潍坊段沿线土地征收拆迁43亿元投资PPP项目为例,对我国首单高铁PPP模式项目做一个详解。

1.项目总体概况

济青高铁是国家"四纵四横"铁路网太青客专的重要组成部分,也是山东省快速铁路网中的"脊梁骨"项目。

济青高铁线路全长327km,按行政区划划分,可分为济南、青岛、淄博、潍坊、滨州五段,项目总投资预计约600亿元,其中潍坊段占147km,预计总投资260亿元。

目前,项目已中标签约的部分为济青高铁(潍坊段)沿线市区的征收和拆迁PPP项目。该项目预计总投资43亿元。整个项目建设拟在2015年内完成。

2.项目进展情况

项目进展情况见表16-4。

表16-4 项目进展情况

时间	济青高铁(潍坊段)征收拆迁PPP项目时间表
2015.4.10	颁布《济青高铁(潍坊段)政府与社会资本合作项目(PPP)资格预审公告》
2015.5.25	发改委发布PPP项目库,济青高铁潍坊段入库,政府参与方式为特许经营或财政补贴
2015.5.14	颁布《济青高铁(潍坊段)政府与社会资本合作项目(PPP)竞争性磋商公告》
2015.6.2	11家通过资格预审的企业开竞争性磋商会议
2015.6.8	颁布《济青高铁(潍坊段)政府与社会资本合作项目(PPP)候选社会资本公示》,邮政储蓄银行中标
2015.6.9	邮储银行与潍坊市财政局举行了签约

3.谈判过程分析

(1)政府召开竞争性磋商答疑会

按照《政府采购竞争性磋商采购方式管理暂行办法》规定,2015年5月25日上午,潍坊市财政局作为采购人与法正项目管理集团有限公司共同组织通过项目资格预审的 11 家社会资本参加了山东高铁潍坊段 PPP 项目竞争性磋商现场答疑会。答疑会上,社会资本现场表现非常踊跃,财政局长对项目进行了大体介绍,社会资本针对项目的具体回购主体、项目的收益保障机制、履约保证金、提款的金额与次数、政府的偿债能力、社会资本股权能否质押、投资匡算依据、合作模式变更等问题提出了疑问,政府 PPP 推进小组相关人员对社会资本提出的问题一一进行了解答。

(2)谈判的结果分析

根据最终的中标结果单位分析,见表 16-5。

表 16-5 谈判结构分析

回购主体问题	潍坊市政府回购,回购期限是 5 年后
项目收益保障	政府补贴,项目运营股权收益
政府财政承受	政府财政承受能力论证报告(收入预算支出符合规定)
保证金额比例	保证金额约为项目总投资的 20%
股权质押问题	社会资本的股权可以质押,这样有利项目整体二次融资
投资匡算依据	当地的拆迁补偿标准及资金运用成本等
合作模式变更	合作模式的变更不影响项目原本预期收益及风险预估

4.项目合作模式

项目采用 PPP 合作模式,按照拆迁(征地)—运营—移交的 BOT 模式运作。由政府采购甄选的社会资本与政府指定机构合资成立项目公司(SPV),政府方负责沿线的征地、拆迁工作和资金使用监管工作,社会资本负责征地拆迁补偿资金的筹集以及项目的运营管理,济青高铁公司按项目工程量对价给予 SPV 对应股权,SPV 按照所持股权获取济青高铁的运营收益。也就是说,社会资本承担筹资、运营风险,政府承担项目推进风险;社会资本享受高铁运营分红和财政可行性缺口补贴,政府享受未来股权优先运作权。具体见表 16-6 和图 16.7。

表 16-6 项目合作的模式

项目投资	40 亿元
运作模式	BOT
项目期限	SPV 合作期 15 年
回购方式	自合作之日起至少 5 年后进入回购期,社会资本股权优先由政府指定机构按成本价回购
投资收益	不高于每年 6.69%,收益来源为济青高铁的运营收益,不足由政府安排运营补贴弥补
保障措施	对于济青高铁项目的政府运营补贴等支出由财政列入年度预算以及中长期财政规划

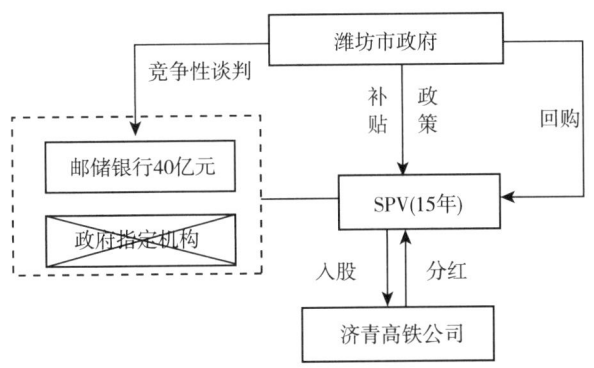

图 16.7　项目合作模式

5.案例引发思考

此项目作为中国首单运作成功的高铁 PPP 项目,充分激发了社会资本投资热情和潜力,吸引了 15 家社会资本报名,意向投资 420 亿元,创造了 10 倍社会资本追捧奇迹。成为济青高铁、中国高铁建设投融资的典型。打造 PPP 绿色投融资机制。

（1）什么原因？促使社会资本蜂拥而至

①山东省政府重视及给予优惠。政府重视:山东省委、省政府高度重视济青高铁项目建设。书记、省长等省领导同志多次主持召开会议专题研究并作出重要批示,并亲自带队赴北京,分别与国家发展改革委员会、中国铁路总公司等领导就铁路网规划和济青高铁项目等举行会商,洽谈重要事项,明确合作模式,确定山东省与中国铁路总公司共同出资建设济青高铁。山东省发展改革委员会同省有关部门和单位,认真贯彻省委、省政府决策部署,成立专门工作小组,紧盯国家各部委和铁路总公司各个环节,加快推进各项支持性文件的报批工作;与国内外机构投资者广泛洽谈会商,积极开展土地综合开发和融资工作,积极筹措落实济青高铁建设资金等前期条件。

优惠政策:一方面,在客流稳定之后,将参考广深铁路提高票价;另一方面,通过直供电的形式,为济青高铁提供优惠的用电价格,降低用电成本;最值得关注的是,山东省计划对济青高铁站场周边土地进行综合开发,通过一些第三产业收入来弥补高铁项目建设和运营的资金缺口。

②高铁未来股权较高的升值空间。《资格预审公告》许诺给社会资本的投资收益率为不高于 8% 每年,而中标的邮储银行的收益率甚至低至不高于 6.69% 每年,即使铁路收益分红不高,社会资本还是蜂拥而至,究其根本是因为社会资本看好高铁未来股权的价值上升空间。京沪高铁在建成 3 年之后实现盈利,这对高铁

融资是个非常积极的信号,也给了社会资本很大的信心。以潍坊市占济青高铁10%股权计算,随着铁路营利性的增强,企业手中的股权也就越来越值钱,他们都是投资和资本市场的专业人士,可以将手中的股权设计成 ABS（资产支持证券）、ABN（资产支持票据）等多种金融产品,在市场上交易。尤其是随着股票发行注册制改革的推进,企业上市不再需要审批,济青高铁未来上市是非常有可能的。上市后,这些股权价值将更大,这是社会资本看中的赢利点。一方面政府减轻了财政压力,另一方面社会资本追求到了利益,而在真正实践过程中,我们发现 PPP 项目也并不像一些专家说的落地难,济青高铁项目的成功,让大家都意识到这个路子是可行的,它给高铁沿线其他城市带来很好的示范作用,希望可以成为高铁 PPP 融资的一个范本。

（2）为什么 15 家社会资本,最终邮储银行？

①邮储银行准备充分。据了解,在参与此次竞争性磋商之前,中国邮政储蓄银行就已开始关注如何结合金融行业的特性更好地支持地方经济建设。在参与济青高铁（潍坊段）项目的筹备中,为全力支持潍坊当地项目建设,中国邮政储蓄银行积极筹备,认真研究、设计服务方案,作出了资金额度、到位时间、回购计划等符合项目要求的一系列服务承诺。

②邮储银行有明显的竞争和服务优势。

i 邮储银行为网点最多、覆盖面最广的商业银行。相关数据显示,截至 2014 年年底,邮储银行的网点数量达到 39962 个,覆盖 98%的县域,为约 6 亿个人客户提供金融服务,超过我国总人口的 1/3。

ii 得益于邮储银行具有的雄厚资金实力。邮储银行作为国有第五大商业银行,有着雄厚的资金实力,全国 6.3 万亿元的资金规模,其中 3.3 万亿元的非信贷资金,可用于投资金融同业、PPP 项目等领域。

iii 邮储银行具有高效的审批效率。

iv 邮储银行具有丰富的项目经验。邮储银行密切关注全国 PPP 项目并积极参与,已经先后投资济南西客站安置三区项目和华山安置一区项目、甘肃省兰州市轨道交通项目,在 PPP 项目运营、SPV 运作管理等方面,都积累了丰富的经验和可参考的模式,可助力潍坊市首个 PPP 项目顺利推进。

v 社会资本通过 PPP 模式投资基础设施建设,在预期风险防范有保障的前提下,获得了投资回报。潍坊市通过中标社会资本全部认购 SPV 股权,原计划拿出的 8 亿元资本金不再安排,极大地缓解了财政支出压力。政府和社会资本达到双赢。

案例八 2008年北京奥运会国家体育场("鸟巢")PPP项目

为履行与国际奥林匹克委员会(IOC)签订的2008年第29届奥林匹克运动会主办城市合同款项下的义务,北京市人民政府(以下简称"北京市政府")决定在北京奥林匹克公园内建设国家体育场。

本项目是采用PPP模式建立起来的。北京市政府授权北京市国有资产经营有限责任公司作为项目公司的一方发起人,履行总投资58%的出资责任,其余的42%由私营部门即中国中信集团公司联合体(简称"中信联合体")进行融资。公共部门和私营部门共同组建项目公司负责本项目的融资、建造、运营、维护,并在30年特许权期满后移交给北京市政府。

1. 项目的目标

本项目有两个层面的目标,即国家层面的目标与项目层面的目标。

(1)国家层面

在13亿中国人的积极参与下,奥运的理念应得到最为广泛的传播和流行。根据以往奥运会主办城市的经验,为达到经济效益和社会效益的最大化,在奥运会的组织、管理、市场开发的过程中应突出强调创新的重要性。国家体育场将成为标志性和里程碑意义的建筑,有利于加快北京乃至整个国家的现代化进程。

(2)项目层面

项目层面上,除了满足举办奥运会的各项条件外,该项目的主要目标就是获取最大的利润。因此,项目的设计、融资、建造、运营、维护、移交等整个阶段的工作都应该围绕这个目标而开展。奥运会期间,国家体育场可容纳观众9.1万人,其中临时座位1.1万个(赛后可拆除),承担开幕式、闭幕式,以及田径比赛和足球比赛决赛等主要赛事功能。

奥运会后,国家体育场可容纳观众8万人,可承担特殊重大比赛(如世界田径锦标赛、世界杯足球赛等)、各类常规赛事(如亚运会、亚洲田径锦标赛、洲际综合性比赛、全国运动会、全国足球联赛等)以及非常竞赛项目(如文艺演出、团体活动、商业展示会等)。由于BOT项目的特性,项目公司将独自享有项目的一切商业利益,但同时必须承担因项目而产生的一切损失。

2. 发展过程

经北京市政府授权,北京市发展计划委员会(BDPC)于2002年10月邀请有兴趣的投标者提交资格预审的申请,来负责项目的融资、设计、建造和运营。表16-7列出了国家体育场项目招标投标主要环节。

表16-7 2008年北京奥运会国家体育场的招投标过程

步骤	日期	主要参与者	主要活动	备注
投标邀请	2002-10-28	北京发展计划委员会	邀请投标者申请资格预审并递交资格审查文件	7个实体申请资格预审,5家通过资格预审
现场踏勘与标前会议	2003-4-30	北京发展计划委员会与投标人	投标人现场踏勘和研读标书后提出问题,招标人进行答疑	
投标	2003-6-30截止	中信联合体;中建联合体;北京建工联合体	对招标文件做出实质性响应并提交投标书	一个投标人因未对招标文件做出实质性响应而被迫退出
开标	2003-6-30	北京奥组委监管人员,投标人代表,招标代理人	开标、唱标并宣布中标候选人	前两家候选人为建工联合体与中信联合体
草签特许权协议和国家体育场协议	2003-7-5前	北京发展计划委员会;建工联合体;中信联合体	将中标资格授予中信联合体	建工联合体因为未达成联合体协议而未能中标
签订特许权协议和国家体育场协议	2003-8-9	中信联合体与北京市政府和北京奥组委	签署相关协议并筹备项目公司的设立工作	依据我国法律,中信联合体需与北京国有资产经营管理有限公司共同组建项目公司
设立项目公司	2003-9	北京国有资产经营管理有限公司;中信集团公司;金州控股集团有限公司;北京城建集团有限责任公司	项目公司的设立	设立前须征用场地

3. 项目伙伴

北京市政府作为本项目的法定招标管理机关,授权北京市发展和改革委员会负责项目特许权的招标事宜。同时,北京市政府授权招标代理机构——国信招标有限责任公司,具体负责招标文件的准备和招标活动的实施。

(1)公共部门合伙人

北京市国有资产经营管理有限公司被指定作为北京市政府的代表,承担投资额的58%,成为项目公司的合伙人。北京市国有资产经营管理有限公司是一个非常独特的公司,成立于2001年4月,注册资本为15亿元人民币。公司的管理人员、员工对中国和北京的市场环境了解深刻,同时在公共融资和私营融资、资产管理、资本运营方面具有丰富的经验。

(2)社会资本合作伙伴

社会资本合作伙伴是由三家具有丰富的融资和大型工程建设经验的公司所组成的联营体,这三家公司分别是中国中信集团公司、北京城建集团有限公司和美国金州控股集团有限公司,三者的出资比例分别为65%、30%、5%。

①中国中信集团公司(以下简称"中信集团")目前拥有44家子公司(银行),其中包括设在中国香港、美国、加拿大、澳大利亚、新西兰等地的子公司;公司还在东京、纽约、法兰克福设立了代表处。业务主要集中在金融、实业和其他服务业领域。

②北京城建集团有限责任公司是国务院120家大型国有企业试点单位统一的大型综合性企业,其主要业务覆盖工业与民用建筑、市政、地下铁道、高速公路、机场等专业领域,同时也开展房地产开发、城市基础设施项目。

③美国金州控股集团有限公司是一家以城市基础设施建设、环境保护、可再生能源开发为主要业务的国际性集团公司,在美国、法国、西班牙、加拿大、中国设有公司和办事处。

(3)项目管理顾问

联合体聘请法国万喜大型建筑工程公司(VCGP)与法国布依格建筑公司(BYB)作为其项目管理顾问。法国万喜大型建筑工程公司是法国万喜集团主要从事项目设计和施工的下属机构,是世界上最大的建筑工程和相关服务的实体。其在广度和深度上覆盖了所有的建筑行业(高速公路、机场、停车场、桥梁和体育场)。

法国万喜大型建筑工程公司和法国布依格建筑公司也是法兰西国家体育场的股东,而法兰西体育场是运动设施领域第一个PPP项目。两家公司在体育和文化设施的设计、融资、建造以及法兰西体育馆的管理和相关设计运营方面的专业经验、知识,会明显提升项目公司的价值和竞争力。

(4)项目的合同结构

国家体育场项目的合同结构如图16.8所示。

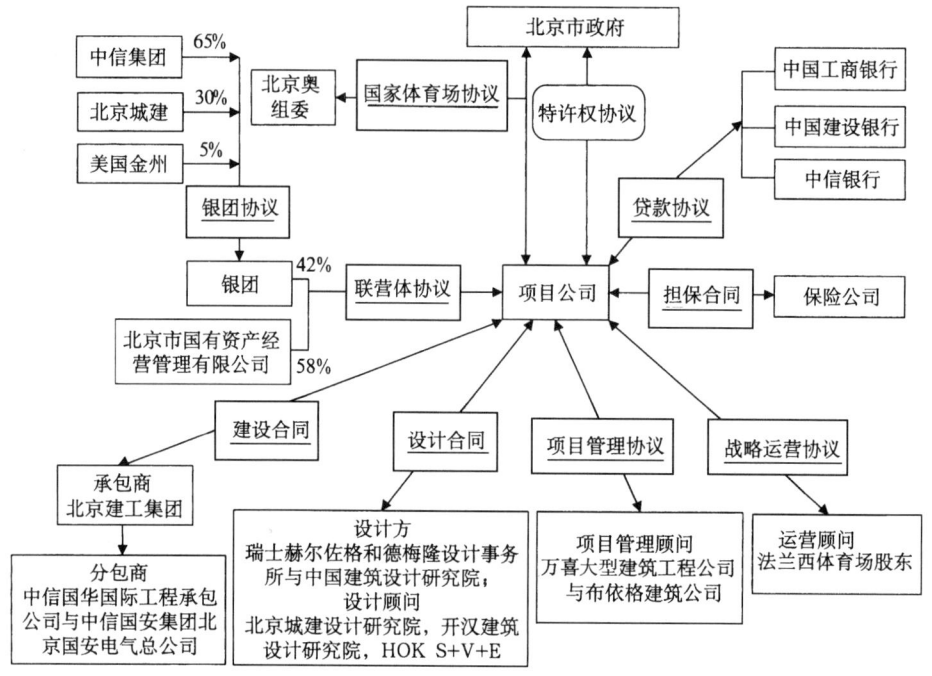

图 16.8 国家体育场项目的合同结构

4. 基本协议架构

北京市人民政府和项目公司签订特许权协议。

(1) 北京市政府的职责

北京市政府授权项目公司对体育场进行投资、融资、设计、建设,并在特许经营期内,按照特许权协议的条款和条件对体育场进行运营、维护、修理。

北京市政府土地管理部门将项目设施场地的土地使用权(统称"土地使用权")以划拨方式无偿提供给项目公司,项目公司不需缴纳土地出让金、基础设施配套建设费,但项目公司需承担项目设施场地的土地一级开发费,该土地一级开发费为每建筑平方米 1040 元人民币。

(2) 项目公司的职责

项目公司将对体育场进行投资、融资、设计、建设,并在特许经营期内,按照特许权协议的条款和条件对体育场进行运营、维护、修理。同时,项目公司将按照体育场协议的规定,将体育场提供给北京奥组委用于举办测试赛、进行测试活动和举办奥运会,但北京奥组委将为此付费。费用的计算方式如下:实际发生费减去日常运行费。日常运行费指的是项目不举办任何活动时的运行费用。在特许经营期届满之时,项目公司将按照特许权协议的规定免费将体育场移交给北京市政府或其指定接收入。特许期指开始于项目完工日(2006 年 12 月 31 日),(除提前终止外)

终止于2038年12月31日的期间。

(3)项目公司的收入

项目公司可以从以下方式获得来源于本项目的全部收益,包括但不限于:

①来自电视、广播及其他媒体的收益;

②赞助;

③广告(主要部分);

④经销权;

⑤商业空间租赁(如办公、包厢、餐饮、超市、旅馆及停车场等,主要部分);

⑥门票销售;

⑦运动会和表演会等活动;

⑧奥运会后体育场的冠名权。

项目公司可以获得项目在除奥运会期间的特许经营期的所有收入。奥运会期间项目公司仅能从北京奥组委处获得租用费。

由于项目还在建设期,现在还无法获得项目的详细收入结构。但是项目公司已经开始计划。例如,项目中有大约8万m^2的商业面积,1000个停车位,110个公司包厢,4个餐厅(2个中餐厅和2个西餐厅),在第四层和第五层有一个会员制酒店(大约70个房间)以及4万m^2的超市面积(项目公司目前正与沃尔玛公司谈判)。

5. 融资来源

(1)项目公司的股东

北京市政府授权依法设立的北京市发展和改革委员会,代表北京市政府与联合体签订特许权协议。联合体由三方联合组成:中信集团、北京城建、美国金州(共同形成投标者)。联合体中标后,他们与代表北京市政府的北京市国有资产管理委员会成立一个项目公司。

表16-8比较了项目股东原来、现在各方的注册资本投入比例和金额。

表16-8 新旧方案项目各方资本金比例比较

股东	谈判前			谈判后		
	联合体股份比例	项目公司股份比例	资本数额/亿元	联合体股份比例	项目公司股份比例	资本数额/亿元
北京国资委		65.980%	7.621		58%	6.05133
中信	65%	22.113%	2.5541	65%	27.3%	2.8483
北京城建	30%	10.206%	1.1788	30%	12.6%	1.3146

续表

股东	谈判前			谈判后		
	联合体股份比例	项目公司股份比例	资本数额/亿元	联合体股份比例	项目公司股份比例	资本数额/亿元
美国金州	5%	1.701%	0.1965	5%	2.1%	0.2191
总计	100%	100%	1.15504	100%	100%	10.43333

（2）项目融资计划

项目的非资本金融资主要来自于银行贷款。项目公司认为对国家体育场表达了浓厚兴趣的国内商业银行都具有很强的人民币和外币贷款能力，因此，项目公司很有信心能从国内商业银行贷款 7.8589 亿元人民币。

表 16-9 是投标谈判前后各类资金比例的比较，在投标阶段，中信联合体按谈判前的比例投标，但北京市政府认为政府出资比例过高，因此选择了北京建工联合体，但后来因为北京建工集团联合体因股东之间未能达成联合体协议而退出，北京市政府只能跟中信联合体谈判，最后，双方达成了谈判后的出资比例。

表 16-9 投标谈判前后各方的出资比例

资金来源	谈判前		谈判后	
	占总投资比例	金额/亿元	占总投资比例	金额/亿元
政府出资	65.98%	22.8629	58%	18.1540
联合体的资本金	11.34%	3.9294	12.6%	3.9438
银行贷款	22.68%	7.8589	29.4%	9.2022
合计	100%	34.6512	100%	31.30

银行贷款主要是 16 年贷款期限（包括 6 年宽限期）的优先债务。贷款详细情况见表 16-10。

表 16-10 贷款详细情况

借款人	项目公司
放贷人	国内商业银行
贷款类别	优先债务
贷款金额	9.202 亿元人民币
贷款期限	16 年（含 6 年宽限期）
贷款币种	人民币
利率	5.184%（以中国人民银行公布的人民币长期贷款利率为基准下浮 10% 计）
提款期	4 年

续表

借款人	项目公司
宽限期	6年(含提款期)
贷款偿还方式	从2010年开始按季度等额偿还本金,从首次提款开始按季度支付利息
提前还款	允许提前还款

投标前,项目公司得到了一些商业银行对本项目所需债务融资的贷款承诺函,这些银行包括中国工商银行、中国建设银行和中信银行(在给贷款承诺函时它的名字叫中信实业银行),但是所有银行都质疑项目的财务可行性。在它们得知项目可能超支并且活动屋顶也取消之后,它们更加怀疑项目的财务可行性。因此,银行和北京市政府要求联合体股东(中信集团、北京城建和美国金州)代替项目公司作为贷款主体。而联合体不愿作为借款方,所以该项事宜还在协商中。

案例九　中国第一个国家级批准的 PPP 项目：来宾 B 电厂项目

1. 项目概况

作为第一个经国家批准的 BOT 项目，来宾 B 是来宾电厂的二期工程，位于中国南部偏远地区的广西壮族自治区来宾县城，包括两台 36 万 kW 火电机组的投资、融资、设计、建造、采购、经营、维护和转交。来宾 B 项目特许招标中要求尽快完工(详见"项目过程")，且提供的预计回报率较低，但是作为中国第一个 BOT 投资方式的试点项目已足够吸引许多开发商递交投标文件。最后，法国电力国际和通用电气阿尔斯通凭借具有竞争力的投标方案及法国出口信贷 COFACE 的大力支持，最终获得来宾 B 项目的特许经营权。

2. 项目参与者

图 16.9 所示是项目参与者以及各自之间的合同关系。

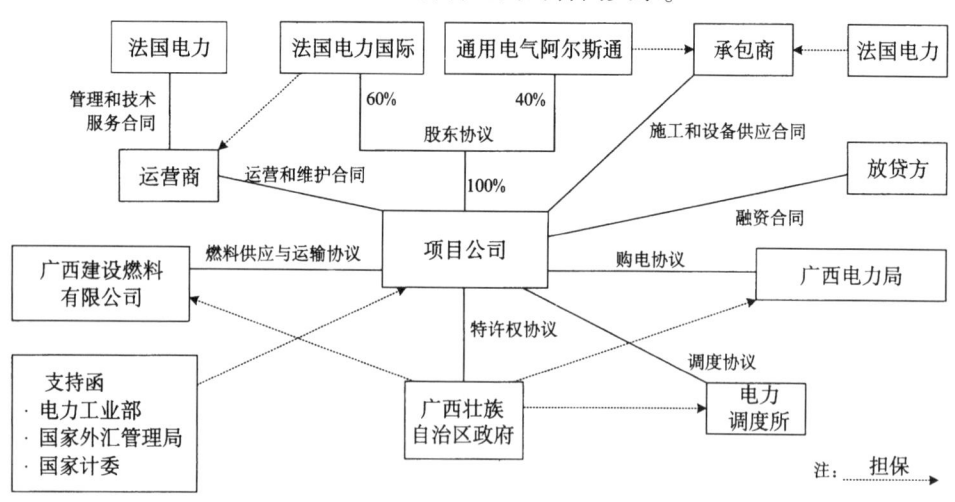

图 16.9　来宾 B 电厂项目的合同结构

(1) 中央政府

中央政府对来宾 B 项目给予了强有力的支持，正式批准其为第一个 BOT 试点项目，作为未来 BOT 基础设施项目的参与范本。该项目由国家计委批准，国家计委、电力工业部不仅直接参与项目的决策和具体指导，而且协调国家外汇管理局分别为项目出具了支持函。中央政府的密切关注和强有力支持提高了自治区政府的信用等级，使得项目更具有吸引力。中央政府的更多支持细节详见"政府激励措施"。

(2）省级政府

广西壮族自治区政府的担保和激励措施降低了项目中的很多不确定性。来宾B项目主要包括三大合同协议：特许权协议、购电协议、燃料供应和运输协议，其中最主要的特许权协议规定了项目公司和自治区政府双方的主要权利、义务。自治区政府与项目公司签订特许权协议，并为购电协议、燃料供应和运输协议和电力调度协议提供担保。

（3）主办人

法国电力国际和通用电气阿尔斯通是来宾B项目的主办人。法国电力国际直属法国政府所有的法国电力公司，具有丰富的国际投资和电厂经营经验；通用电气阿尔斯通是由通用电气公司、英国电力和法国阿尔卡特—阿尔斯通合资组成的跨国设备制造厂商。

（4）项目公司

由法国电力国际与通用电气阿尔斯通，按照股东协议分别出资60%和40%组成的来宾B电厂的项目公司——广西来宾法资发电有限公司是在中国成立的一家全外资企业。项目公司需要负责项目的融资、设计、建造、运营和维护，以及在特许期结束后将电厂无偿移交给自治区政府。

（5）放贷方

在来宾B电厂项目中，贷款/资本金比为3∶1，股东的资本金1.54亿美元，有限追索权贷款4.62亿美元，由法国东方汇理银行、英国汇丰投资银行及英国巴克莱银行牵头组成的银团联合承销，贷款中约3.12亿美元由法国出口信贷机构COFACE提供出口信贷保险。

（6）用户

广西电力局与项目公司签订了购电协议，每年负责向项目公司购买35亿 kW·h的最低输出电量（大约为电厂负荷数的63%），并送入广西电网。

（7）供应商

广西建设燃料有限责任公司负责向项目公司供应发电所需的燃煤，如果不符合燃料供应和运输协议的燃煤规格规定，项目公司有权拒绝所提供的燃煤。

（8）承包商

工程承包商由阿尔斯通出口公司和考菲瓦工程设计公司合资组建，负责项目工程的建设；设备供应承包商由通用电气阿尔斯通和法国电力公司子公司CNET合伙组建，负责为项目工程的建设和运营提供设备。

(9)运营商

法国电力国际公司(85%)、广西开发投资有限公司(7.5%)和广西电力工业局(7.5%)共同组建成广西来宾希诺基发电运营维护有限责任公司,由该公司来负责电厂的运营和维护。

3. 开发过程

(1)前期准备

①1995年2月,广西壮族自治区政府正式委托北京大地桥投资咨询公司负责邀请境外投资者以BOT形式投资建造来宾B项目。

②1995年2—3月,大地桥公司根据国际惯例和项目具体要求,编制了采用BOT投资方式的可行性方案分析报告和初步财务分析报告,随后帮助自治区政府提交中央政府审批。

③1995年5月10日,国家计委正式批准来宾B项目为中国BOT试点项目。

(2)资格预审

①1995年8月,大地桥公司分别在《人民日报》(海外版)、《中国日报》(英文)发布了采用BOT方式建设广西来宾B电厂的资格预审通告,公开邀请境外有意向的投资者参与中国BOT试点项目。

②截至1995年9月底,共有31家国际公司(23家)或公司联合体(8家)递交了资格预审申请文件,其中包括不少世界著名的电力商。

③1995年10月初,大地桥公司和项目评标委员会经过对各个申请人的BOT经验、电厂建设经营经验、财务能力和其他相关能力等方面进行综合审查,确定其中12家公司(或联合体)列为A组,它们有资格单独或组成联合体参加投票,其余19家列为B组,它们需加入列为A组的一家或几家所组成的联合体后方可参加投标。

④1995年10月28日,大地桥公司代表广西壮族自治区政府发出招标邀请。

(3)招投标

①1995年12月8日,大地桥公司完成招标文件并正式对外发售,A组的12家公司(或联合体)相继以每套1.2万美元的价格购买了招标文件。

②1995年12月到1996年1月期间,大地桥公司组织了赴来宾B电厂的现场考察。

③1996年1月28日,大地桥公司召开标前会议,解答潜在投标人普遍关注的法规和财务问题。2月12日,大地桥公司发布标前会议的备忘录。

④截至1996年5月7日下午4时,共有6家投票人递交了投标书,它们分

别是:

a) 中华电力联合体(香港中华电力投资有限公司、德国西门子);

b) 美国国际发电(香港)有限公司;

c) 东棉联合体(日本东棉、新加坡能源国际、泰国协联能源);

d) 法国电力联合体(法国电力国际、通用电气阿尔斯通);

e) 英国电力联合体(英国电力、三井物产);

f) 新世界联合体(香港新世界投资、ABB能源、美国AEP资源国际)。

(4) 评标

①1996年5—7月,大地桥公司协助项目评标委员会对每份投标文件从法律、财务及技术方面进行详细的评估。

②1996年6月18日,经过比较和充分讨论,评标委员会最终确定最有竞争力的前三家投标人,分别是:

a) 法国电力联合体;

b) 新世界联合体;

c) 美国国际发电(香港)有限公司。

③1996年7月8日到11月初,大地桥公司与法国电力联合体针对三大主要合同协议进行谈判。

④1996年11月11日,广西壮族自治区政府和法国电力联合体于北京签署来宾B项目的特许权协议。

(5) 评标标准

评标委员会采用的评标标准如下。

①电价因素(60%):最重要的评估标准是无补贴的电价水平,评标委员会以电价水平为基准,结合考虑电价走势、外汇和人民币的汇率以及额外电量输出的电价等因素,对整个特许经营期内的预期电价进行综合评估。

②非电价因素:包括融资方案、技术方案、运营维护和移交方案(40%)。广西壮族自治区政府将考察投标人融资方案中的融资进度安排、融资成本、融资能力和承诺的股权比例;技术方案的可靠性以及运营维护和移交方案的可行性也都是重点考察内容,包括项目管理、人员培训、电厂移交计划等。在非电价因素中,融资方案的比重占60%,技术方案以及运营维护和移交方案分别占20%。广西壮族自治区政府给予技术方案较低比重的原因在于:①招标文件中已经详细规定来宾B电厂项目将采用的国际技术规范和标准;②放贷方对投标人的技术方案将更加重视并进行谨慎审查,因此融资方案相比技术方案以及运营维护和移交方案更为重要。

(6) 关键成功因素

综上所述,递交资格预审申请的 31 家公司(或联合体)中 12 家提交了投标文件,法国电力联合体最终获得项目的特许经营权,来宾 B 项目招标过程中的关键成功因素见表 16-11。

表 16-11　来宾 B 项目招标过程的关键成功因素

来宾 B 项目的招标过程	关键成功因素	影响程度
资格预审阶段	合理的项目识别	+
	稳定的政治和经济环境	+
	良好的法律体系	-
	项目主办人的能力	-
	主办人的 BOT 项目经验	-
	基础设施项目的资金不足	-
招标阶段	具有竞争性的招投标体制	
	有吸引力的融资方案	
	可接受的电价水平	
	技术方案的优势	
	合适项目代理人的选择	
特许权协议签订阶段	具体准确的特许权协议	
	合理的风险分担	
	政府的特殊担保	
	多边投资担保机构的保险	

注:"+"表示关键成功因素对项目影响大;
　　"-"表示关键成功因素对项目影响小。

法国电力联合体中标的很重要原因在于相比于其他投标人,它所提供的电价最低[低于 0.05 美元/(千瓦·时)],即使是第二名也拉开了相当的距离,接近于目前中国大城市的电价水平。即使如此,法国电力联合体仍然可以获得的投资回报率大约为 17.5%,稍低于该公司的平均收益率 18%。法国电力联合体的关键优势在于采用中国制造的涡轮机,受到中国政府的欢迎,也降低了成本,因而能在保持合理利润的同时,提供最低的电价。

4. 政府激励措施

作为中国第一个经国家批准的 BOT 试点项目,中央政府和自治区政府给予来宾 B 项目很多担保、激励措施。以下部分简单归纳政府的主要担保和激励措施,细节可从 Wang and Tiong(2000)的文章中获得。

(1) 授予独占特许权

广西壮族自治区政府授予项目公司独占的权利以设计、建设、调试、运营和维护来宾 B 电厂,使用自治区政府提供的土地,并在特许期内向自治区政府销售电厂净输出电力。除非根据特许权协议规定修改,特许期自自治区政府和项目公司在融资完成日期(1997 年 9 月 3 日)签署特许权协议起算 18 年,包括预计建设期为 33 个月,运营期自电厂试运行起算大约为 15 年。特许期满后,项目公司应无偿将良好运营的电厂项目移交给自治区政府。

另外,在特许期内,项目公司有权运营电厂并拥有电厂的所有财产、设备和设施的所有权。同时,项目公司可以出于为本项目融资的目的抵押或转让本项目的运营权、全部资产、设施和设备,条件是这种抵押或转让须获得自治区政府的书面同意并不得损害自治区政府的权益。

(2) 购电担保

根据项目公司和广西电力局签订的购电协议,自治区政府保证广西电力局每个运营年向来宾 B 项目购买 35 亿 kW·h 的最低净输出电量。自治区电力局应就履行购电协议的义务向项目公司负首要责任,自治区政府应保证广西电力局适当、适时履行购电协议的义务。只要项目公司未违反特许权协议中的义务,并遵守有关违约或不可抗力的条款规定,自治区政府应通过电力局根据购电协议向项目公司输送至供电点的净输出电量支付相应电费。

(3) 燃料供应担保

项目公司所需的燃料将由广西建设燃料有限责任公司根据燃料供应和运输协议提供,并根据该协议支付价款。项目公司有权拒绝接受不符合燃料供应与运输协议规定规格的燃料。自治区政府"保证"燃料供应公司适当、适时履行燃料供应和运输协议中的义务,并赔偿任何由燃料供应公司过失而造成的经济损失。

(4) 不可抗力担保

任何一方在出现其不可控制的情况阻止其履行特许权协议中的义务时有权中止履行合同,这些不可控制的情况如自然灾害、战争、敌对行为、禁运、进出口限制和法律变更。

由于不可抗力事件导致特许权协议终止,自治区政府应向项目公司支付相应补偿,自治区政府支付该项金额后,项目公司应将来宾 B 电厂移交给自治区政府。

如果特许权协议签订之后中国法律、法规和法令或任何与该项目的批准有关的实质性条件发生变化,并导致项目公司的权利或义务发生实质性的不利变化,项目公司可以提出书面要求改变特许权协议的条款,以使其基本上保持在发生这些变化之前相同的经济地位。

如果特许权协议生效日之后中国法律、法规和法令发生变化,给项目公司带来很大经济利益,自治区政府可以书面形式通知项目公司要求调整特许权协议条款,以使项目公司的经济地位基本保持在法律变更之前的状况。

(5) 外汇兑换担保

自治区政府同时提供外汇兑换担保,承诺协助人民币计价利润的兑换和汇出。

考虑到项目公司偿还贷款的需要,自治区政府同意在特许期间每个日历月向项目公司支付的电费中考虑美元因素,以一定数量的人民币与中国人民银行公布的美元与人民币之间的汇率变化相联系。另外,如果项目公司、建设承包商和运营维护承包商要求在中国境内开立、使用美元账户,并在账户上保留其收入,自治区政府保证给予同意。如果项目公司从中国境内向境外账户转移资金是为根据特许权协议实施项目所必要的,自治区政府也保证项目公司获得转移资金的批准。项目公司有权在特许期内将项目的人民币收入兑换成美元,以支付项目支出、贷款还本付息和汇出利润。自治区政府应保证上述美元的兑换。

(6) 政府过失和政治风险的补偿

如果由于自治区政府的行为或疏忽而违背了特许权协议中的义务,造成建设工程的竣工延误,或者造成建设或融资的成本增加,自治区政府同意相应延长特许期或通过调整电价给予项目公司补偿,以使上述延误所造成的电厂完工日之后的所有额外建设费用和/或融资文件项下可能发生任何额外支出在其向项目公司按月支付的电费中等量补偿。

如果项目公司因自治区政府违约事件终止特许权协议,项目公司应将电厂移交给自治区政府或其指定的执行机构,而自治区政府或其指定的执行机构应向项目公司支付协议中所列赔偿金额。

(7) 税收优惠

自治区政府承诺尽最大努力使项目公司获得中国法律、法规许可的税收优惠。

项目公司享有的税收优惠包括:①项目公司免缴3%的地方所得税。②项目公司开始获得利润的年度起,第一年和第二年免征项目公司的所得税;第三年至第五年减半征收所得税,即按15%的税率征收所得税;从第六年起则按30%的全额税率缴纳所得税。③外国投资者从项目公司分得的利润,免征预提所得税。

(8) 放贷人权利的担保

自融资手续完成之日起及之后,只要融资文件仍然有效,自治区政府同意在未向放贷人提供纠正项目公司违约事件的机会,以及未给予放贷人特许权协议规定的其他权力之前,将不终止特许权协议。放贷人或其指定人可进行项目公司应进行的任何偿付或应采取的任何行动,其效果与项目公司所做的支付或采取的行动相同。

(9)土地、设施和其他支持措施

自治区政府有义务协助项目获得需要的场地、相关的进厂通道以及完成项目前期工程,并保证该场地不设置任何留置或抵押,以使项目公司在特许期内有权免费和独占使用。自治区政府还确保及时地并按照实质上不低于与项目公司同等服务的商业用户一般可以得到的优惠条件下的公平价格,向项目公司提供建设、运营和维护来宾 B 电厂所需的所有设施。

建设期间,自治区政府应负责:①提供场地、完成项目前期工程和进场道路;②在建设期间协调和推进所有与有关政府部门相关的事宜;③及时获得并保持只能由自治区政府得到的对建设所要求的批准;④提供输变电设施、起动电力和蒸汽及所有调试用燃料。

自治区政府确保项目公司、建设承包商及运营维护承包商能向中国进口建设、运营和维护来宾 B 电厂所需的一切物品、设备。

在电厂建设过程中,如果发现具有考古学、地质学和历史意义的任何物品,自治区政府应承担采取保护措施所产生的所有费用。由于采取这些措施导致的任何项目进度延误都应适当延长建设期或特许期,或者同时延长两者来予以补偿。

5. 小结

来宾 B 项目反映了中国政府对推行 BOT 投资方式的态度,采用了比以往项目更为高标准的合同文件,已经成为中国未来 BOT 项目的参考范本,为以后 BOT 项目的规范化操作提供了有益的参照和借鉴。

案例十 水务 PPP 项目案例分析

1.项目概况

(1)沈阳第八水厂的产权转让与回购

①沈阳自来水行业产业化的方式:第八水厂转让经营权,组建沈阳发展股份公司香港上市;第九水厂 BOT;第一至第八水厂委托经营。

②沈阳第八水厂的运作过程:第八水厂于 1995 年建成投产,建设规模为 40 万吨/天供水量,总投资为 2.5 亿元人民币。

1996 年,沈阳市政府责成沈阳市建委与中法水务公司进行股权转让谈判,在谈判过程中沈阳市建委没有聘请投资咨询顾问和律师,中法水务聘请了国际一流的顾问。谈判结果,中法水务出资 1.25 亿元人民币购买第八水厂 50%的股权,中法水务与沈阳市自来水总公司共同组建中外合作性质的沈阳中法水务公司,合作期为 30 年,外方平均回报率为 18.2%。

合作合同由法方起草后由双方签署。1999 年,在沈阳中法水务公司运作两年以后,沈阳市政府开始着手沈阳发展股份公司香港上市工作,沈阳市提出回购第八水厂并希望将第八水厂投入沈阳发展。

经过双方谈判达成回购条件:①股权转让价格为 1.5 亿元人民币;②沈阳发展公司委托中法作为第一到第八水厂的运营技术顾问。

在此交易中,中法取得了巨大成功,当初投入 1.25 亿元,两年以后除获得两年的固定回报外转让收入超过投资 2500 万元人民币,而且另外获得了八个水厂长达 10 年的技术服务合同(总收入为 5000 万元)。相应地,沈阳市在交易中则损失巨大。

(2)威利雅成都第六水厂 BOT

①产业化方式:特许经营,BOT 建立自来水六厂 B 厂项目。

②运作过程:成都市自来水六厂 B 厂项目投资总额为 1.065 亿美元,其中股本金 3200 万美元,威利雅公司占 60%,日本丸红株式会社占 40%;项目贷款 7450 万美元,由亚洲开发银行和欧洲投资银行共同提供。在为期 18 年的特许期内,作为项目业主的法国通用水务集团——日本丸红株式会社投标联合体全面负责该项目的融资、设计、建设和运营。B 厂 BOT 项目包括 4 个子项目:每天 80 万 m^3 的取水工程(两座取水口、连通渠、引水暗渠);40 万 m^3 的净水厂;140 万 m^3 净水厂的排水总渠以及 27km 输水管道。在项目实施过程中,由于法律原因而将其中一部分

(包括引水暗渠的一半、排水总渠、输水管道)改为 BT(建设、移交)项目,其余部分仍为 BOT 项目。经过两年半的紧张施工,日产自来水 40 万 m^3 的 B 厂已于 2002 年 2 月 11 日按期通过竣工验收并投入商业运营,BT 项目也已于 2003 年 5 月 26 日正式移交给成都市政府,并已由成都市自来水总公司接管。特许期结束后,联合体应按协议将水厂完好、无偿地移交给成都市政府。联合体的投资收益是特许期间的经营所得。

③结果 2002 年 2 月以来,随着六厂 B 厂(四期工程)的竣工投产,成都市自来水总公司日产自来水的能力增加到 138 万 m^3,但此时的经济形势与项目决策上马时相比已是斗转星移,供水市场已由紧缺转而为过剩,使成都市自来水总公司的售水量大幅下降。成都自来水总公司的售水量大幅下降出现在 1999 年,当年售水量比上年下降了 1556 万 m^3,降幅为 5.37%。导致售水量下滑的直接原因是工业用水、经营服务用水和行政事业用水等需求大幅下降,其深层原因是传统工业企业向市场经济转型过程中的产业结构调整以及亚洲金融危机后的经济调整,使企业亏损面、亏损额居高不下,不少企业开工不足,甚至处于停产半停产状态。

此时六厂 B 厂投产实在不是好消息,供水市场由过剩而变为严重过剩。为了消耗这每天 40 万 t 水,成都自来水公司只能让生产能力为 23 万 m^3/日的二厂和 15 万 m^3/日的五厂基本停产,每天只在用水高峰期供 1~2h 的水,改做调剂水厂用(六厂 B 厂是均匀供水的,不承担调峰责任)。成都自来水公司所收水费的 2/3 都用以支付六厂 B 厂净水采购费用,以至于六厂 B 厂投产后的第一年,成都自来水公司就由盈利突然转为亏损 1.5 亿元,目前成都市财政每年补贴自来水公司 1 亿多元,但自来水公司仍然感到压力很大,无法承受。也就是说,经济形势变化而造成的能力过剩,其后果最终是由成都市自来水总公司来承担的。

(3)威望迪浦东自来水公司

①产业化方式:特许经营,中外合资,共同经营。

②运作过程:通过招标,法国威望迪投资 20.26 亿元购买浦东自来水公司 50% 的股权。转让 50% 的股权后,组建新的中外合资企业,并按市场化操作的原则,不设固定回报,中外双方共同经营、共享收益、共担风险,合资经营期限 50 年。在合资过程中,上海市剥离原来浦东自来水公司的主副业务,将运营和管网整体打包给威望迪自来水公司。新公司不仅仅拥有浦东供水的运营权,而且还拥有管网,形成浦东地区的区域性独家公司。

③结果:合资公司整体上效率得到了提高。合资之后公司服务区域不断扩大,达到 320.05 km^2;服务人口与日俱增,逾 170 万人;水表用户新增 7 万人,总表数达

66万余只;管网长度新增121400m,达到2065383m,旧管线路得到了改造,水质有了提高,其中锰指标合格率和出厂水平均浊度指标有显著变化。合资企业的规模得到了扩大。但也面临着问题,例如,由于股权50∶50,在公司决策中势必会存在一定的矛盾。

  成都、沈阳和上海的案例表明,各地政府在选择特许经营企业方面,特别是在拍卖过程中所实施的招标机制应当来说都是基本成功的。尽管目的可能有所不同,但都在不同程度上引入更有效率的企业。例如,在成都,共有5家公司进入了招标备选对象,法国通用水务集团(现威利雅水务)——日本丸红株式会社投标联合体为项目中标人,并于1998年7月12日由成都市人民政府与该联合体草签了项目特许权协议及其附件。而上海和沈阳也引入了法国通用水务和法国水务投资公司。在特许经营的责任和义务方面,各地方政府虽然各有侧重,但基本上类似。第一种,以成都为代表,建设和经营合一,是比较典型的BOT方式。在这一模式中,政府通过BOT方式选择最低建设成本和运营成本的企业,利用企业的投资完成建设,通过运营过程中的回报来补偿建设成本。第二种,以上海为代表,是比较典型的特许经营模式。政府通过整体出售的方式,将原有的运营部分与其他部分剥离,将运营权全部转让企业,企业通过实际运营获取投资回报,政府通过出让获得资金。第三种,以沈阳为代表,更强调了产权转让,是比较典型的出售模式。出售产权的过程中,政府仅获得了转让资金,企业通过公司化改造,打包上市,不仅仅获得了固定的投资回报,也通过上市获得了资金,具体见表16-12。

表16-12 成都、上海、沈阳案例分析

	成都	上海	沈阳
引入外资模式	BOT	产权出售和特许经营权	产权出售
目的	新建和运营	运营	筹集基础建设资金
经营期限	新建2.5年,运营15.5年	最长不超过50年	合资期限不超过30年
对外方的优惠条件	收费制度、汇总、税收优惠,土地使用采取了部分划拨方式,取水优惠等	出售50%的资产,主副分离,将网管和终端环节全部出售	出售50%的资产,由国家统一收购水厂出水,出水价为成本加固定费率(10%)
投资回报	购买净水协议,BOT合同中固定了自来水销售的数量、价格等	不设投资回报,双方共担风险	2~3年按12%,4~5年按15%,后按18%
行业监管	没有限制	比较严格的限制	没有限制
政府获得	最低建设成本和运营成本(第一年为0.96元,最后一年为1.56元/立方米)	整体出让20.26亿元	租赁水库取水建筑物和输水管道,平均租金率为5.4%。1.5亿元出让产权

2.三个水厂的PPP比较

水务市场PPP实践评价水资源产业的市场化进程中,谈判角色不仅仅涉及政府与企业,还包括了消费者、管制机构以及在位企业等。但在实际操作过程中,政府跨越了其他机构直接与进入企业进行谈判,反映了我国目前的制度禀赋的特征,即政府可以代表管制机构,也可以代表消费者利益,还可以代表在位企业。在这些案例中,由于沈阳是1993年实施了城市水资源产业的市场化,没有BOT和PPP经验,因此其市场化过程比较复杂,合同的制定、谈判、实施过程缺乏有效的监督。成都和上海则分别实施了比较标准的BOT和PPP方式,在合同的制定、谈判和实施过程中基本遵循了三公开原则。三种不同条件、时间和地点实施的不同类型市场化进程中,政府和企业的动机是值得讨论的。

(1)博弈角色:政府和企业

①政府角色和动机:获取资金。地方政府在市场化进程中扮演了"主导"性的角色。案例表明了在谈判过程中的每一阶段,当地政府都亲自出面,解决问题,这也反映了目前我国管制体制中的禀赋因素。政府的主要动机就是希望从市场化过程中获得必要的建设资金。沈阳在产权转让过程中获得了将近1.2亿元,从租赁合同中,每年能够获得租金率5.4%。上海的整体出让产权50%,获得了20.26亿元,成都则从建设资金困境中摆脱出来,不仅仅建设了项目,而且基本有效地进行了运营。这些都非常明确地表明,政府在基础设施建设中,可以利用各种类型的市场化运行方式,不必要完全依赖政府财政拨款和银行贷款方式。

②企业角色和动机:榨取剩余和改善效率。在任何一种类型的产业中,企业逐利动机都是必然的。在水资源产业中,企业不可能不榨取剩余,追逐利润。尽管进入者花费了很大的代价获得了进入权利,但他们的利润基本都得到了保障。在成都,净水购买合同要求最低的购买量,在沈阳,固定投资回报确定了进入者基本的收益,在上海,尽管受到了一些约束,存在风险压力,但规模的扩大为企业的盈利带来了机会。企业通过效率改善和主副剥离,最大限度地保障了企业生产有效运行。在水资源产业,资产出售和特许经营权主要是政府改善经营效率的工具,而不是募集资金的需要。但在这里,政府获得了建设资金,企业获得了利润,至少从合同双方来看,基本上实现了共赢局面。实际上,上述三个案例最终大都是以政府回购而告终,从侧面上体现了政府在实施这一市场化进程中的角色差异,即仅仅是为了城市的改造和基础建设的需要,盲目出售和转让产权,盲目承担经营风险,不利于最终的合同效率实现。

(2)博弈双方的策略均衡:关于固定回报率的争论

上述行为的变异和角色转换,客观上形成了政府要资金策略、企业要固定回报率的策略的均衡。在给定上述阶段中,政府不需要过多地考虑其他因素,引入资金是最大的需求和愿望,要么放松门槛,引入资金,摆脱财政压力,要么自己投资或贷款建设,自己承担成本。企业由于水资源产业市场化进程不明晰,市场化程度不高,水价能否变动预期不明确,采用固定回报率的方式补偿其投资成本,是最适宜的策略。如果不考虑市场环境的变化和条件、政府的谈判能力以及对固定回报率的有效管制,则这一策略(资金、固定回报率)是均衡策略,双方都能够得到满足。固定回报率是三个案例的合同中所反映的最有争议的内容,是政府与进入企业签定合同的基础,也是政府吸引外资进入的最优惠的条件。没有这一条件,合同则不可维持。上述三个案例最初出现争端都来源于此。自1998年以后,由于成都自来水需求下降,直接导致了净水购买合同难以执行;沈阳的高额的固定回报率直接导致了沈阳市财政负担过于沉重;尽管上海市的水资源产业市场化是最成功的案例之一,但由于在建设跨江管网投资成本分摊问题上出现了分歧,外方难以承受额外成本负担。

实际上,关于固定回报率的争论在理论上由来已久。早在20世纪70年代,英国实施"私有化"过程中就放弃了固定回报率管制,采用了更为激进的"最高限价"的管制方式。但美国到目前为止,资本回报率管制仍然在许多公用事业部门得到了广泛的实施。所谓资本回报率管制,是指管制者通过制定"公平、公正"的资本收益率来限制企业被管制产品和服务的利润水平。在给定企业定价权的基础上,其获得利润水平不能超过限定的公平资本回报率的利润水平。在这个限制条件下,限定的资本回报率的利润水平正好补偿为管制服务的成本。实质上是给被管制企业一定的回报率,以补偿资本的投入;如果由于供求发生变化,价格需要变动,则需要采取其他的方式予以实现。这一资本回报率管制都建立在一系列严格的管制制度基础上:其一,严格的审计,规定了那些可以进入可计算的资本,那些不能进行计算,并不是所有资本都可以得到补偿,美国的学者将其称为"不谨慎"投资;其二,这一种类型的管制要求管制机构承担更多地收集信息的责任,要求其熟悉产业状况,及时对企业价格变动的要求进行回应;其三,产业的供需条件比较稳定。只有供需条件稳定,进入企业的投资成本才能比较明确地计算出来,否则,很难衡量企业的投资变动状况。

资本回报率管制也面临着两个重要的缺陷:其一,过度投资,即企业会根据资本回报率有意扩大资本投入,从中获得租金;其二,弱激励,在资本回报率条件下,由于管制者与被管制企业的信息不对称,准确确定被管制企业的生产成本几乎变得不可能,企业可以通过有意隐藏信息,扩大生产成本规模,获得信息租金,从而导致了回报率管制对企业生产成本的弱激励。

上述三个案例都没有对产业的供需状况进行更为清晰的分析,政府和被管制企业面临完全不对等的信息状况,谈判只会导致政府占据弱势地位。在这一条件下,要求企业改善效率,增加资本投入、承担经营风险变成为无稽之谈。被管制企业为获得固定回报率,采取了各种方式向政府索取政策和优惠。成都市六厂B厂不管高峰、低峰,24h均匀供水40万t,调峰由自来水公司承担,迫使成都市自来水公司的生产调度方式产生很大的变化。在取水过程中,双方就27km的输水管线壁厚问题所产生的分歧,法方要求使用16mm壁厚的输水管道,不符合国家技术要求,但政府同意了,政府还同意由成都市自来水总公司,而不是六厂B厂向都江堰管理部门缴纳水资源费,以及六厂B厂除交纳企业所得税外的其余一切税费等。沈阳市的案例中,3年的经营期间,政府以固定回报方式,向外方支付了7000万元。在上市过程中,政府完成引进资金的任务,但沈阳自来水公司背上了3亿元的债务包袱。最终不得不以高达9亿元的代价完成退市,远高出最初上市募集的6.8亿元资金。

(3)政府能承诺什么:承诺缺失

任何一种投资方式都有其优缺点。作为一种资本运营的方式,固定资本回报率无所谓好与坏之分。但从目前来看,由于政府对未来供求状况不明,固定资本回报率的方式给政府带来了巨大的经营风险,难以为继。在不确定的制度禀赋条件下,管制制度尚未进入法制化、程序化和规范化轨道,被管制产业的定价方式也没有确立规则,因此,各地政府无法对未来管制改革市场化程度做出可信的承诺,其信用程度受到了很大的质疑。在这种条件下,依靠固定投资回报来吸引外资进入就成为几乎是唯一的策略。但当地政府并没有围绕着投资回报率采取制度性的安排,使其纳入规则化的管制体制中,也没有专门安排管制机构独立处理争端。形成巨大的经营风险几乎可以是完全必然的结果。

政府的优势在何处?从亚当斯密的"守夜人"到斯蒂格利茨的"干预"的优势,政府可以在自然垄断的公用事业部门中发挥必要的作用。但实际上,有限承诺的概念是近年来对政府能力的质疑的结果。大量的文献强调了政府具有有限理性的特征,它表明在代议制政府条件下,政府只能担负有限责任,只能为某些问题进行承诺。有限承诺确立了政府的行为边界,防止政府的权力被滥用,减少管制机构被收买的可能性。但我国目前各地政府所表现出来的问题则体现在"承诺的缺失",

而非"有限承诺"上。所谓承诺缺失是强调了政府并没有将自己作为理性人对待，缺乏制度的约束和有序的运行方式，所形成的承诺的障碍。主要体现在：

首先，滥用承诺和承诺不连续性。由于我国目前政府官员的考核都是建立在自上而下的系统之中，尽管当地政府的绩效是考核的重要部分，但最终裁决权仍然被保留在组织部、人事部等上层部门。当地政府可以不必要对当地消费者和在位企业利益负责而滥用自己的承诺。上述的三个案例都或多或少地反映了当地政府希望将其作为政绩工程、"样板"项目的愿望，而每一次当地政府的换届都是对上届政府行为的否定。

其次，管制机构的缺失。当地政府在实施市场化进程中，只考虑了引资问题，而没有进一步考虑管制机构的角色。到目前为止，各级政府甚至都未认识到建立独立的管制机构的重要性，以至于运营过程中出现的各种问题最终只能通过政府的行政手段来解决。

再次，法律的缺失。在没有法律依据条件下，各地方政府制定的各种方法都可以被推翻，或者修正。承诺缺乏法律依据，以合同为基础的特许经营机制就失去了赖以生存的条件，形成了承诺的缺失。没有承诺或者很难存在长期承诺，成为目前公用事业管制改革中的面临最大困境之一。近20年来，我国各地政府在市场化进程一直扮演着重要的角色，杨瑞龙教授将地方政府作为"中间扩散型制度变迁"阶段的第一行动集团力量。张维迎等人认为我国的经济改革是从地方分权化而非民营化开始的。但在自然垄断产业的市场化进程中，巨大的沉没成本以及复杂的技术条件都给各地政府的市场化进程带来了挑战。在承诺缺失条件下，严重的信息不对称和巨大的投资风险加剧了政府、企业和管制机构之间的行为扭曲。由于缺乏承诺，管制的长期合约就被一系列短期合约替代。由此导致了合约重新签定、谈判和执行的交易成本增加。从动态的角度看，尽管长期承诺有利于激励性合约的实施。但由于承诺缺失，政府可以利用其强制地位，不断地修改合同，对被管制企业采取累进的刺激方式，由此产生棘轮效应；被管制企业可以利用其信息优势，压榨管制者，对政府"敲竹杠"，减少被管制企业的投资风险。从整体上看，缺乏一个正式制度对水资源产业市场化进程各个利益团体进行规范和制约。

(4) 有效管制可实施的条件

维系正式制度无论是BOT方式、资本回报率、特许经营权还是更为激进的产权转让方式的市场化改革，都是建立在合同为基础的管制模式上，如果缺乏对合同签订、谈判以及实施的过程的管制，效率就很难体现出来。上述分析表明，目前我国的管制体制远远无法适应市场化改革的要求，无法有效地承诺所导致的"承诺缺失"严重阻碍了产业发展的进程。解决这一困境的唯一途径就是建立一个完整的正式制度,引导政府干预的角色转换,促进这一改革的有效实施。

管制的根本目标就是要在满足社会福利最大化条件下,权衡其效率与促使福利最大化所放弃的租金成本之间的关系。所谓正式制度就是根本体现各方利益要求,共同认可的一种规范,包括宪政制度、法律框架和管制结构等。正式制度的实现有利于为整个社会提供稳定的预期,形成可以实现效率的制度环境,才能确保政府进行稳定、长期和有约束力的承诺。从效率角度看,实现合约有效率的正式制度的构成要素有利益群体之间的利益均衡程度、管制机构的处置权大小、司法制度的完善程度。

①利益群体之间的利益均衡程度。强调利益集团势力的均衡,主要是为政治市场合约选择提供必要的和对等的谈判空间。只有考虑到各方面的利益要求,选择才能体现各群体的利益。政府不可能代表所有群体的利益,也没有必要独立地承担所有的风险成本。在不平衡的条件下,选择的结果只能是体现代表最有力量的利益群体的利益,由此会导致其他群体或弱势群体利益受损,这就不能增进社会福利。因此,在正式制度中,需要一个相应的制度安排,为弱势群体提供对话空间,对受损群体提供对应的补偿机制,这些都构成了在合同式的管理模式中有效实现的基本制度。

②政管分离和处置权的程序化。在我国目前的管制体系中,政府具有"准"司法性质的裁决权利,而作为政府的代理人——管制机构仅仅处于执行地位。由于行政管理体制尚没有公开化和程序化,所以政府和管制机构在制定和执行过程中,政府成为最终的代理人和最终的行政仲裁人,拥有巨大的自由处置权,它可以针对不同的产业特征,自由制定具体的实施方案。由于缺乏相应的约束,导致了权力滥用和管制权的缺失。因此,减少自由处置权程度,有必要让政府和管制机构的责权分离,让管制机构独立承担责任和相应的权利,同时促使管制处置权的实体化和程序化,它主要包括事前制定的谈判过程(听证会制度)、选择合约的解释制度、修正合约的程序等。这是减少租金耗散和执行成本的重要要素。

③司法制度的完善程度。尽管行政仲裁在被管制产业的市场化进程中占据重要地位,但司法制度仍然对正式制度的完善起到了根本的作用。司法制度的完善程度主要体现在两个方面:一是强调竞争法和相关于竞争法的一系列的经济法制度的完善。它主要是规范企业在竞争性市场和管制市场中的行为。二是相关法律的执行程度。它主要为企业在争端机制中提供一个最终裁判人的角色。司法制度完善的关键是树立司法的权威、降低司法执行的成本。因此,需要建立比较完善的

各产业的法规,规定各自自由量裁权的权力限度。

④不同激励结构的设计。在给定上述比较完善的条件下,各种合约式的管制设计和结构也需要不同的具体管制体制相互匹配。在有固定回报率的特许经营权中,需要针对企业的低效率和企业固定回报率的基准重新设计,而采取高激励强度的合约,管制体制则更需要针对企业生产出来的产品质量进行监督,以保证管制目标的实现。否则,管制合约的各种激励设计就可能被各种"管制失灵"导致的代价所耗散。

上述三个案例基本反映了我国目前在水资源产业市场化进程中的现状和问题。尽管案例的结果各有不同,但都共同地反映了管制中存在的承诺缺失问题。这些问题并不能简单地归结于各地方政府在角色转换中的错位,更为根本地,它反映出我国目前仍然缺少一种正式的制度对各方经济行为实施有效的约束和激励。合同式的管制模式是当代管制体制的基本实现形式,但它要求我们从传统的管制体制向现代行政管制体制转变。没有这一转变,合同失效问题很难根本地解决。这不仅仅是城市供水产业市场化进程反映的矛盾,也是我国管制改革过程中矛盾的根本体现。长期以来,我国的市场化进程采取了"摸着石头过河"的渐进式的方式,尽管在市场化初期阶段中发挥了巨大作用,但由于缺乏整体的设计和正式的制度形成,这一方式在管制改革中面临了巨大挑战。政府缺乏有效承诺便是这一挑战的主要问题之一。尽管发达和发展中国家的市场化经验给我们的新管制制度的建立提供了许多有益的思路,但这种方式不能机械地运用到我国的具体实践之中,西方"私有化"逻辑是建立在成熟的市场经济、私有化的宪政制度、行政管制制度、法律框架以及其道德规范的基础上,其核心意义在于提供了一个稳定和正式的制度,为市场化的形成创造了有利的条件。因此有必要建立我国的正式制度,培育和完善我国的制度禀赋条件。

在所有的正式制度构成中,可以从简单的管制规则入手,然后随着信息和经验的增长进一步改革这些管制规则和程序;从围绕着合同式的管制结构入手,在合同的订立、谈判和实施过程中发挥正式制度的作用;从发挥管制机构的作用入手,在管制机构的独立性、规范性和程序性方面发挥规则的作用;同时有效地激励和约束管制机构的自由处置权,权衡管制的严格性和灵活性之间的关系,逐渐形成以合同式为主的现代管制体制和模式。

案例十一 西咸新区某办公楼智能化工程合同剖析

西咸新区某办公楼的装修工程业主单位为陕西西咸新区××××有限公司,使用单位为西咸新区某行政机构,按照使用单位要求,需要在装修施工阶段内在建筑物内安装网络、电话、监控等电信及其他智能化设施,并于阴历年后(2015年3月)达到入住办公要求。接到该项任务时已进入2014年11月,距接收日期仅剩4个多月,工期异常紧张。使用单位只提供了功能需求,无施工图及具体参数描述。

按照常规建设方式,若采用公开招标,应分为两个阶段,首先进行设计招标,然后再进行施工招标。设计招标从发布招标公告、发售招标文件直到定标并发出中标通知书,至少28天,若算上招标文件各项内容的起草、会审、修改及会签等内部程序时间,总耗时不会少于35天。施工招标从发布资格预审公告起算,直至定标发出中标通知书,至少45天,若算上各项文件的内部程序时间,总耗时不会少于52天。此外,施工招标需要设计单位完成施工图设计后方可编制工程量清单进而开展招标工作,若设计单位以5天时间快速完成了施工图设计,此两项招标工作完成总时间将不少于92天。

即使采用效率更高的EPC采购模式,将设计、施工打包进行招标,整个招标过程总耗时也不会低于52天,随即中标单位开始进行设计工作,5天后完成施工图设计,方可开始施工作业,总耗时不会少于60天,距截止日仅剩2个多月,智能化施工与装修施工穿插施工,在2个月内是无法保证两项工作共同完工的。

在这种情况下,陕西西咸新区××××有限公司对该办公楼装修工程中的智能化工程采取了PPP模式进行建设,在建设过程中业主单位不需要承担任何工程费用的,该费用在建成后的运行中,由PPP项目承包方以电信资费的形式从电信费用中收取,逐年收回成本。于是,陕西西咸新区××××有限公司采取了竞争性谈判加考察的方式,仅用7天时间就完成了设计、施工单位的选择,总工期51天,可于2014年12月31日完成全部智能化工程施工工作,为整栋大楼的装修节省了宝贵的时间并大大节省了装修工程的开支。

以下是该工程的合同文本及附件:

××大厦智能化工程合同

发包方(甲方):西咸新区××××有限公司

地址:陕西省咸阳市××路××号

承包方(乙方):陕西××电子工程有限公司

地址:西安市××路××号

依照《中华人民共和国合同法》《中华人民共和国建筑法》及其他有关法律、行政法规,遵循平等、自愿、公平和诚信的原则,双方就有关乙方免费承做甲方智能化工程事宜协商一致,订立本合同。

1.工程概况

1.1 工程名称:××大厦智能化工程。

1.2 工程地点:陕西省咸阳市××路××号。

1.3 工程内容(合同标的):

1.3.1 子系统分项:

①通信接入系统;②电话交换系统;③信息网络系统;④综合布线系统;⑤室内移动通信覆盖系统;⑥有线电视系统。

1.3.2 同步隐蔽工程:

①视频会议系统;②信息导引及发布系统;③楼宇设备管理系统;④一卡通系统及停车场管理系统;⑤出入口管理及门禁系统设置;⑥视频安防监控系统;⑦智能化集成系统;⑧物业管理系统;⑨办公自动化系统;⑩机房工程;⑪背景广播系统;⑫巡更系统;⑬自助查询系统;⑭叫号系统;⑮人流统计系统等系统中与装修施工同步隐蔽的布线工程(包括同步隐蔽的相关零部件及设备)。

1.3.3 由乙方免费负责以上项目及与以上项目相关的所有智能化系统工程的布线工作,乙方投入的内容以甲方最终确认的图纸和清单为准,该图纸和清单作为本合同附件。

1.3.4 以上工作内容包含施工工作完成后的隐蔽、掩盖等相关后续工作,并提供各项设备和系统在使用中的升级、更新等服务。

1.3.5 由乙方联合有资质的设计单位(陕西××电子工程有限责任公司)免费向本项目提供智能化系统的全套设计图纸。

1.4 履行方式:包工包料。

1.4.1 本合同约定范围内由乙方免费投入的各项系统和设备,其所有权在约定的运营期内归乙方所有,运营服务期满后使用权及所有权归甲方所有。

1.4.2 在约定的运营期内,本合同涉及的相关路由及其他设备为甲方或甲方指定的关联单位专用。

2. 工程要求

本工程乙方需按照合同约定的工期和质量标准完成。

3. 合同工期

3.1 开工日期(施工队进场日期):2014 年 11 月 10 日。

3.2 竣工日期:2014 年 12 月 31 日,节点工期目标以双方实施过程中的约定为准,若因甲方原因,可顺延工期。

3.3 合同工期总日历天数51 天。

3.4 运营服务期

3.4.1 为保证甲、乙双方权益,约定运营服务期为 15 年,自本项目竣工之日起算。

3.4.2 运营服务期开始前,甲方有权选择任何一家运营商,乙方须负责与甲方指定运营商商定接入事宜,自行签署相关的合作协议并负责接入到位,正常运行。乙方与相关运营商签署的协议等全部法律文件应提交甲方备份。

3.4.3 本合同约定的运营期满后,乙方应在向甲方转移本合同项下全部路由、光缆、设备及附属管线的所有权时,确保以上全部设备必须处于正常使用状态,运行指标应能满足设备额定参数和国家、行业及本合同约定的相关标准要求。

3.4.4 运营期满,本合同终止。

3.4.5 运营服务期内,甲方可自行向第三方转让甲方于本合同项下全部或部分权利与义务,但此转让不得影响乙方依据本合同正常提供服务并获得合理回报。

3.4.6 乙方须指定专人免费为甲方提供运营期内的维护、维修及各项设备升级、更新服务。

4. 合同价款(后附正常价格清单)

乙方同意免费提供本合同项下 1.3 款约定的相应项目的布线和安装,在合同约定的期限内按照合同约定的交付标准交付甲方正常使用。运营服务期限内,就本合同项下合同标的及相关服务,乙方不以任何理由向甲方提出支付费用的请求。

5. 甲方协作事项

5.1 甲方更改合同中确定的物理位置需以书面形式告知乙方。

5.2 甲方负责提供一路三相五线 380V 市电。

5.3 甲方应确定至少一名施工现场代表,负责施工中的协调工作。

5.4 甲方负责协调处理施工中地下管线、临近建筑物保护等问题以及施工涉及的与其他单位或政府部门的协调工作。

5.5 甲方负责组织对工程建设、系统安装调试的验收和监督工作,乙方负责相关工作的具体实施及相关手续的办理,保证项目可合法、合规、正常使用。

6.技术指标要求

施工中的具体技术指标以设计任务书(见本合同附件)为准。

7.施工组织设计和工期

7.1 乙方应在接到甲方开工通知5日内将施工组织设计和工程进度计划提交甲方代表,甲方应在5日内批准或提出修改意见,逾期即认为已经批准。

7.2 乙方必须按甲方批准的进度计划组织施工,接受甲方代表对进度的检查、监督。工程实际进度与批准的进度计划不符时,乙方应按甲方代表的要求提出改进措施,经甲方代表签认后执行。

7.3 延期开工

乙方应当按照合同条款约定的开工日期开始施工。乙方不能按时开工,应当在合同条款约定的开工日期7天之前,以书面形式向甲方代表提出延期开工的理由和要求。甲方代表应当在接到延期开工申请后的48小时内以书面形式答复乙方。甲方代表同意延期要求或在接到延期开工申请后48小时内不答复,视为同意乙方要求,工期相应顺延。甲方代表不同意延期要求或乙方未在规定时间内提出延期开工要求,工期不予顺延。

因甲方原因不能按照合同条款约定的开工日期开工,甲方代表应以书面形式通知乙方,推迟开工日期。甲方应根据实际情况相应顺延工期。

7.4 暂停施工

甲方代表认为确有必要暂停施工时,应当以书面形式要求乙方暂停施工,并在提出要求后48小时内提出书面处理意见。乙方应当按甲方要求停止施工,并妥善保护已完工程。乙方实施甲方代表作出的处理意见后,可以书面形式提出复工要求,甲方代表应当在48小时内给予答复。甲方代表未能在规定时间内提出处理意见,或收到乙方复工要求后48小时内未予答复,乙方可自行复工。因甲方原因造成停工的,工期顺延。

7.5 工期延误

因以下原因造成工期延误,经甲方代表确认,工期相应顺延:

7.5.1 甲方代表未按合同约定提供所需指令、批准等,致使施工不能正常进行。

7.5.2 设计变更和工程量增加。

7.5.3 一周内非乙方原因停水、停电造成停工累计超过 8 小时。

7.5.4 不可抗力,见 13.1 款。

乙方在上述情况发生后 3 天内,就延误的工期以书面形式向甲方代表提出报告。甲方代表在收到报告后 3 天内予以确认,逾期不予确认也不提出修改意见,视为同意顺延工期。

7.6 工程竣工

7.6.1 乙方必须按照合同条款约定的竣工日期或甲方代表同意顺延的工期竣工。

7.6.2 因乙方原因不能按照合同条款约定的竣工日期或甲方代表同意顺延的工期竣工的,乙方承担违约责任。

8.质量与检验

8.1 工程质量应当达到合同条款约定的质量标准,质量标准的评定以国家或行业的质量检验评定标准为依据。因乙方原因工程质量达不到约定的质量标准,乙方承担违约责任。

8.2 双方对工程质量有争议,由双方同意的工程质量检测机构鉴定,所需费用及因此造成的损失,由责任方承担。双方均有责任,由双方根据其责任分别承担。

8.3 检查和返工

8.3.1 乙方应认真按照标准、规范和设计图纸要求以及甲方代表依据合同发出的指令施工,随时接受甲方代表的检查检验,为检查检验提供便利条件。

8.3.2 工程质量达不到约定标准的部分,甲方代表一经发现,要求乙方拆除和重新施工,乙方应按甲方代表的要求拆除和重新施工,直到符合约定标准。

8.3.3 甲方代表的检查检验不应影响施工正常进行。如影响施工正常进行,检查检验不合格时,影响正常施工的费用由乙方承担。若检查合格,影响正常施工的相应顺延工期,费用由甲方承担。

8.3.4 因乙方未对现场进行充分了解而造成的设计图纸与现场不符而引起变更的,由乙方承担相应责任;乙方设计图纸经甲方批准认可后,因甲方提出新的需求而引起变更的,由甲方承担相应责任。

8.4 隐蔽工程和中间验收

8.4.1 具备隐蔽条件或达到合同条款约定的中间验收部位,乙方进行自检,并在隐蔽或中间验收前 48 小时以书面形式通知甲方代表验收。通知包括隐蔽和中间验收的内容、验收时间和地点。甲方准备验收记录,验收合格,甲方代表在验收记录上签字后,乙方可进行隐蔽和继续施工。验收不合格,乙方在甲方代表限定的时间内修改后重新验收。

8.4.2 甲方代表不能按时进行验收,应在验收前24小时以书面形式向乙方提出延期要求,延期不能超过48小时。甲方代表未能按以上时间提出延期要求,不进行验收,乙方可自行组织验收,甲方应承认验收记录。

8.4.3 经甲方代表验收,工程质量符合标准、规范和设计图纸等要求,验收24小时后,甲方代表不在验收记录上签字,视为甲方代表已经认可验收记录,乙方可进行隐蔽或继续施工。

8.5 重新检验

无论甲方代表是否进行验收,当其要求对已经隐蔽的工程重新检验时,乙方应按要求进行剥离或开孔,并在检验后重新覆盖或修复。检验合格,甲方承担由此发生的全部追加合同价款,赔偿乙方损失,并相应顺延工期。检验不合格,乙方承担发生的全部费用,工期不予顺延。

8.6 质量保修工作的实施。乙方应在工程竣工验收之前,与甲方签订质量保修书,作为本合同附件(附件一)。

质量保修书的主要内容包括:

(1)质量保修项目内容及范围;

(2)质量保修期;

(3)质量保修责任。

9.安全施工

9.1 安全施工与检查

9.1.1 乙方应遵守工程建设安全生产有关管理规定,严格按安全标准组织施工,并随时接受行业安全检查人员依法实施的监督检查,采取必要的安全防护措施,消除事故隐患。

9.1.2 乙方应对其在施工场地的工作人员进行安全教育,并对他们的安全负责。任何一方不得违反国家安全生产管理的规定进行施工或要求施工。因乙方标的项目施工所导致的安全事故,由乙方承担相应责任及发生的费用。

9.2 安全防护

9.2.1 乙方在动力设备、输电线路、地下管道、密封防震车间、易燃易爆地段以及临街交通要道附近施工时,施工开始前应向甲方代表提出安全防护措施,经甲方代表认可后实施。

9.2.2 实施爆破作业,在放射、毒害性环境中施工(含储存、运输、使用)及使用毒害性、腐蚀性物品施工时,乙方应在施工前7天以书面通知甲方代表,并提出相应的安全防护措施,经甲方代表认可后实施。

10.竣工验收及其方法

10.1 工程验收前 7 天,乙方通知甲方,7 日内,由双方组成验收小组参加工程的验收,验收是否合格以甲方出具的"工程质量验收合格确认书"为准。

10.2 工程竣工后,乙方将下列资料交与甲方:

(1)竣工图纸　　　　　　　　　　8 套

(2)设备技术资料　　　　　　　　8 套

(3)售后服务相关人员联系方式　　8 份

10.3 双方应在乙方交付 10.2 条约定的全部资料之日起____日内签署《竣工验收报告》。

11.后续服务

11.1 合同约定的运营服务期限内,乙方应就合同标的工程整体提供免费的维修、保养服务。

11.2 乙方在工程现场免费对甲方相关管理人员提供相应的操作培训。

11.3 项目施工完毕交付甲方使用后,如出现故障,乙方承诺 2 小时内到达现场并进行维修,保证甲方能够正常使用。

11.4 乙方应向甲方提供经甲方确认的三大运营商(移动、联通、电信)之一的通信服务及资费。

11.5 乙方在工程施工和维护过程中,必须听从甲方的综合调度安排,交叉施工,避免影响甲方的正常业务。

12.违约条款

12.1 除本合同另有约定外,任何一方不得单方终止合同。如任何一方单方终止合同,由违约方负责赔偿给守约方造成的全部损失承担违约责任。

12.2 因乙方原因导致逾期 30 日不能竣工并向甲方交付合同标的的,甲方有权立即终止本合同,此种情形下,本合同自乙方收到甲方的终止合同通知书之日起终止。乙方应将已完成部分的合同标的项目的所有权无偿转让给甲方,并立即向甲方交付工作现场,甲方有权将本合同项下的剩余工作内容委托其他第三方进行。

12.3 本合同约定的运营服务期内,如因乙方的原因,导致甲方连续 5 日或运营期内累计 150 日不能正常使用合同标的的,甲方有权立即终止本合同,此种情形下,本合同自乙方收到甲方的终止合同通知书之日起终止,双方约定的运营服务期限即届满,乙方须在十个工作日内按本合同 3.4.3 款约定向甲方移交相关设施。

13.不可抗力

13.1 不可抗力指下列事件：战争、骚乱、罢工、瘟疫、火灾、洪水、地震、风暴、潮水或其他自然灾害，以及本合同双方不可预见或不可防止并不能避免或克服的一切其他因素和事件。

13.2 任何一方因不可抗力不能履行本合同规定的全部或部分义务，该方应尽快通知对方，并须在不可抗力发生后3日内以书面形式向对方提供详细情况报告及不可抗力对履行本合同的影响程度的说明。

13.3 发生不可抗力，任何一方均不对因不可抗力无法履行或迟延履行本合同义务而使对方蒙受的任何损失承担责任。但遭受不可抗力影响的一方有责任尽可能及时采取适当或必要措施减少或消除不可抗力的影响。遭受不可抗力影响的一方对因未尽本项责任而造成的对方损失，应承担赔偿责任。

14.特别约定

14.1 本合同在履行过程中，双方可根据实际情况或双方意思进行修改或补充，如因甲方原因造成的设计变更而造成施工材料和施工量的增加，甲方应按变更具体情况给予乙方相应经济补偿。

14.2 乙方承诺

14.2.1 乙方与甲方指定的运营商约定的相关资费收取标准不高于该运营商在标的项目所在地的正常收费标准。该收费标准可由甲方在当地进行调研，若无异议由甲方确认后执行。

14.2.2 乙方与相关运营商签署的任何协议及相关法律文件约定的权利和义务不得及于甲方，由乙方自行享受相关权利，承担相关义务。如有任何第三方就乙方与相关方签署的任何协议及法律文件向甲方提出权利主张，乙方应当立即排除妨碍，给甲方造成损失的，由乙方负责赔偿。

14.2.3 运营商一经甲方确认选定，在运营服务期内，非乙方或网络运营商原因，甲方不得要求乙方更换或增加新运营商提供运营服务，亦不得直接委托其他运营商提供运营服务。因乙方或网络运营商原因，导致甲方连续5日或运营期内累计150日不能正常使用合同标的的，甲方有权更换运营商并根据本合同约定追究乙方责任。

15.适用法律

本合同的订立、效力、解释、履行和争议的解决，适用中国相关法律、法规及项目所在地地方性规定。

16.争议的解决

本合同履行过程中如发生争议,甲、乙双方应首先协商解决,协商无法达成一致的,双方同意提交西安仲裁委员会裁决。

17.未尽事宜

本合同未尽事宜,双方经友好协商达成一致后应当签订补充合同,补充合同应作为本合同的附件,与本合同具有同等法律效力。

18.合同附件

18.1 质量保修书

18.2 工程量清单

19.合同生效

本合同自双方授权代表签字并加盖单位公章之日起生效。

20.其他

本合同一式十份,甲方七份,乙方三份,具有同等法律效力。

附件:质量保修书

质量保修书

发包人:<u>西咸新区××××有限公司</u>

承包人:<u>陕西××电子工程有限公司</u>

发包人、承包人根据《中华人民共和国建筑法》《建设工程质量管理条例》和《房屋建筑工程质量保修办法》,经协商一致,对<u>××大厦智能化工程</u>(工程名称)签订保修书。

一、工程保修范围和内容

承包人在运营期内,按照有关法律、法规、规章的管理规定和双方约定,承担本工程保修责任。保修责任范围和具体保修的内容,双方约定如下:<u>本工程承包范围内的全部工程内容</u>。

二、保修期

根据本合同约定,本工程的保修期为 15 年,自本项目竣工之日起算。

三、保修责任

1.属于责任范围、内容的项目,承包人应当在接到发包人通知起 2 小时内派人维修,修复时限为:①对于专线、数字电路的障碍进行修复时,本地 8 小时,长途(跨地市的)4 小时;②固网障碍修复时限 24~36 小时。

2.质量保修完成后,承包人应进行调试,由发包人确认。

四、保修费用

保修费用由承包人承担。

五、其他

1.本工程保修书,由施工合同发包人、承包人双方在竣工验收前共同签署,作为本合同附件,其有效期限至保修期满。

2.整体服务

自验收合格之日起承包人应严格按照合同签订时的售后服务时间提供服务。承包人将在用户提出问题后的 15 分钟内以电话的方式解答、解决所提出的问题或给出服务计划及行动安排通知给客户。

3.巡检内容包括:

(1)检查网络的使用情况,UPS 电源的使用状况。

(2)检查网络是否存在潜在的故障并予以排除。

(3)处理已出现故障的点位。

(4)对未出现状况的点位进行日常的保养。

(5)对管理员、操作员进行一些常见故障的培训。

(6)其他方面的检查及保养工作。

(7)7×24 小时热线电话提供远程技术咨询、故障诊断。

(8)热线电话号码:4001××××。

4.运营期内

(1)运营期内所发生的一切费用包括设备维修、人员交通、差旅服务等费用全部由承包人承担。非合同中的网络或电源点位出现故障,承包人同样有责任帮助或协同用户查找问题所在,并尽量帮助用户解决问题。

(2)每次服务完成后,承包人应向用户提交正规的维修服务报告单,并应得到用户签字认可。因产品本身质量问题或正常使用的磨损、老化造成的损坏及故障,由承包人免费维修。

(3)须更换备件时,承包人免费向用户提供性能不低于原设备相关部件的代用设备。

(4)维修过程中发生的所有费用由承包人承担。

(5)承包人在运营期内免费提供多次预防性维护,以保证机器设备运行的可靠性,预防性维护内容如下:

①不定期电话巡检服务。

②定期巡检服务,每季度一次的全面维护回访。

③每年的按照重大节日如五一、十一、春节前将安排设备运行及安全检查一次。

④定期将设备巡检情况总结以书面方式提交。

(6)承包人安排专人常驻项目免费为客户提供专业的后续检修、维护、更新及升级等服务。

该合同并不复杂,但对几个关键性因素进行了明确表述:

(1)明确了由乙方完成的所有工作内容,并且免费完成;

(2)明确了乙方的运营期限为15年;

(3)明确了合同约定的相关系统及设备在运营期内与运营期满后的所有权及使用权权属问题;

(4)明确了运营期满后乙方向甲方移交的设备应满足的条件;

(5)明确了运营期内在保证乙方收益的基础上,甲方对相关设备设施的转让权;

(6)明确了运营资费标准;

(7)明确了甲方更换运营商的条件。

以上内容,基本明确了本合同在执行过程中容易产生纠纷的关键环节,因为该合同标的项目为普通的国家行政机关办公大楼,不涉及公众利益,承包企业通过运营资费回收建设成本,各方面风险都不大,其中发生概率较大的风险只有"国家行政机关拖欠运营资费"一项内容,而承包企业也可以通过停止服务进行制约。由此可见,PPP模式不但可以应用在面向公众的特许经营领域,也可以应用在面向某国有机构的一般性服务领域。

案例十二 基于 PPP 案例的风险因素分析

我国很多的 PPP 项目是成功的,解决了我国基础设施落后又缺乏建设资金的问题,提高了效率。但是也不可否认,由于 PPP 是一种新生事物,我国的政府和民营机构普遍缺乏经验,PPP 在我国的应用也遇到了诸多实际问题,所以也有许多项目遇到了较大问题甚至失败。笔者认为成功的经验固然重要,但从失败中得到的教训,更能使我们进步。对这些失败项目进行分析总结,找出导致项目失败的主要风险因素,在今后的项目实践中加以重点关注,对我国今后的 PPP 实践更有指导价值。

基于这一出发点,通过对过去中国 PPP 项目中失败或出现问题(下文简称为失败)的 16 个典型案例进行重点分析,找出导致它们失败的主要风险因素,对其产生原因和内在规律进行深入分析,并就风险规避和管理提出建议。

1. 案例的选取

本书选取了自 20 世纪 80 年代以来在中国实施的 PPP 项目中 16 个失败的案例,表 16-13 为这些案例的基本情况。这些项目主要涉及高速公路、桥梁、隧道、供水、污水处理和电厂等领域,基本涵盖了我国实行 PPP 模式的主流领域。

表 16-13 案例基本情况

案例编号	项目名称	出现的问题
1	江苏某污水处理厂	2002—2003 年出现谈判延误、融资失败
2	长春汇津污水处理	2005 年政府回购
3	上海大场水厂	2004 年政府回购
4	北京第十水厂	Anglian 从北京第十水厂项目中撤出
5	湖南某电厂	没收保函,项目彻底失败
6	天津双港垃圾焚烧发电厂	政府所承诺补贴数量没有明确定义
7	青岛威立雅污水处理项目	重新谈判
8	杭州湾跨海大桥	出现竞争性项目
9	鑫远闽江四桥	2004 年走上仲裁
10	山东中华发电项目	2002 年开始收费降低,收益减少
11	廉江中法供水厂	1999 年开始闲置至今,谈判无果
12	福建泉州刺桐大桥	出现竞争性项目,运营困难
13	汤逊湖污水处理厂	2004 年整体移交
14	延安东路隧道	2002 年政府回购

续表

案例编号	项目名称	出现的问题
15	沈阳第九水厂	2000年变更合同
16	北京京通公路	运营初期收益不足

2.项目失败的主要风险

通过对表16-13所列16个案例失败原因的汇总分析,我们认为中国PPP项目的失败主要是由以下风险造成的:

(1)法律变更风险

主要是指由于采纳、颁布、修订、重新诠释法律或规定而导致项目的合法性、市场需求、产品/服务收费、合同协议的有效性等元素发生变化,从而对项目的正常建设和运营带来损害,甚至直接导致项目的中止和失败的风险。PPP项目涉及的法律法规比较多,加之我国PPP项目还处在起步阶段,相应的法律法规不够健全,很容易出现这方面的风险。例如,江苏某污水处理厂采用BOT融资模式,原计划于2002年开工,但由于2002年9月《国务院办公厅关于妥善处理现有保证外方投资固定回报项目有关问题的通知》的颁布,项目公司被迫与政府重新就投资回报率进行谈判。上海的大场水厂和延安东路隧道也遇到了同样的问题,均被政府回购。

(2)审批延误风险

主要指由于项目的审批程序过于复杂,花费时间过长和成本过高,且批准之后,对项目的性质和规模进行必要商业调整非常困难,给项目正常运作带来威胁。比如某些行业里一直存在成本价格倒挂现象,当市场化之后引入外资或民营资本后,都需要通过提价来实现预期收益。根据我国《价格法》和《政府价格决策听证办法》规定,公用事业价格等政府指导价、政府定价,应当建立听证会制度,征求消费者、经营者和有关方面的意见,论证其必要性、可行性,这一复杂的过程很容易造成审批延误的问题。

以城市水业为例,水价低于成本的状况表明水价上涨势在必行,但是各地的水价改革均遭到不同程度的公众阻力和审批延误问题。例如,2003年的南京水价上涨方案在听证会上未获通过;上海人大代表也提出反对水价上涨的提案,造成上海水价改革措施迟迟无法落实实施。因此出现了外国水务公司从中国市场撤出的现象。

比较引人注目的是,泰晤士水务出售了其大场水厂的股份,Anglian从北京第十水厂项目中撤出。

(3) 政治决策失误/冗长风险

是指由于政府的决策程序不规范、官僚作风、缺乏 PPP 的运作经验和能力、前期准备不足和信息不对称等造成项目决策失误和过程冗长。例如,青岛威立雅污水处理项目由于当地政府对 PPP 的理解和认识有限,政府对项目态度的频繁转变导致项目合同谈判时间很长。而且污水处理价格是在政府对市场价格和相关结构不了解的情况下签订,价格较高,后来政府了解以后又重新要求谈判降低价格。

此项目中项目公司利用政府知识缺陷和错误决策签订不平等协议,从而引起后续谈判拖延,面临政府决策冗长的困境。相类似的在大场水厂、北京第十水厂和廉江中法供水厂项目中也存在同样问题。

(4) 政治反对风险

主要是指由于各种原因导致公众利益得不到保护或受损,从而引起政治甚至公众反对项目建设所造成的风险。例如,大场水厂和北京第十水厂的水价问题,由于关系到公众利益,而遭到来自公众的阻力,政府为了维护社会安定和公众利益也反对涨价。

(5) 政府信用风险

是指政府不履行或拒绝履行合同约定的责任和义务而给项目带来直接或间接的危害。例如,在长春汇津污水处理厂项目中,汇津公司与长春市排水公司于 2000 年 3 月签署《合作企业合同》,设立长春汇津污水处理有限公司,同年长春市政府制定《长春汇津污水处理专营管理办法》。

2000 年年底,项目投产后合作运行正常。然而,从 2002 年年中开始,排水公司开始拖欠合作公司污水处理费,长春市政府于 2003 年 2 月 28 日废止了《管理办法》,2003 年 3 月起,排水公司开始停止向合作企业支付任何污水处理费。经过近两年的法律纠纷,2005 年 8 月最终以长春市政府回购而结束。再如在廉江中法供水厂项目中,双方签订的《合作经营廉江中法供水有限公司合同》,履行合同期为 30 年。

合同有几个关键的不合理问题:

问题一,水量问题。合同约定廉江自来水公司在水厂投产的第一年每日购水量不得少于 6 万 m^3,且不断递增。而当年廉江市的消耗量约为 2 万 m^3,巨大的量差使得合同履行失去了现实的可能性。

问题二,水价问题。合同规定起始水价为 1.25 元人民币,水价随物价指数、银行汇率的提高而递增。而廉江市每立方米水均价为 1.20 元,此价格自 1999 年 5 月 1 日起执行至今未变。脱离实际的合同使得廉江市政府和自来水公司不可能履行合同义务,该水厂被迫闲置,谈判结果至今未有定论。除此之外,遇到政府信用风险的还有江苏某污水处理厂、长春汇津污水处理和湖南某电厂等项目。

(6)不可抗力风险

是指合同一方无法控制,在签订合同前无法合理防范,情况发生时,又无法回避或克服的事件或情况,如自然灾害或事故、战争、禁运等。

例如,湖南某电厂于20世纪90年代中期由原国家计委批准立项,西方某跨国能源投资公司为中标人,项目所在地省政府与该公司签订了特许权协议,项目前期进展良好。但此时某些西方大国(包括中标公司所在国)轰炸我驻南斯拉夫大使馆,对中国主权形成了严重的实质上的侵犯。

国际政治形势的突变,使得投标人在国际上或中国的融资都变得不可能。项目公司因此最终没能在延长的融资期限内完成融资任务,省政府按照特许权协议规定收回了项目并没收了中标人的投标保函,之后也没有再重新招标,从而导致了外商在本项目的彻底失败。在江苏某污水处理厂项目关于投资回报率的重新谈判中,也因遇到非典中断了项目公司和政府的谈判。

(7)融资风险

是指由于融资结构不合理、金融市场不健全、融资的可及性等因素引起的风险,其中最主要的表现形式是资金筹措困难。PPP项目的一个特点就是在招标阶段选定中标者之后,政府与中标者先草签特许权协议,中标者要凭草签的特许权协议在规定的融资期限内完成融资,特许权协议才可正式生效。

如果在给定的融资期内发展商未能完成融资,将会被取消资格并没收投标保证金。在湖南某电厂的项目中,发展商就因没能完成融资而被没收了投标保函。

(8)市场收益不足风险

是指项目运营后的收益不能满足收回投资或达到预定的收益。例如,天津双港垃圾焚烧发电厂项目中,天津市政府提供了许多激励措施,如果由于部分规定原因导致项目收益不足,天津市政府承诺提供补贴。但是政府所承诺补贴数量没有明确定义,项目公司就承担了市场收益不足的风险。

另外,京通高速公路建成之初,由于相邻的辅路不收费,致使较长一段时间京通高速车流量不足,也出现了项目收益不足的风险。在杭州湾跨海大桥和福建泉州刺桐大桥的项目中也有类似问题。

(9)项目唯一性风险

是指政府或其他投资人新建或改建其他项目,导致对该项目形成实质性的商业竞争而产生的风险。项目唯一性风险出现后往往会带来市场需求变化风险、市场收益风险、信用风险等一系列的后续风险,对项目的影响是非常大的。如杭州湾跨海大桥项目开工未满两年,在相隔仅50km左右的绍兴市上虞沽渚的绍兴杭州湾大桥已在加紧准备当中,其中一个原因可能是当地政府对桥的高资金回报率不满,致使项目面临唯一性风险和收益不足风险。

鑫远闽江四桥也有类似的遭遇,福州市政府曾承诺,保证在9年之内从南面进出福州市的车辆全部通过收费站,如果因特殊情况不能保证收费,政府出资偿还外商的投资,同时保证每年18%的补偿。

但是2004年5月16日,福州市二环路三期正式通车,大批车辆绕过闽江四桥收费站,公司收入急剧下降,投资收回无望,而政府又不予兑现回购经营权的承诺,只得走上仲裁庭。该项目中,投资者遭遇了项目唯一性风险及其后续的市场收益不足风险和政府信用风险。福建泉州刺桐大桥项目和京通高速公路的情况也与此类似,都出现了项目唯一性风险,并导致了市场收益不足。

(10)配套设备服务提供风险

指项目相关的基础设施不到位引发的风险。在这方面,汤逊湖污水处理厂项目是一个典型案例。2001年凯迪公司以BOT方式承建汤逊湖污水处理厂项目,建设期两年,经营期20年,经营期满后无偿移交给武汉高科(代表市国资委持有国有资产的产权)。但一期工程建成后,配套管网建设、排污费收取等问题迟迟未能解决,导致工厂一直闲置,最终该厂整体移交武汉市水务集团。

(11)市场需求变化风险

是指排除唯一性风险以外,由于宏观经济、社会环境、人口变化、法律法规调整等其他因素使市场需求变化,导致市场预测与实际需求之间出现差异而产生的风险。

例如山东中华发电项目,项目公司于1997年成立,计划于2004年最终建成。建成后运营较为成功,然而山东电力市场的变化,国内电力体制改革对运营购电协议产生了重大影响。

第一是电价问题,1998年根据原国家计委曾签署的谅解备忘录,中华发电在已建成的石横一期、二期电厂获准了0.41元/度[①]这一较高的上网电价;在2002年10月,菏泽电厂新机组投入运营时,山东省物价局批复的价格是0.32元/度。这一电价不能满足项目的正常运营。

第二是合同中规定的"最低购电量"也受到威胁,从2003年开始,山东省计委

---

① 1度=1kW·h。

将以往中华发电与山东电力集团间的最低购电量 5500h 减为 5100h。

由于合同约束,山东电力集团仍须以"计划内电价"购买 5500h 的电量,价差由山东电力集团自己掏钱填补,这无疑打击了山东电力集团公司购电的积极性。在杭州湾跨海大桥、闽江四桥、刺桐大桥和京通高速等项目中也存在这一风险。

(12)收费变更风险

是指由于 PPP 产品或服务收费价格过高、过低或者收费调整不弹性、不自由导致项目公司的运营收入不如预期而产生的风险。例如,由于电力体制改革和市场需求变化,山东中华发电项目的电价收费从项目之初的 0.41 元/度变更到了 0.32 元/度,使项目公司的收益受到严重威胁。

(13)腐败风险

主要指政府官员或代表采用不合法的影响力要求或索取不合法的财物,而直接导致项目公司在关系维持方面的成本增加,同时也加大了政府在将来的违约风险。

例如,由香港汇津公司投资兴建的沈阳第九水厂 BOT 项目,约定的投资回报率为:第 2~4 年,18.50%;第 5~14 年,21%;第 15~20 年,11%。如此高的回报率使得沈阳自来水总公司支付给第九水厂的水价是 2.50 元/吨,而沈阳市 1996 年的平均供水价格是 1.40 元/吨。

到 2000 年,沈阳市自来水总公司亏损高达 2 亿多元。这个亏损额本来应由政府财政填平,但沈阳市已经多年不向自来水公司给予财政补贴了。沈阳市自来水总公司要求更改合同。经过数轮艰苦的谈判,2000 年年底,双方将合同变动如下:由沈阳市自来水总公司买回汇津公司在第九水厂所占股权的 50%,投资回报率也降至 14%。这样变动后沈阳自来水厂将来可以少付两个多亿。

其实对外商承诺的高回报率在很大程度上与地方官员的腐败联系在一起,在业内,由外商在沈阳投资建设的八个水厂被誉为"沈阳水务黑幕"。

以上为从 16 个案例中总结而来的导致 PPP 项目失败的主要风险,从对这些风险和案例的描述中也可以看出,一个项目的失败往往不是单一风险作用的结果,而是表现为多个风险的组合作用。

3.风险分析

PPP 项目的风险管理非常复杂,一直以来是业界和学术界的研究热点。通过对前面所归纳风险的深入分析,可以看到导致中国 PPP 项目失败的风险存在以下规律和特点:

①导致 PPP 项目失败的风险因素虽然复杂多样,但是这些风险之间具有关联

性,有些风险是起因,可以导致后续一系列的风险,例如:腐败导致过高承诺,最终产生政府信用风险,项目唯一性、市场需求变化等风险会导致市场收益不足;等等。

②政府信用风险是出现频率较高的一类风险因素,这并不代表我国政府缺乏信用,而是由多方面的原因造成的。

第一,由于政府信用风险是一种结果性风险,多种风险均会导致政府信用风险的产生。

第二,由于 PPP 项目大多都是基础设施,这些项目与公众利益、国计民生密切相关,特别是收费、环保等敏感问题备受关注,合同中如果有触动公众利益的地方,定会导致公众反对,政府迫于压力也无法兑现原有的承诺,产生政府信用风险。

第三,某些地方政府官员为了提升政绩,在短期利益的驱使下,做出与整体利益和长远利益不相符的决策,一旦中央政府发现或者地方政府换届,项目就会被清理,面临信用风险。

第四,国际形势的变化以及战争、灾害等不可抗因素也会导致政府信用风险的产生,如湖南某电厂项目中遇到的情况,这一类的信用风险是政府无法控制和承担的。

第五,政府信用风险是与我国 PPP 项目的发展过程直接相关的。在采用 PPP 模式初期,中国的政府和相关部门对 PPP 项目的理解、认识有限,处在摸索和学习的阶段,而经验丰富的国外发展商出于投机心理利用了我国政府急于招商引资的弱点,在签订的合同中存在大量不平等的内容,如过高的固定投资回报率、过高的收费标准、过长的特许经营期等。过高的风险超过了我国公共机构的承受能力,最终产生信用风险。

值得注意的是,随着 PPP 项目在我国的发展,政府信用风险已不是主要风险。我国从 20 世纪 20 年代开始实行 BOT 项目,刚开始由于种种原因,产生了一些信用风险。但是随着几十年的实践,我国政府对 PPP/BOT 的了解越来越深入,并表示出鼓励支持和引导民营资本参与基础设施建设的积极态度,政府信用风险在中国的严重性排名大幅下降,而且标准普尔公司也在逐年上调对中国政府的信用评级,这也可以作为中国政府信用风险逐渐减弱的另一个有力证据。

③中国有关 PPP/BOT 项目的法律法规还不够完善,特别是缺乏统一的、全国性的有关 PPP 的立法,因此出现了如江苏某污水处理厂和大场水厂等项目遇到的法律变更风险。

PPP 项目的法律关系非常复杂,在一个项目流程的各个环节都会涉及许多领域的法律问题,有些问题需要在针对特许经营的法律法规中进行统一的规定,但更多的方面受相关领域内我国现有的其他法律或行政法规来管制。

虽然现在有不少地方政府在PPP项目立法方面做了很多有益的尝试,如建设部和北京、上海等地都先后出台了一些有关"特许经营管理办法(或条例)"和"示范合同文本"等文件,起到了一定的作用,但这些多是以地方政策为主,位阶较低,法律效力不强。

由于现有规定以发展改革委员会和国务院其他部门制定的部门规章为主,而国务院各主管部门在各自管理范围内做出的规定,只能适用于一部分行业,且都是从自身管理的角度出发,法律文件各自为政,很多时候不能相互衔接,缺乏全局性和系统性。

各地方政府颁布的法规之间也存在较大的差别和冲突,对于中央颁布的法律法规构成了挑战和威胁。并且在很多问题上,各省市必然存在规定尺度不一的情况。这会造成国内制度的不统一和不公平的现象发生。

案例十三　泉州刺桐大桥启示

在市场都在摸索 PPP 模式的新方向时,有一个案例非常具有参考价值,那就是位于福建省泉州市内的泉州刺桐大桥,这是我国国内最早采用 BOT 方式建设的一个路桥项目。

泉州刺桐大桥,这个二十年前的项目,至今极具参考价值:一方面在于它是"第一个吃螃蟹的人",民营资本以 BOT 模式进行大型基础设施的建设与管理;另一方面在于其此后引起的涉及收费等多个方面的争议,为我们在研究公私合作伙伴关系即 PPP 机制创新方面,赋予了更多深层次的意义。

1.首创意义

据相关公开资料显示,可以梳理出当时建设泉州刺桐大桥的脉络。

1994 年年初,泉州市决定再建一座跨江大桥。由于当时泉州市政府财力十分有限,因而决定对外招商。消息传出之后,泉州市名流实业股份有限公司(以下简称"名流公司")董事长陈庆元偶然得知了这一情况,这位民营内资企业界人士表示愿意不带任何附加条件以 BOT 模式承建刺桐大桥,成为国内"第一个吃螃蟹的人"。1994 年 3 月,泉州市委常委会研究决定,刺桐大桥由名流公司牵头组建项目公司承建,实行股份制和业主责任制,多渠道筹集资金。

为了筹建大桥,1994 年 5—10 月,由名流公司与政府授权投资的福建省交通建设投资有限公司、福建省公路开发总公司、泉州市路桥开发总公司按 60∶15∶15∶10 的出资比例成立"泉州刺桐大桥投资开发有限公司",公司注册资本为 8500 万元。1994 年 10 月 5 日,市政府下发了《关于泉州刺桐大桥及其附属工程建设的通知》,正式批准刺桐大桥投资公司按照 BOT 模式进行大桥的建设运营。按照特许经营协议,刺桐大桥投资公司的特许经营期为 30 年(含建设期),期满后全部设施无偿移交给泉州市政府。

该项目的 SPV 就是刺桐大桥投资公司。刺桐大桥采用以刺桐大桥经营权质押贷款,固定贷款和流动贷款相结合,并在国内首次采取以按揭式还本付息方式偿还银行贷款。泉州市名流路桥投资开发股份有限公司为刺桐大桥出资人,以出资额为限承担有限责任,以公司未来的收益和资产作为融资的基础,全权负责大桥的建设、资本注入和经营管理等一系列重大决策,并根据与政府协商制定的收费方式及收费标准对大桥使用者进行收费,直至特许经营期结束为止,期间所获得的收益归名流路桥公司支配。

SPV 公司从银行融资 1.2 亿元,贷款偿还期为 5~8 年。大桥运营的收入所得根据与贷款银行之间的现金流量管理协议进入贷款银行监控账户,并按照资金使用的优先顺序进行分配,即先支付工程正常运行所发生的资本开支、管理费用,然后按计划偿还债务,盈余资金按投资比例进行分配。

刺桐大桥自 1997 年通车以来,车流量迅速上升,不仅取得良好的社会效益,而且经济效益也曾经出现高峰期。刺桐大桥的建设,实现了以较小量国有资金引导较大量民营企业资金投资于原认为只能由政府兴办的基础设施建设,成为以内地民营资本为主的 BOT 投资模式的国内首例,开创我国本土民营经济主体为主组建特殊项目公司(SPV)投资基础设施项目建设的先河。

2. 矛盾凸显

在经过几年的磨合后,在多方利益交错下,泉州刺桐大桥一度矛盾凸显。

泉州大桥 1984 年由福建省交通厅直接投资建成,自 1984 年 12 月 1 日起,泉州大桥试行征收过桥费,到收回该大桥全部投资时为止。可观的过桥费收入使大桥的建设投资在 1988 年年底就基本收回。

当时泉州大桥的收费直接划归省里,因此泉州市政府对刺桐大桥的建设和运营非常支持。到了 1997 年,省政府将泉州大桥收费权移交给了泉州市政府,此时,泉州市政府与刺桐大桥投资公司的利益关系发生了根本性的转变。由市政府收费的泉州大桥和民营资本投资运营的刺桐大桥直接形成了竞争关系。泉州大桥原来年收入在 5000 万元左右,被刺桐大桥分流后,年收入骤降 3000 万元左右。

刺桐大桥的麻烦随之而来。1997 年年底,泉州至厦门高速公路通车,由于刺桐大桥与高速公路相距仅 300m 且有空闲的连接匝道,大桥公司为此提出了连接方案,并已先期投资 700 多万元。而在此期间,泉州市开始投资 1.3 亿元,修建一条横向的牛山连接线,将高速公路与 324 国道贯通,然后贯通与 324 国道相连的泉州大桥。为解决"出路"问题,1999 年,刺桐大桥公司转而投资 4800 多万元启动"324 国道复线"工程,这一方案得到了省市有关部门的批准。

但这一方案的实施仍然一波三折。由于复线工程与泉州市拟建的牛山连接线有交叉,先动工的 324 国道复线工程,将自己的设计方案提前交到了泉州市有关部门,但等到全长 6.3km 的复线工程修到牛山连接线时,大桥公司发现,已经完工的牛山连接线,预留给复线工程的桥洞比原先设计的偏移了 20m,而且是一个斜向的桥洞。汽车经过大桥,就可以明显地看到这段被接成了一条反 S 形的危险路段,这段接口被当地群众戏称为"水蛇腰"。

在此形势下,为了收回刺桐大桥的建设投资,名流公司于 1999 年 4 月向泉州市有关部门申请对刺桐大桥及沿线公路区域内的服务设施进行开发经营,但泉州市政府未予批复。在建设刺桐大桥之后,名流公司董事长陈庆元还曾雄心勃勃地打算继续以民营资本为主承建泉州跨海大桥,然而,由于种种原因,名流公司并未获得这一工程,后续类似的项目名流公司也没有再获得。

3. 警示价值

几年前,当媒体再度问起泉州刺桐大桥所引起的争议时,名流公司董事长陈庆元还心有余悸地表示:"别提那座桥了,在这件事情上我不想表明立场,媒体不要报道就是对民企最大的支持了。"

回首泉州刺桐大桥前后,正因为是"第一个吃螃蟹的人",所以很多问题没有理顺,导致了后续的一些矛盾和不愉快。

合作之初,泉州市政府并未料到由民间资本运营刺桐大桥后所赚取的高额投资回报,这与政府和社会公众的利益形成了矛盾。当初泉州市政府由于缺乏 BOT 项目的操作经验,导致与名流公司签订的项目特许经营协议并不完善,特别是对项目投资回报率、收费机制、争端解决等条款缺乏合理的约定,因此在刺桐大桥的盈利能力大大超出预期的情况下,政府很难再继续给予刺桐大桥实际的支持。

总结泉州刺桐大桥项目的经验与教训,放在推进 PPP 项目建设时,有多个条件不可缺少。①政府支持。采用 PPP 方式解决基础设施建设是政府的迫切需要,因此,政府支持是 PPP 模式成功的关键因素之一。②规范操作。由 SPV 与政府签订 PPP 合同、与银行签订贷款协议、与施工单位签订建设合同等。③长期合同。PPP 合同期限为 30 年,基本上政府不需要出资的情况下解决了经济发展过程中的基础设施瓶颈问题。现在一些地方采用的 PPP 模式,合同期限只有 3~5 年,很难从根本上解决财政资金困难的问题。④收费基础。该项目通过向使用者收费,很好地解决了项目的投资收益问题,不需要任何的财政补贴,同时也为当地财政贡献了不少的税收。⑤有待完善的地方。在一个长达 30 年的合同中,在经营过程中出现不可预见的问题是正常的,但是要有一个解决的机制,这些在当时都没有考虑到。

案例十四 PPP 热潮下的尴尬，项目伪装

PPP 项目签约率低，一些政府不为所动；另一些政府则借 PPP 之名，将 BT 模式项目包装成 PPP 项目。

现实很复杂，PPP 热潮与较低的签约率并存。一些财力雄厚、且从银行贷款容易的地级市或区县政府，在这轮 PPP 的热潮中仍不为所动，继续坚持以财政投入为主的投资模式。另一些资金饥渴的地方政府，则借着 PPP 的名义，将 BT 模式项目包装成 PPP，主要为了方便项目融资、获取补贴。BT 是否应该继续存在？有人认为 BT 是地方政府的一种现实需求，有其积极意义；但也有人指出 BT 在中国境内已经走偏，很大程度上伴随着利益输送，容易导致"豆腐渣"工程。

2015 年 4 月 24 日，发改委投资司副司长罗国三直言，全国各地公布的 PPP 项目只有 10%~20%签订了合同。

据笔者采访了解，PPP 项目落地率较低，主要存在以下三方面原因：推出的 PPP 项目没有经营性收入，在捆绑其他项目资源时，如土地，碰到现实法律困境；政府和融资方，就资金成本没谈拢；基层政府上马 PPP 项目，容易突破 10%的财政红线。

有地方政府人士表示，就像化解地方债、盘活存量资产过程中，不好的项目折价给社会资本，社会资本都未必感兴趣；但如果是收益稳定的好项目，政府为何要舍弃这部分公共资源，割让给社会资本呢？这是一个矛盾。

①收益方面。很多 PPP 项目属于公益性项目，项目本身无法产生经营性收益，需要打包其他项目，现实中多为土地资源，但土地需要走招拍挂程序，这块土地是否会落入项目承包方，就打了一个问号。这样的打包条件，因为存在风险，往往也难以在央企国企的投资委员会上获得通过。

②融资方面。地方政府希望是物美价廉，资金成本最好能维持在 5.9%的基准利率，国家开发行、农业发展银行此类政策性银行或许能提供这类贷款；但商业银行、信托、基金等资金介入，资金成本往往会在 8%左右，这种资金价格的差异，也使得项目难以谈拢。

在地方债压力仍大的背景下，为了避免地方政府借 PPP 名义，盲目上项目，财政部要求各地进行 PPP 的财政可承受论证，每年度 PPP 项目从预算中安排的支出责任，不得超过一般公共预算支出的 10%。这个红线受到业内不少人士的欢迎，但在我国事权和支出责任并不太匹配的当下，基层政府一般公共预算收入不多，很多

依靠上级政府转移支付,但事权多,需要进行的基础设施和社会事业的项目多,10%的红线,可能会导致部分基层政府难以上马PPP项目。

PPP项目签约率低,这被外界解读为PPP"叫好不叫座"。但有地方财政厅PPP中心相关负责人对笔者表示,PPP项目前期工作,如交易结构、项目结构的设计都很复杂,2014年开始出台PPP的各项政策,如果仅经过一年多的时间,就满地开花,绝非好事。

另外,随着中央部门发布的PPP政策日益完善,如将政府财政补贴PPP项目的资金纳入跨年度预算,通过制度安排帮助政府履行合同文本,这也为社会资本进入PPP项目扫除了一些障碍。

PPP仍在如火如荼地进行。有些PPP项目融资结构安排得好,甚至能以基准利率下浮20%的成本参与项目建设,好的PPP项目似乎不用太担心融资;有些BT模式适用的行业,如市政道路,通过合理的结构安排,也能改造成PPP模式。

1.BT模式合法化

西部省份一地级市水利部门相关负责人对笔者表示,他们今年打算做首个PPP项目,要在城市里建设一个人工湖,项目已经论证一年时间,立项获得通过。这个湖是一个纯公益性项目,为的是提高人居环境,形成生态小气候。由于政府缺钱,需要寻找社会资本合作,社会资本帮忙把湖建好后,人工湖周边的土地可进行商业开发,人工湖建设方在土地招拍挂中,可获得优先权。

上述负责人进一步表示,人工湖的建设只需两三年时间,由社会资本垫资先行建设,未来由周边土地商业开发获得的收益来分期偿还这部分投资费用,并给社会资本以一定回报。项目风险不大,愿意参与的社会资本很多。

这其实就是一个BT(build-transfer)项目。由社会资本垫资,政府再以三五年时间还款,缓解财政支出压力。发改委投资所投资体制政策研究室主任吴亚平对笔者表示,国家层面2012年专门发文,禁止BT模式。BT模式主要是融资功能,政府没钱,与社会资本进行合作,将原本一两年高强度的财政投入,变成三五年更长期、更平滑的投入,能缓解政府财政支出压力。

上述地级市的做法比较常见。一东部沿海省份财政厅相关负责人对笔者表示,在PPP的推行过程中,不少地市级政府仍然没有转变观念,政府现在缺钱,认为PPP是一种融资手段,能吸引投资,很多都想把BT包装成PPP模式,还能获得上级政府一定补助。

2014年9月财政部下发的《关于推广运用政府和社会资本合作模式有关问题的通知》指出,PPP是在基础设施及公共服务领域建立的一种长期合作关系。通常模式是由社会资本承担设计、建设、运营、维护基础设施的大部分工作,并通过"使用者付费"及必要的"政府付费"获得合理投资回报;政府部门负责基础设施及公共服务价格和质量监管,以保证公共利益最大化。

财政部原副部长王保安在 2014 年 PPP 培训班的开班讲话上表示,PPP 模式能够将政府的战略规划、市场监管、公共服务与社会资本的管理效率、技术创新有机结合在一起,有助于厘清政府与市场边界,提升政府的法制意识、契约意识和市场意识,更好地履行公共职能,全面提升公共服务水平。PPP 模式强调市场机制的作用,强调政府与社会资本各尽所能,强调社会资本的深度参与。

经过 1 年多 PPP 讨论,很多业内人士表示,PPP 并不是个融资工具,而是一种管理模式,强调政府与社会资本长期的合作,并实现风险的共担。

财政部金融司五处(主管 PPP)处长曾在一次 PPP 论坛上表示,PPP 的本质是要以最低的成本,提供最优质的公共服务。在 PPP 长期合作中,社会资本应该提供的是资金、技术、管理等综合服务,仅仅因为有钱就参与 PPP 项目是危险的。

2.BT 项目改造成 PPP 的安庆样本

国家层面虽然三令五申不得开展 BT 项目,但现实中却存在很多此类项目。这也引起业内人士的反思。

君合律师事务所合伙人刘世坚曾对笔者表示,不应该一棍子打死 BT 项目,BT 项目的存在有一定的合理性。比如 BT 项目开展较多的市政道路领域,社会资本的优势就是将这条道路建设好,这条道路后续长达十几二十年的维护运营,由社会资本进行并没有优势,没必要一定改装成 PPP 项目。

不过,也有地方政府人士直言,BT 项目在中国境内走歪了,现实运行存在很多问题,多半存在利益输送。BT 项目中间变数较多,比如一个项目工程款预算是 15 亿元,但承包方可能 10 个亿就搞定;另外,项目建设过程中,也容易变更工程成本价,工程完工项目承包方可能会要价 20 亿元。再者,BT 项目完工后甩给政府,项目后续维护责任完全由政府承担,碰上豆腐渣工程的话,政府会有更多额外负担。

吴亚平表示,BT 项目多半适用于市政道路、工业园区基础设施建设等纯公益性且无经营收益的项目。

不过,即便是纯公益的市政道路,也有可能改造成 PPP。2015 年 5 月 6 日,安庆市外环北路工程 PPP 项目举行签约仪式,这为非经营项目改造成 PPP 提供了参考。

该项目设计(设计优化)、投资、融资、建设、运营维护等全部交给社会资本;项目合作期限为 13 年,其中建设期两年,运营期 11 年。采用政府购买服务的方式,具体包括两部分:一是可用服务费来购买这条符合验收标准的市政道路;二是支付运维绩效服务费来购买市政道路运营维护服务。

这个项目的咨询方负责人济邦投资咨询有限公司董事副总经理李竞一对笔者表示,将传统使用 BT 模式的市政道路项目改造成 PPP 模式,运行建设期加起来有 13 年时间,项目被纳入全周期管理,社会资本会有激励将道路建好,否则后续运营费用会很高;另外 PPP 合同上也有指标,若工程质量不达标,社会资本获得的财政补贴也会打折扣。

李竞一表示,这个项目签约成功并不容易,去年曾流标过一次,今年组织第二次投标才获得通过。第一次标书表明的是建设期两年,运营期 13 年,后将运营期缩短两年变成 11 年,因为市政道路随着使用年限的增加,后期运营维护费用会逐渐增加,社会资本对运营年限很敏感。虽缩短运营年限,但在对服务其他标准上还有所增强。

李竞一进一步表示,由于第二次投标竞争比较充分,社会资本回报率并不算高。项目运行的 13 年时间里,每年财政支出会在前期测算的区间范围内,这个支出区间范围已获得安庆市人大常委会决议通过,并纳入到跨年度财政预算中。

3.资金成本谈不拢

融资对于 PPP 项目的成败至关重要。东部沿海省份一地级市最近有一个轨道交通的 PPP 项目在谈,关注这个项目的社会资本和金融机构很多,但当地发改委相关负责人仍然犯愁。该市发改委人士表示,示范项目吸引了很多来接洽的机构团体,很多项目都没法落到实处,很多社会资本都明确提出要不低于某个数额的回报率,很多机构提出政府 5 年内要进行回购。

上述人士进一步表示,轨道交通项目目前正跟一个专门做轨道交通的产业基金洽谈,银行贷款已经找好,基金和贷款各占一半。但基金明确表示几年后政府需要回购,就是"明股实贷"。目前谈的资金成本是 7%~8%,但领导嫌这个资金成本高,希望是基准利率 5.9%。另外,明股实贷就不是真正意义上的 PPP,没有实现长期的风险共担,基金一抽身,整个项目的风险就完全由政府承担;而且万一出现项目集中回购,也容易变成政府的隐性债务。

明股实贷的问题其实很普遍。一家基金公司表示,基金或者信托的社会资金来源差不多,汇集到的资金对风险、流动性都有要求,很多资金的期限就是三五年,没法实现长期股权投资。

笔者查阅几家信托公司投向基础设施领域的集合理财产品,期限一年多到三年不等,但资金回报率基本保持在9%~10%。当前银行五年以上贷款基准利率为5.9%,9%~10%的回报区间,已经在基准利率标准上上浮了30%以上。

一家信托公司资管部门负责人对笔者表示,信托资金参与PPP项目要么是前期股权投资,但多半也需要回购,这是资金偏好决定的;要么就是后期跟进,进行财务投资。政府希望降低成本,应该通过资产证券化、债券融资等实现;信托资金介入有其优势,如能形成资本金,在项目前期风险较高时介入承担风险,等到收益稳定时,再退出让给风险偏好更低一点的资金。

吴亚平表示,PPP项目融资方面,可以将基金搭配债务、银行贷款,如基金出20%,银行贷款20%,基金要求10%的回报,银行要求7%的回报,1∶1配比,综合成本就变成8.5%,比基金低一些,比银行贷款高一些。

有地方财政厅人士表示:先行签约落地的项目,主要贷款来源为政策性银行,如国家开发银行和农业发展银行,商业银行也很积极,一些商业银行贷款期限也能长达30年。

虽有地方政府嫌资金成本太高,但也有资本成本较低的PPP项目。上述东部省份财政厅相关负责人表示,他们省内有一个PPP项目就是在基准利率下浮了20%的成本实现的。回报是跟风险挂钩的,社会资本如果承担较高的风险,有些项目的回报可能高到20%。

一家基础设施投融资公司公告表示,公司综合融资成本维持在基准利率的水平。该公司融资部相关负责人对笔者表示,由于公司信用评价较高,在海外发债基本享有主权信用评级,发债融资成本较低;另外,由于地方政府财政每年会有财政资金入账,也能降低资金成本。

4.土地桎梏

同样在财政部《关于推广运用政府和社会资本合作模式有关问题的通知》中,对PPP示范项目划定了大致的范围:适宜采用PPP模式的项目,具有价格调整机制相对灵活、市场化程度相对较高、投资规模相对较大、需求长期稳定等特点。重点关注城市基础设施及公共服务领域,如城市供水、供暖、供气、污水和垃圾处理、保障性安居工程、地下综合管廊、轨道交通、医疗和养老服务设施等,优先选择收费定价机制透明、有稳定现金流的项目。上述领域中,注入供水、供暖、供气、污水、轨道交通等,属于有一定经营收益和现金流,但各地公布的PPP示范项目中还包括诸如市政道路、园区基础设施配套等无收益项目。上述东部省份财政厅相关负责人表示,市县政府对市政道路的需求缺口很大,财政部也鼓励通过打包其他项目将没有收益的项目改造成PPP,但在打包土地资源时,会碰到法律红线。曾有地方政府测算过一条市政道路,将沿线的广告牌、加油站收入加总,仅占投资支出的10%,常见的办法就是将沿线土地打包进去,但土地打包进去似乎又不是真正意义上的PPP。吴亚平表示,现实中会遇到这个问题,存在法律障碍。变通的办法有两个:一是在设计PPP模型时,沿线土地增值一部分的收入可被投资者分享;二是土地招拍挂走一个形式上的程序,但这个"走程序"可能会碰到搅局者,因为招拍挂是价高者得,万一有高价买者,项目投资者可能就会错失这块土地。现实中这些变通的办法,操作上有一定的困难,不能保证绝对成功。

正因为存在的土地法律障碍,加大了PPP项目落地的难度。财政部政府和社会资本合作工作领导小组办公室副主任焦小平曾在一个论坛上回应上述土地问题,他表示,PPP项目需要遵循现有法律体系,要依法开展,开展当中碰到的一些体制问题,需要部门多方协商后,再逐渐理顺理清。

5.10%的财政红线

2015年4月初,财政部印发了《政府和社会资本合作项目财政承受能力论证指引》,指引中明确指出,每一年度全部PPP项目需要从预算中安排的支出责任,占一般公共预算支出比例应当不超过10%。省级财政部门可根据本地实际情况,因地制宜确定具体比例,并报财政部备案,同时对外公布。

指引的下发主要是为了保障政府切实履行合同义务,有效防范和控制财政风险。按照2014年全国一般公共预算支出15万亿元的规模来看,年度PPP的财政支出规模可达到1.5万亿元,规模并不小。但现实中,基层政府自有财力偏弱,事权偏多,10%的红线,让基层政府可发挥的空间有限。

一地方财政系统人士表示,一个县城一般公共财政支出如果是5亿元左右,10%的红线意味着用于PPP的财政支出只有5000万元,可能连做一个PPP项目都不够。

上述财政可承受能力指引还表示,鼓励列入地方政府性债务风险预警名单的高风险地区,采取PPP模式化解地方融资平台公司存量债务。同时,审慎控制新建PPP项目规模,防止因项目实施加剧财政收支矛盾。

上述东部省份财政厅相关负责人指出,很多地市级政府表示,存量项目中,如果是优质项目,且有稳定收入来源,地方政府没必要出让给社会资本;而那些当初投资决策失误,资质较差一点的项目,即便折价,社会资本都未必愿意参与。而基层政府中,虽然负债率较高、财力薄弱,但很多项目已经立项通过,需要上马,10%的红线让地方政府很为难。

案例十五　PPP利益分担亟待制度良药纾解

PPP模式,当前地方政府纾解债务负担的倚靠之一。

有业内人士认为,PPP模式将是缓解地方债务负担和推进城镇化进程的投融资新方式,其带动的融资需求将达数十万亿元。但PPP模式在实际操作层面仍存在短板,业内专家对此表示,要下好PPP模式这盘棋,在扫清过去积累的法律及制度沉疴之前,应避免各地一哄而起,盲目上项目。

1.推广PPP模式缓解融资饥渴

眼下,安徽省滁州市正在和全国众多城市一道,抢搭PPP模式的"顺风车"。

自2014年9月24日财政部发布《关于推广运用政府和社会资本合作模式有关问题的通知》,决定扩大PPP项目示范之后,全国如安徽、陕西、重庆、浙江和广东等众多省市纷纷推出规模庞大的示范项目,涉及供水供气、污水处理、道路交通和保障房等多个领域,计划投融资规模达数千亿元。安徽省推出的42个PPP项目总投资就超过700亿元,其中仅滁州市的投资规模就达253亿元,占到安徽全省总投资额的1/3。推广PPP模式,时下已被社会各界赋予重要意义。

国内最早从事PPP项目咨询的北京大岳咨询公司总经理金永祥表示,事实上,PPP模式并非新鲜事物,自20世纪80年代开始就在国内基础设施建设领域被陆续应用。而此番国家再次力推这一模式,一个众所周知的背景就是,过去数十年,地方政府大包大揽的基建项目无论是投资收益还是运营效率均比较低下。"规范的PPP模式项目则能有效规避这些弊端,因此越来越被政策层面所倚重。"他说。

推广PPP模式的好处显而易见,但是在当前数十万亿元债务压得地方政府喘不过气,城镇化融资刻不容缓的现实下,这些好处都被集中于对化解地方债务负担的助益上。

民生证券研究院副院长管清友在其研报中表示,根据国务院发展研究中心的测算,到2020年,与城镇化相关的融资需求约为42万亿元。按照新一届政府对地方债务治理的框架,要应对未来几十年城镇化的资金缺口,PPP模式被委以重任。从另一个角度来看,2013年中国新增的PPP投资额仅为7亿美元,而2013年城投债的发行量高达9512亿元,若PPP模式成功替代城投主导的融资模式,其发展空间巨大。

2.失败案例揭示"政府信用风险"

尽管PPP模式对于解困城镇化融资带给地方政府很多遐想,但越来越多的理性人士仍对其前景持谨慎态度。

财政部财科所相关专家近日表示,PPP项目的周期一般较长,风险较高,民营资本可能不太愿意进来,这有可能会出现政府一厢情愿的情况。

前述企业负责人表示,通过一段时间的考察,他们发现政府人士一谈起PPP,最在乎的是参与其中的社会资本能提供多少融资,而作为企业则更关心这些项目能够带来多大投资收益,双方的出发点似乎不在一个频率上。

这种声音在PPP项目推介过程中不时听到,不少企业人士习惯用一种形象的说法表达他们的态度:"好的PPP项目是一桩婚姻,而不是简单的一场婚礼""合作的任何一方都不能眼睛只盯着对方带来的彩礼够办多大排场的'婚礼',而更该在乎未来几十年中,如何共同经营好这段'婚姻',让政府、公众和社会资本最终都有所收获"。

自20世纪80年代开始,国内公共基础设施领域纷纷开始"试水"BT、BOT、TOT等广义上的PPP模式项目。据统计,截至目前全国此类项目的总数共计约8000个。而在金永祥看来,如果按照规范的模式标准来衡量,这其中真正意义上的PPP项目不足100个。他指出,很多项目在推进过程中,正是由于合同条款约定及社会资本投资回报率要求等问题无法解决,使得项目进展困难甚至无法开展。据中国证券报笔者了解,失败案例不在少数,有些甚至较极端。

2003年,湖北十堰市在全国首吃"全城公交民营化"螃蟹。当年4月29日,温州民营企业家张朝荣以3816万元获得了十堰市公交公司68%股份,变身为民营企业的新"十堰市公交集团有限责任公司",每年出资800万元买断十堰市23条公交线路的18年经营权。

通过这一交易,当地政府非但每年不用投入巨资补贴公交系统,还可坐收数百万元"渔利",因此,当时十堰市的做法一度被赞为"公私联姻"的正面典型。然而,在后期运营过程中,这场"婚姻"危机四伏。当地政府不让公交票价上涨,却又不给企业补贴,只管按时收取企业上缴的800万元。这导致企业不得不以克扣员工工资、降低油费开支来压缩运营成本。

"火山"终于在2008年爆发。当年1—4月,十堰市公交公司连续爆发四次大规模停运事故,导致城区70多万市民出行难。最终,这个公共服务市场化的案例以政府重新全面接管公交公司收场。

另一个典型案例是长春汇津污水处理厂项目。据了解,汇津公司与长春市排水公司于2000年3月签署《合作企业合同》,设立长春汇津污水处理有限公司,同年长春市政府制定《长春汇津污水处理专营管理办法》。2000年年底,项目投产后合作运行正常。但从 2002 年年中开始，排水公司开始拖欠合作公司污水处理费，长春市政府于 2003 年 2 月 28 日废止了《管理办法》，2003 年 3 月起，排水公司开始停止向合作企业支付任何污水处理费。经过近两年的法律纠纷，2005 年 8 月最终以长春市政府回购而结束。

清华大学建设管理系教授王守清对中国证券报笔者表示，这些案例的相似之处在于，由于地方政府在合作前期均未对后期可能存在的问题考虑周全，仿佛将 PPP 项目当成"甩包袱"工程，进而导致了诸多项目运行受阻。他的研究团队不久前曾完成对于 20 世纪 90 年代至今试水 PPP 模式的 16 个典型的失败案例系统分析后发现，尽管这些项目推进过程中均遇到各种各样的问题，但绝大多数问题均直指"政府信用风险"这一点。

王守清表示，在各种有关 PPP 项目的论坛会议上，企业反映地方政府信用问题的声音不绝于耳，一场本该圆满的"婚姻"却最终不欢而散。而这也成为众多民企心目中挥之不去的"阴影"。

国内一家大型水务上市公司高管对于上述风险也深有体会。他告诉笔者，在他们公司早期接受的多个地方水务及污水处理项目中，开始做 TOT、BOT 模式，但项目运行过程中，始终伴随的问题就是合同的履行问题。"有些项目尽管我们绞尽脑汁地将合同条款条理清晰地一一列出，唯恐给后期带来隐患，但往往政策方一个很小的变动，例如碰到领导换届，就会对项目推进造成很大的不确定性。"他说。

金永祥告诉笔者，在他们公司接触过的一些地方政府 PPP 项目咨询中，曾遇到过所签合同中"投资回报率达 30%"的情况，如此高的回报率显然高出国内公用事业项目的实际投资回报水平，因此这个项目推迟三年都无法执行。"过去数年一些地方政府在推 PPP 项目时，单纯把这些项目当成政府的融资工具，为了吸引社会资本参与就开出一系列'空头支票'，后期执行不下去又频繁违约，所谓的'三赢'局面最终演变成'三输'。"金永祥表示。

上述滁州地方企业人士也坦承，对于公共基础设施项目，作为社会资本参与其中并没想过能获得多大的投资回报水平，企业更看重的是 20 年项目运行周期内获得稳定无风险的投资回报。要实现这一点，就需要政府的政策连贯性来护航。

3.实现"三赢"需弘扬契约文化

对于民营资本过往参与公共基础设施投资的颇多微词，有地方政府人士对笔者诉苦，一些项目在后期实施过程中出现的违约情况，并非政府有意为之，而是当面临要在企业利益与公共利益之间做出选择时，政府理所当然地要站在公众利益这一边。"我们现在其实也开始谨慎起来,推项目时也比较注重规范化。"该人士表示。

对此,王守清和金永祥均向笔者表示,尽管过去国内的一些项目走过弯路,但在新一轮PPP热潮中,还是看到不少地方政府的可喜变化。近期各地政府组织的关于PPP项目的培训班如火如荼,他们经常奔走于全国各地讲课。"至少可以感觉到,政府对于PPP的认识渐渐开始深入了。"

金永祥指出,推广PPP模式的终极目的是实现政府、社会资本及公共服务对象的"三赢",即政府拓宽公共基础设施建设融资渠道,社会资本获得合理投资回报,在此过程中通过政府与社会资本良性互动而实现公共服务对象的利益最大化。从这一点上来讲,规范的PPP模式绝不仅仅是一个融资工具,而是针对公共基础设施投资、建设及运营的全新管理方式,规范的PPP项目要有一整套涉及权责论证、收益风险共担及激励监管的制度设计体系。

王守清认为,从发达国家已经积累的经验来看,并非所有的公共基础设施项目均适合采用PPP模式,例如在PPP传统比较悠久的英国,其PPP项目占整个公共服务项目的比例不超过10%,而推广PPP已多年的日本,其PPP项目比重甚至不到1%。

"这就提醒我们在推广PPP项目时不能一哄而上,不能简单地认为通过PPP项目融到资就万事大吉,而更要考虑到项目后期如何确保高效运行,提供的服务更能让公共利益最大化。"成熟的PPP项目都会有一个很科学规范的合同文本,其中涉及的方方面面问题都会在合同中事先约定,避免后期相互扯皮。

民间资金每一分钱的投资都会要求回报,所谓无利不起早,投资打水漂的项目没人干。因此,要真正大规模推广PPP,政府必须改变公共基础设施建设的传统观念。

正因为有了前车之鉴,2014年9月财政部发文要求地方政府认真做好项目评估论证,细化完善项目合同文本,同时要合理分配项目风险,项目设计、建设、财务、运营维护等商业风险原则上由社会资本承担,政策、法律和最低需求风险等由政府承担。

北京大学政府管理学院教授周志忍表示,要真正实现PPP模式"三赢局面",最重要的一点就是要在公众、政府与社会资本,特别是后两者之间形成利益的重新分配。从国内此前各领域的实践经历来看,公共服务领域引入社会资本后,政府的财政支付方式会发生变化,这个过程可能会触及相关方利益,需要冲破种种阻碍,或者达到某种妥协,最终要达到平衡状态并非易事。

他认为,对于政府来说,当前最紧迫的任务是,要创设多渠道完善投资回报补偿机制,同时营造公平透明的政策环境。例如,需明确政府在购买公共服务中的责任意识,制定详尽的公共服务产品质量标准,完善招投标程序,健全社会力量参与及退出的科学机制等。

在金永祥看来,在公共服务的利益相关方中,政府始终处于主动地位,要真正实现"三赢",需要政府树立契约精神,而这一点也事关政府职能的转变。"正如在一段婚姻关系中,夫妻之间心照不宣的契约比具有法律效力的一纸证书更有约束力,这可能才是PPP模式最具深意的内涵所在。"

国家政策层面显然已开始重视培育PPP项目的这一内涵要义。在2014年9月财政部所发《通知》中就明确提出,即将示范推广的PPP项目,注重要求政府和社会资本按照合同办事,有利于简政放权,更好地实现政府职能转变,弘扬契约文化,体现现代国家治理理念。

许多专家及企业人士均指出,尽管PPP模式发展空间广阔,政策和法律层面都在发力,地方政府更是热情高涨,但政府和企业之间契约精神的培育仍有很长的一段路要走。

4.谁能分享PPP盛宴

2014年年底,民营上市公司美晨科技旗下赛石集团与山东沂水县政府签约将成立合资公司,5年内投资10亿元采用PPP模式共同开发沂水县龙湾新区15km^{2}范围内的市政、景观、基础设施及公共事业配套项目。

这一项目成为近期民营上市公司参与PPP模式签下的最大订单,一时间引来市场极大关注。尽管PPP大范围推广仍受多重因素掣肘,但究竟谁能真正分享徐徐开启的PPP盛宴还是引发市场无限遐想。

据笔者了解,近期财政部即将推出的32个国家级PPP试点项目中,绝大多数集中于保障房、交通及水利基础设施建设领域,且均分布于中西部地区,对于业界纷纷预期的环保领域则少有涉及。这可能提醒投资者,从PPP模式推广受益的行业领域划分来看,传统固定资产投资的"重头戏"在未来的PPP时代仍将受到政府青睐,因此这些领域也有望率先获益。

一位地方基建公司人士对笔者分析,按照财政部拟定"使用者付费"类型项目优先推进试点的标准,高速路、地铁城轨等交通领域也是投资收益最具保障力的领域。此外,水利设施近两年也一直获得中央到地方每年数千亿元的财政资金支持,社会资本参与水利投资,相对于其他公共服务领域,财政资金更易结算,投资收益稳定。

但是，交通基建等项目的投资体量巨大，这一点也可能意味着不是所有的民营资本都有参与其中的实力。清华大学教授王守清就对笔者表示，像高速路、地铁这样的项目动辄投资数百亿，且投资回收周期一般都在十年以上，这对于资金实力不强的社会资本来说恐怕只能望洋兴叹。从另外一角度来看，这一点也提醒投资者，资金门槛可能成为一大分水岭，决定着谁将真正能够分享 PPP 盛宴。

从广义上来讲，过去数十年国内一些领域已经全面推广如 BT、BOT、TOT 等合作模式，政府通过特许权经营吸引社会资本参与。相比于其他领域，供水、供气和污水处理等环保领域成为这些模式推广的重要阵地。目前，以 BOT 模式建设运营的污水处理项目已占据全国城镇污水处理厂中的 60% 以上。专家认为，尽管此次财政部首批试点的 32 个项目少有涉及环保领域，但这一领域过去数年积累的丰富经验将决定着未来拥有这些经验的环保公司不会缺席。

更值得一提的是，尽管环保基础设施项目的投资收益水平并不高，且回报周期一般长达 20 年以上。但王守清提醒，一方面，随着中央到地方对于环境治理的日益重视，以及投资力度的不断加大，环保类的 PPP 项目将有望获得持续稳定的财政资金支持，确保项目投资回报稳定；另一方面，随着资源品价改的不断深入，国内水、电、气等价格长期来看将呈上涨趋势，这意味着这些领域的 PPP 项目在 20 年的投资周期内，收益水平不断提高将是大概率事件。

事实上，社会资本参与 PPP 项目最大的关注点是投资回报水平，这一点也是市场判定上市公司参与 PPP 项目收益几何的最大标准。

对于此，有参与当前国内 PPP 政策研究的专家向笔者表示，随着 PPP 模式的政策环境不断规范，以及相关法律文件的完善，未来众多 PPP 项目有望获得除项目本身收益之外的额外收益保障，例如轨道交通沿线周边的土地开发，污水处理厂相关的管网、生活垃圾处理投资运营。随着这些项目未来相继引入 PPP 模式，将为参与其中的社会资本增厚收益回报。

这意味着，在未来的 PPP 模式时代，拥有资本、技术和管理运行等综合解决方案的平台型公司将成为盛宴的最大分享者。

附　录

A　资源与工具

一、网站——PPP概况

非洲开发银行集团(AFDB)　www.afdb.org
产出导向型援助全球合作基金　www.gpoba.org/
美洲开发银行(IADB)　www.iadb.org/en/inter-american-development-bank,2837.html
经济合作与发展组织(经合组织)　www.oecd.org
公共/私营部门基础设施咨询机制(PPIAF)　www.ppiaf.org/
世界银行　http://rru.worldbank.org/

二、网站——PPP组织和单位

加拿大PPP中心　http://www.p3canada.ca/(该中心是一个国有公司,专门负责协助政府推广和宣传PPP模式,参与具体PPP项目开发和实施)
C.R.E.A.M.欧洲PPP联盟　http://www.cream-europe.eu/en/
欧洲PPP技术中心　http://www.eib.org/epec
PPP公报　http://www.p3bulletin.com/(提供PPP模式发展现状及项目信息的网站、杂志)
PARTNERSHIP EVENTS　http://www.partnershipsevents.com/(提供PPP研讨会等活动组织、信息发布)
世界银行基础设施合同、法律中心　http://pppirc.worldbank.org/public-private-partnership/
波兰公PPP研究院　http://pppinstitute.com/
国际金融中心PPP项目咨询业务　http://www.ifc.org/wps/wcm/connect/AS_EXT_CONTENT/What+We+do/IFC+and+PPPs#

澳大利亚基础设施 PPP 中心　http://www.infrastructureaustralia.gov.au/public_private/

印度 PPP 中心　http://www.pppinindia.com/

日本内阁府　www.cao.go.jp/index-e.html

加拿大 PPP 项目委员会　www.pppcouncil.ca

澳大利亚基础设施合作伙伴关系　www.infrastructure.org.au

爱尔兰 PPP 中心　www.ppp.gov.ie

泰国财政部　www.mof.go.th

美国 PPP 全国委员会　www.ncppp.org

澳大利亚 Partnership Victoria　www.partnerships.vic.gov.au

南非国家财政 PPP 单位　www.ppp.gov.za

加拿大 PPP 中心　http://www.p3canada.ca/

三、网站——行业基础设施建设

美国交通运输部联邦公路管理局　www.fhwa.dot.gov/ppp/dbb.htm

世界银行

·基础设施建设 PPP 项目　http://ppi.worldbank.org/

·基础设施合同、法律中心　http://pppirc.worldbank.org/public-private-partnership/

四、文献——PPP 概况

Estache, Antonio. 2002. Argentina's 1990s utilities privatization: a cure ora disease. Draft. World Bank.

European Commission.2003.Guidelines for Successful Public-Private Partnerships. Brussels.March.

Industry Canada. 2003. Public Sector Comparator - A Canadian Best Practices Guide.

Kikeri, Sunita. 1998. Privatization and Labor: What Happens to Workers When Governments Divest. World Bank Technical Paper No. 396. Washington, DC: World Bank.

Leigland, James. 2004. Is the Public Sector Comparator Right for Developing Countries? Gridlines Note No. 4. Washington, DC: Public-Private Infrastructure Advisory Facility (PPIAF).

Quiggin, John.2004. Risks,PPPs and the Public Sector Comparator.Australian Accounting Review, 14(2):51-62.

Smith, Warrick. 1997. Utility Regulators: The Independence Debate. Public Policy for the Private Sector Note No. 127. October.Washington, DC: World Bank.

United Kingdom Department of Finance and Personnel.PPP Projects and Procurement Issues.

United Kingdom Office of Government Commerce.2000. A Competence Framework for Creating Effective PFI Projects.

Moszoro M, Gasiorowski P. 2008. Optimal Capital Structure of Public–Private Partnerships, IMF Working Paper 1/2008.

Available: http://papers.ssrn.com/sol3/papers.cfm? abstract_id=1087179.

Yongjian Ke,ShouQing Wang,Albert P.C.Chan,Patrick T.I.Lam.Preferred risk allocation in China's public-private partnership (PPP) projects.

Available: http://www.sciencedirect.com/science/article/pii/S0263786309000933.

五、文献——基础设施建设 PPP

Andrew Doug, Silviu Dochia. 2006. The growing and evolving business of private participation in airports new trends, new actors emerging. Gridlines Note No. 15. September. Washington DC: PPIAF.

ADB, Japan Bankfor International Cooperation, World Bank. 2005. Connecting East Asia–a new framework for Infrastructure. Washington, DC: World Bank.

Bakovic Tonci, Bernard Tenenbaum, Fiona Woolf. 2003. Regulation by Contract: A New Way to Privatize Electricity Distribution? World Bank Working Paper No. 14. Washington, DC: World Bank.

Berg Sanford. 2001. Infrastructure Regulation: Risk, Return, and Performance. Global Utilities 1 (May): 3-10. Public Utility Research Center, University of Florida.

Bellier, Michel, Yue Maggie Zhou. 2003. Private Participation in Infrastructure in China: Issues and Recommendations for the Road, Water, and Power Sectors. World Bank Working Paper No.2. Washington, DC: World Bank.

Besant-Jones, E. John. 2006. Reforming Power Markets in Developing Countries: What Have We Learned? Energy and Mining Sector Board Discussion Paper No. 19.

September. World Bank and Energy and Mining Sector Board. September.

C. Crampes, A. Estache. 1998. Regulatory Trade-Offs in Designing Concession Contracts for Infrastructure Networks. Utilities Policy 7(1):1-13. March.

David M.Newbery. 2000. Privatization, Restructuring, and Regulation of Network Utilities. Cambridge, Massachusetts: MIT Press.

Department of Treasury and Finance. 2001. Partnership Victoria Guidance Material: Practitioners' Guide. June. Victoria, Australia.

Dumol Mark. 2000. The Manila Water Concession: A Key Government Official's Diary of the World's Largest Water Privatization. July. Washington, DC: World Bank.

Felzer Sharon. 2005. East Asia & Pacific Private Investors in Infrastructure Perception Surveys. World Bank Infrastructure Vice Presidency, World Bank.

Fraser Julia. 2005. Lessons from the Independent Private Power Experience in Pakistan. Energy and Mining Sector Discussion Paper No. 14. May. Washington, DC: World Bank.

Gómez-Ibáez A. José, John R. Meyer. 1993. Going Private: The International Experience with Transport Privatization. Washington, DC: The Brookings Institution Press.

Guasch J. Luis. 2003. Granting and Renegotiating Infrastructure Concessions-Avoiding the Pitfalls. Draft. World Bank.

Harris Clive. 2002. Private Rural Power-Network expansion using an output-based scheme in Guatemala. World Bank Viewpoint Note No. 245. Washington, DC: World Bank.

Harris Clive. 2003. Private Participation in Infrastructure in Developing Countries: Trends, Impacts, and Policy Lessons. World Bank Working Paper No. 5.Washington, DC:World Bank.

Harris Clive, John Hodges, Michael Schur, Padmesh Shukla. 2003. Infrastructure Projects:A Review of Canceled Private Projects. Public Policy for the Private Sector Note No. 252. January. Washington, DC: World Bank.

Head Chris. 2000. Financing of Private Hydropower Projects. World Bank Discussion Paper No.420. Washington, DC: World Bank. July.

Hodges John. 2003. Unsolicited Proposals—The Issues for Private Infrastructure Projects. Public Policy for the Private Sector Note No. 257. March. Washington, DC: World Bank.

Hodges John. 2003. Unsolicited Proposals-Competitive Solutions for Private Infrastructure. Public Policy for the Private Sector Note No. 258. March. Washington, DC: The World Bank.

Hoskote Mangesh, Adil Marghub, Steven Ostrover. 2000. An Analysis of Electricity Distribution Privatization in Developing Countries. Presentation. Washington, DC: World Bank.

Izaguirre, Ada Karina. 2002. Private Infrastructure: Review of Projects with Private Participation, 1990–2001. Public Policy for the Private Sector Note No. 250. Washington, DC: World Bank.

Kessides Ioannis. 2004. Reforming Infrastructure Privatization, Regulation, and Competition. A World Bank Policy Research Report. Oxford University Press.

Klein Michael. 1996. Competition in Network Industries. Policy Research Working Paper 1591. April. Washington, DC: World Bank.

V. Krishnaswamy, Gary Stuggins. 2001. Private Sector Participation in the Power Sector in ECA Countries: Lessons learned from the last decade. Technical Paper. Washington, DC: World Bank.

Kumar Dr. Sasi, C. Jayasankar Prasad. 2004. Public–Private Partnerships in Urban Infrastructure. Kerala Calling. February.

Lamech Ranjit, Kazim Saeed. 2003. What International Investors Look for When Investing in Developing Countries: Results from a Survey of International Investors in the Power Sector. Energy and Mining Sector Board Discussion Paper No. 6. May. Washington, DC: World Bank.

Levy Sidney. 1996. Build, Operate, Transfer: Paving the Way for Tomorrow's Infrastructure. New Jersey, USA: Wiley Publishing Group.

Marin Philippe, Ada Karina Izaguirre. 2006. Private participation in water toward a new generation of projects? GridLines Note No. 14. September. Washington, DC: PPIAF.

M. Moszoro, P. Gasiorowski 2008. Optimal Capital Structure of Public–Patrnerships, IMF Working Paper 1/2008. (PPP 项目最优资本结构分析)

Available: http://papers.ssrn.com/sol3/papers.cfm? abstract_id=1087179.

Newberry M. David. 2000. Privatization, Restructuring, and Regulation of Network Utilities. Cambridge, Massachusetts: MIT Press.

Plane Patrick. 1999. Privatization, Technical Efficiency and Welfare Consequences: The Case of the Cote d'Ivoire Electricity Company (CIE). World Development 27(2): 343-360.

PricewaterhouseCoopers. 2006. Hybrid PPPs leveraging EU funds and private capital. Washington, DC: PPIAF and World Bank. January.

Queiroz Cesar. 2005. Launching Public Private Partnerships for Highways in Transition Economies. World Bank Transport Papers No.9. September. Washington, DC: World Bank.

Ramamurti Ravi. 1996. The New Frontier of Privatization. In Privatizing Monopolies: Lessons from the Telecommunications and Transport Sectors in Latin America, edited by R. Ramamurti. Baltimore, Maryland: John Hopkins University Press.

Ringskog, Klas, Mary Ellen Hammond, Alain Locussol. 2006. Using Management and Lease-affermage Contracts for Water Supply. GridLines Note No. 12. Washington, DC: PPIAF.

Rivera, Daniel. 1996. Private Sector Participation in the Water Supply and Wastewater Sector: Lessons from Six Developing Countries. Washington, DC: World Bank.

Streeter, William, Gerzan R. Zurita, John C. Dell, Michael Hermans, Laurence Monnier. 2004. Public-Private Partnerships The Next Generation of Infrastructure Finance. New York, NY: Fitch Ratings.

United Nations Industrial Development Organization (UNIDO). 1996. Guidelines for Infrastructure Development through Build-Operate-Transfer BOT Projects. New York: UNIDO.

Wallsten Scott. 2002. Does Sequencing Matter? Regulation and Privatization in Telecommunications Reforms. World Bank Policy Research Working Paper 2817. Washington, DC: World Bank.

Wellenius Bjorn. 1997. Telecommunications Reform—How to Succeed. Public Policy for the Private Sector Note No. 130. October. Washington, DC: World Bank.

Wells T. Louis. 1999. Private Foreign Investment in Infrastructure: Managing Noncommercial Risk. Presented at Private Infrastructure for Development: Confronting Political and Regulatory Risks on 8-10 September in Rome, Italy. World Bank. 2000. Private Sector and Power Generation in China. World Bank Discussion Paper No. 406. February. Energy and Mining Sector Unit East Asia and Pacific Region.

World Bank, PPIAF. 2005. Philippines: Meeting the infrastructure challenges. Infrastructure Sector Department East-Asia and Pacific Region.

Yongjian Ke, ShouQing Wang, Albert P.C.Chan, Patrick T.I.Lam. Preferred risk allocation in China's public-private partnership (PPP) projects.(中国PPP项目风险优化分配)

Available:http://www.sciencedirect.com/science/article/pii/SO263786309000933.

B 国务院关于加强地方政府性债务管理的意见

国发〔2014〕43号

各省、自治区、直辖市人民政府,国务院各部委、各直属机构:

为加强地方政府性债务管理,促进国民经济持续健康发展,根据党的十八大、十八届三中全会精神,现提出以下意见:

一、总体要求

(一)指导思想。以邓小平理论、"三个代表"重要思想、科学发展观为指导,全面贯彻落实党的十八大、十八届三中全会精神,按照党中央、国务院决策部署,建立"借、用、还"相统一的地方政府性债务管理机制,有效发挥地方政府规范举债的积极作用,切实防范化解财政金融风险,促进国民经济持续健康发展。

(二)基本原则。

1.疏堵结合。修明渠、堵暗道,赋予地方政府依法适度举债融资权限,加快建立规范的地方政府举债融资机制。同时,坚决制止地方政府违法违规举债。

2.分清责任。明确政府和企业的责任,政府债务不得通过企业举借,企业债务不得推给政府偿还,切实做到谁借谁还、风险自担。政府与社会资本合作的,按约定规则依法承担相关责任。

3.规范管理。对地方政府债务实行规模控制,严格限定政府举债程序和资金用途,把地方政府债务分门别类纳入全口径预算管理,实现"借、用、还"相统一。

4.防范风险。牢牢守住不发生区域性和系统性风险的底线,切实防范和化解财政金融风险。

5.稳步推进。加强债务管理,既要积极推进,又要谨慎稳健。在规范管理的同时,要妥善处理存量债务,确保在建项目有序推进。

二、加快建立规范的地方政府举债融资机制

(一)赋予地方政府依法适度举债权限。经国务院批准,省、自治区、直辖市政

府可以适度举借债务,市县级政府确需举借债务的由省、自治区、直辖市政府代为举借。明确划清政府与企业界限,政府债务只能通过政府及其部门举借,不得通过企事业单位等举借。

(二)建立规范的地方政府举债融资机制。地方政府举债采取政府债券方式。没有收益的公益性事业发展确需政府举借一般债务的,由地方政府发行一般债券融资,主要以一般公共预算收入偿还。有一定收益的公益性事业发展确需政府举借专项债务的,由地方政府通过发行专项债券融资,以对应的政府性基金或专项收入偿还。

(三)推广使用政府与社会资本合作模式。鼓励社会资本通过特许经营等方式,参与城市基础设施等有一定收益的公益性事业投资和运营。政府通过特许经营权、合理定价、财政补贴等事先公开的收益约定规则,使投资者有长期稳定收益。投资者按照市场化原则出资,按约定规则独自或与政府共同成立特别目的公司建设和运营合作项目。投资者或特别目的公司可以通过银行贷款、企业债、项目收益债券、资产证券化等市场化方式举债并承担偿债责任。政府对投资者或特别目的公司按约定规则依法承担特许经营权、合理定价、财政补贴等相关责任,不承担投资者或特别目的公司的偿债责任。

(四)加强政府或有债务监管。剥离融资平台公司政府融资职能,融资平台公司不得新增政府债务。地方政府新发生或有债务,要严格限定在依法担保的范围内,并根据担保合同依法承担相关责任。地方政府要加强对或有债务的统计分析和风险防控,做好相关监管工作。

三、对地方政府债务实行规模控制和预算管理

(一)对地方政府债务实行规模控制。地方政府债务规模实行限额管理,地方政府举债不得突破批准的限额。地方政府一般债务和专项债务规模纳入限额管理,由国务院确定并报全国人大或其常委会批准,分地区限额由财政部在全国人大或其常委会批准的地方政府债务规模内根据各地区债务风险、财力状况等因素测算并报国务院批准。

(二)严格限定地方政府举债程序和资金用途。地方政府在国务院批准的分地区限额内举借债务,必须报本级人大或其常委会批准。地方政府不得通过企事业单位等举借债务。地方政府举借债务要遵循市场化原则。建立地方政府信用评级制度,逐步完善地方政府债券市场。地方政府举借的债务,只能用于公益性资本支出和适度归还存量债务,不得用于经常性支出。

(三)把地方政府债务分门别类纳入全口径预算管理。地方政府要将一般债务收支纳入一般公共预算管理,将专项债务收支纳入政府性基金预算管理,将政府与社会资本合作项目中的财政补贴等支出按性质纳入相应政府预算管理。地方政府各部门、各单位要将债务收支纳入部门和单位预算管理。或有债务确需地方政府或其部门、单位依法承担偿债责任的,偿债资金要纳入相应预算管理。

四、控制和化解地方政府性债务风险

(一)建立地方政府性债务风险预警机制。财政部根据各地区一般债务、专项债务、或有债务等情况,测算债务率、新增债务率、偿债率、逾期债务率等指标,评估各地区债务风险状况,对债务高风险地区进行风险预警。列入风险预警范围的债务高风险地区,要积极采取措施,逐步降低风险。债务风险相对较低的地区,要合理控制债务余额的规模和增长速度。

(二)建立债务风险应急处置机制。要硬化预算约束,防范道德风险,地方政府对其举借的债务负有偿还责任,中央政府实行不救助原则。各级政府要制定应急处置预案,建立责任追究机制。地方政府出现偿债困难时,要通过控制项目规模、压缩公用经费、处置存量资产等方式,多渠道筹集资金偿还债务。地方政府难以自行偿还债务时,要及时上报,本级和上级政府要启动债务风险应急处置预案和责任追究机制,切实化解债务风险,并追究相关人员责任。

(三)严肃财经纪律。建立对违法违规融资和违规使用政府性债务资金的惩罚机制,加大对地方政府性债务管理的监督检查力度。地方政府及其所属部门不得在预算之外违法违规举借债务,不得以支持公益性事业发展名义举借债务用于经常性支出或楼堂馆所建设,不得挪用债务资金或改变既定资金用途;对企业的注资、财政补贴等行为必须依法合规,不得违法为任何单位和个人的债务以任何方式提供担保;不得违规干预金融机构等正常经营活动,不得强制金融机构等提供政府性融资。地方政府要进一步规范土地出让管理,坚决制止违法违规出让土地及融资行为。

五、完善配套制度

(一)完善债务报告和公开制度。完善地方政府性债务统计报告制度,加快建立权责发生制的政府综合财务报告制度,全面反映政府的资产负债情况。对于中央出台的重大政策措施如棚户区改造等形成的政府性债务,应当单独统计、单独核算、单独检查、单独考核。建立地方政府性债务公开制度,加强政府信用体系建设。

各地区要定期向社会公开政府性债务及其项目建设情况,自觉接受社会监督。

(二)建立考核问责机制。把政府性债务作为一个硬指标纳入政绩考核。明确责任落实,各省、自治区、直辖市政府要对本地区地方政府性债务负责任。强化教育和考核,纠正不正确的政绩导向。对脱离实际过度举债、违法违规举债或担保、违规使用债务资金、恶意逃废债务等行为,要追究相关责任人责任。

(三)强化债权人约束。金融机构等不得违法违规向地方政府提供融资,不得要求地方政府违法违规提供担保。金融机构等购买地方政府债券要符合监管规定,向属于政府或有债务举借主体的企业法人等提供融资要严格规范信贷管理,切实加强风险识别和风险管理。金融机构等违法违规提供政府性融资的,应自行承担相应损失,并按照商业银行法、银行业监督管理法等法律法规追究相关机构和人员的责任。

六、妥善处理存量债务和在建项目后续融资

(一)抓紧将存量债务纳入预算管理。以2013年政府性债务审计结果为基础,结合审计后债务增减变化情况,经债权人与债务人共同协商确认,对地方政府性债务存量进行甄别。对地方政府及其部门举借的债务,相应纳入一般债务和专项债务。对企事业单位举借的债务,凡属于政府应当偿还的债务,相应纳入一般债务和专项债务。地方政府将甄别后的政府存量债务逐级汇总上报国务院批准后,分类纳入预算管理。纳入预算管理的债务原有债权债务关系不变,偿债资金要按照预算管理要求规范管理。

(二)积极降低存量债务利息负担。对甄别后纳入预算管理的地方政府存量债务,各地区可申请发行地方政府债券置换,以降低利息负担,优化期限结构,腾出更多资金用于重点项目建设。

(三)妥善偿还存量债务。处置到期存量债务要遵循市场规则,减少行政干预。对项目自身运营收入能够按时还本付息的债务,应继续通过项目收入偿还。对项目自身运营收入不足以还本付息的债务,可以通过依法注入优质资产、加强经营管理、加大改革力度等措施,提高项目盈利能力,增强偿债能力。地方政府应指导和督促有关债务举借单位加强财务管理、拓宽偿债资金渠道、统筹安排偿债资金。对确需地方政府偿还的债务,地方政府要切实履行偿债责任,必要时可以处置政府资产偿还债务。对确需地方政府履行担保或救助责任的债务,地方政府要切实依法履行协议约定,作出妥善安排。有关债务举借单位和连带责任人要按照协议认真落实偿债责任,明确偿债时限,按时还本付息,不得单方面改变原有债权债

务关系,不得转嫁偿债责任和逃废债务。对确已形成损失的存量债务,债权人应按照商业化原则承担相应责任和损失。

(四)确保在建项目后续融资。地方政府要统筹各类资金,优先保障在建项目续建和收尾。对使用债务资金的在建项目,原贷款银行等要重新进行审核,凡符合国家有关规定的项目,要继续按协议提供贷款,推进项目建设;对在建项目确实没有其他建设资金来源的,应主要通过政府与社会资本合作模式和地方政府债券解决后续融资。

七、加强组织领导

各地区、各部门要高度重视,把思想和行动统一到党中央、国务院决策部署上来。地方政府要切实担负起加强地方政府性债务管理、防范化解财政金融风险的责任,结合实际制定具体方案,政府主要负责人要作为第一责任人,认真抓好政策落实。要建立地方政府性债务协调机制,统筹加强地方政府性债务管理。财政部门作为地方政府性债务归口管理部门,要完善债务管理制度,充实债务管理力量,做好债务规模控制、债券发行、预算管理、统计分析和风险监控等工作;发展改革部门要加强政府投资计划管理和项目审批,从严审批债务风险较高地区的新开工项目;金融监管部门要加强监管、正确引导,制止金融机构等违法违规提供融资;审计部门要依法加强对地方政府性债务的审计监督,促进完善债务管理制度,防范风险,规范管理,提高资金使用效益。各地区、各部门要切实履行职责,加强协调配合,全面做好加强地方政府性债务管理各项工作,确保政策贯彻落实到位。

国务院

2014 年 9 月 21 日

C 国务院关于深化预算管理制度改革的决定

国发〔2014〕45号

各省、自治区、直辖市人民政府,国务院各部委、各直属机构:

为贯彻落实党的十八大和十八届三中全会精神,按照新修订的预算法,改进预算管理,实施全面规范、公开透明的预算制度,现就深化预算管理制度改革作出如下决定。

一、充分认识深化预算管理制度改革的重要性和紧迫性

建立与实现现代化相适应的现代财政制度,对于优化资源配置、维护市场统一、促进社会公平、实现国家长治久安具有重要意义。改革开放以来,特别是1995年预算法及预算法实施条例施行以来,在党中央、国务院的正确领导下,我国财政制度改革取得显著成效,初步建立了与社会主义市场经济体制相适应的公共财政制度体系,作为公共财政制度基础的预算管理制度也不断完善,为促进经济社会持续健康发展发挥了重要作用。

当前,我国已进入全面建成小康社会的关键阶段。随着经济社会发展,现行预算管理制度也暴露出一些不符合公共财政制度和现代国家治理要求的问题,主要表现在:预算管理和控制方式不够科学,跨年度预算平衡机制尚未建立;预算体系不够完善,地方政府债务未纳入预算管理;预算约束力不够,财政收支结构有待优化;财政结转结余资金规模较大,预算资金使用绩效不高;预算透明度不够,财经纪律有待加强等,财政可持续发展面临严峻挑战。

党的十八届三中全会确立了全面深化改革的总目标,并对改进预算管理制度提出了明确要求,今年《政府工作报告》也作出了部署。贯彻落实党的十八届三中全会精神和国务院决策部署,深化预算管理制度改革,实施全面规范、公开透明的预算制度,是深化财税体制改革,建立现代公共财政制度的迫切需要;是完善社会主义市场经济体制,加快转变政府职能的必然要求;是推进国家治理体系现代化,实现国家长治久安的重要保障。

二、准确把握深化预算管理制度改革的总体方向

（一）指导思想。深化预算管理制度改革,要以邓小平理论、"三个代表"重要思想、科学发展观为指导,全面贯彻党的十八大和十八届三中全会精神,落实党中央、国务院决策部署,按照全面深化财税体制改革的总体要求,遵循社会主义市场经济原则,加快转变政府职能,完善管理制度,创新管理方式,提高管理绩效,用好增量资金,构建全面规范、公开透明的预算制度,进一步规范政府行为,防范财政风险,实现有效监督,提高资金效益,逐步建立与实现现代化相适应的现代财政制度。

（二）基本原则。

1.遵循现代国家治理理念。按照推进国家治理体系和治理能力现代化的要求,着力构建规范的现代预算制度,并与相关法律和制度的修订完善相衔接。健全财政法律制度体系,注重运用法律和制度规范预算管理,提高政府公共服务水平。

2.划清市场和政府的边界。凡属市场能发挥作用的,财税等优惠政策要逐步退出;凡属市场不能有效发挥作用的,政府包括公共财政等要主动补位。

3.着力推进预算公开透明。实施全面规范、公开透明的预算制度,将公开透明贯穿预算改革和管理全过程,充分发挥预算公开透明对政府部门的监督和约束作用,建设阳光政府、责任政府、服务政府。

4.坚持总体设计、协同推进。既要注重顶层设计,增强改革的系统性、整体性、协同性,又要考虑外部环境和制约因素,实现与行政管理体制改革的有序衔接,合理把握改革的力度和节奏,确保改革顺利实施。

三、全面推进深化预算管理制度改革的各项工作

（一）完善政府预算体系,积极推进预算公开。

1.完善政府预算体系。明确一般公共预算、政府性基金预算、国有资本经营预算、社会保险基金预算的收支范围,建立定位清晰、分工明确的政府预算体系,政府的收入和支出全部纳入预算管理。加大政府性基金预算、国有资本经营预算与一般公共预算的统筹力度,建立将政府性基金预算中应统筹使用的资金列入一般公共预算的机制,加大国有资本经营预算资金调入一般公共预算的力度。加强社会保险基金预算管理,做好基金结余的保值增值,在精算平衡的基础上实现社会保险基金预算的可持续运行。

2.健全预算标准体系。进一步完善基本支出定额标准体系,加快推进项目支出定额标准体系建设,充分发挥支出标准在预算编制和管理中的基础支撑作用。

严格机关运行经费管理,加快制定机关运行经费实物定额和服务标准。加强人员编制管理和资产管理,完善人员编制、资产管理与预算管理相结合的机制。进一步完善政府收支分类体系,按经济分类编制部门预决算和政府预决算。

3.积极推进预决算公开。细化政府预决算公开内容,除涉密信息外,政府预算支出全部细化公开到功能分类的项级科目,专项转移支付预决算按项目按地区公开。积极推进财政政策公开。扩大部门预决算公开范围,除涉密信息外,中央和地方所有使用财政资金的部门均应公开本部门预决算。细化部门预决算公开内容,逐步将部门预决算公开到基本支出和项目支出。按经济分类公开政府预决算和部门预决算。加大"三公"经费公开力度,细化公开内容,除涉密信息外,所有财政资金安排的"三公"经费都要公开。对预决算公开过程中社会关切的问题,要规范整改、完善制度。

(二)改进预算管理和控制,建立跨年度预算平衡机制。

1.实行中期财政规划管理。财政部门会同各部门研究编制三年滚动财政规划,对未来三年重大财政收支情况进行分析预测,对规划期内一些重大改革、重要政策和重大项目,研究政策目标、运行机制和评价办法。中期财政规划要与国民经济和社会发展规划纲要及国家宏观调控政策相衔接。强化三年滚动财政规划对年度预算的约束。推进部门编制三年滚动规划,加强项目库管理,健全项目预算审核机制。提高财政预算的统筹能力,各部门规划中涉及财政政策和资金支持的,要与三年滚动财政规划相衔接。

2.改进年度预算控制方式。一般公共预算审核的重点由平衡状态、赤字规模向支出预算和政策拓展。强化支出预算约束,各级政府向本级人大报告支出预算的同时,要重点报告支出政策内容。预算执行中如需增加或减少预算总支出,必须报经本级人大常委会审查批准。收入预算从约束性转向预期性,根据经济形势和政策调整等因素科学预测。中央一般公共预算因宏观调控政策需要可编列赤字,通过发行国债予以弥补。中央政府债务实行余额管理,中央国债余额限额根据累计赤字和应对当年短收需发行的债务等因素合理确定,报全国人大或其常委会审批。经国务院批准,地方一般公共预算为没有收益的公益性事业发展可编列赤字,通过举借一般债务予以弥补,地方政府一般债务规模纳入限额管理,由国务院确定并报全国人大或其常委会批准。加强政府性基金预算编制管理。政府性基金预算按照以收定支的原则,根据政府性基金项目的收入情况和实际支出需要编制;经国务院批准,地方政府性基金预算为有一定收益的公益性事业发展可举借专项债务,地方政府专项债务规模纳入限额管理,由国务院确定并报全国人大或其常委会批准。财政部在全国人大或其常委会批准的地方政府债务规模内,根据各地区债务风险、财力状况等因素测算分地区债务限额,并报国务院批准。各省、自治区、直辖市在分地区债务限额内举借债务,报省级人大或其常委会批准。国有资本经营预算按照收支平衡的原则编制,不列赤字。

3.建立跨年度预算平衡机制。根据经济形势发展变化和财政政策逆周期调节的需要,建立跨年度预算平衡机制。中央一般公共预算执行中如出现超收,超收收入用于冲减赤字、补充预算稳定调节基金;如出现短收,通过调入预算稳定调节基金、削减支出或增列赤字并在经全国人大或其常委会批准的国债余额限额内发债平衡。地方一般公共预算执行中如出现超收,用于化解政府债务或补充预算稳定调节基金;如出现短收,通过调入预算稳定调节基金或其他预算资金、削减支出实现平衡。如采取上述措施后仍不能实现平衡,省级政府报本级人大或其常委会批准后增列赤字,并报财政部备案,在下一年度预算中予以弥补;市、县级政府通过申请上级政府临时救助实现平衡,并在下一年度预算中归还。政府性基金预算和国有资本经营预算如出现超收,结转下年安排;如出现短收,通过削减支出实现平衡。

(三)加强财政收入管理,清理规范税收优惠政策。

1.加强税收征管。各级税收征管部门要依照法律法规及时足额组织税收收入,并建立与相关经济指标变化情况相衔接的考核体系。切实加强税收征管,做到依法征收、应收尽收,不收过头税。严格减免税管理,不得违反法律法规的规定和超越权限多征、提前征收或者减征、免征、缓征应征税款。加强执法监督,强化税收入库管理。

2.加强非税收入管理。各地区、各部门要依照法律法规切实加强非税收入管理。继续清理规范行政事业性收费和政府性基金,坚决取消不合法、不合理的收费基金项目。加快建立健全国有资源、国有资产有偿使用制度和收益共享机制。加强国有资本收益管理,完善国家以所有者身份参与国有企业利润分配制度,落实国有资本收益权。加强非税收入分类预算管理,完善非税收入征缴制度和监督体系,禁止通过违规调库、乱收费、乱罚款等手段虚增财政收入。

3.全面规范税收优惠政策。除专门的税收法律、法规和国务院规定外,各部门起草其他法律、法规、发展规划和区域政策都不得突破国家统一财税制度、规定税收优惠政策。未经国务院批准,各地区、各部门不能对企业规定财政优惠政策。各地区、各部门要对已经出台的税收优惠政策进行规范,违反法律法规和国务院规定的一律停止执行;没有法律法规障碍且具有推广价值的,尽快在全国范围内实施;有明确时限的到期停止执行,未明确时限的应设定优惠政策实施时限。建立税收优惠政策备案审查、定期评估和退出机制,加强考核问责,严惩各类违法违规行为。

(四)优化财政支出结构,加强结转结余资金管理。

1.优化财政支出结构。严格控制政府性楼堂馆所、财政供养人员以及"三公"经费等一般性支出。清理规范重点支出同财政收支增幅或生产总值挂钩事项,一般不采取挂钩方式。对重点支出根据推进改革的需要和确需保障的内容统筹安排,优先保障,不再采取先确定支出总额再安排具体项目的办法。结合税费制度改革,完善相关法律法规,逐步取消城市维护建设税、排污费、探矿权和采矿权价款、矿产资源补偿费等专款专用的规定,统筹安排这些领域的经费。统一预算分配,逐步将所有预算资金纳入财政部门统一分配。在此之前,负责资金分配的部门要按规定将资金具体安排情况及时报财政部门。

2.优化转移支付结构。完善一般性转移支付增长机制,增加一般性转移支付规模和比例,逐步将一般性转移支付占比提高到60%以上;明显增加对革命老区、民族地区、边疆地区和贫困地区的转移支付;中央出台增支政策形成的地方财力缺口,原则上通过一般性转移支付调节。要大力清理、整合、规范专项转移支付,在合理界定中央与地方事权的基础上,严格控制引导类、救济类、应急类专项转移支付,属地方事务的划入一般性转移支付。对竞争性领域的专项转移支付逐一进行甄别排查,凡属"小、散、乱"以及效用不明显的要坚决取消,其余需要保留的也要予以压缩或实行零增长,并改进分配方式,减少行政性分配,引入市场化运作模式,逐步与金融资本相结合,引导带动社会资本增加投入。对目标接近、资金投入方向类同、资金管理方式相近的专项转移支付予以整合。规范专项转移支付项目设立,严格控制新增项目和资金规模,建立健全专项转移支付定期评估和退出机制。加快修订完善中央对地方转移支付管理办法,对转移支付项目的设立、资金分配、使用管理、绩效评价、信息公开等作出规定。研究建立财政转移支付同农业转移人口市民化挂钩机制。在明确中央和地方支出责任的基础上,认真厘清现行配套政策,对属于中央承担支出责任的事项,一律不得要求地方安排配套资金;对属于中央和地方分担支出责任的事项,由中央和地方按各自应分担数额安排资金。各地区要对本级安排的专项资金进行清理、整合、规范,完善资金管理办法,提高资金使用效益。

3.加强结转结余资金管理。建立结转结余资金定期清理机制,各级政府上一年预算的结转资金,应当在下一年用于结转项目的支出;连续两年未用完的结转资金,应当作为结余资金管理,其中一般公共预算的结余资金,应当补充预算稳定调节基金。各部门、各单位上一年预算的结转、结余资金按照财政部的规定办理。要加大结转资金统筹使用力度,对不需按原用途使用的资金,可按规定统筹用于经济社会发展亟须资金支持的领域。建立预算编制与结转结余资金管理相结合的机制,细化预算编制,提高年初预算到位率。建立科学合理的预算执行进度考核机制,实施预算执行进度的通报制度和监督检查制度,有效控制新增结转结余资金。

4.加强政府购买服务资金管理。政府购买服务所需资金列入财政预算,从部门预算经费或者经批准的专项资金等既有预算中统筹安排,支持各部门按有关规定开展政府购买服务工作,切实降低公共服务成本,提高公共服务质量。

(五)加强预算执行管理,提高财政支出绩效。

1.做好预算执行工作。硬化预算约束,年度预算执行中除救灾等应急支出通过动支预备费解决外,一般不出台增加当年支出的政策,一些必须出台的政策,通过以后年度预算安排资金。及时批复部门预算,严格按照预算、用款计划、项目进度、有关合同和规定程序及时办理资金支付,涉及政府采购的应严格执行政府采购有关规定。进一步提高提前下达转移支付预计数的比例,按因素法分配且金额相对固定的转移支付提前下达的比例要达到90%。加快转移支付预算正式下达进度,除据实结算等特殊项目外,中央对地方一般性转移支付在全国人大批准预算后30日内正式下达,专项转移支付在90日内正式下达。省级政府接到中央一般性转移支付或专项转移支付后,应在30日内正式下达到县级以上地方各级政府。规范预算变更,各部门、各单位的预算支出应当按照预算科目执行。不同预算科目、预算级次或者项目间的预算资金需要调剂使用的,按照财政部的规定办理。

2.规范国库资金管理。规范国库资金管理,提高国库资金收支运行效率。全面清理整顿财政专户,各地一律不得新设专项支出财政专户,除财政部审核并报国务院批准予以保留的专户外,其余专户在2年内逐步取消。规范权责发生制核算,严格权责发生制核算范围,控制核算规模。地方各级财政除国库集中支付年终结余外,一律不得按权责发生制列支。按国务院规定实行权责发生制核算的特定事项,应当向本级人大常委会报告。全面清理已经发生的财政借垫款,应当由预算安排支出的按规定列支,符合制度规定的临时性借垫款及时收回,不符合制度规定的借垫款限期收回。加强财政对外借款管理,各级财政严禁违规对非预算单位及未纳入年度预算的项目借款和垫付财政资金。各级政府应当加强对本级国库的管理和监督,按照国务院的规定完善国库现金管理,合理调节国库资金余额。

3.健全预算绩效管理机制。全面推进预算绩效管理工作,强化支出责任和效率意识,逐步将绩效管理范围覆盖各级预算单位和所有财政资金,将绩效评价重点由项目支出拓展到部门整体支出和政策、制度、管理等方面,加强绩效评价结果应用,将评价结果作为调整支出结构、完善财政政策和科学安排预算的重要依据。

4.建立权责发生制的政府综合财务报告制度。研究制定政府综合财务报告制度改革方案、制度规范和操作指南,建立政府综合财务报告和政府会计标准体系,研究修订总预算会计制度。待条件成熟时,政府综合财务报告向本级人大或其常委会报告。研究将政府综合财务报告主要指标作为考核地方政府绩效的依据,逐步建立政府综合财务报告公开机制。

(六)规范地方政府债务管理,防范化解财政风险。

1.赋予地方政府依法适度举债权限,建立规范的地方政府举债融资机制。经国务院批准,省、自治区、直辖市政府可以适度举借债务;市县级政府确需举借债务的由省、自治区、直辖市政府代为举借。政府债务只能通过政府及其部门举借,不得通过企事业单位等举借。地方政府举债采取政府债券方式。剥离融资平台公司政府融资职能。推广使用政府与社会资本合作模式,鼓励社会资本通过特许经营等方式参与城市基础设施等有一定收益的公益性事业投资和运营。

2.对地方政府债务实行规模控制和分类管理。地方政府债务规模实行限额管理,地方政府举债不得突破批准的限额。地方政府债务分为一般债务、专项债务两类,分类纳入预算管理。一般债务通过发行一般债券融资,纳入一般公共预算管理。专项债务通过发行专项债券融资,纳入政府性基金预算管理。

3.严格限定政府举债程序和资金用途。地方政府在国务院批准的分地区限额内举借债务,必须报本级人大或其常委会批准。地方政府举借债务要遵循市场化原则。建立地方政府信用评级制度,逐步完善地方政府债券市场。地方政府举借的债务,只能用于公益性资本支出和适度归还存量债务,不得用于经常性支出。

4.建立债务风险预警及化解机制。财政部根据债务率、新增债务率、偿债率、逾期债务率等指标,评估各地区债务风险状况,对债务高风险地区进行风险预警。债务高风险地区要积极采取措施,逐步降低风险。对甄别后纳入预算管理的地方政府存量债务,各地区可申请发行地方政府债券置换,以降低利息负担,优化期限结构。要硬化预算约束,防范道德风险,地方政府对其举借的债务负有偿还责任,中央政府实行不救助原则。

5.建立考核问责机制。把政府性债务作为一个硬指标纳入政绩考核。明确责任落实,省、自治区、直辖市政府要对本地区地方政府性债务负责任。地方各级政府要切实担负起加强地方政府性债务管理、防范化解财政金融风险的责任,政府主要负责人要作为第一责任人,认真抓好政策落实。

(七)规范理财行为,严肃财经纪律。

1.坚持依法理财,主动接受监督。各地区、各部门要严格遵守预算法、税收征收管理法、会计法、政府采购法等财税法律法规,依法行使行政决策权和财政管理权,自觉接受人大监督和社会各界的监督。建立和完善政府决算审计制度,进一步加强审计监督。推进预算公开,增强政府理财工作的透明度,减少政府自由裁量权,让财政资金在阳光下运行。

2.健全制度体系,规范理财行为。要健全预算编制、收入征管、资金分配、国库管理、政府采购、财政监督、绩效评价、责任追究等方面的制度建设,扎紧制度的篱笆。要规范理财行为,严格按照规范的程序和要求编报预决算,按规定的用途拨付和使用财政资金,预决算编报都要做到程序合法、数据准确、情况真实、内容完整。

3.严肃财经纪律,强化责任追究。财经纪律是财经工作中必须遵守的行为准则,也是预算管理制度改革取得成效的重要保障。地方各级政府要对本地区各部门、各单位财经纪律的执行情况进行全面检查,通过单位自查、财政部门和审计机关专项检查,及时发现存在的问题。强化责任追究,对检查中发现的虚报、冒领、截留、挪用、滞留财政资金以及违规出台税收优惠政策等涉及违规违纪的行为,要按照预算法等法律法规的规定严肃处理。

四、切实做好深化预算管理制度改革的实施保障工作

深化预算管理制度改革涉及制度创新和利益关系调整,任务艰巨,面临许多矛盾和困难。各地区、各部门要从大局出发,进一步提高认识,把思想和行动统一到党中央、国务院的决策部署上来。要以高度的责任感、使命感和改革创新精神,切实履行职责,加强协调配合,认真落实各项改革措施,合力推进预算管理制度改革。要坚持于法有据,积极推进相关法律法规的修改工作,确保在法治轨道上推进预算管理制度改革。本决定有关要求需要与法律规定相衔接的,按法律规定的程序做好衔接。要加强宣传引导,做好政策解读,为深化预算管理制度改革营造良好的社会环境。财政部要抓紧制定深化预算管理制度改革的具体办法,印发各地区、各部门执行。各地区要结合本地实际情况制定具体政策措施和工作方案,切实加强组织领导,确保改革顺利实施。

国务院

2014 年 9 月 26 日

D 关于印发《地方政府存量债务纳入预算管理清理甄别办法》的通知

财预〔2014〕351号

各省、自治区、直辖市、计划单列市财政厅(局):

  为进一步加强地方政府性债务管理,做好地方政府存量债务纳入预算管理相关工作,根据《国务院关于加强地方政府性债务管理的意见》(国发〔2014〕43号),财政部制定了《地方政府存量债务纳入预算管理清理甄别办法》,现印发给你们,请认真贯彻执行。

附件:地方政府存量债务纳入预算管理清理甄别办法

财政部
2014年10月23日

附件:

地方政府存量债务纳入预算管理清理甄别办法

  第一条 为贯彻落实《国务院关于加强地方政府性债务管理的意见》(国发〔2014〕43号,以下简称《意见》),做好地方政府存量债务纳入预算管理清理甄别工作,制定本办法。

  第二条 清理甄别工作的目的,是清理存量债务,甄别政府债务,为将政府债务分门别类纳入全口径预算管理奠定基础。

  第三条 本办法所指存量债务是指截至2014年12月31日尚未清偿完毕的债务。

  第四条 清理甄别工作由地方政府统一领导、财政部门具体牵头、部门单位各负其责。

第五条　地方各级政府要结合清理甄别工作，认真甄别筛选融资平台公司存量项目，对适宜开展政府与社会资本合作（PPP）模式的项目，要大力推广PPP模式，达到既鼓励社会资本参与提供公共产品和公共服务并获取合理回报，又减轻政府公共财政举债压力、腾出更多资金用于重点民生项目建设的目的。

第六条　清理甄别工作按照先清理、后甄别的顺序开展。

第七条　清理工作由地方政府性债务存量的举借单位（以下简称债务单位）具体负责，主管部门和财政部门审核把关。债务单位应与债权人共同协商确认，根据合同逐笔核对债务明细数据。对核对无误的债务数据，债务单位要根据审计口径确定的地方政府负有偿还责任的债务、地方政府负有担保责任的债务及地方政府可能承担一定救助责任的债务分类填报，经主管部门审核汇总报送财政部门。其中：

（一）2013年全国政府性债务审计确定的截至2013年6月30日的各笔债务，其截至2014年12月31日债务数据根据审计结果及地方政府性债务管理系统（以下简称债务系统）统计的债务增减变化额填报。

（二）2013年6月30日后新发生的各笔债务，其截至2014年12月31日债务根据债务系统统计数据及审计口径填报。

第八条　财政部门审核汇总各主管部门上报的债务数据，凡与审计结果或审计口径不一致的，应退回债务单位重新核实填报。

第九条　对按照政府性债务审计结果、审计口径填报的地方政府性债务存量有争议的，争议双方提出解决方案及依据，经同级审计部门出具审计意见后，报同级政府确定。

第十条　清理工作要严格按照《意见》精神，明确政府和企业的责任，企业债务不得推给政府偿还，切实做到谁借谁还、风险自担。清理后确需将地方政府负有担保责任或可能承担一定救助责任的债务划转地方政府负有偿还责任的债务的，按照"权责利相一致"的原则，相应的资产、收入或权利等也应一并划转。

第十一条　甄别工作由财政部门牵头负责。财政部门商有关部门对地方政府负有偿还责任的存量债务进行逐笔甄别。其中：

（一）通过PPP模式转化为企业债务的，不纳入政府债务。

（二）项目没有收益、计划偿债来源主要依靠一般公共预算收入的，甄别为一般债务。如义务教育债务。

（三）项目有一定收益、计划偿债来源依靠项目收益对应的政府性基金收入或专项收入、能够实现风险内部化的，甄别为专项债务。如土地储备债务。

(四)项目有一定收益但项目收益无法完全覆盖的,无法覆盖的部分列入一般债务,其他部分列入专项债务。

第十二条　地方各级政府要统计本级政府可偿债财力、可变现资产等情况,并测算政府一般债务和专项债务的债务率。凡债务率超过预警线的地区,必须做出书面说明并经政府主要负责人签字确认。

第十三条　地方各级政府要全面统计锁定截至《意见》发文日(9月21日)的在建项目。在建项目要优先通过PPP模式推进,确需政府举债建设的,要客观核算后续融资需求。

第十四条　地方各级政府要以2013年政府性债务审计确定的截至2013年6月30日融资平台公司名单为基础,结合2013年7月1日至2014年12月31日本级融资平台公司增减变化情况,统计本级融资平台公司名录。

第十五条　各部门、各单位负责人对本部门、本单位清理统计结果签字确认。财政部门负责人对本级政府存量债务甄别结果签字确认。政府主要负责人按财政管理级次对本地区清理甄别结果及各项统计情况签字确认。

第十六条　地方各级财政部门汇总本地区清理甄别结果,由同级审计部门出具审计意见并经同级政府批准后逐级上报,省级财政部门应于2015年1月5日前上报财政部。各项统计情况随清理甄别结果一同报送。

第十七条　地方各级政府要严格按照国务院批准的政府存量债务,锁定政府一般债务、专项债务余额。各级政府要将锁定后的政府存量债务情况及时向同级人大或其常委会报告,并按照预算公开有关要求及时向社会公开。

第十八条　地方各级政府要及时将政府存量债务分类纳入预算管理。具体办法另行制定。

第十九条　财政部将各地清理甄别结果抄送审计署,各级财政部门将本级清理甄别结果抄送同级审计部门,作为今后年度相关审计工作重要参考。组织财政部驻各省、自治区、直辖市、计划单列市财政监察专员办事处核查各地报送数据,对虚增政府存量债务的,相应核减地方政府债券发行规模,并追究相关责任人责任。

第二十条　本办法自下发之日起实施。

第二十一条　本办法由财政部负责解释。

E 财政部关于推广运用政府和社会资本合作模式有关问题的通知

财金〔2014〕76号

各省、自治区、直辖市、计划单列市财政厅(局),新疆生产建设兵团财务局:

为贯彻落实党的十八届三中全会关于"允许社会资本通过特许经营等方式参与城市基础设施投资和运营"精神,拓宽城镇化建设融资渠道,促进政府职能加快转变,完善财政投入及管理方式,尽快形成有利于促进政府和社会资本合作模式(Public-Private Partnership,PPP)发展的制度体系,现就有关问题通知如下:

一、充分认识推广运用政府和社会资本合作模式的重要意义

政府和社会资本合作模式是在基础设施及公共服务领域建立的一种长期合作关系。通常模式是由社会资本承担设计、建设、运营、维护基础设施的大部分工作,并通过"使用者付费"及必要的"政府付费"获得合理投资回报;政府部门负责基础设施及公共服务价格和质量监管,以保证公共利益最大化。当前,我国正在实施新型城镇化发展战略。城镇化是现代化的要求,也是稳增长、促改革、调结构、惠民生的重要抓手。立足国内实践,借鉴国际成功经验,推广运用政府和社会资本合作模式,是国家确定的重大经济改革任务,对于加快新型城镇化建设、提升国家治理能力、构建现代财政制度具有重要意义。

(一)推广运用政府和社会资本合作模式,是促进经济转型升级、支持新型城镇化建设的必然要求。政府通过政府和社会资本合作模式向社会资本开放基础设施和公共服务项目,可以拓宽城镇化建设融资渠道,形成多元化、可持续的资金投入机制,有利于整合社会资源,盘活社会存量资本,激发民间投资活力,拓展企业发展空间,提升经济增长动力,促进经济结构调整和转型升级。

(二)推广运用政府和社会资本合作模式,是加快转变政府职能、提升国家治理能力的一次体制机制变革。规范的政府和社会资本合作模式能够将政府的发展规划、市场监管、公共服务职能,与社会资本的管理效率、技术创新动力有机结合,减少政府对微观事务的过度参与,提高公共服务的效率与质量。政府和社会资本

合作模式要求平等参与、公开透明,政府和社会资本按照合同办事,有利于简政放权,更好地实现政府职能转变,弘扬契约文化,体现现代国家治理理念。

(三)推广运用政府和社会资本合作模式,是深化财税体制改革、构建现代财政制度的重要内容。根据财税体制改革要求,现代财政制度的重要内容之一是建立跨年度预算平衡机制、实行中期财政规划管理、编制完整体现政府资产负债状况的综合财务报告等。政府和社会资本合作模式的实质是政府购买服务,要求从以往单一年度的预算收支管理,逐步转向强化中长期财政规划,这与深化财税体制改革的方向和目标高度一致。

二、积极稳妥做好项目示范工作

当前推广运用政府和社会资本合作模式,首先要做好制度设计和政策安排,明确适用于政府和社会资本合作模式的项目类型、采购程序、融资管理、项目监管、绩效评价等事宜。

(一)开展项目示范。地方各级财政部门要向本级政府和相关行业主管部门大力宣传政府和社会资本合作模式的理念和方法,按照政府主导、社会参与、市场运作、平等协商、风险分担、互利共赢的原则,科学评估公共服务需求,探索运用规范的政府和社会资本合作模式新建或改造一批基础设施项目。财政部将统筹考虑项目成熟度、可示范程度等因素,在全国范围内选择一批以"使用者付费"为基础的项目进行示范,在实践的基础上不断总结、提炼、完善制度体系。

(二)确定示范项目范围。适宜采用政府和社会资本合作模式的项目,具有价格调整机制相对灵活、市场化程度相对较高、投资规模相对较大、需求长期稳定等特点。各级财政部门要重点关注城市基础设施及公共服务领域,如城市供水、供暖、供气、污水和垃圾处理、保障性安居工程、地下综合管廊、轨道交通、医疗和养老服务设施等,优先选择收费定价机制透明、有稳定现金流的项目。

(三)加强示范项目指导。财政部将通过建立政府和社会资本合作项目库为地方提供参考案例。对政府和社会资本合作示范项目,财政部将在项目论证、交易结构设计、采购和选择合作伙伴、融资安排、合同管理、运营监管、绩效评价等工作环节,为地方财政部门提供全方位的业务指导和技术支撑。

(四)完善项目支持政策。财政部将积极研究利用现有专项转移支付资金渠道,对示范项目提供资本投入支持。同时,积极引入信誉好、有实力的运营商参与示范项目建设和运营。鼓励和支持金融机构为示范项目提供融资、保险等金融服务。地方各级财政部门可以结合自身财力状况,因地制宜地给予示范项目前期费用补贴、资本补助等多种形式的资金支持。在与社会资本协商确定项目财政支出责任时,地方各级财政部门要对各种形式的资金支持给予统筹,综合考虑项目风险等因素合理确定资金支持方式和力度,切实考虑社会资本合理收益。

三、切实有效履行财政管理职能

政府和社会资本合作项目从明确投入方式、选择合作伙伴、确定运营补贴到提供公共服务,涉及预算管理、政府采购、政府性债务管理,以及财政支出绩效评价等财政职能。推广运用政府和社会资本合作模式对财政管理提出了更高要求。地方各级财政部门要提高认识,勇于担当,认真做好相关财政管理工作。

(一)着力提高财政管理能力。政府和社会资本合作项目建设周期长、涉及领域广、复杂程度高,不同行业的技术标准和管理要求差异大,专业性强。地方各级财政部门要根据财税体制改革总体方案要求,按照公开、公平、公正的原则,探索项目采购、预算管理、收费定价调整机制、绩效评价等有效管理方式,规范项目运作,实现中长期可持续发展,提升资金使用效益和公共服务水平。同时,注重体制机制创新,充分发挥市场在资源配置中的决定性作用,按照"风险由最适宜的一方来承担"的原则,合理分配项目风险,项目设计、建设、财务、运营维护等商业风险原则上由社会资本承担,政策、法律和最低需求风险等由政府承担。

(二)认真做好项目评估论证。地方各级财政部门要会同行业主管部门,根据有关政策法规要求,扎实做好项目前期论证工作。除传统的项目评估论证外,还要积极借鉴物有所值(Value for Money,VFM)评价理念和方法,对拟采用政府和社会资本合作模式的项目进行筛选,必要时可委托专业机构进行项目评估论证。评估论证时,要与传统政府采购模式进行比较分析,确保从项目全生命周期看,采用政府和社会资本合作模式后能够提高服务质量和运营效率,或者降低项目成本。项目评估时,要综合考虑公共服务需要、责任风险分担、产出标准、关键绩效指标、支付方式、融资方案和所需要的财政补贴等要素,平衡好项目财务效益和社会效益,确保实现激励相容。

(三)规范选择项目合作伙伴。地方各级财政部门要依托政府采购信息平台,加强政府和社会资本合作项目政府采购环节的规范与监督管理。财政部将围绕实现"物有所值"价值目标,探索创新适合政府和社会资本合作项目采购的政府采购方式。地方各级财政部门要会同行业主管部门,按照《政府采购法》及有关规定,依法选择项目合作伙伴。要综合评估项目合作伙伴的专业资质、技术能力、管理经验和财务实力等因素,择优选择诚实守信、安全可靠的合作伙伴,并按照平等协商原则明确政府和项目公司间的权利与义务。可邀请有意愿的金融机构及早进入项目磋商进程。

（四）细化完善项目合同文本。地方各级财政部门要会同行业主管部门协商订立合同，重点关注项目的功能和绩效要求、付款和调整机制、争议解决程序、退出安排等关键环节，积极探索明确合同条款内容。财政部将在结合国际经验、国内实践的基础上，制定政府和社会资本合作模式操作指南和标准化的政府和社会资本合作模式项目合同文本。在订立具体合同时，地方各级财政部门要会同行业主管部门、专业技术机构，因地制宜地研究完善合同条款，确保合同内容全面、规范、有效。

（五）完善项目财政补贴管理。对项目收入不能覆盖成本和收益，但社会效益较好的政府和社会资本合作项目，地方各级财政部门可给予适当补贴。财政补贴要以项目运营绩效评价结果为依据，综合考虑产品或服务价格、建造成本、运营费用、实际收益率、财政中长期承受能力等因素合理确定。地方各级财政部门要从"补建设"向"补运营"逐步转变，探索建立动态补贴机制，将财政补贴等支出分类纳入同级政府预算，并在中长期财政规划中予以统筹考虑。

（六）健全债务风险管理机制。地方各级财政部门要根据中长期财政规划和项目全生命周期内的财政支出，对政府付费或提供财政补贴等支持的项目进行财政承受能力论证。在明确项目收益与风险分担机制时，要综合考虑政府风险转移意向、支付方式和市场风险管理能力等要素，量力而行，减少政府不必要的财政负担。省级财政部门要建立统一的项目名录管理制度和财政补贴支出统计监测制度，按照政府性债务管理要求，指导下级财政部门合理确定补贴金额，依法严格控制政府或有债务，重点做好融资平台公司项目向政府和社会资本合作项目转型的风险控制工作，切实防范和控制财政风险。

（七）稳步开展项目绩效评价。省级财政部门要督促行业主管部门，加强对项目公共产品或服务质量和价格的监管，建立政府、服务使用者共同参与的综合性评价体系，对项目的绩效目标实现程度、运营管理、资金使用、公共服务质量、公众满意度等进行绩效评价。绩效评价结果应依法对外公开，接受社会监督。同时，要根据评价结果，依据合同约定对价格或补贴等进行调整，激励社会资本通过管理创新、技术创新提高公共服务质量。

四、加强组织和能力建设

（一）推动设立专门机构。省级财政部门要结合部门内部职能调整，积极研究设立专门机构,履行政府和社会资本合作政策制订、项目储备、业务指导、项目评估、信息管理、宣传培训等职责,强化组织保障。

(二)持续开展能力建设。地方各级财政部门要着力加强政府和社会资本合作模式实施能力建设,注重培育专业人才。同时,大力宣传培训政府和社会资本合作的工作理念和方法,增进政府、社会和市场主体共识,形成良好的社会氛围。

(三)强化工作组织领导。地方各级财政部门要进一步明确职责分工和工作目标要求。同时,要与有关部门建立高效、顺畅的工作协调机制,形成工作合力,确保顺利实施。对工作中出现的新情况、新问题,应及时报告财政部。

财政部
2014 年 9 月 23 日

F 关于印发政府和社会资本合作模式操作指南（试行）的通知

财金〔2014〕113号

各省、自治区、直辖市、计划单列市财政厅（局），新疆生产建设兵团财务局：

根据《财政部关于推广运用政府和社会资本合作模式有关问题的通知》（财金〔2014〕76号），为保证政府和社会资本合作项目实施质量，规范项目识别、准备、采购、执行、移交各环节操作流程，现印发《政府和社会资本合作模式操作指南（试行）》，请遵照执行。

附件：政府和社会资本合作模式操作指南（试行）

财政部
2014年11月29日

附件：

政府和社会资本合作模式操作指南

（试行）

第一章 总则

第一条 为科学规范地推广运用政府和社会资本合作模式（Public-Private Partnership,PPP），根据《中华人民共和国预算法》《中华人民共和国政府采购法》《中华人民共和国合同法》《国务院关于加强地方政府性债务管理的意见》（国发〔2014〕43号）、《国务院关于深化预算管理制度改革的决定》（国发〔2014〕45号）和《财政部关于推广运用政府和社会资本合作模式有关问题的通知》（财金〔2014〕76号）等法律、法规、规章和规范性文件，制定本指南。

第二条 本指南所称社会资本是指已建立现代企业制度的境内外企业法人，但不包括本级政府所属融资平台公司及其他控股国有企业。

第三条 本指南适用于规范政府、社会资本和其他参与方开展政府和社会资本合作项目的识别、准备、采购、执行和移交等活动。

第四条 财政部门应本着社会主义市场经济基本原则，以制度创新、合作契约精神,加强与政府相关部门的协调,积极发挥第三方专业机构作用,全面统筹政府和社会资本合作管理工作。

各省、自治区、直辖市、计划单列市和新疆生产建设兵团财政部门应积极设立政府和社会资本合作中心或指定专门机构,履行规划指导、融资支持、识别评估、咨询服务、宣传培训、绩效评价、信息统计、专家库和项目库建设等职责。

第五条 各参与方应按照公平、公正、公开和诚实信用的原则,依法、规范、高效实施政府和社会资本合作项目。

第二章 项目识别

第六条 投资规模较大、需求长期稳定、价格调整机制灵活、市场化程度较高的基础设施及公共服务类项目,适宜采用政府和社会资本合作模式。

政府和社会资本合作项目由政府或社会资本发起,以政府发起为主。

(一)政府发起。财政部门(政府和社会资本合作中心)应负责向交通、住建、环保、能源、教育、医疗、体育健身和文化设施等行业主管部门征集潜在政府和社会资本合作项目。行业主管部门可从国民经济和社会发展规划及行业专项规划中的新建、改建项目或存量公共资产中遴选潜在项目。

(二)社会资本发起。社会资本应以项目建议书的方式向财政部门(政府和社会资本合作中心)推荐潜在政府和社会资本合作项目。

第七条 财政部门(政府和社会资本合作中心)会同行业主管部门,对潜在政府和社会资本合作项目进行评估筛选,确定备选项目。财政部门(政府和社会资本合作中心)应根据筛选结果制定项目年度和中期开发计划。

对于列入年度开发计划的项目,项目发起方应按财政部门(政府和社会资本合作中心)的要求提交相关资料。新建、改建项目应提交可行性研究报告、项目产出说明和初步实施方案;存量项目应提交存量公共资产的历史资料、项目产出说明和初步实施方案。

第八条 财政部门(政府和社会资本合作中心)会同行业主管部门,从定性和定量两方面开展物有所值评价工作。定量评价工作由各地根据实际情况开展。

定性评价重点关注项目采用政府和社会资本合作模式与采用政府传统采购模式相比能否增加供给、优化风险分配、提高运营效率、促进创新和公平竞争等。

定量评价主要通过对政府和社会资本合作项目全生命周期内政府支出成本现值与公共部门比较值进行比较,计算项目的物有所值量值,判断政府和社会资本合作模式是否降低项目全生命周期成本。

第九条 为确保财政中长期可持续性,财政部门应根据项目全生命周期内的财政支出、政府债务等因素,对部分政府付费或政府补贴的项目,开展财政承受能力论证,每年政府付费或政府补贴等财政支出不得超出当年财政收入的一定比例。

通过物有所值评价和财政承受能力论证的项目,可进行项目准备。

第三章 项目准备

第十条 县级(含)以上地方人民政府可建立专门协调机制,主要负责项目评审、组织协调和检查督导等工作,实现简化审批流程、提高工作效率的目的。政府或其指定的有关职能部门或事业单位可作为项目实施机构,负责项目准备、采购、监管和移交等工作。

第十一条 项目实施机构应组织编制项目实施方案,依次对以下内容进行介绍:

(一)项目概况。项目概况主要包括基本情况、经济技术指标和项目公司股权情况等。

基本情况主要明确项目提供的公共产品和服务内容、项目采用政府和社会资本合作模式运作的必要性和可行性,以及项目运作的目标和意义。

经济技术指标主要明确项目区位、占地面积、建设内容或资产范围、投资规模或资产价值、主要产出说明和资金来源等。

项目公司股权情况主要明确是否要设立项目公司以及公司股权结构。

(二)风险分配基本框架。按照风险分配优化、风险收益对等和风险可控等原则,综合考虑政府风险管理能力、项目回报机制和市场风险管理能力等要素,在政府和社会资本间合理分配项目风险。

原则上,项目设计、建造、财务和运营维护等商业风险由社会资本承担,法律、政策和最低需求等风险由政府承担,不可抗力等风险由政府和社会资本合理共担。

(三)项目运作方式。项目运作方式主要包括委托运营、管理合同、建设—运营—移交、建设—拥有—运营、转让—运营—移交和改建—运营—移交等。

具体运作方式的选择主要由收费定价机制、项目投资收益水平、风险分配基本框架、融资需求、改扩建需求和期满处置等因素决定。

(四)交易结构。交易结构主要包括项目投融资结构、回报机制和相关配套安排。

项目投融资结构主要说明项目资本性支出的资金来源、性质和用途,项目资产的形成和转移等。

项目回报机制主要说明社会资本取得投资回报的资金来源,包括使用者付费、可行性缺口补助和政府付费等支付方式。

相关配套安排主要说明由项目以外相关机构提供的土地、水、电、气和道路等配套设施和项目所需的上下游服务。

(五)合同体系。合同体系主要包括项目合同、股东合同、融资合同、工程承包合同、运营服务合同、原料供应合同、产品采购合同和保险合同等。项目合同是其中最核心的法律文件。

项目边界条件是项目合同的核心内容,主要包括权利义务、交易条件、履约保障和调整衔接等边界。

权利义务边界主要明确项目资产权属、社会资本承担的公共责任、政府支付方式和风险分配结果等。

交易条件边界主要明确项目合同期限、项目回报机制、收费定价调整机制和产出说明等。

履约保障边界主要明确强制保险方案以及由投资竞争保函、建设履约保函、运营维护保函和移交维修保函组成的履约保函体系。

调整衔接边界主要明确应急处置、临时接管和提前终止、合同变更、合同展期、项目新增改扩建需求等应对措施。

(六)监管架构。监管架构主要包括授权关系和监管方式。授权关系主要是政府对项目实施机构的授权,以及政府直接或通过项目实施机构对社会资本的授权;监管方式主要包括履约管理、行政监管和公众监督等。

(七)采购方式选择。项目采购应根据《中华人民共和国政府采购法》及相关规章制度执行,采购方式包括公开招标、竞争性谈判、邀请招标、竞争性磋商和单一来源采购。项目实施机构应根据项目采购需求特点,依法选择适当采购方式。

公开招标主要适用于核心边界条件和技术经济参数明确、完整、符合国家法律法规和政府采购政策,且采购中不作更改的项目。

第十二条 财政部门(政府和社会资本合作中心)应对项目实施方案进行物有所值和财政承受能力验证,通过验证的,由项目实施机构报政府审核;未通过验证的,可在实施方案调整后重新验证;经重新验证仍不能通过的,不再采用政府和社会资本合作模式。

第四章 项目采购

第十三条 项目实施机构应根据项目需要准备资格预审文件,发布资格预审公告,邀请社会资本和与其合作的金融机构参与资格预审,验证项目能否获得社会资本响应和实现充分竞争,并将资格预审的评审报告提交财政部门(政府和社会资本合作中心)备案。

项目有3家以上社会资本通过资格预审的,项目实施机构可以继续开展采购文件准备工作;项目通过资格预审的社会资本不足3家的,项目实施机构应在实施方案调整后重新组织资格预审;项目经重新资格预审合格社会资本仍不够3家的,可依法调整实施方案选择的采购方式。

第十四条　资格预审公告应在省级以上人民政府财政部门指定的媒体上发布。资格预审合格的社会资本在签订项目合同前资格发生变化的,应及时通知项目实施机构。

资格预审公告应包括项目授权主体、项目实施机构和项目名称、采购需求、对社会资本的资格要求、是否允许联合体参与采购活动、拟确定参与竞争的合格社会资本的家数和确定方法,以及社会资本提交资格预审申请文件的时间和地点。提交资格预审申请文件的时间自公告发布之日起不得少于15个工作日。

第十五条　项目采购文件应包括采购邀请、竞争者须知(包括密封、签署、盖章要求等)、竞争者应提供的资格、资信及业绩证明文件、采购方式、政府对项目实施机构的授权、实施方案的批复和项目相关审批文件、采购程序、响应文件编制要求、提交响应文件截止时间、开启时间及地点、强制担保的保证金交纳数额和形式、评审方法、评审标准、政府采购政策要求、项目合同草案及其他法律文本等。

采用竞争性谈判或竞争性磋商采购方式的,项目采购文件除上款规定的内容外,还应明确评审小组根据与社会资本谈判情况可能实质性变动的内容,包括采购需求中的技术、服务要求以及合同草案条款。

第十六条　评审小组由项目实施机构代表和评审专家共5人以上单数组成,其中评审专家人数不得少于评审小组成员总数的2/3。评审专家可以由项目实施机构自行选定,但评审专家中应至少包含1名财务专家和1名法律专家。项目实施机构代表不得以评审专家身份参加项目的评审。

第十七条　项目采用公开招标、邀请招标、竞争性谈判、单一来源采购方式开展采购的,按照政府采购法律法规及有关规定执行。

项目采用竞争性磋商采购方式开展采购的,按照下列基本程序进行:

(一)采购公告发布及报名。竞争性磋商公告应在省级以上人民政府财政部门指定的媒体上发布。竞争性磋商公告应包括项目实施机构和项目名称、项目结构和核心边界条件、是否允许未进行资格预审的社会资本参与采购活动,以及审查原则、项目产出说明、对社会资本提供的响应文件要求、获取采购文件的时间、地点、方式及采购文件的售价、提交响应文件截止时间、开启时间及地点。提交响应文件的时间自公告发布之日起不得少于10日。

（二）资格审查及采购文件发售。已进行资格预审的，评审小组在评审阶段不再对社会资本资格进行审查。允许进行资格后审的，由评审小组在响应文件评审环节对社会资本进行资格审查。项目实施机构可以视项目的具体情况，组织对符合条件的社会资本的资格条件，进行考察核实。

采购文件售价，应按照弥补采购文件印制成本费用的原则确定，不得以盈利为目的，不得以项目采购金额作为确定采购文件售价依据。采购文件的发售期限自开始之日起不得少于5个工作日。

（三）采购文件的澄清或修改。提交首次响应文件截止之日前，项目实施机构可以对已发出的采购文件进行必要的澄清或修改，澄清或修改的内容应作为采购文件的组成部分。澄清或修改的内容可能影响响应文件编制的，项目实施机构应在提交首次响应文件截止时间至少5日前，以书面形式通知所有获取采购文件的社会资本；不足5日的，项目实施机构应顺延提交响应文件的截止时间。

（四）响应文件评审。项目实施机构应按照采购文件规定组织响应文件的接收和开启。

评审小组对响应文件进行两阶段评审。

第一阶段：确定最终采购需求方案。评审小组可以与社会资本进行多轮谈判，谈判过程中可实质性修订采购文件的技术、服务要求以及合同草案条款，但不得修订采购文件中规定的不可谈判核心条件。实质性变动的内容，须经项目实施机构确认，并通知所有参与谈判的社会资本。具体程序按照《政府采购非招标方式管理办法》及有关规定执行。

第二阶段：综合评分。最终采购需求方案确定后，由评审小组对社会资本提交的最终响应文件进行综合评分，编写评审报告并向项目实施机构提交候选社会资本的排序名单。具体程序按照《政府采购货物和服务招标投标管理办法》及有关规定执行。

第十八条　项目实施机构应在资格预审公告、采购公告、采购文件、采购合同中，列明对本国社会资本的优惠措施及幅度、外方社会资本采购我国生产的货物和服务要求等相关政府采购政策，以及对社会资本参与采购活动和履约保证的强制担保要求。社会资本应以支票、汇票、本票或金融机构、担保机构出具的保函等非现金形式缴纳保证金。参加采购活动的保证金的数额不得超过项目预算金额的2%。履约保证金的数额不得超过政府和社会资本合作项目初始投资总额或资产评估值的10%。无固定资产投资或投资额不大的服务型合作项目，履约保证金的数额不得超过平均 6 个月的服务收入额。

第十九条 项目实施机构应组织社会资本进行现场考察或召开采购前答疑会,但不得单独或分别组织只有一个社会资本参加的现场考察和答疑会。

第二十条 项目实施机构应成立专门的采购结果确认谈判工作组。按照候选社会资本的排名,依次与候选社会资本及与其合作的金融机构就合同中可变的细节问题进行合同签署前的确认谈判,率先达成一致的即为中选者。确认谈判不得涉及合同中不可谈判的核心条款,不得与排序在前但已终止谈判的社会资本进行再次谈判。

第二十一条 确认谈判完成后,项目实施机构应与中选社会资本签署确认谈判备忘录,并将采购结果和根据采购文件、响应文件、补遗文件和确认谈判备忘录拟定的合同文本进行公示,公示期不得少于 5 个工作日。合同文本应将中选社会资本响应文件中的重要承诺和技术文件等作为附件。合同文本中涉及国家秘密、商业秘密的内容可以不公示。

公示期满无异议的项目合同,应在政府审核同意后,由项目实施机构与中选社会资本签署。

需要为项目设立专门项目公司的,待项目公司成立后,由项目公司与项目实施机构重新签署项目合同,或签署关于承继项目合同的补充合同。

项目实施机构应在项目合同签订之日起 2 个工作日内,将项目合同在省级以上人民政府财政部门指定的媒体上公告,但合同中涉及国家秘密、商业秘密的内容除外。

第二十二条 各级人民政府财政部门应当加强对 PPP 项目采购活动的监督检查,及时处理采购活动中的违法违规行为。

第五章 项目执行

第二十三条 社会资本可依法设立项目公司。政府可指定相关机构依法参股项目公司。项目实施机构和财政部门(政府和社会资本合作中心)应监督社会资本按照采购文件和项目合同约定,按时足额出资设立项目公司。

第二十四条 项目融资由社会资本或项目公司负责。社会资本或项目公司应及时开展融资方案设计、机构接洽、合同签订和融资交割等工作。财政部门(政府和社会资本合作中心)和项目实施机构应做好监督管理工作,防止企业债务向政府转移。

社会资本或项目公司未按照项目合同约定完成融资的,政府可提取履约保函直至终止项目合同;遇系统性金融风险或不可抗力的,政府、社会资本或项目公司可根据项目合同约定协商修订合同中相关融资条款。

当项目出现重大经营或财务风险,威胁或侵害债权人利益时,债权人可依据与政府、社会资本或项目公司签订的直接介入协议或条款,要求社会资本或项目公司改善管理等。在直接介入协议或条款约定期限内,重大风险已解除的,债权人应停止介入。

第二十五条 项目合同中涉及的政府支付义务,财政部门应结合中长期财政规划统筹考虑,纳入同级政府预算,按照预算管理相关规定执行。财政部门(政府和社会资本合作中心)和项目实施机构应建立政府和社会资本合作项目政府支付台账,严格控制政府财政风险。在政府综合财务报告制度建立后,政府和社会资本合作项目中的政府支付义务应纳入政府综合财务报告。

第二十六条 项目实施机构应根据项目合同约定,监督社会资本或项目公司履行合同义务,定期监测项目产出绩效指标,编制季报和年报,并报财政部门(政府和社会资本合作中心)备案。

政府有支付义务的,项目实施机构应根据项目合同约定的产出说明,按照实际绩效直接或通知财政部门向社会资本或项目公司及时足额支付。设置超额收益分享机制的,社会资本或项目公司应根据项目合同约定向政府及时足额支付应享有的超额收益。

项目实际绩效优于约定标准的,项目实施机构应执行项目合同约定的奖励条款,并可将其作为项目期满合同能否展期的依据;未达到约定标准的,项目实施机构应执行项目合同约定的惩处条款或救济措施。

第二十七条 社会资本或项目公司违反项目合同约定,威胁公共产品和服务持续稳定安全供给,或危及国家安全和重大公共利益的,政府有权临时接管项目,直至启动项目提前终止程序。

政府可指定合格机构实施临时接管。临时接管项目所产生的一切费用,将根据项目合同约定,由违约方单独承担或由各责任方分担。社会资本或项目公司应承担的临时接管费用,可以从其应获终止补偿中扣减。

第二十八条 在项目合同执行和管理过程中,项目实施机构应重点关注合同修订、违约责任和争议解决等工作。

(一)合同修订。按照项目合同约定的条件和程序,项目实施机构和社会资本或项目公司可根据社会经济环境、公共产品和服务的需求量及结构等条件的变化,提出修订项目合同申请,待政府审核同意后执行。

(二)违约责任。项目实施机构、社会资本或项目公司未履行项目合同约定义务的,应承担相应违约责任,包括停止侵害、消除影响、支付违约金、赔偿损失以及解除项目合同等。

(三)争议解决。在项目实施过程中,按照项目合同约定,项目实施机构、社会资本或项目公司可就发生争议且无法协商达成一致的事项,依法申请仲裁或提起民事诉讼。

第二十九条 项目实施机构应每3~5年对项目进行中期评估,重点分析项目运行状况和项目合同的合规性、适应性和合理性;及时评估已发现问题的风险,制订应对措施,并报财政部门(政府和社会资本合作中心)备案。

第三十条 政府相关职能部门应根据国家相关法律法规对项目履行行政监管职责,重点关注公共产品和服务质量、价格和收费机制、安全生产、环境保护和劳动者权益等。

社会资本或项目公司对政府职能部门的行政监管处理决定不服的,可依法申请行政复议或提起行政诉讼。

第三十一条 政府、社会资本或项目公司应依法公开披露项目相关信息,保障公众知情权,接受社会监督。

社会资本或项目公司应披露项目产出的数量和质量、项目经营状况等信息。政府应公开不涉及国家秘密、商业秘密的政府和社会资本合作项目合同条款、绩效监测报告、中期评估报告和项目重大变更或终止情况等。

社会公众及项目利益相关方发现项目存在违法、违约情形或公共产品和服务不达标准的,可向政府职能部门提请监督检查。

第六章 项目移交

第三十二条 项目移交时,项目实施机构或政府指定的其他机构代表政府收回项目合同约定的项目资产。

项目合同中应明确约定移交形式、补偿方式、移交内容和移交标准。移交形式包括期满终止移交和提前终止移交;补偿方式包括无偿移交和有偿移交;移交内容包括项目资产、人员、文档和知识产权等;移交标准包括设备完好率和最短可使用年限等指标。

采用有偿移交的,项目合同中应明确约定补偿方案;没有约定或约定不明的,项目实施机构应按照"恢复相同经济地位"原则拟订补偿方案,报政府审核同意后实施。

第三十三条 项目实施机构或政府指定的其他机构应组建项目移交工作组,根据项目合同约定与社会资本或项目公司确认移交情形和补偿方式,制定资产评估和性能测试方案。

项目移交工作组应委托具有相关资质的资产评估机构,按照项目合同约定的评估方式,对移交资产进行资产评估,作为确定补偿金额的依据。

项目移交工作组应严格按照性能测试方案和移交标准对移交资产进行性能测试。性能测试结果不达标的,移交工作组应要求社会资本或项目公司进行恢复性修理、更新重置或提取移交维修保函。

第三十四条 社会资本或项目公司应将满足性能测试要求的项目资产、知识产权和技术法律文件,连同资产清单移交项目实施机构或政府指定的其他机构,办妥法律过户和管理权移交手续。社会资本或项目公司应配合做好项目运营平稳过渡相关工作。

第三十五条 项目移交完成后,财政部门(政府和社会资本合作中心)应组织有关部门对项目产出、成本效益、监管成效、可持续性、政府和社会资本合作模式应用等进行绩效评价,并按相关规定公开评价结果。评价结果作为政府开展政府和社会资本合作管理工作决策参考依据。

第七章 附则

第三十六条 本操作指南自印发之日起施行,有效期3年。

第三十七条 本操作指南由财政部负责解释。

附:1. 政府和社会资本合作项目操作流程图

2. 名词解释

附1 政府和社会资本合作项目操作流程图

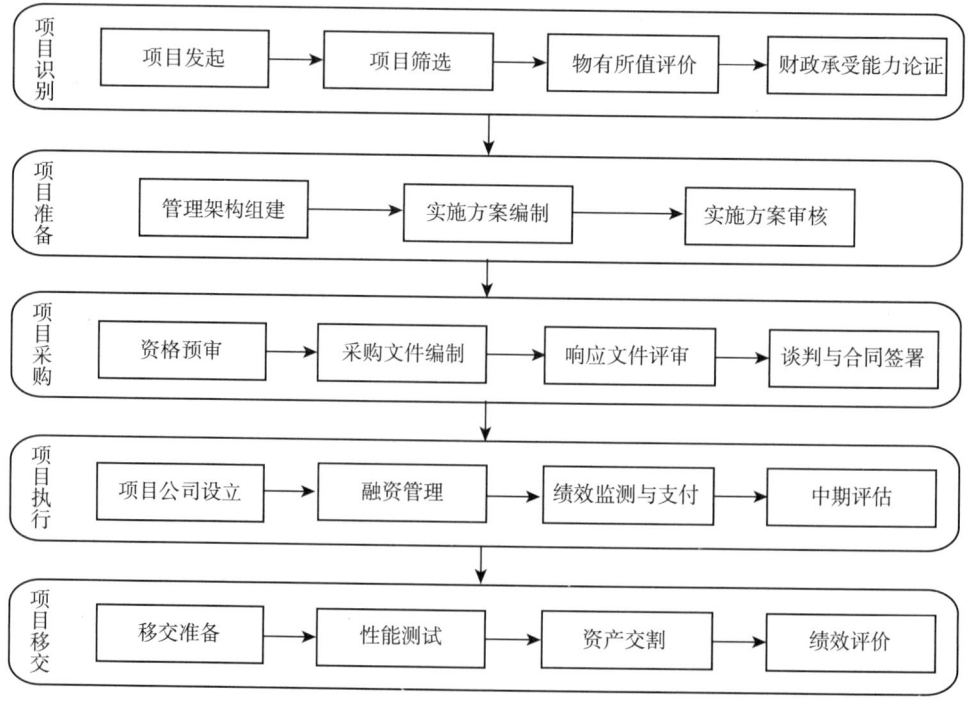

附 2 名词解释

1.全生命周期(Whole Life Cycle),是指项目从设计、融资、建造、运营、维护至终止移交的完整周期。

2.产出说明(Output Specification),是指项目建成后项目资产所应达到的经济、技术标准,以及公共产品和服务的交付范围、标准和绩效水平等。

3.物有所值(Value for Money,VFM),是指一个组织运用其可利用资源所能获得的长期最大利益。VFM评价是国际上普遍采用的一种评价传统上由政府提供的公共产品和服务是否可运用政府和社会资本合作模式的评估体系,旨在实现公共资源配置利用效率最优化。

4.公共部门比较值(Public Sector Comparator,PSC),是指在全生命周期内,政府采用传统采购模式提供公共产品和服务的全部成本的现值,主要包括建设运营净成本、可转移风险承担成本、自留风险承担成本和竞争性中立调整成本等。

5.使用者付费(User Charge),是指由最终消费用户直接付费购买公共产品和服务。

6.可行性缺口补助(Viability Gap Funding),是指使用者付费不足以满足社会资本或项目公司成本回收和合理回报,而由政府以财政补贴、股本投入、优惠贷款和其他优惠政策的形式,给予社会资本或项目公司的经济补助。

7.政府付费(Government Payment),是指政府直接付费购买公共产品和服务,主要包括可用性付费(Availability Payment)、使用量付费(Usage Payment)和绩效付费(Performance Payment)。

政府付费的依据主要是设施可用性、产品和服务使用量和质量等要素。

8.委托运营(Operations & Maintenance,O&M),是指政府将存量公共资产的运营维护职责委托给社会资本或项目公司,社会资本或项目公司不负责用户服务的政府和社会资本合作项目运作方式。政府保留资产所有权,只向社会资本或项目公司支付委托运营费。合同期限一般不超过8年。

9.管理合同(Management Contract,MC),是指政府将存量公共资产的运营、维护及用户服务职责授权给社会资本或项目公司的项目运作方式。政府保留资产所有权,只向社会资本或项目公司支付管理费。管理合同通常作为转让—运营—移交的过渡方式,合同期限一般不超过3年。

10.建设—运营—移交(Build-Operate-Transfer,BOT),是指由社会资本或项目公司承担新建项目设计、融资、建造、运营、维护和用户服务职责,合同期满后项目资产及相关权利等移交给政府的项目运作方式。合同期限一般为20~30年。

11.建设—拥有—运营(Build-Own-Operate,BOO),由 BOT 方式演变而来,二者区别主要是 BOO 方式下社会资本或项目公司拥有项目所有权,但必须在合同中注明保证公益性的约束条款,一般不涉及项目期满移交。

12.转让—运营—移交(Transfer-Operate-Transfer,TOT),是指政府将存量资产所有权有偿转让给社会资本或项目公司,并由其负责运营、维护和用户服务,合同期满后资产及其所有权等移交给政府的项目运作方式。合同期限一般为 20～30 年。

13.改建—运营—移交(Rehabilitate-Operate-Transfer,ROT),是指政府在 TOT 模式的基础上,增加改扩建内容的项目运作方式。合同期限一般为 20～30 年。

G 国家发展改革委关于开展政府和社会资本合作的指导意见

发改投资〔2014〕2724号

各省、自治区、直辖市及计划单列市、新疆生产建设兵团发展改革委：

为贯彻落实《国务院关于创新重点领域投融资机制鼓励社会投资的的指导意见》（国发〔2014〕60号）有关要求，鼓励和引导社会投资，增强公共产品供给能力，促进调结构、补短板、惠民生，现就开展政府和社会资本合作提出如下指导意见。

一、充分认识政府和社会资本合作的重要意义

政府和社会资本合作（PPP）模式是指政府为增强公共产品和服务供给能力、提高供给效率，通过特许经营、购买服务、股权合作等方式，与社会资本建立的利益共享、风险分担及长期合作关系。开展政府和社会资本合作，有利于创新投融资机制，拓宽社会资本投资渠道，增强经济增长内生动力；有利于推动各类资本相互融合、优势互补，促进投资主体多元化，发展混合所有制经济；有利于理顺政府与市场关系，加快政府职能转变，充分发挥市场配置资源的决定性作用。

二、准确把握政府和社会资本合作的主要原则

（一）转变职能，合理界定政府的职责定位。开展政府和社会资本合作，对转变政府职能、提高管理水平提出了更高要求。政府要牢固树立平等意识及合作观念，集中力量做好政策制定、发展规划、市场监管和指导服务，从公共产品的直接"提供者"转变为社会资本的"合作者"以及PPP项目的"监管者"。

（二）因地制宜，建立合理的投资回报机制。根据各地实际，通过授予特许经营权、核定价费标准、给予财政补贴、明确排他性约定等，稳定社会资本收益预期。加强项目成本监测，既要充分调动社会资本积极性，又要防止不合理让利或利益输送。

（三）合理设计，构建有效的风险分担机制。按照风险收益对等原则，在政府和社会资本间合理分配项目风险。原则上，项目的建设、运营风险由社会资本承担，法律、政策调整风险由政府承担，自然灾害等不可抗力风险由双方共同承担。

（四）诚信守约，保证合作双方的合法权益。在平等协商、依法合规的基础上，按照权责明确、规范高效的原则订立项目合同。合同双方要牢固树立法律意识、契约意识和信用意识,项目合同一经签署必须严格执行,无故违约必须承担相应责任。

(五)完善机制,营造公开透明的政策环境。从项目选择、方案审查、伙伴确定、价格管理、退出机制、绩效评价等方面,完善制度设计,营造良好政策环境,确保项目实施决策科学、程序规范、过程公开、责任明确、稳妥推进。

三、合理确定政府和社会资本合作的项目范围及模式

(一)项目适用范围。PPP模式主要适用于政府负有提供责任又适宜市场化运作的公共服务、基础设施类项目。燃气、供电、供水、供热、污水及垃圾处理等市政设施,公路、铁路、机场、城市轨道交通等交通设施,医疗、旅游、教育培训、健康养老等公共服务项目,以及水利、资源环境和生态保护等项目均可推行PPP模式。各地的新建市政工程以及新型城镇化试点项目,应优先考虑采用PPP模式建设。

(二)操作模式选择。

1.经营性项目。对于具有明确的收费基础,并且经营收费能够完全覆盖投资成本的项目,可通过政府授予特许经营权,采用建设—运营—移交(BOT)、建设—拥有—运营—移交(BOOT)等模式推进。要依法放开相关项目的建设、运营市场,积极推动自然垄断行业逐步实行特许经营。

2.准经营性项目。对于经营收费不足以覆盖投资成本、需政府补贴部分资金或资源的项目,可通过政府授予特许经营权附加部分补贴或直接投资参股等措施,采用建设—运营—移交(BOT)、建设—拥有—运营(BOO)等模式推进。要建立投资、补贴与价格的协同机制,为投资者获得合理回报积极创造条件。

3.非经营性项目。对于缺乏"使用者付费"基础、主要依靠"政府付费"回收投资成本的项目,可通过政府购买服务,采用建设—拥有—运营(BOO)、委托运营等市场化模式推进。要合理确定购买内容,把有限的资金用在刀刃上,切实提高资金使用效益。

(三)积极开展创新。各地可以根据当地实际及项目特点,积极探索、大胆创新,通过建立合理的"使用者付费"机制等方式,增强吸引社会资本能力,并灵活运用多种PPP模式,切实提高项目运作效率。

四、建立健全政府和社会资本合作的工作机制

(一)健全协调机制。按照部门联动、分工明确、协同推进等要求,与有关部门

建立协调推进机制,推动规划、投资、价格、土地、金融等部门密切配合,形成合力,保障政府和社会资本合作积极稳妥推进。

(二)明确实施主体。按照地方政府的相关要求,明确相应的行业管理部门、事业单位、行业运营公司或其他相关机构,作为政府授权的项目实施机构,在授权范围内负责PPP项目的前期评估论证、实施方案编制、合作伙伴选择、项目合同签订、项目组织实施以及合作期满移交等工作。

(三)建立联审机制。为提高工作效率,可会同相关部门建立PPP项目的联审机制,从项目建设的必要性及合规性、PPP模式的适用性、财政承受能力以及价格的合理性等方面,对项目实施方案进行可行性评估,确保"物有所值"。审查结果作为项目决策的重要依据。

(四)规范价格管理。按照补偿成本、合理收益、节约资源以及社会可承受的原则,加强投资成本和服务成本监测,加快理顺价格水平。加强价格行为监管,既要防止项目法人随意提价损害公共利益、不合理获利,又要规范政府价格行为,提高政府定价、调价的科学性和透明度。

(五)提升专业能力。加强引导,积极发挥各类专业中介机构在PPP项目的资产评估、成本核算、经济补偿、决策论证、合同管理、项目融资等方面的积极作用,提高项目决策的科学性、项目管理的专业性以及项目实施效率。加强PPP相关业务培训,培养专业队伍和人才。

五、加强政府和社会资本合作项目的规范管理

(一)项目储备。根据经济社会发展需要,按照项目合理布局、政府投资有效配置等原则,切实做好PPP项目的总体规划、综合平衡和储备管理。从准备建设的公共服务、基础设施项目中,及时筛选PPP模式的适用项目,按照PPP模式进行培育开发。各省区市发展改革委要建立PPP项目库,并从2015年1月起,于每月5日前将项目进展情况按月报送国家发展改革委(具体要求见附件1)。

(二)项目遴选。会同行业管理部门、项目实施机构,及时从项目储备库或社会资本提出申请的潜在项目中筛选条件成熟的建设项目,编制实施方案并提交联审机制审查,明确经济技术指标、经营服务标准、投资概算构成、投资回报方式、价格确定及调价方式、财政补贴及财政承诺等核心事项。

(三)伙伴选择。实施方案审查通过后,配合行业管理部门、项目实施机构,按照《招标投标法》《政府采购法》等法律法规,通过公开招标、邀请招标、竞争性谈判等多种方式,公平择优选择具有相应管理经验、专业能力、融资实力以及信用状况

良好的社会资本作为合作伙伴。

（四）合同管理。项目实施机构和社会资本依法签订项目合同，明确服务标准、价格管理、回报方式、风险分担、信息披露、违约处罚、政府接管以及评估论证等内容。各地可参考《政府和社会资本合作项目通用合同指南》（见附件2），细化完善合同文本，确保合同内容全面、规范、有效。

（五）绩效评价。项目实施过程中，加强工程质量、运营标准的全程监督，确保公共产品和服务的质量、效率和延续性。鼓励推进第三方评价，对公共产品和服务的数量、质量以及资金使用效率等方面进行综合评价，评价结果向社会公示，作为价费标准、财政补贴以及合作期限等调整的参考依据。项目实施结束后，可对项目的成本效益、公众满意度、可持续性等进行后评价，评价结果作为完善PPP模式制度体系的参考依据。

（六）退出机制。政府和社会资本合作过程中，如遇不可抗力或违约事件导致项目提前终止时，项目实施机构要及时做好接管，保障项目设施持续运行，保证公共利益不受侵害。政府和社会资本合作期满后，要按照合同约定的移交形式、移交内容和移交标准，及时组织开展项目验收、资产交割等工作，妥善做好项目移交。依托各类产权、股权交易市场，为社会资本提供多元化、规范化、市场化的退出渠道。

六、强化政府和社会资本合作的政策保障

（一）完善投资回报机制。深化价格管理体制改革，对于涉及中央定价的PPP项目，可适当向地方下放价格管理权限。依法依规为准经营性、非经营性项目配置土地、物业、广告等经营资源，为稳定投资回报、吸引社会投资创造条件。

（二）加强政府投资引导。优化政府投资方向，通过投资补助、基金注资、担保补贴、贷款贴息等多种方式，优先支持引入社会资本的项目。合理分配政府投资资金，优先保障配套投入，确保PPP项目如期、高效投产运营。

（三）加快项目前期工作。联合有关部门建立并联审批机制，在科学论证、遵守程序的基础上，加快推进规划选址、用地预审、环评审批、审批核准等前期工作。协助项目单位解决前期工作中的问题和困难，协调落实建设条件，加快项目建设进度。

（四）做好综合金融服务。鼓励金融机构提供财务顾问、融资顾问、银团贷款等综合金融服务，全程参与PPP项目的策划、融资、建设和运营。鼓励项目公司或合作伙伴通过成立私募基金、引入战略投资者、发行债券等多种方式拓宽融资

渠道。

七、扎实有序开展政府和社会资本合作

（一）做好示范推进。各地可选取市场发育程度高、政府负债水平低、社会资本相对充裕的市县，以及具有稳定收益和社会效益的项目，积极推进政府和社会资本合作，并及时总结经验、大力宣传，发挥好示范带动作用。国家发展改革委将选取部分推广效果显著的省区市和重点项目，总结典型案例，组织交流推广。

（二）推进信用建设。按照诚信践诺的要求，加强全社会信用体系建设，保障政府和社会资本合作顺利推进。政府要科学决策，保持政策的连续性和稳定性；依法行政，防止不当干预和地方保护；认真履约，及时兑现各类承诺和合同约定。社会资本要守信自律，提高诚信经营意识。

（三）搭建信息平台。充分利用并切实发挥好信息平台的桥梁纽带作用。可以利用现代信息技术，搭建信息服务平台，公开PPP项目的工作流程、评审标准、项目信息、实施情况、咨询服务等相关信息，保障信息发布准确及时、审批过程公正透明、建设运营全程监管。

（四）加强宣传引导。大力宣传政府和社会资本合作的重大意义，做好政策解读，总结典型案例，回应社会关切，通过舆论引导，培育积极的合作理念，建立规范的合作机制，营造良好的合作氛围，充分发挥政府、市场和社会资本的合力作用。

开展政府和社会资本合作是创新投融资机制的重要举措，各地要高度重视，切实加强组织领导，抓紧制定具体的政策措施和实施办法。各级发展改革部门要按照当地政府的统一部署，认真做好PPP项目的统筹规划、综合协调等工作，会同有关部门积极推动政府和社会资本合作顺利实施。

附件：1.PPP项目进展情况按月报送制度
      2.政府和社会资本合作项目通用合同指南

国家发展改革委
2014年12月2日

附件1

PPP 项目进展情况按月报送制度

一、各省区市发展改革委要建立 PPP 项目库，及时跟踪调度、梳理汇总项目实施进展。从 2015 年 1 月起，于每月 5 日前将 PPP 项目进展情况，通过全国发展改革系统纵向网按月报送至国家发展改革委。

二、报送内容包括文字材料及进展情况表。文字材料主要包括 PPP 项目的推进措施、进展情况、存在问题及意见建议等内容。进展情况按下表要求填写。

PPP 项目进展情况表

填表单位：　　　　填报日期：　　　　单位：亿元

序号	项目名称	建设内容及规模	行业	项目总投资	PPP操作模式	社会资本情况		项目进展情况（截至上月底）	备注
						主体名称	投资额		
一	在建项目								
1	×××项目								
2	×××项目								
	……								
二	拟建项目								
1	×××项目								
2	×××项目								
	……								

备注：PPP 操作模式指 BOT、BOO、BOOT 等，根据具体情况填写。

附件 2

政府和社会资本合作项目通用合同指南

（2014 年版）

目　录

使用说明

第一章　总　则

　　第 1 条　术语定义和解释

　　第 2 条　合同背景和目的

　　第 3 条　声明和保证

　　第 4 条　合同生效条件

　　第 5 条　合同构成及优先次序

第二章　合同主体

　　第 6 条　政府主体

　　第 7 条　社会资本主体

第三章　合作关系

　　第 8 条　合作内容

　　第 9 条　合作期限

　　第 10 条　排他性约定

　　第 11 条　合作履约担保

第四章　投资计划及融资方案

　　第 12 条　项目总投资

　　第 13 条　投资控制责任

　　第 14 条　融资方案

　　第 15 条　政府提供的其他投融资支持

　　第 16 条　投融资监管

　　第 17 条　投融资违约及其处理

第五章　项目前期工作

　　第 18 条　前期工作内容及要求

　　第 19 条　前期工作任务分担

　　第 20 条　前期工作经费

第 21 条 政府提供的前期工作支持

第 22 条 前期工作监管

第 23 条 前期工作违约及处理

第六章 工程建设

第 24 条 政府提供的建设条件

第 25 条 进度、质量、安全及管理要求

第 26 条 建设期的审查和审批事项

第 27 条 工程变更管理

第 28 条 实际投资认定

第 29 条 征地、拆迁和安置

第 30 条 项目验收

第 31 条 工程建设保险

第 32 条 工程保修

第 33 条 建设期监管

第 34 条 建设期违约和处理

第七章 政府移交资产

第 35 条 移交前准备

第 36 条 资产移交

第 37 条 移交违约及处理

第八章 运营和服务

第 38 条 政府提供的外部条件

第 39 条 试运营和正式运营

第 40 条 运营服务标准

第 41 条 运营服务要求变更

第 42 条 运营维护与修理

第 43 条 更新改造和追加投资

第 44 条 主副产品的权属

第 45 条 项目运营服务计量

第 46 条 运营期的特别补偿

第 47 条 运营期保险

第 48 条 运营期政府监管

第 49 条 运营支出

第 50 条　运营期违约事项和处理

第九章　社会资本主体移交项目

第 51 条　项目移交前过渡期

第 52 条　项目移交

第 53 条　移交质量保证

第 54 条　项目移交违约及处理

第十章　收入和回报

第 55 条　项目运营收入

第 56 条　服务价格及调整

第 57 条　特殊项目收入

第 58 条　财务监管

第 59 条　违约事项及其处理

第十一章　不可抗力和法律变更

第 60 条　不可抗力事件

第 61 条　不可抗力事件的认定和评估

第 62 条　不可抗力事件发生期间各方权利和义务

第 63 条　不可抗力事件的处理

第 64 条　法律变更

第十二章　合同解除

第 65 条　合同解除的事由

第 66 条　合同解除程序

第 67 条　合同解除的财务安排

第 68 条　合同解除后的项目移交

第 69 条　合同解除的其他约定

第十三章　违约处理

第 70 条　违约行为认定

第 71 条　违约责任承担方式

第 72 条　违约行为处理

第十四章　争议解决

第 73 条　争议解决方式

第 74 条　争议期间的合同履行

第十五章 其他约定

 第 75 条 合同变更与修订

 第 76 条 合同的转让

 第 77 条 保密

 第 78 条 信息披露

 第 79 条 廉政和反腐

 第 80 条 不弃权

 第 81 条 通知

 第 82 条 合同适用法律

 第 83 条 适用语言

 第 84 条 适用货币

 第 85 条 合同份数

 第 86 条 合同附件

使用说明

为规范政府和社会资本合作项目合同编制工作,鼓励和引导社会投资,增强公共产品供给能力,根据《国务院关于创新重点领域投融资机制鼓励社会投资的指导意见》(国发〔2014〕60 号)有关要求,编制《政府和社会资本合作项目通用合同指南(2014 年版)》(以下简称《合同指南》)。

一、编制原则

1.强调合同各方的平等主体地位。合同各方均是平等主体,以市场机制为基础建立互惠合作关系,通过合同条款约定并保障权利义务。

2.强调提高公共服务质量和效率。政府通过引入社会资本和市场机制,促进重点领域建设,增加公共产品有效供给,提高公共资源配置效率。

3.强调社会资本获得合理回报。鼓励社会资本在确保公共利益的前提下,降低项目运作成本、提高资源配置效率、获取合理 投资回报。

4.强调公开透明和阳光运行。针对项目建设和运营的关键环节,明确政府监管职责,发挥专业机构作用,提高信息公开程度,确保项目阳光运行。

5.强调合法合规及有效执行。项目合同要与相关法律法规和技术规范做好衔接,确保内容全面、结构合理、具有可操作性。

6.强调国际经验与国内实践相结合。借鉴国外先进经验,总结国内成功实践,积极探索,务实创新,适应当前深化投融资体制改革需要。

二、主要内容

项目合同由合同正文和合同附件组成,《合同指南》主要反映合同的一般要求,采用模块化的编写框架,共设置 15 个模块、86 项条款,适用于不同模式合作项目的投融资、建设、运营和服务、移交等阶段,具有较强的通用性。原则上,所有模式项目合同的正文都应包含 10 个通用模块:总则、合同主体、合作关系、项目前期工作、收入和回报、不可抗力和法律变更、合同解除、违约处理、争议解决,以及其他约定。其他模块可根据实际需要灵活选用。例如,建设—运营—移交模式的项目合同除了 10 个通用模块之外,还需选用投资计划及融资、工程建设、运营和服务、社会资本主体移交项目等模块。

三、使用要求

1.合作项目已纳入当地相关发展规划,并按规定报经地方人民政府或行业主管部门批准实施。

2.合同签署主体应具有合法和充分的授权,满足合同管理和履约需要。

3.在项目招标或招商之前,政府应参考《合同指南》组织编制合同文本,并将其作为招标或招商文件的组成部分。

4.社会资本确定之后,政府和社会资本可就相关条款和事项进行谈判,最终确定并签署合同文本。

5.充分发挥专业中介机构作用,完善项目合同具体条款,提高项目合同编制质量。

6.参考《合同指南》设置章节顺序和条款。如有不能覆盖的事项,可在相关章节或"其他约定"中增加相关内容。

四、其他

1.各行业管理部门可参考《合同指南》,分别研究制定相应行业的标准合同范本。

2.各地要及时总结开展政府和社会资本合作中的经验教训,不断细化、完善合同文本。

3.国家发展改革委将根据各地的实践情况,及时对《合同指南》进行修订完善。

政府和社会资本合作项目合同(以下简称"项目合同"),是指政府主体和社会资本主体依据《中华人民共和国合同法》及其他法律法规就政府和社会资本合作项目的实施所订立的合同文件。

本章应就项目合同全局性事项进行说明和约定,具体包括合同相关术语的定义和解释、合同签订的背景和目的、声明和保证、合同生效条件、合同体系构成等。

本章为项目合同的必备篇章。

第一章　总则

第1条　术语定义和解释

为避免歧义,项目合同中涉及的重要术语需要根据项目具体情况加以定义。凡经定义的术语,在项目合同文本中的内涵和外延应与其定义保持一致。

需要定义和解释的术语通常包括但不限于：

(1)项目名称与涉及合同主体或项目相关方的术语,如"市政府""项目公司"等。

(2)涉及项目技术经济特征的相关术语,如"服务范围""技术标准""服务标准"等。

(3)涉及时间安排或时间节点的相关术语,如"开工日""试运营日""特许经营期"等。

(4)涉及合同履行的相关术语,如"批准""不可抗力""法律变更"等。

(5)其他需定义的术语。

第2条　合同背景和目的

为便于更准确地理解和执行项目合同,对合同签署的相关背景、目的等加以简要说明。

第3条　声明和保证

项目合同各方需就订立合同的主体资格及履行合同的相关事项加以声明和保证,并明确项目合同各方因违反声明和保证应承担相应责任。主要内容包括：

(1)关于已充分理解合同背景和目的,并承诺按合同相关约定执行合同的声明。

(2)关于合同签署主体具有相应法律资格及履约能力的声明。

(3)关于合同签署人已获得合同签署资格授权的声明。

(4)关于对所声明内容真实性、准确性、完整性的保证或承诺。

(5)关于诚信履约、提供持续服务和维护公共利益的保证。

(6)其他声明或保证。

第 4 条　合同生效条件
根据有关法律法规及相关约定,涉及项目合同生效条件的,应予明确。

第 5 条　合同构成及优先次序
本条应明确项目合同的文件构成,包括合同正文、合同附件、补充协议和变更协议等,并对其优先次序予以明确。

第二章　合同主体

本章重点明确项目合同各主体资格,并概括性地约定各主体的主要权利和义务。

本章为项目合同的必备篇章。

第 6 条　政府主体

1.主体资格

签订项目合同的政府主体,应是具有相应行政权力的政府,或其授权的实施机构。本条应明确以下内容:

(1)政府主体的名称、住所、法定代表人等基本情况。

(2)政府主体出现机构调整时的延续或承继方式。

2.权利界定

项目合同应明确政府主体拥有以下权利:

(1)按照有关法律法规和政府管理的相关职能规定,行使政府监管的权力。

(2)行使项目合同约定的权利。

3.义务界定

项目合同应概括约定政府主体需要承担的主要义务,如遵守项目合同、及时提供项目配套条件、项目审批协调支持、维护市场秩序等。

第 7 条　社会资本主体

1.主体资格

签订项目合同的社会资本主体,应是符合条件的国有企业、民营企业、外商投资企业、混合所有制企业,或其他投资、经营主体。

本条应明确以下内容:

(1)社会资本主体的名称、住所、法定代表人等基本情况。

(2)项目合作期间社会资本主体应维持的资格和条件。

2.权利界定

项目合同应明确社会资本主体的主要权利:

(1)按约定获得政府支持的权利。

(2)按项目合同约定实施项目、获得相应回报的权利等。

3.义务界定

项目合同应明确社会资本主体在合作期间应履行的主要义务,如按约定提供项目资金,履行环境、地质、文物保护及安全生产等义务,承担社会责任等。

4.对项目公司的约定

如以设立项目公司的方式实施合作项目,应根据项目实际情况,明确项目公司的设立及其存续期间法人治理结构及经营管理机制等事项,如:

(1)项目公司注册资金、住所、组织形式等的限制性要求。

(2)项目公司股东结构、董事会、监事会及决策机制安排。

(3)项目公司股权、实际控制权、重要人事发生变化的处理方式。

如政府参股项目公司的,还应明确政府出资人代表、投资金额、股权比例、出资方式等;政府股份享有的分配权益,如是否享有与其他股东同等的权益,在利润分配顺序上是否予以优先安排等;政府股东代表在项目公司法人治理结构中的特殊安排,如在特定事项上是否拥有否决权等。

第三章 合作关系

本章主要约定政府和社会资本合作关系的重要事项,包括合作内容、合作期限、排他性约定及合作的履约保证等。

本章为项目合同的必备篇章。

第8条 合作内容

项目合同应明确界定政府和社会资本合作的主要事项,包括:

1.项目范围

明确合作项目的边界范围。如涉及投资的,应明确投资标的物的范围;涉及工程建设的,应明确项目建设内容;涉及提供服务的,应明确服务对象及内容等。

2.政府提供的条件

明确政府为合作项目提供的主要条件或支持措施,如授予社会资本主体相关权利、提供项目配套条件及投融资支持等。

涉及政府向社会资本主体授予特许经营权等特定权利的,应明确社会资本主体获得该项权利的方式和条件,是否需要缴纳费用,以及费用计算方法、支付时间、支付方式及程序等事项,并明确社会资本主体对政府授予权利的使用方式及限制性条款,如不得擅自转让、出租特许经营权等。

3.社会资本主体承担的任务

明确社会资本主体应承担的主要工作,如项目投资、建设、运营、维护等。

4.回报方式

明确社会资本主体在合作期间获得回报的具体途径。根据项目性质和特点,项目收入来源主要包括使用者付费、使用者付费与政府补贴相结合、政府付费购买服务等方式。

5.项目资产权属

明确合作各阶段项目有形及无形资产的所有权、使用权、收益权、处置权的归属。

6.土地获取和使用权利

明确合作项目土地获得方式,并约定社会资本主体对项目土地的使用权限。

第9条 合作期限

明确项目合作期限及合作的起讫时间和重要节点。

第10条 排他性约定

如有必要,可做出合作期间内的排他性约定,如对政府同类授权的限制等。

第11条 合作履约担保

如有必要,可以约定项目合同各方的履约担保事项,明确履约担保的类型、提供方式、提供时间、担保额度、兑取条件和退还等。对于合作周期较长的项目,可分阶段安排履约担保。

第四章 投资计划及融资方案

本章重点约定项目投资规模、投资计划、投资控制、资金筹措、融资条件、投融资监管及违约责任等事项。

本章适用于包含新建、改扩建工程,或政府向社会资本主体转让资产(或股权)的合作项目。

第12条 项目总投资

1.投资规模及其构成

(1)对于包含新建、改扩建工程的合作项目,应在合同中明确工程建设总投资及构成,包括建筑工程费、设备及工器具购置费、安装工程费、工程建设其他费用、基本预备费、价差预备费、建设期利息、流动资金等。合同应明确总投资的认定依据,如投资估算、投资概算或竣工决算等。

(2)对于包含政府向社会资本主体转让资产(或股权)的合作项目,应在合同中明确受让价款及其构成。

2.项目投资计划

明确合作项目的分年度投资计划。

第 13 条　投资控制责任

明确社会资本主体对约定的项目总投资所承担的投资控制责任。根据合作项目特点,可约定社会资本主体承担全部超支责任、部分超支责任,或不承担超支责任。

第 14 条　融资方案

项目合同需要明确项目总投资的资金来源和到位计划,包括以下事项:

(1)项目资本金比例及出资方式。

(2)债务资金的规模、来源及融资条件。如有必要,可约定政府为债务融资提供的支持条件。

(3)各类资金的到位计划。

第 15 条　政府提供的其他投融资支持

如政府为合作项目提供投资补助、基金注资、担保补贴、贷款贴息等支持,应明确具体方式及必要条件。

第 16 条　投融资监管

若需要设定对投融资的特别监管措施,应在合同中明确监管主体、内容、方法和程序,以及监管费用的安排等事项。

第 17 条　投融资违约及其处理

项目合同应明确各方投融资违约行为的认定和违约责任。可视影响将违约行为划分为重大违约和一般违约,并分别约定违约责任。

第五章　项目前期工作

本章重点约定合作项目前期工作内容、任务分工、经费承担及违约责任等事项。

本章为项目合同的必备篇章。

第 18 条　前期工作内容及要求

明确项目需要完成的前期工作内容、深度、控制性进度要求,以及需要采用的技术标准和规范要求,对于超出现行技术标准和规范的特殊规定,应予以特别说明。如包含工程建设的合作项目,应明确可行性研究、勘察设计等前期工作要求;包含转让资产(或股权)的合作项目,应明确项目尽职调查、清产核资、资产评估等前期工作要求。

第 19 条　前期工作任务分担

项目合同应分别约定政府和社会资本主体所负责的前期工作内容。

第 20 条　前期工作经费

明确政府和社会资本主体分别承担的前期工作费用。对于政府开展前期工作的经费需要社会资本主体承担的,应明确费用范围、确认和支付方式,以及前期工作成果和知识产权归属。

第21条 政府提供的前期工作支持

政府应对社会资本主体承担的项目前期工作提供支持,包括但不限于:

(1)协调相关部门和利益主体提供必要资料和文件。

(2)对社会资本主体的合理诉求提供支持。

(3)组织召开项目协调会。

第22条 前期工作监管

若需要设定对项目前期工作的特别监管措施,应在合同中明确监管内容、方法和程序,以及监管费用的安排等事项。

第23条 前期工作违约及处理

项目合同应明确各方在前期工作中违约行为的认定和违约责任。可视影响将违约行为划分为重大违约和一般违约,并分别约定违约责任。

第六章 工程建设

本章重点约定合作项目工程建设条件,进度、质量、安全要求,变更管理,实际投资认定,工程验收,工程保险及违约责任等事项。

本章适用于包含新建、改扩建工程的合作项目。

第24条 政府提供的建设条件

项目合同可约定政府为项目建设提供的条件,如建设用地、交通条件、市政配套等。

第25条 进度、质量、安全及管理要求

项目合同应约定项目建设的进度、质量、安全及管理要求。详细内容可在合同附件中描述。

(1)项目控制性进度计划,包括项目建设期各阶段的建设任务、工期等要求。

(2)项目达标投产标准,包括生产能力、技术性能、产品标准等。

(3)项目建设标准,包括技术标准、工艺路线、质量要求等。

(4)项目安全要求,包括安全管理目标、安全管理体系、安全事故责任等。

(5)工程建设管理要求,包括对招投标、施工监理、分包等。

第26条 建设期的审查和审批事项

项目合同应明确需要履行的建设审查和审批事项,并明确社会资本主体的责任,以及政府应提供的协助与协调。

第 27 条　工程变更管理

项目合同应约定建设方案变更(如工程范围、工艺技术方案、设计标准或建设标准等的变更)和控制性进度计划变更等工程变更的触发条件、变更程序、方法和处置方案。

第 28 条　实际投资认定

项目合同应根据投资控制要求,约定项目实际投资的认定方法,以及项目投资发生节约或出现超支时的处理方法,并视需要设定相应的激励机制。

第 29 条　征地、拆迁和安置

项目合同应约定征地、拆迁、安置的范围、进度、实施责任主体及费用负担,并对维护社会稳定、妥善处理后续遗留问题提出明确要求。

第 30 条　项目验收

项目验收应遵照国家及地方主管部门关于基本建设项目验收管理的规定执行。项目验收通常包括专项验收和竣工验收。项目合同应约定项目验收的计划、标准、费用和工作机制等要求。如有必要,应针对特定环节做出专项安排。

第 31 条　工程建设保险

项目合同应约定建设期需要投保的相关险种,如建筑工程一切险、安装工程一切险、建筑施工人员团体意外伤害保险等,并落实各方的责任和义务,注意保险期限与项目运营期相关保险在时间上的衔接。

第 32 条　工程保修

项目合同应约定工程完工之后的保修安排,内容包括但不限于:

(1)保修期限和范围。

(2)保修期内的保修责任和义务。

(3)工程质保金的设置、使用和退还。

(4)保修期保函的设置和使用。

第 33 条　建设期监管

若需要,可对项目建设招标采购、工程投资、工程质量、工程进度以及工程建设档案资料等事项安排特别监管措施,应在合同中明确监管的主体、内容、方法和程序,以及费用安排。

第 34 条　建设期违约和处理

项目合同应明确各方在建设期违约行为的认定和违约责任。可视影响将违约行为划分为重大违约和一般违约,并分别约定违约责任。

第七章　政府移交资产

本章重点约定政府向社会资本主体移交资产的准备工作、移交范围和标准、移交程序及违约责任等。

本章适用于包含政府向社会资本主体转让或出租资产的合作项目。

第35条　移交前准备

项目合同应对移交前准备工作做出安排，以保证项目顺利移交，内容一般包括：

(1)准备工作的内容和进度安排。

(2)各方责任和义务。

(3)负责移交的工作机构和工作机制等。

第36条　资产移交

合同应对资产移交以下事项进行约定：

(1)移交范围，如资产、资料、产权等。

(2)进度安排。

(3)移交验收程序。

(4)移交标准，如设施设备技术状态、资产法律状态等。

(5)移交的责任和费用。

(6)移交的批准和完成确认。

(7)其他事项，如项目人员安置方案、项目保险的转让、承包合同和供货合同的转让、技术转让及培训要求等。

第37条　移交违约及处理

项目合同应明确资产移交过程中各方违约行为的认定和违约责任。可视影响将违约行为划分为重大违约和一般违约，并分别约定违约责任。

第八章　运营和服务

本章重点约定合作项目运营的外部条件、运营服务标准和要求、更新改造及追加投资、服务计量、运营期保险、政府监管、运营支出及违约责任等事项。

本章适用于包含项目运营环节的合作项目。

第38条　政府提供的外部条件

项目合同应约定政府为项目运营提供的外部条件，如：

(1)项目运营所需的外部设施、设备和服务及其具体内容、规格、提供方式(无偿提供、租赁等)和费用标准等。

(2)项目生产运营所需特定资源及其来源、数量、质量、提供方式和费用标准等,如污水处理厂的进水来源、来水量、进水水质等。

(3)对项目特定产出物的处置方式及配套条件,如污水处理厂的出水、污泥的处置,垃圾焚烧厂的飞灰、灰渣的处置等。

(4)道路、供水、供电、排水等其他保障条件。

第39条　试运营和正式运营

项目合同应约定试运营的安排,如:

(1)试运营的前提条件和技术标准。

(2)试运营的期限。

(3)试运营期间的责任安排。

(4)试运营的费用和收入处理。

(5)正式运营的前提条件。

(6)正式运营开始时间和确认方式等。

第40条　运营服务标准

项目合同应从维护公共利益、提高运营效率、节约运营成本等角度,约定项目运营服务标准。详细内容可在合同附件中描述。

(1)服务范围、服务内容。

(2)生产规模或服务能力。

(3)技术标准,如污水厂的出水标准、自来水厂的水质标准等。

(4)服务质量,如普遍服务、持续服务等。

(5)其他要求,如运营机构资质、运营组织模式、运营分包等。

第41条　运营服务要求变更

项目合同应约定运营期间服务标准和要求的变更安排,如:

(1)变更触发条件,如因政策或外部环境发生重大变化,需要变更运营服务标准等。

(2)变更程序,包括变更提出、评估、批准、认定等。

(3)新增投资和运营费用的承担责任。

(4)各方利益调整方法或处理措施。

第42条　运营维护与修理

项目合同应约定项目运营维护与设施修理事项。详细内容可在合同附件中描述。

(1)项目日常运营维护的范围和技术标准。

(2)项目日常运营维护记录和报告制度。

(3)大中修资金的筹措和使用管理等。

第 43 条　更新改造和追加投资

对于运营期间需要进行更新改造和追加投资的合作项目,项目合同应对更新改造和追加投资的范围、触发条件、实施方式、投资控制、补偿方案等进行约定。

第 44 条　主副产品的权属

项目合同应约定在运营过程中产生的主副产品(如污水处理厂的出水等)的权属和处置权限。

第 45 条　项目运营服务计量

项目合同应约定项目所提供服务(或产品)的计量方法、标准、计量程序、计量争议解决、责任和费用划分等事项。

第 46 条　运营期的特别补偿

项目合同应约定运营期间由于政府特殊要求造成社会资本主体支出增加、收入减少的补偿方式、补偿金额、支付程序及协商机制等。

第 47 条　运营期保险

项目合同应约定运营期需要投保的险种、保险范围、保险责任期间、保额、投保人、受益人、保险赔偿金的使用等。

第 48 条　运营期政府监管

政府有关部门依据自身行政职能对项目运营进行监管,社会资本主体应当予以配合。政府可在不影响项目正常运营的原则下安排特别监管措施,并与社会资本主体议定费用分担方式,如:

(1)委托专业机构开展中期评估和后评价。

(2)政府临时接管的触发条件、实施程序、接管范围和时间、接管期间各方的权利义务等。

第 49 条　运营支出

项目合同应约定社会资本主体承担的成本和费用范围,如人工费、燃料动力费、修理费、财务费用、保险费、管理费、相关税费等。

第 50 条　运营期违约事项和处理

项目合同应明确各方在运营期违约行为的认定和违约责任。可视影响将违约行为划分为重大违约和一般违约,并分别约定违约责任。

第九章　社会资本主体移交项目

本章重点约定社会资本主体向政府移交项目的过渡期、移交范围和标准、移交程序、质量保证及违约责任等。

本章适用于包含社会资本主体向政府移交项目的合作项目。

第51条　项目移交前过渡期

项目合同应约定项目合作期届满前的一定时期(如12个月)作为过渡期,并约定过渡期安排,以保证项目顺利移交。内容一般包括:

(1)过渡期的起讫日期、工作内容和进度安排。

(2)各方责任和义务,包括移交期间对公共利益的保护。

(3)负责项目移交的工作机构和工作机制,如移交委员会的设立、移交程序、移交责任划分等。

第52条　项目移交

对于合作期满时的项目移交,项目合同应约定以下事项:

(1)移交方式,明确资产移交、经营权移交、股权移交或其他移交方式。

(2)移交范围,如资产、资料、产权等。

(3)移交验收程序。

(4)移交标准,如项目设施设备需要达到的技术状态、资产法律状态等。

(5)移交的责任和费用。

(6)移交的批准和完成确认。

(7)其他事项,如项目人员安置方案、项目保险的转让、承包合同和供货合同的转让、技术转让及培训要求等。

第53条　移交质量保证

项目合同应明确如下事项:

(1)移交保证期的约定,包括移交保证期限、保证责任、保证期内各方权利义务等。

(2)移交质保金或保函的安排,可与履约保证结合考虑,包括质保金数额和形式、保证期限、移交质保金兑取条件、移交质保金的退还条件等。

第54条　项目移交违约及处理

项目合同应明确项目移交过程中各方违约行为的认定和违约责任。可视影响将违约行为划分为重大违约和一般违约,并分别约定违约责任。

第十章　收入和回报

本章重点约定合作项目收入、价格确定和调整、财务监管及违约责任等事项。

本章为项目合同的必备篇章。

第55条　项目运营收入

项目合同应按照合理收益、节约资源的原则,约定社会资本主体的收入范围、计算方法等事项。详细内容可在合同附件中描述。

(1)社会资本主体提供公共服务而获得的收入范围及计算方法。

(2)社会资本主体在项目运营期间可获得的其他收入。

(3)如涉及政府与社会资本主体收入分成的,应约定分成机制,如分成计算方法、支付方式、税收责任等。

第56条　服务价格及调整

项目合同应按照收益与风险匹配、社会可承受的原则,合理约定项目服务价格及调整机制。

1.执行政府定价的价格及调整

(1)执行政府批准颁布的项目服务或产品价格。

(2)遵守政府价格调整相关规定,配合政府价格调整工作,如价格听证等。

2.项目合同约定的价格及调整

(1)初始定价及价格水平年。

(2)运营期间的价格调整机制,包括价格调整周期或调价触发机制、调价方法、调价程序及各方权利义务等。

第57条　特殊项目收入

若社会资本主体不参与项目运营或不通过项目运营获得收入的,项目合同应在法律允许框架内,按照合理收益原则约定社会资本主体获取收入的具体方式。

第58条　财务监管

政府和社会资本合作项目事关公共利益,项目合同应约定对社会资本主体的财务监管制度安排,明确社会资本主体的配合义务,如:

(1)成本监管和审计机制。年度报告及专项报告制度。

(2)特殊专用账户的设置和监管等。

第59条　违约事项及其处理

项目合同应明确各方在收入获取、补贴支付、价格调整、财务监管等方面的违约行为的认定和违约责任。可视影响将违约行为划分为重大违约和一般违约,并分别约定违约责任。

第十一章　不可抗力和法律变更

本章重点约定不可抗力事件和法律变更的处理事项。

本章为项目合同的必备篇章。

第60条　不可抗力事件

项目合同应约定不可抗力的类型和范围,如自然灾害、社会异常事件、化学或放射性污染、核辐射、考古文物等。

第61条　不可抗力事件的认定和评估

项目合同应约定不可抗力事件的认定及其影响后果评估程序、方法和原则。对于特殊项目,应根据项目实际情况约定不可抗力事件的认定标准。

第62条　不可抗力事件发生期间各方权利和义务

项目合同应约定不可抗力事件发生后的各方权利和义务,如及时通知、积极补救等,以维护公共利益,减少损失。

第63条　不可抗力事件的处理

项目合同应根据不可抗力事件对合同履行造成的影响程度,分别约定不可抗力事件的处理。造成合同部分不能履行,可协商变更或解除项目合同;造成合同履行中断,可继续履行合同并就中断期间的损失承担做出约定;造成合同履行不能,应约定解除合同。

第64条　法律变更

项目合同应约定,如在项目合同生效后发布新的法律、法规或对法律、法规进行修订,影响项目运行或各方项目收益时,变更项目合同或解除项目合同的触发条件、影响评估、处理程序等事项。

第十二章　合同解除

本章重点约定合同解除事由、解除程序,以及合同解除后的财务安排、项目移交等事项。

本章为项目合同的必备篇章。

第65条　合同解除的事由

项目合同应约定各种可能导致合同解除的事由,包括:

(1)发生不可抗力事件,导致合同履行不能或各方不能就合同变更达成一致。

(2)发生法律变更,各方不能就合同变更达成一致。

(3)合同一方严重违约,导致合同目的无法实现。

(4)社会资本主体破产清算或类似情形。

(5)合同各方协商一致。

(6)法律规定或合同各方约定的其他事由。

第66条　合同解除程序

项目合同应约定合同解除程序。

第67条　合同解除的财务安排

按照公平合理的原则,在项目合同中具体约定各种合同解除情形时的财务安

排,以及相应的处理程序。如:

(1)明确各种合同解除情形下,补偿或赔偿的计算方法,赔偿应体现违约责任及向无过错方的利益让渡。补偿或赔偿额度的评估要坚持公平合理、维护公益性原则,可设计具有可操作性的补偿或赔偿计算公式。

(2)明确各方对补偿或赔偿计算成果的审核、认定和支付程序。

第68条　合同解除后的项目移交

项目合同应约定合同解除后的项目移交事宜,可参照本指南"项目移交"条款进行约定。

第69条　合同解除的其他约定

结合项目特点和合同解除事由,可分别约定在合同解除时项目接管、项目持续运行、公共利益保护以及其他处置措施等。

第十三章　违约处理

其他章节关于违约的未约定事项,在本章中予以约定;也可将关于违约的各种约定在本章集中明确。

本章为项目合同的必备篇章。

第70条　违约行为认定

项目合同应明确违约行为的认定以及免除责任或限制责任的事项。

第71条　违约责任承担方式

项目合同应明确违约行为的承担方式,如继续履行、赔偿损失、支付违约金及其他补救措施等。

第72条　违约行为处理

项目合同可约定违约行为的处理程序,如违约发生后的确认、告知、赔偿等救济机制,以及上述处理程序的时限。

第十四章　争议解决

本章重点约定争议解决方式。

本章为项目合同的必备篇章。

第73条　争议解决方式

1.协商

通常情况下,项目合同各方应在一方发出争议通知指明争议事项后,首先争取通过友好协商的方式解决争议。协商条款的编写应包括基本协商原则、协商程序、参与协商人员及约定的协商期限。若在约定期限内无法通过协商方式解决问题,则采用调解、仲裁或诉讼方式处理争议。

2.调解

项目合同可约定采用调解方式解决争议,并明确调解委员会的组成、职权、议事原则,调解程序,费用的承担主体等内容。

3.仲裁或诉讼

协商或调解不能解决的争议,合同各方可约定采用仲裁或诉讼方式解决。采用仲裁方式的,应明确仲裁事项、仲裁机构。

第74条 争议期间的合同履行

诉讼或仲裁期间项目各方对合同无争议的部分应继续履行;除法律规定或另有约定外,任何一方不得以发生争议为由,停止项目运营服务、停止项目运营支持服务或采取其他影响公共利益的措施。

第十五章 其他约定

本章约定项目合同的其他未尽事项。

为项目合同的必备篇章。

第75条 合同变更与修订

可对项目合同变更的触发条件、变更程序、处理方法等进行约定。项目合同的变更与修订应以书面形式作出。

第76条 合同的转让

项目合同应约定合同权利义务是否允许转让;如允许转让,应约定需满足的条件和程序。

第77条 保密

项目合同应约定保密信息范围、保密措施、保密责任。保密信息通常包括项目涉及国家安全、商业秘密或合同各方约定的其他信息。

第78条 信息披露

为维护公共利益、促进依法行政、提高项目透明度,合同各方有义务按照法律法规和项目合同约定,向对方或社会披露相关信息。详细披露事项可在合同附件中明确。

第79条 廉政和反腐

项目合同应约定各方恪守廉洁从政、廉洁从业和防范腐败的责任。

第80条 不弃权

合同应声明任何一方均不被视为放弃本合同中的任何条款,除非该方以书面形式作出放弃。任何一方未坚持要求对方严格履行本合同中的任何条款,或未行使其在本合同中规定的任何权利,均不应被视为对任何上述条款的放弃或对今后行使任何上述权利的放弃。

第 81 条　通知

项目合同应约定通知的形式、送达、联络人、通讯地址等事项。

第 82 条　合同适用法律

项目合同适用中华人民共和国法律。

第 83 条　适用语言

项目合同应约定合同订立及执行过程中所采用的语言。对于采用多种语言订立的,应明确以中文为准。

第 84 条　适用货币

明确项目合同所涉及经济行为采用的支付货币类型。

第 85 条　合同份数

项目合同应约定合同的正副本数量和各方持有份数,并明确合同正本和副本具有同等法律效力。

第 86 条　合同附件

项目合同可列示合同附件名称。

H 《政府和社会资本合作项目财政承受能力论证指引》重点解读

2015年4月7日,财政部印发《政府和社会资本合作项目财政承受能力论证指引》(财金〔2015〕21号,简称"21号文"),对政府与社会资本合作项目(简称PPP项目)的财政承受能力论证提供指引,本文就21号文的相关重点进行解读。

一、财政承受能力论证是部分政府付费或政府补贴的PPP项目在项目识别阶段的必经环节。

根据《政府和社会资本合作模式操作指南(试行)》(财金〔2014〕113号)第九条规定,为确保财政中长期可持续性,财政部门应根据项目全生命周期内的财政支出、政府债务等因素,对部分政府付费或政府补贴的项目,开展财政承受能力论证,每年政府付费或政府补贴等财政支出不得超出当年财政收入的一定比例。通过物有所值评价和财政承受能力论证的项目,可进行项目准备。可见,因部分政府付费或政府补贴的项目涉及财政预算及支出,应当进行财政承受能力论证。将通过的PPP项目纳入预算,对地方政府形成了硬约束,有利于规范地方政府在开展PPP项目中的行为。从实践看,PPP项目推广的主要风险包括政府信用风险,即地方政府怠于履行或不履行合同约定的责任和义务,具体形式包括地方政府换届风险、法律法规环境变化风险、审批延误风险、项目唯一性风险、腐败风险等。而纳入预算管理后,对地方政府有了更强的法律约束,有利于打消社会资本的疑虑,吸引社会资本投资基础设施。

二、首次明确PPP项目中财政支出的责任范围。

21号文规定,PPP项目的财政支出责任范围主要包括股权投资支出责任、运营补贴支出责任、风险承担支出责任、配套投入支出责任。其中:

(一)股权投资支出责任是指在政府与社会资本共同组建项目公司的情况下,政府承担的股权投资支出责任。如果社会资本单独组建项目公司,政府不承担股权投资支出责任。股权投资支出应当依据项目资本金要求以及项目公司股权结构合理确定。股权投资支出责任中的土地等实物投入或无形资产投入,应依法进行评估,合理确定价值。计算公式为:股权投资支出=项目资本金×政府占项目公司股权比例。

(二)运营补贴支出责任是指在项目运营期间,政府承担的直接付费责任。不同付费模式下,政府承担的运营补贴支出责任不同。政府付费模式下,政府承担全部运营补贴支出责任;可行性缺口补助模式下,政府承担部分运营补贴支出责任;使用者付费模式下,政府不承担运营补贴支出责任。运营补贴支出应当根据项目建设成本、运营成本及利润水平合理确定,并按照不同付费模式分别测算。

对政府付费模式的项目,在项目运营补贴期间,政府承担全部直接付费责任。政府每年直接付费数额包括社会资本方承担的年均建设成本(折算成各年度现值)、年度运营成本和合理利润。计算公式为

$$当年运营补贴支出数额 = \frac{项目全部建设成本 \times (1-合理利润率) \times (1-年度折现率)^n}{财政运营补贴周期(年)}$$
$$+ 年度运营成本 \times (1+合理利润率)$$

对可行性缺口补助模式的项目,在项目运营补贴期间,政府承担部分直接付费责任。政府每年直接付费数额包括社会资本方承担的年均建设成本(折算成各年度现值)、年度运营成本和合理利润,再减去每年使用者付费的数额。计算公式为

$$当年运营补贴支出数额 = \frac{项目全部建设成本 \times (1-合理利润率) \times (1-年度折现率)^n}{财政运营补贴周期(年)}$$
$$+ 年度运营成本 \times (1+合理利润率) - 当年使用者付费数额$$

式中:n 代表折现年数;财政运营补贴周期指财政提供运营补贴的年数。

年度折现率应考虑财政补贴支出发生年份,并参照同期地方政府债券收益率合理确定。

合理利润率应以商业银行中长期贷款利率水平为基准,充分考虑可用性付费、使用量付费、绩效付费的不同情景,结合风险等因素确定。

(三)风险承担支出责任是指项目实施方案中政府承担风险带来的财政或有支出责任。通常由政府承担的法律风险、政策风险、最低需求风险以及因政府方原因导致项目合同终止等突发情况,会产生财政或有支出责任。风险承担支出应充分考虑各类风险出现的概率和带来的支出责任,可采用比例法、情景分析法及概率法进行测算。如果PPP合同约定保险赔款的第一受益人为政府,则风险承担支出应为扣除该等风险赔款金额的净额。

(四)配套投入支出责任是指政府提供的项目配套工程等其他投入责任,通常包括土地征收和整理、建设部分项目配套措施、完成项目与现有相关基础设施和公

用事业的对接、投资补助、贷款贴息等。配套投入支出责任应综合考虑政府将提供的其他配套投入总成本和社会资本方为此支付的费用。配套投入支出责任中的土地等实物投入或无形资产投入,应依法进行评估,合理确定价值。计算公式为

配套投入支出数额=政府拟提供的其他投入总成本-社会资本方支付的费用

三、PPP项目须考虑财政承受能力,每年度PPP项目预算支出占一般公共预算支出比例不超过10%。

21号文规定,每一年度全部PPP项目需要从预算中安排的支出责任,占一般公共预算支出比例应当不超过10%。同时省级财政部门可根据本地实际情况确定具体比例。一方面,严格控制将PPP项目形成的债务变相转化为政府债务,明确政府在PPP项目中的资金支出责任;另一方面,明确财政资金支出规模,可以带动更多社会资本进入,根据财政部《关于2014年中央和地方预算执行情况与2015年中央和地方预算草案的报告》:"2015年地方一般公共预算支出14.60万亿元,增长10.20%",而10%的地方一般公共预算支出规模为1.46万亿元,预计这部分财政资金将会带动2万亿元以上社会资本。对于具体规模,指引中要求地方政府需在决算报告中反映,故每年地方政府决算报告公布后,各地开展PPP的规模可见分晓。另外,指引中并未明确PPP项目的支持规模是否和地方政府基金预算支出的比例挂钩。其次,指引第十五条、第二十二条指出:"股权投资支出责任中、配套投入支出责任中的土地等实物投入或无形资产投入,应依法进行评估,合理确定价值",由于土地等实物投入或无形资产投入不是以现金形式支出,并不需要在预算中进行安排。

四、PPP项目合同应与财政承受能力论证保持一致。

PPP项目合同的签订及履行建立在财政承受能力论证、物有所值评价及项目实施方案等基础之上,因此签订PPP项目合同时,21号文要求财政部门应当对PPP项目合同进行审核,确保合同内容与财政承受能力论证保持一致,防止因合同内容调整导致财政支出责任出现重大变化。同时财政部门要严格按照合同执行,及时办理支付手续,切实维护地方政府信用,保障公共服务有效供给。

五、总结。

由于PPP项目投资、运营维护期限较长,短则几年,长达几十年,因此,如何保障项目在投资建设、运营维护、移交等过程中保障项目的顺利实施是具体项目运作过程中的核心问题。

21号文对财政支出的责任范围及具体计算提供了依据,明确政府应当承担哪些支出项目、承担多少、如何承担等,在具体的项目实施过程中为财政预算及安排,

社会资本获得投资回报提供可预见性。

另外,21 号文对涉及政府付费与财政补贴的 PPP 项目设置了一道安全阀,10% 的公共预算支出门槛为避免政府盲目推进 PPP 项目,化解政府财政风险,促进政府严格履行 PPP 合同,保护社会资本权益提供一定程度的保障。

附表:

条目	主要内容	重点解读
第二条	财政承受能力论证是指识别、测算政府和社会资本合作项目的各项财政支出责任,科学评估项目实施对当前及今后年度财政支出的影响,为 PPP 项目财政管理提供依据	给出了财政承受能力的定义和说明
第五条	"通过论证"的项目,各级财政部门应当在编制年度预算和中期财政规划时,将项目财政支出责任纳入预算统筹安排	指引的重要亮点之一,将通过的 PPP 项目纳入预算,对政府的责任形成了很强的法律约束,有利于打消社会资本投资方的顾忌
第九条	PPP 项目全生命周期过程的财政支出责任,主要包括股权投资、运营补贴、风险承担、配套投入等	明确了政府在 PPP 项目全生命周期中的四种责任类型。该部分还明确了以往 PPP 项目中受到社会资本诟病较多的地方政府失信行为,包括最低需求风险、因政府方原因导致项目合同终止、配套措施不达标风险
第十五条、第二十二条	股权投资支出责任中的土地等实物投入或无形资产投入,应依法进行评估,合理确定价值。配套投入支出责任中的土地等实物投入或无形资产投入,应依法进行评估,合理确定价值	明确了地方政府的投入形式可以以土地等实物质或无形资产作为入股或配套投入
第十六条	运营补贴支出应当根据项目建设成本、运营成本及利润水平合理确定,并按照不同付费模式分别测算。给出了政府付费模式、可行性缺口补助模式的项目下每年的运营补贴支出数额的计算公式	给出了可借鉴的计算公式,对地政府、社会资本、金融机构等相关利益方测算项目收益情况提供了依据
第二十五条	每一年度全部 PPP 项目需要从预算中安排的支出责任,占一般公共预算支出比例应当不超过 10%	本条是指引的另外一个重要亮点,给出了地方政府开展 PPP 项目的规模上限
第二十六条	鼓励列入地方政府性债务风险预警名单的高风险地区,采取 PPP 模式化解地方融资平台公司存量债务。同时,审慎控制新建 PPP 项目规模,防止因项目实施加剧财政收支矛盾	中债资信一直强调地方性政府债务总体可控,但部分区域存在风险。对于高风险地区,监管层单独要求,体现了区别对待、定向调控思路

续表

条目	主要内容	重点解读
第三十一条、第三十三条	各级财政部门(或 PPP 中心)应当通过官方网站及报刊媒体,每年定期披露当地 PPP 项目目录、项目信息及财政支出责任情况。应披露的财政支出责任信息包括:PPP 项目的财政支出责任数额及年度预算安排情况、财政承受能力论证考虑的主要因素和指标等。按照收付实现制会计原则,对 PPP 项目相关的预算收入与支出进行会计核算,并在政府决算报告中反映	信息披露要求很高,有利于 PPP 项目的公开,接受社会舆论监督,防范 PPP 项目开展过程中的各种不规范行为

附件:

政府和社会资本合作项目财政承受能力论证指引

第一章 总则

第一条 根据《中华人民共和国预算法》《国务院关于加强地方政府性债务管理的意见》(国发〔2014〕43 号)、《国务院关于深化预算管理制度改革的决定》(国发〔2014〕45 号)、《国务院关于创新重点领域投融资机制鼓励社会投资的指导意见》(国发〔2014〕60 号)、《财政部关于推广运用政府和社会资本合作模式有关问题的通知》(财金〔2014〕76 号)和《财政部关于印发政府和社会资本合作模式操作指南(试行)的通知》(财金〔2014〕113 号)等有关规定,制定本指引。

第二条 本指引所称财政承受能力论证是指识别、测算政府和社会资本合作(Public-Private Partnership,PPP)项目的各项财政支出责任,科学评估项目实施对当前及今后年度财政支出的影响,为 PPP 项目财政管理提供依据。

第三条 开展 PPP 项目财政承受能力论证,是政府履行合同义务的重要保障,有利于规范 PPP 项目财政支出管理,有序推进项目实施,有效防范和控制财政风险,实现 PPP 可持续发展。

第四条 财政承受能力论证采用定量和定性分析方法,坚持合理预测、公开透明、从严把关,统筹处理好当期与长远关系,严格控制 PPP 项目财政支出规模。

第五条 财政承受能力论证的结论分为"通过论证"和"未通过论证"。"通过论证"的项目,各级财政部门应当在编制年度预算和中期财政规划时,将项目财政支出责任纳入预算统筹安排。"未通过论证"的项目,则不宜采用 PPP 模式。

第六条 各级财政部门(或 PPP 中心)负责组织开展行政区域内 PPP 项目财政承受能力论证工作。省级财政部门负责汇总统计行政区域内的全部 PPP 项目财政支出责任,对财政预算编制、执行情况实施监督管理。

第七条 财政部门(或 PPP 中心)应当会同行业主管部门,共同开展 PPP 项目财政承受能力论证工作。必要时可通过政府采购方式聘请专业中介机构协助。

第八条 各级财政部门(或 PPP 中心)要以财政承受能力论证结论为依据,会同有关部门统筹做好项目规划、设计、采购、建设、运营、维护等全生命周期管理工作。

第二章 责任识别

第九条 PPP 项目全生命周期过程的财政支出责任,主要包括股权投资、运营补贴、风险承担、配套投入等。

第十条 股权投资支出责任是指在政府与社会资本共同组建项目公司的情况下,政府承担的股权投资支出责任。如果社会资本单独组建项目公司,政府不承担股权投资支出责任。

第十一条 运营补贴支出责任是指在项目运营期间,政府承担的直接付费责任。不同付费模式下,政府承担的运营补贴支出责任不同。政府付费模式下,政府承担全部运营补贴支出责任;可行性缺口补助模式下,政府承担部分运营补贴支出责任;使用者付费模式下,政府不承担运营补贴支出责任。

第十二条 风险承担支出责任是指项目实施方案中政府承担风险带来的财政或有支出责任。通常由政府承担的法律风险、政策风险、最低需求风险以及因政府方原因导致项目合同终止等突发情况,会产生财政或有支出责任。

第十三条 配套投入支出责任是指政府提供的项目配套工程等其他投入责任,通常包括土地征收和整理、建设部分项目配套措施、完成项目与现有相关基础设施和公用事业的对接、投资补助、贷款贴息等。配套投入支出应依据项目实施方案合理确定。

第三章 支出测算

第十四条 财政部门(或 PPP 中心)应当综合考虑各类支出责任的特点、情景和发生概率等因素,对项目全生命周期内财政支出责任分别进行测算。

第十五条 股权投资支出应当依据项目资本金要求以及项目公司股权结构合理确定。股权投资支出责任中的土地等实物投入或无形资产投入,应依法进行评估,合理确定价值。计算公式为

$$股权投资支出 = 项目资本金 \times 政府占项目公司股权比例$$

第十六条 运营补贴支出应当根据项目建设成本、运营成本及利润水平合理确定,并按照不同付费模式分别测算。

对政府付费模式的项目,在项目运营补贴期间,政府承担全部直接付费责任。

政府每年直接付费数额包括社会资本方承担的年均建设成本(折算成各年度现值)、年度运营成本和合理利润。计算公式为

$$当年运营补贴支出数额 = \frac{项目全部建设成本 \times (1-合理利润率) \times (1-年度折现率)^n}{财政运营补贴周期(年)} + 年度运营成本 \times (1+合理利润率)$$

对可行性缺口补助模式的项目,在项目运营补贴期间,政府承担部分直接付费责任。政府每年直接付费数额包括社会资本方承担的年均建设成本(折算成各年度现值)、年度运营成本和合理利润,再减去每年使用者付费的数额。计算公式为

$$当年运营补贴支出数额 = \frac{项目全部建设成本 \times (1-合理利润率) \times (1-年度折现率)^n}{财政运营补贴周期(年)} + 年度运营成本 \times (1+合理利润率) - 当年使用者付费数额$$

式中:n 代表折现年数;财政运营补贴周期指财政提供运营补贴的年数。

第十七条 年度折现率应考虑财政补贴支出发生年份,并参照同期地方政府债券收益率合理确定。

第十八条 合理利润率应以商业银行中长期贷款利率水平为基准,充分考虑可用性付费、使用量付费、绩效付费的不同情景,结合风险等因素确定。

第十九条 在计算运营补贴支出时,应当充分考虑合理利润率变化对运营补贴支出的影响。

第二十条 PPP项目实施方案中的定价和调价机制通常与消费物价指数、劳动力市场指数等因素挂钩,会影响运营补贴支出责任。在可行性缺口补助模式下,运营补贴支出责任受到使用者付费数额的影响,而使用者付费的多少因定价和调价机制而变化。在计算运营补贴支出数额时,应当充分考虑定价和调价机制的影响。

第二十一条 风险承担支出应充分考虑各类风险出现的概率和带来的支出责任,可采用比例法、情景分析法及概率法进行测算。如果PPP合同约定保险赔款的第一受益人为政府,则风险承担支出应为扣除该等风险赔款金额的净额。

比例法。在各类风险支出数额和概率难以进行准确测算的情况下,可以按照项目的全部建设成本和一定时期内的运营成本的一定比例确定风险承担支出。

情景分析法。在各类风险支出数额可以进行测算、但出现概率难以确定的情况下,可针对影响风险的各类事件和变量进行"基本""不利"及"最坏"等情景假设,测算各类风险发生带来的风险承担支出。计算公式为

风险承担支出数额=基本情景下财政支出数额×基本情景出现的概率+不利情

景下财政支出数额×不利情景出现的概率+最坏情景下财政支出数额×最坏情景出现的概率

概率法。在各类风险支出数额和发生概率均可进行测算的情况下,可将所有可变风险参数作为变量,根据概率分布函数,计算各种风险发生带来的风险承担支出。

第二十二条 配套投入支出责任应综合考虑政府将提供的其他配套投入总成本和社会资本方为此支付的费用。配套投入支出责任中的土地等实物投入或无形资产投入,应依法进行评估,合理确定价值。计算公式为

配套投入支出数额=政府拟提供的其他投入总成本−社会资本方支付的费用

第四章 能力评估

第二十三条 财政部门(或 PPP 中心)识别和测算单个项目的财政支出责任后,汇总年度全部已实施和拟实施的 PPP 项目,进行财政承受能力评估。

第二十四条 财政承受能力评估包括财政支出能力评估以及行业和领域平衡性评估。财政支出能力评估,是根据 PPP 项目预算支出责任,评估 PPP 项目实施对当前及今后年度财政支出的影响;行业和领域均衡性评估,是根据 PPP 模式适用的行业和领域范围,以及经济社会发展需要和公众对公共服务的需求,平衡不同行业和领域 PPP 项目,防止某一行业和领域 PPP 项目过于集中。

第二十五条 每一年度全部 PPP 项目需要从预算中安排的支出责任,占一般公共预算支出比例应当不超过 10%。省级财政部门可根据本地实际情况,因地制宜确定具体比例,并报财政部备案,同时对外公布。

第二十六条 鼓励列入地方政府性债务风险预警名单的高风险地区,采取 PPP 模式化解地方融资平台公司存量债务。同时,审慎控制新建 PPP 项目规模,防止因项目实施加剧财政收支矛盾。

第二十七条 在进行财政支出能力评估时,未来年度一般公共预算支出数额可参照前五年相关数额的平均值及平均增长率计算,并根据实际情况进行适当调整。

第二十八条 "通过论证"且经同级人民政府审核同意实施的 PPP 项目,各级财政部门应当将其列入 PPP 项目目录,并在编制中期财政规划时,将项目财政支出责任纳入预算统筹安排。

第二十九条 在 PPP 项目正式签订合同时,财政部门(或 PPP 中心)应当对合同进行审核,确保合同内容与财政承受能力论证保持一致,防止因合同内容调整导致财政支出责任出现重大变化。财政部门要严格按照合同执行,及时办理支付手续,切实维护地方政府信用,保障公共服务有效供给。

第五章 信息披露

第三十条 省级财政部门应当汇总区域内的项目目录,及时向财政部报告,财政部通过统一信息平台(PPP中心网站)发布。

第三十一条 各级财政部门(或 PPP 中心)应当通过官方网站及报刊媒体,每年定期披露当地 PPP 项目目录、项目信息及财政支出责任情况。应披露的财政支出责任信息包括 PPP 项目的财政支出责任数额及年度预算安排情况、财政承受能力论证考虑的主要因素和指标等。

第三十二条 项目实施后,各级财政部门(或 PPP 中心)应跟踪了解项目运营情况,包括项目使用量、成本费用、考核指标等信息,定期对外发布。

第六章 附则

第三十三条 财政部门按照权责发生制会计原则,对政府在 PPP 项目中的资产投入,以及与政府相关项目资产进行会计核算,并在政府财务统计、政府财务报告中反映;按照收付实现制会计原则,对 PPP 项目相关的预算收入与支出进行会计核算,并在政府决算报告中反映。

第三十四条 本指引自印发之日起施行。

附:

PPP 项目财政承受能力论证工作流程图

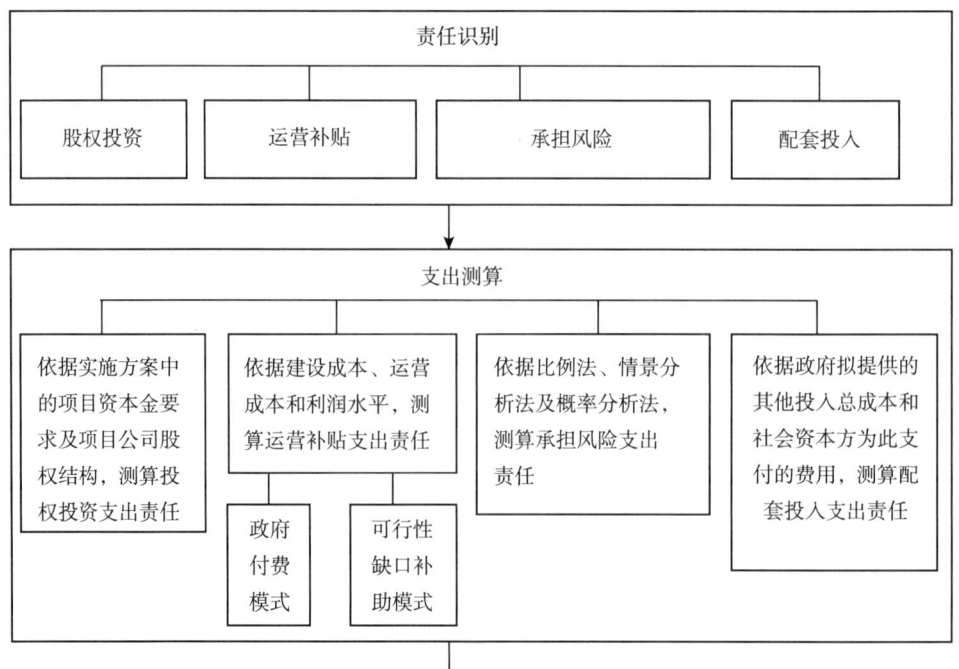

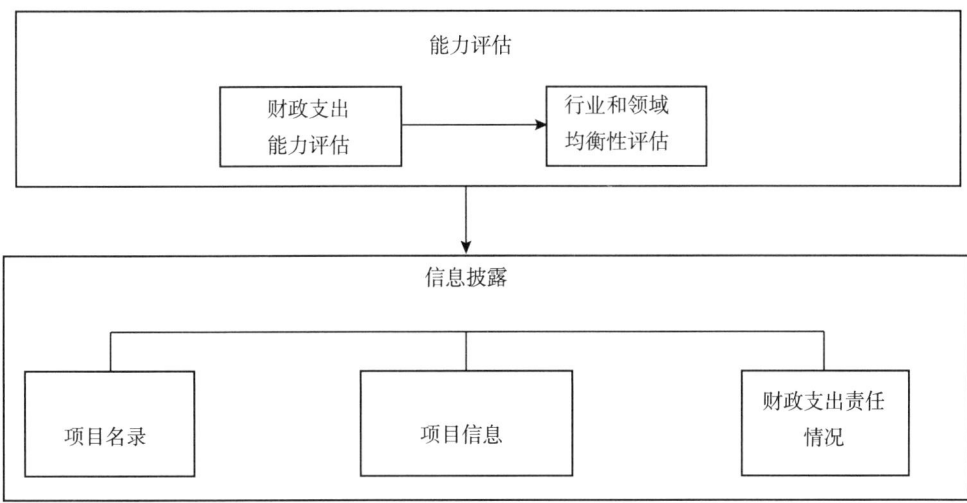

Ⅰ 国务院关于创新重点领域投融资机制鼓励社会投资的指导意见

国发〔2014〕60号

各省、自治区、直辖市人民政府,国务院各部委、各直属机构:

为推进经济结构战略性调整,加强薄弱环节建设,促进经济持续健康发展,迫切需要在公共服务、资源环境、生态建设、基础设施等重点领域进一步创新投融资机制,充分发挥社会资本特别是民间资本的积极作用。为此,特提出以下意见。

一、总体要求

(一)指导思想。全面贯彻落实党的十八大和十八届三中、四中全会精神,按照党中央、国务院决策部署,使市场在资源配置中起决定性作用和更好发挥政府作用,打破行业垄断和市场壁垒,切实降低准入门槛,建立公平、开放、透明的市场规则,营造权利平等、机会平等、规则平等的投资环境,进一步鼓励社会投资特别是民间投资,盘活存量、用好增量、调结构、补短板,服务国家生产力布局,促进重点领域建设,增加公共产品有效供给。

(二)基本原则。实行统一市场准入,创造平等投资机会;创新投资运营机制,扩大社会资本投资途径;优化政府投资使用方向和方式,发挥引导带动作用;创新融资方式,拓宽融资渠道;完善价格形成机制,发挥价格杠杆作用。

二、创新生态环保投资运营机制

(三)深化林业管理体制改革。推进国有林区和国有林场管理体制改革,完善森林经营和采伐管理制度,开展森林科学经营。深化集体林权制度改革,稳定林权承包关系,放活林地经营权,鼓励林权依法规范流转。鼓励荒山荒地造林和退耕还林林地林权依法流转。减免林权流转税费,有效降低流转成本。

(四)推进生态建设主体多元化。在严格保护森林资源的前提下,鼓励社会资本积极参与生态建设和保护,支持符合条件的农民合作社、家庭农场(林场)、专业大户、林业企业等新型经营主体投资生态建设项目。对社会资本利用荒山荒地进行植树造林的,在保障生态效益、符合土地用途管制要求的前提下,允许发展林下经济、森林旅游等生态产业。

（五）推动环境污染治理市场化。在电力、钢铁等重点行业以及开发区(工业园区)污染治理等领域,大力推行环境污染第三方治理,通过委托治理服务、托管运营服务等方式,由排污企业付费购买专业环境服务公司的治污减排服务,提高污染治理的产业化、专业化程度。稳妥推进政府向社会购买环境监测服务。建立重点行业第三方治污企业推荐制度。

（六）积极开展排污权、碳排放权交易试点。推进排污权有偿使用和交易试点,建立排污权有偿使用制度,规范排污权交易市场,鼓励社会资本参与污染减排和排污权交易。加快调整主要污染物排污费征收标准,实行差别化排污收费政策。加快在国内试行碳排放权交易制度,探索森林碳汇交易,发展碳排放权交易市场,鼓励和支持社会投资者参与碳配额交易,通过金融市场发现价格的功能,调整不同经济主体利益,有效促进环保和节能减排。

三、鼓励社会资本投资运营农业和水利工程

（七）培育农业、水利工程多元化投资主体。支持农民合作社、家庭农场、专业大户、农业企业等新型经营主体投资建设农田水利和水土保持设施。允许财政补助形成的小型农田水利和水土保持工程资产由农业用水合作组织持有和管护。鼓励社会资本以特许经营、参股控股等多种形式参与具有一定收益的节水供水重大水利工程建设运营。社会资本愿意投入的重大水利工程,要积极鼓励社会资本投资建设。

（八）保障农业、水利工程投资合理收益。社会资本投资建设或运营管理农田水利、水土保持设施和节水供水重大水利工程的,与国有、集体投资项目享有同等政策待遇,可以依法获取供水水费等经营收益;承担公益性任务的,政府可对工程建设投资、维修养护和管护经费等给予适当补助,并落实优惠政策。社会资本投资建设或运营管理农田水利设施、重大水利工程等,可依法继承、转让、转租、抵押其相关权益;征收、征用或占用的,要按照国家有关规定给予补偿或者赔偿。

（九）通过水权制度改革吸引社会资本参与水资源开发利用和保护。加快建立水权制度,培育和规范水权交易市场,积极探索多种形式的水权交易流转方式,允许各地通过水权交易满足新增合理用水需求。鼓励社会资本通过参与节水供水重大水利工程投资建设等方式优先获得新增水资源使用权。

（十）完善水利工程水价形成机制。深入开展农业水价综合改革试点,进一步促进农业节水。水利工程供非农业用水价格按照补偿成本、合理收益、优质优价、公平负担的原则合理制定,并根据供水成本变化及社会承受能力等适时调整,推行两部制水利工程水价和丰枯季节水价。价格调整不到位时,地方政府可根据实际情况安排财政性资金,对运营单位进行合理补偿。

四、推进市政基础设施投资运营市场化

(十一)改革市政基础设施建设运营模式。推动市政基础设施建设运营事业单位向独立核算、自主经营的企业化管理转变。鼓励打破以项目为单位的分散运营模式,实行规模化经营,降低建设和运营成本,提高投资效益。推进市县、乡镇和村级污水收集和处理、垃圾处理项目按行业"打包"投资和运营,鼓励实行城乡供水一体化、厂网一体投资和运营。

(十二)积极推动社会资本参与市政基础设施建设运营。通过特许经营、投资补助、政府购买服务等多种方式,鼓励社会资本投资城镇供水、供热、燃气、污水垃圾处理、建筑垃圾资源化利用和处理、城市综合管廊、公园配套服务、公共交通、停车设施等市政基础设施项目,政府依法选择符合要求的经营者。政府可采用委托经营或转让—经营—转让(TOT)等方式,将已经建成的市政基础设施项目转交给社会资本运营管理。

(十三)加强县城基础设施建设。按照新型城镇化发展的要求,把有条件的县城和重点镇发展为中小城市,支持基础设施建设,增强吸纳农业转移人口的能力。选择若干具有产业基础、特色资源和区位优势的县城和重点镇推行试点,加大对市政基础设施建设运营引入市场机制的政策支持力度。

(十四)完善市政基础设施价格机制。加快改进市政基础设施价格形成、调整和补偿机制,使经营者能够获得合理收益。实行上下游价格调整联动机制,价格调整不到位时,地方政府可根据实际情况安排财政性资金对企业运营进行合理补偿。

五、改革完善交通投融资机制

(十五)加快推进铁路投融资体制改革。用好铁路发展基金平台,吸引社会资本参与,扩大基金规模。充分利用铁路土地综合开发政策,以开发收益支持铁路发展。按照市场化方向,不断完善铁路运价形成机制。向地方政府和社会资本放开城际铁路、市域(郊)铁路、资源开发性铁路和支线铁路的所有权、经营权。按照构建现代企业制度的要求,保障投资者权益,推进蒙西至华中、长春至西巴彦花铁路等引进民间资本的示范项目实施。鼓励按照"多式衔接、立体开发、功能融合、节约集约"的原则,对城市轨道交通站点周边、车辆段上盖进行土地综合开发,吸引社会资本参与城市轨道交通建设。

(十六)完善公路投融资模式。建立完善政府主导、分级负责、多元筹资的公路投融资模式,完善收费公路政策,吸引社会资本投入,多渠道筹措建设和维护资金。逐步建立高速公路与普通公路统筹发展机制,促进普通公路持续健康发展。

（十七）鼓励社会资本参与水运、民航基础设施建设。探索发展"航电结合"等投融资模式，按相关政策给予投资补助，鼓励社会资本投资建设航电枢纽。鼓励社会资本投资建设港口、内河航运设施等。积极吸引社会资本参与盈利状况较好的枢纽机场、干线机场以及机场配套服务设施等投资建设，拓宽机场建设资金来源。

六、鼓励社会资本加强能源设施投资

（十八）鼓励社会资本参与电力建设。在做好生态环境保护、移民安置和确保工程安全的前提下，通过业主招标等方式，鼓励社会资本投资常规水电站和抽水蓄能电站。在确保具备核电控股资质主体承担核安全责任的前提下，引入社会资本参与核电项目投资，鼓励民间资本进入核电设备研制和核电服务领域。鼓励社会资本投资建设风光电、生物质能等清洁能源项目和背压式热电联产机组，进入清洁高效煤电项目建设、燃煤电厂节能减排升级改造领域。

（十九）鼓励社会资本参与电网建设。积极吸引社会资本投资建设跨区输电通道、区域主干电网完善工程和大中城市配电网工程。将海南联网Ⅱ回线路和滇西北送广东特高压直流输电工程等项目作为试点，引入社会资本。鼓励社会资本投资建设分布式电源并网工程、储能装置和电动汽车充换电设施。

（二十）鼓励社会资本参与油气管网、储存设施和煤炭储运建设运营。支持民营企业、地方国有企业等参股建设油气管网主干线、沿海液化天然气（LNG）接收站、地下储气库、城市配气管网和城市储气设施，控股建设油气管网支线、原油和成品油商业储备库。鼓励社会资本参与铁路运煤干线和煤炭储配体系建设。国家规划确定的石化基地炼化一体化项目向社会资本开放。

（二十一）理顺能源价格机制。进一步推进天然气价格改革，2015年实现存量气和增量气价格并轨，逐步放开非居民用天然气气源价格，落实页岩气、煤层气等非常规天然气价格市场化政策。尽快出台天然气管道运输价格政策。按照合理成本加合理利润的原则，适时调整煤层气发电、余热余压发电上网标杆电价。推进天然气分布式能源冷、热、电价格市场化。完善可再生能源发电价格政策，研究建立流域梯级效益补偿机制，适时调整完善燃煤发电机组环保电价政策。

七、推进信息和民用空间基础设施投资主体多元化

（二十二）鼓励电信业进一步向民间资本开放。进一步完善法律法规，尽快修订电信业务分类目录。研究出台具体试点办法，鼓励和引导民间资本投资宽带接入网络建设和业务运营，大力发展宽带用户。推进民营企业开展移动通信转售业务试点工作，促进业务创新发展。

(二十三)吸引民间资本加大信息基础设施投资力度。支持基础电信企业引入民间战略投资者。推动中国铁塔股份有限公司引入民间资本,实现混合所有制发展。

(二十四)鼓励民间资本参与国家民用空间基础设施建设。完善民用遥感卫星数据政策,加强政府采购服务,鼓励民间资本研制、发射和运营商业遥感卫星,提供市场化、专业化服务。引导民间资本参与卫星导航地面应用系统建设。

八、鼓励社会资本加大社会事业投资力度

(二十五)加快社会事业公立机构分类改革。积极推进养老、文化、旅游、体育等领域符合条件的事业单位,以及公立医院资源丰富地区符合条件的医疗事业单位改制,为社会资本进入创造条件,鼓励社会资本参与公立机构改革。将符合条件的国有单位培训疗养机构转变为养老机构。

(二十六)鼓励社会资本加大社会事业投资力度。通过独资、合资、合作、联营、租赁等途径,采取特许经营、公建民营、民办公助等方式,鼓励社会资本参与教育、医疗、养老、体育健身、文化设施建设。尽快出台鼓励社会力量兴办教育、促进民办教育健康发展的意见。各地在编制城市总体规划、控制性详细规划以及有关专项规划时,要统筹规划、科学布局各类公共服务设施。各级政府逐步扩大教育、医疗、养老、体育健身、文化等政府购买服务范围,各类经营主体平等参与。将符合条件的各类医疗机构纳入医疗保险定点范围。

(二十七)完善落实社会事业建设运营税费优惠政策。进一步完善落实非营利性教育、医疗、养老、体育健身、文化机构税收优惠政策。对非营利性医疗、养老机构建设一律免征有关行政事业性收费,对营利性医疗、养老机构建设一律减半征收有关行政事业性收费。

(二十八)改进社会事业价格管理政策。民办教育、医疗机构用电、用水、用气、用热,执行与公办教育、医疗机构相同的价格政策。养老机构用电、用水、用气、用热,按居民生活类价格执行。除公立医疗、养老机构提供的基本服务按照政府规定的价格政策执行外,其他医疗、养老服务实行经营者自主定价。营利性民办学校收费实行自主定价,非营利性民办学校收费政策由地方政府按照市场化方向根据当地实际情况确定。

九、建立健全政府和社会资本合作(PPP)机制

(二十九)推广政府和社会资本合作(PPP)模式。认真总结经验,加强政策引导,在公共服务、资源环境、生态保护、基础设施等领域,积极推广 PPP 模式,规范选择项目合作伙伴,引入社会资本,增强公共产品供给能力。政府有关部门要严格

按照预算管理有关法律法规,完善财政补贴制度,切实控制和防范财政风险。健全PPP模式的法规体系,保障项目顺利运行。鼓励通过PPP方式盘活存量资源,变现资金要用于重点领域建设。

(三十)规范合作关系保障各方利益。政府有关部门要制定管理办法,尽快发布标准合同范本,对PPP项目的业主选择、价格管理、回报方式、服务标准、信息披露、违约处罚、政府接管以及评估论证等进行详细规定,规范合作关系。平衡好社会公众与投资者利益关系,既要保障社会公众利益不受损害,又要保障经营者合法权益。

(三十一)健全风险防范和监督机制。政府和投资者应对PPP项目可能产生的政策风险、商业风险、环境风险、法律风险等进行充分论证,完善合同设计,健全纠纷解决和风险防范机制。建立独立、透明、可问责、专业化的PPP项目监管体系,形成由政府监管部门、投资者、社会公众、专家、媒体等共同参与的监督机制。

(三十二)健全退出机制。政府要与投资者明确PPP项目的退出路径,保障项目持续稳定运行。项目合作结束后,政府应组织做好接管工作,妥善处理投资回收、资产处理等事宜。

十、充分发挥政府投资的引导带动作用

(三十三)优化政府投资使用方向。政府投资主要投向公益性和基础性建设。对鼓励社会资本参与的生态环保、农林水利、市政基础设施、社会事业等重点领域,政府投资可根据实际情况给予支持,充分发挥政府投资"四两拨千斤"的引导带动作用。

(三十四)改进政府投资使用方式。在同等条件下,政府投资优先支持引入社会资本的项目,根据不同项目情况,通过投资补助、基金注资、担保补贴、贷款贴息等方式,支持社会资本参与重点领域建设。抓紧制定政府投资支持社会投资项目的管理办法,规范政府投资安排行为。

十一、创新融资方式拓宽融资渠道

(三十五)探索创新信贷服务。支持开展排污权、收费权、集体林权、特许经营权、购买服务协议预期收益、集体土地承包经营权质押贷款等担保创新类贷款业务。探索利用工程供水、供热、发电、污水垃圾处理等预期收益质押贷款,允许利用相关收益作为还款来源。鼓励金融机构对民间资本举办的社会事业提供融资支持。

(三十六)推进农业金融改革。探索采取信用担保和贴息、业务奖励、风险补偿、费用补贴、投资基金,以及互助信用、农业保险等方式,增强农民合作社、家庭农场(林场)、专业大户、农林业企业的贷款融资能力和风险抵御能力。

(三十七)充分发挥政策性金融机构的积极作用。在国家批准的业务范围内,加大对公共服务、生态环保、基础设施建设项目的支持力度。努力为生态环保、农林水利、中西部铁路和公路、城市基础设施等重大工程提供长期稳定、低成本的资金支持。

(三十八)鼓励发展支持重点领域建设的投资基金。大力发展股权投资基金和创业投资基金,鼓励民间资本采取私募等方式发起设立主要投资于公共服务、生态环保、基础设施、区域开发、战略性新兴产业、先进制造业等领域的产业投资基金。政府可以使用包括中央预算内投资在内的财政性资金,通过认购基金份额等方式予以支持。

(三十九)支持重点领域建设项目开展股权和债权融资。大力发展债权投资计划、股权投资计划、资产支持计划等融资工具,延长投资期限,引导社保资金、保险资金等用于收益稳定、回收期长的基础设施和基础产业项目。支持重点领域建设项目采用企业债券、项目收益债券、公司债券、中期票据等方式通过债券市场筹措投资资金。推动铁路、公路、机场等交通项目建设企业应收账款证券化。建立规范的地方政府举债融资机制,支持地方政府依法依规发行债券,用于重点领域建设。

创新重点领域投融资机制对稳增长、促改革、调结构、惠民生具有重要作用。各地区、各有关部门要从大局出发,进一步提高认识,加强组织领导,健全工作机制,协调推动重点领域投融资机制创新。各地政府要结合本地实际,抓紧制定具体实施细则,确保各项措施落到实处。国务院各有关部门要严格按照分工,抓紧制定相关配套措施,加快重点领域建设,同时要加强宣传解读,让社会资本了解参与方式、运营方式、盈利模式、投资回报等相关政策,进一步稳定市场预期,充分调动社会投资积极性,切实发挥好投资对经济增长的关键作用。发展改革委要会同有关部门加强对本指导意见落实情况的督促检查,重大问题及时向国务院报告。

附件:重点政策措施文件分工方案

国务院
2014年11月16日

附件:
重点政策措施文件分工方案

序号	政策措施文件	负责单位	出台时间
1	大力推行环境污染第三方治理	发展改革委、环境保护部	2014年年底
2	推进排污权、碳排放权交易试点,鼓励社会资本参与污染减排和排污权、碳排放权交易	财政部、环境保护部、发展改革委、林业局、证监会(其中碳排放权交易由发展改革委牵头)	2015年3月底
3	鼓励和引导社会资本参与节水供水重大水利工程建设运营的实施意见,积极探索多种形式的水权交易流转方式,鼓励社会资本参与节水供水重大水利工程投资建设	水利部、发展改革委、证监会	2015年3月底
4	选择若干县城和重点镇推行试点,加大对市政基础设施建设运营引入市场机制的政策支持力度	住房城乡建设部、发展改革委	2014年年底
5	通过业主招标等方式,鼓励社会资本投资常规水电站和抽水蓄能电站	能源局	2014年底
6	支持民间资本投资宽带接入网络建设和业务运营	工业和信息化部	2015年3月底
7	创新融资方式,拓宽融资渠道	人民银行、银监会、证监会、保监会、财政部	2015年3月底
8	政府使用包括中央预算内投资在内的财政性资金,支持重点领域产业投资基金管理办法	发展改革委	2015年3月底
9	完善价格形成机制,增强重点领域建设吸引社会投资能力	发展改革委、国务院有关部门	2015年3月底

注:有2个或以上负责单位的,排在第一位的为牵头单位。

J 关于政府和社会资本合作示范项目实施有关问题的通知

财金〔2014〕112号

各省、自治区、直辖市、计划单列市财政厅(局),新疆生产建设兵团财务局:

根据《财政部关于推广运用政府和社会资本合作模式有关问题的通知》(财金〔2014〕76号,以下简称《通知》),为规范地推广运用政府和社会资本合作模式(Public-Private Partnership,PPP),保证PPP示范项目质量,形成可复制、可推广的实施范例,充分发挥示范效应,现就PPP示范项目实施有关问题通知如下:

一、经各省(自治区、直辖市、计划单列市)财政部门推荐,财政部政府和社会资本合作工作领导小组办公室组织专家评审,确定天津新能源汽车公共充电设施网络等30个PPP示范项目(名单见附件),其中,新建项目8个,地方融资平台公司存量项目22个。

二、根据《国务院关于加强地方政府性债务管理的意见》(国发〔2014〕43号),各级财政部门要鼓励和引导地方融资平台公司存量项目,以TOT(转让—运营—移交)等方式转型为PPP项目,积极引入社会资本参与存量项目的改造和运营,切实有效化解地方政府融资平台债务风险。

三、各级财政部门要切实承担责任,加强组织领导,严格按照《通知》等有关文件精神,认真履行财政管理职能,并与相关行业部门建立高效、顺畅的工作协调机制,形成工作合力,为项目实施质量提供有力保障。

(一)进一步完善实施方案,必要时可聘请专业机构协助,确保示范项目操作规范,符合《通知》《政府和社会资本合作模式操作指南(试行)》和标准化合同文本等一系列制度要求。

(二)严格按照《政府采购法》等规定,采取竞争性采购方式,引入信誉好、有实力的运营商参与示范项目建设和运营。

(三)综合考虑项目风险等因素合理确定社会资本的收益水平,并通过特许经营权、合理定价、财政补贴等事先公开的收益约定规则,使社会资本获得长期稳定收益。

(四)对PPP示范项目实施全生命周期监管,定期组织绩效评价,评价结果应作为定价调价的重要依据,保证公共利益最大化。

(五)严格按照合同办事,切实履行政府合同责任,保障PPP项目顺利实施。

(六)依法公开充分披露项目实施的相关信息,保障公众知情权,接受社会监督。

四、对示范项目实施过程中遇到的难点和问题,各级财政部门要会同同级政府有关部门积极研究解决,重大情况应及时报告财政部。财政部及下属政府和社会资本合作中心(即中国清洁发展机制基金管理中心)将提供业务指导和政策支持,并适时组织对示范项目实施进行督导。

附件:政府和社会资本合作示范项目名单

财政部
2014年11月30日

附件:

政府和社会资本合作示范项目名单

序号	项目名称	省份	类型	行业领域
1	新能源汽车公共充电设施网络项目	天津	新建	新能源汽车
2	张家口市桥西区集中供热项目	河北	存量	供暖
3	石家庄正定新区综合管廊项目	河北	存量	地下综合管廊
4	抚顺市三宝屯污水处理厂项目	辽宁	存量	污水处理
5	吉林市第六供水厂建设工程(一期)	吉林	存量	供水
6	国电吉林热电厂热源改造工程	吉林	存量	供暖
7	嘉定南翔污水处理厂一期工程	上海	新建	污水处理
8	昆山市现代有轨电车项目	江苏	新建	轨道交通
9	徐州市骆马湖水源地及原水管线项目	江苏	存量	供水
10	南京市城东污水处理厂和仙林污水处理厂项目	江苏	存量	污水处理
11	宿迁生态化工科技产业园污水处理项目	江苏	存量	污水处理
12	如皋市城市污水处理一、二期提标改造和三期扩建工程	江苏	存量	污水处理
13	南京市垃圾处理设施项目	江苏	存量	垃圾处理
14	徐州市城市轨道交通1号线一期工程项目	江苏	存量	轨道交通
15	苏州市轨道交通1号线工程项目	江苏	存量	轨道交通
16	如东县中医院整体迁建项目	江苏	存量	医疗

续表

序号	项目名称	省份	类型	行业领域
17	杭州市地铁5号线一期工程、6号线一期工程项目	浙江	存量	轨道交通
18	杭州—海宁城市轻轨工程项目		存量	轨道交通
19	池州市污水处理及市政排水设施购买服务	安徽	新建	污水处理
20	马鞍山市东部污水处理厂		存量	污水处理
21	安庆市城市污水处理项目		存量	污水处理
22	合肥市轨道交通2号线		存量	轨道交通
23	东山海岛县引水工程(第二水源)	福建	存量	供水
24	九江市柘林湖湖泊生态环境保护项目	江西	新建	环境综合治理
25	胶州湾海底隧道一期项目	青岛	存量	交通
26	青岛体育中心项目		存量	体育
27	湘潭经济技术开发区污水处理一期工程	湖南	新建	污水处理
28	重庆市轨道交通三号线(含一期工程、二期工程、南延伸段工程)	重庆	存量	轨道交通
29	南明河水环境综合整治二期项目	贵州	新建	环境综合治理
30	渭南市主城区城市集中供热项目	陕西	新建	供暖

K 关于规范政府和社会资本合作合同管理工作的通知

财金〔2014〕156号

各省、自治区、直辖市、计划单列市财政厅(局),新疆生产建设兵团财务局:

根据《关于推广运用政府和社会资本合作模式有关问题的通知》(财金〔2014〕76号)和《关于印发政府和社会资本合作模式操作指南(试行)的通知》(财金〔2014〕113号),为科学规范推广运用政府和社会资本合作(Public-Private Partnership,PPP)模式,现就规范PPP合同管理工作通知如下:

一、高度重视PPP合同管理工作

PPP模式是在基础设施和公共服务领域政府和社会资本基于合同建立的一种合作关系。"按合同办事"不仅是PPP模式的精神实质,也是依法治国、依法行政的内在要求。加强对PPP合同的起草、谈判、履行、变更、解除、转让、终止直至失效的全过程管理,通过合同正确表达意愿、合理分配风险、妥善履行义务、有效主张权利,是政府和社会资本长期友好合作的重要基础,也是PPP项目顺利实施的重要保障。地方财政部门在推进PPP中要高度重视、充分认识合同管理的重要意义,会同行业主管部门加强PPP合同管理工作。

二、切实遵循PPP合同管理的核心原则

为规范PPP合同管理工作,财政部制定了《PPP项目合同指南(试行)》(见附件),后续还将研究制定标准化合同文本等。各级财政部门在推进PPP工作中,要切实遵循以下原则:

(一)依法治理。在依法治国、依法行政的框架下,充分发挥市场在资源配置中的决定性作用,允许政府和社会资本依法自由选择合作伙伴,充分尊重双方在合同订立和履行过程中的契约自由,依法保护PPP项目各参与方的合法权益,共同维护法律权威和公平正义。

(二)平等合作。在PPP模式下,政府与社会资本是基于PPP项目合同的平等法律主体,双方法律地位平等、权利义务对等,应在充分协商、互利互惠的基础上订立合同,并依法平等地主张合同权利、履行合同义务。

(三)维护公益。建立履约管理、行政监管和社会监督"三位一体"的监管架构,优先保障公共安全和公共利益。PPP项目合同中除应规定社会资本方的绩效监测和质量控制等义务外,还应保证政府方合理的监督权和介入权,以加强对社会资本的履约管理。与此同时,政府还应依法严格履行行政管理职能,建立健全及时有效的项目信息公开和公众监督机制。

(四)诚实守信。政府和社会资本应在PPP项目合同中明确界定双方在项目融资、建设、运营、移交等全生命周期内的权利义务,并在合同管理的全过程中真实表达意思表示,认真恪守合同约定,妥善履行合同义务,依法承担违约责任。

(五)公平效率。在PPP项目合同中要始终贯彻物有所值原则,在风险分担和利益分配方面兼顾公平与效率:既要通过在政府和社会资本之间合理分配项目风险,实现公共服务供给效率和资金使用效益的提升,又要在设置合作期限、方式和投资回报机制时,统筹考虑社会资本方的合理收益预期、政府方的财政承受能力以及使用者的支付能力,防止任何一方因此过分受损或超额获益。

(六)兼顾灵活。鉴于PPP项目的生命周期通常较长,在合同订立时既要充分考虑项目全生命周期内的实际需求,保证合同内容的完整性和相对稳定性,也要合理设置一些关于期限变更(展期和提前终止)、内容变更(产出标准调整、价格调整等)、主体变更(合同转让)的灵活调整机制,为未来可能长达20~30年的合同执行期预留调整和变更空间。

三、有效推进PPP合同管理工作

(一)加强组织协调,保障合同效力。在推进PPP的过程中,各级财政部门要会同行业主管部门做好合同审核和履约管理工作,确保合同内容真实反映各方意愿、合理分配项目风险、明确划分各方义务、有效保障合法权益,为PPP项目的顺利实施和全生命周期管理提供合法有效的合同依据。

(二)加强能力建设,防控项目风险。各级财政部门要组织加强对当地政府及相关部门、社会资本以及PPP项目其他参与方的法律和合同管理培训,使各方牢固树立法律意识和契约观念,逐步提升各参与方对PPP项目合同的精神主旨、核心内容和谈判要点的理解把握能力。在合同管理全过程中,要充分借助、积极运用法律、投资、财务、保险等专业咨询顾问机构的力量,提升PPP项目合同的科学性、规范性和操作性,充分识别、合理防控项目风险。

(三)总结项目经验,规范合同条款。各级财政部门要会同行业主管部门结合PPP项目试点工作,抓好合同管理的贯彻落实,不断细化、完善合同条款,及时总结经验,逐步形成一批科学合理、全面规范、切实可行的合同文本,以供参考示范。财政部将在总结各地实践的基础上,逐步出台主要行业领域和主要运作方式的 PPP 项目合同标准示范文本,以进一步规范合同内容、统一合同共识、缩短合同准备和谈判周期,加快 PPP 模式推广应用。

财政部
2014 年 12 月 30 日

L 财政部关于印发《政府采购竞争性磋商采购方式管理暂行办法》的通知

财库〔2014〕214号

党中央有关部门,国务院各部委、各直属机构,全国人大常委会办公厅,全国政协办公厅,高法院,高检院,有关人民团体,各省、自治区、直辖市、计划单列市财政厅(局),新疆生产建设兵团财务局,各集中采购机构:

为了深化政府采购制度改革,适应推进政府购买服务、推广政府和社会资本合作(PPP)模式等工作需要,根据《中华人民共和国政府采购法》和有关法律法规,财政部制定了《政府采购竞争性磋商采购方式管理暂行办法》。现印发给你们,请遵照执行。

附件:政府采购竞争性磋商采购方式管理暂行办法

财政部

2014年12月31日

附件:

政府采购竞争性磋商采购方式管理暂行办法

第一章 总则

第一条 为了规范政府采购行为,维护国家利益、社会公共利益和政府采购当事人的合法权益,依据《中华人民共和国政府采购法》(以下简称政府采购法)第二十六条第一款第六项规定,制定本办法。

第二条 本办法所称竞争性磋商采购方式,是指采购人、政府采购代理机构通过组建竞争性磋商小组(以下简称磋商小组)与符合条件的供应商就采购货物、工程和服务事宜进行磋商,供应商按照磋商文件的要求提交响应文件和报价,采购人从磋商小组评审后提出的候选供应商名单中确定成交供应商的采购方式。

第三条 符合下列情形的项目,可以采用竞争性磋商方式开展采购:

(一)政府购买服务项目;

(二)技术复杂或者性质特殊,不能确定详细规格或者具体要求的;

(三)因艺术品采购、专利、专有技术或者服务的时间、数量事先不能确定等原因不能事先计算出价格总额的;

(四)市场竞争不充分的科研项目,以及需要扶持的科技成果转化项目;

(五)按照招标投标法及其实施条例必须进行招标的工程建设项目以外的工程建设项目。

第二章 磋商程序

第四条 达到公开招标数额标准的货物、服务采购项目,拟采用竞争性磋商采购方式的,采购人应当在采购活动开始前,报经主管预算单位同意后,依法向设区的市、自治州以上人民政府财政部门申请批准。

第五条 采购人、采购代理机构应当按照政府采购法和本办法的规定组织开展竞争性磋商,并采取必要措施,保证磋商在严格保密的情况下进行。

任何单位和个人不得非法干预、影响磋商过程和结果。

第六条 采购人、采购代理机构应当通过发布公告、从省级以上财政部门建立的供应商库中随机抽取或者采购人和评审专家分别书面推荐的方式邀请不少于3家符合相应资格条件的供应商参与竞争性磋商采购活动。

符合政府采购法第二十二条第一款规定条件的供应商可以在采购活动开始前加入供应商库。财政部门不得对供应商申请入库收取任何费用,不得利用供应商库进行地区和行业封锁。

采取采购人和评审专家书面推荐方式选择供应商的,采购人和评审专家应当各自出具书面推荐意见。采购人推荐供应商的比例不得高于推荐供应商总数的50%。

第七条 采用公告方式邀请供应商的,采购人、采购代理机构应当在省级以上人民政府财政部门指定的政府采购信息发布媒体发布竞争性磋商公告。竞争性磋商公告应当包括以下主要内容:

(一)采购人、采购代理机构的名称、地点和联系方法;

(二)采购项目的名称、数量、简要规格描述或项目基本概况介绍;

(三)采购项目的预算;

(四)供应商资格条件;

(五)获取磋商文件的时间、地点、方式及磋商文件售价;

(六)响应文件提交的截止时间、开启时间及地点;

(七)采购项目联系人姓名和电话。

第八条 竞争性磋商文件(以下简称磋商文件)应当根据采购项目的特点和采

购人的实际需求制定,并经采购人书面同意。采购人应当以满足实际需求为原则,不得擅自提高经费预算和资产配置等采购标准。

磋商文件不得要求或者标明供应商名称或者特定货物的品牌,不得含有指向特定供应商的技术、服务等条件。

第九条 磋商文件应当包括供应商资格条件、采购邀请、采购方式、采购预算、采购需求、政府采购政策要求、评审程序、评审方法、评审标准、价格构成或者报价要求、响应文件编制要求、保证金交纳数额和形式以及不予退还保证金的情形、磋商过程中可能实质性变动的内容、响应文件提交的截止时间、开启时间及地点以及合同草案条款等。

第十条 从磋商文件发出之日起至供应商提交首次响应文件截止之日止不得少于10日。

磋商文件售价应当按照弥补磋商文件制作成本费用的原则确定,不得以营利为目的,不得以项目预算金额作为确定磋商文件售价依据。磋商文件的发售期限自开始之日起不得少于5个工作日。

提交首次响应文件截止之日前,采购人、采购代理机构或者磋商小组可以对已发出的磋商文件进行必要的澄清或者修改,澄清或者修改的内容作为磋商文件的组成部分。澄清或者修改的内容可能影响响应文件编制的,采购人、采购代理机构应当在提交首次响应文件截止时间至少5日前,以书面形式通知所有获取磋商文件的供应商;不足5日的,采购人、采购代理机构应当顺延提交首次响应文件截止时间。

第十一条 供应商应当按照磋商文件的要求编制响应文件,并对其提交的响应文件的真实性、合法性承担法律责任。

第十二条 采购人、采购代理机构可以要求供应商在提交响应文件截止时间之前交纳磋商保证金。磋商保证金应当采用支票、汇票、本票或者金融机构、担保机构出具的保函等非现金形式交纳。磋商保证金数额应当不超过采购项目预算的2%。供应商未按照磋商文件要求提交磋商保证金的,响应无效。

供应商为联合体的,可以由联合体中的一方或者多方共同交纳磋商保证金,其交纳的保证金对联合体各方均具有约束力。

第十三条 供应商应当在磋商文件要求的截止时间前,将响应文件密封送达指定地点。在截止时间后送达的响应文件为无效文件,采购人、采购代理机构或者磋商小组应当拒收。

供应商在提交响应文件截止时间前,可以对所提交的响应文件进行补充、修改或者撤回,并书面通知采购人、采购代理机构。补充、修改的内容作为响应文件的组成部分。补充、修改的内容与响应文件不一致的,以补充、修改的内容为准。

第十四条 磋商小组由采购人代表和评审专家共 3 人以上单数组成,其中评审专家人数不得少于磋商小组成员总数的 2/3。采购人代表不得以评审专家身份参加本部门或本单位采购项目的评审。采购代理机构人员不得参加本机构代理的采购项目的评审。

采用竞争性磋商方式的政府采购项目,评审专家应当从政府采购评审专家库内相关专业的专家名单中随机抽取。符合本办法第三条第四项规定情形的项目,以及情况特殊、通过随机方式难以确定合适的评审专家的项目,经主管预算单位同意,可以自行选定评审专家。技术复杂、专业性强的采购项目,评审专家中应当包含 1 名法律专家。

第十五条 评审专家应当遵守评审工作纪律,不得泄露评审情况和评审中获悉的商业秘密。

磋商小组在评审过程中发现供应商有行贿、提供虚假材料或者串通等违法行为的,应当及时向财政部门报告。

评审专家在评审过程中受到非法干涉的,应当及时向财政、监察等部门举报。

第十六条 磋商小组成员应当按照客观、公正、审慎的原则,根据磋商文件规定的评审程序、评审方法和评审标准进行独立评审。未实质性响应磋商文件的响应文件按无效响应处理,磋商小组应当告知提交响应文件的供应商。

磋商文件内容违反国家有关强制性规定的,磋商小组应当停止评审并向采购人或者采购代理机构说明情况。

第十七条 采购人、采购代理机构不得向磋商小组中的评审专家作倾向性、误导性的解释或者说明。

采购人、采购代理机构可以视采购项目的具体情况,组织供应商进行现场考察或召开磋商前答疑会,但不得单独或分别组织只有一个供应商参加的现场考察和答疑会。

第十八条 磋商小组在对响应文件的有效性、完整性和响应程度进行审查时,可以要求供应商对响应文件中含义不明确、同类问题表述不一致或者有明显文字和计算错误的内容等作出必要的澄清、说明或者更正。供应商的澄清、说明或者更正不得超出响应文件的范围或者改变响应文件的实质性内容。

磋商小组要求供应商澄清、说明或者更正响应文件应当以书面形式作出。供应商的澄清、说明或者更正应当由法定代表人或其授权代表签字或者加盖公章。

由授权代表签字的,应当附法定代表人授权书。供应商为自然人的,应当由本人签字并附身份证明。

第十九条 磋商小组所有成员应当集中与单一供应商分别进行磋商,并给予所有参加磋商的供应商平等的磋商机会。

第二十条 在磋商过程中,磋商小组可以根据磋商文件和磋商情况实质性变动采购需求中的技术、服务要求以及合同草案条款,但不得变动磋商文件中的其他内容。实质性变动的内容,须经采购人代表确认。

对磋商文件作出的实质性变动是磋商文件的有效组成部分,磋商小组应当及时以书面形式同时通知所有参加磋商的供应商。

供应商应当按照磋商文件的变动情况和磋商小组的要求重新提交响应文件,并由其法定代表人或授权代表签字或者加盖公章。由授权代表签字的,应当附法定代表人授权书。供应商为自然人的,应当由本人签字并附身份证明。

第二十一条 磋商文件能够详细列明采购标的的技术、服务要求的,磋商结束后,磋商小组应当要求所有实质性响应的供应商在规定时间内提交最后报价,提交最后报价的供应商不得少于3家。

磋商文件不能详细列明采购标的的技术、服务要求,需经磋商由供应商提供最终设计方案或解决方案的,磋商结束后,磋商小组应当按照少数服从多数的原则投票推荐3家以上供应商的设计方案或者解决方案,并要求其在规定时间内提交最后报价。

最后报价是供应商响应文件的有效组成部分。符合本办法第三条第四项情形的,提交最后报价的供应商可以为2家。

第二十二条 已提交响应文件的供应商,在提交最后报价之前,可以根据磋商情况退出磋商。采购人、采购代理机构应当退还退出磋商的供应商的磋商保证金。

第二十三条 经磋商确定最终采购需求和提交最后报价的供应商后,由磋商小组采用综合评分法对提交最后报价的供应商的响应文件和最后报价进行综合评分。

综合评分法,是指响应文件满足磋商文件全部实质性要求且按评审因素的量化指标评审得分最高的供应商为成交候选供应商的评审方法。

第二十四条 综合评分法评审标准中的分值设置应当与评审因素的量化指标相对应。磋商文件中没有规定的评审标准不得作为评审依据。

评审时,磋商小组各成员应当独立对每个有效响应的文件进行评价、打分,然后汇总每个供应商每项评分因素的得分。

综合评分法货物项目的价格分值占总分值的比重(即权值)为30%至60%,服务项目的价格分值占总分值的比重(权值)为10%至30%。采购项目中含不同采购对象的,以占项目资金比例最高的采购对象确定其项目属性。符合本办法第三条第三项的规定和执行统一价格标准的项目,其价格不列为评分因素。有特殊情况需要在上述规定范围外设定价格分权重的,应当经本级人民政府财政部门审核同意。

综合评分法中的价格分统一采用低价优先法计算,即满足磋商文件要求且最后报价最低的供应商的价格为磋商基准价,其价格分为满分。其他供应商的价格分统一按照下列公式计算:

$$磋商报价得分=(磋商基准价/最后磋商报价)\times 价格权值\times 100$$

项目评审过程中,不得去掉最后报价中的最高报价和最低报价。

第二十五条 磋商小组应当根据综合评分情况,按照评审得分由高到低顺序推荐3名以上成交候选供应商,并编写评审报告。符合本办法第二十一条第三款情形的,可以推荐2家成交候选供应商。评审得分相同的,按照最后报价由低到高的顺序推荐。评审得分且最后报价相同的,按照技术指标优劣顺序推荐。

第二十六条 评审报告应当包括以下主要内容:

(一)邀请供应商参加采购活动的具体方式和相关情况;

(二)响应文件开启日期和地点;

(三)获取磋商文件的供应商名单和磋商小组成员名单;

(四)评审情况记录和说明,包括对供应商的资格审查情况、供应商响应文件评审情况、磋商情况、报价情况等;

(五)提出的成交候选供应商的排序名单及理由。

第二十七条 评审报告应当由磋商小组全体人员签字认可。磋商小组成员对评审报告有异议的,磋商小组按照少数服从多数的原则推荐成交候选供应商,采购程序继续进行。对评审报告有异议的磋商小组成员,应当在报告上签署不同意见并说明理由,由磋商小组书面记录相关情况。磋商小组成员拒绝在报告上签字又不书面说明其不同意见和理由的,视为同意评审报告。

第二十八条 采购代理机构应当在评审结束后2个工作日内将评审报告送采购人确认。

采购人应当在收到评审报告后5个工作日内,从评审报告提出的成交候选供应商中,按照排序由高到低的原则确定成交供应商,也可以书面授权磋商小组直接确定成交供应商。采购人逾期未确定成交供应商且不提出异议的,视为确定评审报告提出的排序第一的供应商为成交供应商。

第二十九条 采购人或者采购代理机构应当在成交供应商确定后2个工作日内,在省级以上财政部门指定的政府采购信息发布媒体上公告成交结果,同时向成交供应商发出成交通知书,并将磋商文件随成交结果同时公告。成交结果公告应当包括以下内容:

(一)采购人和采购代理机构的名称、地址和联系方式;

(二)项目名称和项目编号;

(三)成交供应商名称、地址和成交金额;

(四)主要成交标的的名称、规格型号、数量、单价、服务要求;

(五)磋商小组成员名单。

采用书面推荐供应商参加采购活动的,还应当公告采购人和评审专家的推荐意见。

第三十条 采购人与成交供应商应当在成交通知书发出之日起30日内,按照磋商文件确定的合同文本以及采购标的、规格型号、采购金额、采购数量、技术和服务要求等事项签订政府采购合同。

采购人不得向成交供应商提出超出磋商文件以外的任何要求作为签订合同的条件,不得与成交供应商订立背离磋商文件确定的合同文本以及采购标的、规格型号、采购金额、采购数量、技术和服务要求等实质性内容的协议。

第三十一条 采购人或者采购代理机构应当在采购活动结束后及时退还供应商的磋商保证金,但因供应商自身原因导致无法及时退还的除外。未成交供应商的磋商保证金应当在成交通知书发出后5个工作日内退还,成交供应商的磋商保证金应当在采购合同签订后5个工作日内退还。

有下列情形之一的,磋商保证金不予退还:

(一)供应商在提交响应文件截止时间后撤回响应文件的;

(二)供应商在响应文件中提供虚假材料的;

(三)除因不可抗力或磋商文件认可的情形以外,成交供应商不与采购人签订合同的;

(四)供应商与采购人、其他供应商或者采购代理机构恶意串通的;

(五)磋商文件规定的其他情形。

第三十二条 除资格性检查认定错误、分值汇总计算错误、分项评分超出评分标准范围、客观分评分不一致、经磋商小组一致认定评分畸高、畸低的情形外,采购人或者采购代理机构不得以任何理由组织重新评审。采购人、采购代理机构发现磋商小组未按照磋商文件规定的评审标准进行评审的,应当重新开展采购活动,并同时书面报告本级财政部门。

采购人或者采购代理机构不得通过对样品进行检测、对供应商进行考察等方式改变评审结果。

第三十三条 成交供应商拒绝签订政府采购合同的,采购人可以按照本办法第二十八条第二款规定的原则确定其他供应商作为成交供应商并签订政府采购合同,也可以重新开展采购活动。拒绝签订政府采购合同的成交供应商不得参加对该项目重新开展的采购活动。

第三十四条 出现下列情形之一的,采购人或者采购代理机构应当终止竞争性磋商采购活动,发布项目终止公告并说明原因,重新开展采购活动：

(一)因情况变化,不再符合规定的竞争性磋商采购方式适用情形的;

(二)出现影响采购公正的违法、违规行为的;

(三)除本办法第二十一条第三款规定的情形外,在采购过程中符合要求的供应商或者报价未超过采购预算的供应商不足3家的。

第三十五条 在采购活动中因重大变故,采购任务取消的,采购人或者采购代理机构应当终止采购活动,通知所有参加采购活动的供应商,并将项目实施情况和采购任务取消原因报送本级财政部门。

第三章 附则

第三十六条 相关法律制度对政府和社会资本合作项目采用竞争性磋商采购方式另有规定的,从其规定。

第三十七条 本办法所称主管预算单位是指负有编制部门预算职责,向同级财政部门申报预算的国家机关、事业单位和团体组织。

第三十八条 本办法自发布之日起施行。

M 财政部关于印发《政府和社会资本合作项目政府采购管理办法》的通知

财库〔2014〕215号

党中央有关部门,国务院各部委、各直属机构,全国人大常委会办公厅,全国政协办公厅,高法院,高检院,有关人民团体,各省、自治区、直辖市、计划单列市财政厅(局),新疆生产建设兵团财务局,各集中采购机构:

为了贯彻落实《国务院关于创新重点领域投融资机制 鼓励社会投资的指导意见》(国发〔2014〕60号),推广政府和社会资本合作(PPP)模式,规范PPP项目政府采购行为,根据《中华人民共和国政府采购法》和有关法律法规,财政部制定了《政府和社会资本合作项目政府采购管理办法》。现印发给你们,请遵照执行。

附件:政府和社会资本合作项目政府采购管理办法

财政部

2014年12月31日

附件:

政府和社会资本合作项目政府采购管理办法

第一章 总则

第一条 为了规范政府和社会资本合作项目政府采购(以下简称PPP项目采购)行为,维护国家利益、社会公共利益和政府采购当事人的合法权益,依据《中华人民共和国政府采购法》(以下简称政府采购法)和有关法律、行政法规、部门规章,制定本办法。

第二条 本办法所称PPP项目采购,是指政府为达成权利义务平衡、物有所值的PPP项目合同,遵循公开、公平、公正和诚实信用原则,按照相关法规要求完成PPP项目识别和准备等前期工作后,依法选择社会资本合作者的过程。PPP项目实施机构(采购人)在项目实施过程中选择合作社会资本(供应商),适用本办法。

第三条 PPP项目实施机构可以委托政府采购代理机构办理PPP项目采购事宜。PPP项目咨询服务机构从事PPP项目采购业务的,应当按照政府采购代理机构管理的有关要求及时进行网上登记。

第二章 采购程序

第四条 PPP项目采购方式包括公开招标、邀请招标、竞争性谈判、竞争性磋商和单一来源采购。项目实施机构应当根据PPP项目的采购需求特点,依法选择适当的采购方式。公开招标主要适用于采购需求中核心边界条件和技术经济参数明确、完整、符合国家法律法规及政府采购政策,且采购过程中不作更改的项目。

第五条 PPP项目采购应当实行资格预审。项目实施机构应当根据项目需要准备资格预审文件,发布资格预审公告,邀请社会资本和与其合作的金融机构参与资格预审,验证项目能否获得社会资本响应和实现充分竞争。

第六条 资格预审公告应当在省级以上人民政府财政部门指定的政府采购信息发布媒体上发布。资格预审合格的社会资本在签订PPP项目合同前资格发生变化的,应当通知项目实施机构。

资格预审公告应当包括项目授权主体、项目实施机构和项目名称、采购需求、对社会资本的资格要求、是否允许联合体参与采购活动、是否限定参与竞争的合格社会资本的数量及限定的方法和标准,以及社会资本提交资格预审申请文件的时间和地点。提交资格预审申请文件的时间自公告发布之日起不得少于15个工作日。

第七条 项目实施机构、采购代理机构应当成立评审小组,负责PPP项目采购的资格预审和评审工作。评审小组由项目实施机构代表和评审专家共5人以上单数组成,其中评审专家人数不得少于评审小组成员总数的2/3。评审专家可以由项目实施机构自行选定,但评审专家中至少应当包含1名财务专家和1名法律专家。项目实施机构代表不得以评审专家身份参加项目的评审。

第八条 项目有3家以上社会资本通过资格预审的,项目实施机构可以继续开展采购文件准备工作;项目通过资格预审的社会资本不足3家的,项目实施机构应当在调整资格预审公告内容后重新组织资格预审;项目经重新资格预审后合格社会资本仍不够3家的,可以依法变更采购方式。

资格预审结果应当告知所有参与资格预审的社会资本,并将资格预审的评审报告提交财政部门(政府和社会资本合作中心)备案。

第九条 项目采购文件应当包括采购邀请、竞争者须知(包括密封、签署、盖章要求等)、竞争者应当提供的资格、资信及业绩证明文件、采购方式、政府对项目实施机构的授权、实施方案的批复和项目相关审批文件、采购程序、响应文件编制要求、提交响应文件截止时间、开启时间及地点、保证金交纳数额和形式、评审方法、评审标准、政府采购政策要求、PPP项目合同草案及其他法律文本、采购结果确认谈判中项目合同可变的细节，以及是否允许未参加资格预审的供应商参与竞争并进行资格后审等内容。项目采购文件中还应当明确项目合同必须报请本级人民政府审核同意，在获得同意前项目合同不得生效。

采用竞争性谈判或者竞争性磋商采购方式的，项目采购文件除上款规定的内容外，还应当明确评审小组根据与社会资本谈判情况可能实质性变动的内容，包括采购需求中的技术、服务要求以及项目合同草案条款。

第十条 项目实施机构应当在资格预审公告、采购公告、采购文件、项目合同中列明采购本国货物和服务、技术引进和转让等政策要求，以及对社会资本参与采购活动和履约保证的担保要求。

第十一条 项目实施机构应当组织社会资本进行现场考察或者召开采购前答疑会，但不得单独或者分别组织只有一个社会资本参加的现场考察和答疑会。项目实施机构可以视项目的具体情况，组织对符合条件的社会资本的资格条件进行考察核实。

第十二条 评审小组成员应当按照客观、公正、审慎的原则，根据资格预审公告和采购文件规定的程序、方法和标准进行资格预审和独立评审。已进行资格预审的，评审小组在评审阶段可以不再对社会资本进行资格审查。允许进行资格后审的，由评审小组在响应文件评审环节对社会资本进行资格审查。

评审小组成员应当在资格预审报告和评审报告上签字，对自己的评审意见承担法律责任。对资格预审报告或者评审报告有异议的，应当在报告上签署不同意见，并说明理由，否则视为同意资格预审报告和评审报告。

评审小组发现采购文件内容违反国家有关强制性规定的，应当停止评审并向项目实施机构说明情况。

第十三条 评审专家应当遵守评审工作纪律，不得泄露评审情况和评审中获悉的国家秘密、商业秘密。

评审小组在评审过程中发现社会资本有行贿、提供虚假材料或者串通等违法行为的，应当及时向财政部门报告。

评审专家在评审过程中受到非法干涉的，应当及时向财政、监察等部门举报。

第十四条 PPP项目采购评审结束后，项目实施机构应当成立专门的采购结果确认谈判工作组，负责采购结果确认前的谈判和最终的采购结果确认工作。

采购结果确认谈判工作组成员及数量由项目实施机构确定，但应当至少包括财政预算管理部门、行业主管部门代表，以及财务、法律等方面的专家。涉及价格管理、环境保护的 PPP 项目,谈判工作组还应当包括价格管理、环境保护行政执法机关代表。评审小组成员可以作为采购结果确认谈判工作组成员参与采购结果确认谈判。

第十五条 采购结果确认谈判工作组应当按照评审报告推荐的候选社会资本排名,依次与候选社会资本及与其合作的金融机构就项目合同中可变的细节问题进行项目合同签署前的确认谈判,率先达成一致的候选社会资本即为预中标、成交社会资本。

第十六条 确认谈判不得涉及项目合同中不可谈判的核心条款,不得与排序在前但已终止谈判的社会资本进行重复谈判。

第十七条 项目实施机构应当在预中标、成交社会资本确定后 10 个工作日内,与预中标、成交社会资本签署确认谈判备忘录,并将预中标、成交结果和根据采购文件、响应文件及有关补遗文件和确认谈判备忘录拟定的项目合同文本在省级以上人民政府财政部门指定的政府采购信息发布媒体上进行公示,公示期不得少于 5 个工作日。项目合同文本应当将预中标、成交社会资本响应文件中的重要承诺和技术文件等作为附件。项目合同文本涉及国家秘密、商业秘密的内容可以不公示。

第十八条 项目实施机构应当在公示期满无异议后 2 个工作日内,将中标、成交结果在省级以上人民政府财政部门指定的政府采购信息发布媒体上进行公告,同时发出中标、成交通知书。

中标、成交结果公告内容应当包括:项目实施机构和采购代理机构的名称、地址和联系方式;项目名称和项目编号;中标或者成交社会资本的名称、地址、法人代表;中标或者成交标的名称、主要中标或者成交条件(包括但不限于合作期限、服务要求、项目概算、回报机制)等;评审小组和采购结果确认谈判工作组成员名单。

第十九条 项目实施机构应当在中标、成交通知书发出后 30 日内,与中标、成交社会资本签订经本级人民政府审核同意的 PPP 项目合同。

需要为 PPP 项目设立专门项目公司的,待项目公司成立后,由项目公司与项目实施机构重新签署 PPP 项目合同,或者签署关于继承 PPP 项目合同的补充合同。

第二十条 项目实施机构应当在 PPP 项目合同签订之日起 2 个工作日内,将 PPP 项目合同在省级以上人民政府财政部门指定的政府采购信息发布媒体上公告,但 PPP 项目合同中涉及国家秘密、商业秘密的内容除外。

第二十一条 项目实施机构应当在采购文件中要求社会资本交纳参加采购活

动的保证金和履约保证金。社会资本应当以支票、汇票、本票或者金融机构、担保机构出具的保函等非现金形式交纳保证金。参加采购活动的保证金数额不得超过项目预算金额的2%。履约保证金的数额不得超过PPP项目初始投资总额或者资产评估值的10%，无固定资产投资或者投资额不大的服务型PPP项目，履约保证金的数额不得超过平均6个月服务收入额。

第三章 争议处理和监督检查

第二十二条 参加PPP项目采购活动的社会资本对采购活动的询问、质疑和投诉，依照有关政府采购法律制度规定执行。

项目实施机构和中标、成交社会资本在PPP项目合同履行中发生争议且无法协商一致的，可以依法申请仲裁或者提起民事诉讼。

第二十三条 各级人民政府财政部门应当加强对PPP项目采购活动的监督检查，依法处理采购活动中的违法违规行为。

第二十四条 PPP项目采购有关单位和人员在采购活动中出现违法违规行为的，依照政府采购法及有关法律法规追究法律责任。

第四章 附则

第二十五条 本办法自发布之日起施行。

N 关于市政公用领域开展政府和社会资本合作项目推介工作的通知

财建〔2015〕29号

各省、自治区、直辖市、计划单列市财政厅(局)、住房城乡建设厅(局、委),新疆生产建设兵团财务局、建设局:

为了增强市政公用产品和服务的有效供给,依据《中华人民共和国政府采购法》及其实施条例、《国务院关于加强地方政府性债务管理的意见》(国发〔2014〕43号)、《财政部关于推广运用政府和社会资本合作模式有关问题的通知》(财金〔2014〕76号)和《市政公用事业特许经营管理办法》(建设部令第126号),财政部、住房城乡建设部决定在城市供水、污水处理、垃圾处理、供热、供气、道路桥梁、公共交通基础设施、公共停车场、地下综合管廊等市政公用领域开展政府和社会资本合作(Public-Private Partnership,PPP)项目推介工作,现就做好推介工作通知如下:

一、总体目标

(一)完善制度机制。

通过市政公用领域开展PPP项目推介,推动建立健全费价机制、运营补贴、合同约束、信息公开、过程监管、绩效考核等一系列改革配套制度机制,实现合作双方风险分担、权益融合、有限追索。

(二)转变供给方式。

改进市政公用产品和服务由政府单一供给的方式,引导社会资本参与市政公用产品和服务投资、运营,共同承担项目全生命周期管理,发挥政府和社会资本各自优势,提高市政公用产品和服务供给的质量和效率。

(三)创新政府投融资模式。

改变地方政府主要以土地使用权等抵押担保、借地方投融资平台发债等途径筹集资金建设市政公用项目的传统做法,有序推进以特许经营等方式吸引社会资本的新模式,促进政府和社会资本合作。

二、基本原则

（一）坚持公共利益优先。

PPP项目推介工作应注重强化监管，避免资产"一卖了之"，明确市政公用产品和服务主体责任，提高质量，优化价格，关注百姓切身利益。

（二）坚持规范运作。

PPP项目推介工作坚持"规范、公开、透明"，依法依规对项目进行充分论证、选择合作伙伴、制定和履行各类合同、组织绩效评价，避免政府失信违约、合作伙伴谋取暴利等不规范行为发生。

（三）坚持存量项目为主。

推介项目以使用者付费项目为主，优先选择收费定价机制透明、有稳定现金流的市政公用项目。为缓解地方债务风险，当前重点推进符合条件的存量项目按PPP模式改造。对地方政府自建自管的存量项目，可优先考虑按照PPP模式转型；对企业已是投资运营主体的存量项目，可按照PPP模式改造，加强政府和社会资本的风险分担与权益融合；对企业在建但因各种原因停滞的项目，政府可以注入一定资金，与企业合作。对经充分论证确需新建的项目，也可按照PPP模式设计运作。

三、推介要求

（一）立足于现有规划筛选项目。

推介项目必须已纳入城市总体规划和各类市政公用设施建设专项规划。新建项目须已按规定程序做好立项、可行性研究等项目前期工作。

（二）明晰PPP项目边界。

城市供水、污水处理、供热、供气、垃圾处理项目应实行厂网一体、站网一体、收集处理一体化运营，提高服务质量；道路桥梁可实行建设施工、养护管理一体化的经营方式；公共交通基础设施项目包括公交停靠站、首末站、枢纽站、停保站及出租汽车停靠站等相关设施，可优先考虑公共交通服务提供者介入公共交通基础设施项目的建设运营，鼓励项目通过有效打包整合提升收益能力，以促进一体化经营、提高运营质量和效率；公共停车场项目要与道路系统及城市规划有效衔接；地下综合管廊项目应按照满足各类管线功能需要和运行安全的标准建设，配套完备的附属设施和预警监控系统，统筹规划安排所有管线入廊，明确管廊运营主体与管线单位责任范围，确保管廊有效运行。

（三）规范PPP项目操作流程。

推介项目在项目发起、物有所值评价、财政承受能力验证、合作伙伴选择、收益补偿机制确立、项目公司组建、合作协议签署、绩效评价等操作过程中,应根据财政部关于PPP工作的统一指导规范推进,地方财政部门会同住房城乡建设(市政公用)部门抓紧研究制定符合当地实际情况的操作办法,实现规范化管理。

四、组织实施

(一)积极组织推进。

各级住房城乡建设(市政公用)、财政部门组织实施多层次推介工作,积极从国民经济和社会发展规划及市政公用领域专项规划中遴选潜在项目,及时筛选评估社会资本发起PPP项目建议,推进市政公用领域PPP工作。

(二)定期组织推介。

对拟采用PPP模式的市政公用项目,由当地住房城乡建设(市政公用)、财政部门组织编制或委托第三方机构编制实施方案。实施方案具体应包含项目实施内容、产品及服务质量和标准、投融资结构、财务测算与风险分析、技术及经济可行性论证、合作伙伴要求、合同结构、政府支持方式、必要的配套措施等。财政部、住房城乡建设部每半年在全国范围内组织一次市政公用领域PPP项目评选工作,从中选择部分优质项目予以推介。各地可自愿上报。

(三)加大评价及监管力度。

各级财政、住房城乡建设(市政公用)部门要加强组织实施,积极统筹协调,研究建立议事协调及联审机制,有力有序推进PPP推介工作。省级财政、住房城乡建设部门建立对PPP项目的实施监督机制。财政部、住房城乡建设部对推进PPP工作加强协调和指导。

五、保障措施

(一)资金政策支持。

地方各级财政部门要统筹运用市政公用领域财政资金,优化调整现有资金使用方向,积极扩大资金来源渠道,综合采取财政奖励、运营补贴、投资补贴、融资费用补贴等多种方式,加强对推介项目予以支持。

(二)融资支持。

地方各级财政、住房城乡建设(市政公用)部门应当积极协调银监、证监、保监等部门,尽快建立向金融机构推介项目的常态化渠道,支持金融机构为推介项目增进信用等级、提高授信额度,采取有效方式降低项目融资成本。

(三)相关配套政策

地方各级财政、住房城乡建设部门应当积极协调有关部门进一步完善市政公用领域价费与财政补贴、土地等体制机制,创造良好的政策环境,维护市场机制的基础性作用。在项目审批等相关方面为推介项目建立绿色通道。住房城乡建设部门要进一步完善和落实市政公用领域特许经营管理制度,拓宽社会资本的进入渠道。

财政部

住房城乡建设部

2015 年 2 月 13 日

O 中华人民共和国财政部关于印发《政府和社会资本合作项目财政承受能力论证指引》的通知

财金〔2015〕21号

各省、自治区、直辖市、计划单列市财政厅(局),新疆生产建设兵团财务局:

根据《国务院关于创新重点领域投融资机制 鼓励社会投资的指导意见》(国发〔2014〕60号)、《财政部关于推广运用政府和社会资本合作模式有关问题的通知》(财金〔2014〕76号)和《财政部关于印发政府和社会资本合作模式操作指南(试行)的通知》(财金〔2014〕113号),为有序推进政府和社会资本合作(Public-Private Partnership,PPP)项目实施,保障政府切实履行合同义务,有效防范和控制财政风险,现印发《政府和社会资本合作项目财政承受能力论证指引》。

请遵照执行。

附件:政府和社会资本合作项目财政承受能力论证指引

财政部

2015年4月7日

附件:

政府和社会资本合作项目财政承受能力论证指引

第一章 总则

第一条 根据《中华人民共和国预算法》《国务院关于加强地方政府性债务管理的意见》(国发〔2014〕43号)、《国务院关于深化预算管理制度改革的决定》(国发〔2014〕45号)、《国务院关于创新重点领域投融资机制 鼓励社会投资的指导意见》(国发〔2014〕60号)、《财政部关于推广运用政府和社会资本合作模式有关问题的通知》(财金〔2014〕76号)和《财政部关于印发政府和社会资本合作模式操作指南(试行)的通知》(财金〔2014〕113号)等有关规定,制定本指引。

第二条 本指引所称财政承受能力论证是指识别、测算政府和社会资本合作

(Public-Private Partnership,PPP)项目的各项财政支出责任,科学评估项目实施对当前及今后年度财政支出的影响,为 PPP 项目财政管理提供依据。

第三条 开展 PPP 项目财政承受能力论证,是政府履行合同义务的重要保障,有利于规范 PPP 项目财政支出管理,有序推进项目实施,有效防范和控制财政风险,实现 PPP 可持续发展。

第四条 财政承受能力论证采用定量和定性分析方法,坚持合理预测、公开透明、从严把关,统筹处理好当期与长远关系,严格控制 PPP 项目财政支出规模。

第五条 财政承受能力论证的结论分为"通过论证"和"未通过论证"。"通过论证"的项目,各级财政部门应当在编制年度预算和中期财政规划时,将项目财政支出责任纳入预算统筹安排。"未通过论证"的项目,则不宜采用 PPP 模式。

第六条 各级财政部门(或 PPP 中心)负责组织开展行政区域内 PPP 项目财政承受能力论证工作。省级财政部门负责汇总统计行政区域内的全部 PPP 项目财政支出责任,对财政预算编制、执行情况实施监督管理。

第七条 财政部门(或 PPP 中心)应当会同行业主管部门,共同开展 PPP 项目财政承受能力论证工作。必要时可通过政府采购方式聘请专业中介机构协助。

第八条 各级财政部门(或 PPP 中心)要以财政承受能力论证结论为依据,会同有关部门统筹做好项目规划、设计、采购、建设、运营、维护等全生命周期管理工作。

第二章 责任识别

第九条 PPP 项目全生命周期过程的财政支出责任,主要包括股权投资、运营补贴、风险承担、配套投入等。

第十条 股权投资支出责任是指在政府与社会资本共同组建项目公司的情况下,政府承担的股权投资支出责任。如果社会资本单独组建项目公司,政府不承担股权投资支出责任。

第十一条 运营补贴支出责任是指在项目运营期间,政府承担的直接付费责任。不同付费模式下,政府承担的运营补贴支出责任不同。政府付费模式下,政府承担全部运营补贴支出责任;可行性缺口补助模式下,政府承担部分运营补贴支出责任;使用者付费模式下,政府不承担运营补贴支出责任。

第十二条 风险承担支出责任是指项目实施方案中政府承担风险带来的财政或有支出责任。通常由政府承担的法律风险、政策风险、最低需求风险以及因政府方原因导致项目合同终止等突发情况,会产生财政或有支出责任。

第十三条 配套投入支出责任是指政府提供的项目配套工程等其他投入责任,

通常包括土地征收和整理、建设部分项目配套措施、完成项目与现有相关基础设施和公用事业的对接、投资补助、贷款贴息等。配套投入支出应依据项目实施方案合理确定。

第三章 支出测算

第十四条 财政部门(或 PPP 中心)应当综合考虑各类支出责任的特点、情景和发生概率等因素,对项目全生命周期内财政支出责任分别进行测算。

第十五条 股权投资支出应当依据项目资本金要求以及项目公司股权结构合理确定。股权投资支出责任中的土地等实物投入或无形资产投入,应依法进行评估,合理确定价值。计算公式为

$$股权投资支出 = 项目资本金 \times 政府占项目公司股权比例$$

第十六条 运营补贴支出应当根据项目建设成本、运营成本及利润水平合理确定,并按照不同付费模式分别测算。

对政府付费模式的项目,在项目运营补贴期间,政府承担全部直接付费责任。政府每年直接付费数额包括:社会资本方承担的年均建设成本(折算成各年度现值)、年度运营成本和合理利润。计算公式为

$$当年运营补贴支出数额 = \frac{项目全部建设成本 \times (1-合理利润率) \times (1-年度折现率)^n}{财政运营补贴周期(年)}$$

$$+ 年度运营成本 \times (1+合理利润率)$$

对可行性缺口补助模式的项目,在项目运营补贴期间,政府承担部分直接付费责任。政府每年直接付费数额包括社会资本方承担的年均建设成本(折算成各年度现值)、年度运营成本和合理利润,再减去每年使用者付费的数额。计算公式为

$$当年运营补贴支出数额 = \frac{项目全部建设成本 \times (1-合理利润率) \times (1-年度折现率)^n}{财政运营补贴周期(年)}$$

$$+ 年度运营成本 \times (1+合理利润率) - 当年使用者付费数额$$

式中:n 代表折现年数。财政运营补贴周期指财政提供运营补贴的年数。

第十七条 年度折现率应考虑财政补贴支出发生年份,并参照同期地方政府债券收益率合理确定。

第十八条 合理利润率应以商业银行中长期贷款利率水平为基准,充分考虑可用性付费、使用量付费、绩效付费的不同情景,结合风险等因素确定。

第十九条 在计算运营补贴支出时,应当充分考虑合理利润率变化对运营补贴支出的影响。

第二十条 PPP项目实施方案中的定价和调价机制通常与消费物价指数、劳动力市场指数等因素挂钩,会影响运营补贴支出责任。在可行性缺口补助模式下,运营补贴支出责任受到使用者付费数额的影响,而使用者付费的多少因定价和调价机制而变化。在计算运营补贴支出数额时,应当充分考虑定价和调价机制的影响。

第二十一条 风险承担支出应充分考虑各类风险出现的概率和带来的支出责任,可采用比例法、情景分析法及概率法进行测算。如果PPP合同约定保险赔款的第一受益人为政府,则风险承担支出应为扣除该等风险赔款金额的净额。

比例法。在各类风险支出数额和概率难以进行准确测算的情况下,可以按照项目的全部建设成本和一定时期内的运营成本的一定比例确定风险承担支出。

情景分析法。在各类风险支出数额可以进行测算、但出现概率难以确定的情况下,可针对影响风险的各类事件和变量进行"基本"、"不利"及"最坏"等情景假设,测算各类风险发生带来的风险承担支出。计算公式为

风险承担支出数额=基本情景下财政支出数额×基本情景出现的概率+不利情景下财政支出数额×不利情景出现的概率+最坏情景下财政支出数额×最坏情景出现的概率

概率法。在各类风险支出数额和发生概率均可进行测算的情况下,可将所有可变风险参数作为变量,根据概率分布函数,计算各种风险发生带来的风险承担支出。

第二十二条 配套投入支出责任应综合考虑政府将提供的其他配套投入总成本和社会资本方为此支付的费用。配套投入支出责任中的土地等实物投入或无形资产投入,应依法进行评估,合理确定价值。计算公式为

配套投入支出数额=政府拟提供的其他投入总成本-社会资本方支付的费用

第四章 能力评估

第二十三条 财政部门(或PPP中心)识别和测算单个项目的财政支出责任后,汇总年度全部已实施和拟实施的PPP项目,进行财政承受能力评估。

第二十四条 财政承受能力评估包括财政支出能力评估以及行业和领域平衡性评估。财政支出能力评估,是根据PPP项目预算支出责任,评估PPP项目实施对当前及今后年度财政支出的影响;行业和领域均衡性评估,是根据PPP模式适用的行业和领域范围,以及经济社会发展需要和公众对公共服务的需求,平衡不同行业和领域PPP项目,防止某一行业和领域PPP项目过于集中。

第二十五条 每一年度全部PPP项目需要从预算中安排的支出责任,占一般公共预算支出比例应当不超过10%。省级财政部门可根据本地实际情况,因地制宜

确定具体比例,并报财政部备案,同时对外公布。

第二十六条 鼓励列入地方政府性债务风险预警名单的高风险地区,采取PPP模式化解地方融资平台公司存量债务。同时,审慎控制新建PPP项目规模,防止因项目实施加剧财政收支矛盾。

第二十七条 在进行财政支出能力评估时,未来年度一般公共预算支出数额可参照前五年相关数额的平均值及平均增长率计算,并根据实际情况进行适当调整。

第二十八条 "通过论证"且经同级人民政府审核同意实施的PPP项目,各级财政部门应当将其列入PPP项目目录,并在编制中期财政规划时,将项目财政支出责任纳入预算统筹安排。

第二十九条 在PPP项目正式签订合同时,财政部门(或PPP中心)应当对合同进行审核,确保合同内容与财政承受能力论证保持一致,防止因合同内容调整导致财政支出责任出现重大变化。财政部门要严格按照合同执行,及时办理支付手续,切实维护地方政府信用,保障公共服务有效供给。

第五章 信息披露

第三十条 省级财政部门应当汇总区域内的项目目录,及时向财政部报告,财政部通过统一信息平台(PPP中心网站)发布。

第三十一条 各级财政部门(或PPP中心)应当通过官方网站及报刊媒体,每年定期披露当地PPP项目目录、项目信息及财政支出责任情况。应披露的财政支出责任信息包括:PPP项目的财政支出责任数额及年度预算安排情况、财政承受能力论证考虑的主要因素和指标等。

第三十二条 项目实施后,各级财政部门(或PPP中心)应跟踪了解项目运营情况,包括项目使用量、成本费用、考核指标等信息,定期对外发布。

第六章 附则

第三十三条 财政部门按照权责发生制会计原则,对政府在PPP项目中的资产投入,以及与政府相关项目资产进行会计核算,并在政府财务统计、政府财务报告中反映;按照收付实现制会计原则,对PPP项目相关的预算收入与支出进行会计核算,并在政府决算报告中反映。

第三十四条 本指引自印发之日起施行。

附：

PPP 项目财政承受能力论证工作流程图

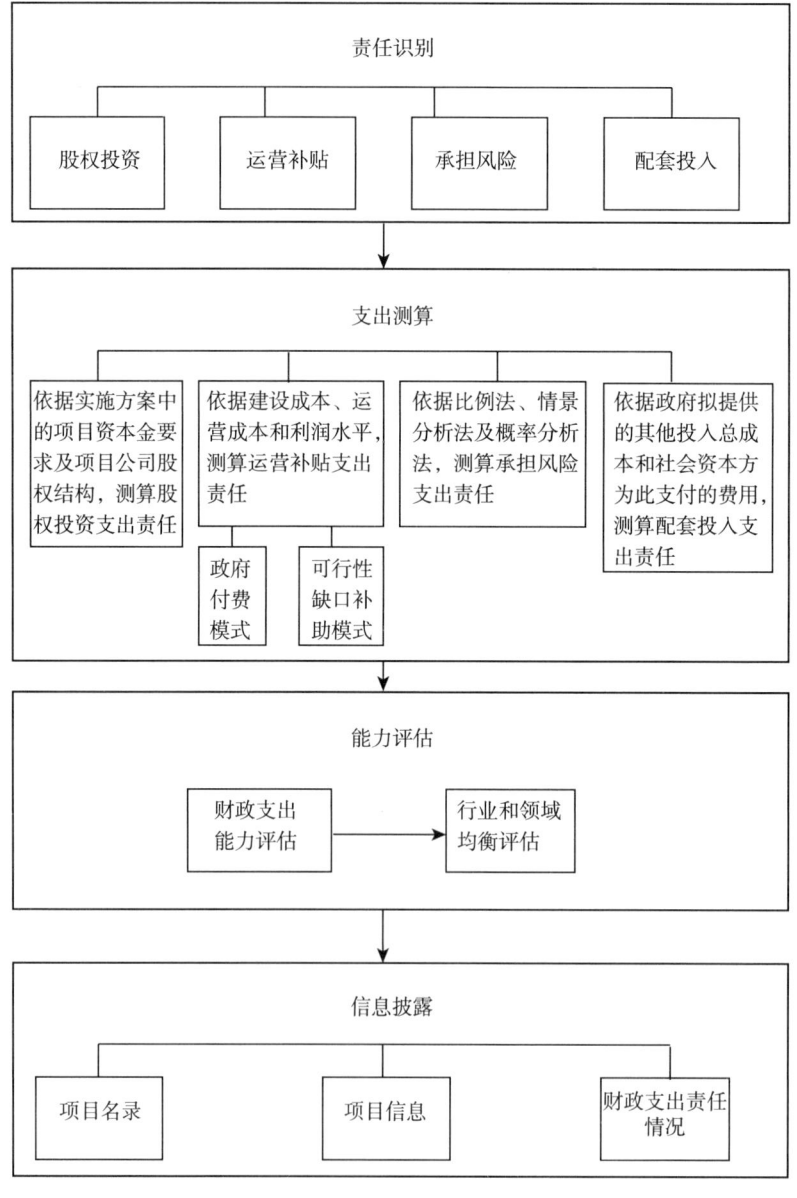

P 财政部 环境保护部关于推进水污染防治领域政府和社会资本合作的实施意见

财建〔2015〕90号　　　　　　　2015.4.9

各省、自治区、直辖市、计划单列市财政厅(局)、环境保护厅(局)、新疆生产兵团财务局、环境保护局：

切实加强水污染防治力度,保障国家水安全,关系国计民生,是环境保护重点工作。在水污染防治领域大力推广运用政府和社会资本合作(PPP)模式,对提高环境公共产品与服务供给质量,提升水污染防治能力与效率具有重要意义。为深入贯彻落实党中央和国务院精神,积极实施水污染防治行动计划,规范水污染防治领域PPP项目操作流程,完善投融资环境,引导社会资本积极参与、加大投入,根据《关于推广运用政府和社会资本合作模式有关问题的通知》(财金〔2014〕76号),就扎实推进水污染防治领域PPP工作提出如下意见。

一、总体目标

(一)完善制度规范,优化机制设计。

在水污染防治领域形成以合同约束、信息公开、过程监管、绩效考核等为主要内容,多层次、一体化、综合性的PPP工作规范体系,实现合作双方风险分担、利益共享、权益融合。建立和完善水污染防治领域稳定、长效的社会资本投资回报机制。

(二)转变供给方式,改进管理模式。

加强水污染防治专项资金等政策引导,建立公平公正的社会资本投资环境。转变政府职能,拓宽环境基本公共服务供给渠道,改变政府单一供给格局。创新项目管理模式,强化社会整体水污染防治能力,提高水污染防治服务质量与管理效率。

(三)推进水污染防治,提高水环境质量。

优化水资源综合开发途径,创新水环境综合治理模式。充分发挥市场机制作用,鼓励和引导社会资本参与水污染防治项目建设和运营。拓宽投融资渠道,加大资金投入,切实改善水环境质量。

二、基本原则

(一)坚持存量为主原则。

水污染防治领域推广运用 PPP 模式,以费价机制透明合理、现金流支撑能力相对较强的存量项目为主。经充分论证的新建项目可采取 PPP 模式。坚持物有所值原则转化存量项目、遴选新建项目。鼓励结合项目自然条件和技术特点,创新融资模式,盘活存量资产,形成改进项目运营管理的有效途径,构建社会资本全程参与、全面责任、全生命周期管理的规范化 PPP 模式。

(二)坚持因地制宜原则。

充分考虑不同地区、不同流域和湖泊、不同领域项目特点,因地制宜,采取差异化的合作模式与推进策略,分类、分批推进水污染防治领域政府和社会资本合作。

(三)坚持突出重点原则。

纳入国家重点支持江河湖泊动态名录或水污染防治专项资金等相关资金支持的地区,率先推进 PPP 模式。纳入国家一般引导江河湖泊动态目录的江河湖泊,按照逐步推进、务求实效思路,积极推广运用 PPP 模式。

三、总体要求

(一)明晰项目边界。

逐步将水污染防治领域全面向社会资本开放,推广运用 PPP 模式,以饮用水水源地环境综合整治、湖泊水体保育、河流环境生态修复与综合整治、湖滨河滨缓冲带建设、湿地建设、水源涵养林建设、地下水环境修复、污染场地修复、城市黑臭水体治理、重点河口海湾环境综合整治、入海排污口清理整治、畜禽养殖污染防治、农业面源污染治理、农村环境综合整治、工业园区污染集中治理(含工业废水毒性减排)、城镇污水处理(含再生水利用、污泥处置)及管网建设、城镇生活垃圾收运及处置、环境监测与突发环境事件应急处置等为重点。鼓励对项目有效整合,打包实施 PPP 模式,提升整体收益能力,扩展外部效益。

(二)健全回报机制。

综合采用使用者付费、政府可行性缺口补助、政府付费等方式,分类支持经营性、准公益性和公益性项目。积极发掘水污染防治相关周边土地开发、供水、林下经济、生态农业、生态渔业、生态旅游等收益创造能力较强的配套项目资源,鼓励实施城乡供排水一体、厂网一体和行业"打包",实现组合开发,吸引社会资本参与。完善市政污水处理、垃圾处理等水污染防治领域价格形成机制,建立基于保障合理收益原则的收费标准动态调整机制。优化政府补贴体系,探索水污染防治领域市场化风险规避与补偿机制。

(三)规范操作流程。

在项目识别、准备、采购、执行和移交等操作过程中,以及物有所值评价、财政承受能力论证、合作伙伴选择、收益补偿机制确立、项目公司组建、合作合同签署、绩效评价等方面,应根据财政部关于 PPP 工作的统一指导和管理办法规范推进,地方各级财政部门会同环境保护部门抓紧研究制定符合当地实际情况的操作办法,实现规范化管理。

四、组织实施

(一)鼓励水污染防治领域推进 PPP 工作。

各级环境保护、财政部门组织实施多层次推介工作,积极从国民经济和社会发展规划、水污染防治行动计划、主要污染物减排计划、水污染防治领域专项规划等既定规划中遴选潜在项目,及时筛选评估社会资本发起 PPP 项目建议,推进水污染防治领域 PPP 工作。

(二)定期组织评选。

对拟采用 PPP 模式的水污染防治项目,由当地环境保护、财政部门组织编制或委托第三方机构编制实施方案。实施方案具体应包含项目实施内容、产品及服务质量和标准、投融资结构、财务测算与风险分析、技术及经济可行性论证、合作伙伴要求、合同结构、权益分配和风险分担、政府支持方式、配套措施等。财政部、环境保护部每半年在全国范围内组织一次水污染防治领域 PPP 项目评选工作,从中选择部分优质项目予以推介。各地可自愿上报。

(三)加大评价及监管力度。

地方各级财政、环境保护部门要加强组织实施,积极统筹协调,研究建立议事协调及联审机制,有力有序推进。省级财政、环境保护部门建立对 PPP 项目的实施监督机制。

五、保障机制

(一)市场环境建设。

建立公平、开放、透明的市场环境,维护市场机制基础性作用。规范项目合作伙伴选择程序,建立合理的风险分担、收益共享机制。健全风险防范机制,加强行业监管和质、价监督。培育第三方专业机构,完善咨询中介市场。完善付费机制,鼓励采用第三方支付体系。

(二)资金支持。

地方各级财政部门要统筹运用水污染防治专项等相关资金,优化调整使用方向,扩大资金来源渠道,对 PPP 项目予以适度政策倾斜。水污染防治 PPP 项目有关财政资金纳入中期财政规划管理。综合采用财政奖励、投资补助、融资费用补贴、政府付费等方式,支持水污染防治领域PPP项目实施落实。逐步从"补建设"向"补运营"、"前补助"向"后奖励"转变。鼓励社会资本建立环境保护基金,重点支持水污染防治领域PPP项目。

(三)融资支持。

地方财政、环境保护部门应积极协调相关部门,着力支持PPP项目融资能力提升,尽快建立向金融机构推介PPP项目的常态化渠道,鼓励金融机构为相关项目提高授信额度、增进信用等级。健全社会资本投入市场激励机制,推行排污权有偿使用,完善排污权交易市场。鼓励环境金融服务创新,支持开展排污权、收费权、政府购买服务协议及特许权协议项下收益质押担保融资,探索开展污水垃圾处理服务项目预期收益质押融资。

(四)配套措施。

各级财政、环境保护部门要加强组织实施,统筹协调,履行责任,加强监管,切实提高水污染防治能力水平,实现水环境质量改善。建立独立、透明、可问责、专业化的PPP项目监管体系,实行信息公开,鼓励公众参与,接受公众监督。建立政府、服务使用者共同参与的综合性评价体系,推广第三方绩效评价,形成评价结果应用机制和项目后评价机制。环境保护部门要进一步完善水污染防治领域特许经营管理制度,降低准入门槛,清理审批限制,拓宽社会资本进入渠道。

Q 关于运用政府和社会资本合作模式推进公共租赁住房投资建设和运营管理的通知

财政部、国土资源部、住房和城乡建设部、中国人民银行、
国家税务总局、中国银行业监督管理委员会

财综〔2015〕15号　　　　　　　　2015.4.23

各省、自治区、直辖市、计划单列市财政厅(局)、国土资源厅(局)、住房城乡建设厅(委、局),中国人民银行上海总部、各分行、营业管理部、省会(首府)城市中心支行、副省级城市中心支行,各省、自治区、直辖市、计划单列市国家税务局、地方税务局、银监局,新疆生产建设兵团财务局、国土资源局、建设局:

为贯彻落实党的十八届三中全会精神,提高公共租赁住房供给效率,按照《财政部关于推广运用政府和社会资本合作模式有关问题的通知》(财金〔2014〕76号)和《财政部关于印发政府和社会资本合作模式操作指南(试行)的通知》(财金〔2014〕113号)有关要求,现就运用政府和社会资本合作模式(Public-Private Partnership)推进公共租赁住房投资建设和运营管理的有关事宜通知如下:

一、充分认识运用政府和社会资本合作模式推进公共租赁住房投资建设和运营管理的重要意义

政府和社会资本合作模式是政府与社会资本在公共服务领域建立的一种长期合作关系,通过这种合作和管理过程,可以更有效率地为社会提供公共服务。运用这种模式推进公共租赁住房投资建设和运营管理,有利于转变政府职能,提升保障性住房资源配置效率;有利于消化库存商品住房,促进房地产市场平稳健康发展;有利于提升政府治理能力,改善住房保障服务。运用政府和社会资本合作模式推进公共租赁住房投资建设和运营管理,作为一项政策创新和制度创新,对于稳增长、调结构、惠民生具有十分重要意义,各地要充分认识这项工作的重要性,积极有序开展试点工作。

二、运用政府和社会资本合作模式推进公共租赁住房投资建设和运营管理的

基本目标和原则

（一）基本目标。通过运用政府和社会资本合作模式，发挥政府与社会资本各自优势，把政府的政策意图、住房保障目标和社会资本的运营效率结合起来，逐步建立"企业建房、居民租房、政府补贴、社会管理"的新型公共租赁住房投资建设和运营管理模式，有效提高公共租赁住房服务质量和管理效率。

（二）基本原则。

1.政府组织，社会参与。政府根据本地区公共租赁住房需求状况，制定公共租赁住房发展规划和年度计划，组织合适的公共租赁住房项目开展政府和社会资本合作试点，选择社会资本参与投资建设和运营管理公共租赁住房。

2.权责清晰，各司其职。在公共租赁住房项目合同中，明确政府与社会资本的各自责任，按照合同约定承担相应的权利、义务、责任和风险。

附　录

R　国务院办公厅转发财政部发展改革委人民银行关于在公共服务领域推广政府和社会资本合作模式指导意见的通知

国办发〔2015〕42号

各省、自治区、直辖市人民政府，国务院各部委、各直属机构：

财政部、发展改革委、人民银行《关于在公共服务领域推广政府和社会资本合作模式的指导意见》已经国务院同意，现转发给你们，请认真贯彻执行。

在公共服务领域推广政府和社会资本合作模式，是转变政府职能、激发市场活力、打造经济新增长点的重要改革举措。围绕增加公共产品和公共服务供给，在能源、交通运输、水利、环境保护、农业、林业、科技、保障性安居工程、医疗、卫生、养老、教育、文化等公共服务领域，广泛采用政府和社会资本合作模式，对统筹做好稳增长、促改革、调结构、惠民生、防风险工作具有战略意义。

各地区、各部门要按照简政放权、放管结合、优化服务的要求，简化行政审批程序，推进立法工作，进一步完善制度，规范流程，加强监管，多措并举，在财税、价格、土地、金融等方面加大支持力度，保证社会资本和公众共同受益，通过资本市场和开发性、政策性金融等多元融资渠道，吸引社会资本参与公共产品和公共服务项目的投资、运营管理，提高公共产品和公共服务供给能力与效率。

各地区、各部门要高度重视，精心组织实施，加强协调配合，形成工作合力，切实履行职责，共同抓好落实。

附件：关于在公共服务领域推广政府和社会资本合作模式的指导意见

国务院办公厅
2015年5月19日

附件：
关于在公共服务领域推广政府和社会资本合作模式的指导意见

财政部　发展改革委　人民银行

为打造大众创业、万众创新和增加公共产品、公共服务"双引擎"，让广大人民群众享受到优质高效的公共服务，在改善民生中培育经济增长新动力，现就改革创新公共服务供给机制，大力推广政府和社会资本合作（Public-Private Partnership，PPP）模式，提出以下意见：

一、充分认识推广政府和社会资本合作模式的重大意义

政府和社会资本合作模式是公共服务供给机制的重大创新，即政府采取竞争性方式择优选择具有投资、运营管理能力的社会资本，双方按照平等协商原则订立合同，明确责权利关系，由社会资本提供公共服务，政府依据公共服务绩效评价结果向社会资本支付相应对价，保证社会资本获得合理收益。政府和社会资本合作模式有利于充分发挥市场机制作用，提升公共服务的供给质量和效率，实现公共利益最大化。

（一）有利于加快转变政府职能，实现政企分开、政事分开。作为社会资本的境内外企业、社会组织和中介机构承担公共服务涉及的设计、建设、投资、融资、运营和维护等责任，政府作为监督者和合作者，减少对微观事务的直接参与，加强发展战略制定、社会管理、市场监管、绩效考核等职责，有助于解决政府职能错位、越位和缺位的问题，深化投融资体制改革，推进国家治理体系和治理能力现代化。

（二）有利于打破行业准入限制，激发经济活力和创造力。政府和社会资本合作模式可以有效打破社会资本进入公共服务领域的各种不合理限制，鼓励国有控股企业、民营企业、混合所有制企业等各类型企业积极参与提供公共服务，给予中小企业更多参与机会，大幅拓展社会资本特别是民营资本的发展空间，激发市场主体活力和发展潜力，有利于盘活社会存量资本，形成多元化、可持续的公共服务资金投入渠道，打造新的经济增长点，增强经济增长动力。

（三）有利于完善财政投入和管理方式，提高财政资金使用效益。在政府和社会资本合作模式下，政府以运营补贴等作为社会资本提供公共服务的对价，以绩效评价结果作为对价支付依据，并纳入预算管理、财政中期规划和政府财务报告，能够在当代人和后代人之间公平地分担公共资金投入，符合代际公平原则，有效弥补当期财政投入不足，有利于减轻当期财政支出压力，平滑年度间财政支出波动，防范和化解政府性债务风险。

二、总体要求

（四）指导思想。贯彻落实党的十八大和十八届二中、三中、四中全会精神，按照党中央、国务院决策部署，借鉴国际成熟经验，立足国内实际情况，改革创新公共服务供给机制和投入方式，发挥市场在资源配置中的决定性作用，更好发挥政府作用，引导和鼓励社会资本积极参与公共服务供给，为广大人民群众提供优质高效的公共服务。

（五）基本原则。

依法合规。将政府和社会资本合作纳入法制化轨道，建立健全制度体系，保护参与各方的合法权益，明确全生命周期管理要求，确保项目规范实施。

重诺履约。政府和社会资本法律地位平等、权利义务对等，必须树立契约理念，坚持平等协商、互利互惠、诚实守信、严格履约。

公开透明。实行阳光化运作，依法充分披露政府和社会资本合作项目重要信息，保障公众知情权，对参与各方形成有效监督和约束。

公众受益。加强政府监管，将政府的政策目标、社会目标和社会资本的运营效率、技术进步有机结合，促进社会资本竞争和创新，确保公共利益最大化。

积极稳妥。鼓励地方各级人民政府和行业主管部门因地制宜，探索符合当地实际和行业特点的做法，总结提炼经验，形成适合我国国情的发展模式。坚持必要、合理、可持续的财政投入原则，有序推进项目实施，控制项目的政府支付责任，防止政府支付责任过重加剧财政收支矛盾，带来支出压力。

（六）发展目标。立足于加强和改善公共服务，形成有效促进政府和社会资本合作模式规范健康发展的制度体系，培育统一规范、公开透明、竞争有序、监管有力的政府和社会资本合作市场。着力化解地方政府性债务风险，积极引进社会资本参与地方融资平台公司存量项目改造，争取通过政府和社会资本合作模式减少地方政府性债务。在新建公共服务项目中，逐步增加使用政府和社会资本合作模式的比例。

三、构建保障政府和社会资本合作模式持续健康发展的制度体系

（七）明确项目实施的管理框架。建立健全制度规范体系，实施全生命周期管理，保证项目实施质量。进一步完善操作指南，规范项目识别、准备、采购、执行、移交各环节操作流程，明确操作要求，指导社会资本参与实施。制定合同指南，推动共性问题处理方式标准化。制定分行业、分领域的标准化合同文本，提高合同编制效率和谈判效率。按照预算法、合同法、政府采购法及其实施条例、《国务院办公厅关于政府向社会力量购买服务的指导意见》（国办发〔2013〕96号）等要求，建立完

善管理细则,规范选择合作伙伴的程序和方法,维护国家利益、社会公共利益和社会资本的合法权益。

(八)健全财政管理制度。开展财政承受能力论证,统筹评估和控制项目的财政支出责任,促进中长期财政可持续发展。建立完善公共服务成本财政管理和会计制度,创新资源组合开发模式,针对政府付费、使用者付费、可行性缺口补助等不同支付机制,将项目涉及的运营补贴、经营收费权和其他支付对价等,按照国家统一的会计制度进行核算,纳入年度预算、中期财政规划,在政府财务报告中进行反映和管理,并向本级人大或其常委会报告。存量公共服务项目转型为政府和社会资本合作项目过程中,应依法进行资产评估,合理确定价值,防止公共资产流失和贱卖。项目实施过程中政府依法获得的国有资本收益、约定的超额收益分成等公共收入应上缴国库。

(九)建立多层次监督管理体系。行业主管部门根据经济社会发展规划及专项规划发起政府和社会资本合作项目,社会资本也可根据当地经济社会发展需求建议发起。行业主管部门应制定不同领域的行业技术标准、公共产品或服务技术规范,加强对公共服务质量和价格的监管。建立政府、公众共同参与的综合性评价体系,建立事前设定绩效目标、事中进行绩效跟踪、事后进行绩效评价的全生命周期绩效管理机制,将政府付费、使用者付费与绩效评价挂钩,并将绩效评价结果作为调价的重要依据,确保实现公共利益最大化。依法充分披露项目实施相关信息,切实保障公众知情权,接受社会监督。

(十)完善公共服务价格调整机制。积极推进公共服务领域价格改革,按照补偿成本、合理收益、节约资源、优质优价、公平负担的原则,加快理顺公共服务价格。依据项目运行情况和绩效评价结果,健全公共服务价格调整机制,完善政府价格决策听证制度,广泛听取社会资本、公众和有关部门意见,确保定价调价的科学性。及时披露项目运行过程中的成本变化、公共服务质量等信息,提高定价调价的透明度。

(十一)完善法律法规体系。推进相关立法,填补政府和社会资本合作领域立法空白,着力解决政府和社会资本合作项目运作与现行法律之间的衔接协调问题,明确政府出资的法律依据和出资性质,规范政府和社会资本的责权利关系,明确政府相关部门的监督管理责任,为政府和社会资本合作模式健康发展提供良好的法律环境和稳定的政策预期。鼓励有条件的地方立足当地实际,依据立法法相关规定,出台地方性法规或规章,进一步有针对性地规范政府和社会资本合作模式的运用。

四、规范推进政府和社会资本合作项目实施

(十二)广泛采用政府和社会资本合作模式提供公共服务。在能源、交通运输、水利、环境保护、农业、林业、科技、保障性安居工程、医疗、卫生、养老、教育、文化等公共服务领域,鼓励采用政府和社会资本合作模式,吸引社会资本参与。其中,在能源、交通运输、水利、环境保护、市政工程等特定领域需要实施特许经营的,按《基础设施和公用事业特许经营管理办法》执行。

(十三)化解地方政府性债务风险。积极运用转让—运营—移交(TOT)、改建—运营—移交(ROT)等方式,将融资平台公司存量公共服务项目转型为政府和社会资本合作项目,引入社会资本参与改造和运营,在征得债权人同意的前提下,将政府性债务转换为非政府性债务,减轻地方政府的债务压力,腾出资金用于重点民生项目建设。大力推动融资平台公司与政府脱钩,进行市场化改制,健全完善公司治理结构,对已经建立现代企业制度、实现市场化运营的,在其承担的地方政府债务已纳入政府财政预算、得到妥善处置并明确公告今后不再承担地方政府举债融资职能的前提下,可作为社会资本参与当地政府和社会资本合作项目,通过与政府签订合同方式,明确责权利关系。严禁融资平台公司通过保底承诺等方式参与政府和社会资本合作项目,进行变相融资。

(十四)提高新建项目决策的科学性。地方政府根据当地经济社会发展需要,结合财政收支平衡状况,统筹论证新建项目的经济效益和社会效益,并进行财政承受能力论证,保证决策质量。根据项目实施周期、收费定价机制、投资收益水平、风险分配基本框架和所需要的政府投入等因素,合理选择建设—运营—移交(BOT)、建设—拥有—运营(BOO)等运作方式。

(十五)择优选择项目合作伙伴。对使用财政性资金作为社会资本提供公共服务对价的项目,地方政府应当根据预算法、合同法、政府采购法及其实施条例等法律法规规定,选择项目合作伙伴。依托政府采购信息平台,及时、充分向社会公布项目采购信息。综合评估项目合作伙伴的专业资质、技术能力、管理经验、财务实力和信用状况等因素,依法择优选择诚实守信的合作伙伴。加强项目政府采购环节的监督管理,保证采购过程公平、公正、公开。

(十六)合理确定合作双方的权利与义务。树立平等协商的理念,按照权责对等原则合理分配项目风险,按照激励相容原则科学设计合同条款,明确项目的产出说明和绩效要求、收益回报机制、退出安排、应急和临时接管预案等关键环节,实现责权利对等。引入价格和补贴动态调整机制,充分考虑社会资本获得合理收益。如单方面构成违约的,违约方应当给予对方相应赔偿。建立投资、补贴与价格的协同机制,为社会资本获得合理回报创造条件。

(十七)增强责任意识和履约能力。社会资本要将自身经济利益诉求与政府政策目标、社会目标相结合,不断加强管理和创新,提升运营效率,在实现经济价值的同时,履行好企业社会责任,严格按照约定保质保量提供服务,维护公众利益;要积极进行业务转型和升级,从工程承包商、建设施工方向运营商转变,实现跨不同领域、多元化发展;要不断提升运营实力和管理经验,增强提供公共服务的能力。咨询、法律、会计等中介机构要提供质优价廉的服务,促进项目增效升级。

(十八)保障公共服务持续有效。按照合同约定,对项目建设情况和公共服务质量进行验收,逾期未完成或不符合标准的,社会资本要限期完工或整改,并采取补救措施或赔偿损失。健全合同争议解决机制,依法积极协调解决争议。确需变更合同内容、延长合同期限以及变更社会资本方的,由政府和社会资本方协商解决,但应当保持公共服务的持续性和稳定性。项目资产移交时,要对移交资产进行性能测试、资产评估和登记入账,并按照国家统一的会计制度进行核算,在政府财务报告中进行反映和管理。

五、政策保障

(十九)简化项目审核流程。进一步减少审批环节,建立项目实施方案联评联审机制,提高审查工作效率。项目合同签署后,可并行办理必要的审批手续,有关部门要简化办理手续,优化办理程序,主动加强服务,对实施方案中已经明确的内容不再作实质性审查。

(二十)多种方式保障项目用地。实行多样化土地供应,保障项目建设用地。对符合划拨用地目录的项目,可按划拨方式供地,划拨土地不得改变土地用途。建成的项目经依法批准可以抵押,土地使用权性质不变,待合同经营期满后,连同公共设施一并移交政府;实现抵押权后改变项目性质应该以有偿方式取得土地使用权的,应依法办理土地有偿使用手续。不符合划拨用地目录的项目,以租赁方式取得土地使用权的,租金收入参照土地出让收入纳入政府性基金预算管理。以作价出资或者入股方式取得土地使用权的,应当以市、县人民政府作为出资人,制定作价出资或者入股方案,经市、县人民政府批准后实施。

(二十一)完善财税支持政策。积极探索财政资金撬动社会资金和金融资本参与政府和社会资本合作项目的有效方式。中央财政出资引导设立中国政府和社会资本合作融资支持基金,作为社会资本方参与项目,提高项目融资的可获得性。探索通过以奖代补等措施,引导和鼓励地方融资平台存量项目转型为政府和社会资本合作项目。落实和完善国家支持公共服务事业的税收优惠政策,公共服务项目采取政府和社会资本合作模式的,可按规定享受相关税收优惠政策。鼓励地方政府在承担有限损失的前提下,与具有投资管理经验的金融机构共同发起设立基金,并通过引入结构化设计,吸引更多社会资本参与。

(二十二)做好金融服务。金融机构应创新符合政府和社会资本合作模式特点的金融服务,优化信贷评审方式,积极为政府和社会资本合作项目提供融资支持。鼓励开发性金融机构发挥中长期贷款优势,参与改造政府和社会资本合作项目,引导商业性金融机构拓宽项目融资渠道。鼓励符合条件的项目运营主体在资本市场通过发行公司债券、企业债券、中期票据、定向票据等市场化方式进行融资。鼓励项目公司发行项目收益债券、项目收益票据、资产支持票据等。鼓励社保资金和保险资金按照市场化原则,创新运用债权投资计划、股权投资计划、项目资产支持计划等多种方式参与项目。对符合条件的"走出去"项目,鼓励政策性金融机构给予中长期信贷支持。依托各类产权、股权交易市场,为社会资本提供多元化、规范化、市场化的退出渠道。金融监管部门应加强监督管理,引导金融机构正确识别、计量和控制风险,按照风险可控、商业可持续原则支持政府和社会资本合作项目融资。

六、组织实施

(二十三)加强组织领导。国务院各有关部门要按照职能分工,负责相关领域具体工作,加强对地方推广政府和社会资本合作模式的指导和监督。财政部要会同有关部门,加强政策沟通协调和信息交流,完善体制机制。教育、科技、民政、人力资源社会保障、国土资源、环境保护、住房城乡建设、交通运输、水利、农业、商务、文化、卫生计生等行业主管部门,要结合本行业特点,积极运用政府和社会资本合作模式提供公共服务,探索完善相关监管制度体系。地方各级人民政府要结合已有规划和各地实际,出台具体政策措施并抓好落实;可根据本地区实际情况,建立工作协调机制,推动政府和社会资本合作项目落地实施。

(二十四)加强人才培养。大力培养专业人才,加快形成政府部门、高校、企业、专业咨询机构联合培养人才的机制。鼓励各类市场主体加大人才培训力度,开展业务人员培训,建设一支高素质的专业人才队伍。鼓励有条件的地方政府统筹内部机构改革需要,进一步整合专门力量,承担政府和社会资本合作模式推广职责,提高专业水平和能力。

(二十五)搭建信息平台。地方各级人民政府要切实履行规划指导、识别评估、咨询服务、宣传培训、绩效评价、信息统计、专家库和项目库建设等职责,建立统一信息发布平台,及时向社会公开项目实施情况等相关信息,确保项目实施公开透明、有序推进。

在公共服务领域推广政府和社会资本合作模式,事关人民群众切身利益,是保障和改善民生的一项重要工作。各地区、各部门要充分认识推广政府和社会资本合作模式的重要意义，把思想和行动统一到党中央、国务院的决策部署上来，精心组织实施，加强协调配合，形成工作合力，切实履行职责，共同抓好落实。财政部要强化统筹协调，会同有关部门对本意见落实情况进行督促检查和跟踪分析，重大事项及时向国务院报告。

S 财政部关于进一步做好政府和社会资本合作项目示范工作的通知

财金〔2015〕57号

各省、自治区、直辖市、计划单列市财政厅(局),新疆生产建设兵团财务局:

为贯彻落实《国务院办公厅转发财政部 发展改革委 人民银行关于在公共服务领域推广政府和社会资本合作模式指导意见的通知》(国办发〔2015〕42号)精神,加快推进政府和社会资本合作(PPP)项目示范工作,尽早形成一批可复制、可推广的实施范例,助推更多项目落地实施,现通知如下:

一、加快推进首批示范项目实施

(一)高度重视PPP项目示范工作。项目示范是财政部门规范推广PPP模式的重要抓手。各级财政部门要切实加强示范项目的组织领导,配备必要的业务骨干人员,保证各项工作有序推进。示范项目所在地财政部门要加强协调,督促项目实施单位加快推进项目实施,跟踪进展情况,对项目实施过程中的难点和问题,要积极协调解决,重大情况及时向上级财政部门报告。

(二)确保示范项目实施质量。要严格执行国务院和财政部等部门出台的一系列制度文件,科学编制实施方案,合理选择运作方式,认真做好评估论证,择优选择社会资本,加强项目实施监管。项目采购要严格执行《政府采购法》、《政府和社会资本合作项目政府采购管理办法》(财库〔2014〕215号)等规定,充分引入竞争机制,保证项目实施质量。要发挥政府集中采购降低成本的优势,确定合理的收费标准,通过政府采购平台选择一批能力较强的专业中介机构,为示范项目实施提供技术支持。严禁通过保底承诺、回购安排、明股实债等方式进行变相融资,将项目包装成PPP项目。

(三)切实履行财政监督管理职责。示范项目所在地财政部门要认真做好示范项目物有所值定性分析和财政承受能力论证,有效控制政府支付责任,合理确定财政补助金额,每一年度全部PPP项目需要从预算中安排的支出责任占一般公共预算支出比例应当不超过10%。省级财政部门要统计监测所有PPP项目的政府支付责任并报财政部备案,加强示范项目管理,督促下级财政部门严格履行合同约定,保护社会资本的合法权益,切实维护政府信用。

(四)及时上报示范项目实施信息。对于示范项目的实施方案、合作伙伴选择、物有所值评估、财政承受能力论证等,项目所在地财政部门要将有关情况报送省级财政部门备案,并通过财政部PPP综合信息平台及时填报相关信息。在示范项目建设和运营阶段,财政部将不定期组织对示范项目实施情况进行督导,督促项目实施单位依法充分披露相关信息。

二、组织上报第二批备选示范项目

(五)在公共服务领域广泛征集适宜采用PPP模式的项目。根据《国务院办公厅转发财政部发展改革委 人民银行关于在公共服务领域推广政府和社会资本合作模式指导意见的通知》(国办发〔2015〕42号),地方各级财政部门要在能源、交通运输、水利、环境保护、农业、林业、科技、保障性安居工程、医疗、卫生、养老、教育、文化等公共服务领域,筛选征集适宜采用PPP模式的项目,加快建立项目库。

(六)确保上报备选示范项目具备相应基本条件。项目要纳入城市总体规划和各类专项规划,新建项目应已按规定程序做好立项、可行性论证等项目前期工作。项目所在行业已印发开展PPP模式相关规定的,要同时满足相关规定。政府和社会资本合作期限原则上不低于10年。对采用建设—移交(BT)方式的项目,通过保底承诺、回购安排等方式进行变相融资的项目,财政部将不予受理。

(七)优先支持融资平台公司存量项目转型为PPP项目。重点推进符合条件的融资平台公司存量项目,通过转让—运营—移交(TOT)、改建—运营—移交(ROT)等方式转型为PPP项目。存量项目债务应纳入地方政府性债务管理系统,或2013年全国政府性债务审计范围。对合同变更成本高,融资结构调整成本高,原债权人不同意转换,不能化解政府性债务风险、降低债务成本和实现"物有所值"的项目,财政部将不予受理。

(八)认真组织备选示范项目筛选上报。请各省、自治区、直辖市、计划单列市财政厅(局)按照上述要求,严格筛选上报适宜采用PPP模式的第二批备选示范项目,将项目采用PPP模式的初步方案(附件1)及PPP示范项目申报表(附件2)和基本信息表(附件3),于2015年7月15日前书面(含电子版,下载网址:http://jrs.mof.gov.cn/ppp/)报送财政部(金融司,联系人张帆,010-68551078;PPP中心,联系人刘宝军,010-88659335)。申请第二批示范项目时,项目所在地政府或政府授权实施机构应当提交项目规范实施承诺书,承诺在项目实施各操作环节中,将严格执行财政部一系列制度规范,尽快完成项目实施,并保证项目实施质量。

三、构建激励相容的政策保障机制

(九)建立"能进能出"的项目示范机制。对已列入示范项目名单的项目,如项目交易结构发生重大变化不能采用 PPP 模式,或一年后仍未能进入采购阶段的,将被调出示范项目名单。示范项目建设完成后,财政部将组织专家对前期实施情况进行验收,重点审查示范项目是否符合 PPP 模式的必备特征。符合 PPP 模式特征的,将作为实施范例进行推广。不符合 PPP 模式特征的,财政部将督促实施单位进行整改,或不再作为示范项目推广。

(十)加强业务指导和技术支持。财政部将建立 PPP 综合信息平台,加快推进专家库和项目库建设,抓紧出台 PPP 项目财政管理办法、物有所值操作指引等配套实施细则,为 PPP 项目示范工作提供必要的业务指导和技术支持。在示范项目实施全过程中,财政部相关司局及 PPP 中心将进行跟踪指导,推动示范项目顺利实施。

(十一)完善示范项目扶持政策体系。鼓励符合条件的示范项目用好用足现行各项扶持政策,按规定申请城镇保障性安居工程贷款贴息、中央财政支持海绵城市建设试点和地下综合管廊试点政策中对 PPP 倾斜支持奖励政策等政策支持。中央财政加快推动设立 PPP 基金,研究出台"以奖代补"措施,符合条件的示范项目将优先获得支持。

附件:项目采用 PPP 模式的初步方案

财政部
2015 年 6 月 25 日

附件:

项目采用 PPP 模式的初步方案

一、项目基本情况

包括但不限于项目名称、类型(在建或建成)、地点、联系人;项目建设的必要性、前期工作合规性(可研、环评、土地等)、技术路线、所处阶段(申报、设计、融资、采购、施工、运行)、开工和计划完成时间;总投资及资本构成、资产负债、股权结构、融资结构及主要融资成本、收益情况(总收益、收入来源、收费价格和定价机制);政府现有支持安排、社会资本介入情况(如有);纠纷情况(如有)等。

二、可行性分析

包括但不限于对本通知要求满足情况的分析、行业主管部门和融资平台意愿、项目对社会资本的吸引力分析、债权人转换配合意愿及担保解除可能性等。

项目采用 PPP 模式要进行"物有所值"定性分析,重点关注 PPP 与政府传统采购模式相比能否增加供给,优化风险分担,降低项目全生命周期成本,提高运营效率,促进创新和竞争。

三、初步实施安排

包括但不限于政府和社会资本的权利义务、风险分担、PPP 运作方式、投融资结构、政府配套安排、合同期限、收益回报方式、收费定价调整机制、财政可承受能力评估、合作伙伴选择方式、项目公司(SPV)设立情况等。

四、财务测算

包括但不限于投资回报测算、现金流量分析、项目财务状况、项目存续期间政府补贴情况等。

参考文献

[1] Wang Wenxiong, Li Qiming. Critical lnfluential Factors for Pricing in Urban Transportation lnfrastructure PPP Project[C]. 2008 International Conference On Management Science & Engineering.

[2] Zhang Xueqing. Critical Success Factors for Public-Private Partnerships in Infrastructure Development[J]. Journal of Construction Engineering and Management, 2005(3): 3-14.

[3] Wang Dong, Lai K K, et al. Risk Control of Providing a Kind of Quasi-public Goods under China's Current Pricing Mechanism—Case of Energy lndustry[C]//Computational Sciencesand Optimization, 2009. CSO 2009. International Joint Conference On IEEE, 2009(1): 966-969.

[4] Gross M, Garvin M. Structuring PPP toil-road contracts to achieve public pricing objectives[J]. The Engineering Project Organization Journal, 2011(2): 143-156.

[5] Zheng S, Tiong R L K. First public-private-partnership application in taiwan's wastewater treatment sector: Case study Of the nanzih bot wastewater treatment project[J]. Journal of construction engineering and management, 2010, 136(8): 913-922.

[6] Chen C, Hubbard M, Liao C S. When Public-Private Partnerships Fail: Analysing citizen engagement in publi-private partnerships—cases from Taiwan and China[J]. Public Management Review, 2012(ahead-of-print): 1-19.

[7] Wibowo A, Permana A, Kochendörfer B, et al. Modeling Contingent Liabilities Arising from Government Guarantees in lndonesian BOT/PPP Toll Roads[J]. Journal of Construction Engineering and Management, 2012, 138(12): 1403-1410.

[8] Ahadzi M, Bowles G. Public-private partnerships and contract negotiations: an empirical study [J]. Construction Management and Economics, 2004, 22(9): 967-978.

[9] Dima Jamali. A study of customer satisfaction in the context of a public private partnership[J]. International Journal of Quality & Reliability Management, 2007, 24(4).

[10] Li B, Akintoye A, Edwards P J, et al. Critical success factors for PPP/PFI projects in the UK construction industry[J]. Construction Management and Economics(June 2005), 2005, 23: 459-471.

[11] Yao D, Chen Q. Case Studyof Performance Management for PPP Projects[C]// Business Intelligence and Financial Engineering(BIFE). 2012 Fifth International Conference on IEEE, 2012:

39-42.

[12] Babatunde S O, Opawole A, Akinsiku O E. Critical success factors in public-private partnership (PPP) on infrastructure delivery in Nigeria[J]. Journal of Facilities Management, 2012(3): 212-225.

[13] Li B, Akintoye A, Edwards P J. The allocation of risk in PPP/PFI construction projects in the UK[J]. International Journal of Project Management, 2005, 23(1): 25-35.

[14] Chan A P C, Lam P T I, Chan D W M, et al. Risk-Sharing Mechanism for PPP Projects—the Case Study of the Sydney Cross City Tunnel[J]. Surveying and Built Environment, 2008, 19(1): 80.

[15] Jin X H, Doloi H. Interpreting risk allocation mechanism in public-private partnership projects: an empirical study in a transaction cost economics perspective[J]. Construction Management and Economics, 2008(7): 707-721.

[16] Heravi G, Hajihosseini Z. Risk All Ocation in Public-Private Partnership Infrastructure Projects in Developing Countries: Case Study of the Tehran—Chalus Toll Road[J]. Journal of Infrastructure Systems, 2011(3): 210-217.

[17] Agostino Nuzzolo, Umberto Crisalli, Francesca Gangemi. A behavioural choice model for the evaluation of railway supply and pricing policies[J]. Transportation Research Part A, 2000, 34: 395-404.

[18] Eriksen K S, Jensen S. The cost of second best pricing and the value of risk premium[J]. Research in Transportation Economics, 2010(1): 29-37.

[19] Ashuri B, Kashani H, Molenaar K R, et al. Risk-neutral pricing approach for evaluating BOT highway projects with government minimum revenue guarantee options[J]. Journal of Construction Engineering and Management, 2011(4): 545-557.

[20] Xu Y, Skibniewski M J, Zhang Y, et al. Developing a concession pricing model for PPP highway projects[J]. International Journal of Strategic Property Management, 2012(2): 201-217.

[21] Patrick D S, William G B. Innovative public-private partnership models for road pricing/BRT initiatives[J]. Journal of Public Transportation, 2005(1): 51-78.

[22] Boeing S L, Kalidindi S N. Traffic revenue risk management through Annuity Model of PPP road project in India[J]. International Journal of Project Management, 2006(7): 605-613.

[23] Doloi H. Analysis of pre-qualification criteria in contractor selection and their impacts on project success[J]. Construction Management and Economics, 2009(12): 1245-1263.

[24] Cheung E, Chan A P C. Risk factors of public-private partnership projects in China: comparison between the water, power, and transportation sectors[J]. Journal of urban planning and development, 2011(4): 409-415.

[25] Wibowo A, Kochendorfer B. Financial risk analysis Of project finance in lndonesian toll roads[J].

Journal of Construction Engineering and Management, 2005,131(9):963-972.

[26] Mervyn K L. Risk management in Public-Private Partnerships, center for Globalization and Europeanization of the Economy[J]. Discussion paper No. 12, CeGE Research Workshop at the George-Augus-University in Gottingen,2001.

[27] Asenova D, Beck M.The UK Financial Sector and Risk Management in PFI Projects: A Survey [J].Public Money & Management,2003:195-202.

[28] Abdul-Aziz A R. Unraveling of BOT scheme: Malaysia's Indah Water Konsortium[J]. Constr. Eng. Manage., 2001, 127(6): 457-460.

[29] Wang S Q, Tiong L K, Ting S K, et al. Evaluation and Management of Political Risks in China's BOT Projects[J]. Journal of Construction Engineering and Management, ASCE, 2000, 126(3): 242-250.

[30] Brown T B, Davidson P, Eilklund J. An Operationalization of Stevenson's Conceptualization of Entrepreneurship as Opportunity-based Firm Behavior[J]. Strategic Management Journal, 2001 (22): 953-968.

[31] Stave, Krystyna A. A system dynamics model to facilitate public understanding of water management options in Las Vegas, Nevada[J]. Journal of Environmental Management, 2003(4): 303-313.

[32] Ye S D, Tiong R L K. The effect of concession period design on completion risk management of BOT project[J]. Construction Management and Economics, 2003,21(5):471-482.

[33] Akbiyikli R, Eaton D. Risk management in PFI procurement: a hollstlc approach[C]. Proceedings of the 20th Annual Association of Researchers in Construction Management(ARCOM)Conference, Heriot-Watt University, Edinburgh, UK,2004-09-1-3:1269-1279.

[34] Working with the government: Guidelines for privately financed projects[J]. New South Wales Treasury, December 2006.

[35] Akintove A, Beck M, Hardcastle C. Public - private partnerships: managing risks and opportunities[M]. UK: Blackwell Science, 2003.

[36] Yescombe E R. Public-private partnerships: principles of policy and finance[M]. Great Britain: Butterworth-Heinemann, 2007.

[37] Corbett P, Smith R. An analysis of the success of the private finance initiative as the government's preferred procurement route[C]. Accelerating Excellence in the Built Environment, Birmingham, UK,2006-10-2-4.

[38] Chan D W M, Chan A P C, Lam P T I. A feasibility study of the'implementation of public private partnership(PPP)in Hong Kong[C]. Proceedings of the CIB W89 BEAR 2006 International Conference on Construction Sustainability and Innovation, 2006-04-10-13.

[39] Jefferies M. Critical success factors of public private sector partnerships a case study of the Sydney

SuperDome[J]. Engineering, Construction and Architectural Management, 2006, 13(5): 451-462.

[40] Ke Y J, wang S Q, Chan A P C, et al. Research Trend of Public-Private Partnership in Construction Journals[J]. Journal of Construction Engineering and Mangement, 2009, 135(10): 1076-1086.

[41] Li B. Risk management of construction public private partnership projects[D]. UK: Glasgow Caledonian University, 2003.

[42] Ozdonganm I D, Birgonul M T. A decision support framework for project sponsors in the planning stage of build-operate-transfer(BOT) projects[J]. Construction Management and Economics, 2000, 18(3): 343-353.

[43] Thomas A V, Kalidindi S N, Ananthanarayanan K. Risk perception analysis of BOT road project participants in India[J]. Construction Management and Economics, 2003, 21(4): 393-407.

[44] Wang S Q, Tiong R L K, Ting S K, et al. Evaluation and Management of Foreign Exchange and Revenue Risks in China's BOT Projects[J]. Construction Management and Economics, 2000, 18(2): 197-207.

[45] Zayed T M, Chang L M. Prototype model for build-operate-transfer risk assessment[J]. Journal of Management in Engineering, 2002, 18(1): 7-16.

[46] Hastak M, Shaked A. ICRAM-i: model for international construction risk assessment[J]. Journal of Management in Engineering, 2000, 16(1): 59469.

[47] Lyons T, Skitmore M. Project risk management in the Queensland engineering construction industry: a survey[J]. International Journal of Project Management, 2004, 22(1): 51-61.

[48] Wang S Q, Dulaimi M F, Aguria M Y. Risk management framework for construction proiects in developing countries[J]. Construction Management and Economics, 2004, 22(3): 2374252.

[49] Jackson S, Flanagan R. A systematic approach to managing budget risk during project appraisal[C]. The RICS Foundation Construction and Building Research conference, Nottingham Trent University, UK, 2002-09-5-6.

[50] Dikmen I, Birgonul M T, Arikan A E. A critical review of risk management support tools[C]. Proceedings of the 20th Annual Association of Researchers in Construction Management (ARCOM) Conference. Heriot-Watt University, Edinburgh, UK, 2004-09-1-3: 1145-1154.

[51] Lam K C, Wang D, Lee P T K, et al. Modeling risk allocation~leeision in construction contracts[C]. International Journal of Project Management, 2007, 25: 4854493.

[52] Rutgers J A, Haley H D. Project risks and risk allocation[J]. Cost Engineering, 1996, 38(9): 27430.

[53] Pollock A, Price D. Public risk for private gain: the public audit implications of risk transfer and private finance[D]. London's Global University, UK: Public Health Policy Unit, School of Public

Policy, 2004.

[54] Oudot J M. Risk Allocation: Theoretical and Empirical Evidence and Application to Public-Private Partnerships in the Defence Sector[C]. Proceedings of 9th Annual Conference on Economics and Security, Bristol, UK, 2005-06-23-25.

[55] Li B, Akintoye A, Edwards P J, et al. The allocation of risk in PPP/PFI construction projects in the UK[C]. International Journal of Project Management, 2005, 23(1): 25-35.

[56] Partnership Victoria. Partnerships Victoria Guidance Material: Risk allocation and Contractual Issues[M]. Australia: Victoria, 2001.

[57] Standardisation of PFI Contracts: Version 4[M]. UK: HM Treasury, 2007.

[58] Chan A P C, Yung E H K, Lam P T I, et al. Application of Delphi method in selection of procurement systems for construction projects[J]. Construction Management and Economics, 2001, 19(7): 6994718.

[59] Chen C, Messner J I. An investigation of Chinese BOT projects in water supply, a comparative perspective[J]. Construction Management and Economics, 2005, 23(9): 913-925.

[60] Raz T, Michael E. Use and benefits of tools for project risk management[J]. International Journal of Project Management, 2001, 19(1): 9417.

[61] Chinyio E, Fergusson A. A construction perspective on risk management in public-private partnership[M]//Akintoye A, Beck M, Hardcastle C. Public-Private Partnerships, Managing Risks and Opportunities. Oxford: Blackwell Science Ltd, 2003: 95-126.

[62] Chun A P C, Lam P T I, Chun D W M, et al. Potential Obstacles to Successful Implementation of Public-Private Partnerships in Beijing and the Hong Kong Special Administrative Region[J]. Journal of Management in Engineering, 2010, 26(1): 30440.

[63] Wang S Q. Lessons learnt from the PPP practices in China (keynote speech)[C]. Asian Infrastructure Congress 2006, Organized by Terrapinn and sponsored by IAPF, Hong Kong, Nov 29-30, 2006.

[64] Sachs T, Tiong R L K. Quantifying Qualitative Information on Risks: Development of the QQIR Method[J]. Journal of Construction Engineering and Management, 2009, 135(1): 56-71.

[65] Ke Y J, Wang S Q, Chan A P C. Public-Private Partnerships in China's Infrastructure Development: Lessons Learnt[C]. Proceedings of the Changing roles: new roles, new challenges (CIB W096, W104, TG53, IDS; CPI; TUD), Noordwijk ann Zee, Netherlands, October 5-9, 2009: 1774188.

[66] Chen C, Doloi H. BOT application in China: Driving and impeding factors[J]. International Journal of Project Management, 2008, 26(4): 388-398.

[67] Zou P X W, Zhang G, Wang J. Understanding the key risks in construction projects in China[J]. International Journal of Project Management, 2007, 25(6): 601-614.

[68] Wang S Q, Ke Y J. Laibin B Power Project-the First State-Approved BOT Project in China[J]. Public Private Partnerships in Infrastructure Development-Case Studies from Asia and Europe, Publisher of Bauhaus-Universitat Weimar, Germany, 2009: 101-129.

[69] Medda F. A game theory approach for the allocation of risks in transport public private partnerships[J]. International Journal of Project Management, 2007, 25(3): 213-218.

[70] Almassi A, Mccabe B, Thompson M. Real options-based approach for valuation of government guarantees in Public-Private Partnerships[J]. Journal of Infrastructure Systems, 2013, 19(2): 196-204.

[71] Bourne M, Mills J, Wilcox M, et al. Designing, implementing and updating performance measurement systems[J]. International Journal of Operations and Production Management, 2000, 20(7): 754-771.

[72] Brand A O L E, Bastian-Pinto C, Gomes L L, et al. Government supports in Public-Private Partnership contracts: metro line 4 of the Sao Paulo subway system[J]. Journal of Infrastructure Systems, 2012, 18(3): 218-225.

[73] Brewer B, Hayllar M. Building public trust through Public-Private Partnerships[J]. International Review of Administrative Sciences, 2005, 71(3): 475-492.

[74] Brunso T, Siddiqi K M. Using benchmarking and metrics to evaluate project delivery of environmental restoration program[J]. Journal of Construction Engineering and Management, 2003, 129(2): 119-130.

[75] Cartlidge D. Public Private Partnerships in COnstruction[M]. London and New York: Taylor and Francis, 2005.

[76] Chan A, Lam P, Chan D, et al. Potential obstacles to suecessful implementation of Public-Private Partnerships in Beijing and the Hong Kong special administrative region[J]. Journal of Management in Engineering, 2010, 26(1):30-40.

[77] Chan A, Yeung J, Yu C, et al. Empirical study of risk assessment and allocation of Public-Private Partnership projects in China[J]. Journal of Management in Engineering, 2011, 27(3): 136-148.

[78] Cheung E, Chan A. Risk factors of Public-Private Partnership projects in China: comparison between the water, power, and transportation sectors[J]. Journal of Construction Engineering and Management, 2011, 137(4): 409-415.

[79] Cheung E, Chan A. Evaluation model for assessing the suitability of Public-Private Partnership projeets[J]. Journal of Management in Engineering, 2011, 27(2): 80-89.

[80] Chou J S, Lin C. Predicting disputes in Public-Private Partnership projects: classification and ensemble Models[J]. Journal of Computing in Civil Engineering, 2013, 27(1): 51-60.

[81] DeCorla-Souza P, Barker W G. Innovative Public-Private Partnership models for road pricing/

BRT initiatives[J]. Journal of Public Transportation, 2005, 8(1): 57-78.

[82] Ehrlich M, Tiong R. Improving the assessment of economic foreign exchange exposure in Public-Private Partnership infrastructure projects[J]. Journal of Infrastructure Systems, 2012, 18(2): 57-67.

[83] Froud J, Shaoul J. Appraising and evaluating PFI for NHS hospitals[J]. Financial Accountability and Management, 2001, 17(3): 247-270.

[84] Hanna S, Peterson P, Iee M J. Benchmarking productivity indicators for electrical/mechanical projects[J]. Journal of Construction Engineering and Management, 2002, 128(4):331-337.

[85] Heravi G, Hajihosseini Z. Risk allocation in Public-Private Partnership infrastructure projects in developing countries: case study of the Tehran-Chalus Toll Road[J]. Journal of Infrastructure Systems, 2012, 18(3): 210-217.

[86] Hughes O. Public Management and Administration, An Introduction (4ed.) [M]. United Kingdom: Palgrave Macmillan Press, 2012.

[87] Brooksmith J. VFM Reviews-A guide on how to carry out Value For Money Reviews[R]. www.southbucks. gov. uk, 2006.

[88] Jin X H. Neurofuzzy decision support system for efficient risk allocation in Public-Private Partnership infrastructure projects [J]. Journal of Computing in Civil Engineering, 2010, 24(6): 525-538.

[89] Josepson P, Larsson B, Li H. Illustrative Benchmarking rework and rework costs in Swedish construction industry[J]. Journal of Management in Engineering, 2002, 18(2): 76-83.

[90] Kakabadse N K, Kakabadse A P, Summer N. Effectiveness of private finance initiatives(PFI): study of private financing for the provision of capital assets for schools[J]. Public Administration and Development, 2007, 27(1): 49-61.

[91] Kandasamy V. Value for Money Audit Process FRI[J]. National Evaluation Conference, 2003.

[92] Kelly J, Male S, Graham D. Value Management of Construction Project[M]. Oxford and Malden: Blackwell Publishing Company, 2004.

[93] Kennerley M, Neely A. Measuring performance in a changing business environment[J]. International Journal of Operations and Production Management, 2003, 23(2): 213-229.

[94] Latham G P, Almost J, et al. New developments in performance management[J]. Organizational Dynamics, 2005, 34(1): 77-87.

[95] Leung B Y P, Eddie C M H. Evaluation approach on Public-Private Partnership(PPP)urban redevelopment[J]. International Journal of Strategic Property Management, 2005, 9(1):1-16.

[96] Lin Y H, Lee P C, Chang T P, et al. Multi-attribute group decision making model under the condition of uncertain information[J]. Automation in Construction, 2008, 17(6): 792-797

[97] Liu A M M, Leung M Y. Developing a soft value management model[J].International Journal of

Project Management, 2002, 20(5): 341-351

[98] Medori D, Steeple D. A framework for auditing and enhancing performance measurement systems [J]. International Journal of Operations and Production Management, 2000, 20(5): 520-533.

[99] Olander S. Stakeholder impact analysis in construction project management[J]. Construction Management and Economics, 2007, 25(3): 277-287.

[100] Olander S, Landin A. Evaluation of stakeholder influence in the implementation of construction projects[J]. International Journal of Project Management, 2005, 23(4): 321-328.

[101] Papajohn D, Cui Q, Bayraktar M E. Public-private partnerships in US transportation: research overview and a path forward[J]. Journal of Management in Engineering, 2010, 27(3): 126-135.

[102] Post J E, Preston L E, Sachs S. Redefining the Corporation-Stakeholder Management and Organizational Wealth[M]. Stanford, CA: Stanford University Press, 2002.

[103] Rebeiz K S. Public-Private Partnership risk factors in emerging countries: BOOT illustrative case study[J]. Journal of Management in Engineering, 2012, 28(4SI): 421-428.

[104] Regan M, Smith J, Love P. Impact of the capital market collapse on Public-Private Partnership infrastructure projects[J]. Journal of Construction Engineering and Management, 2011, 137(1): 6-16.

[105] Salman A F M, Skibniewski M J, Basha'I. BOT viability model for large-scale infrastructure projects[J]. Journal of Construction Engineering and Management, 2007, 133(1): 50-63.

[106] Shen L Y, Bao H J, Wu Y Z, et al. Using bargaining-game theory for negotiating concession period for BOT—Type Contract[J]. Journal of Construction Engineering & Management, 2007, 133(5): 385-392.

[107] Shen L Y, Platten A, Deng X P. Role of public private partnerships to manage risks in public sector projects in Hong Kong[J]. International Journal of Project Management, 2008, 24(7): 587-594.

[108] Yuan J F, Deng X P, Li Q M. Analysis on application of PPP method in China problem review and case study[C]. Proceedings of the 5th International Conference on Construction and Real Estate Management, Bristol, UK, 2007.

[109] Yuan J F, Wang C, Skibniewski M J, et al. Developing key performance indicators for Public-Private Partnership projects: questionnaire survey and analysis[J]. Journal of Management in Engineering, 2012, 28(3): 252-264.

[110] Yuan J F, Wang C, Skibniewski M J, et al. The driving factors of Chinese Public-Private Partnership projects in metropolitan transportation System: Public sector's Viewpoint and Management[J]. Journal of Civil Engineering and Management, 2010, 16(1): 5-18.

[111] Yuan J F, Zeng A J Y, Miroslaw J S, et al. Selection of performance objectives and key per-

formance indicators in public-private partnership projects to achieve value for money[J]. Construction Management and Economics, 2009, 27(3): 253-270.

[112] Zhang X Q. Criteria for selecting the private-sector partner in Public-Private Partnerships[J]. Journal of Construction Engineering and Management, 2005,131(6): 631-644.

[113] Acar M, Guo C, et al. Accountability when hierarchical authority is absent: Views from public-private partnership practitioners[J]. American Review of Public Administration, 2008, 38: 3-23.

[114] Adeney W E, Sinde A. Development of asset management evaluation framework in rail transit environment: London underground public-private partnership[J]. Transit: Management, Maintenance, Technology and Planning, 2006: 21-28.

[115] Bai C E, Tao Z G. Contract mixing in franchising as a mechanism for public-good provision[J]. Journal of Economics & Management Strategy, 2000, 9(1): 85-113.

[116] Barton A D. Public sector accountability and commercial-in-confidence outsourcing contracts [J]. Accounting, Auditing & Accountability Journal, 2006, 19(2): 256-271.

[117] Bellou V. Shaping Psychological Contracts in the Public and Private Sectors: A Human Resources Management Perspective[J]. International Public Management Journal, 2007, 10 (3).

[118] Bettignies J-E D, Ross T W. The Economics of Public-Private Partnerships[J]. Canadian Public Policy, 2004, 2: 135-154.

[119] Bloomfield P. The challenging business of long-term public-private partnerships: Reflections on local experience[J]. Public Administration Review, 2006, 66(3): 400-411.

[120] Brown S. Putting safety into high value bids Public Private Partnership bidding[C]. IEE Seminar on: Procurement and Supply of Safety Related Systems, 2005:55-72.

[121] Brown T L P, Matthew Van Slyke,David M. Managing Public Service Contracts: Aligning Values, Institutions, and Markets[J]. Public Administration Review, 2006, 66(3): 323-331.

[122] Brown T L, Potoski M, et al. Trust and contract completeness in the public sector[J]. Local Government Studies, 2007, 33(4): 607-623.

[123] Bruce R R, Kirk S S. Three-way partnership for economic development: the public, private and academic sectors[C]. Proceedings of 2007 International Conference on Public Administration (3rd), 2007, 1: 649-657.

[124] Cachon G, Lariviere M A. Supply chain coordination with revenue-sharing contracts: Strengths and limitations[J]. Management Science, 2005, 51(1): 30-44.

[125] Calo T J. The psychological contract and the union contract: A paradigm shift in public sector employee relations[J]. Public Personnel Management, 2006, 35(4): 331-342.

[126] Clifton C, Duffield C F. Improved PFI/PPP service outcomes through the integration of Alliance

principles[J]. International Journal of Project Management, 2006, 24: 573-586.

[127] Dalen D M, Moen E R, et al. Contract renewal and incentives in public procurement[J]. International Journal of Industrial Organization, 2006, 24(2): 269-285.

[128] Devapriya K A K. Governance issues in financing of public-private partnership organisations in network infrastructure industries[J]. International Journal of Project Management, 2006, 24(7): 557-565.

[129] Doloi H K, Raisbeck P. Developing a framework of retained risk in Public-Private Partnership (PPP) social infrastructure projects[J]. Innovations in Structural Engineering and Construction, 2008, 1&2: 1513-1518.

[130] Ernst F, Alexander K, Schmidt K M. Fairness and contract design[J]. Eeonometrica, 2007, 75(1): 121-154.

[131] Essig M, Batran A. Public-private partnership: Development of long-term relationships in public procurement in Germany[J]. Journal of Purchasing and Supply Management, 2005, 11(5-6): 221-231.

[132] Estache A. PPI Partnerships vs. PPI Divorces in LDCs[J]. Review of Industrial Organization, 2006, 29:3-26.

[133] Ghere R K. Probing the strategic intricacies of public-private partnership: The patent as a comparative reference[J]. Public Administration Review, 2001, 61(4): 441-451.

[134] Greve C. The welfare marketplace: Privatization and welfare reform[J]. Public Management Review, 2005, 7(2): 306-308.

[135] Guasch J L. Granting and Renegotiating Infrastructure Concessions: Doing it Right[M]. Washington D. C: WBI Development Studies, 2004.

[136] Gullick D, Cairns R, et al. Application of partnering principles to a framework contract[C]. Proceedings of the Institution of Civil Engineers-Municipal Engineer, 2007, 160: 127-133.

[137] Henisz W V J, School T W. Governance issues in public private partnerships[J]. International Journal of Project Management, 2006, 24:537-538.

[138] Ho S P. Model for financial renegotiation in public-private partnership projects and its policy implications: Game theoretic view[J]. Journal of Construction Engineering and Management-Asce, 2006, 132(7):678-688.

[139] Hodge G A. The risky business of public-private partnerships[J]. Australian Journal of Public Administration, 2004, 63(4): 37-49.

[140] Jensen P H, Stonecash R E. Incentives and Efficiency of Public Sector-Outsourcing Contracts[J]. Journal of Economic Surveys, 2005, 19(5): 767-787.

[141] Jin X H, Doloi H. A theoretical framework for optimizing risk allocation and management in Public-Private Partnership projects[J]. Innovations in Structural Engineering and Construction,

2008, 1 & 2: 1495-1500.

[142] Koch C, Buser M. Emerging recta-governance as an institutional framework for public private partnership networks in Denmark[J]. International Journal of Project Management, 2006, 24(7):548-556.

[143] Krishnan H, Kapuscinski R, Butz D A. Coordinating Contracts for Decentralized Supply Chain with Retailer Promotional Effort[J]. Management Science, 2004, 50(1): 48-63.

[144] Kunzlik P. Making the market work for the environment: Acceptance of (some) "green" contract award criteria in public procurement[J]. Journal of Environmental Law, 2003, 15(2): 175-201.

[145] Leiringer R. Technological innovation in PPPs: incentives, opportunities and actions[J]. Construction Management and Economics, 2006, 24: 301-308.

[146] Lynn M C H, Thomas. Qualified Management Contracts: Public - Sector/Private - Sector Partnering to Achieve Common Objectives[J]. Real Estate Finance (Aspen Publishers Inc.), 2006, 23(1): 13-14.

[147] Manning S. Public private partnership as negotiated order. Negotiation processes between public and private in the German Development Cooperation[J]. Bertiner Journal Fur Soziologie, 2004, 14(I):95-106.

[148] Martimort D, Donder P, Villemeur E. An Incomplete Contract Perspective on Public Good Provision[J]. Journal of Economic Surveys, 2005, 19(2): 149-180.

[149] Martimort D, Pouyet J. To build or not to build: Normative and positive theories of public-private partnerships[J]. International Journal of Industrial Organization, 2006, 26(2008): 393-411.

[150] Martimort D, Wilfried Sand-Zantman. Signaling and the design of delegated management contracts for public utilities[J]. RAND Journal of Economics, 2006, 37(4):763-782.

[151] Nisar T M. Risk Management in Public-Private Partnership Contracts[J]. Public Organization Review, 2007, 7(1): 1-19.

[152] Ng S T, Xie J, Cheung Y K, et al. A fuzzy simulation model for evaluating the concession items of public-private partnership schemes[J]. Automation in Construction, 2007, 17: 22-29.

[153] Oettle K. Long-term impacts of competitive tendering of public services on market structures[J]. Annals of Public and Cooperative Economics, 2003, 74(1): 87-106.

[154] Parthasarathi Banerjee. Resources, capability and coordination: strategic management of information in Indian information sector firms[J]. International Journal of Information Management, 2003, 23:303-311.

[155] Petrie A G. Tube lines' approach to integrated risk management under the PPP contract[C]. 1st Institution of Engineering and Technology International Conference on System Safety, 2006:

366-370.

[156] Prager J. Contract city redux: Weston, Florida, as the ultimate New Public Management model city[J]. Public Administration Review, 2008, 68:167-180.

[157] Rankin J, Christian A J, et al. A quality management tool for a public-private partnership highway project[C]. Proceedings of the Eighth International Conference on Civil and Structural Engineering Computing, 2001: 11-12.

[158] Ringhand T. Public private partnership: A structured analysis on the basis of economic and political potentials[J]. Betriebswirtschaftliche Forschung Und Praxis, 2006, 58(3): 323-324.

[159] Sarin R, Farshid V. Strategy similarity and coordination[J]. The Economic Journal, 2004, 114(7):506-527.

[160] Scharle P. Public-Private Partnership(PPP) as a Social Game[J]. Innovation, 2002, 15(3): 227-253.

[161] Schwartz J, Bhushan I. Improving immunization equity through a public-private partnership in Cambodia[J]. Bulletin of the World Health Organization, 2004, 82(9): 661-667.

[162] Siddiqui O, Bedard R. Feasibility assessment of offshore wave and tidal current power production: A collaborative public/private partnership[C]. 2005 IEEE Power Engineering Society General Meeting, 2005, 1-3:2004-2010.

[163] Taylor T. Maximizing commercial space transportation with a public-private partnership[J]. Space Operations: Mission Management, Technologies, and Current Applications, 2007, 220: 13-44.

[164] Terwiesch C, Christoph H L, Arnoud De Meyer. Exchanging Preliminary Information in Concurrent Engineering: Alternative Coordination Strategies[J]. Organization Science, 2002, 13(4): 402-419.

[165] Timmons J F. The fiscal contract—States, taxes, and public services[J]. World Politics, 2005, 57(4): 530-576.

[166] Tranfield D, Rowe A, et al. Coordinating for service delivery in public-private partnership and private finance initiative construction projects: early findings from an exploratory study[J]. Journal of Engineering Manufacture, 2005, 219(1):165-175.

[167] Turner J R, Yan X. An analysis of project contract procurement in the public sector in China, the United Kingdom and the United Nations[C]. Proceedings of 20th Ipma World Congress on Project Management, 2006, 1 & 2: 75-77.

[168] Volkery A, Swanson D, Jacob K, et al. Coordination, Challenges, and Innovations in 19 National Sustainable Development Strategies [J]. World Development, 2006, 34 (12): 2047-2063.

[169] Margaret W. How local governments structure contracts with private firms: economic theory and

evidence on solid waste and recycling contracts[J]. Public Works Management & Policy, 2005, 9(3):206-222.

[170] Wallsten S, Kosec K. The effects of ownership and benchmark competition: An empirical analysis of U. S. water systems[J]. International Journal of Industrial Organization, 2008, 26: 186-205.

[171] Wang Y, Guam Z B. Study on public-private partnership of construction enterprises in China ICL[C]. Proceedings of 2005 International Conference on Construction & Real Estate Management, 2005, 1 & 2:622-625.

[172] Wang Y, Guam Z B. Study on relationship between China state-owned construction enterprises reform and public-private partnership[C]. Proceedings of 2006 International Conference on Construction & Real Estate Management, 2006, 1 & 2: 183-187.

[173] West K. From bilateral to trilateral governance in local government contracting in France[J]. Public Administration, 2005, 83(2): 473-492.

[174] Wood N J. Public Control of Contract Clauses[J]. Labor Law, 1955, 6(10): 677-720.

[175] Young S. Outsourcing: uncovering the complexity of the decision[J]. International Public Management Journal, 2007, 10(3): 307-325.

[176] Zitron J. Public-private partnership projects: Towards a model of contractor bidding decisionmaking[J]. Journal of Purchasing and Supply Management, 2006, 12(2): 53-62.

[177] 王灏.PPP 模式的廓清与创新[J].投资北京,2004(10):75-78.

[178] 李竟一.中国的 PPP 机遇[J].中国招标管理,2014(9).

[179] 王灏.PPP 的定义和分类研究[J].都市快轨交通,2004(5):23-27.

[180] 余晖,秦虹.公私合作制的中国试验[M].上海:上海人民出版社,2005.

[181] 杨君昌.关于公共产品定价的若干理论问题[J].财经论丛,2002(3):17-26.

[182] 刘华光,李建平.我国公用事业价格形成机制问题研究[J].财贸经济,2002(7): 54-57.

[183] 黄燕芬.论准公共产品合理价格的形成与实现[J].中国物价,2003(9):22-28.

[184] 黄达江.准市政公共产品民营化中的定价问题分析[J].湖南财经高等专科学校学报,2006(6):26-28.

[185] 朱莲,陈春林.随机需求的准公共产品定价研究[J].西安科技大学学报,2008(1): 174-178.

[186] 赵燕菁.公共产品价格理论的重建[J].厦门大学学报(哲学社会科学版),2010(1):46-54.

[187] 李秀辉,张世英.PPP 与城市公共基础设施建设[J].城市规划,2002(7):74-76.

[188] 张勇,郝寿义.应用 PPP 融资模式促进城市基础建设发展[J].生产力研究,2004(11): 56-58.

[189] 陈柳钦.PPP 模式与城市轨道交通建设融资[J].经济前沿,2005(12):22-25.

[190] 黄如宝,王挺.我国城市基础设施建设投融资模式现状及创新研究[J].建筑经济, 2006

(10):5-8.

[191] 邓小鹏,申立银,李启明.PPP 模式在香港基础设施建设中的应用研究及其启示[J].建筑经济,2006(5):14-18.

[192] 蔡玉萍.城市轨道交通项目 PPP 模式的创新与应用[J].都市快轨交通,2007(2):6-9.

[193] 严玲,崔健.城市轨道交通项目 PPP 模式交易方式选择的多案例研究[J].科技进步与对策,2011(13):110-115.

[194] 陈星光.PPP 项目融资模式下的委托代理博弈模型[J].科技与经济,2013(02):56-60.

[195] 陈通,杜泽超,姚德利,等.基于 PPP 视角的公共项目风险因素重要性调查分析[J].山东社会科学,2011(11):127-130.

[196] 孙慧,申宽宽,范志清.基于 SEM 方法的 PPP 项目绩效影响因素分析[J].天津大学学报（社会科学版）,2012(06):513-519.

[197] 彭桃花,赖国锦.PPP 模式的风险分析与对策[J].中国工程咨询,2004(7):11-13.

[198] 李永强,苏振民.PPP 项目风险分担的博弈分析[J].工基建优化,2005(10):16-21.

[199] 刘新平,王守清.试论 PPP 项目的风险分配原则和框架[J].建筑经济,2006(2):59-63.

[200] 何寿奎,傅鸿源.基于风险分担的 PPP 项目投资决策与收益分配研究[J].建筑经济,2006(10):9-12.

[201] 邓小鹏.PPP 项目的风险分担与决策研究[D].南京:东南大学,2007.

[202] 盛雪艳,王建波.城市轨道交通工程公私合作融资项目风险分析与管理[J].城市轨道交通研究,2011,14(1):20-23.

[203] 陈浩,袁竞峰,张星,等.基于贝叶斯网络的 PPP 项目残值风险研究[J].项目管理技术,2012(3):22-26.

[204] 周世爽.城市地铁票价制定原则及阶段性定价策略的研究[J].铁道运输与经济,2004(11):6-8.

[205] 王冰,王国华.伦敦的"交通收费"及其福利经济学解释[J].城市问题,2006(2):80-84.

[206] 符少玲,凌育洪,宋欣.促进广州地铁发展的票价分析[J].商业经济文荟,2006(1):105-107.

[207] 钟伟强,张天西.我国城市新建地铁票价的定价策略研究[J].价格理论与实践,2006(5):31-32.

[208] 陈曦.我国地铁票价制定工作相关因素分析[J].城市轨道交通研究,2006(10):32-35.

[209] 侯敬.欧洲铁路基础设施定价[J].中国铁路,2008(12):55-59.

[210] 姚鹏程,王松江.关于政府和私人合作高速公路项目定价理论的研究综述[J].科技管理研究,2011(09):180-184.

[211] 李志纯.弹性需求下拥挤道路收费的模型与算法研究[J].交通运输工程学报,2001(3):81-85.

[212] 詹燕,李硕.高速公路收费费率与交通量关系研究[J].湖南交通科技,2002(1):76-77.

[213]周晶,黄园高.具有弹性需求收费道路的定价策略分析[J].系统工程学报,2005(2):19-22.

[214]黄园高,周晶.收费公路和公共交通之间的定价博弈分析[J].东南大学学报(自然科学版),2004(2):268-273.

[215]史士英,闫德志.高速公路最优收费费率的研究[J].山东交通学院学报,2005(9):57-60.

[216]胡骥,蒲之艳.收费道路最优费率制定研究[J].西华大学学报(自然科学版),2005(2):46-48.

[217]蒋伟林.香港地铁系统票价弹性的研究[J].城市轨道交通研究,2006(11):10-15.

[218]苟吉占,吴笛.对城市轨道交通初期票价的再研究[J].都市快轨交通,2006(2):20-22.

[219]王雁,李世其,等.基于时间价值的道路收费标准模型建立与仿真分析[J].交通与计算机,2006(2):55-57.

[220]刘伟铭,付凌峰,姜山.路网下收费道路的分车型费率优化模型[J].华南理工大学学报(自然科学版),2008(2):1-6.

[221]马昧,付鑫,王建伟.城市环线高速公路通行费标准的SUE确定方法[J].重庆大学学报(社会科学版),2012(5):17-22.

[222]王雪青,孔德泉,何伯森.对特许权项目产品定价的探讨[J].价格理论与实践,1999(11):30-32.

[223]王灏.公私合作模式下的城市轨道交通票价管制政策研究[J].百家论坛,2004(5):1-4.

[224]赵立力,黄庆,谭德庆.基础设施BOT项目的产品价格调整机制研究[J].预测,2006(2):74-77.

[225]苏永波,马俊,李明东.基于社会视角的PPP高速公路收费价格及期限研究[J].四川建材,2013(1):246-248.

[226]杨宏伟,何建敏,周晶.基于博弈论的交通BOT项目特许权期的决策模型[J].管理工程学报,2003(3):93-95.

[227]李启明,申立银.基础设施BOT项目特许权期的决策模型[J].管理工程学报,2000(5):43-46.

[228]孙淑云,戴大双,等.高速公路BOT项目特许定价中的风险分担研究[J].科技管理研究,2006(10):154-157.

[229]杨卫华.基于风险分担的高速公路BOT项目特许定价研究[D].大连:大连理工大学,2007.

[230]赵立力,谭德庆.基于社会效益的BOT项目特许权期决策分析[J].管理工程学报,2009,23(2):125-130.

[231]杨宏伟,何建敏,周晶.在BOT模式下收费道路定价和投资的博弈决策模型[J].中国管理科学,2003(2):30-33.

[232]周晶,何建敏,杨宏伟.基于委托—代理模型BOT模式的有效性分析[J].东南大学学报(自然科学版),2005(3):489-492.

[233]周晶,陈星光,杨宏伟.BOT模式下的收费道路价格控制机制[J].系统工程理论与实践,

2008(2):148-152.

[234] 金辰虎,何莹.论发展城市轨道交通所需的扶持政策[J].城市轨道交通研究,2001(2):12-15.

[235] 王灏.地铁公私合作模式运作中的票价政策研究[J].都市快轨交通,2004(5):12-15.

[236] 陈云,王浣尘.城市轨道交通建设的扶持政策与补贴方式研究[J].城市轨道交通研究,2005(1):13-17.

[237] 周春燕.公众参与城市轨道交通政府补贴机制探讨[J].价格理论与实践,2007(6):26-27.

[238] 庞世辉,李志斌.轨道交通补贴拒绝无底洞[J].中国改革,2007(7):56-58.

[239] 赵源,欧国立.城市轨道交通补贴机制研究[J].北京交通大学学报(社会科学版),2008,(2):7-11.

[240] 汤薇.轨道交通项目投资补偿理论与方法研究[D].南京:东南大学,2008.

[241] 郝记秀,周伟,黄浩丰,等.城市公共交通财政补贴测算模型研究[J].交通运输系统工程与信息,2009(2):11-16.

[242] 田振清.城市轨道交通运营补贴模式及参数研究[J].交通运输系统工程与信息,2010(1):33-37.

[243] 陈爱国,卢有杰.基础设施PPP的价格调整及风险分析[J].建筑经济,2006(3):20-23.

[244] 宋金波,宋丹荣,富怡雯,等.基于风险分担的基础设施BOT项目特许期调整模型[J].系统工程理论与实践,2012(6):1270-1277.

[245] 秦旋,张云波.BOT项目融资模式又一成功范例——浅析泉州刺桐大桥项目融资[J].基建优化,2001(3):7-9.

[246] 国外城市轨道交通建设及其对我国发展轨道交通的启示[EB/OL].http://blog.163.com/zhms 2001/blog/static/20534942007913194809/.

[247] 邢恩深.基础设施建设项目投融资操作实务[M].上海:同济大学出版社,2005.

[248] 汪文雄.PPP模式下城市交通基础设施项目产品定价[M].南京:东南大学出版社,2013.

[249] 黄有亮,徐向阳.工程经济学[M].南京:东南大学出版社,2003.

[250] 谢忠辉.长潭西线高速公路特许经营(BOT)项目风险管理研究[D].长沙:湖南大学,2006.

[251] 王成文.高速铁路项目施工成本管理的主要问题及对策[J].铁路工程造价管理,2008(1):31-34.

[252] 陈光.地铁全寿命期费用优化[D].南京:东南大学,2008.

[253] 陈庆元.运用"BOT"方式投资建设刺桐大桥的认识与实践[J].中国投资,2001(6):19-22.

[254] 黄跃飞.BOT方式在武汉轨道交通建设中应用的研究[D].武汉:华中科技大学,2003.

[255] 孙涛.BOT模式下的风险管理研究[J].商业研究,2004(18):100-103.

[256] 周阳.基于公共利益的城市水务外商投资PPP模式及其应用研究[M].北京:经济科学出版社,2010.

[257] 秦旋.基于CAPM的BOT项目特许期的计算模型[J].管理工程学报,2005(2):60-63.

[258] 杨建刚.人工神经网络实用教程[M].杭州:浙江大学出版社,2001.

[259] 林开平.人工神经网络的泛化性能与降水预报的应用研究[D].南京:南京信息工程大学,2007.

[260] 杨荣新.基于组合智能优化算法的云南省径流预报系统研究[D].武汉:华中科技大学,2006.

[261] 覃光华,李祚泳.BP网络过拟合问题研究及应用[J].武汉大学学报(工学版),2006(12):55-58.

[262] 丁莉芬,陈志武,陈振锋.遗传算法控制参数选择的仿真研究[J].科技信息,2007(36):774-775.

[263] 周克民,胡云昌.遗传算法计算效率的改进[J].控制理论与应用,2002,19(5):812-813.

[264] 曾孟佳,程兆麟.改进GA神经网络在可持续发展水平研究中的应用[J].系统工程理论与实践,2007(4):120-125.

[265] 宋波,徐飞.公私合作制(PPP)研究:基于基础设施项目建设运营过程[M].上海:上海交通大学出版社,2011.

[266] 纪彦军,雷飞伦.我国PPP模式及其运作研究[J].产业与科技论坛,2007,6(8):181-183.

[267] 吴庆玲.城市基础设施项目融资模式存在的问题及对策[J].城市管理与科技,2007,2:34-37.

[268] 王亦丁.BOT陷阱[J].环球企业家,2002,2.

[269] 胡丽.城市基础设施PPP模式融资风险控制研究[M].重庆:重庆大学出版社,2013.

[270] 王守清.项目融资的一种方式——BOT:风险管理[J].项目管理技术,2003,5:46-48.

[271] 戴大双,于英慧,韩明杰.BOT项目风险量化方法与应用[J].科技管理研究,2005,2:98-101.

[272] 张星,孙建平,李胜.BOT项目风险的模糊综合评价[J].上海经济研究,2004,10.

[273] 袁竞峰,李启明,邓小鹏.基础设施特许经营PPP项目的绩效管理与评估[M].南京:东南大学出版社,2013.

[274] 罗春晖.基础设施私营投资项目中的风险分担研究[J].现代管理科学,2001,2:28-29.

[275] 刘新平,王守清.试论PPP项目的风险分配原则和框架[J].建筑经济,2006,2:59-63.

[276] 张水波,何伯森.工程项目合同双方风险分担问题的探讨[J].天津大学学报(社会科学版),2003,5(3):257-261.

[277] 欧亚PPP联络网.欧亚基础设施建设公私合作(PPP)案例分析[M].王守清,译.沈阳:辽宁科技出版社,2010.

[278] 柯永建,王守清,陈炳泉,等.中国PPP项目政治风险的变化[M]//第六届全国土木工程研究生学术论坛论文集.北京:清华大学出版社,2008.

[279] 沈际勇,王守清,强茂山.中国BOT/PPP项目的政治风险和主权风险:案例分析[J].华商·投资与融资,2005,1:1-7.

[280] 亓霞,柯永建,王守清.基于案例的中国PPP项目的主要风险因素分析[J].中国软科学,2009,5:107-113.

[281] 祝迪飞,方东平,王守滑,等.2008奥运场馆建设风险管理工具——风险表的建立[J].土木工程学报,2006,39(12):119-123.

[282] 王盈盈,柯永建,王守清,中国PPP项目中政治风险的变化和趋势[J].建筑经济,2008(12):58-61.

[283] 彭清辉.我国基础设施投融资研究[M].长沙:湖南师范大学出版社,2012.

[284] 蒋晶.浅谈高速公路建设BOT特许经营性项目竞标管理[J].山西交通科技,2006(5):81-83.

[285] 柯永建,王守清,陈炳泉.基础设施PPP项目的风险分担[J].建筑经济,2008(4):31-35.

[286] 邓小鹏,李启明,汪文雄,等.PPP模式风险分担原则综述及运用[J].建筑经济,2008(9):32-35.

[287] 大岳咨询有限公司.公用事业特许经营与产业业运作[M].北京:机械工业出版社,2004:71.

[288] 柯永建,王守清.特许经营项目融资(PPP)——风险分担管理[M].北京:清华大学出版社,2011.

[289] 包政,岳玲,郭威.基于流程的绩效管理[J].经济管理,2006(11):40-42.

[290] 包政,岳玲,郭威.业务流程再造中绩效管理要素及其关系[J].商业时代,2006(34):51-56.

[291] 陈爱中.论标杆管理的实施[J].山东财政学院学报(双月刊),2006(5):73-75.

[292] 程国祥,韩艺.国际新公共管理浪潮与行政改革[M].北京:人民出版社,2005.

[293] 丰丕超.论转型期我国政府绩效管理的价值取向——经济成长与社会和谐的维度[J].改革与战略,2007(1):49-52.

[294] 冯英浚,王大伟,丁文桓,等.绩效管理与管理有效性[J].中国软科学,2003(4):132-136.

[295] 高丽峰.基于委托—代理理论的BOT项目特许期研究[J].科学学与科学技术管理,2008(8):140-155.

[296] 侯奕斌,凌文辁.构建基于胜任力的绩效管理体系[J].商业时代,2006(25):57-58.

[297] 胡宁生.构建公共部门绩效管理体系[J].中国行政管理,2006(3):18-21.

[298] 孔小明.PPP合同法律环境分析[J].工程建设与设计,2009(1):101-105.

[299] 李静华,李启明.PPP模式在我国城市轨道交通中的经济风险因素分析——以北京地铁四号线为例[J].建筑经济,2007(10):23-26.

[300] 李军坡.城市建设管理中的招投标机制分析与研究[D].天津:天津大学,2008.

[301] 廖泉军.绩效管理思想的演变与分析[J].统计与决策,2006(5):137-138.

[302] 刘新平,王守清.试论PPP项目的风险分配原则和框架[J].建筑经济,2006(2):59-63.

[303] 刘云.目标设置与任务绩效的关系研究[J].重庆工商大学学报(西部论坛),2005,15(2):87-91.

[304] 马三生,王莉.基于关键业绩指标的绩效管理研究[J].集团经济研究,2006(1)168-168.

[305] 彭华,向俊宇.PPP 模式中私营企业的主要风险及防范[J].广东技术师范学院学报,2006(5):41-43.

[306] 任秋月.公共工程绩效审计评价指标研究[D].重庆:重庆大学,2008.

[307] 盛明科.基于线性规划模型的政府绩效评价与资源优化配置研究[J].湘潭大学学报(哲学社会科学版),2006,30(4):21-25.

[308] 汤洪涛,夏悦琴.基于利益相关者理论的业务过程绩效管理[J].机床与液压,2004(12):152-155.

[309] 童宇鹏.标杆管理对公共项目管理绩效的改善研究[D].天津:天津理工大学,2006.

[310] 汪文雄,李启明.大型建设工程项目满意度评价模型研究[J].重庆建筑大学学报,2007,29(4):125-128.

[311] 吴承琪,葛玉辉.构建6P绩效管理体系[J].工业技术经济,2006,25(3):26-28.

[312] 邢海峰,李倩,张晓军,等.城市基础设施项目绩效评价研究[J].城市发展研究,2007,14(4):42-45.

[313] 徐红琳.绩效管理的理论研究[J].西南民族大学学报(人文社科版),2005,26(2):158-160.

[314] 徐双敏.论政府绩效评估的前提条件[J].统计与决策,2006(4):54-56.

[315] 徐霞,郑志林.公私合作制(PPP)模式下的利益分配问题探讨[J].城市发展研究,2009,16(3):104-106.

[316] 杨蔚,许茂增.标杆管理在项目管理中的应用[J].重庆交通学院学报(社会科学版),2006,6(9):130-132.

[317] 姚丽琼.从成本控制悖论看新型绩效管理模式[J].财会月刊(综合),2006(2):05-06.

[318] 姚先成.国际工程管理项目案例——香港迪士尼乐园工程综合技术[M].北京:中国建筑工业出版社,2007.

[319] 袁竞峰.基于 VFM 的 PPP 项目绩效管理研究[D].南京:东南大学,2009.

[320] 袁竞峰,季闯.基于 SEM 的基础设施 PPP 项目残值风险评估研究[J].技术经济,2013,32(1):75-84.

[321] 袁竞峰,季闯.国际基础设施建设 PPP 项目关键绩效指标研究[J].工业技术经济,2012(6):109-120.

[322] 袁竞峰,Skibniewski M J,邓小鹏,等.基础设施建设 PPP 项目关键绩效指标识别研究[J].重庆大学学报(社会科学版),2012,18(3):56-63.

[323] 袁竞峰,王帆.基础设施 PPP 项目的 VFM 评估方法研究及应用[J].现代管理科学,2012(1):100-103.

[324] 袁竞峰,季闯.基于虚拟标杆的基础设施 PPP 项目绩效评价体系构建[J].现代管理科学,2011(7):12-14.

[325]袁竞峰,季闯,李启明,等.基础设施PPP项目的KPI评价标准设定研究及案例分析[J].现代管理科学,2010(12):24-27.

[326]张双.绩效管理理论溯源[J].商场现代化,2007(1):184-185.

[327]周卓儒,王谦.基于标杆管理的DEA算法对公共部门的绩效评价[J].中国管理科学,2003,11(3):72-75.

[328]卓越,赵蕾.公共部门绩效管理:工具理性与价值理性的双导效应[J].兰州大学学报(社会科学版),2006,34(5):27-32.

[329]褚添有.公共服务绩效管理的障碍及其克服[J].理论与改革,2006(4):66-68.

[330]莫小龙,等.澳大利亚发展公私合作伙伴关系的经验与启示[J].中国财政,2013(06):71-73.

[331]陈立兴.国际宏观调控政策协调的博弈分析[J].财经问题研究,2006,268(3):54-62.

[332]达霖·格里姆赛,莫文·K.刘易斯.公私合作伙伴关系:基础设施供给和项目融资的全球革命[M].济邦咨询公司,译.北京:中国人民大学出版社,2008.

[333]杜晓宇.公私合作制(PPP)中的政府角色定位[J].财经界,2008,3:139-141.

[334]郭敏,王红卫.合作型供应链的协调和激励机制研究[J].系统工程,2002,20(4):49-53.

[335]李仕明,唐小我.完全信息下的激励—努力动态博弈分析[J].中国管理科学,2004,12(5):116-119.

[336]刘志.PPP模式在公共服务领域中的应用和分析[J].建筑经济,2005,273(7).

[337]仇保兴,王俊豪,等.中国市政公用事业监督体制研究[M].北京:中国社会科学出版社,2006.

[338]宋波,徐飞.不同市场需求状态下公私合作制(PPP)项目运营的定价机制分析[J].管理科学学报,2011,14(8):86-96.

[339]宋波,徐飞.基于多目标群决策迭代算法的PPP项目合作伙伴选择[J].系统管理学报,2011,20(6).

[340]宋波,徐飞.联盟稳定性的静态贝叶斯博弈分析[J].上海交通大学学报(自然科学版),2009,43(9):1373-1376.

[341]宋波,徐飞.厂商中间层理论视角下动态联盟的成因分析[J].现代管理科学,2009(3):14-16.

[342]宋波,徐飞.供应链运营中的逆向选择问题分析——基于中间商交易的视角[J].中国软科学,2008,22(11):23-26.

[343]汤伟钢,严玲,尹贻林.公共项目交易中的治理模式研究[J].财经问题研究,2006,272(7):71-77.

[344]陶希东.公私合作伙伴:城市治理的新模式[J].城市管理,2005,12(5):82-85.

[345]王帅力,单泪源.PPP模式在我国公共事业项目管理中的应用与发展[J].湖南师范大学社会科学学报,2006,35(1):85-87.

[346] 王秀芹,梁学光,毛伟才.公私合作制PPP模式成功的关键因素分析[J].国际经济合作,2007,12:59-62.

[347] 王玉明.政府公共服务委托代理的制度安排[J].理论与现代化.2007(2):56-61.

[348] 谢贞发.民营化改革的所有权结构选择[J].财经研究,2005,31(7):40-50.

[349] 徐飞,宋波.公私合作制(PPP)项目的政府动态激励与监督机制[J].中国管理科学,2010,18(3):165-173.

[350] 严玲,赵黎明.公共项目契约本质及其与市场契约关系的理论探讨[J].中国软科学,2005,9:148-155.

[351] 袁竞峰,邓小鹏,李启明,等.PPP模式立法规制及其在我国的应用研究[J].建筑经济,2007,293(3):95-99.

[352] 岳中志.非对称信息条件下的企业经营者激励契约设计[J].数量经济技术经济研究,2005,2:50-55.

[353] 张保银,汪波,吴煜.基于循环经济模式的政府激励与监督问题[J].中国管理科学,2006,14(1):136-141.

[354] 金宇翔.基于实物期权的PPP项目特许价格决策研究[D].成都:西南交通大学,2014.

[355] 唐丝丝.我国PPP项目关键风险的实物期权分析[D].成都:西南交通大学,2011.